Grammatika fan it Westerlauwersk Frysk

西フリジア語文法

現代北海ゲルマン語の体系的構造記述

In systematyske beskriuwing
fan
in moderne Noardseegermaanske taalstruktuer

清水　誠・著

北海道大学出版会

ヴァーンス(Warns)の対オランダ戦勝記念碑(1345年)

Grammatika fan it Westerlauwersk Frysk
―In systematyske beskriuwing fan in moderne Noardseegermaanske taalstruktuer―

SHIMIZU, Makoto

Hokkaido University Press
Sapporo 2006

Foar myn âlden

はじめに

1 概要

本書はオランダのフリースラント州 (フ．Provinsje Fryslân) で用いられる西フリジア語 (フ．Westerlauwersk Frysk、約35〜40万人) の統語論がいかん する語彙と文法の体系的記述である。フリジア語一般の歴史と現状についての概説を踏まえて、後半に「フリジア語とフリジア人について」の章を設ける。

西フリジア語は北ドイツの北フリジア語 (北フ．Nordfriisk、約9000〜1万人) と単フリジア語 (単フ．Seeltersk、約1500〜2500人) とともに、歴史的に北海ゲルマン語 (エ．North Sea Germanic/ド．Nordseegermanisch) の唯一の後裔であるフリジア語一般である。しかし、フリジア語をまとめて一つの言語であるフリジア語の東一の言語であるとして理解する立場でフリジア語は、「フリジア諸語」として理解する立場もあり、相互理解性はほとんど可能である。

「西フリジア語」「北フリジア語」「単フリジア語」という名称は相対的な地理的分布に基づく便称である。オランダ語名Westfries は、エイセル湖 (オ．IJsselmeer) 西岸の非フリジア語地域である「西フリースラント」(オ．West-friesland) のオランダ語方言で、「オランダ語西フリースラント方言」を指し、フリジア語ではない。「西フリジア語」の正式名称は「ラウエルス湖 (フ．/オ．Lauwers) 以西のフリジア語 (フ．Frysk/オ．Fries)」を意味するWester-lauwersk Frysk (オ．Westerlauwers Fries) である。同様に、「単フリジア語」の正式名称は上述のようにSeeltersk であり、北ドイツのニーダーザクセン州 (ド．Niedersachsen) で単フリジア語のかたちに位置するザトラントフェルン地方

(F. Landkreis Cloppenburg)のゼーテルロラント (単7、Seelterlound/ F. Saterland「ザータラント」)の三つの村で用いられる。ドイツ語名 Ost-friesisch は非西フリジア語地域である「単フリースラント」(F. Ost-friesland)の「低地ドイツ語単フリースラント方言」を包括的に指すこととがあり、本書では「西フリジア語」「北フリジア語」「単フリジア語」という用語は、専ら系統的・行政的名称として「フリースラント」、言語名(文化的)名称としての「フリジア」を用いて区別して用いることを標準として用いている。

フリジア語の中で、西フリジア語だけがオランダの地方的公用語として機能するだけの十分な話者数をもっており、言語組織としての一貫性を確立している。しかし、近年の西フリジア語話者の強い言語士気を受け、ここに来て代わって来た東フリジア語も後継し、旧来フリジア語の言語組織はまでオランダ語からも多く的影響を被ることになる。人工的な側面を普れることがある。しかし、今日の西フリジア語話者のオランダ語の影響力を極力排除しようとする意識を重ねるうえある。この意味で、本書ではサーテル市のアメリカの孤立した住民と接触し得る位置関係にとどまっている。そのため、西欧からの影響を徹底避け、層固薦への貢献及び小改 (共通語)と提立し言語規範の起記述をとどめたことを眼目とした。それは同時に、本書のフリジア語に特有の現象を積極的に取り上げ、言語学的に興味深い問題を数多く提供することにもなった。

2 内容と構成

本書は北海道大学に提出した著者の次の博士論文 (博士 (文学)・文学、2003年)をもとにしている。

『西フリジア語文法──現代北海ゲルマン諸語の体系的構築記述とダイアレクト論型諸問題の研究のための基礎的研究』(xiii+838ページ、A4判)

同博士論文書は多数の参考文献に示したように、1995年から2004年にかけて『北海道大学文学部紀要』と『北海道大学大学院文学研究科紀要』に18回にわたって掲載され、『ドイツ文学』、『日本独文学会』に掲載した論文と

ii

の後の研究成果を補って完成したものである。今回，書籍として刊行するにあたって，誤植・誤記を訂正し，量的に約 84% に縮め，全 100 章を全 70 章にまとめて，学術書としての観点から全面的に内容的な改訂を施した。

　本書では音韻と正書法に続いて，形態と統語を区別せず，品詞別に総括して扱う伝統的な方法を採用した。文の構造はそれぞれ関連の深い個別の品詞の項目で論じられている。たとえば，枠構造は従属接続詞の章，中域の目的語の語順は代名詞の章，右枠の動詞群の語順は動詞の最終章で解説してある。しかし，統語的扱いが不十分であることはけっしてなく，個々の品詞の枠内で用法上の発展的な解説が随所に織り込まれている。これによって西フリジア語の構造が鮮明かつ容易に把握し得ることになったと期待する。

　本書で挙げた用例は，フリジア語教育委員会（AFUK: Algemiene Fryske Underrjocht Kommisje）が刊行している一連のオランダ語話者向きの学習教材のほかに，各種のテキスト，辞書，論文，文法書から援用した。ただし，文法記述に必要な特殊な用例，とくに「誤った用例」は既存の資料からは求めがたい。これについては，後述の西フリジア語話者の方々にインフォーマントとしてご協力いただいた。一般の話者の西フリジア語はオランダ語の影響を強く受けていることが多く，高年齢者は当該地域の方言や，各都市に特有の「都市フリジア語」（フ．Stedsk/Stedfrysk）と呼ばれるオランダ語との混成言語を母語としていることがある。本書のインフォーマントは西フリジア語の研究，教育，擁護に携わっている専門家であり，信頼できる標準語のデータを提供していただいた。文献からの用例の引用はたんなる孫引きに終始せず，筆者の調査と判断によって変更を加えたものが多い。用例，解説ともに誤記，誤解の責任はすべて筆者にある。なお，上述の博士論文には用例に出典を示したが，書籍としての性格から本書では割愛した。個々の学説の典拠についてもほぼ同様なので，上述の博士論文を参照されたい。用例に添えた和訳は，日本語としての自然さよりも，解釈を容易にすることを意図した逐語的な直訳である。原語で示した言語学用語は，注記がない場合には西フリジア語である。

3　意　義

　本書の意義は，第一に記述の量に求められる。19 世紀後半以降，西フリジ

ア語の代表的な文法記述には次のものがある（bls. は本文のページ数）。このほかに未刊のものとして，Popkema, J. *Koarte Fryske taalkunde* と De Haan, G. J. *A short introduction to the grammar of Frisian* がある。前者は大幅に内容を改訂し，オランダ語版の Popkema, J. *Friese grammatica*. Ljouwert. Fryske Akademy. として近々，出版される予定である。なお，フリスケ・アカデミー（Fryske Akademy）では，ディク（dr. Dyk, S.）とフィセル（dr. Visser, W.）の両氏によって，本書を質量ともにはるかにしのぐきわめて詳細な包括的記述文法が西フリジア語で執筆されつつある。

Sytstra, H. S. 1856/1862. *Inleiding tot de Friesche spraakkunst.— Klanken schriftleer der Friesche taal./Woordenleer der Friesche taal*. Leeuwarden. Kuipers.（156 bls.）

Colmjon, G. 1863. *Beknopte Friesche spraakkunst voor den tegenwoordigen tijd*. Leeuwarden. Kuipers.（156 bls., 文法部分 97 bls.）

Van Blom, Ph. 1889. *Beknopte Friesche spraakkunst*. Joure. R. P. Zijlstra.（179 bls.）

Postma, G./De Clerq, P. 1904. *Lytse Fryske spraekleare, it Westerlauwersk Frysk om 1900 hinne oangeande*. Ljouwert. Van der Velde.（128 bls.）

Sipma, P. 1913. *Phonology and grammar of modern West Frisian*. London et al. Oxford University Press.（175 bls., 文法部分 92bls.）

Sytstra, O. H./Hof, J. J. 1925. *Nieuwe Friesche spraakkunst*. Leeuwarden. Van der Velde.（274 bls., 文法部分 177 bls.）

Sipma, P. 1948-1949. *Ta it Frysk. I. Ynlieding, klanklear, stavering, II. Wurdlear, III. Bûgingslear, sinlear*. Ljouwert. Van der Velde.（75 bls.＋79 bls.＋91 bls.＝245 bls.）

Anglade, J. 1966. *Petit manuel de frison moderne de l'ouest*. Groningen. Wolters.（152 bls., 文法部分 70 bls.）

Fokkema, K. 1967[2]. *Beknopte Friese spraakkunst*. Groningen. Wolters.（151 bls., 文法部分 89 bls.）

Boersma, J./Van der Woude, G. 1981[2]/1980[2]. *Spraaklear I, II*. Ljouwert.

Algemiene Fryske Underrjocht Kommisje. (106 bls.＋111 bls.＝217 bls.)

Zhluktenko, Ju. A./Dvukhzhilov, A. V. 1984. *Frizskij jazyk*. Kiev. Naukova Dumka. (200 bls., 文法部分 173 bls., 現代西フリジア語文法部分 88 bls.)

兒玉仁士．1992．『フリジア語文法』東京．大学書林．(292 bls., 文法部分 245 bls.)

Hoekstra, J./Tiersma, P. M. 1994. "Frisian." König, E./Van der Auwera. J. (eds.). *The Germanic languages*. London/New York. Routledge. 505-531.

Hoekema, T. 1996. *Beknopte Friese spraakkunst*. Ljouwert. Afûk. (83 bls.; 1968 デンマーク語原典 33 bls., 1992 ドイツ語訳 53 bls.)

Tiersma, P. M. 1999^2 (1985). *Frisian reference grammar*. Ljouwert. Fryske Akademy. (147 bls., 文法部分 131 bls.)

Hoekstra, J. 2001. "Standard West Frisian." Munske, H. H. (Hrsg.). *Handbuch des Friesischen/Handbook of Frisian studies*. Tübingen. Niemeyer. 83-98.

(Popkema, J. *Friese grammatica*. Ljouwert. Fryske Akademy. ca. 250 bls. 近刊)

フリジア語一般では，単一言語あるいは方言の文法記述として，北フリジア語モーリング方言とセルリング方言にかんする次の2点が最大である．

Bendsen, B. 1860. *Die nordfriesische Sprache nach der Moringer Mundart zur Vergleichung mit den verwandten Sprachen und Mundarten*. Leiden. Brill. (479 bls., 文法部分 404 bls.)

Lasswell, S. Th. 1998. *An ecological reference grammar of Sölring North Frisian*. Dissertation. University of California. Santa Barbara. (390 bls.)

単純にページ数の比較からわかるように，本書は上記のどれをも量的に上

回っている。本書は量的な点で現存する最大のフリジア語の文法記述と言える。

なお、本書とは性格が異なるが、歴史言語学的なフリジア語の文法記述および文学・歴史学的視点を交えた包括的な概観には、次の4点が挙げられる。

> Siebs, Th. 1899. *Geschichte der friesischen Sprache*. In: Paul, H. (Hrsg.). *Grundriß der germanischen Philologie*. Straßburg. Trübner. 1152-1464.（313 bls. 古典的名著）
>
> Löfstedt, E. 1968/1971. *Beiträge zu einer nordfriesischen Grammatik I. Das Substantiv und das Adjektiv, das Zahlwort und der bestimmte Artikel, II. Das Pronomen, das Adverb, Präpositionen, Konjunktionen und das Verbum*. Uppsala. Acta Universitatis Upsaliensis. Studia Germanistica Upsaliensis.（187 bls.＋120 bls.＝307 bls. 北フリジア語の最高の概説書）
>
> Markey, T. L. 1981. *Frisian*. The Hague/Paris/New York. Mouton.（335 bls. 内容的に問題点が多いとされる）
>
> Munske, H. H. (Hrsg.). 2001. *Handbuch des Friesischen/Handbook of Frisian studies*. Tübingen. Niemeyer.（845 bls. フリジア語学の金字塔）

次に、本書の意義は質的な面に求められる。上記の西フリジア語文法書の中で内容的に今日の言語学的水準に達しているのは、Tiersma (1999²) と Popkema（近刊）である。前者はドイツ、キール(Kiel)大学のフクストラ教授 (Prof. Dr. Jarich Hoekstra) による1985年の初版の改訂版だが、初版の本文をそのまま継承し、注の部分で散発的に内容の充実を図っているにすぎない。したがって、その後の研究成果は十分に取り入れられておらず、理論的にも若干の問題点が散見される。本書では下記のように、最新の研究成果を広く取り入れている。

フリジア語学の業績はけっして少なくないが、一個人がそのすべてに目を通すことがまったく不可能というわけではない。フリジア語学、とくに西フリジア語学の業績については、オランダのフローニンゲン大学フリジア語学科が毎年、更新しながら作成しているリストがある (*Literatuerlisten stúdzje Frysk*. Frysk Ynstitút RUG. (Oude Kijk in 't Jatstraat 26. Harmoniecomplex, keamer 359. 9712 EK Grins)）。本書では，そこから漏れた文献も現地の図書館等で収集しながら，西フリジア語学研究の全体像を網羅的に把握し，現時点までの研究成果をできるだけ反映させるように努力した。

　西フリジア語が用いられるオランダは，生成文法をはじめとしてヨーロッパ現代理論言語学の最高峰に位置し，フリジア語研究者も最新の理論言語学に通暁している。筆者は代表的なフリジア語研究者と密接な個人的交流を保ちながら，理論的説明を言語記述にとって有益なレベルに還元した上で，内容的充実を図ることを心掛けた。本書ではまた，ゲルマン語全体との関連を保つように努め，オランダ語との比較にとどまらず，ゲルマン語類型論の立場から随所に補足説明を加えた。さらに，本書では日本語話者としての視点も生かすように配慮した。従来の西フリジア語文法や一般成人向けあるいは学校教育用の学習教材は，オランダ国内での普及を念頭に置いており，オランダ語話者向けの片寄った説明が目立つ。したがって，オランダ語以外の言語使用者にとっては理解が困難な場合が多く，この点の配慮をとくに必要とした。

　日本人の業績としては，上記のリストに記載した，兒玉仁士著『フリジア語文法』(1992　大学書林)と同著者による『フリジア語辞典』(2004　大学書林)がある。とくに前者はヨーロッパ以外で刊行された最初の西フリジア語文法書としてパイオニア的意義があり，現地でも評価された。しかし，私見では同書は数多くの誤記，誤解を含んでおり，西フリジア語の正しい姿を伝えているとは言いがたい。この点については Shimizu (1993)，清水(1996a)で指摘した。本書は同書の不備を補い，信頼できる西フリジア語の文法記述を提供する役割を果たす役割を担うものである。

4　経過と謝辞

　これまで日本には兒玉氏の業績を除いて，フリジア語学研究にはほとんど見るべきものがなかった。日本にはフリジア語学を専攻できる大学は存在せず，オランダ語学を主専攻とすることが可能な高等研究教育機関さえ，根絶されて以来，1世紀以上が経過している。このような現状から，本書の執筆は筆者の独力によって一から手探りで始めなければならなかった。そのためには，日本では入手不可能なほとんどすべてのフリジア語学文献の収集に加えて，代表的

なフリジア語研究者との交流とドイツとオランダの主要な研究・教育・行政機関との密接な連絡が不可欠だった．それが可能になったのは，ドイツ学術交流会(DAAD)の援助によるキール大学北フリジア語辞書編集所(Nordfriesische Wörterbuchstelle, Universität Kiel, 1989 年 9 月～1990 年 9 月)とオランダ政府奨学金(NUFFIC)の援助によるフローニンゲン大学フリジア語学科(Frysk Ynstitût/Fries Instituut, Rijksuniversiteit Groningen, 1993 年 9 月～1994 年 9 月)での研究滞在，それにオランダ学士院所属のフリスケ・アカデミー(Fryske Akademy)の正会員への任命(1994 年 10 月)による恩恵が多大であった．オランダの在外フリジア人協会(It Frysk Boun om Utens, Bovensmilde/Assen)の名誉会員への推挙(2003 年 5 月)とドイツの北フリジア語文化研究所(Nordfriisk Instituut, Bräist/Bredstedt)の運営母体である北フリジア語文化研究協会(Der Verein Nordfriesisches Institut)の会員認定(2003 年 6 月)も励みになった．オランダ，ドイツの各種の新聞，雑誌への寄稿，インタビューやテレビ出演の要請にもありがたく応じた．本研究にたいするオランダ，ドイツでの好意的な反応は，フリジア語とその文化に寄せられる社会的関心，そして，今日のヨーロッパにおけるいわゆる少数言語の存在意義を改めて筆者に認識させた．

　以下の文部科学省・学術交流会の科学研究費補助金の交付も，研究の遂行にとって不可欠だった．

　　「大陸部北海沿岸の西ゲルマン語相互の接触と類型論的特徴の変化」(奨励研究(A)．平成 7 年度．研究代表者．課題番号　07710346)
　　「ドイツ語・オランダ語・フリジア語の対照文法記述――西ゲルマン語類型論に向けて」(基盤研究(C)(2)．平成 10～13 年度．研究代表者．課題番号　10610491)
　　「西フリジア語文法記述のための最終的研究――ゲルマン語類型論の構築に向けて」(基盤研究(C)(2)．平成 14～16 年度．研究代表者．課題番号　14510599)

　また，本書の刊行には，独立行政法人日本学術振興会平成 17 年度科学研究費補助金(研究成果公開促進費)の交付を受けた．出版にさいしては，北海道大

学出版会の前田次郎氏と今中智佳子さんに全面的にお世話になった。

　本書がフリジア語学の国際化，あるいは西フリジア語の言語擁護にもささやかな貢献をすることがあればと願っている。

　最後に，本書の執筆にさいしてさまざまな面での協力を惜しまれなかった下記のドイツとオランダの恩師，知人の皆さんに心からお礼申し上げる。これ以外にも，TAALSTUDZJE@NIC.SURFNET.NL によるネット上でのたび重なる質問にお答えいただいた多くの方々に感謝申し上げたい。

- ゲルメン・デ・ハーン教授(prof. dr. Germen J. de Haan)：オランダ，フローニンゲン大学フリジア語学科教授
- ピテル・ブレーケル博士(dr. Pieter Breuker)：同大学同学科教員
- ウベレ・フリエス博士(dr. Oebele Vries)：同大学同学科教員
- チエト・デ・グラーフ博士(dr. Tseard de Graaf)：同大学言語学科元教員，フリスケ・アカデミー研究員
- サーキエ・ファン・デレンさん(mevr. Saakje van Dellen)：同大学フリジア語学科職員
- ラメト・ヨーンスマ博士(dr. Lammert Jansma)：オランダ，フリスケ・アカデミー元所長
- ヴィレム・フィセル博士(dr. Willem Visser)：同アカデミー研究員
- シェブレン・ディク博士(dr. Siebren Dyk)：同アカデミー研究員
- オーネ・ディクストラ氏(drs. Anne Dykstra)：同アカデミー研究員
- ヘンク・ヴォルフ氏(drs. Henk Wolf)：同アカデミー研究員
- トニ・ファイツマ教授(prof. dr. Tony Feitsma)：アムステルダム大学フリジア語学科名誉教授
- クーン・ゾンダハ博士(dr. Koen Zondag)：オランダ，フリースラント州教育委員会(M.S.U.)フリジア語教育掛元主任
- ヤーラハ・フクストラ教授(Prof. Dr. Jarich Hoekstra)：ドイツ，キール大学北欧語学科フリジア語学教授
- ブー・シェリーン教授(Prof. Dr. Bo Sjölin)：同大学同学科・北フリジア語辞書編集所名誉教授
- オモ・ヴィルツ博士(Dr. Ommo Wilts)：同大学同学科・同編集所元教員

アラスタイル・ウォーカー博士(Dr. Alastair G. H. Walker)：同大学同学科教員

イングリーネ・ハーマンさん(Frau Ingeline Hamann)：同大学同学科・同編集所元職員・講師

トーマス・シュテーンゼン教授(Prof. Dr. Thomas Steensen)：北フリジア語文化研究所所長，フレンスブルク大学客員教授

ニルス・オールハンマル教授(Prof. Dr. Nils Århammar)：同研究所副所長，同大学名誉教授

アデリーネ・ペーターゼンさん(Drs. Adeline Petersen)：同研究所研究員，キール大学北フリジア語辞書編集所元研究員

目　　次

はじめに

I　音韻(lûdlear)と正書法(stavering) ……………………………………… 1

§1　文字(アルファベット alfabet)　2
§2　母　　音(lûd)　4
　(1) ま　と　め　4
　(2) 短　母　音(koart ienlûd)　5
　(3) 長　母　音(lang ienlûd)　9
　(4) 二 重 母 音(twalûd)　13
§3　鼻音化(nasalearring)と長母音化(rekking)　17
　(1) 鼻　音　化　17
　(2) 長 母 音 化　18
§4　短 母 音 化(ferkoarting)　20
　(1) ま　と　め　20
　(2) 個々の特徴　22
§5　「割　れ」(brekking)　25
　(1) ま　と　め　25
　(2) 個々の特徴　27
　(3) 「割れ」と短母音化　35
§6　子音(bylûd)と半母音(heallûd)　37
　(1) ま　と　め　37
　(2) 子　　音　38
　(3) 半 母 音　44
§7　子音にかんする現象　49
　(1) 破 擦 音 化(affrikatisearring)　49

(2) 音節末音の無声化(einlûdferskerping, einlûdûntstimming)　50
(3) r の脱落　54
(4) 二重子音の縮約(degeminaasje)　56
(5) t の脱落　57
(6) ch の発音　63
(7) 形容詞派生接尾辞 -sk の発音　64
(8) d の脱落と挿入　64

§ 8　同化(assimilaasje)とそれに類似した現象　67
(1) 同化の定義と音配列の制約　67
(2) 同化に類似した現象　69

§ 9　音節化(syllabisearring)　73

§ 10　アクセント(klam)　76

§ 11　正書法(stavering)　81
(1) 母音字　81
(2) 子音字　86
(3) 正書法上の注意点　88
(4) 旧正書法との対応　90

II　冠詞(lidwurd) 93

§ 12　定冠詞(bepaald lidwurd)　94

§ 13　不定冠詞(ûnbepaald lidwurd)　98

§ 14　否定冠詞(ûntkennend lidwurd)　100

III　名詞(haadwurd) 101

§ 15　文法性(grammatikaal geslacht, genus)　102

§ 16　数(tal)　107
(1) 単数形(iental)と複数形(meartal)　107
(2) 数量の表現　111
(3) 数の一致(kongruïnsje)　113

§ 17　格(namfal)と目的語の語順　116
(1) 属格(genityf)と所有表現　116
(2) 地名と数詞の語尾 -er (-ter/-ster/-mer)　119
(3) 「利害・関心，所有」を表わす名詞句と与格(datyf)のなごり　119

(4) 目的語の語順　120

　§18　指　小　形 (ferlytsingswurd)　123

IV　形　容　詞 (eigenskipswurd) ……………………………… 127

　§19　形容詞の語形変化と用法　128

　　(1) 品詞と用法　128
　　(2) 形容詞限定用法の語尾 -e　129
　　(3) 形容詞語尾 -en　133
　　(4) 形容詞の名詞用法　135
　　(5) その他の形容詞語尾と用法　137

　§20　比　較 (graadbûging, treppen fan ferliking)　140

　　(1) 比較の語形変化　140
　　(2) 原　級 (grûntrep)　141
　　(3) 比　較　級 (fergrutsjende trep)　142
　　(4) 最　上　級 (oertreffende trep)　144

V　代　名　詞 (foarnamwurd) …………………………………… 147

　§21　人称代名詞 (persoanlik foarnamwurd) の語形　148

　　(1) ま と め　148
　　(2) 1人称 (earste persoan) 代名詞　150
　　(3) 2人称 (twadde persoan) 代名詞　151
　　(4) 3人称 (tredde persoan) 代名詞　154
　　(5) 基本形 har/har(ren) と弱形 se　157

　§22　人称代名詞連接形，主語の省略，補文標識の「活用」(fleksje)　161

　　(1) 人称代名詞連接形 er, -o/-e (←-do/-de)　161
　　(2) 主題の省略と主語の省略　165
　　(3) 人称変化語尾 -st と補文標識の「活用」　167
　　(4) dy'tst　168

　§23　人称代名詞の再帰用法 (weromwurkjend gebrûk)　170

　　(1) 再帰代名詞の欠如と再帰表現　170
　　(2) 再帰用法と非再帰用法の3人称代名詞　172
　　(3) sels　174
　　(4) 相互代名詞 (wjersidich foarnamwurd)　177

　§24　所有代名詞 (besitlik foarnamwurd)　179

(1)　所有代名詞の限定形と独立形　179
　　(2)　所有代名詞と親族名称の表現　182

§25　指示代名詞（oanwizend foarnamwurd）　186

§26　不定代名詞（ûnbepaald foarnamwurd）　193

§27　疑問詞（fraachwurd）と疑問文（fraachsin）　204
　　(1)　ま と め　204
　　(2)　疑問代名詞（freegjend foarnamwurd）　204
　　(3)　疑 問 副 詞（freegjend bywurd）　207
　　(4)　間接疑問文（yndirekte fraachsin）　208
　　(5)　その他の疑問文　211
　　(6)　感 嘆 文（útroppende sin）　212

§28　関係詞（betreklik foarnam- en bywurd）と関係文（betreklik bysin）　214
　　(1)　ま と め　214
　　(2)　関係代名詞（betreklik foarnamwurd）　215
　　(3)　関 係 副 詞（betreklik bywurd）　219
　　(4)　dy't/dêr't と wa't/wêr't　220

VI　数　　詞（telwurd）　223

§29　数詞と数の表現　224
　　(1)　基数詞（haadtelwurd）と序数詞（rangtelwurd）　224
　　(2)　数詞による表現　229

VII　副　　詞（bywurd）　233

§30　場所の副詞（bywurd fan plak）　234
　　(1)　副詞の分類　234
　　(2)　一般的な場所を示す副詞と「R 副詞」　234
　　(3)　特定の場所を示す副詞　237

§31　時間の副詞（bywurd fan tiid）と時間表現　239
　　(1)　直示的（deiktysk）な時間表現　239
　　(2)　「名詞 -s」と「定冠詞＋名詞 -s」　241
　　(3)　「名詞 -s」以外の配分的意味の表現　244
　　(4)　その他の時間の副詞　246
　　(5)　曜日，月，四季〈補足〉　247

　　　　　　　　　　　　　　　　　　　　　　　　　　　目　次　xv

　§32　その他の副詞　249
　　(1)　様態の副詞(bywurd fan wize)　249
　　(2)　程度・比較の副詞(bywurd fan graad)　250
　　(3)　論理の副詞(bywurd fan kausaliteit)　252
　　(4)　話法の副詞(bywurd fan modaliteit)　254
　§33　否定詞 net と否定(ûntkenning)　259
　　(1)　否定詞 net の用法　259
　　(2)　否定詞 net と関連表現　261
　　(3)　二重否定(dûbele ûntkenning)と「虚辞の net」　262

VIII　der ·· 265

　§34　der の四つの用法と「代名詞の der」　266
　　(1)　der の四つの用法　266
　　(2)　「代名詞の der」(pronominaal 'der')と「R代名詞」　267
　§35　「場所の der」(lokatyf 'der')と「R副詞」　277
　§36　「存在の der」と「虚辞の der」　279
　　(1)　「存在の der」(eksistinsjeel 'der')　279
　　(2)　「虚辞の der」(ekspletyf 'der')　281

IX　前置詞と後置詞(ferhâldingswurd) ································ 291

　§37　前　置　詞(preposysje)　292
　　(1)　個々の前置詞　292
　　(2)　「代名詞の der」を欠く前置詞の残留　305
　　(3)　場所の前置詞を欠く表現　309
　　(4)　前置詞のその他の用法　310
　　(5)　「ゼロ属格の fan」と「虚辞の fan」　313
　§38　名詞句を支配する後置詞(postposysje)　320
　　(1)　後置詞の種類と代名詞の分離　320
　　(2)　後置詞と前置詞の相違　321
　　(3)　個々の後置詞　325
　§39　前置詞句を支配する後置詞　327
　　(1)　用　　法　327
　　(2)　前置詞および名詞句を支配する後置詞との関係　328

(3) 語　　順　330
　　　(4) 個々の後置詞の用例　333

X　接　続　詞(bynwurd) ……………………………………… 339

　§40　接続詞の種類と文の構造　340
　§41　並列接続詞(lykskikkend bynwurd)　342
　　　(1) 並列接続詞の用法と空所化　342
　　　(2) 個々の並列接続詞　343
　　　(3) 並列接続詞と副詞　347
　§42　補文導入要素と補文標識(komplemintearder)　349
　　　(1) 補文標識の種類と用法　349
　　　(2) oft/at と as　356
　　　(3) 補文標識の「活用」(fleksje)　358
　§43　従属接続詞(ûnderskikkend bynwurd)　360
　　　(1) 従属文と枠構造　360
　　　(2) 個々の従属接続詞　364
　§44　従属文を伴う dat と主文を伴う dat　374
　　　(1) 従属文を伴う dat　374
　　　(2) 主文を伴う dat　376
　　　(3) dat を欠く主文　380

XI　動　　詞(tiidwurd) …………………………………………… 383

　§45　動詞の語形変化と文法範疇：概観　384
　　　(1) 定形と不定形　384
　　　(2) 定　　形(finite foarm, persoansfoarm)　384
　　　(3) 不　定　形(ynfinite foarm, nominale foarm)　386
　§46　動詞の語形変化(bûging)と分類　389
　　　(1) 動詞の三つのクラスと下位分類　389
　　　(2) 語幹(stam)と人称変化語尾(útgong)　390
　§47　e-動　詞(e-tiidwurd)　394
　　　(1) 弱変化動詞(swak tiidwurd)：規則動詞(regelmjittich tiidwurd)　394
　　　(2) 弱変化動詞：不規則動詞(ûnregelmjittich tiidwurd)　398
　　　(3) 強変化動詞(sterk tiidwurd)　405

目　次　xvii

　　(4) 過去現在動詞 (tiidwurd mei opskode doetiid, preterito presens)　411

§ 48　je- 動　詞 (je-tiidwurd)　413
　　(1) 過去形・過去分詞の歯音接尾辞の欠如と過去形 2 人称親称単数の -st(e)　413
　　(2) 弱変化動詞：規則動詞　415
　　(3) 弱変化動詞：不規則動詞　418
　　(4) 強変化動詞　420

§ 49　n- 動　詞 (n-tiidwurd)　421

§ 50　不規則動詞変化表　424

§ 51　時制 (tiid) と命令形 (hjittende foarm, ymperatyf)　442
　　(1) 現　在　形 (notiid)　442
　　(2) 過　去　形 (doetiid)　443
　　(3) 命　令　形　444

§ 52　完　了　形 (folsleine tiid)　447
　　(1) 完了形の語形　447
　　(2) 完了の助動詞 hawwe/wêze の選択　447
　　(3) 現在完了形 (folsleine notiid)　451
　　(4) 過去完了形 (folsleine doetiid)　455

§ 53　話法の助動詞 (modaal helptiidwurd)　457
　　(1) 話法の助動詞の語形変化と語順　457
　　(2) 不定詞の省略　458
　　(3) 話法の助動詞の主観的用法 (話法的用法) と客観的用法 (疑似話法的用法)　462
　　(4) 非現実の表現と「過去完了構文」/「完了不定詞構文」　464
　　(5) 第 1 不定詞を伴う話法の助動詞　470
　　(6) te- 第 2 不定詞または第 1 不定詞を伴う話法の助動詞　479

§ 54　受　動　態 (ûndergeande foarm, passyf)　483
　　(1) 人　称　受　動 (persoanlik passyf)　483
　　(2) 非人称受動 (ûnpersoanlik passyf)　489
　　(3) 受動態の関連構文　489

§ 55　使役動詞 (kausatyf tiidwurd) と再帰動詞 (weromwurkjend tiidwurd)　492
　　(1) 使　役　動　詞　492
　　(2) 再　帰　動　詞　494

§ 56　非人称動詞 (ûnpersoanlik tiidwurd) と非人称表現　499

§57　態にかんする語彙的表現　503
　⑴　中間動詞と能格動詞(非対格動詞)　503
　⑵　その他の態にかんする語彙的表現　507

§58　名詞抱合(nomenynkorporaasje, haadwurdynkorporaasje)　512
　⑴　まとめ　512
　⑵　名詞抱合の生産性　514
　⑶　名詞抱合の形態的特徴　515
　⑷　名詞抱合の意味的特徴　521
　⑸　名詞抱合の統語的特徴：被抱合名詞　523
　⑹　名詞抱合の統語的特徴：抱合動詞の項構造　526
　⑺　名詞抱合の統語的制約　529
　⑻　名詞抱合の存在理由　533
　⑼　類別的名詞抱合　537
　⑽　形容詞抱合　539
　⑾　名詞抱合とは異なる動詞：品詞転換と並列動詞　540

§59　分離動詞(skiedber tiidwurd)：不変化詞動詞　542
　⑴　語形と語順　542
　⑵　分離成分の種類と意味　545
　⑶　分離動詞の認定の問題　551

§60　非分離動詞(ûnskiedber tiidwurd)：接頭辞動詞　552
　⑴　接頭辞(foarheaksel)の種類　552
　⑵　接頭辞 be-　553
　⑶　接頭辞 fer-　571
　⑷　接頭辞 te-　579
　⑸　接頭辞 ûnt-　582
　⑹　接頭辞 mis-　587
　⑺　接頭辞 wjer-　592
　⑻　接頭辞 efter-/foar-/oan-/oer-/om-/troch-/ûnder-　594

§61　接尾辞(efterheaksel)の付加と品詞転換(konverzje)による
　　　派生動詞(ôflaat tiidwurd)　599
　⑴　動詞の派生方法：接尾辞の付加と品詞転換　599
　⑵　接尾辞 -el/-er による派生動詞　603
　⑶　接尾辞 -k による派生動詞　604
　⑷　ゼロ品詞転換(keale konverzje)による派生動詞　605
　⑸　加音(augmint)つき品詞転換による派生動詞　609
　⑹　「igje- 動詞」(加音 -ig)と「gje- 動詞」(-g)　616

§62　現在分詞(fuortsettend mulwurd)　619
　⑴　現在分詞の用法　619
　⑵　形容詞化した現在分詞　621

§63　過去分詞(ôfsluttend mulwurd)　626
　⑴　過去分詞の用法　626
　⑵　形容詞化した過去分詞　628

§64　不定詞(ynfinityf, nammefoarm)の種類　631

§65　第1不定詞(e-不定詞 e-ynfinityf)　634
　⑴　名詞用法　634
　⑵　その他の用法　635

§66　第2不定詞(en-不定詞 en-ynfinityf)　640
　⑴　名詞用法　640
　⑵　知覚動詞構文(ACI-構文)　648
　⑶　第2不定詞+アスペクト動詞(bliuwe/gean)　650
　⑷　名詞句+{stean/sitten/lizzen/hingjen/rinnen}+{hawwe/fine}　655
　⑸　it {is/liket}+形容詞+第2不定詞　657
　⑹　oan 't+第2不定詞+wêze(前置詞句進行形)　658

§67　te-第2不定詞(te-ynfinityf)　666
　⑴　te-第2不定詞の分類　666
　⑵　te-第2不定詞句を伴う他動詞(制御動詞)　667
　⑶　te-第2不定詞句を伴う話法動詞・アスペクト動詞(繰り上げ動詞)　674
　⑷　{stean/sitte/lizze/hingje/rinne}+te-第2不定詞(姿勢動詞進行形)　677
　⑸　te-第2不定詞+wêze (受動・可能・必然)　683
　⑹　「名詞句+te-第2不定詞+hawwe」(可能・適切・義務・必然)　687
　⑺　te-第2不定詞+{gean/wêze/話法の助動詞}　689
　⑻　「前置詞 … te-第2不定詞」と前置詞の om　695
　⑼　補文標識の om　698

§68　不定詞の省略　703
　⑴　第1不定詞と te-第2不定詞の省略　703
　⑵　不定詞の省略の条件　704

§69　第3不定詞(命令形不定詞)　712
　⑴　「en+第3不定詞(命令形不定詞)」構文　712
　⑵　並列型構文　713
　⑶　従属型構文　717

(4)　命令形と第3不定詞(命令形不定詞)　720
　(5)　「en＋第3不定詞(命令形不定詞)」構文と「主文を伴うdat」　721

§70　動詞群(tiidwurdkloft)の語順　723

　(1)　動詞群の語順とIPP-効果による代替不定詞　723
　(2)　IPP-効果による代替不定詞と「二重過去分詞」　726
　(3)　te-第2不定詞の語順：「オーヴェルディープ(Overdiep)の法則」　729
　(4)　動詞群の用例　730
　(5)　オランダ語との比較　738

XII　フリジア語とフリジア人について　749

　参 考 文 献　779
　地 名 索 引　797

凡　例

本文中に用いた言語名の略号は以下のとおりである。

西フリジア語（Westerlauwersk Frysk）	フ.
北フリジア語（Nordfriisk）	北フ.
北フリジア語モーリング方言（mooring）	モ.
北フリジア語フェリング方言（fering）	フェ.
東フリジア語（Seeltersk）	東フ.
古フリジア語（Aldfrysk）	古フ.
西フリジア語南(西)部方言（Súd(west)hoeksk）	南西フ.
西部の西フリジア語方言	西部フ.
東部の西フリジア語方言	東部フ.
オランダ語	オ.
オランダ語ステリングヴェルヴェン方言（Stellingwerfs）	ステ.
ドイツ語	ド.
低地ドイツ語（Niederdeutsch）	低ド.
古高ドイツ語（Althochdeutsch）	古高ド.
中高ドイツ語（Mittelhochdeutsch）	中高ド.
南部のドイツ語方言	南ド.
英　語	エ.
スウェーデン語	ス.
デンマーク語	デ.
ノルウェー語ブークモール（bokmål）	ブ.
ノルウェー語ニューノシュク（nynorsk）	ニュ.
アイスランド語	ア.
フェーロー語	フェロ.
ゴート語	ゴ.
ゲルマン祖語	ゲ.
ラテン語	ラ.

西フリジア語文法

I

音韻 (lûdlear) と正書法 (stavering)

リャウエト (Ljouwert) の未完の斜塔
オーデハウ (Aldehou)

§1　文字（アルファベット　alfabet）

　標準西フリジア語の言語規範は意図的にオランダ語からできるだけ距離を保とうとするが，これは正書法でも同様である。音韻には地域差があるが，以下では標準的な発音を中心に記す。正書法は1945年と1976年(1980年実施)の2回にわたって改正されたが，「割れ」(§5)の表記をはじめとして不徹底な面があり，習得には困難が伴う。正しい正書法を身につけている話者は10％ほどにすぎず，学校教育でも正書法の習得に重点が置かれている。

　文字(アルファベット)は次のとおりである。

A	a, â	[aː]	M	m	[εm]
B	b	[beː]	N	n	[εn]
(C	c	[seː])	O	o, ô	[oː]
D	d	[deː]	P	p	[peː]
E	e, ê	[eː]	(Q	q	[ky])
F	f	[εf]	R	r	[εr]
G	g	[geː]	S	s	[εs]
H	h	[haː]	T	t	[teː]
I	i, Y y	[i]	U	u, û, ú	[y]
J	j	[je:]	V	v	[feː]
K	k	[kaː]	W	w	[veː]
L	l	[εl]	(X	x	[ɪks])
			Z	z	[zεt]([sεt])

　Q/q と X/x はほとんど用いない。外来語では qu を k/kw とし，x を ks とする。

　　　　　　　　　　　　　　　　　　　　　　　　§1　文字(アルファベット)　　3

　　　kwitânsje［kwitɔ́:ⁿʃə］「領収書」　　eksamen［ɛksá:mən］「試験」
　C/c は単独では用いず，Ch/ch としてのみ現われる。
　　V/v と Z/z は語末と語頭では用いない。これは摩擦音［v］/［z］が語中にし
か現われないためである。したがって，辞書の見出し語には V/v と Z/z の項
目がない。Z/z の文字の読みかたは一般に［zɛt］とされるが(Zantema 1984：
1213, Dykstra 2000：830)，本来の西フリジア語の発音は［sɛt］である。
　　Y/y は子音字ではなく，閉音節で I/i［ɪ］にたいして［i］の音を示す母音
字である。I/i と区別して Fryske y (Grykske y, y-grek)と呼ぶことがある。
辞書では I/i と同じ箇所に配列される。
　　母音字の小文字に補助記号(「　 ̂　」：breedteken,「　´　」：skerpteken)を添え
た â, ê, ô, û, ú は，もとの母音字と発音は同じだが，違う環境に現われた
り，もとの母音字の発音と音質や長さが異なる音に用いる。大文字ではふつう
補助記号を用いずに，A(←â), E(←ê), O(←ô), U(←û), U(←ú)とつづ
る(補助記号つきの表記も見かけるが，正式には不要)。辞書ではもとの母音字
と同じ箇所に配列される。
　　アクセントを持つ e の文字が開音節であいまい母音［ə］と発音されるのを
防ぐために，十数個の語に限って é の文字を用いる。
　　　grouwélich［grɔuvé:ləx］「ひどい」
　　　oerémis［uəré:mɪs］「我を忘れた」
　分音符(「　¨　」：トレマ, trema)は直前に音節の切れ目があることを表わす。
　　　beämte［bəámtə］「公務員，役人」↔ beamte［bjɛ́mtə］「木々」
　　　see［se:］「海」↔ seeën［sé:ən］「海(複数形)」
　　　ree［re:］「準備ができた」↔ reëel［rɪ(j)é:l］「現実の」

§2 母　　音 (lûd)

(1) ま と め

　西フリジア語は母音が豊かであり，短母音が 10 種類，長母音が 9 種類ある。そのほかに二重母音（くだり二重母音）が 11 種類ある。くだり二重母音の一部は「割れ」（§5）によっていわゆる「のぼり二重母音」と交替すると言われることがある。しかし，本書ではこれを音韻論的に半母音と短母音の連続とみなして，二重母音には含めない。

　　wite［vítə］「白い（wyt［vit］の変化形）」
　　witte［vítə］「知っている」(ik wit［vɪt］「私は知っている」)
　　wiidte［víːtə］「広さ」
　　wiete［víətə］「濡れた（wiet［viət］の変化形）」
　　wiette［vjítə］「湿気」

　本書では半長母音は設定せず，短母音で表記する。三重母音は認めない。有アクセントの語頭母音の前では声門閉鎖音が出ることがあるが，ドイツ語ほど強くない。オランダ語も同様。

　母音の対立はオランダ語のような「張り/弛み」ではなく，「長/短」であり，長母音は明確に長い。[ɪ]↔[eː]を除いて短母音との音質の差はそれほど顕著ではない。[a]をオランダ語のように奥寄りの[ɑ]と表記する例もあるが，本書では[a]とし，長母音は[aː]として，ともに中舌母音とみなす。

　以下の表ではカッコ内（〈　〉）につづり字を添える。「閉」は閉音節，「開」は開音節の略である。これは有アクセント音節での区別を指す。正書法では一部の母音字について，開音節の長母音と閉音節の短母音は母音字と子音字ともに重ねないが，開音節の短母音は後ろの子音を二つ重ね，閉音節の長母音は母音字を二つ重ねて区別する。ただし，最近の外来語には例外がある。

```
kap      [kap]    「頭巾，ベール」(閉音節の短母音 a)
kappen   [kápən]  「頭巾，ベール(複数形)」(開音節の短母音 pp)
kaap     [kaːp]   「岬」(閉音節の長母音 aa)
kapen    [káːpən] 「岬(複数形)」(開音節の長母音 a)
```

ただし，正書法上の概念として，開音節は(母音ではなく)「母音字」で終わる音節，閉音節は(子音ではなく)「子音字」で終わる音節と解釈されることがあるので，注意を要する。この場合，kappen では a が発音上は開音節にあるが([ká]-[pə])，正書法上は閉音節にあることになる(kap-pe)。西フリジア語の母音表記は正書法上の概念としての開音節・閉音節の区別に基づいている点があるため，以下では便宜的に発音ではなく，正書法上の概念としてこの区別に言及することにする。

派生語と複合語では個々の成分の音節構造を保つ表記をする。たとえば，wiidte [víːtə]「広さ」の [iː] は発音上は開音節([víː]-[tə])にあるが，'wiid [viːt]「広い」+-te [tə]「接尾辞」'という語形成を明示するために，ii とつづる。この場合，語全体として見れば，ii は正書法上閉音節にあるために(wiid-te)二つ重ねるとも言える。

母音の分類には「前舌，中舌，後舌」/「円唇，非円唇」と並んで，開口度による「狭，半狭，半広，広」という用語を用いる。これは舌の位置の高低による「高舌，中高舌，中低舌，低舌」という用語に対応する。以下の解説では舌の位置の高低による説明をすることもある。

(2) 短 母 音 (koart ienlûd)

短母音には次の10種類がある。カッコ(〈 〉)内につづり字を示す。

	前舌		中舌	後舌
	非円唇	円唇	非円唇	円唇
狭	i 〈y 閉/i 開〉	y 〈ú 閉/u 開〉		u 〈û/oe〉
半狭	ɪ 〈i 閉〉	ø 〈u 閉〉		o 〈o 閉〉
半広	ɛ 〈e 閉〉		ə 〈e など〉	ɔ 〈o 閉/a 閉+歯音〉
広			a 〈a 閉〉	

［i］：口の開きは小さく，唇を緊張させる。［ɪ］との区別に注意。
① y：閉音節
　　　fyn［fin］「細かい」　　wyt［vit］「白い」　　myn［min］「私の」
② i：語末を除く開音節
　　　fine［fínə］「見つける」　　wite［vítə］「白い(変化形)」
　　　mines［mínəs］「私のもの」
③ y：語末
　　　dy［di］「それ」　　party［páti］「いくつかの」　　juny［jýni］「6月」
④ -dei［djə, (d)ʒə, di］（← dei［dai, dɛi］「日」）による古くから固定した本来の西フリジア語の複合語（§7 (1)）
　　　jierdei［jídjə, jídʒə, jídi］「誕生日」　　tiisdei［tíːzdjə, tíːʒə, tíːzdi］「火曜日」
　　　↔ nijjersdei［nɛi(j)iəzdái, …dɛ́i］「元日」
　　　-deisk/-deis による複合語の形容詞・副詞はこの限りではない。
　　　hjoeddeisk［júədais(k), …dɛis(k)］「こんにちの」
　　　hjoeddeis［júədais, …dɛis］「こんにち」
⑤ 名詞派生接尾辞 -heid［…hit］（［…hait, hɛit］の発音は好ましくない）
　　　swierrichheid［swjírəxhit］「困難」

［ɪ］：口の開きは［i］より広めで，唇の緊張はゆるい。［i］との区別に注意。機能的には［eː］の短音にあたる。
① i：閉音節のみ
　　　fin［fɪn］「うろこ」－finnen［fínən］「うろこ(複数形)」
　　　witte［vítə］「知っている」－ik wit［vɪt］「私は知っている」
　　　min［mɪn］「悪い」－minne［mínə］「悪い(変化形)」
② 外来語や固有名詞で有アクセントの［ɛ］は i［ɪ］で表わすことが多い。
　　　septimber［sɛptímbər］「9月」　　eksimpel［ɛksímpəl］「例」
　　　elemint［ɪləmínt］「要素」　　Ingelân［íŋəlɔːn］「イギリス」
　　　Drinte［drínt̬ə］「ドレンテ（オ．Drenthe［drɛ́ntə］，州名）」

［ɛ］：日本語のエとほぼ同じ。

e：有アクセントの閉音節
beppe [bɛ́pə]「祖母」　　wet [vɛt]「法律」

[a]：日本語の「ア」よりも奥寄り（[ɑ] とする記述もある）。前寄りの長母音 [aː] との差に注意。
① a：閉音節のみ
acht [axt]「8」　　planke [pláŋkə]「板」
② a：少数の語の語末。おもに文法的機能語
ta [ta]「…へ，…について」　　sa [sa]「そんな」
ik ha [ha]「私は持っている」(hawwe [hávə]「持っている」)
③ oa：少数の語
moandei [mándjə, …di]「月曜日」
moatte [m(w)átə]「…なければならない」

[ɔ]：唇をまるめた広い「オ」。
① o：o [o] との区別に注意
sok [sɔk]「靴下」　　klok [klɔk]「柱時計」　　bod [bɔt]「申し出」
hollich [hɔ́ləx]「空洞の，空腹の」(hol [hɔl]「くぼみ，ほら，穴」)
② a：閉音節で歯(茎)音 s/l/d/t/n の直前（いわゆる soldaten「兵士たち」の子音）。z [z]/ng [ŋ]/nk [ŋk] は除く）。a のつづりはかつての発音 [a] による。
jas [jɔs]「ジャケット」　　bal [bɔl]「ボール」　　wat [vɔt]「何」
mad [mɔt] (mêd [mɛːt])「耕地」　　plan [plɔn]「計画」
o [ɔ] との相違に注意。
kast [kɔst]「戸棚，たんす」－kost [kɔst]「食料，食事」
past [pɔst]「適当である」(passe [pɔ́sə] の過去分詞)－post [pɔst]「郵便」
「r の脱落」(§7(3))による黙字の r の直前と，短母音化(§4)や「割れ」(§5)による a は，②の歯茎音の直前でも [a] と発音する。
part [pat]「部分」（黙字の r）　　hoanne [wánə]「にわとり」（割れ）
hastich [hástəx]「性急な」(haast [haːst]「性急さ」，短母音化)

8　I　音韻と正書法

　　なお，開音節で長母音を示す a は②の歯茎音の直前でも［aː］と発音する。
　　talen［táːlən］「言語」(taal［taːl］の複数形)
　　一部の例外，最近の外来語などでも同様。
　　{hy hat［hat］/(do) hast［hast］}「{彼/君} は持っている」(hawwe
　　［hávə］「持っている」)　　master［mástər］「主人，師匠」
　　watten［vátən］「綿」　　antropology［antropologí］「人類学」（外来語）

［o］：唇をまるめた狭い「オ」。［ɔ］との区別に注意。
　　o：閉音節のみ
　　sok［sok］「そのような」　　klok［klok］「卵を抱くめんどり」
　　bot［bot］「にぶい」
　　hollich［hóləx］「がんこな」　　holle［hólə］「頭」

［u］：日本語の「ウ」よりも口の開きが小さく，唇をまるめる。
① û：n の直前および外来語
　　grûn［grun］「地面」(n の直前)
　　gûverneur［guvərnøːr］「総督」（外来語）
② û：おもに対応するオランダ語が ui/eu の場合。閉音節と開音節。
　　krûpe［krúpə］「這う」（オ．kruipen［krœypə(n)］)
　　bûk［buk］「腹」（オ．buik［bœyk］)
③ oe：おもに対応するオランダ語が oe/oo の場合で，とくに k/ch/g の直前。
　　閉音節と開音節。oe というつづりはかつての発音［oː］のなごりである。
　　oe［uə］/［uː］との区別に注意。
　　boek［buk］「本」（オ．boek［buːk］)
　　droech［drux］「乾いた」（オ．droog［droːx］)
　　oefening［úfənɪŋ］「練習」（オ．oefening［úːfənɪŋ］)

［y］：［i］を発音する口のかまえで唇をまるめる。
① ú：閉音節。ú［yː］と同様に ú［y］とつづる。
　　nút［nyt］「クルミ」　　tút［tyt］「キス」
② u：開音節

nuten［nýtən］「クルミ（複数形）」　　tuten［týtən］「キス（複数形）」
（*nútten/*tútten とはつづらない）

[ø]：[ɛ] の口のかまえで唇をまるめる。ドイツ語の können [kœnən]「…できる」の ö [œ] よりも口の開きがやや狭い。
  u：閉音節のみ
  wurd［vøt］「語」－wurden［vǿdən］「語（複数形）」
  nut［nøt］「利益」－nutte［nǿtə］「利益になる」（nutsje［nǿtʃə］の過去分詞）」　　tusken［tǿskən］「…の間に」

[ə]：あいまい母音 (schwa) で無アクセント。
① e
　se［sə］「彼（女）（ら）」　　belibje［bəlíbjə］「経験する」
② e 以外：文法的機能語・外来語・接尾辞など
 i) 文法的機能語
　in［ən］「不定冠詞」　　it［ət］「それ」
　ris［rəs］「かつて，ちょっと」↔ ris［rɪs］「備え」
 ii) 外来語
　fabryk［fəbrík］「工場」　　museum［mysé:øm, …əm］「博物館」
　sigaar［sigá:r, sə…］「葉巻」　　sjauffeur［ʃoføǿr, ʃə…］「運転手」
 iii) 接尾辞 -ich［əx］/-lik［lək］/-sum［søm, səm］
　nuttich［nǿtəx］「有益な」　　dúdlik［dýdlək］「明らかな」
　seldsum［sɛl(t)søm, …səm］「稀な」
　語末の e [ə] は特定の名詞で脱落することがある。
　ebbe［ɛbə］/eb［ɛp］「干潮」（オ．eb）
　doaze［dóəzə］/doas［doəs］「袋」（オ．doos）
③ -dei［djə, di］：middei［mídjə, mídi］「昼，午後」

(3) 長 母 音 (lang ienlûd)

長母音には次の9種類がある。母音の対立はオランダ語のような「張り/弛

み」ではなく，「長/短」であり，長母音は明確に長い。[ɪ]↔[e:]を除いて短母音との音質の差はとくにない。カッコ〈 〉内につづり字を示す。

	前舌		中舌	後舌
	非円唇	円唇	非円唇	円唇
狭	i: 〈ii 閉/i 開〉	y: 〈ú 閉/u 開〉		u: 〈û/oe〉
半狭	e: 〈ee 閉/e 開〉	ø: 〈eu〉		o: 〈oo 閉/o 開〉
半広	ɛ: 〈ê/(e)〉			ɔ: 〈ô/â〉
広			a: 〈aa 閉/a 開〉	

[i:]：[i]の長音。i [ɪ]との区別に注意。
① ii：閉音節
　　tiid [ti:t]「時間」　　wiid [vi:t]「広い」
② i：開音節
　　tiden [tí:dən]「時間(複数形)」　　wide [ví:də]「広い(変化形)」

[e:]：口の開きは[ɛ:]よりも小さく，唇を緊張させ，「イ」と「エ」の中間。ドイツ語とオランダ語の[e:]と同様。i [ɪ]の長音にあたる。
① ee：閉音節
　　wees [ve:s]「みなしご」　　reed [re:t]「ドライブ」
② e：開音節
　　wezen [vé:zən]「みなしご(複数形)」　　rede [ré:də]「理性」
③ ee：語末およびその変化形と複合語の成分
　　see [se:]「海」－ seeën [sé:ən]「海(複数形)」－ seeman [sé:mɔn]「船乗り」
　　短音の[e]はない。外来語でアクセントを持たないあいまい母音以外のeを[e.]と記すことがあるが，本書では半長母音を認めず，短母音[ɪ]で表記する(次の語は[e.dísjə]/[e.dyká:sjə]とは表記しない)。
　　edysje [ɪdíʃə]「編集」　　edukaasje [ɪdyká:ʃə]「教育」

[ɛ:]：[ɛ]の長音。日本語の「エー」とほぼ同じ。[e:]との区別に注意。

① ê：閉音節と開音節

rêd［rɛːt］「車輪」－rêde［rɛ́ːdə］「救う」

wês［vɛːs］「…であれ」(wêze［vɛ́ːzə］「…である」の命令形) － wêzen［vɛ́ːzən］「本質」

② e：少数の例外

bern［bɛ(ː)n］「子供」　　gers［gɛːs］「草」（§7(3) r の脱落）

［aː］：前寄りの「アー」。後寄りの短母音［ɑ］との差に注意。

① aa：閉音節

baan［baːn］「コース」　　saad［saːt］「井戸」

② a：開音節

banen［báːnən］「コース（複数形）」　　saden［sáːdən］「井戸（複数形）」

wa't［vaːt］「…する人（関係代名詞）」(↔ wat［vɑt］「何」)

［ɔː］：［ɔ］の長音。［oː］との区別に注意。

① â：ld/lt/n の直前(l は黙字)

âld［ɔːt］「古い」　　sâlt［sɔːt］「塩」　　lân［lɔːn］「国，土地」

おもに l の前で，対応するオランダ語の語形に a がある場合。

stâl［stɔːl］「家畜小屋」（オ. stal［stɑl］）

â というつづりはかつての発音［aː］による。

② ô：ld/lt/n の直前以外

nôt［nɔːt］「穀粒」　　stôk［stɔːk］「杖」

おもに l の前で，対応するオランダ語の語形に o がある場合。

rôlje［rɔ́ːljə］「転がる」（オ. rollen［rɔ́lə(n)］）

ただし，fôle［fɔ́ːlə］「子馬」（オ. veulen［vǿ.lə(n)］）

［oː］：［o］の長音。［ɔː］との区別に注意。

① oo：閉音節

hoopje［hóːpjə］「希望する」　　ik stook［stoːk］「私は火をたく」

② o：開音節

hy hopet［hóːpət］「彼は望む」　　stoke［stóːkə］「火をたく」

[u:]：[u] の長音。
　　　ただし，短母音 [u] になりやすい傾向が認められる。
　　　jûn [ju(:)n]「晩」　　betûft [bətú(:)ft]「器用な，有能な」
① û：n の直前および外来語
　　　dûns [du:ⁿs]「ダンス」(n の直前)
　　　kompjûter [kompjú:tər]「コンピューター」(外来語)
② û：おもに対応するオランダ語が ui/eu の場合
　　　hûs [hu:s]「家」(オ．huis [hœys])
　　　bûgel [bú:ɣəl]「アイロン」(オ．beugel [bǿ.ɣəl])
③ oe：おもに対応するオランダ語が oe/oo の場合で，とくに k/ch/g の直前。oe というつづりはかつての発音 [o:] による。oe [u]/[uə] との区別に注意。
　　　skoech [sku:x]「靴」(オ．schoen [sxu.n])
　　　it roek [ru:k]「匂いがした」(rûke [rú:kə]「匂う」の過去形)(オ．het rook [ro.k])
　　　hy kroep [kru:p]「彼は這った」(krûpe [krú:pə]「這う」の過去形)(オ．hij kroop [kro.p])
　　　注意：boek [bu:k]「ブナの木」(オ．beuk [bǿ.k])
　　　　　　↔ boek [buk]「本」(オ．boek [bu.k])

[y:]：[y] の長音
① ú：閉音節。ú [y] との区別に注意。
　　　ik snúf [sny:f]「私は鼻息を立てる」　　drúf [dry:f]「ぶどう」
② u：開音節。u [y] と同様に u [y:] とつづる。
　　　snuve [sný:və]「鼻息を立てる」　　druven [drý:vən]「ぶどう(複数形)」

[ø:]：[ø] の長音
　　　eu：閉音節と開音節
　　　deun [dø:n]「歌」－deunen [dǿ:nən]「歌(複数形)」
　　　sneu [snø:]「残念な」　　beuker [bǿ:kər]「幼児，園児」

De Haan (1999) は音素配列論 (エ. phonotactics) の視点から，次の分類を提案している (/a/ は [aː]，/ɑ/ は [a] に対応する)．

A-母音 (エ. bipositional monophthongs)
　/i/, /iː/, /y/, /yː/, /u/, /uː/, /e/, /ø/, /ɛː/, /o/, /ɔː/, /a/, /ə/

B-母音 (エ. monopositional monophthongs)
　/I/, /Y/, /ɛ/, /o/, /ɔ/, /ɑ/

これは音声学的な「長さ」とは別に，非線状音韻論 (エ. non-linear phonology) の枠組みでの音韻論的な「韻脚」を考慮した分析であり，理論的に興味深い．ただし，あいまい母音 [ə] を /iː/ などの長母音と同類とみなすなど，抽象度の高い分類になっている．また，A-母音と B-母音の音素の数に大きな差があり，音韻構造の均質性という観点からの批判もある (Visser 2003)．

(4) 二 重 母 音 (twalûd)

二重母音は後半部があいまい母音 e [ə] の 6 種類と，後半部が高舌母音 [i]/[y]/[u] の 5 種類に分かれる．いずれも前半部がアクセントを持ってやや長く，音節主音になり，後半部が軽く添えられるので，「くだり二重母音」(delgeand twalûd) と呼ぶ．ただし，本書ではすでに述べたように，半長母音は認めないので，[i.ə]/[y.ə] などではなく，[iə]/[yə] のように表記する．このほかの母音の組み合わせは「母音＋半母音 /j/, /w/」の組み合わせと解釈される (§6(3))．カッコ (〈 〉) 内につづり字を示す．

	前舌		中舌	後舌
	非円唇	円唇	非円唇	円唇
狭	iə 〈ie〉	yə 〈ue〉		uə 〈oe〉
半狭	Iə 〈ea〉	øə 〈eo/(eu)/(eau)〉		oi 〈oi〉　oə 〈oa〉
半広	ɛi 〈ij/(ei)/(y)〉	œy 〈ui〉		ɔu 〈ou/au〉
広			ai 〈ai/ei〉	

(a) **後半部があいまい母音 e [ə] の二重母音**

[iə]：ie とつづる．[Iə] との区別に注意．

　　　　ier [iər]「血管」　　　hier [hiər]「髪」　　　hiel [hiəl]「全体の」
[Iə]：ea とつづる。[iə] との区別に注意。
　　　　ear [Iər]「耳」　　　hear [hIər]「紳士」　　　heal [hIəl]「半分の」
[oə]：oa とつづる。
　　　　boat [boət]「ボート」　　　noas [noəs]「鼻」
　　　　無アクセントの oa は [o, ə] と発音することがある。
　　　　toaniel [toníəl, təníəl]「舞台，演劇」
[uə]：oe とつづる。oe [u]/[uː] との区別に注意。
　　　　doel [duəl]「目的」　　　foet [fuət]「足」
[yə]：ue とつづる。
　　　　nuet [nyət]「飼いならされた」　　　sluere [slýərə]「滑る」
　　　　ロマンス語などからの外来語にも用いる。
　　　　kultuer [køltýər]「文化」　　　natuer [natýər]「自然」
[øə]：
① eo：大多数の語
　　　　freon [frøən]「友だち」　　　gleon [gløən]「白熱した」
② eu：r の前
　　　　fleur [fløər]「開花，活気」　　　auteur [oːtǿər, ɔutǿər]「著者，作家」
③ eau：-iuwe で終わる動詞の過去形（[jou] の発音もある）と過去分詞など
　　　　hy skreau [skrjou, skrøə]「彼は書いた（過去形）」
　　　　－hy hat skreaun [skrøən]「同上（現在完了形）」（skriuwe
　　　　[skrjýwə, skrjówə]「書く」）　　　kleaune [kløənə]「糸玉」
　　　　eau [jou] との区別に注意。
　　　　skreau [skrjou]「叫び」　　　skreauwe [skrjówə]「叫ぶ」

(b) **後半部が高舌母音の [i]/[y]/[u] の二重母音**
[ɔu]：[ɔ] はかなり低舌で，オランダ語の ou/au [ɔu] と同様に「オウ」よりも「アウ」と聞こえる。本書のカナ表記では「アウ」とする。
① ou/au：つづり分けはオランダ語と同様に歴史的な理由による。
　　　　hout [hɔut]「木材」（オ．hout [hɔut]）
　　　　blau [blɔu]「青い」（オ．blauw [blɔu]）

rou [rɔu]「粗い」(オ．ruw [ry.u])－rau [rɔu]「生の」(オ．rauw [rɔu])
grou [grɔu]「太った」(オ．grof [ɣrɔf])－grau [grɔu]「灰色の」(オ．grauw [ɣrɔu])

② e [ə] が続くときは w を付記して ouwe/auwe [ɔuə] となる(ouwe/auwe [ɔuwə] という表記もある。§6⑶(b)⑤)
rouwens [rɔ́uəⁿs]「粗いこと」　blauwens [blɔ́uəⁿs]「青，青さ」
grouwe [grɔ́uə]「太った(変化形)」－grauwe [grɔ́uə]「灰色の(変化形)」
hy rouwe [rɔ́uə]「彼は喪に服した(過去形)」(オ．hij rouwde [rɔ́udə])
(rouje [rɔ́ujə]「喪に服する」(オ．rouwen [rɔ́u(v)ə(n)])
it dauwet [dɔ́uət]「露がおりる」(オ．het dauwt [dɔut])(dauje [dɔ́ujə]「露がおりる(現在形)」(オ．dauwen [dɔ́u(v)ə(n)])

[œy]：ui とつづる。オランダ語の ui と同様に [œ] は低舌で，円唇の「アイ」の発音に近く聞こえる。本書のカナ表記では便宜的に「アイ」とする。
fluit(e) [flœ́yt(ə)]「フルート」　bui [bœy]「にわか雨」

[ɛi]：
① ij
bij [bɛi]「ミツバチ」　praterij [praːtərɛ́i]「おしゃべり」
② y：次の人称代名詞と前置詞
hy [hɛi]「彼(主格)」, sy [sɛi]「彼(女)ら；それら(主格)」, wy [vɛi]「私たち(主格)」, my [mɛi]「私(目的格)」, dy [dɛi]「君(目的格)」, by [bɛi]「…のもとで，…のそばに」
ヴォーデン方言(Wâldfrysk)では y [i] である。
hy [hi], sy [si], wy [vi], my [mi], dy [di], by [bi]「同上」
y はかつての発音 [i] に対応し，ヴォーデン方言はこの点で古形を保っている。また，ヴォーデン方言の ei はかつての発音どおりに [ɛi] である。[ɛi] という発音を ij ではなく，y と表記するのは，オランダ語(hij [hɛi]「彼(主格)」など)との距離を保つために，意識的に擬古的な正書法を採用していることによる。

③　ei：最近の外来語および上記のヴォーデン方言の発音
　　　aktualiteit［aktyalitɛ́it］「現状」
　　　identiteit［idɛntitɛ́it］「アイデンティティー」

［ai］：ai, ei とつづり，つづり分けは一定しない。
①　ai：比較的少ない
　　　maits［maits］「ウジ」　　baitsje［báitʃə］「男性用上着・下着」
　　　次の［ai］は二重母音ではなく，/a:/ の短母音化(§4)による /a/ と半母音 /j/ の連続による /aj/ と解釈される。発音は［ai］と同じ。
　　　aike［áikə］(/ájkə/)「卵」(aai［a:i］(/a:j/)の縮小形)
　　　kaike［káikə］(/kájkə/)「鍵」(kaai［ka:i］(/ka:j/)の縮小形)
②　ei：ヴォーデン方言で［ɛi］と発音するもの(［ɛi］参照)
　　　rein［rain, rɛin］「雨」　　meitsje［máitʃə, mɛ́itʃə］「作る」
　　　クラーイ方言(Klaaifrysk)では［ɔ:i］/［ɔi］と発音することがあるが，一般的ではないので割愛する。ヴォーデン方言の［e:］も同様。

［oi］：oi とつづる。少数の語のみ。oai［o:i］(/o:j/)との区別に注意。
　　　muoike［mwóikə］「伯母」　　ruoikje［rwóikjə］「静かに漕ぐ」
　　　oi［oi］を oai と同一であるとしたり，三重母音 uoi の一部とする意見があるが，本書では独立の二重母音とみなす。

§3　鼻音化（nasalearring）と長母音化（rekking）

(1)　鼻　音　化

「母音＋n」は摩擦音 f［f］/w［v］/s［s］/z［z］/j［j］/w［v］と流音 r［r］/l［l］の直前で鼻母音になる。本書では「母音＋［ⁿ］」で示す。

　　ynfal［íⁿfɔl］「思いつき，侵入」　　tsjinwar［tsjíⁿvar］「防衛」
　　âldens［ɔ́:dəⁿs］「年齢」　　ynsekt［iⁿsɛ́kt］「昆虫」
　　ienzer［íəⁿzər］「より一致した，より仲の良い」（iens［iəⁿs］の比較級）
　　moanje［mwáⁿjə］「警告する」　　freonlik［frøáⁿlək］「親切な」
　　oanrinne［óəⁿrɪnə］「走り寄る」

ng［ŋ］/nk［ŋk］の前では鼻音化は起こらない。

　　hingje［híŋjə］「掛かっている」　　tankje［táŋkjə］「感謝する」

鼻音化は隣接する単語間でも起こることがある。

　　njoggen jier［njóɣən jiər］→［njóɣəⁿjiər］「7年間」
　　yn syn sliep［in sin slíəp］→［iⁿsiⁿslíəp］「彼の眠りの中で」

鼻音化は「母音＋n」が同一音節にあることを条件とする。

　　enoarm［ɪnwárm］（［ɪ]-[nwárm］）「とてつもない」
　　dyn hoaskes［din wáskəs］→［diⁿwáskəs］「君のストッキング（複数形・指小形）」↔ dy noaskes［di nwáskəs］「その鼻（指小形・複数形）」

語形変化で鼻音化の有無が現われる語がある。「je- 動詞」（§48(2)(b)③）の例を示す。例．wenje［vɛ́ⁿjə］「住む」

　　現在形　　ik　wenje　　［vɛ́ⁿjə］　　過去形　　ik wenne　　［vɛ́nə］
　　　　　　(do) wennest　［vɛ́nəst］　　過去分詞 ik ha(w) wenne　［vɛ́nə］
　　　　　　hy　wennet　　［vɛ́nət］
　　　　　　hja wenje　　 ［vɛ́ⁿjə］

最近の外来語には鼻音化が起こらないものがある。
　　monstrum [mónstrəm]「怪物」
　無アクセントのあいまい母音 [ə] で鼻音化が起こらず，後続する n が脱落する語がある。これは隣接する音節に主アクセントがある（単一）語である。
　　neffens [nɛfə(ⁿ)s]「…に従って」　　pensjoen [pə(ⁿ)ʃúən]「年金」
　　ave(n)saasje [avə(ⁿ)sá:ʃə]「前進」
　歴史的には，北海ゲルマン語の特徴（ド. Ingwäonismen）として，英語やフリジア語では摩擦音の直前の n が消失した。
　　フ. goes/oar（＜古フ. othar），エ. goose/other
　　↔オ. gans/ander，ド. Gans/ander
　オランダ語でも f/ch の直前では n の消失が見られる。
　　フ. sêft/fiif，エ. soft/five，オ. zacht/vijf ↔ ド. sanft/fünf
　鼻音化は n の消失の一歩手前であると言える。西フリジア語には goes [guəs]「ガチョウ」に方言的な語形として gâns [gɔ:ⁿs] があり，これに非鼻音化が起これば，n は完全に消失することになり，[ɔ:] > [uə] の変化で，[guəs] となる（Boersma/Van der Woude 1981²: 69ff.）。

(2) 長母音化

　s [s]/z [z] の直前では鼻音化に長母音化が加わる。
　　wynsk [vi:ⁿsk]「斜めの」　　finster [fé:ⁿstər]「窓」
　　bernsk [bɛ:ⁿsk]「子供っぽい」　　moarns [mwa:ⁿs]「朝に」
　　gâns [gɔ:ⁿs]「多くの」　　gûnzje [gú:ⁿʒə]「ブンブン鳴る」
　　tongersdei [tó:ⁿzdjə, tóⁿəz…, …di]「木曜日」
　　húnsk [hy:ⁿsk]「冷笑的な」　　keunst [kø:ⁿst]「芸術」
　ただし，on [oⁿ] では長音化が起こらない。
　　pronsel [próⁿsəl]「洋服のしわ」　　slonzich [slóⁿzəx]「だらしない」
　長母音化は無アクセント音節では起こらない。
　　finânsjes [finɔ́:ⁿʃəs]「財政」↔ finansjeel [finɔⁿʃé:l]「財政的な」
　　prins [pre:ⁿs]「王子」↔ prinses [prɪⁿsɛ́s]「王女」
　ただし，もとの語のアクセントが派生語などで，あいまい母音 [ə] を含む

音節をはさんで後の音節に移る場合には，主アクセントがない音節でも長母音化が起こることもある。
 dûnser [dú:ⁿsər]「踊り手」－dûnseres [du:ⁿsərɛ́s]「踊り手(女性形)」
 kânsel [kɔ́:ⁿsəl]「説教壇」－kânselarij [kɔ(:)ⁿsəlarɛ́i]「官庁」
長母音化は単語間や複合語の成分の間では起こらない。
 tsjinstân [tʃĭⁿstɔ:n]「抵抗」(tsjin「に対抗して」+stân「状態」)
 moarnsiik [mwáⁿsi:k]「朝に弱い」(moarn [moən]「朝」+siik「病気の」)
 in tin stikje [ən tɪn stíkjə]→[əⁿtɪⁿstíkjə]「薄い一切れ」
「接合のs」を含む複合語では，前半部で長音化が起こる。
 moarnsiten [mwá:ⁿzitən]「朝食」(moarn [moən]「朝」+-s [s]+iten「食事」)
 moarnsblêd [mwa:ⁿzblɛ:t]/moarnskrante [mwa:ⁿskrɔntə]「朝刊」(blêd/krante「新聞」)
 jûnsiten [jú:ⁿzitən]「夕食」(jûn [ju(:)n]「晩」)
 jûnsblêd [jú:ⁿzblɛ:t]/jûnskrante [jú:ⁿskrɔntə]「夕刊」
派生語でも最近の外来語は長音化を示さない傾向がある。
 moarnsk [mwa:ⁿsk]「朝の」↔ Finsk [fɪⁿs(k)]「フィンランドの，フィンランド語」(Fin [fɪn]「フィンランド人」)
動詞2人称単数現在形(-st)では，他の現在形との類推から長母音化が起こらない傾向がある(§47(3)(a)③)。
 winne [vĭnə]「得る(不定詞)」－ik win [vɪn]「私は得る」/hy wint [vɪnt]「彼は得る」/hja winne [vĭnə]「彼(女)らは得る」
 (do) winst [vɪⁿst] (新)「君は得る」<[ve:ⁿst] (旧)
対応する派生名詞では長母音化が起こる。
 winst [ve:ⁿst]「利益」

§4 短母音化 (ferkoarting)

(1) まとめ

　語形変化や語形成で，別の音節やある種の子音が加わって語が長くなったり，音節後半部，つまり音節末尾子音の構造が複雑になると，これを嫌って音節核，つまり音節主音のアクセントを持つ母音が短くなることがある。このようにして長母音が短母音になる現象を「短母音化」と言う。二重母音での類似した現象が「割れ」(§5)である。短母音化の有無は語彙によって異なるが，「割れ」と違って西フリジア語地域に広く見られる。

[i:]→[i]　　liif [li:f]「体」→ lyfke [lífkə]「体(指小形)」
[e:]→[ɪ]　　leech [le:x]「低い」→ lichte [líxtə]「低さ」
[ɛ:]→[ɛ]　　brêge [brɛ:ɣə]「橋」→ brechje [brɛxjə]「橋(指小形)」
[a:]→[a]　　aai [a:i]「卵」→ aike [áikə]「卵(指小形)」
[ɔ:]→[ɔ]　　hân [hɔ:n]「手」→ handich [hɔ́ndəx]「手軽な」
[u:]→[u]　　mûs [mu:s]「ネズミ」→ mûske [múskə]「ネズミ(指小形)」
　　　[y]　　hûs [hu:s]「家」→ húslik [hýslək]「家の」
[y:]→[y]　　skúf [sky:f]「すべり戸」→ skúfke [skȳ(:)fkə]「すべり戸(指小形)」

[o:]→[o]，[ø:]→[ø] という短母音化の例はない。
ô/â/ê の短母音化は多いが，ô/â の短母音化は l の前では起こらない。
ee/e [e:] の短母音化 (i [ɪ]) は少数の派生語に限られる。
　heech [he:x]「高い」→ hichte [híxtə]「高さ」
　reek [re:k]「煙」→ rikje [ríkjə]「煙を出す」

û [uː] は歯(茎)音の前で ú/u [y] になる語がある。
　　hûs [huːs]「家」
　　指小形 húske [hýskə]「小さな家，トイレ」/hûske [húskə]「小さな家」
　　派生語 húsk [hysk]「家庭的な」　　húskje [hýskjə]「住みつく」
　　複合語 húsfrou [hýsfrou]「主婦」
　　mûs [muːs]「ネズミ」→ 指小形 mûske [múskə]/múske [mýskə]

(a) 語形変化・語形成と短母音化

① 複数形
　　lân [lɔːn]「国，土地」→ lannen [lɔ́nən]
　　faam [faːm]「女の子」→ fammen [fámən]

② 指小形 (§18)
　　glês [glɛːs]「グラス」→ gleske [glɛ́skə]
　　lape [láːpə]「布切れ」→ lapke [lápkə]

③ 派生語

i) 名詞：-heid/-ling/-nis/-skip/-te
　　wiis [viːs]「賢い」→ wysheid [víshit]/wiisheid [víːshit]
　　hûs [huːs]「家」→ húsling [hýslɪŋ]「(鉄製の)刃物入れ」
　　begrave [bəgráːvə]「埋葬する」→ begraffenis [bəgráfənɪs]「埋葬」
　　bliid [bliːt]「うれしい」→ blydskip [blítskɪp]「喜び」
　　siik [siːk]「病気の」→ sykte [síktə]「病気」

ii) 形容詞：-ich/-lik/-tich/-tjin
　　haast [haːst]「急ぎ」→ hastich [hástəx]「性急な」
　　geriif [gəríːf]「快適さ」→ geryflik [gəríflək]「快適な」
　　sân [sɔːn]「7」→ santich [sɔ́ntəx]「70」/sant(s)jin [sɔ́ntjən, sɔ́ntʃən]]「17」

iii) 動詞：-je/-kje
　　baarch [baːrx]「豚」→ bargje [báryjə]「大騒ぎする」
　　gers [gɛːs]「草」→ gerskje [gɛ́skjə]「(家畜が)草を食べる」

④ 複合語
　　hân [hɔːn]「手」→ hantekening [hɔ́ntəːkənɪŋ]「署名」

stêd［stɛːt］「都市」→ stedman［stɛ́tmɔn］「都会人」
比較：ド．hoch［hoːx］「高い」→ Hochzeit［hɔ́xtsait］「結婚式」
　　　エ．south［sauθ］「南」→ southern［sʌ́ðərn］「南方の」

(b) **子音だけが後続する場合の短母音化**

別の音節が後続せずに，子音だけが後続する場合が少数ある。

派生形容詞 -sk：stêd［stɛːt］「都会」→ stedsk［stɛtsk］「都会的な」
bliede［blíədə］「血を流す」の現在形単数は次のようになる。

ik blied［bliət］—(do)｛bletst［blɛst］/bliedst［bliəst］｝
—hy｛blet［blɛt］/bliedt［bliət］｝

歴史的には，blet-［blɛt］の e［ɛ］はかつての長母音 ê (古フ．blêda) が短母音化を起こしたものである（エ．bleed—bled—bled 参照，§47 (2)(b)）。

類例：briede「卵を温める」，liede「(鐘が)鳴る」，riede「助言する」，riere「かきまぜる」，sliepe「眠る」

(2) 個々の特徴

短母音化の有無は「割れ」(§5) と同様に語彙によって異なる。

① まったく起こらない語：例．paad［paːt］「小道」
   複数形 paden［páːdən］　指小形 paadsje［páːtʃə］
   派生語 paadzje［páːdʒə］「小道を作る」
   複合語 paadwizer［páːtviːzər］「道しるべ」

② 一部だけに起こる語：例．tiid［tiːt］「時間」
   複数形 tiden［tíːdən］↔ 指小形 tydsje［títʃə］
   派生語 tidich［tíːdəx］「時間どおりの」↔ tydlik［tídlək］「一時的な」
   複合語 tiidwurd［tíːtvøt］「動詞」↔ tydskrift［títskrɪft］「雑誌」

③ 短母音化の有無が揺れている語
   短母音化を起こした変化形との類推で，もとの語形の長母音が短母音に変わりつつある場合がある。
   (新) rok［rɔk］「スカート」< (古) rôk［rɔːk］
   ↔ 複数形 rokken［rɔ́kən］/指小形 rokje［rɔ́kjə］

§4 短母音化　23

逆に短母音化を起こした語が衰退しつつある場合もある。
　(新) breedte [bré:tə]「広さ」<(古) bridte [brítə]
　↔ breed [bre:t]「広い」

短母音化は後続する音節が母音よりも子音で始まるほうが起こりやすく，複数形よりも指小形で頻繁に見られる(§18(b))。
　tsiis [tsi:s]「チーズ」→複数形 tsizen [tsí:zən] ↔ 指小形 tsyske [tsískə] (以下同様の順)
　tafel [tá:fəl]「テーブル」→ tafels [tá:fəls] ↔ taffeltsje [táfəltʃə]
　bêd [bɛ:t]「ベッド」→ bêden [bɛ́:dən] ↔ bedsje [bɛ́tʃə]

複数形での短母音化は，単数形が「後舌母音＋子音 [m]/[n]/[s]」の連続を含む場合に多い(「割れ」(§5)ではそれほど多くない)。
　daam [da:m]「堤防」→ dammen [dámən]/damke [dámkə]
　lân [lɔ:n]「国，土地」→ lannen [lɔ́nən]/lantsje [lɔ́ntʃə]
　mûs [mu:s]「ネズミ」→ mûzen [múzən]/mûske [múskə], múske [mýskə]

これはオランダ語の -en による複数形が開音節で長母音化するのと対照的である(「単数形→複数形」の順)。
　フ．dak [dɑk]「屋根」→ dakken [dákən]
　オ．dak [dɑk]「同上」→ daken [dá.kə(n)]
　フ．oarloch [óə(r)lɔx]「戦争」→ oarloggen [óə(r)lɔɣən]
　オ．oorlog [ó:rlɔx]「同上」→ oorlogen [ó:rlo.ɣə(n)]

次の語はオランダ語からの借用である。
　フ．bad [bɔt, bɑt]「入浴，浴室」→ baden [bá:dən]
　オ．bad [bɑt]「同上」→ baden [ba.də(n)]「同上」

次の語は [z] の前で [a]→[a:] となる西フリジア語の内部の変化による。
　フ．hoas [hoəs]「ストッキング」→ hoazzen [wá:zən]

歴史的には，短母音化を起こした語形の母音のほうが古く，長母音は本来の短母音の長母音化に由来する場合がある。たとえば，次の語では [ɛ] のほうが古い(古フ．bedd)。
　bêd [bɛ:t]「ベッド」→複数形 bêden [bɛ́:dən] ↔ 指小形 bedsje [bɛ́tʃə]

この長母音 [ɛ:] はかつての有声子音(とくに閉鎖音)の前で，[ɛ] の長母音

化によって生じた。この長母音化は［ɛː］＞［Iə］の変化を受けておらず,「割れ」(§5)が起こったと推定される17世紀後半以降の現象と考えられる。次の例でも複数形と指小形の短母音［a］のほうが古い(古フ．dåmm)。

 daam［daːm］「堤防」→複数形 dammen［dámən］/指小形 damke［dámkə］

この長母音［aː］は m の前でかつての［a］の長母音化によって生じた。

 bliede「血を流す」((1)(b)参照)のように古い時代に由来する短母音化もある。

§5 「割　れ」(brekking)

(1) ま　と　め

(a) 「割れ」の起こりかた

　アクセントを持ち，あいまい母音 [ə] で終わる「くだり二重母音」(delgeand twalûd)がいわゆる「のぼり二重母音」(opgeand twalûd)と交替する現象を「割れ」と言う。「くだり二重母音」は「割れ」によって前半部の長めの母音が短母音化を起こし，開口度が狭まって半母音のわたり音([j]：前舌母音の前，[w]：後舌母音の前)になる。わたり音は音節核(音節主音)にならないので，アクセントが後半部に移動し，あいまい母音が消えて，もとの前半部よりも開口度が1段広い短母音に入れ替わる([oə]→[wa] では(b)で述べる理由で [wɔ] よりもさらに1段広い [wa] に入れ替わる)。このように，「割れ」は短母音化に伴ってアクセントが移動する現象であり，長母音の短母音化(§4)に対応する二重母音での変化と言える。くだり二重母音の前半部は長めで，[i.ə]/[ɪ.ə]/[u.ə]/[o.ə]/[y.ə] と表記する例もある(本書では半長母音は認めないので，表記が異なる)。一方，いわゆる「のぼり二重母音」[jɪ]/[jɛ]/[wo]/[wa]/[jø] の後半部 [ɪ]/[ɛ]/[o]/[a]/[ø] は明らかに短い。

① ie [iə]→ ie [jɪ]
　stien [stiən]「石」→ stiennen [stjɪ́nən]「石(複数形)」
② ea [ɪə]→ ea [jɛ]
　beam [bɪəm]「木」→ beamke [bjɛ́mkə]「木(指小形)」
③ oe [uə]→ uo [wo]（正書法で区別する）
　stoel [stuəl]「いす」→ stuollen [stwólən]「いす(複数形)」
④ oa [oə]→ oa [wa]

doar［doər］「ドア」→ doarke［dwárkə］「ドア(指小形)」

⑤ 稀：ue［yə］→ ue［jø］
flues［flyəs］「膜」→(fluezzen［fljǿzən］)/fluezen［flýəzən］「膜(複数形)」

「割れ」を起こしたいわゆる「のぼり二重母音」は前半部が半母音であり，「半母音＋短母音」の組み合わせである。一般に二重母音は前半部と後半部の組み合わせに制限があるが，いわゆる「のぼり二重母音」では音声学的な傾向に従って［ji］が稀で *［wu］がないことを除けば，組み合わせは自由である。また，［wo］/［wa］の［w］は特定の子音の直後で唇歯摩擦音に近づき，［vo］/［va］として発音される傾向があり，今日ではむしろそれが一般的である(§6(3)(b))。このような理由から，本書では「のぼり二重母音」を二重母音とは認めない立場を取る(ただし，Visser (1990)はいわゆるのぼり二重母音の前半部は，音節初頭部(エ．onset)ではなく，音節核(エ．nucleus)にあたるとしている)。

後半部にあいまい母音を伴う6種類のくだり二重母音の中で，「割れ」を起こすのは eo/eu/eau［øə］を除く5種類である。これは前半部の［ø］より開口度の大きい円唇短母音がないことから理解できる。残りの5種類では 'oe［uə］→ uo［wo］' がもっとも用例が多く，正書法でも規則的に区別して示す。

「割れ」は母音や軟口蓋子音 g［ɣ］/ch［x］の直前では起こらない。唇歯摩擦音 f［f］/v［v］の直前でも稀である。

なお，'ue［yə］→ ue［jø］' は稀で，「割れ」に含めないこともある。

sluere［slýərə］「滑る」→ sljurkje［sljǿrkjə］「静かに滑る」
fjoer［fjuər］(fuer［fyər］)「火」：
複数形 fjurren［fjǿrən］　　指小形 fjurke［fjǿrkə］
派生語 fjurje［fjǿrjə］「発砲する」/fjurrich［fjǿrəx］「熱烈な」

くだり二重母音を持つ語形を欠いた語も「割れ」を起こしていると言う。

gjin［gjɪn］「否定冠詞」　　stoarm［stwarm］「嵐」

「割れ」は短母音化と同様に，別の音節やある種の子音が後続したときに特定の語彙を対象として起こる。複数形・指小形という語形変化と派生語・複合語という語形成のほかに，形容詞・副詞の比較や動詞変化にも反映し，短母音

化よりも範囲が広い。ただし，短母音化と違って「割れ」には方言差があり，南(西)部方言(Súd(west)hoeksk)や西フリースラント諸島の方言では「割れ」は見られない。

(b) 「割れ」の歴史的背景

「割れ」は中期フリジア語(Midfrysk 1550-1800)の半広・半狭長母音 [eː]/[ɛː]/[oː]/[ɔː] が前半部の狭母音化を伴う二重母音化を起こした [iɪ]/[ɪɛ]/[uo]/[oɔ] から生じたとする説が有力である(Van der Meer 1985)。この説によれば，長めの前半部がアクセントを保てば，後半部が弱化して [íə]/[íə]/[úə]/[óə] になった。一方，別の音節が後続して語が長くなったり，ある種の子音が後続して音節末尾子音の構造が複雑になると，それを嫌って短母音化が起こった。そのさい，後半部のほうが「きこえ」(エ．sonority)が大きいためにアクセントが後半部に移動して，前半部はわたり音 [j]/[w] に変わり，[jí]/[jɛ́]/[wó]/[wɔ́] (>[wá]) となった。このことから，いわゆる「のぼり二重母音」の後半部がくだり二重母音の前半部よりも開口度が 1 段分広い理由が説明される。

oa [oə]→ oa [wa] の交替は例外的に開口度が 2 段分広い。[oə] が [wɔ] を越えて [wa] になったのは，「割れ」が起こった時代(推定 17 世紀後半)に *[wɔ] という発音が許されなかったためと考えられる(Hoekstra 1988)。今日では [wɔ] (例．swan [swɔn]「白鳥」)も可能だが，[oə]→[wɔ] という交替はない。これは「割れ」が歴史的な現象で，生産性を失っていることを示している。なお，他の言語，たとえば英語でも，エ．only/lonely/alone [ou] ↔ one/once [wʌ] のような類似した散発的な現象が見られる。

(2) 個々の特徴

(a) 語形変化と語形成での「割れ」

「割れ」の有無は，短母音化と同様に個々の語によって異なる。「割れ」を起こすおもな場合は次のとおりである。

① 複数形
trien [triən]「涙」→ triennen [trjínən]

keal [kɪəl]「子牛」→ keallen [kjɛ́lən]
foet [fuət]「足」→ fuotten [fwótən]
soan [soən]「息子」→ soannen [swánən]

② 指小形
trien [triən]「涙」→ trientsje [trjíntʃə]
keal [kɪəl]「子牛」→ kealtsje [kjɛ́ltʃə]
foet [fuət]「足」→ fuotsje [fwótʃə]
soan [soən]「息子」→ soantsje [swántʃə]

③ 形容詞と副詞の比較
少数の語に限られる。半母音の連続 [wj] を避けて [j] が脱落し，「r の脱落」(§7(3))と「d の挿入」(§7(8))が起こる (「原級－比較級－最上級」の順)。
fier [fiər]「遠い」－fierder [fjídər]－fierst [fjɪst]
swier [swiər]「重い」－swierder [swídər]＜[swjídər]－swierst [swɪst]＜[swjɪst]
djoer [djuər]「高価な」－djoerder [djǿdər, djúədər]－djoerst [djøst, djuəst]
moai [moəi, mo:i]「美しい」－moaier [mwájər, móəjər, mó:jər]－moaist [mwaist, moəist, mo:ist]

④ 動詞の変化 (少数の語, §47(2)(b)①)
sliepe [slíəpə]「眠る」
過去形 ik/hy {slepte [slɛ́ptə]/sliepte [sljíptə]}
　　　(do) {sleptest [slɛ́ptəst]/slieptest [sljíptəst]}
　　　hja {slepten [slɛ́ptən]/sliepten [sljíptən]}
歴史的には，slepte- の e [ɛ] はかつての長母音 ê (古フ. slêpa) の短母音化による (§4(1)(b))。

⑤ 派生語
i) 名詞：-ens/-heid/-ing/-ling/-sel/-skip/-te
moai [moəi, mo:i]「美しい」→ moaiens [mwájəⁿs, móəjəⁿs, mó:jəⁿs]「美しさ」
wier [viər]「本当の」→ wierheid [vjírhit, víərhit]「真実」

keat［kɪət］「鎖の個々の輪」→ keatting［kjɛ́tɪŋ］「鎖」
　　　foet［fuət］「足」→ fuotling［fwótlɪŋ］「(ストッキングの)足先の部分」
　　　riede［ríədə］「推測する」→ riedsel［rjítsəl, ríətsəl］「謎」
　　　boade［bóədə］「使者」→ boadskip［bwátskɪp］「買い物，使い」
　　　fier［fiər］「遠い」→ fierte［fjítə］「遠さ」
　　　wiet［viət］「濡れた」→ wiette［vjítə］「水たまり」
ii）形容詞：-eftich/-en/-(e)rich/-lik/-sum
　　　keal［kɪəl］「子牛」→ kealeftich［kjɛ́ləftəx］「子牛のような」
　　　spoen［spuən］「削りくず」→ spuonnen［spwónən］「削りくずでできた」
　　　beam［bɪəm］「木」→ beammich［bjɛ́məx］「木の多い」
　　　bloed［bluət］「血」→ bluodderich［blwódərəx］「血まみれの」
　　　moade［móədə］「流行」→ moadrich［mwádrəx］「流行の」
　　　goed［guət］「良い」→ guodlik［gwódlək］「善良な」
　　　ien［iən］「1」→ iensum［jíⁿsøm, iəⁿsøm, …səm］「孤独な」
iii）地名およびその形容詞：-mer/-ster
　　　Sleat［slɪət］「スレアト」(オ．Sloten「スローテン」)→ Sleat(te)mer［sljɛ́t(ə)mər］「スレアトの(人)」
　　　(Alde-)Boarn［(ɔːdə)bóən］「(オーデ)ボアン」(オ．(Olde-)Boorn「(オルデ)ボールン」)→(Alde-)Boarnster［(ɔːdə)bwáːⁿstər］「(オーデ)ボアンの(人)」
iv）動詞：-je/-kje/-tsje
　　　trien［triən］「涙」→ trienje［trjíⁿjə］「涙を流す」
　　　boer［buər］「農夫」→ buorkje［bwórkjə］「農業を営む」
　　　tean［tɪən］「足の指，つま先」→ teantsje［tjɛ́ntʃə］「つま先で歩く」
⑥　複合語
　　　trien［triən］「涙」→ trieneach［trjínɪəx］「涙を浮かべた目」
　　　keal［kɪəl］「子牛」→ keallefleis［kjɛ́ləflais, …flɛis］「子牛の肉」
　　　foet［fuət］「足」→ fuotgonger［fwótgoŋər］「歩行者」
　　　moarn［moən］「朝」→ moarnsiten［mwáːⁿzitən］「朝食」

(b) 子音だけが後続する場合の「割れ」

別の音節が後続せずに，子音だけが後続する場合が少数ある。

① 動詞の変化(少数の語)

i) sliepe [slíəpə]「眠る」
現在形 (do) {slepst [slɛpst]/sliepst [sljɪpst]}
　　　　hy {slept [slɛpt]/sliept [sljɪpt]}
過去分詞 slept [slɛpt]/sliept [sljɪpt]

ii) gean [gɪən]「行く」
現在形 (do) giest [gjɪst, giəst] — hy giet [gjɪt, giət]
↔ 過去形 (do) giest [giəst] — hy gie [giə] — hja giene(n) [gíənə(n)]
過去分詞 gien [giən]

② 派生語：形容詞派生接辞尾 -sk，副詞派生接辞尾 -s
priem [priəm]「編針」→ priemsk [prjɪmsk]「鋭くとがった」
moarn [moən]「朝」→ moarsnk [mwaːⁿsk]「朝の」/moarns [mwaːⁿs]「朝に」

(c) 正書法での「割れ」の表記

① 母音字の変更

'oe [oə]→ uo [wo]' の交替は規則的に母音字を変更する。
boerd [buət]「台」→ 複数形 buorden [bwóden]/指小形 buordsje [bwótʃə]
くだり二重母音の語形を欠くものは，oa [wa] を除いて，規則的に ji [jɪ]/je [jɛ]/uo [wo] と表記する。
djip [djɪp]「深い」　stjerre [stjɛ́rə]「死ぬ」　guod [gwot]「物」
↔ boarst [bwast]「胸」　koart [kwat]「短い」

② 子音字の重複

子音が一つだけ後続するときには，規則的に子音字を重複する。
bien [biən]「骨」→ 複数形 biennen [bjínən]
子音が二つ以上後続するときには子音字を重複しないので，「割れ」の有無があいまいである。「割れ」の不十分な表記は西フリジア語正書法の大きな欠陥である。

bien［biən］「骨」↔ 指小形 bientsje［bjíntʃə］
　　feart［fɪət］「航行」↔ 複数形 fearten［fjɛ́tən］/指小形 feartsje［fjɛ́tʃə］
　　board［boət］「えり，袖口；甲板」↔ board［bwat］「（皿をのせる）盆」

(d)　対応するくだり二重母音を持つ語形がないもの

　r およびそれに後続する子音との組み合わせが多い。とくに［rm］/［rp］/［rk］/［rx］が後続すると，規則的に「割れ」を起こした語形が現われる。

［jɪ］： hjir［jɪr］「ここ」　　　　　　　hjit［jɪt］「暑い」
　　　　fjild［fjɪlt］「野原」　　　　　　strjitte［strjítə］「通り」
　　　　gjin［gjɪn］「否定冠詞」
［jɛ］： earnst［jɛːⁿst］「まじめさ」　　　hearre［jɛ́rə］「聞く」
　　　　hjerst［jɛst］「秋」　　　　　　tjems［tjɛms］「フィルター」
［wo］： fuort［fwot］「離れて」　　　　　guon［gwon］「いくつかの」
　　　　muorre［mwórə］「壁」　　　　　muonts［mwonts］「修道僧」
［wa］： boarne［bwánə］「泉」　　　　　doarp［dwarp］「村」
　　　　hoanne［wánə］「雄鶏」　　　　foarm［fwarm］「形」
　　　　koark［kwark］「コルク栓」　　skoalle［skwálə］「学校」
　　　　smoarch［smwarx］「不潔な」　woarst［(v)wast］「ソーセージ」
（［jø］）：bjuster［bjǿstər］「変な」　　　lju［ljø］「人々」）

　これには変化形との類推によるものも含まれる。たとえば，次の形容詞は変化語尾 -e がついた語形との類推から定着したと考えられる（Tiersma 1979a：23，Van der Meer 1986：47）。
　　　skjin［skjɪn］「清潔な」　　toar［twar］「不毛な」
　歴史的には，「［j］/［w］＋母音」の連続には，「割れ」以外に次の3種類が含まれる。
① 古フリジア語の「割れ」（Aldfryske brekking）
　-cht の直前で e/i＞iu：
　rjocht「正しい」（古フ．riucht/riocht＜*rihti）
　-ng(w)/-(n)k(w) の直前で i＞iu（伝統的に w-Umlaut）：

sjonge「歌う」(古フ. siunga/sionga＜*singwan)
tsjok(-te)「厚い(厚さ)」(古フ. thiukke＜*thi(c)kwî)
② -iuwe/-eauwe (＜î-) で終わるいくつかの動詞
skriuwe [skrjýwə, skrjówə]「書く」(古フ. skrîva)
skreauwe [skrjówə]「叫ぶ」(古フ. skrîa)
③ ew [e:w]＞jouw [jɔw] の変化
Ljouwert [ljówət]「リャウエト(オ. Leeuwarden「レーヴァルデン」)」(＜Lewert)

(e) 「割れ」の起こりかた

「割れ」の有無は短母音化と同様に個々の語によって異なる。

① まったく起こらない語(ch [x]/g [ɣ] の直前を含む)
i) each [Iəx]「目」
   複数形 eagen [íəɣən]　指小形 eachje [íəxjə]
   派生語 eagje [íəɣjə]「見つめる」
   複合語 eachdokter [íəɣdɔktər]「眼科医」
ii) hier [hiər]「貸借，家賃」
   複数形 hieren [híərən]
   派生語 hiere [híərə]「借りる」/hierder [híədər]「大家」
   複合語 hierkontrakt [híərkontrakt]「貸借契約」
② 一部だけに起こる語
i) doaze [dóəzə] (doas [doəs]「箱」)
   複数形 doazen [dóəzən]↔指小形 doaske [dwáskə]
ii) keap [kIəp]「購入」
   複合語 keappriis [kíəpri:s]「売値」↔ keappenskip [kjɛpəⁿskIp]「商業」
iii) bloed [bluət]「血」
   派生語 bloedich [blúədəx]「血のついた」↔ bluodderich [blwódərəx]「血まみれの」
iv) hier [hiər]「毛」
   複数形 hierren [jírən]　指小形 hierke [jírkə, híərkə]

派生語 hierje［jírjə］「毛が生える」/hierren［jírən］「毛製の」
↔ 複合語 hierkaam［híərka:m］「櫛」/hierkjimme［híərkjɪmə］「髪をとかす」/hierknippe［híərknɪpə］「散髪する」

③ 「割れ」の有無が併存する語
earm［jɛrm, ɪərm］「腕」　　noard［nwat, noət］「北」
kears［kɪəs, kjɛs］/kjers［kjɛs］/kers［kɛs］「ろうそく」
ienentweintich［jínəntwaintəx, …twɛintəx, fən…］「21」
miskien［mɪskíən, miskjín, məs…］「もしかすると」
wierskynlik［vjɪ(r)skínlək, viə(r)…］「たぶん」
nuodlik［nwódlək］/noedlik［núədlək］「危険な、心配な」(noed［nuət］「心配、関心」)
ierappel［jíərapəl, fərapəl, jərápəl, iərápəl］/jirpel［jírpəl］/ierpel, earpel［íə(r)pəl］「ジャガイモ」(ierde［íədə］「土、地面」+appel「リンゴ」)

④ 「割れ」の有無による意味・品詞・用法の差がある語
i) leaf［lɪəf］「好きな」－比較級 leaver［líəvər］－最上級 leafst［lɪəfst］
↔ graach「好んで」－比較級 leaver［ljévər, ljɔ́wər］「むしろ」－最上級 leafst［ljɛst, ljɔust］「できれば、願わくば」

ii) foar［fwar, far, fər］
「前置詞+名詞句」foar de doar「ドアの前に」－複合語 foarby［f(w)abɛ́i, fəbɛ́i］「…を通り過ぎて」/foardoar［f(w)ádoər］「正面玄関」
↔ foar［foər］:「代名詞の der」+前置詞
Ik bin der net *foar*.「私はそれに賛成ではない」

　Van der Meer (1985：138-256) には「割れ」を起こすべての語 (1435 語) が記載されている。統計は Van der Meer (1986：49ff.) 参照。

(f) 「割れ」の性格

　「割れ」は西フリジア語の重要な特徴だが、生産性を失い、語彙的に固定している。しかも、語形変化や語形成での類推、オランダ語の影響、中途半端な正書法などで衰退しつつある。そのような状況のもとでも、「割れ」が保たれやすいのは次の場合である。
① 複合語の意味が「不透明な」場合

語全体として意味が固定した古くからの「不透明な」複合語は「割れ」を保ちやすく、各成分に意味が分析できる新しい「透明な」複合語では「割れ」を起こさない傾向がある。

i) earizer [jɛ́ri:zər]「イェリーゼル（金銀細工つきの伝統的な婦人用頭巾）」(ear [ɪər]「耳」+ izer「鉄」)
   ↔ earlapke [íərlapkə]「耳あて」(ear「耳」+ lapke「布切れ」)

ii) ierdbei [jídbai, …bɛi]「野イチゴ」(ierde [íədə]「地球，大地」+ bei「漿果」) ↔ ierdryk [íətrik]「世界」(ierde「地球，大地」+ ryk「国」)

iii) skoarstien [skwáʃən]「煙突」(skoar [skoər]「支え」+ stien [stiən]「石」)
   ↔ skoarbalke [skóərbalkə, skwár…]「支柱」(skoar「支え」+ balke「角材」)

② 複数形と指小形の使用頻度が高い語での類推

次の語は複数形で用いることが多く，複数形に「割れ」が保たれている。一般に複数形で「割れ」が起こらなければ，派生語や複合語でも起こらない。

trien [triən]「涙」→ 複数形 triennen [trjínən]

fear [fɪər]「羽」→ fearren [fjɛ́rən]

hoas [hoəs]「ストッキング」→ hoazzen [wá:zən]（例外的に長母音の [a:], §4(2)）

tean [tɪən]「足の指」→ teannen [tjɛ́nən]

skoech [sku:x]「靴」→ skuon [skwon]（ただし，単数形は [uə] ではない）

次の語では単数形も「割れ」を起こすことがあるが，これは複数形との類推がはたらいたためと考えられる。

earm [jɛrm, ɪərm]「腕」← 複数形 earmen [jɛ́rmən]

goes [guəs]/guos [gwos]「アヒル」← guozzen [gwózən]

次の語は指小形で用いることが多く，指小形だけ「割れ」を起こす。複数形では「割れ」は起こらない。

doaze [doəzə]/doas [doəs]「箱」

複数形 doazen [dóəzən] ↔ 指小形 doaske [dwáskə]「小箱」

③　固有名詞

たとえば，Easter-［jɛstər］のつくフリースラントの伝統的な地名ではすべて「割れ」が起こるが，それ以外に east［Iəst］「東」の普通名詞の派生語や複合語では，固有名詞を含めて「割れ」が起こらない。

Easterwierrum［jɛstərvjírəm］「イェステルヴィイルム」（オ．Oosterwierum「オーステルヴィールム」）

Easterwâlde［jɛstərvɔ́:də］「イェステルヴォーデ」（オ．Oosterwolde「オーステルヴォルデ」）

↔ eastgrins［íəstgrɪns］「東の境界」　　eastlik［íəstlək］「東の」
　Eastsee［íəstse:］「バルト海」
　Eastenryk［íəstənrik］「オーストリア」

(3) 「割れ」と短母音化

「割れ」と短母音化は共通点が多い。ともに特定の語彙を対象として，別の音節や子音が後続したときに，名詞の複数形・指小形，派生語・複合語で起こり，形態論的な役割が大きい。この点で機能的にドイツ語のウムラウト（ド．Umlaut）に似ている。

「割れ」を起こした二重母音は同時に音声学的に短母音化を起こしている。前置詞 foar「…の前に」は弱く発音することが多く，ふつう［f(w)ar, fər］のように「割れ」（あるいは弱化）を起こすが，強調して発音すると［foər］となる。また，twa「2」は単独で発音すると［twa:］だが，他の名詞と用いると，twa beammen［twa bjɛ́mən］「2本の木」のように短母音になりやすい。

さらに，「割れ」を欠く方言では，他の方言で「割れ」を起こす場合に短母音化が見られることがある。たとえば，「割れ」を欠く南(西)部方言(Súd-(west)hoeksk)では次のような短母音化が見られる。

フ．　　beam［bIəm］「木」→複数形 beammen［bjɛ́mən］/
　　　指小形 beamke［bjɛ́mkə］
南西フ．beem［bɛ:m］「木」→複数形 bemmen［bɛ́mən］/指小形 bemke
　　　［bɛ́mkə］

西フリジア語の標準語でも sliepe［slíəpə］「眠る」の変化形には sliep-

[sljɪp-]/slep- [slɛp-] があり，slep- [slɛp-] は歴史的に古フリジア語 slêpa の長母音 ê [ɛ:] が短母音化を起こした語形である (§4(1)(b))。ほかにも歴史的な理由で両方の語形が併存している語がある。

 brief [briəf, bri:f]「手紙」→指小形 briefke [brjĭfkə, brĭfkə]
 bloeie [blú(:)jə]「咲く」（古フ．blôia）→派生語 blossem [blɔ́səm]/ bluossem [blwɔ́səm]「花，開花」

 両者には相違点もある。短母音化は西フリジア語地域全体に見られ，古い時期から後代に由来するものまで雑多だが，「割れ」は17世紀後半に大陸の一部の方言を起源とすると推定される。じじつ，フリジア文学ルネサンス期の代表的詩人ギスベト・ヤーピクス (Gysbert Japicx (または Japiks) 1603-1666) の作品では「割れ」の十分な表記がなく，「割れ」の引き金になったと思われるくだり二重母音の短母音化だけが認められる。歴史的に「割れ」は短母音化の一部の特殊な場合と考えられる可能性もある。

§6　子音 (bylûd) と半母音 (heallûd)

(1)　ま　と　め

　子音は 17 種類あり，これに半母音 /j/, /w/ が加わる。以下の説明で「語頭（音）/語中（音）/語末（音）」（ド．Anlaut/Inlaut/Auslaut）は音節，あるいは派生語・複合語を形成する単一語を対象とすると理解されたい。

　障害音(エ．obstruent, 閉鎖音と摩擦音)の配列には次の制約がある。有声摩擦音は語頭では現われず，語末では無声化するので，語中の母音間に限られ，しかも先行母音はほとんど長母音か二重母音である。無声摩擦音には位置の制限はないが，語中では先行母音はほとんど短母音である。このように，摩擦音の有声・無声にはかなり明確な区別がある。両者は古くは異音で，相補分布をなしていた。つまり，歴史的にはゲルマン語では摩擦音に元来，有声と無声の対立はなかったのであり，このことが現代の西フリジア語にも反映していると考えられる。

i)　無声摩擦音：語頭，語末，短母音の直後，無声子音の直前・直後
ii)　有声摩擦音：長母音と二重母音の直後，有声子音の直前・直後

　閉鎖音には語頭と語中で有声か無声かの制限はないが，語末では無声化する。また，障害音の連続は有声か無声かに統一されている必要がある。

　歴史的にフリジア語群に共通の口蓋化に由来する ts [ts]/tsj [tʃ] は，単独の音素ではないが，類似音との区別には注意を要する。

　　tienen [tíənən]「小枝」(tien [tiən]「小枝」の複数形)
　　tiennen [tjínən]「小枝の」
　　tsienen [tsiənən]「10」(tsien [tsiən]「10」の変化形)
　　tsjinnen [tʃínən]「(彼らは)仕えた」(tsjinje [tʃínʲə]「仕える」の過去形複数)

(2) 子音

以下の表では同化と音配列の制約(§8, §7(2))による変異は除いてある。カッコ( )内に入れてあるものは異音である。[j]/[w] は「割れ」(§5)によるいわゆる「のぼり二重母音」([jɪ]/[jɛ]/[wo]/[wa]/[jø])の前半部でも出る。[w] は二重調音によるが、唇歯音 [v] との関連(例. doarren [dwárən] ~[dvárən]「ドア(doar [doər] の複数形)」)から両唇音の位置に置く。[m]/[n]/[ŋ]/[l]/[r] は直前のあいまい母音 [ə] と同一音節にある場合に、音節化(§9)を引き起こすことがある。カッコ内〈 〉におおまかなつづり字の対応を示す。

		両唇音	唇歯音	歯茎音	硬口蓋音	軟口蓋音	声門音
閉鎖音	無声	p〈p/b 語末〉		t〈t/d 語末〉		k〈k〉	
	有声	b〈b〉		d〈d〉		(g〈g〉)	
摩擦音	無声		f〈f〉	s〈s〉	(ʃ〈sj〉)	x〈ch〉	h〈h〉
	有声		v〈w/v〉	z〈z〉	(ʒ〈zj〉)	ɣ〈g〉	
(破擦音無声)				(ts〈ts〉)			
鼻音		m〈m〉		n〈n〉		ŋ〈ng〉	
流音	側音			l〈l〉			
	ふるえ音			r〈r〉			
半母音		w〈w など〉			j〈j など〉		

(a) **個々の子音**

[p]:[t]/[k] と同様にほとんど気音を伴わない(オランダ語と同様)。

① p
 piip [pi:p]「パイプ」   boppe [bópə]「(…の)上に」
 psalm [psɔlm]「(旧約聖書の)詩篇」

② b:語末
 krab [krap]/krabbe [krábə]「カニ」

[b]: b とつづり、語末では出ない。

bern [bɛ(:)n]「子供」　　libben [líbən]「生命；生きている」

[t]：ほとんど気音を伴わない(オランダ語と同様)。
① t
　　wetter [vɛ́tər]「水」　　ljocht [ljɔxt]「光」
② d：語末
　　tiid [ti:t]「時間」

[d]：d とつづり，語末では出ない。
　　dyk [dik]「堤防，道」　　middel [mídəl]「手段」
　　一部の語では母音間の [d] が [r] に変わることがあり，「d- ロタシズム」(/d/-rotasisme) と呼ぶ。ただし，本書の記述では考慮しない。
　　middel [mídəl]〜[mírəl]「手段」　　hâlde [hɔ́:də]〜[hɔ́:rə]「保つ」
　　wurde [vǿdə]〜[vǿrə]「…になる」　　siede [síədə]〜[síərə]「煮る」

[k]：k とづづり，ほとんど気音を伴わない(オランダ語と同様)。
　　koken [kó:kən]「台所」　　lok [lok]「幸運」
　　knikke [kníkə]「うなずく，折れる，折る」

[f]：語中では無声子音に隣接しない限り，長母音と二重母音の直後では出ない。
① f
　　Fries [friəs]「フリジア人」　　koffer [kófər]「トランク」
　　fariaasje [fariá:ʃə]「変異，ヴァリエーション」
② v：最近の外来語
　　universiteit [ynifɛ(r)sitɛ́it]「大学」([ynivɛ(r)sitɛ́it] という発音もある)
③ 次の語の f は発音しない。
　　ôf [ɔ:]「離れて」　　oft [ɔt]「…かどうか」↔ of [ɔf]「あるいは」

[v]：下唇と上歯で出す有声摩擦音。語中で短母音の直後，それに，語末では出ない。

① w：語頭
   waar [vaːr]「天気」　　wrâld [vrɔːt]「世界」
② v：語中
   fervje [fɛ́rvjə]「染める」　　love [lóːvə]「ほめる」
③ 次の語では例外的に語中・語末で w とつづる。
   ik ha(w) [ha(f), ha(v)]「私は持っている」
   hawwe [hávə]「持っている(不定詞)」
④ w [w] の直前では脱落することがある。
   woarst [(v)wast]「ソーセージ」

[s]：s とつづり，語中では無声子音に隣接しない限り，長母音と二重母音の直後では出ない。
   suster [søstər]「姉妹」　　flesse [flɛ́sə]「びん」

[z]：語頭と語末では出ない。語中の短母音の直後では稀。
① z
   biezem [bíəzəm]「ほうき」　　lêze [lɛ́ːzə]「読む」
   次の語は例外的に語中の短母音の直後で z [z] を含む。ただし，それぞれ [sɛ́ːzə], [dɛ́ːzə, dísə], [lɛ́ːzə] という規則的な発音もある。
   sizze [sízə, sɛ́ːzə]「言う」
   dizze [dízə, dɛ́ːzə, dísə]「この，これ」
   lizze [lízə, lɛ́ːzə]「横たわっている，横たえる」
② s：最近の外来語
   nasaal [nazáːl]「鼻音の」　　fisioen [fiziúən]「幻想」

[x]：[k] を発音する喉の位置で出す無声摩擦音。ドイツ語の ach [ax]「ああ」の子音に相当する。語頭では出ない。h [h] との区別に注意。ドイツ語の ich [ɪç]「私(主格)」のような無声硬口蓋摩擦音 [ç] は，オランダ語と同様，存在しない。
① ch
   berch [bɛrx]「山」　　berchje [bɛ́rxjə]「山(指小形)」

lichem [líxəm]「体」
② '[x]+[s]' は摩擦音の連続を避けて，ドイツ語のように [ks] となることがある(§7(6))。ただし，義務的ではない。
leechst [le:xst, le:kst]「もっとも低い」(leech [le:x]「低い」)

[ɣ]：ch [x] の有声音で g とつづる。語頭，語末，それに，語中でアクセントを持つ音節初頭では出ない((b)の [g] 参照)。
bergen [bɛ́rɣən]「山(複数形)」　bergje [bɛ́rɣjə]「救助する」

[h]：ため息をつくときに出る音。ch [x] との区別に注意。語頭のみ。
① h
hichte [híxtə]「高さ」　hiem [hiəm]「屋敷，農場」
② [j]/[w] の直前では脱落する。
hearre [jɛ́rə]「聞く」　hoanne [wánə]「雄鶏」
hier [hiər]「毛」−hierren [jíren]「毛(複数形)」
hoed [huət]「帽子」−huodsje [wótʃə]「帽子(指小形)」
③ j の直前の h の文字は発音しない。
hjoed [juət]「今日」　hjir [jɪr]「ここ」
hjerring [jɛ́rɪŋ]「ニシン」　hjerst [jɛst]「秋」

[m]：m
mem [mɛm]「母」　namme [námə]「名前」

[n]：n
nij [nɛi]「新しい」　allinne [ɔlínə]「ひとりで」
直前の母音の鼻音化(§3)を引き起こすときには発音しない。
wenje [vɛⁿjə]「住む」　meunster [mǿːⁿstər]「大聖堂」

[ŋ]：語頭では出ない。
① ng [ŋ]
tingje [tíŋjə]「値切る」　jonge [jóŋə]「男の子」

jong [joŋ]「若い」
② nk [ŋk]
jonkje [jóŋkjə]「坊や」(jonge [jóŋə]「男の子」の指小形)
tinke [tíŋkə]「考える」－ik tink [tɪŋk]「私は考える」

[l]：オランダ語と同様に，語頭と前舌母音の直前では「明るい l」，そのほか
では「暗い l」である（両者の相違は本書では表記しない）。
① l
leppel [lɛ́pəl]「スプーン」　　kelder [kɛ́ldər]「地下室」
② âld/âlt などの l は発音しないことが多い。
âld [ɔːt]「古い」　　kâld [kɔːt]「寒い，冷たい」　　sâlt [sɔːt]「塩」
kâlt [kɔːt]「歓談」↔ spâlt [spɔːlt]/spjalt [spjɔlt]「割れ目」
③ 次の語の l はふつう発音しない（§7(5)(a)⑥）。
(do) {silst [sɪst]/wolst [vost]}「君は… {だろう/したがっている}」
(sille [síələ]「…だろう」/wolle [vólə]「…したい」)
④ 有アクセント音節では，l の直後に歯(茎)音以外の子音が続くと，オラン
ダ語と同様に，中間にあいまい母音 [ə] が挿入されることがある。ただ
し，本書では表記しない。
film [fɪl(ə)m]「フィルム，映画」（本書では [fɪlm] と表記）

[r]：舌先をふるわせる。オランダ語の口語のような口蓋垂ふるえ音・摩擦音
は正式な発音ではなく，ドイツ語と違って母音化もしない。
① r
rider [rídər]「騎手，運転手」
② 歯(茎)音 [s]/[z]/[l]/[d]/[t]/[n] の直前ではふつう脱落する。くわし
くは §7(3) 参照。
③ 有アクセント音節では，r の直後に歯(茎)音以外の子音が続くと，オラン
ダ語と同様に，中間にあいまい母音 [ə] が挿入されることがある。ただ
し，本書では表記しない。
earm [íər(ə)m, jɛ́r(ə)m]「腕」（本書では [ɪərm, jɛrm] と表記）

(b) その他の子音

以下の子音は音韻論的に異音，または複数の子音の組み合わせと解釈される。

[g]：g [ɣ] の異音であり，g とつづる。語頭，あるいは語中でアクセントを持つ音節の初頭だけに現われる。

goes [guəs]「ガチョウ」(オ．gans [ɣɑns])
augustus [ɔugǿstøs, …təs]「8月」(オ．augustus [ɔuɣýstʏs])
sigaar [sigá:r, səgá:r]「葉巻」(オ．sigaar [si.ɣá:r])

[g] は独立の音素ではなく，[ɣ] の異音とみなされることが多い (g [ɣ] の強音化，エ．g-strengthening)。ただし，無声音 [x] は語頭とアクセントを持つ語中の音節初頭では現われないので，オランダ語の外来語の [x] が西フリジア語では [g] に対応することがある。

gemy [gɪmí]「化学」(オ．chemie [xe.mí.])
gemysk [gḗ:mis(k)]「化学の」(オ．chemisch [xé.mi.s])
argyf [argíf]「古文書，文書館」(オ．archief [ɑrxí.f])
goalera [góələra]「コレラ」(オ．cholera [xó.lǝra.])
groom [gro:m]「クロム，クロム合金」(オ．chroom [xro.m])
groanysk [gróənis(k)]「慢性の」(オ．chronisch [xró.ni.s])

[ts]：破擦音であり，ts とつづる。/t/＋/s/ の連続と解釈される。カナ表記では，たとえば tsien [tsiən]「10」は「ツィエン」であり，「チエン」ではない。

tsien [tsiən]「10」　tsiis [tsi:s]「チーズ」
grutsk [grøtsk]「誇り高い」　lyts [lits]「小さい」

[ʃ]：/s/＋/j/ の連続と解釈される。

① sj
sjitte [ʃítə]「撃つ」　sjonge [ʃóŋə]「歌う」
fakânsje [fəkɔ́:ⁿʃə]「休暇」

② -searje [ʃɛ́rjə, (síərjə)]
organisearje [ɔrɣaniʃɛ́rjə, (…síərjə)]「組織する」
↔ searje [síərjə]「シリーズ」

[ʒ]：/z/＋/j/の連続と解釈される。語頭では出ない。
① zj
   rûzje [rú:ʒə]「(風などが)カサカサ音をたてる」
   horloazje [həlóəʒə, hɔ…, ha…]「腕時計」
② -zearje [ʒɛ́rjə, (zíərjə)]
   sintrifuzearje [sɪntrifyʒɛ́rjə, (…zíərjə)]「遠心機で分離する」

[tʃ]：tsjとづづり，/t/＋/s/＋/j/の連続と解釈される。*[ts-j]とは発音しない。カナ表記では，たとえばtsjerke [tʃɛ́rkə]「教会」は「チェルケ」であり，「ツィエルケ」ではない。
   tsjerke [tʃɛ́rkə]「教会」　　tsjok [tʃok]「厚い」
   reitsje [ráitʃə, rɛ́i…]「達する」

[dʒ]：dzjとつづり，/d/＋/z/＋/j/の連続と解釈される。語頭では出ない。
   siedzje [ʃídʒə]「種をまく」(sie(d) [siə(t)]「種」)
   antwurdzje [ɔ́ntvødʒə]「答える」(antwurd [ɔ́ntvøt]「答え」)

(3) 半母音

半母音 /j/, /w/ は現われる位置や後続音の種類で発音が変わる。音節の前半部では口の開きが小さく，摩擦を伴い，子音 [j]/[w] に近い。[w] は先行子音の種類で [v] に近づくことがある。音節の後半部では口の開きが大きく，母音 [i]/[u] に相当する音色を帯びるが，音節核(音節主音)にはなれず，わたり音にとどまる。

(a) /j/
[j]：音節の前半部。[i] の口の開きを狭め，摩擦を伴うとこの音になる。
① j
   jeie [jáiə, jɛ́iə]「追いたてる」　　strjitte [strjítə]「通り」
   njonken [njóŋkən]「…の横に」
② いわゆる「のぼり二重母音」の [jɪ]/[jɛ] の前半部

stiennen [stjínən]「石」(stien [stiən] の複数形)
teannen [tjɛ́nən]「足の指」(tean [tɪən] の複数形)

③ iuw [jyu, jou]/eau [jou] (Hof 1933：58ff.)
liuw [ljyu, ljou]「ライオン」
ik leau [ljou]「私は信じる」

④ oeie [u(:)jə]/aaie [a:jə]/oaie [o:jə, oəjə]/oaie [wa:jə]/oaie [wajə]
roeie [rú(:)jə]「漕ぐ」　waaie [vá:jə]「(風が)吹く」
goaie [gó:jə, góəjə]「投げる」

⑤ [i] の直前では脱落しやすい。
jier [(j)iər]「年」↔ jierren [jírən]「年(複数形)」
次の語は tsji- [tʃi] (/tsji/)よりも tsi- [tsi] が一般的である。
tsiis [tsi:s]〜tsjiis [tʃi:s]「チーズ」

[i]：音節の後半部。oei [u(:)i] (/u(:)j/), /aai/[a:i] (/a:j/), oai [o:i]
(/o:j/), oai [wa:i] (/wa:j/), oai [wai] (/waj/)
roeide [rú(:)idə]「漕いだ」　waaide [vá:idə]「(風が)吹いた」
goai [go:i, goəi]「投げ」　koai [kwa:i]「にせ卵」
boai [bwai, bo:i]「男の子」

(b)　/w/

[w]：音節の前半部。[u] の両唇の開きを狭め，摩擦を伴うとこの音になる。
[t]/[d]/[s]/[k] の直後では唇歯摩擦音 v [v] になることがあり，今日
ではむしろ一般的であるとも言える。本書では便宜的に [w] とだけ表記
するが，[v] という表記を採用している類書もある。なお，オランダ語
のように，唇歯接近音 [ʋ] と表記する例もある。
twa [twa:]〜[tva:]「2」　dwaan [dwa:n]〜[dva:n]「する」
swiet [swiət]〜[sviət]「甘い」　kwea [kwɪə]〜[kvɪə]「悪」
tuorren [twórən]〜[tvórən]「塔」(toer [tuər] の複数形)
doarp [dwarp]〜[dvarp]「村」
soannen [swánən]〜[svánən]「息子」(soan [soən] の複数形)
kwart「四分音符」/koart「短い」はともに [kwat]〜[kvat]

① w：語中の ieuwe ［iːwə］（/iːwə/），eauwe ［jowə］（/jowə/），iuwe ［jywə, jowə］（/jywə, jowə/）
priuwe ［prjу́wə, prjо́wə］「味わう，…の味がする」
ieuwenâld ［іːwənɔːt］「何世紀も古い」
語中の ［w］ は ［v］ とは異なる。
leauwe ［ljо́wə］「信じる」↔ love ［lо́ːvə］「ほめる」

② いわゆる「のぼり二重母音」の uo ［wo］/oa ［wa］ の前半部。
fuotsje ［fwо́tʃə］「足」(foet ［fuət］ の指小形)
boartsje ［bwа́tʃə］「遊ぶ」

③ m ［m］ の直後で ［w］ が脱落する語がある。
moandei ［mа́ndjə, mа́ndi, mе́ndjə］「月曜日」
moatte ［m(w)а́tə］「…なければならない」　moanne ［mwа́nə］「月」

④ ［w］ の直前の w ［v］ は脱落しやすい。
woartel ［(v)wа́təl］「根」　woarst ［(v)wast］「ソーセージ」

⑤ auwe/ouwe ［ɔuə］ では，［ɔu］から［ə］への移行で弱い ［w］ が認められる。これは自然なわたり音であり，auwe/ouwe ［ɔuwə］ とすることもできるが，本書では表記しない。ただし，正書法では w の文字を表記する（§11(2)）。次の「je- 動詞」の語形変化に注意（§48(2)(b)⑤）。なお，auwe/ouwe を ［ɔwə］ とみなす意見がある（兒玉 2004）。
flauje ［flɔ́ujə］「静まる，弱まる」
De wyn {*flauwet* ［flɔ́uət］/*flauwe* ［flɔ́uə］}.「風が｛弱まる/弱まった｝」
rouje ［rɔ́ujə］「喪に服する」
Hy {*rouwet* ［rɔ́uət］/*rouwe* ［rɔ́uə］}.「彼は｛喪に服する/喪に服した｝」
(［flɔ́uwət］，［flɔ́uwə］，［rɔ́uwət］，［rɔ́uwə］ という表記もある)

⑥ 語頭の w の文字は唇歯摩擦音 ［v］ であり，両唇摩擦音 ［w］ ではない。これは半母音ではなく，完全な子音である。語頭では ［w］↔［v］の対立がある。
hoart ［wat］「短い時間」↔ wart ［vat］「イボ」
*［wu］という組み合わせはない。［vu］ の ［v］ は完全な子音である。
woedzje ［vúədʒə］「荒れ狂う」　wûnder ［vúndər］「不思議」
歴史的には，語頭の w は両唇摩擦音 ［w］ が唇歯摩擦音 ［v］ に変化した

ものである。他のwや「割れ」による後代の [w] は，この変化を受けていない。

[u]：音節の後半部。ieu [iːu]（/iːw/），eau [jou]（/jow/），iuw [jyu]（/jyw/）/[jou]（/jow/）
　　ik priuw [prjyu, prjou]「私は味わう」
　　ik leau [ljou]「私は信じる」

(c) **母音と半母音の組み合わせ**
　以下の音は二重母音や三重母音ではなく，「長母音または二重母音＋半母音」の組み合わせである。カッコ内（⟨ ⟩）につづり字を示す。
① [iːwə]（/iːwə/）⟨ieuwe⟩ － [iːu]（/iːw/）⟨ieu⟩
　少数の語に限られる。
　ieuwen [íːwən]「世紀(複数形)」－ ieu [iːu]「世紀」
② [jywə, jowə]（/jywə/, /jowə/）⟨iuwe⟩ － [jyu, jou]（/jyw/, /jow/）⟨iuw⟩
　[juː]⟨iu…⟩ という表記もあるが，本書では考慮しない。
　skriuwe [skrjýwə, skrjówə]「書く」－ ik skriuw [skrjyu, skrjou]「私は書く」
　eau [øə, jou] との区別に注意。
　hy skreau [skrøə, skrjou]「彼は書いた」
③ [jowə]（/jowə/）⟨eauwe⟩ － [jou]（/jow/）⟨eau⟩
　skreauwe [skrjówə]「叫ぶ」－ ik skreau [skrjou]「私は叫ぶ」
④ [owə]（/owə/）⟨owe⟩ － [ou]（/ow/）⟨o⟩
　skowe [skówə]「ずらす」－ ik sko [skou]「私はずらす」
⑤ [u(ː)jə]（/u(ː)jə/）⟨oeie⟩ － [u(ː)i]（/u(ː)j/）⟨oei⟩
　bloeie [blúː)jə]「(花が)咲く」－ bloei [blu(ː)i]「(花)盛り」
⑥ [aːjə]（/aːjə/）⟨aaie⟩ － [aːi]（/aːj/）⟨aai⟩
　paaie [páːjə]「なだめる」－ ik paai [paːi]「私はなだめる」
⑦ [oəjə, oːjə]（/oəjə, oːjə/）⟨oaie⟩ － [oəi, oːi]（/oəj, oːj/）⟨oai⟩
　moaie [móəjə, móːjə]「美しい(変化形)」－ moai [moəi, moːi]「美しい」

⑧ [wa(ː)jə] (/wa(ː)jə/) ⟨oaie⟩ − [wa(ː)i] (/wa(ː)j/) ⟨oai⟩
moaier [mwájər, móəjər, móːjər]「より美しい」(moai [moəi, moːi]
「美しい」の比較級) − moaist [mwaist, moəist, moːist]「もっとも美しい」(同左，最上級)
boai [bwai, boːi]「男の子」
koaien [kwáːjən]「にせ卵(複数形)」− koai [kwaːi]「にせ卵」
boaiem [bwá(ː)jəm]「底，地面」

§7 子音にかんする現象

(1) 破擦音化 (affrikatisearring)

　t/d で終わる語は接尾辞 -je [jə] を伴うと，t/d と -je の間に s/z が挿入され，破擦音 -tsje [tʃə]/-dzje [dʒə] (/tsjə/, /dzjə/)になる。破擦音化は指小形 (§18)，「je- 動詞」(§48 (2)(b)①)，加音 -t つき品詞転換 (§61 (5)) でとくに重要であり，(5)の「t の脱落」とともに複雑な現象を示す。
i) 　groet(e) [grúət(ə)]「挨拶」→ groetsje [grúətʃə]「挨拶する」
　　　現在形 ik 　groetsje [grúətʃə] 　　　　　　　hja groetsje [grúətʃə]
　　　　　　(do) groetest [grúətəst] 　　　　過去形 　hy groete [grúətə]
　　　　　　hy 　groetet [grúətət] 　　　　過去分詞 groete [grúətə]
ii)　blêd [blɛːt]「葉」→指小形 bledsje [blɛ́tʃə] (短母音化 (§4))
　　　blêdzje [blɛ́ːdʒə]「ページをめくる，葉をつける」
　　　現在形 ik 　　blêdzje [blɛ́ːdʒə] 　　　　　　hja blêdzje [blɛ́ːdʒə]
　　　　　　(do) 　blêdest [blɛ́ːdəst] 　　　　過去形 　hy blêde [blɛ́ːdə]
　　　　　　hy 　 blêdet [blɛ́ːdət] 　　　　過去分詞 blêde [blɛ́ːdə]
　接尾辞 -je 以外は [tj]/[dj] の連続があっても破擦音化は起こらない。
　　　stiennen [stjínən]「石でできた」(stien [stiən]「石」)
　　　studearje [stydjɛ́rjə, (stydíərjə)]「大学で学ぶ，研究する」
　　　↔ stúdzje [stýdʒə]「大学での勉学，研究」
　ただし，…dei を含む次の語に注意 (§2 (2))。
　　　middei [mídjə, mídʒə, mídi]「昼」/tiisdei [tíːzdjə, tíːʒə, tíːzdi]「火曜日」
　　　(dei [dai, dɛi]「日」)
　数詞 13～19 は -tjin [tjən] または -tsjin [tʃən] を伴う (§29 (1))。
　　　trettjin [trɛ́tjən]/trettsjin [trɛ́tʃən]「13」

(2) 音節末音の無声化(einlûdferskerping, einlûdûntstimming)

　有声の障害音(閉鎖音と摩擦音)は音節末の位置(伝統的にはいわゆる語末音，ド．Auslaut)で無声化する。摩擦音は正書法で区別するが，閉鎖音は区別しない(伝統的には「語末音の無声化」(ド．Auslautverhärtung)と言う)。

① 閉鎖音：b [b]－b [p], d [d]－d [t]
　　stobbe [stôbə]「切り株」－stobke [stôpkə]「切り株(指小形)」
　　side [sídə]「脇」－sydpaad [sítpaːt]「脇道」

② 摩擦音：v [v]－f [f], z [z]－s [s], g [ɣ]－ch [x]
　　leave [líəvə]「好きな(変化形)」－leaf [lɪəf]「好きな」
　　noazich [nôəzəx]「鼻音の」－noas [noəs]「鼻」
　　lige [líːɣə]「うそをつく」－ik liich [liːx]「私はうそをつく」/hy liicht [liːxt]「彼はうそをつく」

　歴史的には，音節末音の無声化はドイツ語やオランダ語では古くから見られるが，西フリジア語では20世紀にオランダ語の影響で広まった。Sipma(1913：26)には，短母音といわゆるのぼり二重母音の後でまだこの記載がない。音節末音の無声化は東フリジア語(東フ．Seeltersk)でも若い世代を中心とする最近の現象であり，北フリジア語でも一般に認めにくく，それぞれ近年の標準ドイツ語の影響によると考えられる。

(a) **障害音の連続と無声化の有無**

　障害音の連続は有声か無声に統一されている必要があるので，音節末では全体で無声音になる。これは音配列の制約によるものであり，「同化」とは異なる(§8(1))。

　　love [lóːvə]「ほめる」→(do) loofst [loːfst]「君はほめる」
　　gnize [gníːzə]「嘲笑する」→ hy gniist [gniːst]「彼は嘲笑する」

　例外的に -gd [xt] は *-chd とはつづらない。

　　doge [dóːɣə]「役に立つ」→ hja doocht [doːxt]「彼女は役に立つ」
　　↔ doogd [doːxt]「役に立った(過去分詞)」　　jeugd [jøːxt]「若さ」
　　deugd [døːxt]「美点」－deugden [dǿːɣdən]「美点(複数形)」

これは以下の現象に反映している。

① 有声閉鎖音で始まる接尾辞

　有声閉鎖音で始まる接尾辞(名詞派生接尾辞 -de［də］/形容詞派生接尾辞 -ber［bər］など)が後続すると，障害音は音節末でも無声化を起こさない。ただし，正書法では f［v］/ch［ɣ］とつづる。

　　leafde［líəvdə］「愛」(leaf［lɪəf］(/lɪəv/)〜leave［líəvə］「好きな」)
　　draachber［drá:ɣbər］「携帯可能な」(drage［drá:ɣə］「運ぶ」－ik draach［dra:x］「私は運ぶ」)

② 形容詞派生接尾辞 -lik［lək］

　　d /d/ で終わる語につく場合には，無声化はふつう起こらない。
　　dúdlik［dýdlək］「明らかな」　　tydlik［tídlək］「一時的な」
　　gaadlik［gá:dlək］「適当な」　　nuodlik［nwódlək］「危険な，心配な」
　　↔ leaflik［líəflək］「かわいい」(leaf［lɪəf］(/lɪəv/)〜leave［líəvə］「好きな」)
　　beweechlik［bəvé:xlək］「可動の」(bewege［bəvé:ɣə］「動かす」)
　　freeslik［fré:slək］「恐ろしい」(freezje［fré:ʒə］「恐れる」)

オランダ語では d と -lijk の間に e［ə］を挿入する。

　オ．duidelijk［dœydələk］「明らかな」
　　　tijdelijk［tɛidələk］「一時的な」
　　　lief(e)lijk［lí.f(ə)lək］「かわいい」(lief［li.f］(/li.v/)〜lieve［lí.və］「好きな」)
　　　vreselijk (vreeslijk)［vré.s(ə)lək］「恐ろしい」
　　　beweeglijk［bəvé.ɣələk］「可動の」

t［t］が挿入される語もある。

　　eigentlik［áiɣəntlək, ɛi…］「本来の」

ドイツ語でも t が挿入される。オランダ語でも古くは t が挿入されたが，今日では -e-lijk の直前にアクセントがある少数の語にとどまる。

　ド．eigentlich［áɪgəntlɪç］↔ オ．eigenlijk［ɛiɣə(n)lək］「本来の」
　フ．ordintlik［ɔrdíntlək］「正式の」－オ．ordentelijk［ɔrdɛ́ntələk］－ド．ordentlich［ɔ́ɐdəntlɪç］

その他の音で終わる場合にも無声化が起こらない語がある。次例はオランダ語からの借用語に由来する。

mooglik [móːɣlək]「可能な」(オ. mogelijk [móːɣələk])
deeglik [déːɣlək]/degelik [déːɣələk]「堅実な, 充実した」(オ. degelijk [déːɣələk])
③ d＋名詞派生接尾辞 -ner (← -er)
もとの語の語幹の d /d/ は無声化しない。
reedner [réːdnər]「演説者」(rede [réːdə]「演説」)
moardner [mwádnər]「殺人者」(moardzje [mwádʒə]「人殺しをする」)
widner [vídnər]「やもめ」(widdo [vídou]「未亡人」)
オランダ語では e [ə] を挿入する。ドイツ語でも無声化しない。
　オ. redenaar [réːdənaːr]「演説者」(rede [réːdə]「演説」)
　　 moordenaar [móːrdənaːr]「殺人者」(moorden [móːrdə(n)]「人殺しをする」)
　ド. Redner [réːdnɐ]「同上」(Rede [réːdə]「同上」)

(b) -ng [ŋ] と -nk [ŋk]
　-ng [ŋ] で終わる名詞は指小形(§18(a))で -nkje [ŋkjə], 形容詞派生接尾辞 -lik の前で -nklik [ŋklək] となる。複合語で -nk [ŋk] となる語もある。つづりでは g が k に変わっているが, 発音上は [ŋ] の後に [k] が挿入されている。[ŋ] は障害音ではなく, 少なくとも現代西フリジア語として見ると, これは語末音の無声化ではない(歴史的には別の解釈も考えられる。(c)参照)。
　ring [rɪŋ]－rinkje [rɪ́ŋkjə]「指輪」
　oarsprong [óə(r)sproŋ]「起源」－oarspronklik [oə(r)spróŋklək]「本来の」
　kening [kéːnɪŋ]「王」－keninkje [kéːnɪŋkjə]「王(指小形)」－keninklik [kéːnɪŋklək]「王の」－keninkryk [kéːnɪŋkrik]「王国」

(c) 指小形接尾辞 -je [jə] と動詞語幹形成接尾辞 -je [jə] の相違
　音節末音の無声化は指小形接尾辞 -je [jə] の直前では起こるが, 動詞語幹形成接尾辞 -je [jə] の直前では起こらない(§18)。
　seachje [síəxjə]「のこぎり」(seage [síəɣə] の指小形)

↔ seagje ［síəɣjə］「のこぎりをひく」(派生動詞)

paadsje ［páːtʃə］「小道」(paad ［paːt］の指小形)

↔ paadzje ［páːdʒə］「小道を作る」(派生動詞)

なお，指小形では短母音化(§4)が起こることがあるが，派生動詞では起こらない。これは有声摩擦音が語中の短母音の直後ではほとんど出現しないためである。

bledsje ［blɛ́tʃə］「葉」(blêd ［blɛːt］の指小形)

↔ blêdzje ［blɛ́ːdʒə］「ページをめくる，葉をつける」(派生動詞)

rychje ［ríxjə］「列」(rige ［ríːɣə］の指小形)

↔ riigje ［ríːɣjə］「並ぶ」(派生動詞)

指小形と派生動詞で形態素境界の性質に差はなく，両者の違いは音韻的な理由によると考えられる(Visser 1989b)。派生動詞 seagje「のこぎりをひく」では音節境界は［(síə)(ɣjə)］であり，無声化は起こらない。一方，指小形 seachje (← seage「のこぎり」) で無声化が起こるのは，指小形接尾辞 -je が -tje の変種であり，直前に音節境界があるためと考えられる。指小形には後続子音に応じて -ke/-tsje/-je の3種類がある(§18(a))。軟口蓋音 ［k］/［x］/［ɣ］/［ŋ］の直後で用いる -je ［jə］は，基底形 -tsje /tjə/ (［tʃə］) の /t/ の脱落((5))による。seage「のこぎり」→指小形 seachje では軟口蓋音 /ɣ/ に後続する /tjə/ が選ばれ，/t/ の脱落の前に音節の区切り(分節化)と語末音の無声化が起こると考えれば，例外的な無声化が説明できる。一方，paad「小道」→ paadsje では最初から -je が選ばれる(Visser 1989a)。

/síəɣtjə/ → ［(síəɣ)(tjə)］ → ［(síəx)(tjə)］ → ［síəxjə］

/páːdtjə/ → ［(páːd)(tjə)］ → ［(páːt)(tjə)］ → ［páːtjə］ → ［páːtsjə］ → ［páːtʃə］

歴史的に，オランダ語の koninkje ［kóːnɪŋkjə］「王(指小形)」は，かつて koning ［kóːnɪŋ］「王」の -ng が ［ŋk］であり，指小形で -k-tje となって後代に t が脱落したことに由来する。西フリジア語の kening ［kéːnɪŋ］「王」－keninkje ［kéːnɪŋkjə］「王(指小形)」も同様に考えられる。

ドイツ語では音節末の無声化に形態音素論(エ. morphophonemics)的な性格がある。たとえば，次の語では音節境界と形態素境界が一致する場合だけに無声化が起こっている。

ド．Regler ［réːɡlɐ］「調節器」(regeln ［réːɡəln］「調整する」)

↔ reglos [réːkloːs]「不動の」(regen [réːɡən]「動かす」)
übrig [ýːbrɪç]「余りの」(über [ýːbɐ]「余って」+ -ig)
↔ üblich [ýːplɪç]「通例の」(üben [ýːbən]「訓練する」+ -lich)

(3) r の脱落

　子音 r (正確には [r]) は単一語の歯(茎)音 [s]/[z]/[l]/[d]/[t]/[n] の直前で脱落する(いわゆる soldaten「兵士たち」の子音 + [z])。ただし、正書法では r をそのまま表記する。以下で「r の脱落」とは [r] の発音上の脱落を指す。

　　kers [kɛs]「ろうそく」　　kerl [kɛl]「粒」　　bern [bɛ(ː)n]「子供」
　　ferzen [fɛ́ːzən]「凍った (frieze [fríːzə]「凍る」の過去分詞)」
　　gerdyn [ɡədín]「カーテン」　　kikkert [kíkət]「カエル」

最近の外来語には r が脱落しないことがある例が見られる。

　　persoan [pərsóən, pəsóən]「人」
　　persint [pərsínt, pəsínt]「パーセント」
　　perzik [pérzɪk, pɛ́zɪk, …zək]「桃」
　　ordinêr [ɔrdinɛ́ːr, ɔdinɛ́ːr]「月並みな」
　　sport [spɔrt, spɔt]「スポーツ」
　　dessert [dɛsɛ́rt, də…]「デザート」
　　modern [modɛ́rn]「現代的な」

次の語では [t] の前で -re- [rə] が脱落した語形も見られる。

　　siktaris [sɪktáːrəs]/sekretaris [sɪkrətáːrəs]「書記官」

スウェーデン語やノルウェー語ブークモール (bokmål) では r が脱落するかわりに、後続の歯(茎)音がそり舌音 (エ. retroflex) になる (ス./ブ. barn [baːɳ]「子供」)。

(a) **語形変化での r の脱落**

① 名詞複数形・属格
　　bakker [bákər]「パン屋」→ bakkers [bákəs]
② 形容詞の比較

fier [fiər]「遠い」－比較級 fierder [fjídər]－最上級 fierst [fjɪst]

③ 動詞変化
farre [fárə]「船で/が行く」－過去分詞 fearn [fɪən]

現在形　ik　　far　　［far］　　過去形　ik　　foer　　［fuər］
　　　　（do）farst　［fast］　　　　　（do）foerst　［fuəst］
　　　　hy　　fart　　［fat］　　　　　hy　　foer　　［fuər］
　　　　hja　 farre　［fárə］　　　　　hja　 foeren　［fúərən］

(b) 派生語と複合語での r の脱落

　r は無アクセント音節や，くだり二重母音と長母音の直後で脱落しやすく，いわゆる「のぼり二重母音」と短母音の直後では脱落しにくい。接頭辞 fer-/foar-/oar-/oer-/wer- では，歯(茎)音以外にも，h［h］を除くすべての子音の直前で r が脱落する傾向が強い。ただし，これには微妙な面があり，本書では［…(r)］と記す。

　　ferlieze [fə(r)líəzə]「失う」－ferkeapje [fə(r)kíəpjə]「売る」
　　foarnaam [fə(r)ná:m]「身分の高い」－foarby [fwa(r)bɛ́i, fə(r)…]「…を通り過ぎて」
　　oarloch [óə(r)lɔx]「戦争」－oardiel [óə(r)diəl]「判断」
　　oersmite [uə(r)smítə]「向こうへ投げる」－oerbetterje [uə(r)bɛ́tərjə]「過度に直す」
　　werjaan [vɛ́(r)ja:n]「返す」－werkomme [vɛ́(r)komə]「戻る」

　母音の直前に加えて，子音 h［h］の直前でも r は脱落しない。これは h［h］が弱い子音で脱落しやすいので，母音の連続が生じるのを避けるためである。

　　ferienje [fəríənjə]「統一する」－ferhaal [fərhá:l]「物語」
　　foaral [fwarɔ́l, farɔ́l, frɔl]「まず第一に」－foarhinne [fwarhínə, far…, fər…]「以前」
　　oerien [uəríən]「一致した」－oerhastich [uərhástəx]「せっかちな」
　　werom [vərɔ́m]「戻って」－werhelje [vɛ́rhɛljə]「取り戻す」

　その他の場合には語彙によって差がある。

　　earlik [íələk]「誠実な」　　skoarstien [skwáʃən]「煙突」

↔ modderdyk [módərdik]「舗装していない道」
Nederlân [né:dərlɔ:n]「オランダ」

(c) **単語間でのrの脱落**
　次の語では単語間でも，h [h] を除く子音の直前でrが脱落することがある。
① 前置詞：foar [fwar, far, fər]「…の前に」, oer [uər]「…の上方に」
foar jo [fwa jó:u, fa…, fə…]「あなたのために」
oer seizen [uə sáizən, …sɛ́izən]「7時過ぎに」
② 副詞：dêr [dɛ(:)r]「そこに，あそこに」, hjir [jɪr]「ここに」, wêr [vɛ:r]「どこに」, wer [vɛr]「再び」, mar [mar]「しかし；ちょっと，まあ」
Hjir mar delsette! [ji ma dɛ́lsɛtə]「ちょっとここに下ろして！」

(4) 二重子音の縮約 (degeminaasje)

　西フリジア語には同一子音の連続はないので，単子音に縮約して発音する。ただし，音節化 (§9) を起こす場合には二重子音の縮約は起こらない。
① 語形変化
　語形変化では正書法でも同一子音字の連続は単子音字で表記する。
hy bidt [bɪt]「彼は祈る」(bidde [bídə]「祈る」)
hy yt-t → yt [it]「彼は食べる」(ite [ítə]「食べる」)
kreas-st → kreast [krɪəst]「もっともすてきな（最上級）」(kreas [krɪəs]「すてきな」)
② 語形成
　語形成では正書法で同一子音字の連続は単子音字に縮約せず，そのまま表記する。
op-passe → oppasse [ópɔsə]「注意する」
soks-sa-wat → sokssawat [sóksavɔt]「そのようなこと」
ûn-noazel → ûnnoazel [únoəzəl]「愚かな」
al-lang → allang [ɔ́laŋ]「ずっと (al) 長い間 (lang)」

út-drage → útdrage [ýtdra:ɣə]→[ýddra:ɣə]→[ýdra:ɣə]「運び出す」
同一子音群の連続もひとつの子音群に縮約される。ただし，正書法では縮約せずそのまま表記する。
(do) rêst-st → rêstst [rɛːst]「君は休む」(rêste [rɛ́ːstə]「休む」)
rêst-stee → rêst-stee [rɛ́ːsteː]「休憩(rêst)所(stee)」
fisk-skjirre → fiskskjirre [fískjɪrə]「干物の魚(fisk)を切るはさみ(skjirre)」
fyts-tsjil → fyts-tsjil [fítsjɪl]→[fítʃɪl]「自転車(fyts)の車輪(tsjil)」

(5) t の脱落

他の歯(茎)音と連続する子音t(正確には[t])は，種々の複雑な条件のもとで脱落する(Hoekstra 1986, Visser 1993)。ただし，正書法ではtをそのまま表記する。以下で「tの脱落」とは[t]の発音上の脱落を指す。

(a) [t](語幹末)＋[st](語尾・接尾辞)→[st]
① 動詞人称変化語尾：-st
   (do) ytst [itst]→[ist]「君は食べる」(ite [ítə]「食べる」)
   (do) bidst [bɪtst]→[bɪst]「君は祈る」(bidde [bídə]「祈る」)
② 形容詞最上級：-st
   botst [botst]→[bost]「もっとも鈍い」(bot [bot]「鈍い」)
   frjemdst [frjɛmtst]→[frjɛmst]「もっともなじみのない」(frjemd [frjɛmt]「なじみのない」)
③ 序数詞：-ste
   achtste [áxtstə]→[áxstə, ákstə]「8番目の」(acht [axt]「8」)
   hûnderdste [húndətstə]→[húndəstə]「100番目の」(hûnderd [húndət]「100」)
④ 女性名詞派生接尾辞：-ster
   fjochtster [fjóxtstər]→[fjóxstər, fjókstər]「女性フェンシングの選手」(fjochter [fjóxtər]「フェンシングの選手」)
   arbeidster [árbaitstər, …bɛi…]→[árbaistər, …bɛi…]「女性労働者」

(arbeider [árbaidər, …bɛi…]「労働者」)

⑤ 地名の形容詞化と住民を表わす名詞派生接尾辞：-ster
Drachtster [dráxtstər]→[dráxstər, drákstər]「ドラハテンの(人)」(Drachten [dráxtən]「ドラハテン」)
Earnewâldster [jɛnəvɔ́:tstər]→[jɛnəvɔ́:stər]「イェネヴォーデの(人)」(Earnewâlde [jɛnəvɔ́:də]「イェネヴォーデ」(オ．Eernewoude「エールネヴァウデ」)

⑥ 類似した現象：l の脱落
sille [sílə]「…だろう」と wolle [vólə]「…したい」では 2 人称単数形語尾 -st の前で語幹末の l [l] の音が脱落する。
(do) {silst [sɪst]/wolst [vost]}「君は…{だろう/したがっている}」
↔ (do) tilst [tɪlst]「君は持ちあげる」(tille [tílə]「持ちあげる」)
dwaan [dwa:n]「する」でも次のような発音が見られる。
(do) dochst [doxst, dokst, dost]「君はする」
ただし，次の⑦⑧⑨に示すように，t の脱落は上記の場合以外では起こらない。

⑦ 語幹末が [ts] の場合
[t] は脱落しない。
{hy fyts-t/(do) fyts-st}→{hy/(do)} fytst [fitst]「{彼/君} は自転車に乗る」(fytse [fítsə]「自転車に乗る」)
{hy keats-t/(do) keats-st}→{hy/(do)} keatst [kɪətst]「{彼/君} はケアツェン(フリースラントの伝統的球技)をする」(keatse [kíətsə]「ケアツェンをする」)
例外：lyts-st → lytst [list (稀 litst)]「もっとも小さい(形容詞最上級)」(lyts [lits]「小さい」)

⑧ 複合語など
[t] は脱落しない。
bried-stoel → briedstoel [brjítstuəl, bríət…]「ひじ掛けいす」

⑨ -stra で終わる名字
[t] は脱落しない。この -stra は複数属格形に由来するが(-sittera，オ．zitter/ド．Sitzer/エ．sitter の複数属格形)，名字全体で単一語と意識さ

れている。
Koatstra［kóətstra］「コアツトラ」　　Sytstra［sítstra］「シツトラ」
Bantstra［bɔ́ntstra］「ボンツトラ」

⒝　**動詞語幹形成接尾辞 -je での t の脱落：［sts］→［ss］→［s］**
　-st-je［stjə］は破擦音化(⑴)で［stsjə］となるが，［t］が脱落し，二重子音の縮約(⑷)で［ssjə］→［sjə］→［ʃə］となる(§48⑵⒝②)。正書法では語幹に -je を付加する。
　　　feestje［féːstjə］→［féːstsjə］→［féːssjə］→［féːsjə］→［féːʃə］「祝う」
　　　↔ 過去形 hy feeste［féːstə］「彼は祝った」/feest［feːst］「祝祭」
　　　hoastje［wástjə］→［wástsjə］→［wássjə］→［wásjə］→［wáʃə］「せきをする」
　　　↔ 過去形 hy hoaste［wástə］「彼はせきをした」/hoast［wast］「せき」
　語幹末が「s 以外の子音＋t」の場合には，破擦音化だけが起こり，t の脱落は起こらない。正書法でも語幹に -sje を付加する。
　　　wachtsje［váxtjə］→［váxtsjə］→［váxtʃə］「待つ」
　　　krantsje［krɔ́ntjə］→［krɔ́ntsjə］→［krɔ́ntʃə］「新聞を読む」
　　　（過去形 hy {wachte［váxtə］/krante［krɔ́ntə］}「彼は {待った/新聞を読んだ}」）
　次の語では st と -je の間に k が挿入されている。この場合の t の脱落は「［sk］＋子音」という連続を避けるために起こる。過去形でも同様。
　　　fûstkje［fúskjə］「握手する」－過去形 hy fûstke［fúskə］「彼は握手をした」（fûst［fust］「握りこぶし」）
　次の語に注意。
　　　fêstje［fɛ́ːʃə］/festje［fɛ́ʃə］「断食する」
　　　fêsteldei［fɛ́ːsəldai, …dɛi］/festeldei［fɛ́səl…］「断食の日」
　　　fêsteltiid［fɛ́ːsəltiːt］/festeltiid［fɛ́səl…］「四旬節，断食期間」
　　　↔ fêste(n)［fɛ́ːstə(n)］「断食」

⒞　**指小形接尾辞 -(ts)je での t の脱落(§18)：［sts］→［ss］→［s］**
　-t で終わる名詞では本来，指小形接尾辞 -tsje［tʃə］（←［tsjə］）が選ばれて破

擦音化((1))が起こるが，-st で終わる名詞では［sts］の連続が生じ，［t］の脱落も起こる。正書法では語幹に -je だけが付加されたように見える。

　　feestje (← feest-tsje)［féːsttjə］→［féːsttsjə］→［féːstsjə］→［féːssjə］→
　　［féːsjə］→［féːʃə］ (feest［feːst］「祝祭」の指小形)

　語幹末が -st (または -ft) 以外の語では，ふつう破擦音化だけが起こり，t の脱落は起こらない。正書法でも -sje (← -tsje) を付加する。

　　praatsje［práːttjə］→［práːttsjə］→［práːtsjə］→［práːtʃə］ (praat［praːt］「おしゃべり」の指小形)

　　tintsje［tínttjə］→［tínttsjə］→［tíntsjə］→［tíntʃə］ (tinte［tíntə］「テント」の指小形)

　副詞拡張接尾辞 -(ts)jes (§ 32 (1)(a)) での t の脱落も「指小形接尾辞 + -s」に準ずる。

　　justjes［jøsttjəs］→［jøsttsjəs］→［jøstsjəs］→［jøssjəs］→［jøsjəs］→
　　［jøʃəs］「まさに，たった今」(just［jøst］「同左」)

　　↔ eventsjes［éːvəntʃəs］「ちょっと，まさに」(even［éːvən］「同左」)

① 指小形接尾辞 -(ts)je/-ke を伴う語

　-ke が選ばれる場合は，指小形接尾辞 (［指小］と略) が決定する前に t が脱落し，s に後続する語形として -ke が選ばれると考えられる。

fûstje［fústtjə］→［fústtsjə］→［fústsjə］→［fússjə］→［fúsjə］→［fúʃə］ (fûst
［fust］「握りこぶし」の指小形)

fûstke［fúst- 指小］→［fús- 指小］→［fúskə］（同上）

次の語は s のかわりに f を含んでいるが，同様の現象が見られる。

skoftke［skóft- 指小］→［skóf- 指小］→［skófkə］ (skoft［skoft］「休憩」の指小形)

これと並んで，t が脱落せずに指小形接尾辞 -tsje［tʃə］が選ばれることもある。

skoftsje［skófttjə］→［skófttsjə］→［skóftsjə］→［skóftʃə］（同上）

次の語は -ke だけしか選ばれない例である。

winstke［vínst- 指小］→［véːⁿst- 指小］→［véːⁿs- 指小］→［véːⁿskə］ (winst
［veːⁿst］「利益」の指小形)

類似した用例として次の語がある。

lampke［lámp- 指小］→［lám- 指小］→［lámkə］（lampe［lámpə］「ランプ，電灯」の指小形）
② 形容詞派生接尾辞 -lik
［st］＋［l］の連続でも t の脱落が見られることがある。
kristlik［krís(t)lək］「キリスト教の」
kostlik［kɔ́s(t)lək］「おいしい，すばらしい」

(d) -estje で終わる借用語での t の脱落：［sts］→［ss］→［s］
　語形変化や派生語以外に，-estje［ɛʃə］で終わるオランダ語(-estie［ɛsti.］)からの借用語がある。この場合，無アクセントの /i/ は［jə］となるので，［ɛsti.］は破擦音化で［ɛstsjə］となって［sts］の連続が生じ，t が脱落する。
kwestje［kwɛ́stjə］→［kwɛ́stsjə］→［kwɛ́ssjə］→［kwɛ́sjə］→［kwɛ́ʃə］「用件，トラブル」（オ．kwestie［kvɛ́sti.］）
suggestje［søɡɛ́stjə］→［søɡɛ́stsjə］→［søɡɛ́ssjə］→［søɡɛ́sjə］→［søɡɛ́ʃə］「示唆」（オ．suggestie［sʏɣɛ́sti.］）
　西フリジア語ではオランダ語の対応語が無アクセントで -ie［i.］を含む場合に，-y［i］ではなく，-je［jə］として現われる(Visser 1992)。
　フ．kofje［kɔ́fjə］↔ オ．coffie［kɔ́fi.］「コーヒー」
　naasje［ná:ʃə］（←［ná:sjə］）↔ natie［ná:(t)si.］「国家，国民」
　kondysje［kondíʃə］（←［kondísjə］）↔ conditie［kɔndí.(t)si.］「条件，状態，体調」
　kreaasje［krɪ(j)á:ʃə］（←［krɪ(j)á:sjə］）↔ creatie［kre(j)á.(t)si.］「創造」
　stúdzje［stýdʒə］（←［stýdzjə］）↔ studie［stý.di.］「大学での勉強，研究」
　語形変化や派生語以外の例として，次の語でも t の脱落が見られる。これは 'post「郵便物」＋segel「印」' という複合語から単一語へと意識が変化したためと考えられる（今日では「切手」は「印」（segel）ではない）。
　postsegel［pɔ́stse:ɣəl］→［pɔ́sse:ɣəl］→［pɔ́se:ɣəl］「切手」

(e) ［sts］→［ss］→［s］が起こらない場合
　(b)(c)以外の語形変化や派生語ではこの t の脱落は起こらない。

① 不定代名詞＋形容詞 -s
wat robústs [robýsts]「何かがっしりしたもの」(robúst [robýst]「がっしりした」)
wat fêsts [fɛ:sts]「何か堅固なもの」(fêst [fɛ:st]「堅固な」)
② 名詞派生接尾辞 -sel
opbestsel [óbəstsəl]「縫い上げ，タック」(opbeste [óbəstə]/opbestje [óbəʃə]「縫い上げる」)

(f) 「語幹末の t ＋副詞派生接尾辞 -s」での t の脱落：[ts]→[s]

　副詞派生接尾辞 -s (§ 31 (2)(c)④) は生産性を欠き，派生という意識が薄く，-chts- を含む少数の語にとどまる。つづりでも t を欠く語がある。

ûnferwachts [úⁿfə(r)vaxts, …vá…]→[úⁿfə(r)vaxs, …vaks, …vá…]「不意に」(ûnferwacht(e) [úⁿfə(r)vaxtə, …vá…]「不意の」, (6)参照, 以下同様)
sachs [saxts]→[saxs, saks]「穏やかに，少なくとも」(sacht「穏やかな」)
sêfts [sɛ:fts]→[sɛ:fs]「同上」(sêft [sɛ:ft]「同上」)
nachts [naxts]→[naxs, naks]「夜に」(nacht [naxt]「夜」)

次の語は形容詞である。

rjochts [rjoxts]→[rjoxs, rjoks]「右の」(rjochter [rjóxtər]「右の」)

(g) [ts]→[s] が起こらない場合

　上記の場合を除いて，語形変化や派生語ではこの変化が起こらない。

① 不定代名詞＋形容詞 -s
wat lichts [lɪxts]「何か軽いもの」(licht [lɪxt]「軽い」)
wat frjemds [frjɛmts]「何かなじみのないもの」(frjemd [frjɛmt]「なじみのない」)
② 名詞派生接尾辞 -sel
oerprintsel [úə(r)prɪntsəl]「増刷」(oerprintsje [úə(r)prɪntʃə]「増刷する」)
③ 形容詞派生接尾辞 -sum，形容詞(名詞)派生接尾辞 -sk [s(k)] ((7)参照)

betochtsum［bətɔ́xtsøm,…səm］「思慮深い」(betocht［bətɔ́xt］「配慮した」)
protestantsk［protɛstánts(k)］「プロテスタントの」(protestant［protɛstánt］「プロテスタント」,(7) -sk［s(k)］参照，以下同様)
stedsk［stɛts(k)］「都会的な」(stêd［stɛːt］「都市」)
Sweedsk［sweːts(k)］「スウェーデン(語)(の)」(Sweden［swéːdən］「スウェーデン」)

以上の(a)～(g)とは別に，t の脱落を起こす語がある。
lêste［lɛ́ːs(t)ə］/leste［lɛ́s(t)ə］「…に欲求を起こさせる，…を好む」
lêsten［lɛ́ːs(t)ən］/lesten［lɛ́s(t)ən］「この前，近ごろ」

(6) ch の発音

ch［x］に s［s］が続くと，摩擦音の連続を避けて異化(dissimilaasje)が起こり，ドイツ語のように chs［ks］と発音することがある(ch［x］+s［s］→ chs［xs, ks］)。ただし，この変化はオランダ語の影響もあって少なくなりつつあり，義務的ではない。

sechstjin［sɛ́kstjən］(sechstsjin［sɛ́kstʃən］)「16」
sechstich［sɛ́kstəx］「60」　achtste［áxstə, ákstə］「第8の」
dochs［dɔxs, dɔks］「しかしながら，何といっても」
heechst［heːxst, heːkst］「もっとも高い」(heech［heːx］「高い」)
(do) liichst［liːxst, liːkst］「君はうそをついている」(lige［líːɣə］「うそをつく」)

話し言葉では，-ch［x］で終わる次の語は，後続する子音で始まる語との連続で脱落することがある。

genôch［gənɔ́ːx］「十分な」　　graach［graːx］「好んで」
noch［nɔx］「まだ」　　　　troch［trɔx］「(…を)通って」
doch［dɔx］/sjoch［ʃɔx］(dwaan「する」/sjen「見る」の命令形)
→ genôch tiid［gənɔːtíːt］「十分な時間」
→ sjoch net［ʃɔnɛ́t］「見るな」

(7) 形容詞派生接尾辞 -sk の発音

　形容詞(または言語名を表わす同形の名詞)を派生する接尾辞 -sk は，有アクセント音節で終わる約30語の1音節形容詞では，-sk [sk] と発音する。
　　âldsk [ɔ:tsk]「老けた」　　grutsk [grøtsk]「誇った，高慢な」
　　bernsk [bɛⁿsk]「子供っぽい」　　praatsk [pra:tsk]「話し好きな」
しかし，その他はふつう [s] と発音する。ただし，若い世代ではつづりに影響された [sk] という発音が増えてきている。本来，-sk というつづりは擬古的であり，[sk] という発音も擬古的である。-sk [sk] はつづりに引きずられた発音(エ. spelling pronunciation)と言える。なお，Frysk [frisk]「フリースラントの，フリジア語」は [k] を発音するが，[fris] という発音も観察される(Van der Meer 1988a)。
　　typysk [típis(k)]「典型的な」－変化形 typyske [típis(k)ə]
　　Dútsk [dŷts(k)]「ドイツの，ドイツ語」－Dútske [dŷts(k)ə]
　　Ingelsk [íŋəls(k)]「イギリスの，英語」－Ingelske [íŋəls(k)ə]
複合語では一律に k を落とす。歴史的には本来，これが正しい。
　　Dútslân [dŷtslɔ:n]「ドイツ」　　Ingelsman [íŋəslmɔn]「イギリス」
　　Fryslân [fríslɔ:n]「フリースラント」
　オランダ語では -s [s]/-sch [s]（外来語）となる。
　　オ．typisch [tí.pi.s]－変化形 typische [tí.pi.sə]「同上」
　　　　Duits [dœyts]－Duitse [dœytsə]－Duitsland [dœytslɑnt]「同上」
　　　　Engels [ɛŋəls]－Engelse [ɛŋəlsə]－Engeland [ɛŋəlɑnt]「同上」
　　　　Fries [fri.s]－Friese [frí.sə]－Friesland [fri.slɑnt]「同上」

(8) d の脱落と挿入

(a) **d の脱落**

「{ea [ɪə]/ie [iə]}＋d」で終わる1音節語と複合語の成分で起こる。音節以外では d は保たれる。
　　dea [dɪə]「死んだ；死」－deabêd [díəbɛ:t]「死の床」
　　↔ deade [díədə]「死んだ(変化形)；死者」

ûnderskie(d)［úndə(r)skiə(t)］「区別，相違」
　　↔ ûnderskiede［undə(r)skíədə］「区別する」
　　trie(d)［triə(t)］「糸」
　　↔ triedden［trjídən］「糸（複数形）」
　goed［guət］「良い」では，やや古風な複合語や日常的な挨拶の表現で d が脱落した goe-［gu(ə)］という語形が見られる。アクセント（́）は goe- の後ろの成分にある。
　　goefreon［gu(ə)frǿən］「親友」　goefries［gu(ə)fríəs］「生粋のフリジア人」
　　goekunde［gu(ə)kǿndə］「顔なじみ」　goerie［gu(ə)ríə］「良い助言」
　以下は挨拶の表現である。すべて「さようなら」の意味でも用いる。
　　goemoarn［gumóən］「おはよう」
　　goemiddei［gumídjə, gumídʒə, gumídi］「こんにちは」
　　goejûn［gujú(ː)n］「こんばんは」
　　goenacht［gunáxt］「おやすみなさい」
　　goedei［guədái, …déi］/goendei［gundái, gəndái, …déi］「こんにちは」
　goeie［gújə］「こんにちは，さようなら」はオランダ語の goede［ɣú.jə］（←［ɣú.də］, goed［ɣu.t］「良い」の変化形）の発音の影響と考えられる。goereis「良いご旅行を，行ってらっしゃい」という表現もある。

(b)　d の 挿 入

　「r＋-er［ər］（形容詞比較級・名詞派生接尾辞）」で起こる。d の前の r は脱落する（(3)「r の脱落」参照）。
　　tsjuster［tʃǿstər］「暗い」→ tsjusterder［tʃǿstədər］「より暗い」
　　hiere［híərə］「貸す」→ hierder［híədər］「貸借人」
　1　［l］/n［n］で終わる語は二つに分かれる。
① 　d の挿入が任意の語
　　spylje［spíljə］「（競技・演奏を）する」→ spiler［spílər］/spylder［spíldər］「競技者，演奏者」
② 　d の挿入の有無が決まっている語
　　min［mɪn］「悪い」→ minder［míndər］「より悪い」（§20(1)）

tsjoene [tʃúənə]「魔法をかける」→ tsjoender [tʃúəndər]「魔法使い」

↔ ynwenje [ɪⁿvɛⁿjə]「居住する」→ ynwenner [ɪⁿvɛnər]「居住者」

　次の動詞は過去形が 1 音節で二重母音で終わるが，er [ər]「彼(主格・連接形)」が後続すると，単語間でも発音上，[d] が挿入される。歴史的には(wie を除いて)「d の脱落」を起こした動詞の過去形がこの場合にだけ，かつての d を保っているためであり，この点で通常の d の挿入とは異なる。

i) 　die er [diə ər]→[díədər] (dwaan「する」)

　　hie er [hiə ər]→[híədər] (hawwe「持つ」)

　　stie er [stiə ər]→[stíədər] (steane「立っている」)

　　wie er [viə ər]→[víədər] (wêze「…である，…がある・いる」)

ii) 　kue er [kuə ər]→[kúədər] (kinne「…できる」)

　　soe er [suə ər]→[súədər] (sille「…だろう」)

　　woe er [vuə ər]→[vúədər] (wolle「…したい」)

iii) 　sei er [sai ər, sɛi ər]→[sáidər, sɛ́idər] (sizze「言う」)

　　lei er [lai ər, lɛi ər]→[láidər, lɛ́idər] (lizze「横たわっている，横たえる」)

§8　同化 (assimilaasje)とそれに類似した現象

(1)　同化の定義と音配列の制約

　単一語間の境界(すなわち，複合語・派生語内の成分相互の境界や複数の語の間)に位置する音が隣接音の影響を受けて，基底形の音素としての音型とは異なる調音方法や調音位置に変化して，隣接音に近づくか，それと同音になる現象を同化と呼ぶ。先行音が後続音に影響を与えるものが「順行同化」({progressive/foarútwurkjende} assimilaasje)，後続音が先行音に影響を与えるものが「逆行同化」({regressive/weromwurkjende} assimilaasje)である。同化による音変化は正書法で表記されないので，注意を要する。

　(a)(b)に示すように，西フリジア語には有声化という発音方法の逆行同化がある。一方，いわゆる順行同化は音配列(エ．phonotactics「音素配列論」)の制約によるもので，厳密には同化とは異なる。たとえば，単一語としての1語の内部で love [lóːvə]「ほめる」の [v] が (do) loofst [loːfst]「君はほめる」で [f] と無声化するのは，同一音節内では障害音の連続は有声か無声かに統一されなければならないという制約のためであり，同化ではない。また，次例のように，無声音 s [s] が接尾辞 -de [də] の直前で有声音 s [z] として現われているのは，上記の音配列論の制約に従って，音節末音の無声化(§7(2))がはたらかないためであり，同化とは異なる。

　　seis [sais, sɛis] (/saiz, sɛiz/)「6」
　　kertier oer seizen [sáizən, sɛ́izən]「6時15分過ぎ」
　　↔ seisde [sáizdə, sɛ́izdə]「第6の」

　一方，次のように形態的に2語の場合には，②では mis [mɪs]「いなくて寂しい」(misse [mɪ́sə] の変化形)の無声摩擦音 [s] が ien [iən]「ある人」の直前で逆行同化によって有声化するが，①ではそうならない。

① Ik *mis him*. ［mɪs］+［əm］→［mɪs-əm］「私は彼がいなくて寂しい」
② Ik *mis ien*. ［mɪs］+［iən］→［mɪz-iən］「私はある人がいなくて寂しい」

　これは①の him［əm］（［hɪm］の弱形）「彼（目的格）」が独立性を弱め，接語（エ．clitic）として，先行する mis に前接し，形態論的には 2 語だが，1 語の音韻的語（エ．phonological word）になっているためである．つまり，①の mis him の［s］は第 1 不定詞 misse［mîsə］の［s］のようにひとつの単語の内部にあることになるので，逆行同化による有声化((a))ははたらかない．そのかわりに，短母音の直後では摩擦音の連続は一般に無声音であるという西フリジア語の音配列の制約に従っていると考えられる．

　このように，厳密には同化は，複数の音韻的語の境界で起こる一定の方向性（順行か逆行かのどちらか）を持った音韻規則に限定して理解するべきであり，本書ではこの定義に従う．この意味で，西フリジア語に順行同化を認めることには問題がある（Visser 1988b）．

(a) **摩擦音の有声化：逆行同化**

　無声摩擦音［f］/［s］/［x］は有声閉鎖音［b］/［d］/［g］の直前で有声化（［b］/［d］/［g］）する．これは複数の無声摩擦音でも起こる（以下，複合語・派生語内の成分の境界には「・」をつける（(b)も同様））．複合語・派生語での例を示す．

　　fyts•bân［fíts-bɔːn］→［fídzbɔːn］「自転車のタイヤ」（fyts「自転車」+ bân「タイヤ」）
　　broeks•bokse［bruks-bóksə］→［brugzbóksə］「ズボンの脚の部分」
　　（broek「ズボン」+接合の s + bokse「（ズボンの）脚の部分」

　休止が置かれない場合には，単語間で起こることがある．

　　Is der ien?［ɪs］+［dər］→［ɪz-dər］「だれかいますか」

　単語間では閉鎖音以外の有声子音や母音の前でも有声化が起こる．

　　us wurk［ys vørk］→［yz-vørk］「私たちの仕事」
　　Draaf net sa hurd.［draːf nɛt］→［draːv-nɛt］「そんなに早く馬を走らせないでくれ」
　　Ik *seach wol* dat er net mear koe.［sɪəx vol］→［sɪəɣ-vol］「私は彼にはこれ以上無理なことがよくわかった」
　　Helje my in *reaf jern*.［rɪəf jɛn］→［rɪəv-jɛn］「毛糸玉を私に 1 束，取っ

(b) 閉鎖音の有声化：逆行同化

無声閉鎖音 [p]/[t]/[k] は有声閉鎖音 [b]/[d]/[g] の直前で有声化する。これは複数の無声閉鎖音でも起こる。複合語・派生語での例を示す。

op･belje [óp-bɛljə]→[ób-bɛljə]→[óbɛljə]「電話する」（分離成分 op-＋belje「ベルを鳴らす，電話する」）

út･gean [ŷt-gɪən]→[ŷdgɪən]「外出する」（分離成分 út-「外へ」＋gean「行く」）

brûk･ber [brúk-bər]→[brúgbər]「使用可能な」（brûke「使用する」＋接尾辞 -ber「…できる」）

rêst･bêd [rɛ́:st-bɛ:t]→[rɛ́:zdbɛ:t]「休息用のベッド」（rêst「休息」＋bêd「ベッド」）

wask･guod [vɔ́sk-gwot]→[vɔ́zggwot]→[vɔ́zgwot]「洗濯物」（wask「洗濯(物)」＋guod「物，品物」）

休止が置かれない場合には，単語間でも起こることがある。

Ik bin Japanner. [ɪk bɪn]→[ɪg-bɪn]「私は日本人です」

Ik doch net mei. [ɪk dox]→[ɪg-dox]「私はいっしょにやらない」

Dat gong net goed. [dɔt goŋ]→[dɔd-goŋ], [nɛt guət]→[nɛd-guət]「それはうまくいかなかった」

(2) 同化に類似した現象

いわゆる「順行同化」と呼ばれるが，(1)で述べたように，厳密には同化とは異なる。

(a) d- [d] で始まる代名詞・冠詞・副詞の無声化

次の語の d- [d] は無声閉鎖音で終わる語の直後で無声化する。これは一部の文法的機能語だけに起こり，先行語に接語として前接し，全体で音韻論的に1語になっている場合に含まれる。「前置詞＋de (定冠詞基本形)」→「前置詞＋'e (定冠詞弱形)」も同化とは異なる。

dizze [dízə, déːzə, dísə]/dit [dɪt]「これ」, dy [di]/dat [dɔt]「あれ，それ」; do [doːu]/dy [dɛi, di]「君（主格・目的格）」/dyn [din]「君の」; de [də]「定冠詞（中性単数以外）」; doe [du]「そのとき」, dan [dɔn]「それから」, dêr(e) [dɛːr(ə)]/der [dər]（弱形）「そこ，あそこ」, dus [døs]「したがって」, dochs [dɔxs, dɔks]「しかし」

Wat komt dat te kostjen? [kómt dɔt]→[kómt-tɔt]→[kómtɔt]「それはいくらかかることになるだろう」

Dêr komt dyn trein al. [kómt din]→[kómt-tin]→[kómtin]「あそこに君の電車がもう来たよ」

以上の d- [d] で始まる語はアクセントを持つと無声化せず，先行語の語末音が逆行同化によって有声化する。これは接語ではなく，音韻論的に単独の語に相当するためである。

Ik rôp doe de plysje derby. [rɔ́ːp-tu]↔[rɔːb-dú]「私はそこで警官を呼んだ」

Hy hold dy de hân boppe de holle. [hɔ́ːt-tɛi]→[hɔ́ːtɛi]↔[hɔːd-dɛ́i]→[hɔːdɛ́i]「彼は君の手をつかんで頭の上にあげた」

Pak do ek ris mei oan. [pák-tou]↔[pag-dóu]「君もひとつ身を入れてやってみたまえ」

de [də]「定冠詞」/der [dər]「そこ」は無アクセントなので，つねに接語であり，無声化が起こる。

Doe ha 'k de jas krige. [há k də]→[há-k-tə]「そのとき私はジャケットをもらった」（'k [k]「私（主格，弱形）」, *[há-g-də] とはならない）

Dat er al sa faak der west hat. [fáːk dər]→[fáːk-tər]「彼がもう頻繁にそこにいたとはね」（*[fáːg-dər] とはならない）

同様に，「前置詞＋de（定冠詞基本形）」が「前置詞＋'e（定冠詞弱形）」となる変化も同化には含まれない。

(b) 3 人称代名詞 se [sə]「彼女，彼(女)たち，それら」の有声化

se は閉鎖音や「短母音＋摩擦音」の直後では，無声子音を含む [sə] となる。

Skop se. [skop-sə]「それらを蹴りなさい」

Ik *hold se*.［hoːt-sə］「私はそれらを取っておきました」
Straf *se*.［straf-sə］「彼らを罰せよ」(straffe［stráfə］「罰する」)
それ以外の直後では有声化した se［zə］として現われる。
Wie se dêr?［viə-zə］「彼女はそこにいたのか」
Gean se efternei?［gɪəⁿ-zə］「彼らは後から行くのですか」
Hy *lies se*.［liəz-zə］→［liəzə］「彼はそれらを読んだ」(hy lies［liəs］(/liəz/)−hja liezen［líəzən］「彼らは読んだ」, lêze［lέːzə］「読む」)
語末音の無声化による無声子音以外の本来の無声子音の直後でも, 有声子音 se［zə］となる。
Sa kin *Rins se* hast net sjen.［reːⁿs-zə］→［reːⁿz-zə］→［reːⁿzə］「それならリーンス(男名)は彼女に会うのはまず無理だ」
se 以外の語では有声化した［z］は現われない。
Hy *die soms* sa raar.［diə-soms］「彼はときどきとても変なことをした」
代名詞 se［sə］は接語として直前の語に前接するときには,［sə］とは別に［zə］という音型を持っていると言える(§21(4)(b))。[sə］に無声化するのは, 音韻的に1語の内部では, 閉鎖音との連続や短母音の直後の摩擦音の連続はほとんど無声音であるという音配列の制約による(Visser 1988a)。

(c) 弱変化の「e- 動詞」の過去形接尾辞

　これは有声子音の直後では -de［də］, 無声子音の直後では -te［tə］となる。この現象は弱変化の「e- 動詞」(§47)だけに限られるように, 一部の語を対象としており, 基底形は -de［də］か -te［tə］かに決定できない。したがって, 厳密には同化とは異なる。
i) 　paste［pɔ́stə］(passe［pɔ́sə］「ぴったり合う」の過去形, 以下同様)
　　smookte［smóːktə］(smoke［smóːkə］「タバコを吸う」)
ii)　miende［míəndə］(miene［míənə］「思う」)
　　tilde［tíldə］(tille［tílə］「持ちあげる」)
語幹が［z］/［v］で終わる語は過去形で正書法上, つづり字が z〜s, v〜f と交替するが, 語幹が長母音なので, 有声摩擦音が後続しても音配列の制約には抵触せず, 有声音のままである。これも同化ではない。
　　raasde［ráːzdə］(raze［ráːzə］「荒れる」)

loofde [lóːvdə]（love [lóːvdə]「ほめる」）

(d) **鼻音 n [n] の変化**

　鼻音化（§3）以外の変化として，n [n] は [m] および閉鎖音に隣接する場合に，方向とは関係なく，後続音または先行音との連続で変化する。これも音配列の制約によるものであり，同化とは異なる。正書法では変化の有無に関係なく n と表記するので，注意を要する。ただし，日本語にも同様の現象があるので，理解は容易である。

① [n]→[m]：唇音 [p]/[b]/[m] の前後
　ûnbewend [ún-bəvɛnt]→[úmbəvɛnt]「不慣れな」(ûn- 否定接頭辞，以下同様)
　fan ûnpas [ún-pɔs]→[úmpɔs]「都合の悪い」
　in minske [ən méːⁿskə]→[əmméːⁿskə]→[əméːⁿskə]「ひとりの人間」
　iepen [íəpən]→[íəpn̩]（音節化，§9）→[íəpm̩]「開いた」

② [n]→[ŋ]：軟口蓋閉鎖音 [k]/[g] の前後
　ûngerêst [ún-gərɛːst]→[úŋgərɛːst]「不安な」
　ûnklear [ún-klɪər]→[úŋklɪər]「不明確な」
　in grutte beam [ən grɵ́tə]→[əŋgrɵ́tə]「大きな木」
　likens [líkəns]→[líkəⁿs]（鼻音化，§3）/[líkn̩s]（音節化，§9）→[líkŋ̍s]「同等の」

§9 音節化 (syllabisearring)

　英語の bottom [bátəm]→[bátm̩]「瓶」やドイツ語の wissen [vísən]→[vísn̩]「知っている」のように，あいまい母音などが脱落して，かわりに子音が音節核(音節主音)になることがあり([̩]で示す)，これを音節化と言う(Dyk 1987)。ある子音に後続する「あいまい母音[ə]＋鳴音(鼻音[m]/[n]/[ŋ]，流音[l]/[r])」が同一音節にあれば，[ə]の脱落に続いて音節化が起こることがある。-en [ən] は鼻音 n [n] の変化(§8(2)(d))を伴う。
　　biezem [bíəzəm]→[bíəzm̩]「ほうき」
　　libben [líbən]→[líbn̩]→[líbm̩]「生命，生きている」
　　hynder [híndər]→[híndr̩]「馬」
　　woartel [(v)wátəl]→[(v)wát l̩]「根」
ただし，二重子音の縮約(§7(4))は起こらない。
　　sangen [sáŋən]→[sáŋn̩]→[sáŋŋ̩]「歌(sang [saŋ]の複数形)」
同一音節の子音として[s]/[t]が後続することがある。
　　biezems [bíəzəms]→[bíəzm̩s]「ほうき(複数形)」
　　sjongend [ʃóŋənt]→[ʃóŋn̩t]→[ʃóŋŋ̩t]「歌う(sjonge [ʃóŋə]の現在分詞)」
音節化は口語的な現象であり，注意深く発音する場合や朗読・歌唱などでは起こりにくい。本書では本章以外では音節化は示さず，注意を喚起するにとどめる。ただし，じっさいの発話では頻繁に起こる現象であり，言語運用の面ではきわめて重要である。

(a) 音節化の反復
　次例では音節化が2回起こっている。音節化は右側(語末)の鳴音から起こり，音節化を起こした鳴音が独立の音節を形成して，直前の子音が先行音節に属す

ることで音節境界が変わり(再分節化，エ．resyllabification)，再び音節化の条件が整うためである．

 se hannelen ［(hɔ́)(nə)(lən)］→［(hɔ́)(nə)(ln̩)］→［(hɔ́)(nəl)(n̩)］→［(hɔ́)(nl̩)(n̩)］→［(hɔ́n)(l̩)(n̩)］→［hɔ́nl̩n̩］「彼らは商売をした」
 se hammeren ［(há)(mə)(rən)］→［(há)(mə)(rn̩)］→［(há)(mər)(n̩)］→［(há)(mr̩)(n̩)］→［(hám)(r̩)(n̩)］→［hámr̩n̩］「彼らはハンマーでたたいた」
次の場合には1回だけ音節化が起こる．
 hannelje ［(hɔ́)(nəl)(jə)］→［(hɔ́)(nl̩)(jə)］→［(hɔ́n)(l̩)(jə)］→［hɔ́nl̩jə］「商売をする」
 hammerje ［(há)(mər)(jə)］→［(há)(mr̩)(jə)］→［(hám)(r̩)(jə)］→［hámr̩jə］「ハンマーでたたく」

(b) 音節化の欠如

「あいまい母音＋鳴音」が同一音節にないと，音節化は起こらない．
 se ha hannele ［(hɔ́)(nə)(lə)］→［hɔ́nələ］「彼(女)らは商売をした(現在完了形)」
 se ha hammere ［(há)(mə)(rə)］→［hámərə］「彼(女)らはハンマーでたたいた(現在完了形)」
次例でもあいまい母音［ə］が次の音節にも連続して現われるので，同様に音節化は1回しか起こらない．
 hy hannelet ［(hɔ́)(nə)(lət)］→［hɔ́nələt］「彼は商売をする」
 hy hammeret ［(há)(mə)(rət)］→［hámərət］「彼はハンマーでたたく」
一方，あいまい母音［ə］の連続ではどちらかのあいまい母音［ə］が脱落することがある．次例では後続するあいまい母音［ə］が脱落することがあり，この場合には音節化が1回起こる(hannel(e)t/hammer(e)t)．
 hy hannelet → hannelt ［(hɔ́)(nəlt)］→［(hɔ́)(nl̩t)］→［(hɔ́n)(l̩t)］→［hɔ́nl̩t］「彼は商売をする」
 hy hammeret → hammert ［(há)(mərt)］→［(há)(mr̩t)］→［(hám)(r̩t)］→［hámr̩t］「彼はハンマーでたたく」
さらに，上記の最後の例では，音節化よりも先に「rの脱落」(§7(3))が起こることがある．

hy hammeret → hammert [hámərt]→[hámət]「同上」

「あいまい母音＋鳴音」の直前に子音(半母音 [j]/[w] を除く)がない場合にも，音節化は起こらない．

fjouwer [fjóuər]「4」　　boaiem [bwá(:)jəm]「底，地面」

(c) 音節化，鼻音化，鼻音 n [n] の変化

この3者には複雑な相互関係がある．たとえば，rekkenje [rɛ́kəⁿjə]「計算する」の次の変化形では，鼻音化(§3)と音節化のどちらが先に起こるかによって，鼻音 n [n] の変化(§8(2)(d))の有無を伴う異なった発音になる．

(do) rekkenst [rɛ́kənst]

→[rɛ́kn̩st]（鼻音化）

→[rɛ́kn̩st]（音節化）→[rɛ́kŋst]（鼻音 n [n] の変化）

一方，抽象名詞を派生する接尾辞 -ens（エ. -ness）がつくと，音節化よりも鼻音化が起こることが多い．

rêdens [rέ:dəns]→[rέ:dəⁿs]（鼻音化）「敏捷さ」

　　　　　　　　（[rέ:dn̩s]（音節化）よりも一般的）

詳細は Riermersma (1979)，Visser (1997：302-379) 参照．

§10 アクセント(klam)

西フリジア語では語のアクセントは強弱による。有アクセント音節は強いと同時に高く，無アクセント音節は弱いと同時に低い。これはいわゆる西ゲルマン語に属するオランダ語，ドイツ語，英語などと同様であり，北ゲルマン語のスウェーデン語とノルウェー語とは逆である。文中ではイントネーションに左右される。一般に平叙文や疑問詞疑問文では低く終わり，選択疑問文や疑問文以外の疑問表現では高く終わる。なお，本書では副アクセントは表記しない。

2音節以上の単一語では，一般にアクセントは第1音節にある。本来の西フリジア語の単一語はふつう1音節か2音節から成り，2音節語ではアクセントは第1音節にあって，第2音節はあいまい母音 [ə] を持つので，一般に最後から2番目の音節にアクセントがあるとも言える。

ただし，外来語には次例のように例外が多い。つまり，アクセントパターンを変えることによって，外来語であることを意識しているとも言える。これはオランダ語やドイツ語でも同様である。

stasjon [staʃón]「駅」　　psychology [psixologí]「心理学」
elemint [ɪləmínt]「要素」　grammatika [gramá:tika]「文法」

(a) **派生接尾辞のアクセント**

以下，代表的な例を示す。(b)以下も同様。

① 無アクセント：-je [jə]（指小形）/-dom [dom], -heid [hit]（§2(2), §11(1)）（名詞）/-lik [lək]（形容詞）/-liks [ləks]（副詞）
boekje [búkjə]「本(boek の指小形)」
frijdom [fréidom]/frijheid [fréihit]「自由」(frij「自由な」)
tydlik [tídlək]「一時的な」/tydliks [tídləks]「ときどき」(tiid「時間」)

② アクセントの交替：形容詞派生接尾辞 -ber [bər]/-ich [əx]/-lik [lək]/

-sum [søm, səm]；haftich [háftəx]/-mjittich [mjítəx]（§ 62 (2)(b)）
複合語や派生語に上記の形容詞接尾辞がつくと，オランダ語と同様に，アクセントが後半部に移動することが多い。
útfiere [ȳtfiərə]「実行する」→ útfierber [ytfíə(r)bər]「実行可能な」
wanhope [vɔ́nho:pə]「失望」→ wanhopich [vɔnhó:pəx]「失望した」
ferantwurding [fərɔ́ntvødɪŋ]「責任」→ ferantwurdlik [fərɔntvǿdlək]「責任感のある」
opmerke [ópmɛrkə]「気づく，指摘する」→ opmerksum [opmɛ́rksøm, …səm]「注意深い」
man [mɔn]「男」→ manhaftich [mɔnháftəx]「男らしい」
regel [ré:ɣəl]「規則」→ regelmjittich [re:ɣəlmjítəx]「規則的な」
オランダ語の対応語は次のようになる。
オ．uitvoeren [œytfu:rə(n)]→ uitvoerbaar [œytfú:rba:r]「同上」
　　verantwoording [vərɑ́ntʋo:rdɪŋ]→ verantwoordelijk [vərɑntʋó:rdələk]「同上」
　　opmerken [ópmɛrkə(n)]→ opmerkzaam [opmɛ́rksa.m]「同上」
　　man [mɑn]→ manhaftig [mɑnháftəx]「同上」
　　regel [ré.ɣəl]→ regelmatig [re.ɣəlmá.təx]「同上」
③ 有アクセント：-inne [íne]（女性形）/-ij [ɛi]（名詞）/-earje [jɛ́rjə, (íərjə)]（動詞）/-aal [á:l]（形容詞）
-inne を除いて外来語の派生接尾辞である。オランダ語も同様。
freondinne [frøəndíne]「女友だち，恋人」(freon [frøən]「友人」)
fiskerij [fɪskərɛ́i]「漁業」(fisk [fɪsk]「魚」)
studearje [stydjɛ́rjə, (…díərjə)]「大学で勉強する」(stúdzje [stýdʒə]「大学での勉学」)
ynternasjonaal [intərnaʃoná:l]「国際的な」(naasje [ná:ʃə]「国家」)
オランダ語の対応語は次のようになる。
オ．vriendin [vri.ndín] (vriend [vri.nt]「友人」)
　　visserij [vɪsərɛ́i]「漁業」(vis [vɪs]「魚」)
　　studeren [stʏdé:rə(n)]「大学で勉強する」(studie [stʏ́.di.]「大学での勉学」)

internationaal [ɪntərna.(t)si.o.ná.l]「国際的な」(natie [ná.(t)si.]「国家」)

(b) **派生接頭辞のアクセント**
① 無アクセント：be- [bə]/fer- [fə(r)]/ge- [gə]/te- [tə]/ûnt- [unt] および外来語の派生接頭辞
begripe [bəgrípə]「理解する」　　ferjitte [fə(r)jítə]「忘れる」
genôch [gənɔ́ːx]「十分な」　　tegearre [təgjɛ́rə]「いっしょに」
ûntjouwing [untjɔ́uɪŋ]「発達」
② 有アクセント：ant- [ɔnt]/oar- [oə(r)]
antwurd [ɔ́ntvøt]「答え」　　oardielje [óə(r)diəljə]「判断する」
③ アクセントの有無が一定していないもの：ûn- [un]/mis- [mɪs]/oer- [uə(r)]
ûnaardich [uná:dəx]「感じの悪い」↔ ûngelyk [úŋgəlik]「不平等な」
分離動詞を派生するときは有アクセントである。
misbrûke [mɪzbrúkə]「乱用する(非分離動詞・接頭辞動詞)」(hy misbrûkt [mɪzbrúkt]「彼は乱用する」
↔ misgean [mízgɪən]「うまくいかない(分離動詞)」(it giet … mis)
oerdriuwe [uə(r)drjýwə, …drjówə]「誇張する(非分離動詞・接頭辞動詞)」(hy oerdriuwt [uə(r)drjýut, …drjóut]「彼は誇張する」)
↔ oerdriuwe [úə(r)drjywə, …drjowə]「通り過ぎる(分離動詞)」(hy driuwt … oer「彼は通り過ぎる」)

(c) **複合語のアクセント**
ふつう第1成分にアクセントがあるが，次の複合語では第2成分以下にある。
① 形容詞＋名詞
大小，新旧，色彩などの基本的な形容詞を含み，古くから1語として定着して日常生活になじみがあり，愛着などの感情がこめられたり，専門用語として定着している語に多い(§19(2)(a))。
jongkeardel [jɔŋkíədəl]「若者」(jong「若い」)
nijjier [nɛi(j)íər]「新年」(nij「新しい」)

frijfeint [frɛifáint, …fɛ́int]/âldfeint [ɔːtfáint, …fɛ́int]「年配の独身者」(âld「年配の」)
Aldfrysk [ɔːtfrísk]「古フリジア語」(âld「古い」)
heechlearaar [heːxlíərarːr]「教授」(heech「高い」)
fêstelân [fɛːstəlɔ́ːn]「大陸」(fêst「固定した」)
オランダ語でもほぼ同様である(訳語省略)。
オ. jongmens [jɔŋmɛ́ns] (jong)
　　nieuwjaar [níːujaːr, ni.ujáːr] (nieuw)
　　vrijgezel [vrɛiɣəzɛ́l] (vrij)
　　Oudfries [ɔutfríːs] (oud)
　　hoogleraar [hoːxléːraːr] (hoog)
　　vasteland [vɑstəlánt] (vast)
ただし，そうでない例もある。
フ. readkryt [rɪətkrít]「赤土」(read「赤い」)
↔ オ. roodkrijt [róːtkrɛit] (rood「同上」)

② 一部の地名
It Hearrenfean [ət jɛrə⁽ⁿ⁾fíən]「エト・イェレンフェアン」(fean「泥炭沼地」を含む)
Skiermûntseach [skiərmuntsíəx]「スキエルムンツエアハ島」(each「島(古語)」を含む)
オランダ語でも同様。
オ. Heerenveen [heːrə(n)véːn]「ヘーレンヴェーン」
　　Schiermonnikoog [sxiːrmɔnəkóːx]「スヒールモニクオーホ島」

③ その他
justerjûn [jøstərjú(ː)n]「昨晩」(juster「昨日」+jûn「晩」)
boerelân [buərəlɔ́ːn]「田舎，農業国」(boer「農民」+接合のe+lân「土地，国」)
sted(s)hûs [stɛt(s)húːs]「市役所」(stêd「都市」(+接合のs)+hûs「家」)
boargemaster [bwarɣəmástər]「市長」(boarch「城，砦」+接合のe+master「長」)

nijjiersdei［nɛi(j)iəzdái, …dɛ́i］「元旦」(nijjier「新年」+接合の s+dei「日」)

オランダ語でもほぼ同様である(訳語省略)。

オ．gister(en)avond［ɣɪstər(ə(n))á.vɔnt］(gister(en)+avond)
　　platteland［plɑtəlánt］(plat+e+land)
　　stadhuis［stɑthœ́ys］(stad+huis)
　　burgemeester［bʏrɣəmé.stər］(burg+e+meester)
　　nieuwjaarsdag［ni.ujá:rzdáx］(nieuwjaar+s+dag)

次の語はオランダ語の影響でアクセントが揺れている。

ヱ．seedyk［se:dík］(本来のアクセント)/［sé:dik］(オランダ語の影響)「海岸の堤防」(see「海」+dyk「堤防」)

オ．zeedijk［zé.dɛik］(zee+dijk)「同上」

§11　正　書　法 (stavering)

(1)　母　音　字

　以下の記述はアクセントを持つ音節に限定し (e [ə] と -dei [djə, di] を除く)，鼻音化 (§3) は除く。

a　　[a]　　閉音節：pakke [pákə]「つかむ」
　　　[aː]　　開音節：pake [páːkə]「祖父」
　　　　　　例外：ta [ta]「…へ, …について」，sa [sa]「そのような」など
　　　[ɔ]　　閉音節で歯(茎)音 s/l/d/t/n の前：passe [pɔ́sə]「適合する」
　　　　　　脱落した r の直後・短母音化 (§4)・いわゆる「のぼり二重母音」の [wa], 最近の外来語などでは [a]：swart [swat]「黒い」, twadde [twádə]「第 2 の」(twa [twaː]「2」), moanne [mwánə]「月」, [mástər]「親方, 長」
â　　[ɔː]　　閉音節と開音節：ld/lt/n の直前 (ô 参照)：âld [ɔːt]「古い」, bân [bɔːn]「リボン」
　　　　　　l の直前では，おもに対応するオランダ語の語形に a がある場合：nâle [nɔ́ːlə]「へそ」(オ. navel [náːvəl])
aa　　[aː]　　閉音節：baan [baːn]「軌道, 滑走路」
aai　　[aːi]　　/aːj/ と解釈される。e [ə] が続くと aaie [aːjə]：kaai [kaːi]「鍵」－kaaien [káːjən]「鍵(複数形)」
ai　　[ai]　　比較的少数の語：laitsje [láitʃə]「笑う」
　　　　　　aai [aːi] (/aːj/) の短母音化：aike [áikə] (/ájkə/)「卵(縮小形)」(← aai [aːi] (/aːj/)「卵」)

au	[ɔu]	e [ə] が続くと auwe [ɔuə]：rau [rɔu]「生の」－rauwe [rɔ́uə]「生の(変化形)」([rɔ́uwə] という表記もある. §6(3)(b)⑤)
e	[ɛ]	閉音節：rek [rɛk]「棚」
	[e:]	開音節：regel [re:ɣəl]「規則」
	[ɛ:]	閉音節と開音節. 少数の語：gers [gɛ:s]「草, 草地」
	[ə]	無アクセント音節：men [mən]「(話者も含めて一般に)人は」外来語で e 以外の母音字を [ə] と発音する場合は, e ともつづる：famylje [famíljə, fə…]/femylje [fəmíljə]「家族」, sjauffeur [ʃofǿər, ʃə…]/sjefeur [ʃəfǿər]「運転手」
ê	[ɛ:]	閉音節と開音節：lêze [lɛ́:zə]「読む」－hy lêst [lɛ:st]「彼は読む」
ee	[e:]	閉音節：reek [re:k]「煙」
		例外：語末で see [se:]「海」など
ea	[ɪə]	くだり二重母音：peal [pɪəl]「杭」
	[jɛ]	いわゆる「のぼり二重母音」：peallen [pjɛ́lən]「杭(複数形)」
eau	[jou]	/jow/ と解釈される. e [ə] が続くと eauwe [jowə]：skreau [skrjou]「叫び」－skreauwe [skrjówə]「叫ぶ」
	[øə]	強変化動詞 -iuwe の過去形([jou, øə])と過去分詞 ik skreau [skrjou, skrøə]「私は書いた」－ik haw skreaun [skrǿən]「私は書いた」(skriuwe [skrjýwə, skrjówə]「書く」)
ei	[ai]	heit [hait]「父」
	[ɛi]	ヴォーデン方言(Wâldfrysk)の発音：heit [hɛit]「父」－本書ではこの発音もあわせて表記する. 最近の外来語：kapasiteit [kapasitɛ́it]「能力」クラーイ方言(Klaaifrysk)の [ɔ:i, ɔi] およびヴォーデン方言の [e:] は割愛.
-dei	[djə, (d)ʒə, di]	dei [dai, dɛi]「日」との複合語で古来の西フリジア語の語彙：jierdei [jídjə, jídʒə, jídi]「誕生日」↔ feestdei [fé:zdai, …dɛi]「祝日」
-heid	[hit]	minskheid [mé:ⁿskhit]「人間性」([hait, hɛit] の発音は好ましくない)

eo	[ø]		sneon [snøən]「土曜日」
eu	[ø:]		r の直前以外：fleugel [flǿ:ɣəl]「翼」
	[øə]		r の直前：geur [gøər]「香り」
i	[ɪ]		閉音節：sik [sɪk]「ヤギ」
	[i]		開音節：sike [síkə]「呼吸」
	[i:]		開音節：sike [sí:kə]「病人」
y	[i]		閉音節：sykje [síkjə]「探す；呼吸する」
	[ɛi]		次の人称代名詞と前置詞：hy [hɛi]「彼(主格)」/wy [vɛi]「私たち(主格)」/sy [sɛi]「彼女；彼(女)ら，それら(主格)」/my [mɛi]「私(目的格)」/dy [dɛi]「君(目的格)」；by [bɛi]「…のもとで，…のそばに」
			ヴォーデン方言(Wâldfrysk)では hy [hi]/sy [si]/wy [vi]/my [mi]/dy [di] ; by [bi]
ii	[i:]		閉音節：siik [si:k]「病気の」
ij	[ɛi]		nij [nɛi]「新しい」
ie	[iə]		くだり二重母音：stien [stiən]「石」
	[jɪ]		いわゆる「のぼり二重母音」：stiennen [stjɪ́nən]「石(複数形)」
ieu	[i:u]		少数の語。/i:w/ と解釈される。e [ə] が続くと ieuwe [i:wə]：ieu [i:u]「世紀」－ieuwenâld [í:wənɔ:t]「何世紀も昔の」
			iuw ともつづる語では iuw のつづりを含む語形が一般的：mieu [mi:u]/miuw [mjyu]「カモメ」
iuw	[jyu, jou]		e [ə] が続くと，iuwe [jywə, jowə]：ik skriuw [skrjyu, skrjou]「私は書く」－skriuwe [skrjýwə, skrjówə]「書く」(iu… [ju…] という表記もある)
o	[o]		閉音節：kop [kop]「カップ」
	[ɔ]		閉音節：kop [kɔp]「頭」
	[o:]		開音節：hope [hó:pə]「希望」
	[ou]		e [ə] が続くと，owe [owə]：ko [kou]「雌牛」－kowen [kówən]「雌牛(複数形)」, kowestâl [kówəstɔ:l]「牛舎」
ô	[ɔ:]		閉音節と開音節。ld/lt/n の直前以外(â 参照)：hôf [hɔ:f]「果樹園，庭」

　　　　　　　　l の前では対応するオランダ語の語形におもに o がある場合：
　　　　　　　　rôlje［rɔ́ːljə］「転がる」（オ．rollen［rɔ́lə(n)]）
oo　［oː］　　閉音節：hoopje［hóːpjə］「希望する」
oa　［oə］　　くだり二重母音：doar［doər］「ドア」
　　［wa］　　いわゆる「のぼり二重母音」：moardzje［mwádʒə］「殺害する」
　　　　　　　［s］/［t］/［d］/［k］の直後では［va］となることがあり，今日で
　　　　　　　はむしろ一般的であるとも言える．本書では便宜的に［wa］と
　　　　　　　だけ表記する：doarke［dwárkə］〜［dvárkə］「ドア（縮小形）」
　　［a］　　少数の語：moatte［mátə, mwátə］「…しなければならない」
oai　［oəi,　e［ə］が続くと oaie［oəjə, oːjə］：koai［koəi, koːi］「（船室の）
　　 oːi］　　寝台」−koaien［kóəjən, kóːjən］「同左（複数形）」
　　［waːi］　少数の語．/waːj/ と解釈される．［s］/［t］/［d］/［k］の直後では
　　　　　　　［vaːi］となることがあり，今日ではむしろ一般的であるとも言
　　　　　　　える．本書では便宜的に［waːi］とだけ表記する．e［ə］が続く
　　　　　　　と［waːjən］：koai［kwaːi］〜［kvaːi］「にせ卵」−koaien
　　　　　　　［kwáːjən］〜［kváːjən］「にせ卵（複数形）」
　　［wai］　少数の語．/waj/ と解釈される．［s］/［t］/［d］/［k］の直後では
　　　　　　　［vai］となることがあり，今日ではむしろ一般的であるとも言え
　　　　　　　る．本書では便宜的に［wai］とだけ表記する．e［ə］が続くと
　　　　　　　waie［wajə］：moaist［mwaist, moəist, moːist］「もっとも美し
　　　　　　　い（moai［moəi,　moːi］「美しい」の最上級）」−moaier
　　　　　　　［mwájər, móəjər, móːjər］「より美しい（同比較級）」
　　　　　　　boai［bwai］「男の子」
oe　［uə］　　boer［buər］「農夫」
　　［u］　　閉音節と開音節．おもに対応するオランダ語が oe/oo の場合，
　　　　　　　とくに k/ch/g の直前：droech［drux］「乾いた」（オ．droog
　　　　　　　［droːx］）−droege［drúɣə］「乾いた（変化形）」, boek［buk］
　　　　　　　「本」（オ．boek［buːk］）, groep［grup］「グループ」（オ．
　　　　　　　groep［ɣruːp］）
　　［uː］　　閉音節と開音節．oe［u］と同様の場合：boech［buːx］「船首」
　　　　　　　（オ．boeg［buːx］）−boegen［búːɣən］「船首（複数形）」, boek

§11 正書法

		[buːk]「ブナの木」(オ. beuk [bø.k]), groef [gruːp]「掘った(grave「掘る」の過去形単数)」(オ. groef [ɣruːf])
oei	[u(ː)i]	/u(ː)j/ と解釈される。e [ə] が続くと oeie [u(ː)jə]：groei [gruːi]「成長」−groeie [grúːjə]「成長する」
ou	[ɔu]	e [ə] が続くと ouwe [ɔuə]（[ɔuwə] という表記もある。§6 (3)(b)⑤）：grou [grɔu]「粗雑な」−grouwens [grɔ́uəⁿs]「粗雑」
u	[ø]	閉音節：nut [nøt]「利益」
	[y]	開音節：nuten [nýtən]「クルミ (nút [nyt] の複数形)」
	[yː]	開音節：tugen [týːɣən]「馬具, (船の)索具(túch [tyːx] の複数形)」
û	[u]	閉音節と開音節。n の直前, 外来語, おもに対応するオランダ語が ui/eu の場合, および対応するオランダ語がない場合： gebrûk [gəbrúk]「使用」(オ. gebruik [ɣəbrœ́yk]) brûke [brúkə]「使う」(オ. gebruiken [ɣəbrœ́ykə(n)])
	[uː]	閉音節と開音節。û [u] と同様の場合： bûch [buːx]「しなやかさ」(オ. buigzaam [bœ́yxsa.m]) bûge [búːɣə]「曲げる」(buigen [bœ́yɣə(n)])
ú	[y]	閉音節：túch [tyx]「くず, 雑草」, nút [nyt]「クルミ」（複数形 nuten [nýtən]）
	[yː]	閉音節：túch [tyːx]「馬具, (船の)索具」（複数形 túgen [týːɣən]）
ue	[yə]	くだり二重母音：flues [flyəs]「膜」
	[jø]	いわゆる「のぼり二重母音」。少数の語：fluezzen [fljǿzən]/ fluezen [flýəzən]「膜（複数形）」
uo	[wo]	いわゆる「のぼり二重母音」：muorre [mwórə]「壁, 城壁」 [s]/[t]/[d]/[k] の直後では [vo] となることがあり, 今日ではむしろ一般的であるとも言える。本書では便宜的に [wo] とだけ表記する：tuorren [twórən]〜[tvórən]「塔(toer [tuər] の複数形)」
ui	[œy]	stuit [stœyt]「瞬間」
y		i の項を参照

(2) 子音字

同化と音配列の制約(§8, §7(2)), 音節化(§9)などは除く。

b   [b]   語末音以外：ribbe [rı́bə]「肋骨」
        [p]   語末音：ribke [rı́pkə]「肋骨(指小形)」
ch   [x]   each [ɪəx]「目」－eachje [íəxjə]「目(指小形)」
              kachel [káxəl]「暖炉」
chs   [xs,   achtste [áxstə, ákstə]「第8の」
        (ks)]
d   [d]   語末音以外：rêden [rɛ́:dən]「車輪(複数形)」
        [t]   語末音：rêd [rɛ:t]「車輪」
dzj   [dʒ]   /d/＋/z/＋/j/の連続：wiidzje [ví:dʒə]「広げる」
f   [f]   fiif [fi:f]「5」
        [ゼロ]   ôf [ɔ:]「(…から)離れて」, oft [ɔt]「…かどうか」
               ↔ of [ɔf]「あるいは」
g   [g]   語頭, および語中でアクセントを持つ音節初頭：gast [gɔst]
              「客」, regear [rəɡíər]「政府」
              gemysk [gé:mis(k)]「化学的な」(オ. chemisch [xé.mi.s])
        [ɣ]   それ以外：eagen [íəɣən]「目(each [ɪəx]の複数形)」－eagje
              [íəɣjə]「眺める」, wy dogge [dóɣə]「私たちはする」(dwaan
              [dwa:n]「する」)
h   [h]   himel [hímǝl]「空」
        [ゼロ]   jの前といわゆる「のぼり二重母音」の直前：hjerst [jɛst]
              「秋」, hearre [jɛ́rə]「聞く」, hoanne [wánə]「雄鶏」
j   [j]   jeie [jáiə, jɛíə]「狩る, 追い立てる」
        [(j)]   [i]の前：jier [(j)iər]「年」
k   [k]   koken [kó:kən]「台所」, knyn [knin]「ウサギ」
l   [l]   leppel [lɛ́pəl]「スプーン」
        [ゼロ]   âld/âlt：kâld [kɔ:t]「寒い, 冷たい」, sâlt [sɔ:t]「塩」
              例外：spâlt [spɔ:lt]/spjalt [spjɔlt]「割れ目」
              (do){silst [sɪst]/wolst [vost]}「君は…{だろう/したがって

§11 正書法　87

		いる}」(← sille [sîlə]/wolle [vôlə])	
m	[m]	mem [mɛm]「母」	
n	[n]	namme [námə]「名前」	
	[ゼロ]	鼻音化(§3)を起こして消失する：gâns [gɔːⁿs]「まったく，多くの」	
ng	[ŋ]	wang [vaŋ]「頬」	
nk	[ŋk]	wankje [váŋkjə]「頬(指小形)」	
p	[p]	pomp [pomp]「ポンプ」	
		psycholooch [psixolóːx]「心理学者」	
r	[r]	rjochter [rjóxtər]「裁判官」	
	[ゼロ]	歯(茎)音 [s]/[z]/[l]/[d]/[t]/[n] の直前：moarn [moən]「朝」	
		例外(最近の外来語)：sport [spɔrt, spɔt]「スポーツ」	
s	[s]	seis [sais, sɛis]「6」	
	[z]	最近の外来語：fysiology [fiziologí]「生理学」	
sj	[ʃ]	/s/＋/j/ の連続：sjen [ʃɛn]「見る」	
-sk	[sk]	少数の1音節派生形容詞：grutsk [grøtsk]「誇り高い」	
		および他の品詞 [sk]：fisk [fɪsk]「魚」	
	[s(k)]	その他の派生形容詞(および言語名を表わす名詞)：Ingelsk [íŋəlsk]「イギリスの，英語」	
t	[t]	ticht [tɪxt]「密な，濃い」	
ts	[ts]	破擦音。/t/＋/s/ の連続：tsien [tsiən]「10」	
tsj	[tʃ]	破擦音。/t/＋/s/＋/j/ の連続：tsjettel [tʃɛtəl]「やかん」	
v	[v]	brieven [bríəvən]「手紙(brief [briəf] の複数形)」	
	[f]	最近の外来語：advokaat [atfəkáːt]「弁護士」	
w	[v]	語頭：wyn [vin]「風；ワイン」	
	[u]	語末(-iuw のみ)：ik kliuw [kljyu, kljou]「私は登る」(kliuwe [kljýwə, kljówə]「登る」)	
	[w]	語中：leauwe [ljówə]「信じる」	
		[s]/[t]/[d]/[k] の直後では [v] となることがあり，今日ではむしろ一般的であるとも言える。本書では便宜的に [w] とだけ	

　　　　　　　表記する。[v]（[ʋ] とも表記できる）：dwerch [dwɛrx]〜[dvɛrx]「小人」
　　[v]　　例外：hawwe [hávə]「持っている」—ik ha(w) [ha(f), ha(v)]「私は持っている」
z　　[z]　　tsizen [tsíːzən]「チーズ(tsiis [tsiːs] の複数形)」
　　　　　　hazze [házə]「ノウサギ」
zj　　[ʒ]　　/z/＋/j/ の連続：freezje [fréːʒə]「恐れる」

(3)　正書法上の注意点

　二重母音の区別は「割れ」(§5)参照。

(a)　母音の長短の区別(§2(1))

　有アクセントの短母音を示すために，さらに別の他の子音字が後続しない場合に後続子音字を重ねる。ただし，母音字 a [a]/e [ɛ]/i [ɪ]/o [o]/u [ø] のみ。おもに正書法上の概念としての開音節と閉音節の区別に応じた母音字の重複については，すでに述べた。

　　　　dak [dak]↔dakken [dákən]「屋根」(「単数形↔複数形」，以下同様)
　　　　tel [tɛl]↔tellen [tɛ́lən]「数」
　　　　hin [hɪn]↔hinnen [hínən]「めんどり」
　　　　bok [bok]↔bokken [bókən]「雄ヤギ」
　　　　hut [høt]↔hutten [hǿtən]「小屋」
　その他の狭母音では子音字を重複せず，母音の長短があいまいである。
① i [i]↔i [iː] (開音節)
　　sike [síkə]「呼吸」↔sike [síːkə]「病人」
② ú [y]↔ú [yː] (閉音節)
　　túch [tyx]「くず」↔túch [tyːx]「馬具，(船の)索具」
③ u [y]↔u [yː] (開音節)
　　nuten [nýtən]「クルミ(nút [nyt] の複数形)」
　　↔tugen [týːɣən]「馬具，(船の)索具(túch [tyːx] の複数形)」
④ û [u]↔û [uː] (閉音節・開音節)

rûzje ［rúʒə］「けんか」↔ rûzje ［rúːʒə］「（木の葉などが）カサカサ音をたてる」
gebrûk ［ɡəbrúk］「使用」↔ bûch ［buːx］「しなやかさ」
brûke ［brúkə］「使用する」↔ bûge ［búːɣə］「曲げる」

⑤ oe ［u］↔ oe ［uː］（閉音節・開音節）
doek ［duk］「布」
↔ doek ［duːk］「潜った」（dûke ［dúkə］「潜る」の過去形単数）
doeken ［dúkən］「布（複数形）」
↔ doeken ［dúːkən］「潜った」（dûke ［dúkə］「潜る」の過去形複数）
無アクセント母音では子音字の重複はしない。
Amsterdammer ［amstərdámər］「アムステルダム（Amsterdam）の人」
↔ Dokkumer ［dɔ́kømər, dɔ́kəmər］「ドクム（Dokkum）の人」
複合語で副アクセント（本書では表記しない）を持つ母音は別である。
Japanner ［japɔ́nər, japánər］「日本人」（Japan ［japɔ́n, japán］「日本」）
↔ Nederlanner ［néːdərlɔnər］「オランダ人」（Nederlân ［néːdərlɔːn］「オランダ」← Neder- ［néːdər］ + -lân ［lɔːn］）

(b) 母音字の表記のあいまいさ
① o ［o］↔ o ［ɔ］（閉音節）
　hok ［hok］「どんな」↔ hok ［hɔk］「物置」
② û ［u］/［uː］↔ oe ［u］/［uː］（とくに k/ch/g の直前）
　オランダ語の ui/eu と oe/oo の区別に依存することがある。
　　gebrûk ［ɡəbrúk］「使用」（オ．gebruik ［ɣəbrœ́yk］）
　　↔ broek ［bruk］「ズボン」（オ．broek ［bruːk］）
　　brûke ［brúkə］「使う」（オ．gebruiken ［ɣəbrœ́ykə(n)］）
　　↔ broeken ［brúkən］「ズボン（複数形）」（オ．broeken ［brúːkə(n)］）
　　bûch ［buːx］「しなやかさ」（オ．buigzaamheid ［bœ́yxsaːmhɛit］）
　　↔ boech ［buːx］「船首」（オ．boeg ［buːx］）
　　bûge ［búːɣə］「曲げる」（オ．buigen ［bœ́yɣə(n)］）
　　↔ boegen ［búːɣən］「船首（複数形）」（オ．boegen ［búːɣə(n)］）
③ â ［ɔː］↔ ô ［ɔː］

オランダ語の a と o の区別に依存することがある。
  stâl [stɔːl]「家畜小屋」(オ．stal [stɑl])
  ↔ rôlje [rɔ́ːljə]「転がる」(オ．rollen [rɔ́lə(n)])
次の語では正書法上の一致を考慮して â/ô とはつづらない。
  man [mɔn]「男の人」↔ manlju [mɔ́ːⁿljø, …ljə]「男の人(複数形)」
  frou [frɔu]「女の人」↔ froulju [frɔ́ːljø, …ljə]「女の人(複数形)」

(c) **大文字書き**
固有名詞とその形容詞形は語頭を大文字で書く。
  Fryslân [frísləːn]「フリースラント」 Fries [friəs]「フリジア人」
  Frysk [frisk]「フリースラントの，フリジア語」
曜日と月は語頭を小文字で書く。
  sneon [snøən]「土曜日」 maaie [máːjə]「5月」

(4) 旧正書法との対応

旧正書法(1976年改正，1980年1月1日施行以前)との対応は次のようになる(「旧正書法＞現行の正書法」の順)。複合語や派生語にも適用される。

① 閉音節の ae＞aa：faem＞faam [faːm]「娘」
② 語末の é＞ee：fé＞fee [feː]「家畜；妖精」
③ oo とも発音する ou＞o(開音節)/oo(閉音節)：kou＞ko [kou]「雌牛」, skouwe＞skowe [skɔ́wə]「押す」, skoust＞skoost [skoust, skoːst]「(君は)押す」
④ 前置詞 to/接頭辞 to-/for-＞te/te-/fer-：to＞te [tə]「…へ」, tobek＞tebek [təbɛk]「後ろへ」, forhael＞ferhaal [fərháːl]「物語」
⑤ 接頭辞 bi-＞be-：bisjen＞besjen [bəʃɛn]「よく見る」
⑥ わたり音の j はつづらない：bloeije＞bloeie [blú(ː)jə]「咲く」
⑦ 長母音の直後の子音は重複しない：rânne＞râne [rɔ́ːnə]「縁」
⑧ w の直前の黙字の h はつづらない：hwa＞wa [vaː]「だれ」
⑨ n の直前の ou＞û：joun＞jûn [ju(ː)n]「晩」
⑩ r の直前の û＞oe：fjûr＞fjoer [fjuər]「火」

⑪ 次の3語の u＞eu：gunst＞geunst [gøːⁿst]「好意」, kunst＞keunst [køːⁿst]「芸術」, munster＞meunster [mǿːⁿstər]「大聖堂」
⑫ 接尾辞 -heit＞-heid：wysheit＞wysheid [víshit]「知恵」
⑬ 次の4語の t＞d：gebet＞gebed [gəbɛ́t]「祈り」, gebot＞gebod [gəbɔ́t]「命令」, helt＞held [hɛlt]「英雄」, gewelt＞geweld [gəvɛ́lt]「暴力」
⑭ -d+指小形接尾辞 -tsje＞-d+-sje：wurdtsje＞wurdsje [vǿtsjə] (wurd [vøt]「語」の指小形)
⑮ great＞grut [grøˑ(ː)t]「大きい」
⑯ jaan [jaːn]「与える」の現在形とその派生語の ow＞ou：ik jow＞ik jou [jɔu]「私は与える」, wy jowe＞wy jouwe [jɔ́uə]「私たちは与える」, útjower＞útjouwer [ŷtjəuər]「編集者，出版社」
⑰ jaan「与える」の過去分詞：jown＞jûn [juˑ(ː)n]
⑱ 次の3語の aw＞â：hawn＞hân [hɔːn] (hawwe [hávə]「持っている」の過去分詞), sawn＞sân [sɔːn]「7」, nawle＞nâle [nɔ́ːlə]「へそ」
⑲ ik liz＞ik lis [lɪs, leːs]「私は横たわる，横たえる」(lizze [lízə, léːzə]「横たわる，横たえる」)
ik siz＞ik sis [sɪs, seːs]「私は言う」(sizze [sízə, séːzə]「言う」)
⑳ 長母音を含む語幹を持つ動詞の過去形 -dd-/-tt-＞-d-/-t-：ik praatte＞ik prate [práːtə]「私は話した」(prate [práːtə]「話す」)
ik rêstte＞ik rêste [rɛ́ːstə]「私は休んだ」(rêste [rɛ́ːstə]「休む」)
(新正書法では不定詞と過去形の区別があいまいである)

II

冠　　詞 (lidwurd)

リャウエト (Ljouwert) の官庁舎

§12 定 冠 詞 (bepaald lidwurd)

　定冠詞には基本形と弱形があり，名詞の前に置く．他の名詞類の変化と同様に格変化はない．基本形は de［də］（中性単数以外）と it［ət］（中性単数）である．弱形 'e［ə］(← de)/'t［t］(← it) はおもに前置詞に連接する接語（エ.clitic）として用い，口語的である．正式な書き言葉では少なくとも正書法上は基本形が好まれ，個人差もある．ただし，慣用句では弱形を多用する．ドイツ語の定冠詞には前置詞との融合形（例．zu＋dem → zum）があり，独立形（例．zu dem）は指示性が強く，アクセントを持ち，指示代名詞とみなすこともできるが，西フリジア語の定冠詞は指示代名詞（dy/dat）とは語形が異なり，指示性の強さとは関係が薄い．

　両性：人　　単数　{de/'e} soan「息子」　　複数　{de/'e} soannen
　　　　　　　　　　{de/'e} dochter「娘」　　　　　{de/'e} dochters
　　　　物事　　　　{de/'e} dyk「道」　　　　　　　{de/'e} diken
　中性：人　　単数　{it/'t} famke「女の子」　複数　{de/'e} famkes
　　　　物事　　　　{it/'t} aai「卵」　　　　　　　{de/'e} aaien

　弱形 't は前置詞の種類に関係なく広く用いる．ただし，-t で終わる前置詞の後では，út {it/'t［ət］} doarp「村から」のように 't［ət］という発音になる．
　　op {it/'t} fabryk「工場で」　　yn {it/'t} boek「本の中に」
　　nei {it/'t} wurk「仕事へ」　　foar {it/'t} finster「窓の前に」
　弱形 'e は -m/-n や他の閉鎖音で終わる1音節の前置詞の後で用いる．
　　om {de/'e} tafel「テーブルのまわりに」　　yn {de/'e} krante「新聞に」
　　op {de/'e} fyts「自転車に乗って」　　út {de/'e} stêd「町の外に」

それ以外の前置詞ではあまり用いない。

　　oer de holle「頭上を」　　troch de hage「生け垣を通って」
　　nei de oarloch「戦後」　　tusken de beammen「木々の間に」

　話し言葉では，弱形の発音［ə］/［t］自体は前置詞以外にも，閉鎖音で終わる1音節語の後で見られることがある。この場合でも正書法では de/it とつづる。このように，弱形 'e/'t は特定の前置詞の直後だけに現われる正書法上の語形であり，［ə］/［t］という発音は接語としてはたらく場合には，それ以外でも見られる。

　　Jelle en *de*［ə］frou「イェレとその妻」（話し言葉の発音）
　　Ik rin *de*［ə］hiele dei.「私は一日中歩いた」（話し言葉の発音）

(a) 「fan {'e/'t}＋名詞」

　もっとも近い時を示す表現であり，語彙的に固定している。たとえば，*fan 'e moanne「今月」とは言わず，dizze moanne「今月」と言う（§31(1)）。

　　fan 'e moarn「今朝」　　fan 't jier「今年」

maitiid「春」/simmer「夏」/hjerst「秋」/winter「冬」と wike「週」は両性名詞だが，定冠詞は両性と中性の弱形がともに可能である。この 't は先行する前置詞との連声（エ．sandhi）による de＞d＞'t に由来する（§15(d)）。

　　fan {'e/'t} wike「今週」　　fan {'e/'t} hjerst「今年の秋に」
　　Hy sil *fan {'e/'t} simmer* nei Fryslân ta.「彼は今年の夏にフリースラントへ行くつもりだ」
　　Hy hat *fan {'e/'t} maitiid* nei Fryslân west.「彼は今年の春にフリースラントへ行った」

(b) 「by 't＋名詞」/「yn 'e＋名詞」

　これは不特定の時を示す表現であり，「*by 'e＋名詞」/「*yn 't＋名詞」の組み合わせはなく，文法性に対応せずに固定している。この 't の由来も(a)と同様である（§15(d)）。

　　{by 't/yn 'e} moarntiid「朝に」　　{by 't/yn 'e} winter「冬に」
中性の季節名 foarjier「春」/neijier「秋」には中性形を用いる。
　　fan 't foarjier「今年の春に」　　{by 't/yn 't} neijier「秋に」

Fierders hat er *by 't simmer* wolris in pear fôlen te weidzjen. Dy ferkeapet er *by 't hjerst* wer, want dêr wol er winterdeis net mei piele. *Yn 'e maitiid* set er altyd in stik of sân kuorren út. Dêr kinne de einen dan moai yn briede.「そのほかに彼は夏に子馬を2，3頭飼育したりする。それは秋にはまた売りに出す。冬にその世話をするのがいやだからだ。春には七つほど籠を出しておく。そうすればアヒルたちがその中でうまく卵を産めるというわけだ」

「by de＋季節名」や「te＋季節名」という表現もある。

　　by de hjerst「秋に」　　te maitiid「春に」

「季節名＋-s」については§31(2)参照。

(c) **かつての格変化による古形のなごり**

　特定の表現にその他の定冠詞の語形が見られる (§17(3))。

① 'en：かつての男性単数対格

　　op 'en doer「最後には，結局」

　　op 'en nij「新たに」（op 'e nij もある）

② der：かつての女性単数与格

　　byderhant「りこうな」　　yndertiid「当時」

③ 'e：かつての中性単数与格

　　yn 'e hûs wêze「自宅にいる；未婚である」（it hûs「家」）

　　út 'e hûs wêze「自宅の外にいる；嫁いでいる」

　　↔ yn 't hûs「その家の中に」　　út 't hûs「その家から」

　　Wy hawwe iten noch neat *yn 'e hûs*.「私たちはうちには（＝自宅には）食べる物も何もありません」

　　Men kin hobby's *yn 'e hûs* hawwe, mar ek dêrbûten.「趣味は家の中でも持てるが，その外でも持てる」

　　Ik doar te wedzjen dat dy net iens in jurk *yn 'e hûs* hat.「あの人は家に（＝自宅に）ドレスのひとつも持っていないと，私は賭けてもいいわよ」

　de hûs út「自分の家を出て」は，út 'e hûs「自分の家から」の前置詞 út を後置詞(§38)とし，弱形 'e を基本形 de として再解釈され，一般化された結果と考えられる(§15)。

Wy koene bêst wat lytser wenje, no't de bern *de hûs ût* binne.「もう子供たちも家を離れたのですから，私たちはもっと小さな家に住んでもいいんじゃないかしら」

この {'e/de} hûs は慣用句的な用法に限られており，典型的には「自宅」を意味し，特定の対象を自由に示すことはない。特定の対象を示す場合には {'t/it} hûs と言う必要がある。

Ik wenje yn {'t/it/*'e/*de} reade hûs.「私は赤い家に住んでいる」

Ik wenje yn {'t/it/*'e/*de} hûs neist de skoalle.「私は学校の近くの家に住んでいる」

(d) 地名と冠詞

町や国の名前は無冠詞だが，修飾語を伴うときには定冠詞がつく。

Fryslân is moai.「フリースラントは美しい」

Dit is in boek oer *it âlde Fryslân*.「これは昔のフリースラントについての本です」

hiel「全…」がつくと無冠詞で，hiel は語尾 -e を伴うこともある。

hiel(e) Fryslân「全フリースラント」↔ de hiele wrâld「全世界」

It nijs gong *hiele Fryslân* oer.「そのニュースはフリースラント全土に伝わった」

It materiaal komt net út *hiel Fryslân* wei.「その資料はフリースラント全体から来ているわけではない」

次の表現の差に注意。

it Fryslân fan 'e 17de ieu「17世紀のフリースラント」

Fryslân yn 'e 17de ieu「17世紀におけるフリースラント」

De/It を伴う地名については §15(b)①参照。

§13 不定冠詞 (ûnbepaald lidwurd)

不定冠詞は単数形 in ［ən］のみで，文法性の区別はなく，名詞の前に置く．

両性：人	単数	in soan「息子」	複数	soannen
		in dochter「娘」		dochters
物事		in dyk「道」		diken
中性：人	単数	in famke「女の子」	複数	famkes
物事		in aai「卵」		aaien

職業・身分・国籍を示す名詞が動詞 wêze「…である」, wurde「…になる」, bliuwe「…のままである」などの補語になる場合は，不定冠詞をつけない．
  Ik bin Ø *studint*.「私は学生です」(Ø は空白の意味．以下同様)
  De klant is Ø *kening*.「お客様は王様です」
修飾語を伴うと，不定冠詞をつけることが多い．
  Hy is ｛Ø *Fries*/in berne Fries｝.「彼は｛フリジア人/生粋のフリジア人｝だ」
次の例では agrarysk ûndernimmer「農業企業家」が全体で 1 語の複合語のようになっているので，不定冠詞がつかない (§19(2)(a)⑤)．
  Hjoeddedei giet alles masinaal. De boer is Ø *agrarysk ûndernimmer* wurden.「今日ではすべて機械がやる．農民は農業企業家になってしまった」
不定冠詞 in は数量表現で「およそ，約」の意味を表わすことがあり，複数の意味を表わす名詞でも用いる．
  In tritich jier lyn wenne by ús op it doarp in smid.「30 年ほど前，私たちの村に鍛冶屋が住んでいた」

Hy dronk *in stik of fiif fleskes* bier achterelkoar leech.「彼は 5 本ほど
ビールを次々に飲み干した」（§ 41 ⑵⒟②）

「ひとつ（の…）」と数えるときには数詞または不定代名詞の ien［iən］（§ 29
⑴）を用いる。

Ien fan ús beiden sil komme.「私たち二人のうちの一人が伺います」

§14 否定冠詞 (ûntkennend lidwurd)

否定冠詞 gjin [gjɪn] は性数の区別なく名詞の前に置く。歴史的には，19世紀に nin (古フ．nên) にかわってオランダ語の geen を借用したことに由来する。gjin は不定冠詞つきの名詞句や無冠詞の名詞句を否定するときに，広く用いる。「否定詞 net ien＋名詞」は強い否定「ひとつも…ない」や対比「AではなくてB」の表現になる。

両性：人	単数	gjin soan「息子」	複数	gjin soannen
		gjin dochter「娘」		gjin dochters
物事		gjin dyk「道」		gjin diken
中性：人	単数	gjin famke「女の子」	複数	gjin famkes
物事		gjin aai「卵」		gjin aaien

Wy hawwe *gjin* bern.「私たちは子供がいません」
De tiid hâldt *gjin* skoft.「歳月人を待たず（＝時間は休みをとらない。ことわざ）」
否定詞 net と否定の表現については，§33 で述べる。

III

名　詞 (haadwurd)

ドクム (Dokkum) の風車からの眺望

§15 文 法 性 (grammatikaal geslacht, genus)

　名詞には男の人・女の人・物事という自然性(natuerlik geslacht)とは別に，文法的な性の区別があり，これを文法性と言う。名詞の文法性には「両性」(utrum)と「中性」(neutrum)がある。定冠詞単数形は両性 de, 中性 it となるので，「de-名詞」，「it-名詞」と呼ぶことがある。両性は歴史的に男性と女性の融合による。標準オランダ語のような男性名詞と女性名詞の微妙な区別はない。ただし，古めかしい文章では抽象名詞などを3人称代名詞女性形で受けることがある(§21(4)(b))。3性の区別はスキエルムンツエアハ島(Skiermûntseach/オ．Schiermonnikoog「スヒールモニクオーホ島」)の方言に残っている。
　文法性の区別は判断できないことが多いが，次の基準はある程度有効である。

(a) 　両 性 名 詞
① 　人を示す名詞(指小形，§18 を除く)
　　de frou「女の人，妻」　　de man「男の人，夫」　　de minske「人間」
　　注意：it bern「子供」　　it jong「(動物の)子」
　　蔑称は中性名詞であることが多い。
　　it wiif「女(蔑称)」　　it minske「女・人間(蔑称)」
　　it fanke「小娘(蔑称)」(複数形なし。it famke「女の子」(de faam の指小形)と比較)
　　"*Dat minske* leit my net." "Unsin. Dy frou is bêst genôch."「あの女ったら気にくわないわ」「そんなばかな。あの女性はとてもいい人よ」
② 　四季，月，曜日，数字，文字，音符
　　de maitiid「春」　　de jannewaris「1月」　　de snein「日曜日」
　　de trije「3」　　de x「x」　　de do「ド(音符)」

③ 接尾辞 -de/-dom/-ens (エ．-ness)/-er/-(er)ij/-heid [hit]/-ing/-ling/-nis/-aasje/-aazje など
de leafde「愛」　　de {frijdom/frijheid}「自由」
de wizer「指示者，指示器」　　de fiskerij「漁業」
de {freonlikens/freonlikheid}「親切」
de skieding「分離」　　de frjemdling「よそ者」
de skiednis「歴史」　　de {situaasje/sitewaaasje}「状況」
接尾辞 -te/-t(m)e に注意。形容詞派生名詞は両性である((b)⑤)。
de wiidte「広さ」(wiid「広い」) ↔ it fûgelt(e)「鳥肉」(fûgel「鳥」)
de stilt(m)e「静けさ」(stil「静かな」) ↔ it brûkme「使用」(brûke「使う」)

(b) **中性名詞**
① 国，州，町などの地名
地名の一部としてつねに De/It を伴う地名がある。
It Amelân「エト・アーメローン島」(オ．Ameland「アーメラント島」)
De Lemmer「デ・レメル(町名)」(オ．Lemmer「レメル」)
ともに中性の扱いを受ける。It は修飾語を伴って定冠詞 it がつくと，繰り返さない(Hoekema 1992：23)。この De/It は地名の一部であり，定冠詞とはみなされない。
it om syn klokmakkerij ferneamde *De Jouwer*「柱時計の製造で有名なデ・ヤウエル(De Jouwer, オ．Joure「ヤウレ」)」
it ta ien gemeente fusearre *Hearrenfean*「一つの地方自治体に統合されたエト・イェレンフェアン(It Hearrenfean, オ．Heerenveen「ヘーレンヴェーン)」
複数形の地名につく de は定冠詞であり，中性単数の扱いは受けない。
Moai sûnder wjergea *binne de Wâlden.*「比類なくデ・ヴォーデン(＝フリースラント州東部の森林地帯，オ．De Wouden「デ・ヴァウデン」)は美しい」(binne「…である」(wêze の現在形3人称複数))
② 言語名
it Frysk「フリジア語」　　it Nederlânsk「オランダ語」

yn {it/'t} Frysk「フリジア語で」↔ Frysk {leare/prate}「フリジア語を{学ぶ/話す}」

③ 指小形(§ 18)

it kopke「コップ」(de kop)　　it kealtsje「子牛」(de keal)

④ 不定詞の名詞化(第2不定詞, § 66(1))

it sliepen「眠ること」(sliepe「眠る」)

⑤ 接尾辞 -sel (動詞から派生)/-isme による派生名詞

it baksel「クッキー, ビスケット」(bakke「(オーブンなどで)焼く」)

it nasjonalisme「民族主義」

接尾辞 -te (名詞から派生した集合名詞, 中性)に注意((a)③)。

it beamte [bjɛ́mtə]「木立(集合名詞)」(beam [bɪəm]「木(名詞)」)

↔ de romte「空間(抽象名詞)」(rom「広い(形容詞)」)

⑥ 接頭辞 be-/fer-/ge-/ûnt- (すべて無アクセント)による派生名詞

it besit「所有」　　it ferlies「損失」　　it ûnthâld「記憶」

it gefaar「危険」(ただし, de getuge「証人, 証言」)

ただし, 両性名詞を派生する接尾辞(a)③がつく名詞は両性である。

de begelieding「同伴」(-ing)　　de ferpleechster「看護婦」(-ster)

de gefalligens「好意」(-ens)　　de ûntjouwing「発展」(-ing)

(c) その他の場合

接尾辞 -skip による派生名詞では文法性に差がある。

de freonskip「友情」− de blydskip「喜び」− de mienskip「共同体」

↔ it lânskip「風景」− it selskip「仲間, 協会」− it liederskip「主導権」

語形が同じで, 文法性の区別によって意味が異なる名詞がある。

de sin「文, 意味」↔ it sin「気持ち, 意図」

de waar「品物」(ド. Ware) ↔ it waar「天気」(ド. Wetter, 語源的に異なる本来, 別の語)

派生語が接頭辞と接尾辞を伴う場合は, 文法性は接尾辞に従う((b)⑥)。

de begjinneling「初心者」(it begjin「開始」+ -ling)

de bestjoerder「管理者」(it bestjoer「管理」+ -er)

複合語の文法性は最終成分の名詞の文法性に従う。派生語と複合語ともに,

§15 文 法 性   105

これは右側の要素が語全体の文法的特徴を決定するという西フリジア語(あるいはゲルマン語全般)の一般的な形態表示規則による(§61(1)(a), §70(1))。
 it seefolk「海洋民族, 漁民」(de see「海」＋it folk「民族, 人々」)
 it autowaskplak「洗車場」(de auto「自動車」＋de wask「洗浄」＋it plak「場所」)

(d) **オランダ語との文法性の相違**
 西フリジア語とオランダ語の文法性は異なることがある(Hoekstra/Visser 1996)。まず, オランダ語の中性名詞が西フリジア語では両性名詞に対応することが少数ある。これはおもに定冠詞中性単数形 it のかつての単数与格形 'e が de に再解釈され, 一般化されたためである(§12(c)③)。
  フ．de fôle ↔ オ．het veulen「子馬」
   de hikke ↔ het hek「垣根, 柵」
   de mar ↔ het meer「湖」
   de oere ↔ het uur「…時, 1時間」
   de wiele ↔ het wiel「車輪」
 一方, オランダ語の両性名詞が西フリジア語では中性名詞に対応することがかなりある。これはおもに連声(エ．sandhi)による de＞(d＞t＞) it という変化と再解釈によることが多い。ともにオランダ語が本来の文法性を保っている(§12(a), (b))。
  フ．it boadskip ↔ オ．de boodschap「知らせ, 買い物」
   it bûn ↔ de bond「同盟, 連合」
   it fabryk ↔ de fabriek「工場」
   it ketting ↔ de ketting「鎖, 首飾り」
   it plak ↔ de plek「場所, しみ」
   it skaad ↔ de schaduw「影」
   it slaad ↔ de sla「レタス, サラダ」
   it sop ↔ de soep「スープ」
 とくに(表面的な)身体部位の名称に後者の傾向が著しい。これは同一の「意味の場」(エ．semantic field)を形成するために, 類推が広がったためと解釈できる。

フ．it ankel ↔ オ．de enkel「足首」
　　it burd ↔ de baard「ひげ」
　　it boarst ↔ de borst「胸」
　　it kin ↔ de kin「あご」
　　it kût ↔ de kuit「ふくらはぎ」
　　it skouder ↔ de schouder「肩」
　　it wang ↔ de wang「頬」

また，オランダ語からの距離を保とうとする言語規範上の要因も無視できない．

西フリジア語では，ある名詞が両性と中性の二つの文法性を持つことがあるのも，おもに以上の理由による．

フ．{de/it} bosk ↔ オ．het bos「森，林」
　　{de/it} ein ↔ het eind(e)「終わり，道のり」
　　{de/it} brief ↔ de brief「手紙」
　　{de/it} ezel ↔ de ezel「ロバ」
　　{de/it} seal ↔ de zaal「広間」
　　{de/it} stof ↔ de stof「物質，素材，布地」(フ．it stof〜オ．het stof「ちり」)
　　{de/it} tún ↔ de tuin「庭」

意味的な要因もあり，両性は個体・種類，中性は素材・物質を表わすことがある．

フ．de hier「1本の毛」/it hier「毛（集合名詞）」↔ オ．het haar「毛」
　　de strie「1本の麦わら」/it strie「麦わら（素材）」↔ het stro「麦わら」
　　de trie(d)「糸（種類）」/it trie(d)「糸（素材）」↔ de draad「糸」

§16 数 (tal)

(1) 単数形(iental)と複数形(meartal)

複数形語尾には -en と -s/(-'s) があり，使い分けはかなり明確である。語尾 -en は数多くの名詞に用いるが，語尾 -s/(-'s) は比較的少数の名詞に限られる。そのほかに特殊な複数形を持つ語がいくつかある。

(a) **語尾 -en による複数形**
　子音字・母音字の重複や語末音の無声化による正書法の変化に注意（「単数形→複数形」の順）。
① 有アクセント音節で終わる名詞の大部分
i) 主アクセント
　　blom［blom］「花」→ blommen［blómən］
　　kanaal［kaná:l］「運河」→ kanalen［kaná:lən］
　　see［se:］「海」→ seeën［sé:ən］
　　teory［tɪorí］「理論」→ teoryen［tɪoríən］
　　kers［kɛs］「ろうそく」→ kersen［kɛ́sən］
　　↔ gers［gɛ:s］「芝生」→ gerzen［gɛ́:zən］
ii) 副アクセント（「 ˋ 」，本書では通常は表記しない）
　　wurdboek［vǿdbùk］「辞書」→ wurdboeken［vǿdbùkən］
　　selskip［sɛ́lskɪ̀p］「仲間，協会」→ selskippen［sɛ́lskɪ̀pən］
　　短母音化（§4）や「割れ」（§5）を伴う語に注意。
　　baarch［ba:rx］「豚」→ bargen［bárɣən］
　　lân［lɔ:n］「国，土地」→ lannen［lɔ́nən］
　　rôt［rɔ:t］「ネズミ」→ rotten［rɔ́tən］

trien [triən]「涙」→ triennen [trjínən]
sleat [slɪət]「堀，水路」→ sleatten [sljɛ́tən]
boerd [buət]「板，黒板」→ buorden [bwódən]
moarn [moən]「朝」→ moarnen [mwánən]
flues [flyəs]「膜」→(稀 fluezzen [fljózən])/fluezen [flýəzən]
hoas [hoəs]「ストッキング」→ hoazzen [wáːzən] (例外的に長母音化)

② 無アクセントの -e [ə] で終わる名詞((b)を除く)
lampe [lámpə]「電灯」→ lampen [lámpən]
tsjerke [tʃɛ́rkə]「教会」→ tsjerken [tʃɛ́rkən]

(b) **語尾 -s/(-'s) による複数形**

① 無アクセント音節で終わる次の名詞
これは語尾 -en によるあいまい母音 [ə] の連続を避けるためである(オランダ語でも同様)。

i) -el [əl]/-em [əm]/-en [ən]/-er [ər]/接尾辞 -ert [ət] で終わる名詞
fûgel [fúːɣəl]「鳥」→ fûgels [fúːɣəls]
lichem [líxəm]「体」→ lichems [líxəms]
libben [líbən]「生命」→ libbens [líbəⁿs]
ljedder [ljɛ́dər]「階段」→ ljedders [ljɛ́dəs]
sloffert [slófət]「だらしない人」(slof「だらしない」+接尾辞 -ert)→ slofferts [slófəts]
↔ andert [óndət]「答え」(anderje [óndərjə]「答える」)→ anderten [óndətən] (-ert は語幹の一部)
例外：kristen [krístən]「キリスト教徒」→ kristenen [krístənən]
heiden [háidən, hɛ́i…]「異教徒」→ heidenen [háidənən, hɛ́i…]/
heidens [háidəⁿs, hɛ́i…]

ii) 指小形(-ke/-tsje/-je, §18)と指小形に由来する親族名称
kopke [kópkə] (kop「コップ」)→ kopkes [kópkəs]
leppeltsje [lɛ́pəltʃə] (← leppel「スプーン」)→ leppeltsjes [lɛ́pəltʃəs]
túchblikje [týɣblɪkjə] (← túchblik「ちりとり」)→ túchblikjes [týɣblɪkjəs]

omke [ómkə]「伯父」→ omkes [ómkəs]
muoike [mwóikə]「伯母」→ muoikes [mwóikəs]
↔ pake [páːkə]「祖父」→ pakes [páːkəs]/paken [páːkən]
　　beppe [bɛ́pə]「祖母」→ beppes [bɛ́pəs]/beppen [bɛ́pən]

② 最近の外来語の一部
roman [romɔ́n]「長編小説」→ romans [romɔ́ns]
diktee [dɪktéː]「口述筆記」→ diktees [dɪktéːs]
hobby [hɔ́bi]「趣味」→ hobbys [hɔ́bis]
母音で終わる名詞で，-s をつけると語末母音が正しく発音されないおそれがあるものは，-'s とする。
auto [ɔ́utoː, ɔ́ːtoː]「車」→ auto's [ɔ́utoːs, ɔ́ːtoːs] (autos とすると，誤って [ɔ́utos, ɔ́ːtos] と発音されるおそれがある)

(c) 語尾 -en/-s(-'s) が一定しない複数形
① 接尾辞 -ing で終わる名詞：-s/-en (-en はオランダ語の影響)
oersetting [úə(r)sɛtɪŋ]「翻訳」(oersette「翻訳する」)→ oersettings [úə(r)sɛtɪŋs]/oersettingen [úə(r)sɛtɪŋən]
-ling で終わる名詞は -en のみ。
learling [líə(r)lɪŋ]「見習い，生徒」(leare「習う」)→ learlingen [líə(r)lɪŋən]

② -ier [íər] で終わる名詞
pionier [pioníər, piə…]「開拓者」→ pioniers [pioníəs, piə…]
kertier [kətíər]「4 分の 1」→ kertieren [kətíərən]
gernier [gəníər]「菜園農夫」→ gernieren [gəníərən]/gerniers [gəníəs]

③ 「一部の(いわゆる)のぼり二重母音＋流音 l/r [＋子音(t/s 以外)]」で終わる語
「流音 l/r＋子音」および「(いわゆる)のぼり二重母音＋流音 l/r」の間にあいまい母音 [ə] の挿入が起こり(本書ではこれ以外では表記しない)，-en と並んで -s の語尾がつくことがある((b)①参照)。
earm [jɛrm, jɛ́rəm]「腕」→ earmen [jɛ́rmən]/earms [jɛ́rəms]

III 名詞

stoarm [stwarm, stwárəm]「嵐」→ stoarmen [stwármən]/stoarms [stwárəms]
neil [nail, nɛil, náiəl, nɛ́iəl]「爪」→ neilen [náilən, nɛ́ilən]/neils [náiəls, nɛ́iəls]
dweil [dwail, dwɛil, dwáiəl, dwɛ́iəl]「雑巾」→ dweilen [dwáilən, dwɛ́ilən]/dweils [dwáiəls, dwɛ́iəls]

④ その他
broer [bruər]「兄弟」→ bruorren [brwórən]/broers [bruəs]
bean(e) [bíən(ə)]「大豆」→ beanne(n) [bjɛ́nə(n)]/beane(n) [bíənə(n)]
eart(e) [jɛ́t(ə), íət(ə)]「エンドウ豆」→ earte(n) [jɛ́tə(n), íətə(n)]

(d) **その他の複数形**
① 無変化の複数形(少数の中性名詞)
古くは中性名詞(強変化)の複数形が無語尾だったことによる。
bern「子供」→ bern [bɛ(:)n]　　skiep「羊」→ skiep [skiəp]
② 抽象名詞の接尾辞 -heid [hit, (hait, hɛit)]→ -heden [he:dən]
ienheid [íənhit, …hait, …hɛit)]「単位」→ ienheden [íənhe:dən]
mooglikheid [mó:ɣləkhit]「可能性」→ mooglikheden [mó:ɣləkhe:dən]
③ 重複複数 -ens (←-en-s)
lears [lɪəs]「長靴」→ learzens [lɪ́əzəⁿs]
gefoel [gəfúəl]「感情」→ gefoelens [gəfúələⁿs]
④ -man →-lju
次の語は単数形で -e(n)/-en を含むことがあるが、これは複数形からの再分析による。
wolk [volk]/wolke(n) [vólkə(n)]「雲」→ wolken [vólkən]/wolkens [vólkəⁿs]
trep [trɛp]/treppen [trɛ́pən]「階段」→ treppen [trɛ́pən]/treppens [trɛ́pəⁿs]
buorman [bwórmən]「隣人」→ buorlju [bwó(r)ljø]
man「男の人；人」と frou「女の人」は複数形によって意味が異なる。
man [mɔn]→ manlju [mɔ́:ⁿljø, …ljə] (個別的)/mannen [mɔ́nən] (集

合的）
frou［frɔu］→ froulju［frɔ́ːljø, …ljə］（個別的）/frouwen［frɔ́uən］（集合的）
trije *manlju*「3 人の男の人」（個別的）
de kening en syn *mannen*「王とその家来たち」
de *mannen* fan it tsjerkebestjoer「教会運営関係者」（集合的）
trije man「3 名」（男女の区別なく人員数）

⑤ その他
ko［koːu］「乳牛」→ kij［kɛi］
skoech［skuːx］「靴」→ skuon［skwon］
dei［dai, dɛi］「日」→ dagen［dáːɣən］
wei［vai, vɛi］「道」→ wegen［véːɣən］
âlder［ɔ́ːdər］「親」→ âlders［ɔ́ːdəs］/âlden［ɔ́ːdən］
lid［lɪt］「手足，成員」→ leden［léːdən］/lea［lɪə］
↔ lid［lɪt］「蓋，まぶた」→ lidden［lídən］

⑥ -um［øm, əm］/-us［øs, əs］で終わるラテン語からの借用語
gymnasium「ギムナジウム，普通高校」→ gymnasiums［gimnáːzi(j)øms, …əms］/gymnasia［gimnáːzi(j)a］
katalogus「カタログ」→ katalogussen［katáːlogøsən, …gəsən, katalɔ́ː…］/katalogy［katáːlogi, katalɔ́ː…］
↔ histoarikus［hɪstɔ́ərikøs, …kəs］「歴史学者」→ histoarisy［hɪstɔ́əri(t)si］

(2) 数量の表現

(a) 数量の単位を表わす名詞
2 以上でも単数形を用いるものがある。

① 時間
wike［víːkə］「週」　　moanne「月」　　jier［(j)iər］「年」
Trjie jier lyn binne wy troud.「3 年前に私たちは結婚しました」
Hy is *seisentritich jier* âld.「彼は 36 歳です」

De bern geane aanst earst *fjouwer wike* op fakânsje.「子供たちはもうすぐ4週間はバカンスに行ってしまう」
複数形の例もある。
Ik ha de fyts noch mar *trije wiken*.「ぼくはその自転車を手に入れてからまだ3週間しかたっていません」

② 容積・重量・距離・回数・貨幣
liter/mingel「リットル」　ûns「オンス(0.1 kg)」
pûn「ポンド(0.5 kg)」　foet「フィート(約30 cm)」
meter「メートル」　kear「…回」　euro「ユーロ」
trije liter molke「牛乳3リットル」

③ 種類・個数
kop「…頭」　sek「…袋」　snies「20個」
dozyn [dosín, dəsín, …zín]「ダース」
twa dozyn ierappels「りんご2ダース」

(b) **特定・不特定の数量**

上記の語は不特定の数量を表わす場合にはふつう複数形を用いる。
inkelde jierren「数年」　de kommende jierren「今後何年か」
yn 'e jierren njoggentich「90年代に」(§17(2))
Wy hawwe *fiif jier* yn Ljouwert wenne. It wiene *goede jierren*.「私たちは5年間, リャウエト(オ. Leeuwarden「レーヴァルデン」)に住みました。それは良い歳月でした」
It is hjir *de lêste jierren* wol feroare.「ここは最近の何年かでたしかに変わった」
De winsten waakse *alle jierren* op 'e nij.「利益は毎年新たに増える」

nul「ゼロ」の後の名詞は複数形,「…半」の後の名詞は単数形である。
De temperatuer is *nul graden*.「気温は零度です」(graad「…度」)
Ik wachtsje hjir al *oardel oere*.「私はここでもう1時間半待っている」(oere「1時間」)
↔ Ik wurkje *njoggen oeren* deis.「私は1日に9時間働きます」
It is *trijeëninheale minút* oer tolven.「時刻は12時3分30秒過ぎです」

↔ It is *fiif minuten* foar seizen.「6時5分前です」

オランダ語も同様。ただし，uur「1時間」は2時間以上でも単数形を用いる。

オ．nul graden「零度」(graad の複数形)
anderhalf uur「1時間半」(uur 単数形)
↔ negen uur「9時間」(同上)
drieënhalf minuut「3分30秒」(minuut 単数形)
↔ vijf minuten「5分」(minuten 複数形)

(3) 数 の 一 致 (kongruïnsje)

主語と定動詞・補語名詞句の数の一致については，次の点に注意を要する。

(a) **統語的な主要部への数の一致**

主語が「集合名詞＋(fan＋)名詞複数形」の場合には，統語的な主要部が形態的に単数であることに一致して，定動詞は単数形になることが多い。

In groepke fan fjouwer of fiif minsken kriget in tal foarwerpen taskikke.「4人か5人のグループが特定の数のテーマを与えられる」(kriget「得る(単数形)」← krije「得る」)

Krekt boppe it wetter *fljocht in swerm miggen*.「水面の上すれすれのところを虫の群れが飛んでいる」(fljocht「飛ぶ(単数形)」← fleane「飛ぶ」)

これと平行して，意味的な主要部に一致して，定動詞が複数形になることもある。

Der {*kaam/kamen*} *in keppel jongfeinten* de buorren del.「若者の一団が村の通りをやって来た」(kaam/kamen「来た(単数形/複数形)」← komme「来る」)

(b) **意味的な主要部への数の一致**

統語的な主要部よりも意味的な主要部が優先されて，定動詞が単数形になることがある。次例では定動詞は「犬の放し飼い」という現象自体に一致すると，単数形 is「…である」(← wêze)になる。

Losrinnende hûnen is in kwea.「放し飼いの犬(=犬の放し飼い)は害悪である」

Losrinnende hûnen is in grut kwea en dêrom moat it ferbean wurde.「放し飼いの犬(=犬の放し飼い)は大きな害悪であり，それゆえそれは禁止される必要がある」

　一方，統語的な主要部が優先される場合には，定動詞が複数形になる。次例では定動詞が複数形 binne「…である」になるのは，個別の「放し飼いの犬」という意味を表わす場合である。

Losrinnende hûnen binne in kwea.「放し飼いの犬は害悪である」

Losrinnende hûnen binne in grut kwea en dêrom mei ik dy kringen net lije.「放し飼いの犬は大きな害悪であり，それゆえ私はそういうけものたちが我慢できない」

　次の用例では「子供を持つこと」という現象自体に意味的な一致が起こって，定動詞は単数形になっている。

Bern hâldt dy jong.「子供を持つと若くいられる(=子供たちは君を若く保つ)」(bern「子供(複数形)」, hâldt「保つ(単数形)」← hâlde「保つ」)

(c) 　その他の場合
① 　名詞句の並列

　　並列された名詞句がひとつの概念を表わす主語である場合には，意味的な主要部の数の一致が優先されて，定動詞は単数形になることが多い。

Iten en drinken hâldt siel en lichem byinoar.「飲食(=食べることと飲むこと)は心と体をたがいに健康に保つ」(hâldt「保つ(単数形)」← hâlde「保つ」)

Syn hâlden en dragen fernuvere ús.「彼の態度に私たちは驚いた(=彼の態度が(hâlden en dragen)私たちを驚かせた)」(fernuvere「驚かせた(単数形)」← fernuverje「驚かせる」)

Ferbiede en dochs gewurde litte jout dôfhûdige bern.「禁止して，それでもやらせておくと，言うことを聞かない子供ができる(=子供を与える)(ことわざ)」(jout「与える(単数形)← jaan「与える」)

② 　成句的な表現

「…のように」という意味の次のような成句的な表現に含まれる名詞句は，主語名詞句が複数でも単数形であることが多い。

De skoalbern binne *sa bliid as in protter*.「生徒たちは大喜びしている(＝ムクドリのように喜んでいる)」(in protter「ムクドリ(不定冠詞＋単数形)」)

De bern binne op it lêst *sa wurch as in maits* en wurde slûch.「子供たちはしまいには疲れきって(＝ウジのように疲れ)，眠くなる」(in maits「ウジ(不定冠詞＋単数形)」)

③ noch A noch B「AもBも…ない」での数の揺れ

Noch syn frou noch syn dochter {*wist/wisten*} wêr't er wie.「彼の妻も彼の娘も彼がどこにいるかわからなかった」(wist/wisten「知っていた(単数形/複数形)」← witte「知っている」)

§17　格 (namfal) と目的語の語順

(1)　属格(genityf)と所有表現

　名詞の格変化は2種類の属格に不十分な形で残っているにすぎない。ともに一部の名詞を対象とし，他の名詞に前置しておもに所有を表わすという，限定された機能しかない。名詞の前に置かれた属格は冠詞の位置を占めるので，冠詞はつかない。

　　{*in/*it/Ø} heites hûs「父の家」(強変化の属格)
　　{*in/*it/Ø} heite hûs「父の家」(弱変化の属格)
　　{*in/*it/Ø} heit syn hûs「父の家」((c)①の表現)
　「ゼロ属格の fan」については§37(5)(a)参照。

(a)　**強変化の属格(sterke genityf)**：-s/-'s/-es
　かつての強変化語尾に由来し，親族名称・人名・地名で用いる。-'s [s] はあいまい母音 [ə] 以外の短母音で終わる語，-es [əs] は heites ← heit「父」/ memmes ← mem「母」のみで用いる。強変化の属格は子音で終わる1音節の人名にはあまり用いないが((b)参照)，-s で終わる名詞はアポストロフだけを加えて -s' とつづることがある。
　　Tsjitskes man「チツケ(Tsjitske)の夫」
　　heites hoed「父(heit)の帽子」
　　Fryslâns ferline「フリースラント(Fryslân)の昔」
　　dominy's tún「牧師(dominy)の庭」
　　notaris' hûn「公証人(notaris)の犬」
① 「…のもの」(単独で名詞的に)
　　ús memmes「私(たちの)母(mem)のもの」　　Tsjitskes「チツケのもの」

'{親族名/人名}(-)en(-){dy's/har(re)s}'「…とその{配偶者/身内}のもの」という表現にも注意(§25(a)⑦)。
Is dat hûs *pake-en-harres*?「あの家はおじいさんと{おばあさん/おじいさんの家族}のものですか」
Dat hûs is *Jan-en-hars*.「あの家はヨンと{奥さん/家族}のものです」

② 「前置詞＋属格」
「…家の人々」の「人々」を省略した表現であり，-'s は複数形語尾ではなく，強変化の属格語尾である(§19(5)(a)，オランダ語やドイツ語も同様)。
Wêr stie it hûs *fan de Boersma's*?「ブエスマさん一家のお宅はどこにあったのですか」
Wy geane *nei pake-en-dy's*.「私たちは祖父たちの家に行きます」
it famke *by de bakkers*「パン屋の娘」

③ 父称
父(または母)の名前を子供の名前の後に置くときに用いる。
Joast Hiddes Halbertsma「ヨアスト・ヒデス・ホルベツマ(1789–1869)」
(Hidde「ヒデ」の息子 Joast「ヨアスト」の意味)

次の表現では属格という意識はもはやほとんどない。
「時間を表わす名詞＋-s」→副詞(副詞派生接尾辞 -s, §31(2))：
　(de) jûns「(その)晩に」　　ien kear wyks「週に1回」

複合語の成分の切れ目に用いる「接合の s」も同様。発音では直前の成分の音節末尾音を形成する。
　rikeljusbern「良家の子女」 (rikelju「金持ち」＋接合の s＋bern「子供」)
　keapmansgeast「商人魂」 (keapman「商人」＋接合の s＋geast「魂」)

不定代名詞に後続する形容詞(§19(5)(a))の語尾 -s も同様。この -s も強変化の属格語尾であり，形容詞中性単数形の変化語尾ではない(オランダ語やドイツ語も同様)。
　wat nijs「何か新しいもの」　　wat foar moais「どんなすてきなもの」

(b) **弱変化の属格 -e [ə] (swakke genityf)**
かつての弱変化語尾に由来し，文語的で古風な表現に多い。親族名称(heit「父」/mem「母」/pake「祖父」/beppe「祖母」/omke「伯父」/muoike「伯母」)，

子音で終わる1音節の人名，-en [ən] で終わるかつての弱変化名詞複数形で用いる。-e [ə] で終わる語にはつけない(-e' とつづることもある)。

 ús beppe(') kralen「私(たち)の祖母(beppe)の真珠の首飾り」
 heite hoed「父(heit)の帽子」
 Janne sylboat「ヨン(Jan)のヨット」
 Friezene frijheid「フリジア人(Friezen: Fries の複数形)の自由」
 fammene pronken「娘たち(fammen: faam の複数形)のおしゃれ」

子音で終わる1音節の男性名に弱変化の属格 -e をつけて配偶者を示す。

 Klaze Gryt「クラース(Klaas)の妻グリト」
 Durke Klaske「デュルク(Durk)の妻クラスケ」

複合語の前半部に用いる -e (接合の e)は弱変化の属格に由来する。

 heitelân「祖国」(heit「父」+接合の e+lân「国」)
 memmetaal「母語」(mem「母」+接合の e+taal「言語」)

(c) **属格以外による所有表現**

 名詞の種類に関係なく用い，属格よりも一般的な表現である。

① 名詞＋[所有代名詞＋名詞]

 heit syn hoed「父の帽子」 pake syn jierdei「祖父の誕生日」
 It keapmanseach sjocht fierder as *de klant syn noas*.「商人の目は客の鼻よりも遠くを見る(ことわざ)」

弱変化の属格と組み合わせて用いることもある。

 It is hjoed *ús mem har heite jierdei*.「今日は私(たち)の母の父親の誕生日です」
 heit {sines/sinen(t)}「お父さんのもの」

② 名詞＋[前置詞 fan＋名詞句]

 所有の意味以外にも用いる。

 de hoed *fan* heit「父の帽子」 de jierdei *fan* pake「祖父の誕生日」
 it foarwurd *fan* de bondel poëzy *fan* de jonge Fryske skriuwers「若いフリジア人作家たちの詩集の序文」

(2) 地名と数詞の語尾 -er (-ter/-ster/-mer)

無変化の形容詞として用い，冠詞がつく(§19(2)(a)⑥)。歴史的には強変化の複数属格語尾(「…の人々の」)に由来する。

　　de Hylper meubels「ヒルペン(Hylpen，オ．Hindeloopen「ヒンデローペン」)の家具(独特の絵柄で名高い)」

「…(出身)の人」(複数形 -s)，数詞につけて「…10代(…10歳くらい)の人」という表現にもなる。なお，yn 'e tachtiger jierren「80年代に」はドイツ語法(germanisme)であり，yn 'e jierren tachtich が好ましい。以下，不定冠詞 in をつけて例示する。

　　in Frjentsjerter「フリェンチェル(Frjentsjer，オ．Franeker「フラーネケル」)の人」(複数形 Frjentsjerters)

　　in Grouster「グラウ(Grou，オ．Grouw「フラウ」)の人」(複数形 Grousters)

　　in Hegemer「ヘーヘ(Heech，オ．Heeg「ヘーヘ」)の人」(複数形 Hegemers)

　　in tritiger「30代の人，30歳くらいの人」(tritich「30」)

(3) 「利害・関心，所有」を表わす名詞句と与格(datyf)のなごり

主語・目的語などの動詞の補足成分(エ．complement)以外に，利害・関心や所有を表わす名詞句(または代名詞)がある。ドイツ語で「任意の与格」(ド．freier Dativ)と呼ばれるものにほぼ対応する。

① 利害・関心

　　Eins is *my* dat te let.「じつはそれでは私には遅すぎます」

　　Winters is 't *my* te kâld.「冬は私には寒すぎる」

　　Dy't angelet, *dy* is de grutste fisk der altyd ôffallen.「魚を釣る者は(その人にとって)いちばん大きな魚にいつも逃げられている(ことわざ)」

② 所有

　　身体部位・衣類などの所有者と関係の深い不可分の物事について用いる。

　　身体部位・衣類などを表わす名詞は主語・目的語名詞句のほかに，前置詞

句や後置詞句に含まれていることもある。(1)(c)①と比較。所有代名詞との比較については§24(1)(b)参照。

Sy fielde *him* de pols.「彼女は彼の脈をはかった」

Mannich bern geane *de eagen* pas iepen as de âlden se ticht dogge.「多くの子供は親が目を閉じるときになって、やっと目を開く(=多くの子供たちの目が開く)(孝行したいときに親はなし。ことわざ)」(eagen「目(複数形)」が主語)

De kjeld gyng *him* troch de lea, mar *de holle* wie *him* gleon.「寒気が彼の体に走ったが、彼の頭はほてっていた」

It toanielspyljen sit *de Friezen* troch alle tiden hinne *yn it bloed*.「演劇はどの時代にもずっとフリジア人の血に宿っている」

Hylke woeks *heit boppe de holle*.「ヒルケは父親の背丈(=頭)よりも大きくなった」

Triennen rinne *him* by de wangen del.「涙が彼の頬を伝って落ちる」

格変化としての与格のなごりは「前置詞 te+-e」などにとどまる(§12(c))。

te'n goede fan「…のために」　　te neate meitsje「水泡に帰する」

telâne「適切に、しかるべく」(← te lâne)

terjocht(e)「正しく、正しい位置に」(← te rjocht(e))

(4) 目的語の語順

(a) 間接目的語と直接目的語がともに名詞句の場合

　定動詞が要求する目的語名詞句が二つの場合には、基底語順としては、先行する名詞句が間接目的語と解釈され、「間接目的語+副詞句+直接目的語」という語順になる。定動詞、間接目的語、直接目的語は隣接している必要(隣接条件)はなく、副詞句が介在できる。この基底語順と並んで、情報伝達の要因が加わると、一般に中域(ド．Mittelfeld)では副詞句を境にして、その前方(左側)の文成分は情報量が少ない旧情報、後方(右側)の文成分は情報量が多い新情報という配列になる。

　Ik sil *Pyt* moarn *in boek* jaan.「私は明日、ピトに本をあげるつもりだ」(新情報 in boek「本(不定)」；以下、訳文省略)

副詞句が新情報であることを示すためには，直接目的語が不定(エ．indefinite)の場合には，ふつう副詞句はそのままの位置でアクセントを置く(大文字で示す)。

　　Ik sil *Pyt* MOARN *in boek* jaan.（新情報 MOARN「明日」，有アクセント）

直接目的語が定(エ．definite)の場合には，副詞句が新情報であることを示すためには，副詞句を直接目的語の後ろに置いて表わすことができる。

　　Ik sil *Pyt it boek* moarn jaan.（新情報 moarn「明日」）

「直接目的語＋間接目的語」という名詞句の語順は一般に不自然である。

　　?Ik sil {*in/it*} *boek* moarn *Pyt* jaan.

　　?Ik sil moarn {*in/it*} *boek* *Pyt* jaan.

間接目的語を前置詞 oan「…に」などによる前置詞句にすれば，残りの名詞句(代名詞も可)は直接目的語と解釈されて，語順的には問題がない。両者の語順は自由であり，語用論的な要因で選択される。

　　Ik sil {*in/it*} *boek* moarn *oan Pyt* jaan.

　　Ik sil moarn {*in/it*} *boek* *oan Pyt* jaan.

　　Ik sil moarn *oan Pyt* *in boek* jaan.

　　Ik sil *oan Pyt* moarn *in boek* jaan.

直接目的語が前域(ド．Vorfeld，主文の定動詞の直前)に置かれると，後続する名詞句を欠く間接目的語名詞句は不自然であり，前置詞句にすることが望ましい。

　　Dat boek sil ik moarn {?*Pyt*/*oan Pyt*} jaan.

　　{*Pyt*/*Oan Pyt*} sil ik moarn *in boek* jaan.

(b) **間接目的語と直接目的語のどちらかが人称代名詞の場合**

間接目的語人称代名詞はアクセントを持たない場合，主文の定動詞や補文導入要素(従属接続詞，関係詞，間接疑問文の疑問詞，§42(1))の直後に接語(エ．clitic)として連接する傾向がある。これは定動詞と補文導入要素の両者が統語的に同じ位置を占めることによる(§43(1)(a))。以下では主文の例を示す。

　　Ik *sil him* moarn in boek jaan.「私は彼に明日，本をあげるつもりだ」

　　(以下，訳文省略)

Ik *sil* moarn {?*him*/*HIM*/*Pyt*} in boek jaan.（HIM「彼に」，有アクセント）

直接目的語人称代名詞が it「それ」/se「それら」のように無アクセントの人称代名詞弱形（§21(4)(5)）である場合には，定動詞の直後に接語として連接する。ただし，正書法では1語で続け書きはしない。

Ik *sil* {*it*/*se*} Pyt moarn jaan.「私はそれをピトに明日，あげるつもりだ」

*Ik *sil* Pyt moarn {*it*/*se*} jaan.「同上」

指示代名詞 dat「それ，あれ」であれば，アクセントを持って独立の音韻的語としてはたらくので，連接する必要はない。

Ik *sil* Pyt moarn *dat* jaan.「同上」

(c) **間接目的語と直接目的語がともに人称代名詞の場合**

「間接目的語＋直接目的語」の語順がふつうである。

Ik sil *him dat* moarn jaan.「私は明日，彼にそれをあげるつもりだ」（以下，訳文省略）

?Ik sil *dat him* moarn jaan.

直接目的語代名詞が指示代名詞 dat「それ，あれ」ならば，次の語順も許される。

Ik sil *him* moarn *dat* jaan.

しかし，直接目的語人称代名詞が it「それ」のように無アクセントの人称代名詞弱形（§21(4)(c)）である場合には，間接目的語人称代名詞を飛び越えて定動詞（従属文では補文導入要素）の直後に連接するので，例外的に「直接目的語＋間接目的語」の語順がもっともふつうである。

Ik *sil it him* moarn jaan.

「間接目的語＋直接目的語」の語順も可能だが，あまり一般的ではない。

Ik *sil him it* moarn jaan.

それ以外の文は不自然である。

?Ik sil moarn {*him it*/*it him*} jaan.

?Ik sil {*him* moarn *it*/*it* moarn *him*} jaan.

「代名詞の der」と人称代名詞の語順については，§34(2)(e)参照。

§18 指 小 形 (ferlytsingswurd)

指小形(diminutyf とも言う。ドイツ語学の伝統的用語では「縮小形(ド. Diminutiv)」)は名詞自体の意味は変えずに小さいものを示すのが基本だが，愛着・容認・軽視・冗談などの感情を伴うことが多く，使用頻度も高い。

(a) **指小形接尾辞 -ke/-tsje/-je の区別**

指小形では語末音に応じて 3 種類の接尾辞の区別がある。その場合，くだり二重母音を除いてあいまい母音 -e [ə] は無関係であり，-e [ə] を脱落させてから先行子音の種類で区別する。-je [jə] (/jə/) を -tsje [tʃə] (/tjə/) の変種と見れば，接尾辞 -ke と -tsje の 2 種類の区別を基底形として設定すればいいことになる (§ 7 (2)(c))。

① -ke [kə]

母音，唇音 p/b/m，歯茎摩擦音 f/v/s，ふるえ音 r の後。

bui「にわか雨」→ buike [bœ́ykə]　　strie「藁」→ strieke [stríəkə]
kop「カップ」→ kopke [kɔ́pkə]
tobbe [tɔ́bə]「桶」→ tobke [tɔ́pkə]
blom「花」→ blomke [blɔ́mkə]　　grêf「墓」→ grêfke [grɛ́:fkə]
stove [stó:və]「足温器」→ stoofke [stó:fkə]
kers「ろうそく」→ kerske [kɛ́skə]
pleats「農場」→ pleatske [plíətskə]
stjer [stjɛ(:)r]「星」→ stjerke [stjɛ́rkə]

② -tsje [tʃə]

歯(茎)音 t/d/l/n の後。

presint「プレゼント」→ presintsje [prəsíntʃə]　(-tsje ← -t-tsje)
kleed [kle:t]「敷物」→ kleedsje [kléːtʃə]　(-dsje ← -d-tsje)

leppel「スプーン」→ leppeltsje [lɛpəltʃə]
trein「列車」→ treintsje [tráintʃə, trɛintʃə]

③ -je [jə]
軟口蓋音 k/ch [x]/g [ɣ] の後。
blik「缶」→ blikje [blíkjə]　　each「目」→ eachje [íəxjə]
bigge [bíɣə]「子豚」→ bichje [bíxjə] (-chje ←-g-je ←-gge-je)
'-ng(e) [ŋ(ə)]→-nk-je [ŋkjə]' では，つづりの上では g → k の交替が見られるが，発音上は [ŋ-jə]→[ŋ-k-jə] のように [k] が挿入されている。
wang [vaŋ]「頬」→ wankje [váŋkjə]
jonge [jóŋə]「男の子」→ jonkje [jóŋkjə]

(b) 短母音化(§4)と「割れ」(§5)
複数形(§16)の場合と同様に，短母音化と「割れ」の有無は個々の語で異なる。短母音化は複数形よりも指小形で起こりやすい(§4(2))。たとえば，次の語は複数形では短母音化を起こさない(「指小形/複数形」の順)。
priis [priːs]「値段」→ pryske [prískə]/prizen [príːzən]
glês [glɛːs]「グラス，コップ」→ gleske [glɛ́skə]/glêzen [glɛ́ːzən]
lape [láːpə]「布切れ」→ lapke [lápkə]/lapen [láːpən]
brân [brɔːn]「火，火災」→ brantsje [brɔ́ntʃə]/brânen [brɔ́ːnən]
hôf [hɔːf]「果樹園，屋敷」→ hofke [hɔ́fkə]/hôven [hɔ́ːvən]
koeke [kúːkə]「クッキー」→ koekje [kúkjə]/koeken [kúːkən]
skûf [skyːf]「引き戸」→ skûfke [ský(ː)fkə]/skuven [skýːvən]
「割れ」の有無は複数形の場合に比べて大きな差はとくにない。
priem [priəm]「編み棒」→ priemke [prjímkə]/priemmen [prjímən]
feart [fɪət]「運河，航行」→ feartsje [fjɛ́tʃə]/fearten [fjɛ́tən]
spoen [spuən]「(材木などの)切れ端」→ spuontsje [spwóntʃə]/spuonnen [spwónən]
fjoer [fjuər]「火」→ fjurke [fjǿrkə]/fjurren [fjǿrən]

(c) 例　外
-st で終わる語には t の脱落(§7(5)(c))の順序によって，-stke [skə]/-stje

[ʃə] の両方の語形が併存することが多い。-stke [skə] は t が脱落した後で s に続く -ke が選ばれた語形である ([st- 縮小]→[s- 縮小]→[skə])。-stje [ʃə] は t が脱落する前に -tsje が選ばれ，その後で t が脱落した語形だが ([st-tjə]→[st-tsjə]→[stsjə]→[ssjə]→[sjə]→[ʃə])，つづりでは -je が選ばれているように見える。

 bist [bɪst]「動物」→ bistke [bískə]/bistje [bíʃə]
 nêst [nɛːst]「巣」→ nestke [nɛ́skə]/nestje [nɛ́ʃə]

最近の外来語などでは，オランダ語の影響で母音の直後に -ke だけでなく，-tsje も見られる。

 buro「事務所」→ buroke [byróːkə]/burootsje [byróːtʃə]
 foto「写真」→ fotoke [fóːtoːkə]/fotootsje [fóːtoːtʃə]
 kado [kadóː, kədóː]「プレゼント」→ kadootsje [kadóːtʃə, kə…]（オ．cadeautje)

そのほかの語でも，オランダ語の影響で -tsje による語形が見られることがある。

 finger「指」→ fingerke [fíŋərkə]/(fingertsje [fíŋətʃə])（オ．vingertje)

(d) 指小形の注意すべき用法
① 'lyts「小さな」＋指小形'
 指小形は愛着，容認，軽視，冗談などのニュアンスを伴うことが多く，たとえば，pop(pe)「人形」にたいして popke と言えば，子供などが遊び道具にしている「かわいい人形」というニュアンスが加わる。したがって，物理的に小さな対象を表わすには，形容詞 lyts「小さい」などを指小形に付加して明示することがある。
 In *lyts baaske* hat it faak better as in grutte feint.「小さな主人は大きな従者よりもしばしば良いことがある (＝クジラの尻尾よりもイワシの頭になれ。ことわざ)」(baas「主人，ボス」)
 in *lyts eintsje*「ほんの少しの距離」(ein「距離」)
 in *lyts bytsje*「ほんのわずか」
② 意味が異なる指小形および物質名詞の個別化
 指小形はもとの名詞と明確に意味が異なることがあり，この場合は別の語

として固定している。

指小形はまた,「ひとり分,ひと切れ」のように物質名詞を具体的な個体として個別化する表現になることもある。

kaart「地図, カード」↔ kaartsje「切符, 券」
hûs「家」↔ húske「トイレ」/hûske「小さな家」
muzyk「音楽」↔ muzykje「曲」
taart「タルト」↔ taartsje「タルトひと切れ」
bier「ビール」↔ bierke「ビール1杯」

③ 男性名の指小形による女性名

男性名の指小形は女性名になることがある。中性名詞の扱いは受けない。

Jan「ヨン(男性名)」→ Jantsje「ヨンチェ(女性名)」(以下同様の順)
Piter「ピテル」→ Piterke「ピテルケ」
Sake「サーケ」→ Saakje「サーキェ」
Sytse「シツェ」→ Sytske「シツケ」
Klaas「クラース」→ Klaske「クラスケ」(短母音化, §4)

④ 「形容詞・動詞・代名詞＋指小形接尾辞」

形容詞や動詞が指小形接尾辞を伴って名詞句のかわりをする例が少数ある。

It is in *byderhantsje*.「それは利口な子供だ」(byderhant「利口な」)
sleau「怠惰な, 愚かな」→ sleauke「怠惰な女, 愚かな女」
fertelle「語る」→ферtelтsje「物語」

次例は指示代名詞 dit「これ」/dat「あれ, それ」に指小形接尾辞がついた慣用表現である。

wat *ditsjes* en *datsjes*「あれこれつまらないこと」
in *ditsje* en *datsje*「つまらないこと」

接尾辞 -k による派生動詞および加音 -k/-t つき品詞転換による派生動詞については, それぞれ§61(3)および§61(5)(b)を参照。

IV

形 容 詞 (eigenskipswurd)

コルム(Kollum)の夏祭りと馬車の行進

§19　形容詞の語形変化と用法

(1)　品詞と用法

　次例の①から④の moai は形態的な品詞(wurdsoarte)としてはすべて形容詞であり，異なるのは統語的な用法(gebrûk)である。①を「限定用法」(attributyf gebrûk)，②を「名詞用法」(substantivysk gebrûk)，③を「叙述用法」(predikatyf gebrûk)，④を「副詞用法」(adverbiaal gebrûk)，③④をまとめて「独立用法」(selsstannich gebrûk)と呼ぶ。西フリジア語の形容詞にはドイツ語やオランダ語と同様に，叙述用法と副詞用法で語形的な区別がなく，英語とは異なる(例．moai「美しい」)。

　　エ．形容詞　beautiful「美しい」↔副詞　beautifully「美しく」
　　フ．形容詞　moai「美しい，美しく」(オ．mooi/ド．schön)
① 　dy *moaie* sjongster「その美しい女性歌手」
② 　dy *moaie*「その美しい女性」(dy moaie (frou))
③ 　Sytske {is/wurdt/bliuwt} *moai*.「シツケは{美しい/美しくなる/美しいままでいる}」
④ 　Sytske sjongt *moai*.「シツケは美しく歌う」

　これにたいして，副詞(§30〜32)は語形変化しない(例．hjir「ここ」)。
　　it klimaat *hjir*「ここの気候」
　　Sytske {is/bliuwt} *hjir*.「シツケはここに{いる/とどまる}」
　　Sytske sjongt *hjir*.「シツケはここで歌っている」
　　Kom *hjir* ris.「ちょっとここにおいでよ」

　西フリジア語の形容詞は限定用法と名詞用法ではドイツ語やオランダ語と同様に語尾を伴うが，独立用法(叙述用法と副詞用法)では無変化である。形容詞の多くは限定用法と独立用法の両方で用いるが，片方に限られるものもあり，

限定用法は独立用法よりも可能な形容詞の数が多い。語尾には -e/-en/-s の 3 種類があり，用法が異なる。限定用法の形容詞は修飾する名詞の前に置く。

(2) 形容詞限定用法の語尾 -e

中性名詞単数形については次の①から③の場合だけ形容詞は無語尾であり，その他はすべて語尾 -e を伴う。語尾 -e は形容詞弱変化，無語尾は形容詞強変化に由来する。形容詞の弱変化はゲルマン語特有の発達であり，古くは「個別化，限定」を意味した。限定用法の形容詞が定冠詞や指示詞の後で弱変化し，不定冠詞の後で強変化するのはそのためである。所有代名詞と属格の後で弱変化か強変化のどちらになるかは，言語ごとに差がある。

① 限定詞(冠詞・代名詞・属格など)がない場合
 âld bier「古いビール (it bier)」
② 「不定冠詞 in/否定冠詞 gjin/数詞 ien/所有代名詞/属格名詞」の後
 {in/ien} *âld* hûs「{ある/一軒の} 古い家 (it hûs)」
 gjin *âld* hûs「古い家(…)でない」
 {ús/heites} *âld* hûs「{私たちの/父の} 古い家」
 オランダ語では所有代名詞と属格の後で語尾 -e を伴うことに注意。
 オ．{ons/vaders} *oude* huis「{私たちの/父の} 古い (oud) 家 (het huis)」
③ 次の代名詞の後
 elk/elts/ider「どの…も」, mannich「多くの」, sa'n/sok「そんな」, hoe'n/hok/hokker/hokfoar (in)/watfoar (in)「どんな」
 elk *âld* hûs「どの古い家も」　　mannich *âld* hûs「多くの家」
 {hoe'n/hok in/hokker/hokfoar (in)/wat foar (in)} *âld* hûs「どんな古い家」
 sa'n *âld* hûs「そんなに古い家」
 sa'n âld hûs の sa は âld を修飾している。*in sa âld hûs は不可((3)(b)参照)。オランダ語も同様。
 オ．{zo een *oud* huis/*een zo *oud* huis}「そんなに古い家」

語尾 -e の有無をまとめて示すと次のようになる。

〈両性　単数：-e〉
goede wyn「良いワイン」
in *hege* toer「高い塔」
elk *hege* toer「どの高い塔も」
myn *leave* soan「私の愛する息子」
Pyts *leave* soan「ピトの愛する息子」

〈中性　単数：無語尾〉
goed bier「良いビール」
in *heech* gebou「高い建物」
elk *heech* gebou「どの高い建物も」
myn *leaf* bern「私の愛する子」
Pyts *leaf* bern「ピトの愛する子」

〈両性　単数：-e〉
{de/dizze/dy} *grize* rôk「{その/この/あの}灰色の(griis)スカート」

〈中性　単数：-e〉
{it/dit/dat} *grize* himd「{その/この/あの}灰色のシャツ」

〈両性　複数：-e〉
hege tuorren
myn *leave* soannen
Pyts *leave* soannen
{de/dizze/dy} *grize* rokken

〈中性　複数：-e〉
hege gebouwen
myn *leave* bern
Pyts *leave* bern
{de/dizze/dy} *grize* himden

(a)　**例外：形容詞無語尾**

　　次の①から⑦の場合には，限定用法の形容詞はつねに無語尾である。

①　母音で終わる外来語の形容詞と，語末音があいまい母音［ə］の形容詞
de *prima* oplossing「見事な解決」(prima「見事な」)
de *berne* Fries「生粋のフリジア人」(berne「生粋の」)
本来のフリジア語の形容詞は語末音が母音でも語尾 -e を伴う。
it *reeë* antwurd「用意ができた返事」(ree「用意ができた」)

②　比較級で限定詞がつかない場合((b)②参照)
It ûntstean fan de stêden is fan *letter* tiid as dy fan de doarpen.「都市の成立は村の成立よりも後の時代のことである」(letter「後の」)
次の③～⑥は「形容詞＋名詞」で一種の複合語を形成しているとも言える。

③　話者や相手が熟知し，親近感を抱く特定の人・動物・物事について
形容詞は âld「老いた」, jong「若い」, grut「大きい」, lyts「小さい」などの基礎語彙に属する少数に限られ，アクセントは後続名詞に置かれる。

dat *grut* hynder「あの大馬」　　dy *jong* feint「あの若造」
Pyt, de *âld* man「あのピトのじいさん」
dat *lyts* hûs「あの小家（農家の離れ）」
myn *âld* skammels「私のガタがきた足（複数形 skammels）」
　1語の名詞として固定している例もある（§10(c)①）。
jongfeint [joŋfáint, …fɛ́int]「若造」
âldman [ɔːtmɔ́n]「じいさん」　　lytshûs [litshúːs]「小家」
次の例のように，複数形で語尾 -e がついて 1 語として続け書きするものもある。
âldelju [ɔːdəljǿ]「両親」（lju「人々（複数形）」）

④　おもに人の性格・職業の質を強調する場合
不定冠詞 in を前置して例示する。
in *nuver* man「変人，変わった男の人（de man）」（nuver「変わった」）
in *grut* skriuwer「大作家，偉大な作家」↔ in *grutte* skriuwer「背が高い作家（de skriuwer）」（grut「大きい」）
Foar ús wie de smid in *wichtich* man.「私たちにとってその鍛冶屋さんは大切な人（＝重要人物）でした」（wichtich「大切な」）
Ik bin in *frij* man, nimmen hat wat oer my te kedizen.「私は自由人だ，だれも私に口出しする資格はない」（frij「自由な」）
In *lyk* man is in *ryk* man.「借金のない者は裕福な者（＝金持ち）だ」（lyk「等しい，平らな」，ryk「裕福な」）
オランダ語でも同様の表現が見られる。
オ．een *groot* schrijver「大作家，偉大な作家」↔ een *grote* schrijver「背の高い作家（de schrijver）」

⑤　職業・公的名称・専門用語など
it *heger* ûnderwiis「高等教育」（heech「高い」の比較級）
it *finansjeel* ferslach「会計報告」（finansjeel「財政的な」）
it *iepenbier* ferfier「公共交通機関」（iepenbier「公共の」）
it *deistich* wurk「日々の仕事，日課」（deistich「日々の」）
it *Frysk* Ynstitút oan de Ryksuniversiteit te Grins「フローニンゲン大学フリジア語学科」（Frysk「フリジア語の」）

de {*wittenskiplik*/*saaklik*} direkteur「{研究/事務} 主任」(wittenskiplik「学問的な」, saaklik「事務的な」)
オランダ語でも同様の表現が見られる。
オ．het *hoger* onderwijs「高等教育」(hooch「高い」の比較級)
　　het *openbaar* vervoer「公共輸送」(openbaar「公共の」)
　　het *Fries* Instituut aan de Rijksuniversiteit te Groningen「フローニンゲン大学フリジア語学科」(Fries「フリジア語の」)

⑥ -er で終わる形容詞化した地名・数詞(§17(2))と rjochter「右の」/lofter「左の」
it *Makkumer* ierdewurk「マクム(Makkum)の陶芸」
twa *rjochter* hannen hawwe「とても器用である(二つの右手を持っている)」(rjochterhannen も可)

⑦ in oar「ほかの {人/物事}」(§26(o)参照)

(b) その他の例外

① -en [ən] で終わる過去分詞や材質を示す形容詞
語尾 -e の有無は任意である。
{in/de} *houten(e)* leppel「木製の(形容詞 houten)スプーン(単数形)」(de leppel「スプーン」)
{∅/de} *houten(e)* leppels「木製のスプーン(複数形)」
{in/de} *brutsen(e)* panne「こわれた(過去分詞 brutsen)フランパン(単数形)」(de panne「フライパン」)
{∅/de} *brutsen(e)* pannen「こわれたフライパン(複数形)」
特定の名詞が省略された場合には語尾 -e が必要である。
de *iepen(e)* doar「開いた(iepen)ドア」→ de *iepene*「開いたもの」
-en で終わる形容詞でも，材質を示さない場合には語尾 -e を伴う。
{in/de} *libbene* taal「現在使われている(libben「生きている」)言語(単数形)」(de taal「言語」)
{∅/de} *libbene* talen「同上(複数形)」
オランダ語では -en [ə(n)] という発音になり，無語尾である。
オ．{{een/de} *houten* lepel/{∅/de} *houten* lepels}「木製の(houten)ス

プーン(単数/複数)」(de lepel「スプーン」)

ちなみに，linnen [lĭnən]「亜麻」にたいする同形の形容詞 linnen「亜麻の」には linnens という異形があり，無変化である。
類例．duffels(k) [dǿfəls(k)]「ダッフルの」← duffel「ダッフル」
また，izeren [ĭːzərən]「鉄の」は語尾 -e を伴うと，iz(e)rene のように語中母音 -e が消失することがある。これはともに，名詞複数形語尾 -e/-s の選択の場合と同様に，あいまい母音 [ə] の連続を避けるためと言える(§16(1)(b)①)。

② 比較級と最上級

限定用法の最上級と序数詞は限定詞がつけば，中性単数でもつねに語尾 -e を伴う。

Yn 'e 18de ieu berikte de Fryske pleats syn *heechste* punt.「18世紀にフリースラントの農家の建物はいちばん高さが高くなった(＝もっとも高い点(it punt)に達した)」(heech「高い」，限定用法)

in *tredde* bern「3番目の(tred)子供(it bern)」(tred「3番目の」，限定用法)

↔ Sjouke is {*tred*/*tredde*}.「シャウケは3番目だ」(叙述用法)

比較級では限定詞を欠くと，両性名詞でも形容詞単数形は無語尾である((a)②参照)。省略された名詞が修復可能なときには，無語尾の形容詞比較級を名詞の代用にすることもできる。

{*In kreazere frou*/*Kreazer frou*/*Kreazer*} wie der net.「それ以上の美しい女性(de frou)はいなかった」(kreas「美しい，魅力的な」)

(3) 形容詞語尾 -en

語尾 -en には次の2種類があり，用法が異なる。語尾 -en は -en で終わる材質を表わす形容詞にはつかないが，その他の -en で終わる形容詞と過去分詞にはつく。

(a) '{in/gjin/sa'n/ien}＋形容詞 -en「…の物事・人」(両性・中性単数)'
この語尾 -en は単数形不定の形容詞の名詞化に用いる。形容詞の名詞用法

((4)参照)と比較。

 Myn fyts is stikken gien. Ik wol *in nijen* ha.「私の自転車(de fyts)はこわれてしまった。新しいのがほしい」(nij「新しい」)

 Dy't by elk *in bêsten* is, is *in minnen* foar himsels.「だれにとっても良い)人は自分にとっては悪い人である(ことわざ)」(bêst「最良の，とても良い」，min「悪い」)

 Ik ha *gjin betteren*.「私はこれより良いものは持っていない」(better「より良い」)

 Sa'n djoeren ha ik net.「そんな高価なものは私は持っていない」(djoer「高価な」)

 Ik ha hjir *ien lytsen*.「私はここにひとつ小さい(lyts)のがある」

「形容詞 -en」(単数不定形)に ien (§ 26 (b)) がつくことがある(エ．one)。ただし，数詞 ien の後ではあまり好まれない。

 Ik wol {*in nijen ien*/*in nijenien*} ha.「私は新しいのがほしい」(nij「新しい」，エ．a new one)

 Ik ha {*gjin betteren ien*/*gjin betterenien*}.「私はもっと良いものを持っていない」(better「より良い」，エ．no better one)

 Tsjin *in âlderenien* sis ik net samar 'do'.「年上の人には私は do「君」とは言いかねます」(âlder：âld「年をとった，古い」の比較級)

in/gjin/sa'n/ien 以外の後では語尾 -e を用いる。

 "Ik ha hjir twa blommen, {*in readen*/*in readen ien*/*in readenien*} en {*in gielen*/*in gielen ien*/*in gielenien*}. Hokker wolsto ha?" "Jou my *dy reade mar*."「私はここに赤い花と黄色い花を持っている。どれがほしい？」「赤いのをちょうだい」(read「赤い」)

代名詞などに語尾 -en(t) がつく語形もある。語尾 -en(t) の -t は歯(茎)音 -n に続く発音上の自然な添加音に由来する(§ 24 (1), オ．iemand [í.mɑnt]/ド．jemand [jéːmɑnt] ↔ オ/ド．man「(世間一般の)人」, § 26 (a))。

 sa'nen(t)/sa'nen-ien「そのような {人/物事}」

 gjinnen(t)/gjinien「何・だれも…ない」

 hoe'nen(t)/hoe'n(en)-ien「どんな {人/物事}」

(b) '{in/gjin/sa'n}＋形容詞 -en＋名詞(両性単数形)'「とても…な…」

いわゆる「強調の形容詞語尾 -en」であり，語尾 -e のかわりに形容詞の意味を強調する場合に用いる。

 in *dregen* baas「とても厳しい上司(de baas)」(dreech「厳しい」)
 sa'n *swieten* dream「そんな甘い夢(de dream)」(swiet「甘い」)
 Ik haw sa'n *ôfgrysliken* pine yn 'e holle.「私は頭がひどく痛い(＝ひどい頭痛(de pine「痛み」)を持っている)」(ôfgryslik「ひどい」)

中性名詞単数形，指示代名詞のついた名詞句，名詞複数形では語尾 -en は現われない。

 Sa'n {*fluch*/*fluggen} hynder hawwe wy noait sjoen.「そんなに速い馬(it hynder)は私たちは見たことがない」(fluch「速い」)
 Dy {*drege*/*dregen} baas mei ik net lije.「あの厳しい上司(de baas)には私は耐えられない」(dreech「厳しい」)
 Se binne gjin {*hjitte*/*hjitten} patriotten.「彼らは熱烈な愛国主義者(de patriot)たちというわけではない」(hjit「熱烈な，熱い」)

強調の語尾 -en は不定冠詞 in に由来する。たとえば，sa'n swieten dream「そんな甘い夢」は，sa'n (＝sa in) dream「そんな夢」に形容詞 swiet「甘い」が sa の直後に挿入されて sa swiet in dream となり(エ. *so sweet a dream*)，不定冠詞 in が例外的に形容詞 swiet の後に位置するので，当時の男性単数強変化語尾 -en との類推で形容詞の語尾と再解釈され(swiet in＞swiet-in＞swieten)，swiet の直前に不定冠詞 in を新たに挿入して生じた。強調の語尾 -en が中性名詞単数形，指示代名詞のついた名詞句，名詞複数形で現われないのはこのためである。*sa swiet in dream/*in sa swiete dream とは言わない。かつてはオランダ語にも同様の語尾があった(Van der Meer 1987)。

(4) 形容詞の名詞用法

形容詞が名詞を伴わずに名詞句に相当する用法で，形容詞の名詞化とも言う。一部で限定用法とは語尾が異なり，「単数：人 -e＝物事 -e」「複数：人 -en ↔ 物事 -e(n)」となる(例．goed「良い」)。

IV 形容詞

人：
単数
{in/gjin/sa'n/ien}	goede
{myn/Pyts}	goede
{de/dizze}	goede

物事：
単数
{in/gjin/sa'n/ien}	goede
{myn/Pyts}	goede
{it/dit}	goede

複数
∅	goeden
{gjin/sokke}	goeden
{myn/Pyts}	goeden
{de/dizze}	goeden

複数
∅	goede(n)
{gjin/sokke}	goede(n)
{myn/Pyts}	goede(n)
{de/dizze}	goede(n)

Sport is foar *de measten* in foarm fan ferdivedaasje.「スポーツは大部分の人々にとって娯楽のひとつの型である」(meast「大部分の」, 複数の人：-en)

↔ Fan myn boeken binne dit *de âldste(n)*.「私の本の中ではこれらがいちばん古いものです」(âld「古い」, 複数の物事：-e(n))

形容詞の名詞化のほかに, 単数形の一部では形容詞語尾 -en ((3)(a)) による表現も可能である。人を示すときには語尾 -en のほうが好まれる。

① 単数の人：語尾 -en

Dy man moast' mei oppasse: dat is in *minnen*.「あの人には気をつけなさいよ。悪い人だから」(min「悪い」)

② 単数の物事：-e/-en

Sjochst dy tafel？ Wat in {*grutte/grutten*}!「あのテーブル見える？ なんて大きいんでしょう」(grut「大きい」)

決まり文句などで名詞用法の形容詞を列挙するときには, 限定詞も語尾もつかないことがある。

Foar de dea is alles lyk, *âld* en *jong* en *earm* en *ryk*.「死の前ではすべてが同等である。老いも若きも貧しき者も富める者も (ことわざ)」

(5) その他の形容詞語尾と用法

(a) 形容詞語尾 -s：「不定代名詞＋形容詞 -s」

ド．etwas Neues／オ．iets nieuws「何か新しいもの」と同様に，強変化の属格語尾（単数）に由来する（§17(1)(a)）。

 wat bysûnders「何か特別なもの」（bysûnder「特別な」）
 folle goeds「たくさんの良いもの」（goed「良い」）
 neat betters「何ももっと良いもの…でない」（better「より良い」）
 wat foar moais「どんな美しいもの」（moai「美しい」）
 Dat ûnthjit net folle *goeds*.「それはあまり見込みがない（＝多くの良いことは約束しない）」

(b) learaar Frysk「フリジア語教師」など

形容詞は名詞の前に置く。後ろに置く場合は名詞である。

 in Fryske learaar「フリジア人の教師」（Frysk「フリジア人の」）
 in learaar Frysk「フリジア語教師」（Frysk「フリジア語」）

両者を組み合わせた次の表現に注意。

 in Japanske learaar Frysk「日本人のフリジア語教師」

英語では前置詞 of を介在させる次の表現を参照。

 in bakje kofje「コーヒー１杯」（エ．a cup of coffee）
 It hûs fan de Boersma's stiet *oan dizze kant it doarp*.「ブエスマさん一家の家は村のこちら側にあります」

オランダ語，ドイツ語，英語では次のようになる。

 オ．een Japanse leraar Fries「日本人のフリジア語教師」
 ド．ein japanischer Friesischlehrer「同上」
 エ．a Japanese Frisian teacher「同上」（アクセントに注意）

(c) 形容詞の目的語と語順

名詞句目的語を伴った形容詞では,「名詞句(…)形容詞」の語順になる。逆の語順はふつう許されない。

 Dat is perfoarst *de muoite wurdich*.「それはきっと努力に値する」

(wurdich「値する」)
Wy binne *ûs buorlju tankber*.「私たちは隣人に感謝しています」
(tankber「感謝している」)
De hûn is *har* tige *trou*.「その犬は彼女にとても忠実だ」(trou「忠実な」)
Is it *dat* wol *wurdich*?「それははたしてそのことに値するだろうか」
Dat lytse famke is *har âldere suster* fier *oermânsk*.「あの小さな女の子は年上の姉よりもずっと(力・能力・立場が)勝っている」(oermânsk「勝っている」)
It Frysk is dit foarnamwurd net *eigen*.「フリジア語にはこの代名詞は固有ではない」(eigen「固有な」)

ただし，'fol＋名詞句'「…でいっぱいの，…に満ちた」のような例外もある。

De beammen sitte *fol blêden*.「木々は葉をたくさんつけている(＝葉で満ちている)」

Hja hie de eagen *fol triennen*.「彼女は涙でいっぱいの目をしていた」

前置詞句目的語を伴った形容詞では，「前置詞句(…)形容詞」「形容詞(…)前置詞句」の両方の語順が許される。

Hja is {*op har soan* grutsk/grutsk *op har soan*}.「彼女は息子が自慢だ」
(grutsk「誇りにしている(op …を)」)

(d) 冠 飾 句

限定詞と名詞の間に長く複雑な形容詞句(分詞句，§62(1)(a)，§63(1)(b))をはさみ込む表現で，書き言葉に多い。

de *oant no ta lêste* Alvestêdetocht「今までで最後のオルヴェステーデトホト(＝フリースラントの11都市をめぐる伝統的な長距離スケート競技)」(lêst「最後の」)

Skuorbot wie [in algemien *foarkommende* sykte].「壊血病はふつうに起こる病気だった」(現在分詞 foarkommend ← foarkomme「起こる」)

Dit jout der [in moai en mei sin wat *oerdreaun* foarbyld] fan.「これはそれについてのふさわしく，意図的に多少誇張された例を提供する」(過去分詞 oerdreaun ← oerdriuwe「誇張する」)

「te- 第2不定詞」(§67(5)(d))は受動の可能・必然の意味を表わす。

［Dy nij *oan te lizzen* rykswei mei fjouwer banen］sil it doarp yn twaën snije.「あの新たに建設されることになっている 4 車線の国道は，村を二つに引き裂くだろう」（oanlizze「建設・設置する」）

§20　比　　較 (graadbûging, treppen fan ferliking)

(1)　比較の語形変化

　比較級(fergrutsjende trep)は原級(grûntrep)に -er，最上級(oertreffende trep)は原級に -st をつけて作る。語末音の無声化(§7(2))とつづりの変化に注意。

　　　hurd [høt]「速い」－hurder [hǿdər]－hurdst [høst]
　　　fiis [fi:s]「いやな」－fizer [fí:zər]－fiist [fi:st]
　　　leech [le:x]「低い」－leger [lé:ɣər]－leechst [le:xst, le:kst]
　　　leaf [lɪəf]「いとしい」－leaver [lɪ́əvər]－leafst [lɪ́əfst]

子音 r で終わる形容詞と min「悪い」では，比較級で規則的に d の挿入が起こる。

　　　tear [tɪər]「か弱い，繊細な」－tearder [tɪ́ədər]－tearst [tɪəst]
　　　tsjuster [tʃǿstər]「暗い」－tsjusterder [tʃǿstədər]－tsjusterst [tʃǿstəst]
　　　min [mɪn]「悪い」－minder [mɪ́ndər]－minst [mɪnst]

子音 n/l で終わる形容詞(min「悪い」を除く)では任意である。

　　　tin「薄い」－tinder/tinner－tinst
　　　mâl「奇妙な，愚かな」－mâlder/mâler－mâlst

「割れ」(§5(2)(a)③)を伴うものがある。

　　　moai [moəi, mo:i]「美しい」－moaier [móə:jər, mwájər, mó:jər]－
　　　moaist [moəist, mwaist, mó:ist]

次の形容詞では「割れ」と d の挿入が起こる。

　　　fier [fiər]「遠い」－fierder [fjídər]－fierst [fjɪst]
　　　swier [swiər]「重い，むずかしい」－swierder [swídər] (←[swjídər])
　　　－swierst [swɪst] (←[swjɪst])

djoer［djuər］「高価な」－djoerder［djúədər, djǿdər］－djoerst［djuəst, djøst］

形容詞化していない過去分詞(とくに -e で終わるもの)と -sk/-st で終わる形容詞の一部に限って，比較級「mear＋原級」，最上級「meast＋原級」となる。

　　útrûpele［ýtrupələ］「おろそかにされた」－mear útrûpele－meast útrûpele（← útrûpelje「おろそかにする」）
　　↔ ferlegen［fə(r)léːɣən］「当惑した」－ferlegener－ferlegenst
　　Deensk［deːⁿsk］「デンマーク的な」－Deensker－meast Deensk
　　fêst［fɛːst］「じょうぶな」－fêster－meast fêst

次の形容詞は補充法(エ．suppletion)による不規則な変化をする。

　　goed［guət］「良い」－better［bɛ́tər］－bêst［bɛːst］
　　↔ goed［guət］「善良な」－goeder［gúədər］－goedst［guəst］
　　folle［fólə］「たくさんの」－mear［mɪər］－meast［mɪəst］
　　ier［iər］「早い」－earder［jɛ́dər］/ierder［íədər］－earst［ɪəst］/ierst［iəst］
　　let［lɛt］「遅い」－letter［lɛ́tər］－lêst［lɛːst］
　　graach「貪欲な；好んで」－leaver［ljɛ́vər, ljɔ́wər］「むしろ」－leafst［ljɛst, ljɔust］「何よりも」(副詞)

　　　　　　　　　(2)　原　　級(grûntrep)

原級は同等比較の表現に広く用いる。
① '{sa [sa]/like [líkə]}＋原級＋as [ɔs]＋名詞句'「…ほど…だ」
　　Do bist {*sa*/*like*} *grut as* {hy/him}.「君は彼と同じ背の高さだ」(as him は口語的。*as er は不可，§22(1)(a))
　　Sa egaal plat en *sa grien as* in biljertlekken is allinne Fryslân mar.「ビリヤードの板のようにこれほど一様に平らで，これほど緑なのはフリースラントだけだ」
② '{sa/like}＋原級＋as＋従属文'「…ほど…だ」
　　Do bist {*sa*/*like*} *grut as* {hy is/er oait wurde sil}.「君は {彼がそうである/彼がいつかそうなる} のと同じくらいの背の高さだ」

De minsken wurde *sa loai as* it mar kin.「人間はどうしようもないほど（＝それが可能な限り）無精になる」

Dy wiidte mei de pleatsen en de kij is foar de bûtenlanners *like unyk as* de bergen en wetterfallen dat foar ús binne.「外国人にとって農場や乳牛たちの姿がある平野は，ちょうど私たちにとって山や滝（がそう［dat＝unyk］であるように）のように珍しい」

③ 'sa＋原級＋mooglik'「できるだけ…」

Wy hâlde de priis *sa leech mooglik*.「私たちは価格をできるだけ低くおさえます」

（3） 比 較 級 (fergrutsjende trep)

① 比較級＋as＋名詞句

Do bist *grutter as* {hy/him}.「君は彼よりも背が高い」(grut「背が高い」，as him は口語的。*as er は不可，§22(1)(a))

Wy fiele ús neat *better of minder as* de oare ynwenners fan it keninkryk.「私たちは自分たちのことを王国（＝オランダ）の他の住民より良くも悪くも思っていない」(goed「良い」，min「悪い」)

It liket faak dat de froujusmoade *hurder* feroaret *as* de manljusmoade.「女性のファッションは男性のファッションよりも早く変わることが多いようだ」(hurd「早い」)

② 比較級＋as＋従属文

Do bist *grutter as* {hy is/er oait wurde sil}.「君は｛彼がそうであるよりも／彼がいつかそうなるよりも｝背が高い」

Ik hoech my net *jonger* foar te dwaan *as* dat ik bin.「私は自分がそうであるより若く見せるのは好きではない」(jong「若い」，dat は補文標識，§42(2)(c)①)

③ '{folle/gâns}＋比較級'「ずっと…」

Fryslân hat doe grif *gâns grutter* west *as* dat it hjoeddedei is.「フリースラントは当時，今日そうであるよりもたしかにずっと大きかった」(dat は補文標識)

Hy is folle *goeder as* syn heit.「彼は父親よりずっと善良だ」(goed「善良な」)

④ 'mear＋{形容詞原級/名詞}＋as'「…よりむしろ…だ」
Hy is *mear loai as* dom.「彼は愚かというより怠惰だ」(loai「怠惰な」)
Hy is *mear wittenskipper as* learaar.「彼は教師というより学者だ」(wittenskipper「学者」)

⑤ '{wat/hoe}＋比較級＋従属文Ａ，{wat/hoe}＋比較級＋従属文Ｂ'「ＡであればあるほどＢだ」
これは「ＡすなわちＢ」という従属文の並列であるとみなすことができる。比較級の後で補文標識 't (← dat)/as や補文導入要素 oft (← of＋dat) が現われることがあるが，その区別と有無は複雑で詳述できない(§42(2)(c)①，De Rooy 1965，Popkema 1979)。

Hoe mear't men de duvel jout, *hoe mear't* er ha wol.「悪魔はものを(多く folle)やればやるほど，もっとほしがる(ことわざ)」

Wat mear {*oft/as*} de sinne op 'e kjitte skynt, *wat mear* {*as/oft*} it stjonkt.「汚物は日が(多く folle)射せば射すほど，それだけ(たくさん folle)臭う(＝焼け石に水。ことわざ)」

Wat earder Ø de moade feroaret, *wat mear* Ø der ferkocht wurdt.「流行が早く(ier)移り変われば変わるほど，それだけ多く(folle)売れる」

Hoe âlder as men sels is, *hoe grutter kans* dat in oar jonger is, en *makliker* mei 'do' oansprutsen wurde kin.「自分が年上で(âld)あればあるほど，相手が若い場合が多く，そうすればそれだけ容易に(maklik) do で話しかけられやすい機会が多い(grut「大きい」)」

Hoe jonger Ø de generaasje, *hoe mear't* de troude lju elkoar dookje en *hoe minder* Ø men elkoar mei 'jo' oansprekt en *hoe leger* Ø it tal oanspraken yn 'e 3^e persoan wurdt.「世代が若ければ(jong)若いほど，既婚者はそれだけ多く(folle)たがいに do で呼び合い，jo で呼び合うのが少なくなり，3人称での呼びかけの数値が低く(leech)なる」

Hoe âlder en brekfalliger Ø sa'n toer liket, *hoe moaier* Ø it is.「そんな塔は，古くて(âld)崩れ落ちそうに(brekfallich)見えれば見えるほど，それだけ美しい(moai)」

二つの名詞句(関係文)の並列による類似した次の構文を参照(§43(1)(b)⑥)。
Dy't skriuwt, *dy't* bliuwt.「書く者は長らえる(＝書く者，それすなわち長らえる者。ことわざ)」

(4) 最　上　級(oertreffende trep)

① 独立用法(叙述用法・副詞用法)

「it＋最上級(-e)」となる。主語の名詞が両性や複数形でもつねに it を用い，語尾 -e も任意である。この it はもはや定冠詞ではなく，不変化詞(エ. particle)にすぎないと言える。

{Dizze toer/Dit hûs} is *it heechst(e)*.「この {塔/家} が最も高い」(heech「高い」)

その他の用例。

Elk is himsels *it neist*.「だれでも自分がいちばんかわいい(＝近い)(ことわざ)」(nei「近い」)

Eigen bier smakket *it bêst*.「自分で作ったビールがいちばんうまい(ことわざ)」(goed「おいしい，良い」)

Wy sjitte *it hurdste* op as jo de jurk oanlûke.「ドレスをお召しになりましたら，私たちはすぐにまいります」(hurd「速い」)

Moarns is ús mem der altyd *it earste* ôf.「朝は母がいつもいちばん早く起きる」(ier「早い」)

叙述用法は形容詞の名詞用法(§19(4))でも表現できる。この場合の de/it は定冠詞であり，主語に一致し，義務的である。

Dizze toer is *de heechste*.「この塔がもっとも高い(塔だ)」

Dit hûs is *it heechste*.「この家がもっとも高い(家だ)」

Elk is himsels *de neiste*.「だれでも自分がいちばんかわいい(人だ)(＝近い(人だ))(ことわざ)」

② 限定用法

つねに語尾 -e を伴う。

Dokkum is ien fan de *âldste* stêden yn Fryslân.「ドクムはフリースラントでいちばん古い町のひとつだ」(âld「古い」)

De *wiiste* moat tajaan.「もっとも賢い者は譲らなければならない」(wiis「賢い」)

中性単数でも語尾 -e を伴うことに注意 (§ 19 (2)(b)②)。

Dit is Paulus Akkerman syn *moaiste* ferhaal.「これはパウルス・アケルモンのいちばんすばらしい短編だ」(moai「すばらしい，美しい」, it ferhaal「話，短編」)

③ 名詞用法 (§ 19 (4))

「it ＋最上級 (-e)」は不可。

De measte plaknammen yn Fryslân geane út op '-um'. Dat binne ek mei fan *de âldste*.「フリースラントの大多数の地名は -um で終わる。それはまたもっとも古い地名に属する」(âld「古い」)

Yn dit doarp wenje in soad âlde minsken. Jappe is ien fan *de âldsten*.「この村には高齢者がたくさん住んでいる。ヤペは最高齢者のひとりだ」

④ 対象の数が二つに限定された場合の比較

比較級のほかに最上級を用いることもできる。

De {*jongste*/*jongere*} fan syn twa dochters is seis jier âld.「彼の二人の娘のうちで小さい (＝若い) ほうは 6 歳です」(jong「若い」)

オランダ語も同様。

オ．De {*jongste*/*jongere*} van zijn twee dochters is zes jaar oud.「同上」(jong「同上」)

⑤ bêst「とても・きわめて良い」(goed の最上級)

絶対最上級の意味で用いることがある。

De boer hat in *bêst* hynder.「その農夫はとても良い馬を持っている」

As it sa bliuwt, is 't net *bêst*. Mar ik hoopje op bettere tiden.「このままであっては良くない。しかし，私はより良い時が訪れるのを願っている」

"Hoe giet it mei jo?" "Net sa *bêst*."「調子はどうですか」「あまり良くないんです」

その他の形容詞では絶対最上級「きわめて…」はほとんど用いない。

Sy sjongt *tige moai*.「彼女はきわめて美しく歌う」

オランダ語とドイツ語を比較。

オ．Ze zingt *heel mooi.*↔ ド．Sie singt *aufs schönste.*「同上」

V

代 名 詞 (foarnamwurd)

ハーンス(Harns)の港

§21 人称代名詞 (persoanlik foarnamwurd) の語形

(1) まとめ

　人称代名詞には主格と目的格があり，「基本形」と「弱形」に分かれる。基本形はアクセントを持ち，単独でも用いるが，弱形は無アクセントの接語(エ. clitic)であり，アクセントを持つ他の語の直後(enklitysk)か直前(proklitysk)に置いて続けて発音する。主格には 2 人称親称単数(-o/-e (← -do/-de))と 3 人称単数男性/両性(er)で特別な「連接形」(§22(1))があり，主文の定動詞や補文標識 dat/'t を伴う補文導入要素(§42)の直後に限って用いる(1 人称単数形 ik [ək] を連接形とみなす意見については§22(1)(b)参照)。連接形は北フリジア語や東フリジア語(東フ. Seeltersk)にもあり，フリジア語群に共通している。連接形と弱形はともに接語だが，連接形は統語的条件に基づく「統語的接語」(エ. syntactic clitic)，弱形は発音上の要因による「音韻的接語」(エ. phonological clitic)であると言える。なお，基本形は視覚的にフォーマルな印象を与え，公的な文章で多用する傾向がある(§12 定冠詞 de/'e, it/'t 参照)。

　北海ゲルマン語の特徴として再帰代名詞の特別な語形はないが，弱形 it/se は再帰的には用いず，h- 系列の him/har を再帰用法に転用する。同じく h- 系列の har/har(ren) と se は人・物事，定・不定で用法が異なる。

§21 人称代名詞の語形　149

〈主格〉

単数	基本形	弱形	連接形
1人称	ik [ɪk]/ 強調形 ikke [íkə]	'k [k]	(ik [ək])
2人称親称	do [dou]	(de [də])	-o [ou]/-e [ə]
敬称	jo [jou]	je [jə]	
3人称男性/両性	hy [hɛi, hi]		er [ər]
女性	sy [sɛi, si] hja [ja]（書き言葉）	se [sə]/[zə]	
中性		it [ət]/'t [t]	

複数

1人称	wy [vɛi, vi]	wy [vi]/we [və]
2人称	jim(me) [jím(ə)]	jim [jəm]
3人称	sy [sɛi, si] hja [ja]（書き言葉）	se [sə]/[zə]

〈目的格〉

単数	基本形	弱形
1人称	my [mɛi, mi]	my [mi]
2人称親称	dy [dɛi, di]	dy [di]
敬称	jo [jou]	je [jə]
3人称男性/両性	him [hɪm]	him/('m) [əm]
女性	har [har] 〈人/定/再帰的・非再帰的〉	se [sə]/[zə] 〈人・物事/定・不定/非再帰的〉
中性		it [ət]/'t [t]〈非再帰的〉
	him [hɪm]〈再帰的〉	him/('m) [əm]〈再帰的〉

複数

1人称	ús [ys]	
2人称	jim(me) [jím(ə)]	jim [jəm]
3人称	har(ren) [hár(ən)] 〈人/定/再帰的・非再帰的〉	se [sə]/[zə] 〈人・物事/定・不定/非再帰的〉

150　Ｖ　代　名　詞

　-y で終わる hy/sy/wy/my/dy の発音は，標準語とその基盤であるクラーイ方言(Klaaifrysk)では [hɛi]/[sɛi]/vɛi]/[mɛi]/[dɛi] であり，古い発音を残すヴォーデン方言(Wâldfrysk)では [hi]/[si]/[vi]/[mi]/[di] である。標準語で採用している -y で終わるつづりは，例外的にヴォーデン方言の発音に依拠したものであり，発音とつづりが正確に対応していない。本来の hij/sij/wij/mij/dij というつづりはオランダ語と同一なので，標準語では故意に避けるのである。

　ヴォーデン方言には，2 人称親称単数主格に基本形 dû [du]/弱形 -û [u]，3 人称女性単数主格および複数主格に hju [jø, jə] という語形がある。

　it はつねに無アクセントで発音上は弱形であり，基本形を欠く。アクセントを置くときには指示代名詞 dat で代用する。逆に，ús には弱形がない。

　ik の強調形 ikke は単独での用法に限られる((2)参照)。dit/ditte「これ」(§ 25 (a))，dat/datte「それ，あれ」(§ 25 (a))，wat/watte「何」(§ 27 (2)(b))，hjir/hjirre「ここ」(§ 30 (2)(a))，dêr/dêre「そこ，あそこ」(§ 30 (2)(a))，wêr/wêre「どこ」(§ 27 (3)(b)，§ 30 (2)(a))での -e の有無を参照。強意の副詞「形容詞＋-e」(§ 32 (2)⑧)との類似性に注意。

　jim(me) では ik(ke) と違って，-e の強調的役割はそれほど強くない。jimme は jim よりもやや荘重な印象を与えるが，それでも十分ふつうに用いる。har(ren) でも同様。

　　　　(2)　1 人称(earste persoan)代名詞

　強調形 ikke は単独または定動詞を欠く省略文の表現で用い，定動詞を伴う文中では他との対比に限られる。

　　"Wy binne oan 't iten." "*Ikke* net mear!"「ぼくたちは食事の最中だ」「私はもうすんだわよ」

　　Net *ikke*, mar do diest it.「私じゃなくて，君がそれをしたんだ」

弱形 'k [k] のつづりは会話的な文章で見られ，文頭では小文字書きする。(4)(c)の 't も同様。

　　'*k Sil* it dwaan.「私がそれをやりましょう」('k は Sil に接語化)

英語では助動詞や be- 動詞が人称代名詞に接語化することに注意。

エ．I'll ← I will，I'm ← I am

(3) 2人称(twadde persoan)代名詞

(a) 親称 do と敬称 jo

2人称単数には親称 do と敬称 jo の区別がある．敬称 jo に一致する定動詞は jim(me) と同様に複数形になる．複数では親称と敬称の区別はない．

{jo/jim(me)} komme「{あなた/あなたがた} は来る」
↔ {(do) komst/jim(me) komme}「{君は来る/君たちは来る}」

敬称の対象である複数の相手に jim(me) を用いることに抵抗を感じる話者は，複数でも親称 jullie と敬称 u を区別するオランダ語の影響で，複数でも jo を用いることがある．ただし，オランダ語では相手が複数の場合には，敬称 u のかわりに親称 jullie を用いることが多い．

親称 do は友人，恋人，夫婦間，同等・目下の相手に用いる．蔑称として用いることもある．敬称 jo (古風な文章や手紙では大文字書きして Jo) は話者の内輪の領域だけでなく，目上の相手に敬意や距離感を表わすときに用いる．親は子供にたいして親称を使うが，ドイツ語やオランダ語とは異なって，西フリジア語ではふつう子供は親にたいして親称は使わない(以前はドイツ語やオランダ語でもそうだった．(b)参照)．初対面の成人に親称 do で話しかけるのも稀である．つまり，内と外のほかに上下の区別も関係するのであり，会話ではたがいに親称 do と敬称 jo を使い分ける．

"Fytsmakker, soene *jo* myn fyts goed neisjen wolle?" — "Jawis wol. (…) Sjoch, der sit ek in skuor yn 'e efterbân. *Do* kinst better in nije fyts keapje.「自転車屋さん，ぼくの自転車をしっかり見てもらえませんか？(＝子供)」「いいとも．(…)ごらん，後ろのタイヤも破れているよ．新しい自転車を買ったほうがいいね」

神(God)にたいしては敬称 jo を用いる．これもドイツ語やオランダ語とは異なる点である(以前は親称 do も用いた)．

Us Heit yn 'e himel, lit *jo* namme hillige wurde, lit *jo* keninkryk komme, lit *jo* wil dien wurde op ierde likegoed as yn 'e himel. (…) [want *jowes* is it keninkryk en de krêft en de hearlikheid oant yn ivichheid. Amen]「天にましますわれらが父よ，御名を崇めさせたまえ。御国を来らせたまえ。御心の天になるごとく，地にも来らせたまえ。(…)[国と力と栄えとは永遠に汝のものなればなり。アーメン]」(所有代名詞 jo/jowes, §24(1))(Bibel 1989² (1978)，Mattéus 6：9-13)

　以前は夫婦の間で敬称を用いることがあった。この傾向は1850年頃から見られ，1910年以降に減少し，1945年以降は急速に衰退して，今日では親称を用いる。以前は夫が妻よりもとくに年齢が高い場合には，夫が妻にたいして親称を用い，妻が夫にたいして敬称を用いることがあった(De Boer 1985/1986)。
　一般に，西フリジア語の親称 do はドイツ語の親称 du/ihr（敬称 Sie）やオランダ語の親称 jij/jullie（敬称 u）よりも使用範囲が狭い。敬称 jo から親称 do への移行も両言語よりもかなり遅い傾向がある。
　敬称 jo は今日ではオランダ語の親称 jij（エ．you/ド．ihr）に対応する古フリジア語の (j)î/gî の与格・対格(古フ．jû/jô)に由来する。一方，jim(me) は同じくオランダ語の親称 jullie（<gij「あなた」+lieden「人々」）に対応する古フリジア語の jemma(n)（<(j)î/gî+man）に由来する。

(b)　**親族名称による2人称の表現**

　両親や年上の親族（兄姉を除く）には親称 do の使用は稀で（ただし，最近では増えつつある），敬称 jo も少なく，日本語と同様に親族名称が一般的である。本来，これは敬意を示すが，同時に親しみの感情もこめられている。定動詞は3人称変化をする。義理の親のように，距離感が増すと敬称 jo の使用が多くなる。

　　Oh, blikje, ik moat noadich nei skoalle.　Hat *mem* myn iten klear?
　　「いけない，もう学校に行かなくちゃ。お母さん，お弁当はできた？」
　　Dat kin *mem* sels sjen.「それはお母さんが自分で見ればいいじゃない」
年下や同等の親族には親称が一般的だが，次例では最後に妻が自分の配偶者である夫に親族名称 heit「お父さん」を用いている。息子も父親にたいして敬称 jo とともに親族名称 heit を用いている。

　　Soan: *Heit* is hjoed 80 jier wurden.
　　Heit: Ja, jonge, ik bin âld.　Us heit is 60 jier wurden en ús mem noch
　　　　net 55.

Mem: It is hjoed in feestdei, it is *dyn* jierdei.
Soan: *Mem* hat gelyk, hjoed skynt de sinne.
Heit: Is *dyn* frou hjir ek?
Soan: Ja, wis, sy hat hjir dochs al by *jo* sitten.
Mem: *Heit* ferjit wolris wat, der binne ek sa'n soad minsken.
息子：「お父さんは今日で 80 歳ですね」
父：「ああ，もう年だ。わしの父親は 60 で亡くなったし，母親は 55 にも
　　ならなかった」
母：「今日はお祝いなんですから。あなたのお誕生日ですよ」
息子：「お母さんの言うとおりですよ，いいお天気ですし」
父：「お前の嫁もここにいるのか」
息子：「ええ，いますよ。さっき隣にすわっていたでしょう」
母：「お父さんはときどき物忘れをしますからね，たくさん人がいらして
　　ますから」

これは家庭内での共通の固定した呼称として，役割名称としての親族名称 heit「お父さん」/mem「お母さん」を用いているためと考えられる。日本語でも子供の前では夫が妻のことを「かあさん」と呼ぶなど，類似した現象が見られる (§24(2)(a))。

broer「兄弟」/suster「姉妹」は日本語と違って 2 人称には用いない。
　{*Komsto*/*Komt broer/*Komt suster} ek mei?「{お兄さん/お姉さん} もいっしょに来る？」

(c) **身分・職業，名前，3 人称代名詞による 2 人称の表現**

目上の相手には職業や身分の名称を用いることがあり，敬称 jo よりも敬意が強まる。ただし，今日では敬称 jo を用いる話者が多くなりつつある (De Boer 1985/1986)。

　Hoefolle sipels wol *mefrou* ha, mefrou?「タマネギはどのくらいにいたしましょうか，奥さん」
　Dy gielige bedoelt *mefrou*? Dat binne wichters, lytse prûmkes eins. *Jo* kinne der hearlike jam fan meitsje.「あの黄色いっぽいやつですか。あれはヴィフテルと言いまして，プラムの小さなやつのことです。良いジャム

Wol *dokter* my even helpe?「先生(＝医者)は手伝っていただけますか」
相手の名前を用いることもあるが，この場合は親しみの感情がこめられる。
Wol *Aaltsje* my even helpe?「アールチェは手伝ってくれるかね」
子供にたいしてや冗談・軽蔑の表現では3人称代名詞を用いることがある。
Hy moat stil wêze.「静かにするのよ」(男の子に)
Kom *sy* mar by mem.「ママのところにいらっしゃい」(女の子に)

(d) 2人称親称主格単数形の省略(§ 22 (2)(b))

基本形 do と連接形 -o/-e はとくに明示する必要があるとき以外は，自由に省略(∅)できる。

"*Do bist* siik," sei de frou. "*Do hast* de gryp. Juster *wiest*-∅ ek al ferkâlden, en no *hast*-∅ koarts. ∅ *Silst* wol gjin iten ha wolle, tink."「あなたは病気なのよ」と妻は言った。「あなたは風邪をひいているのよ。昨日もうひいていて，今，熱が出てきたのよ。食事はほしくないでしょう」

(e) 世間一般の人を表わす用法

2人称代名詞は敬称・親称ともに世間一般の人を指すことがある。不定代名詞 men (§ 26 (a)) の用法参照。

Jo moatte tarre, nei't *jo* barre.「支出は収入に応じてなすべし(＝ことわざ)」

Ast de pleagen ta de foardoar út jagest, komme se der ta de efterdoar wer yn.「災いは玄関から追い出しても，裏口からまた入ってくる(＝ことわざ)」(ast ← as-st-do)

(4) 3人称(tredde persoan)代名詞

(a) 3人称代名詞男性形・両性形 hy/er

3人称代名詞単数形は3種類の自然性(男の人/女の人/物事)には対応するが，2種類の文法性(両性・中性)とは一致しない。そこで，中性名詞単数形は it,

両性名詞単数形は hy/er で受ける。つまり，hy/er（目的格 him）は男性人間名詞のほかに物事を示す両性名詞も受けるので，「彼，それ」の二つの意味がある。これは今日のオランダ語でもほぼ同様である。

Dy trui is prachtich.　Mar *hy* makket wat dik.「そのセーターはすてきね。でも，少し太って見えるわ（＝それは君を少し太くする）」

Dêr't *de sinne* altyd skynt, skynt *er* nea helder.「太陽はいつも照るところでは，けっしてより明るくは照らない（ことわざ）」

De moade sil *him* grif oanpasse oan bepaalde maatskiplike feroaringen.「流行は特定の社会的変化にも適応するだろう」（人称代名詞の再帰用法（§23），弱形［əm］の発音）

(b)　3人称代名詞女性形・複数形 hja と sy/se

　主格はオランダ語の zij の借用である sy が一般的で，h-系列の本来の西フリジア語的な語形の hja は書き言葉的である。しかし，標準語の規範としては，sy はオランダ語との類似性から完全に正式とはみなされない。弱形 se は古フリジア語から存在するが，母音・有声子音・「{長母音/二重母音}+無声摩擦音」の直後では無声子音を含む［sə］ではなく，有声子音を含む［zə］と発音する（§8(2)(b)）。目的語基本形 har/弱形 se の区別は(5)で述べる。

　女性形は女性人間名詞だけを受け，「それ」の意味はなく，「彼女」の意味しかない。古い文章には次例のように抽象名詞などを受ける例があるが，標準語の規範としては，これは「har の病気」(har-sykte) と呼ばれる古めかしいオランダ語の影響とみなされ，回避する（De Haan, R. 1995：54f.）。

Yn dizze jierren begjint *syn* wrâldskôging *har* stadichoan te foarmjen.「この何年かの間に彼の世界観が徐々に形成されはじめる」(jin foarmje「自分を形成する，形成される」)

De Afûk leit *har* út op kursussen foar grutten.「フリジア語教育委員会（＝Afûk）は成人向きの講習に力を入れている」(jin útlizze「専心する（op…に）」)

　人を示す中性名詞(jonkje「男の子」/famke「女の子」/wiif「女（蔑称），妻」など)は，ふつう自然性に応じて男性形か女性形で受ける。所有代名詞（§24）も同様。

Syn wiif moast *har* op krukken rêde.「彼の妻は杖にすがらなければ(＝杖の上で自分を救わなければ)ならなかった」(再帰用法, §23)

It famke skriuwt yn *har* deiboek.「女の子は日記をつけている(＝自分の日記の中に書く)」

動物を示す中性名詞でも揺れが見られる。

Der wie ris in boer dy't *in o sa bêst en trou hynder* hie. Mar *it* wie sa âld wurden dat *it* koe gjin wein mear lûke. Doe woe syn baas *him* net langer te iten jaan.「あるとき, とても良い忠実な馬を飼っていた農夫がいた。しかし, その馬(it)はとても年をとったので, もはや車を引くことができなくなった。そこで, その飼い主(＝農夫)はもうその馬(him)に食べるものを与えようとしなかった」(it hynder「馬」)

(c) **3人称代名詞中性形 it/'t**

it は無アクセントであり, アクセントを置くときには指示代名詞 dat で代用する (§25(a))。

Us pake krijt in tút en *in presintsje*. *It* is in moai boek oer it âlde Fryslân.「祖父はキスを受け, プレゼントをもらいます。それは昔のフリースラントについての美しい本です」

弱形 't のつづりは会話的な文章で見られ, 文頭では小文字書きする ((2) 'k, エ. it's/古語 'tis (← it is) 参照)。

't Is hiel romantysk.「それはとてもロマンティックだ」('t は Is に接語化)

Op de fjirde dei fan septimber *is 't* by ús feest.「9月4日は私たちのところではお祭りです」('t は is に前接)

it は単数形以外に複数形も受ける。動詞は複数形になる。

Dy wenten wurde net iens permanint bewenne. *It binne* allegear twadde wenten.「あの家々(dy wenten 複数形)はずっと人が住むのではない。それはすべてセカンドハウスだ」

ドイツ語やオランダ語でも同様。

フ. *It binne* wichtige wurden.「それは大切な語(wurden 複数形)です」

オ. *Het zijn* belangrijke woorden.「同上」

ド．*Es sind* wichtige Wörter.「同上」
it は句や文などさまざまな要素も受ける．

De bern moatte noadich wat nije klean ha, as *it* my net mist.「子供たちは新しい服が必要なの，私の思い違いでなかったら」

"Wa is dêr?" "Ik bin *it*, de post."「そこにいるのはどなたですか」「私です．郵便配達の者ですが」

最後の例はオランダ語やドイツ語でも同様．英語は異なる．

オ．Ik ben *het*./ド．Ich bin *es*./エ．*It*'s me.「(それは)私です」

it は「枠越え」(§43(1)(c))した不定詞句や従属文をあらかじめ示しておく場合にも用いる(§44(1)(a), §67(9)①③)．

It is tige slim (*om*) *in parkearplak te finen*.「駐車場を見つけるのはとてもむずかしい」

It muoit my *dat ik it sizze moat*.「私はそのことを言わなければならないのが残念だ」

この it は文中では任意であり，不定詞句や文の後では用いない．

Tige slim is {*it*/∅} (*om*) *in parkearplak te finen*.「同上」

My muoit {*it*/∅} *dat ik it sizze moat*.「同上」

(*Om*) *in parkearplak te finen* is {*it/∅} tige slim.「同上」

Dat ik it sizze moat, muoit {*it/∅} my.「同上」

非人称代名詞 it については §56 で述べる．

(5)　基本形 har/har(ren) と弱形 se

3人称目的格 har/har(ren) と se の両者は形態的に明確に異なる．複数形 har(ren) では，単数女性形 har との混同を避けるために har のかわりに har-ren とする以外，-en の有無に用法の差はない．

i)　単数女性形「彼女を/に」：基本形 har ↔ 弱形 se
ii)　複数形「彼(女)ら，それらを/に」：基本形 har(ren) ↔ 弱形 se

har/har(ren) と se は形態だけでなく，用法も大きく相違する．以下で述べるように，har/har(ren) は意味的制約が強いが，統語的制約はゆるい．逆に，se は意味的制約はゆるいが，統語的制約が強い(単数女性形 se には個人差が

認められる）。

(a) **意味的相違**

har/har(ren) は se と違って意味的制約が強く，定(エ．definite)の人しか示さない。

「har/har(ren)：定・人」↔「se：定・不定/人・物事」

Hy hat syn freondinne skille en {*har*/*se*} útnoege foar it feest.「彼はガールフレンドに電話して彼女をパーティーに招待した」（定・人）

Hy hat syn freonen skille en {*har(ren)*/*se*} útnoege foar it feest.「彼は友人たちに電話して彼(女)らをパーティーに招待した」（定・人）

↔ Men hat {**har(ren)*/*se*} dy't altyd grine.「かならず文句を言う人たちはいるものだ」（不定・人）

Hy hat de tidskriften lêzen en {**har(ren)*/*se*} doe wer op it rim set.「彼は雑誌を読んでからそれらを再び棚に置いた」（定・物事）

(b) **統語的相違**

「定・人」の意味に限ると，se は har/har(ren) に比べて統語的にその使用が限られている（ただし，単数女性形 se には個人差が認められる）。

「har/har(ren)：種々の目的語」↔「se：他動詞の直接目的語や能動態の間接目的語などのいわゆる典型的な動詞目的語」

まず，直接目的語では，har/har(ren) と se の両方が使用可能である。

Hy sloech {*har*/*har(ren)*/*se*}.「彼は{彼女/彼(女)ら}をなぐった」

Ik achtsje {*har*/*har(ren)*/*se*} foar gjirrich.「私は{彼女/彼(女)ら}をがめついと思う」

両者はまた，知覚動詞構文や使役動詞構文，それに能動態の間接目的語でも用いることができる。

Ik seach {*har*/*har(ren)*/*se*} de poes slaan.「私は{彼女/彼(女)ら}が子猫をなぐるのを見た」

Hy liet {*har*/*har(ren)*/*se*} de hûn slaan.「彼は{彼女/彼(女)ら}にその犬をなぐらせた」

Ik joech {*har*/*har(ren)*/*se*} it boek net.「私は{彼女/彼(女)ら}にその

本をあげなかった」

　一方，心理動詞・再帰動詞・前置詞・形容詞の目的語，受動態の間接目的語，「利害・関心」を表わす名詞句では，se の使用は困難である。つまり，se の使用はいわゆる典型的な動詞目的語にほぼ限られる。

① 心理動詞の目的語

Myn hâlden en dragen fernuvere {*har*/*har(ren)*/*se}.「私の態度に｛彼女/彼(女)ら｝は驚いた(＝私の態度が…を驚かせた)」(心理動詞 fernuverje「驚かせる」)

② 再帰動詞の目的語

Sy₁ fersinden {*har(ren)*₁/**se*₁} mei de namme.「彼(女)らは名前を間違えた」(再帰動詞 jin fersinne「間違える」)

Sy₁ fersinde {*har*₁/**se*₁} mei de namme.「彼女は名前を間違えた」

③ 前置詞の目的語

Hy seach wat bewegen efter {*har*/*har(ren)*/*se}「彼は｛彼女/彼(女)ら｝の背後で何かが動くのを見た」(付加成分，前置詞 efter「…の後ろで」)

Ik wachtsje op {*har*/*har(ren)*/??*se*}.「私は｛彼女/彼(女)ら｝を待っている」(補足成分，wachtsje「待つ(前置詞 op …を)」)

④ 形容詞の目的語

{*Har*/*Har(ren)*/*Se} tige tagedien, die elk alles foar {har/har(ren)}.「｛彼女/彼(女)ら｝にとても好意を持っていたから，だれもが｛彼女/彼(女)ら｝のために何でもした」(付加成分，形容詞 tagedien「…に好意を持っている」)

Elk is {*har*/*har(ren)*/?*se*} tige tagedien.「だれもが｛彼女/彼(女)ら｝にとても好意を持っている」(補足成分)

⑤ 受動態の間接目的語

It boek waard {*har*/*har(ren)*/*se} net jûn.「その本は｛彼女/彼(女)ら｝に与えられなかった」

⑥ 「利害・関心」を表わす名詞句

Ik ferve {*har*/*har(ren)*/*se} it stek.「私は｛彼女/彼(女)ら｝のために柵にペンキを塗ってやった」

Do praatst {*har/har(ren)/*se*} te lûd.「君は声が高すぎて {彼女/彼(女)ら} には迷惑だ」

次例の se は「利害・関心」の意味では許されないが,「所有」を表わす名詞句の意味では許される。

Ik slachte [{*har/har(ren)/*se*}] [dat barchje].「私は {彼女/彼(女)ら} のためにあの子豚を屠殺した」(利害・関心, se：不可)

Ik slachte [{*har/har(ren)/se*}] dat barchje.「私は {彼女/彼(女)ら} のあの子豚を屠殺した」(所有, se：可)

次例の se は「利害・関心」の意味に限られるので,許されない。

Ik slachte {*har/har(ren)/*se*} [de buorlju dat barchje].「私は {彼女/彼(女)ら} のためにお隣さんたちのあの子豚を屠殺した」(利害・関心, se：不可)

目的語の se は主格と同形なので,統語的に明確に目的語とわかる場合に限られ,主格と形態的に明確に異なる har(ren)/har はその他の場合にも広く用いると考えられる。③「前置詞の目的語」と④「形容詞の目的語」の場合に,補足成分(エ. complement)では付加成分(エ. adjunct)よりも se の容認度がやや高いのは,「動詞＋前置詞」「動詞＋形容詞」という結びつきが一種の他動詞として再分析(エ. reanalysis)される傾向があるためと考えられる。別の言いかたをすれば,se は「構造格」(エ. structural Case),har(ren)/har は「内在格」(エ. inherent Case)を持つとも言える(Hoekstra 1994b)。ただし,若い世代の話者では,アクセントの有無という音韻的な相違に還元されているオランダ語の hun と ze の区別が har/har(ren) と se の区別にも影響していることがある。

§22　人称代名詞連接形，主語の省略，補文標識の「活用」(fleksje)

(1)　人称代名詞連接形 er，-o/-e (←-do/-de)

　弱形は基本形の発音上の異形で使用範囲が広く，音韻的接語である。一方，連接形 er，-o/-e (←-do/-de)は統語的に用法が限定された統語的接語であり，主文の定動詞または「補文導入要素」(補文標識 dat/'t を伴う従属接続詞・関係詞・間接疑問文の疑問詞，§42)の直後だけに用いる。

(a)　3人称単数男性/両性主格連接形 er

　er [ər] は基本形 hy とは語形的に明確に異なり，無アクセントである。

　　De moarns *waard er* trochwiet wekker. Ferheard *seach er* op 'e wekker. 「その日の朝，彼はびっしょり汗をかいて目が覚めた。驚いて彼は目覚まし時計を見た」(主文の定動詞の直後)

　　Om't er út en troch graach in aike mei, hat er fiif hinnen. 「ときどき卵がほしくなるので，彼は雌鳥を5羽飼っている」(従属接続詞の直後)

　　Ik ken it famke *dy't er* juster sjoen hat. 「私は彼が昨日会った女の子を知っている」(関係詞の直後)

　　Poes sit yn 'e doar en betinkt *hoe't er* in mûs pakke sil. 「猫がドアの内側にすわって，どうやってネズミをつかまえようかと考えている」(間接疑問文の疑問詞の直後)

　er が現われる位置でも，アクセントを置いて強調する場合には hy を用いることができる。

　　Kin ik der op rekkenje, *dat hy* [hɛi] it hjoed docht? 「彼が今日それをすると見込んでもいいですか」(従属接続詞の直後，強調)

　前域(主文の定動詞の直前)では er は用いない。並列接続詞の直後でも同様。

{*Hy*/*Er} komt moarn ek.「彼は明日も来る」

Mar {*hy*/*er} komt moarn ek.「しかし，彼は明日も来る」

主文を伴う dat (§44(2)) の直後でも er は用いない。

Ik tink dat {*hy*/*er} komt moarn ek.「私は彼は明日も来ると思う」(主文を伴う dat)

↔ Ik tink dat {*hy*/*er*} moarn ek komt.「同上」(従属接続詞の dat)

命令形による命令文には主語代名詞を入れることがあるが (§51(3)(a))，この場合にも er は用いない。

Kom {∅/*hy*/*er} hjir mar!「そこの男の人，こっちへ来なさい」

'as＋名詞句'「…よりも」の直後でも er は用いない。

Ik bin riker as {*hy*/*er}.「私は彼よりも金持ちだ」

次例の as は従属文を伴う従属接続詞だが，er はふつう不自然である。

Ik bin riker as {*hy*/[?]*er*} is.「私は彼よりも金持ちだ」

この文では「だれより金持ちか」という情報を与える必要があるが，er は無アクセントなので情報価値が少なく，不適当である。つまり，統語的な理由ではなく，語用論的な理由による。次例では tinkt「考える」が必要な情報を提供するのに十分なので，er の使用は適当である。

Ik bin riker as {*hy*/*er*} tinkt.「私は彼が考えているよりも金持ちだ」

基本形 hy はオランダ語の hij および英語の he，連接形 er はドイツ語の er に対応する。歴史的には，hy (オ．hij/エ．he) はドイツ語の er の -r が消失し (ド．wir ↔ フ．wy/オ．wij/エ．we)，語頭に指示的要素 h- が付加された h-系列の語形である。一般にフリジア語群にはこの 2 系列の語形が併存する。

3 人称代名詞には hja ↔ se, har ↔ se, har(ren) ↔ se, him ↔ it のように，h- の有無または別の指示的要素 s- を持つ s- 系列の語との交替による語形が広く併存する。h- を持つ語形は，本来の指示詞的性格からアクセントを持つことができるほかに，意味的には人に限定されるが，典型的な動詞目的語以外にも用いる har/har(ren) (§21(5)) や中性形再帰用法の him (§23(2)) のように，統語的に広範囲の用法が可能である。h- を持つ語形は，今日では有アクセントと無標・有標の用法を担っていると言える。

(b) 2人称親称単数主格連接形 -o/-e (←-do/-de)

　-o/-e は 2 人称親称単数の人称語尾 -st に接語化した人称代名詞 -do/-de が子音 d の無声化と二重子音の縮約 (§ 7 (4)) を経た形である。-o/-e (←-do/-de) は人称語尾 -st の後に付加されて -sto [stou]/-ste [stə] として現われ，-st がなければ現われない。-o はアクセントを持つことがある点で，接語としては特殊である。

　人称語尾 -st は定動詞だけでなく，補文標識 dat/'t にも義務的につく。これは枠構造 (§ 43 (1)) の中で主文の定動詞と補文標識 dat/'t が本来，統語的に同じ位置を占め，従属文で相補分布をなすためである ((3)参照)。つまり，補文標識 dat/'t は定動詞と同様に，人称語尾 -st を伴って「活用」すると言える。-st の t は歯(茎)音の連続で脱落したり (§ 7 (5))，二重子音の縮約 (§ 7 (4)) を被ることがある。なお，連接形 -o/-e は基本形 do と同様に省略できる ((2)(b)参照)。

　　Hy tinkt {*datsto* [dɔ́stou, dɔstóu]/*datste* [dɔ́stə]/*datst* [dɔst]/*datst do [dɔ́zdou, dɔzdóu]/*dat do [dɔ́dou, dɔdóu]} juster siik wiest.「彼は君が昨日病気だったと思っている」(dat-st- [dɔst]←[dɔtst], datst do [dɔzdou]←[dɔzddou]←[dɔst dou], dat do [dɔdou]←[dɔt dou])

その他の用例。

　　Witsto watsto dochst Jan?「ヨン，おまえは自分が何をしているかわかるかい」(定動詞の直後 witsto [vístou, vɪstóu]← wit-st-do ; 間接疑問文の疑問詞の直後 watsto [vɔ́stou, vɔstóu]← wat-'t-st-o ← wat-dat-st-do)

　　Sytske frege *oftsto* it wol oan koest, allinnich dit grutte hûs op oarder hâlde.「おまえがひとりでこの大きな家を守っていけるだろうかと，シツケが聞いていたよ」(従属接続詞の直後 of(t)sto [ɔ́stou, ɔstóu]← of-'t-st-o ← of-dat-st-do)

　　Dit is dy frou *dy'tste* juster sjoen hast.「これが君が昨日会った女性だ」(関係詞の直後 dy'tste [dístə]← dy-'t-st-e ← dy-dat-st-de)

　　Asto echt ôffalle wolst, dan *soesto* yn elk gefal de sûker stean litte moatte.「本当に減量したいなら，とにかく君は砂糖を控えなくてはだめだろう」(asto [ɔ́stou, ɔstóu] ← as-'t-st-o ← as-dat-st-do)

　連接形 -o はアクセントを持つことができるので，そもそも基本形 do で代用させる必要がない。この点で(a)の er/hy とは異なる。ただし，じっさいには

上述の統語的制約に従って使用条件が決まるために, -o/-e のかわりに do/(de) を用いることはできず, do/(de) のかわりに -o/-e を用いることもできない。

er と同様に, 前域では -o/-e は用いない。並列接続詞の直後も同様。

{*Do/*Sto/*Ste} komst moarn ek.「君は明日も来るんだよ」

{Mar do/*Marsto/*Marste} komst moarn ek.「しかし, 君は明日も来るんだよ」

主文を導く dat (§44(2)) の直後でも -o/-e は用いない。

Hy tinkt {*datsto/*datste/*datst/dat do} komst moarn ek.「彼は君が明日も来ると思っている」(主文を伴う dat)

↔ Hy tinkt {datsto/datste/datst/*dat do} moarn ek komst.「同上」(従属接続詞の dat)

命令形では主語代名詞を用いることがあるが (§51(3)(a)), この場合にも -o/-e は用いない。

{Sis/Sis do [sízdou, sɪzdóu]/*Sisto [sístou, sɪstóu]/*Siste [sístə]} it mar!「君, 言ってくれよ」

'as+名詞句'「…よりも」の直後でも -o/-e は用いない。

Ik bin riker {as do [ɔ́zdou, ɔzdóu]/*asto [ɔ́stou, ɔstóu]/*aste [ɔ́stə]}.「私は君よりも金持ちだ」

-e [ə] は無アクセントであり, 次例の可否は(a)の er/hy と同様である。

Ik bin riker {*as do/asto/?aste} bist.「私は君よりも金持ちだ」

Ik bin riker {*as do/asto/aste} tinkst.「私は君が考えているよりも金持ちだ」

なお, ik [ək] を基本形 ik [ɪk] と弱形 'k [k] とは別に連接形とみなす意見がある (De Haan 1994：86)。この意見によれば, 連接形 ik [ək] は連接形 er と同様に用いる。

Miskien {moat ik [ɪk]/moat 'k [k]/moat ik [ək]//moat er} dy helpe.「もしかしたら {私は/彼は} 君を手伝う必要があるかもしれない」

{Ik [ɪk] moat/'k [k] Moat/*Ik [ək] moat//*Er moat} dy miskien helpe.「同上」

Ik tink {dat ik [ɪk]/dat 'k [k]/dat ik [ək]//dat er} dy helpe moat.

「もしかしたら{私は/彼は}君に手伝う必要があるかもしれないと思う」

(2) 主題の省略と主語の省略

(a) **主題の省略(エ. topic drop)**

前域(主文の定動詞の直前)を占める任意の文成分は，場面や文脈から明らかな場合には主語に限らず省略できる。これは主題(エ. topic)の省略であり，とくに会話では頻繁に起こる。

A: Is der al ien yn by de dokter?
B: Ja, dy jonge fan Kuipers. Ø Rûn op krukken, hy hie wat oan it ankel.
A: Nee, ik leau de knibbel. Ø Hat er oprûn mei it fuotbaljen.
A:「もうだれか診てもらっているのかしら」
B:「ああ，カイペルさんの坊やがね。(彼は)松葉杖をついていたな。足首を痛めたらしいよ」(Ø=主語)
A:「いえ，膝だと思うわ。(それを)サッカーで痛めたのよ」(Ø=目的語)

次の会話では dan「それなら」といった副詞が省略されていると考えられる。

Mem: Wannear woest deryn?
Heit: Sa gau mooglik, fan 't simmer noch.
Mem: De bern geane aanst earst fjouwer wike op fakânsje.
Heit: Ø Kinne wy yn dy tiid moai ferhúzje. Ø Sitte wy der yn as se werom komme. Foar har in moaie ferrassing. Ø Noegje wy har nei de fakânsje út op it nije adres. (…) Ø Kinne wy oantoane dat 'dy âlde lju' noch wat oandoarre.
母:「いつ移りたいっていうの」
父:「できるだけ早く，今年の夏にもだ」
母:「子供たちはもうすぐ4週間はバカンスに行ってしまうわ」
父:「(それなら)その間に引っ越せばいいだろう。(それなら)あの子たちが戻ってきたときには，我々はもうそこにいるわけだ。びっくりするぞ。(それなら)バカンスがすんだら，新しい住所に呼んでやることに

しよう。(…)(それなら)「年寄り」もまだ何かやらかすんだってことを見せてやれるじゃないか」

(b) **主語の省略(エ．pro-drop)**
　2人称代名詞親称単数主格形は，場面や文脈が明らかな場合には，前域以外でも省略できる。これは主語の省略である。

　　{*Do*/Ø} moatst moarn ek komme.「君は明日も来なければならない」
　　Miskien {*moatsto*/*moatste*/*moatst*-Ø} moarn ek komme.「もしかすると君は明日も来なければならないかもしれない」

他の人称代名詞主格形の省略は前域に限られる。これは主題の省略である。

　　{*Ik*/*Hy*/*Hja*/Ø} moat moarn ek komme.「{私は/彼は/彼女は/Ø}明日も来なければならない」
　　↔ Miskien moat {*ik*/*er*/*se*/*Ø} moarn ek komme.「もしかすると{私は/彼は/彼女は/Ø}明日も来なければならないかもしれない」
　　{*Jo*/*Wy*/*Jimme*/*Hja*/Ø} moatte moarn ek komme.「{あなたは/私たちは/君たち・あなたがたは/彼(女)らは/Ø}明日も来なければならない」
　　↔ Miskien moatte {*jo*/*wy*/*jimme*/*se*/*Ø} moarn ek komme.「もしかすると{あなたは/私たちは/君たち・あなたがたは/彼(女)らは/Ø}明日も来なければならないかもしれない」

　主題の省略は語用論的な理由により，主語の省略は統語的な理由による。西フリジア語では2人称代名詞親称単数主格形の省略に限って，主語の省略が許される。省略されるのは基本形 do でも連接形 -o/-e でもかまわない (§21(3)(d))。

① 基本形 do の省略
　　Ja, ja, Ø hast gelyk.「そうそう，君の言うとおりだ」
　　Ø Kinst hjir fan alles wol krije.「ここでは君は何でももらえるよ」
　　Ja, Ø komst troch streken dêr'tst mei de auto noait komst.「そうさ，君は車では絶対行けないようなところを回るんだ」

② 連接形 -o/-e の省略
　　Hoe *bedoelst*-Ø?「君はどういうつもりなのか」
　　Ast-Ø no earder thús komst fan 'e middei, dan ha wy noch in goed oere

om wat te keapjen.「君が今日の午後，もっと早く帰宅すれば，私たちは買い物をするのにまだたっぷり1時間も時間がある」

Och, Gabe, jonge, do witst net *watst*-Ø seist.「おや，ガーベ，おまえは自分が何を言っているかわかっていないな」

Drinte is ek sa'n provinsje *dêr'tst*-Ø prachtich fytse kinst.「ドレンテ（オ．Drenthe）はすばらしくサイクリングができる州でもある」

歴史的には，定動詞の2人称親称単数形語尾 -st はドイツ語の -st などと同様に，本来の人称語尾 -s に2人称代名詞単数主格形 do が連接して，後代に発達したものである。

「定動詞 -s＋do」→「定動詞 -s-do」→「定動詞 -s-{to/te}」→「定動詞 -st」

歴史的に見れば，Ø Komst.「君は来る」ではすでに主語「君は」の -t がついていることになり，Do komst.「同上」の do は本来，余剰的である。主語の省略が許されるのは，この歴史的な理由のほかに，-st という人称語尾が形態的に明確な2人称親称単数形の標識になっていることと関係がある。

(3) 人称変化語尾 -st と補文標識の「活用」

-st は主文の定動詞または補文導入要素(補文標識 dat/'t を伴う従属接続詞・関係詞・間接疑問文の疑問詞)の直後だけに現れる。定動詞の位置は補文標識の有無に依存しており，補文標識を欠く主文では2番目に現れるが，補文標識を含む従属文では補文標識がその位置を占めるので，定動詞は文末（右枠）にとどまる必要がある。補文標識と平叙文の主文の定動詞の位置は同一であり，両者のどちらかだけに占められる必要がある。主文の定動詞 kom-st「君は来る」と補文標識 dat-st「君が…ということ」は，ともに統語的に枠構造（§43(1)）の「左枠」に位置し，両者の -st は2人称親称単数の変化語尾と言える。このように，西フリジア語では補文標識も定動詞と同様に，主語が2人称親称単数の場合に「一致」し，「活用」する。これを「補文標識の活用」と言う（§42(3)）。-sto/-ste は人称変化語尾 -st と2人称代名詞親称単数主格連接形 -o/-e（←-do/-de）の連続である。

一方，-sto/-ste 全体を2人称代名詞親称単数連接形とみなす意見もある。しかし，これでは次の事実の説明に矛盾が生じる。

① 抜き取り

Hy₁ tink ik [{*dat er₁/dat Ø₁} moarn komme sil].「彼は，明日来ると私は思う」

Do₁ tink ik [{datst/*dat Ø₁} moarn komme silst].「君は，明日来ると私は思う」

② 等位接続での省略

Ik wit net {hoe't er/hoe't-Ø} en wannear't er hjir komt.「彼がどのように，そしていつここに来るか私は知らない」

Ik wit net {hoe'tst/*hoe't-Ø} en wannear'tst hjir komst.「君がどのように，そしていつここに来るか私は知らない」

　-st を代名詞連接形の一部とみなすと，代名詞連接形 er の有無と文法性が -st とは異なることが説明できない。人称変化語尾とみなせば，①では -sto の代名詞 -o（← -do）だけが取り出され，人称変化語尾 -st が取り出せない理由が説明でき，②では人称変化語尾 -st が省略できない理由が説明できる（De Haan 1994）。

　歴史的には，西フリジア語では中期フリジア語（フ．Midfrysk 1550-1800）の時代には上述の補文標識の活用の用例が広く観察され，遅くともこの時代には一般化していたと考えられる。

　研究史の上では，補文標識が活用するという考えかたは古く，オランダ語諸方言を広く視野に入れた Van Haeringen (1939) や Van Ginneken (1939) に見られる。同様の現象はドイツ語の方言にも広く存在する。詳細は Hoekstra/Smits (1997) 参照。

(4) dy'tst

　関係代名詞単数主格 dy't ［dit］（§ 28 (2)(a)）に人称変化語尾 -st がついた dy'tst ［dist］は，連接形としての用法で次の二つの例外的な現象を示す（Hoekema 1989）。

　dy'tst には連接形 -o/-e（←-do/-de）がつかない。

　　Do, {dyt'st/*dy'tsto/*dy'tste} gjin siler bist, hoechst grif gjin boat.「ヨット遊びをやらない君にボートは必要ないだろう」

§22 人称代名詞連接形，主語の省略，補文標識の「活用」　169

　先行詞は主格基本形 do に限られる。連接形 -o/-e (←-do/-de) や目的格の場合には，人称変化語尾 -st のない dy't を用いる。

　　Moasto, {*dy't*/**dy'tst*} gjin siler bist, in boat hawwe?「ヨット遊びをやらない君にボートが必要なのか」

　　Foar dy, {*dy't*/**dy'tst*} gjin siler bist, is in boat oerstallich.「ヨット遊びをやらない君にボートはよけいだ」

ただし，この構文の文法性は判定が揺れている。dy't が選ばれると，定動詞が 2 人称親称単数形ではなく，3 人称単数形になるという判定もある。

　　Moasto, *dy't* gjin siler *is*, in boat hawwe?「ヨット遊びをやらない君にボートが必要なのか」

　　Foar dy, *dy't* gjin siler *is*, is in boat oerstallich.「ヨット遊びをやらない君にボートはよけいだ」

ドイツ語の標準語では，関係文の中の du (再述代名詞，エ．resumptive pronoun) の有無と定動詞の人称変化語尾との関係が決まっている。

　ド．du, {*der du* kein Segler *bist*/*der* kein Segler *ist*}「ヨット遊びをやらない君」

§23 人称代名詞の再帰用法(weromwurkjend gebrûk)

(1) 再帰代名詞の欠如と再帰表現

(a) 再帰代名詞の欠如と人称代名詞の再帰用法

単文(または,単文に準じる最小単位)の主語を示す代名詞の再帰用法は,単文の主語を他の名詞句から区別し,3人称で重要である(話者と相手はつねに一定なので,区別の必要がない)。ドイツ語(sich)やオランダ語(zich)には3人称代名詞(および3人称から転じた2人称代名詞)の目的格に歯茎摩擦音 s-/z- で始まる「再帰代名詞」(weromwurkjend foarnamwurd)があり,北ゲルマン語には所有代名詞の再帰形 sin/sín「自分の」もある。しかし,西フリジア語には歴史的に北海ゲルマン語の特徴として再帰代名詞がなく,再帰用法にも人称代名詞(または所有代名詞)を用いる。

 Hy wasket *him*.「彼は{自分の体を(him=Pyt)/自分以外の男性の体を(him≠Pyt)}洗う」

 Hy tute *syn* frou.「彼は{自分の(syn=Pyt)/自分以外の男性の(syn≠Pyt)}妻にキスした」

北フリジア語でも同様である(フェリング方言(フェ.fering)の用例)。

 フェ.*Hi* twait *ham*.「彼は{自分の体を(ham=hi)/自分以外の男性の体を(ham≠hi)}洗う」

東フリジア語(東フ.Seeltersk)は低地ドイツ語から再帰代名詞 sik を借用した。オランダ語の再帰代名詞 zich も高地ドイツ語からの借用である。

 東フ.*Hie*$_i$ waaskt *sik*$_i$.「彼は自分の体を洗う」
 オ. *Hij*$_i$ wast *zich*$_i$./ド.*Er*$_i$ wäscht *sich*$_i$.「同上」
 東フ.*Hie*$_i$ waaskt *him*$_j$.「彼は自分以外の男性の体を洗う」
 オ. *Hij*$_i$ wast *hem*$_j$./ド.*Er*$_i$ wäscht *ihn*$_j$.「同上」

(b) 再帰動詞(§55(2))と再帰表現

　西フリジア語には再帰代名詞はないが，再帰表現はある。もっぱら再帰的に用いる動詞を「本来の再帰動詞」，再帰的に用いた他動詞の用法を「他動詞の再帰用法」と言う。辞書では不定代名詞を用いて，再帰表現「jin/jins＋動詞」，非再帰表現「immen/syn＋動詞」と示す(jin「自分を/に」/jins「自分の」，immen「だれかを/に」/syn「だれかの」)。ただし，jin/jins が再帰代名詞であるというわけではない(§26(a))。

① 本来の再帰動詞(§55(2)(a))

　感情，感覚，認識など，生理的・心理的意味を表わすものが多く，意図的な故意の動作というよりも，もっぱら自分自身に向けられた内向的な行為を表わす。

jin bemuoie「かかわる，気にかける」, jin beriede「思い直す，よく考える」, jin bestuere「わめく，騒ぎたてる」, jin fersinne「間違える」

jin fertaaste「(誤って)他人の金に手を出してしまう」

jin skamje「恥じる」

Hy₁ fersinde him₁ mei de wei.「彼は道を間違えた」

It is better *jin te fersinnen* as *jin te fertaasten.*「へまをするのは他人の金に手を出すよりもましだ(ことわざ)」

Skamje dy!「恥を知れ」

Dêr moat ik my noch op beriede.「そのことを私はまだよく考えてみなければならない」

　他の用例は §55(2)(a)参照。

② 他動詞の再帰用法(§55(2)(b))

immen waskje「だれかの体を洗う」→ jin waskje「自分の体を洗う」

immen skeare「だれかのひげをそる」→ jin skeare「自分のひげをそる」

immen bûge「だれかの体を曲げる」→ jin bûge「自分の体を曲げる」

Hy₁ hat {him₁/my} skeard.「彼は{自分の/私の}ひげをそった」

De sjururch₁ bûcht him₁ oer it lichem fan de kocheljende pasjint.「外科医はあえぐ患者の体の上に身をかがめる」

③ 「人称代名詞＋状態・結果を表わす文成分」による再帰構文

　上記の形式で「小節」(エ. small clause)をなす再帰構文であり，再帰用

法の人称代名詞そのものが動詞の目的語にあたるわけではない。たとえば，jin sêd ite「満腹に(sêd)なるまで食べる」は，「食べた結果，自分が満腹になる」という意味であり，「自分を食べて満腹になる」という意味ではない。他動詞だけでなく，自動詞の場合もある(§55(2)(c))。

De rikelju₁ koene harren₁ sêd ite oan it oerfloed fan spizen.「金持ちはあり余るほどの食べ物を腹一杯食べることができた」(jin sêd ite「満腹になるまで食べる」← ite「食べる(他動詞)」)

Hja₁ switte har₁ oan wetter.「彼女は汗びっしょりになった」(jin oan wetter switte「汗びっしょりになる」← switte「汗をかく(自動詞)」)

(2) 再帰用法と非再帰用法の3人称代名詞

3人称代名詞目的格には再帰用法と非再帰用法で語形が異なるものがある。再帰用法の語形はすべて h- で始まることに注意(§21(5)(b))。

		非再帰用法	再帰用法
単数	男性/両性	him	him
	女性	har/se	har
	中性	it/'t	him
複数		har(ren)/se	har(ren)

① 再帰用法 har/har(ren) ↔ 非再帰用法 se

Hja₁ fersinden {har(ren)₁/*se₁} mei dat telefoannûmmer.「彼(女)らはその電話番号を間違えた」(jin fersinne「間違える」)

Hja₁ ferried {har₁/*se₁}.「彼女は運転していて道に迷った」(jin ferride「運転して道に迷う」)

sels ((3)参照)を用いた表現も同様である。*sesels は不可。

De minsken harken net nei wat God fertelde. Se₁ tochten allinne oan {harsels₁/harren sels₁/*sesels}.「人間たちは神様が言われたことを聞こうとしなかった。彼らは自分たちのことばかり考えた」(tinke「考える」)

② 再帰用法 him (物事，句・文) ↔ 非再帰用法 it

It waar$_i$ hold {*him*$_i$/*it$_i$} goed.「天気は持ちこたえた」(jin hâlde「持ちこたえる」)

Yn earder tiden hat it Frysk yn in folle grutter gebiet as no de taal west dêr't *it folk*$_i$ {*him*$_i$/*it$_i$} yn utere.「以前，フリジア語は今よりずっと広い地域で人々がそれで自らを表現する言語だった」(jin uterje「自己表現する」)

It$_i$ lit {*him*$_i$/*it$_i$} tinke.「それはもっともだ(＝自らを考えさせる)」

[*Dat dat net sûnder gefolgen bliuwt*]$_i$ lit {*him*$_i$/*it$_i$} tinke.「それが後を引かずには(＝結果なしでは)終わらないことは明らかだ」(jin tinke litte「自明だ(＝自分を考えさせる)」)

sels ((3))を用いた表現も同様である。

In wurd$_i$ kin op {*himsels*$_i$/*itsels$_i$} Frysk wêze en neffens de foarm ek Frysk bliuwe, mar doch ferhollânskje.「語がそれ自身フリジア語で，語形的にもフリジア語でありながらも，オランダ語化することがある」

It$_i$ seit {*himsels*$_i$/*itsels$_i$} dat yn elts doarp troch al dy jierren hinne in hechte mienskip ûntstien is.「どの村にもそうした長年の間に緊密な共同体が生じたのは当然である」(jin sizze「当然だ(＝自分を語る)」)

ただし，人を示す中性名詞(例．it bern「子供」，it jonkje「男の子」，it famke「女の子」)の場合には，文法性よりも自然性を優先させるという理由から，it のかわりに him/har を用いることが多い。

It bern$_i$ ferfeelt {*him*$_i$/*har*$_i$/*it$_i$/*se$_i$}.「子供は退屈している」(jin ferfele「退屈する」)

It famke$_i$ skammet {*har*$_i$/*it$_i$/*se$_i$} foar har stikkene jas.「女子は自分のいたんだコートを恥ずかしがっている」(jin skamje「恥じる」)

北フリジア語でも中性単数形は再帰用法と非再帰用法で一致しない。モーリング方言(モ. mooring)の用例を示す。

 モ. *Dåt*$_i$ draait {*ham*$_i$/*et$_i$}.「それは回っている」(ド. *Das*$_i$ dreht *sich*$_i$.)

 Dåt$_i$ ferstoont {*ham*$_i$/*et$_i$}.「それは自明だ」(ド. *Das*$_i$ versteht *sich*$_i$.)

 Jü twoit *dåt bjarn*$_j$ en tjucht *et*$_j$ önj.「彼女は子供の体を洗って，着物を着せる」(ド. Sie wäscht *das Kind*$_j$ en zieht *es*$_j$ an.)

Dåt bjarn₁ touf ham₁ uler.「子供はけっして自分の体を洗わなかった」(ド．Das Kind₁ wusch sich₁ nie.)

(3) sels

　sels は名詞句や代名詞の後に置くと，「…自身，自分で」の意味になり，意図的に故意に行なわれる動作であることが明示される。名詞句や代名詞から分離して現われることもある。英語の -self/-selves と違って再帰用法とは無関係である。sels は目的語だけでなく，主語についてもそれ自身の意図的な故意の動作であることを強調する。この点で sels はオ．zelf/ド．selbst に似ている。-selde(n) (§25(c)) 参照。

　　Hy wasket sels.「彼は自分で洗濯をする」
　　Hy wasket Jan sels.「彼は{自分でヨンの体を洗う/ヨン自身の体を洗う}」

したがって，次の文はやはりあいまいである。

　　Hy wasket him sels.
「彼は自分で自分以外の男性の体を洗う」([hím séls]; him≠hy)
「彼は自分で自分の体を洗う」([hımséls]; him=hy)

上例の him が再帰用法と解釈される場合には，sels の付加は「わざわざ自分で」という，とくに意図的な故意の動作であることを強調する意味になる。sels を欠く場合には，「自分の体を洗う」よりも，むしろたんに「体を洗う」のほうが日本語の訳語としては自然である。

　　Hy₁ wasket him₁.「彼は(自分の)体を洗う」
　　Hy₁ wasket him₁ sels.「彼は自分で自分の体を洗う」

himsels と続け書きすると，再帰的意味であることが示唆されるが，これは正書法上の便宜にすぎない。英語の himself とは本質的に異なる。

　　Hy wasket himsels.「彼は自分で自分の体を洗う」(him=hy)

その他の用例。

　　Yn in boek wurdt ferteld oer saken dy't josels soms meimakke hawwe.
「書物の中には，ときにはあなた自身が体験した事柄が語られていることがある」

Do bist *sels* ferkeard!「君は自分が間違っているんだ」
Sels wurke *se* foar heale dagen.「彼女自身，半日働いていた」
Fan *dy taal sels* is lykwols neat bewarre bleaun.「その言語自体については，しかし，何も残っていない」

(a) sels の有無

他動詞の再帰用法では，意図的な故意の動作であることを強調するか否かに応じて，sels の使用はふつう自由にできる。

Wy skeare {*ûs*/*ûssels*}.「私たちは {(自分の)/自分で自分の} ひげをそる」
*Se*ᵢ ha {*har(ren)*ᵢ/*harsels*ᵢ} al hielendal oan it nije libben oanpast.「彼らはもうすっかり {∅/自分自身が努力して} 新しい生活に慣れた」
Ik kin {*my*/*mysels*} moai bedrippe.「私はけっこう {∅/自分自身で} 暮らしていける」

したがって，(1)(b)①で述べたような本来の再帰動詞で，目的語の人称代名詞に sels を付加して強調するのは不自然である。

*Hy*ᵢ fersint {*him*ᵢ/**himsels*ᵢ} hieltyd.「彼は勘違いしてばかりいる」(jin fersinne「間違う」)
*Hja*ᵢ skammet {*har*ᵢ/**harsels*ᵢ}.「彼女は恥ずかしく思っている」(jin skamje「恥じる」)

オランダ語も同様。再帰代名詞には zich を用いる。

オ．Hij vergist {*zich*/**zichzelf*} altijd.「同上」(zich vergissen「同上」)
　　Zij schaamt {*zich*/**zichzelf*}.「同上」(zich schamen「同上」)

ただし，次のような固定した表現では，本来の再帰動詞でも目的語に sels を付加することがある。

Dat skammet *himsels*.「それはひどすぎる」(dat は物事を指す)

「自分自身で」という意図的な故意の動作の意味をとくに強調する表現には，sels が付加されて固定しているものがある。また，非意図的で不随意的な動作でも，「自己」という意味を明確に表わす場合には sels がつく。前置詞句の場合には，動詞の意味を補う補足成分(エ．complement)であることが多い。

foar jinsels wêze「利己的である」　　foar jinsels stean「自活する」

foar jinsels begjinne「事業をおこす(=自分のために始める)」
ta jinsels komme「正気に返る」　　fan jinsels falle「気を失う」
op jinsels wêze「独立している」　　jinsels {bliuwe/wêze}「動じない」

Nosto aanst *op dysels* silst, moatte wy der dochs eefkes oer gear.「あなたはもうじき独り立ちするのだから、私たちもそろそろ何か準備しておかないとね」(nosto ← no'tsto)

[Dy't by elk in bêsten is]ᵢ, is in minnen *foar himsels*ᵢ.「だれにとっても良い人は自分にとっては悪い人である(ことわざ)」

*Hy*ᵢ sei yn *himsels*ᵢ, "myn bril moat hjir doch earne lizze."「彼はつぶやいた。「メガネがたしかここらへんのどこかにあったはずなんだが」」

It *famke*ᵢ seach *harsels*ᵢ yn 'e spegel.「その女の子は鏡に映る自分の姿を見た」

*Se*ᵢ hatet *harsels*ᵢ.「彼女は自己嫌悪に陥っている」

*Hy*ᵢ ken *himsels*ᵢ hielendal net.「彼は自分のことが全然わかっていない」
オランダ語も同様。この場合に再帰代名詞としては zichzelf を用いる。

オ. tot zichzelf komen「正気に返る」
　　voor zichzelf beginnen「事業をおこす」
　　Zij haat *zichzelf*.「彼女は自己嫌悪に陥っている」

sels の付加は個々の表現の意味に依存し、前置詞句でもかならずつくとは限らない。一般に、動詞の意味を補うわけではない付加成分(エ. adjunct)である場合には、前置詞句でも sels がつかないことが多い。ただし、これは語用論的な要因にも左右されることがあり、かならずしも明確に言えるわけではない。

*Hy*ᵢ hat letter dy taak *op him*ᵢ nommen en ta in útdragen saak brocht.「彼は後にその任務を引き受け(=自分の上に取り)、そして決着をつけた」

(b) 'sels …'「…さえ」

sels を任意の文成分の直前に置くと「…でさえ」という意味の副詞になる。「…自身」の意味の場合よりもアクセントが弱い。

Sels de heechste bergen rekken ûnder it wetter.「いちばん高い山でさえ水の下に沈んでしまった」

Op it stuit is it *sels sa*, dat wy net mear dea gean fan de honger, mar fan tefolle iten.「こんにち，私たちは飢えでではなく，食べ過ぎで死ぬようにさえなっている」

「…さえ」はドイツ語でも 'selbst…' で表わす。オランダ語では 'zelfs…' となり，zelf「…自身，自分で」とは語形が異なる。

(4) 相互代名詞 (wjersidich foarnamwurd)

相互代名詞としては，inoar [ənwár]/elkoar [əlkwár, əlkóər], mekoar [məkwár, məkóər]（口語的），malkoar [mɔlkóər, mɔlkwár]（文語的）がある。このほかに，inoarren [ənwárən], elkoarren [əlkwárən], mekoarren [məkwárən] という語形もある。主語には用いない。

　Hja waskje {*inoar/elkoar/mekoar*}.「彼らはたがいに体を洗い合う」（相互）

　↔ Hja waskje {*har(ren)/harsels*}.「彼らは自分の体を洗う」（再帰）
その他の用例。

　In fearnsieu lyn binne se *oan elkoar* fersein.「四半世紀前に二人は婚約した」(jin oaninoar fersizze「婚約する」)

　De bewenners wiene alhiel *op mekoar* oanwiisd.「住民はたがいに完全に頼り合っていた」

inoar は前置詞と 1 語でつづることが多い。

　Sport makket dat de minsken har bruorren en susters *faninoar* fiele.「スポーツは人々がおたがいの兄弟や姉妹たちであると感じさせてくれる」
　Stêd en doarp komme op dizze wize hieltyd tichter *byinoar* te stean.「都市と村はこうしてたがいにますます近づきつつある」
　Bier en barmhertigens lizze deun *neistinoar*.「ビールと情けはたがいに密接に隣り合っている（＝酔っ払いほど気前がいい人間はいない。ことわざ）」

相互代名詞には，「相互代名詞＋-s」の語形で -s を付加した「おたがいの」を意味する所有代名詞 (§ 24) としての語形がある。

　De beammen nimme *elkoars* hân, teknobbe en tewaaid.「木々はおたがい

の手を取り合う，枝を折られ，風に飛ばされて」

　語形的には inoar (← in+oar) はド．einander/エ．one another に対応し，elkoar (← elk+oar) はエ．each other に対応する．malkoar/mekoar はオ．malkaar/mekaar が 'manlijc (=オ．ieder/ド．jeder) anderen' に由来するのと同様である．スウェーデン語の varandra (← var+andra) など，北ゲルマン語も同様．なお，ドイツ語は再帰代名詞 sich を相互の意味でも用いる点で特殊である．

　　エ．They wash {*themselves* (再帰)//*each other*/*one another* (相互)}.
　　　　「彼はたがいに体を洗い合う」
　　オ．Zij wassen {*zich* (再帰)//*elkaar*/*mekaar* (相互)}．「同上」
　　ス．De tvättar {*sig* (再帰)/*varandra* (相互)}．「同上」
　↔ ド．Sie waschen {*sich* (再帰・相互)/*einander* (相互)}．「同上」

§24 所有代名詞 (besitlik foarnamwurd)

(1) 所有代名詞の限定形と独立形

所有代名詞には名詞を修飾する限定形「…の」と単独で叙述的に用いる独立形「…のもの」があり，ともに無変化である。独立形にいくつか語形があっても，用法にはとくに違いがない。

〈単数〉　　　　　　　限定形　　　　　　　　独立形
1人称　　　　　　　myn [min]　　　　　　mines [mínəs]
　　　　　　　　　　　　　　　　　　　　minen(t) [mínən(t)]
2人称親称　　　　　dyn [din]　　　　　　dines [dínəs]
　　　　　　　　　　　　　　　　　　　　dinen(t) [dínən(t)]
2人称敬称　　　　　jo [jou]/je [jə]　　　jowes [jówəs]
　　　　　　　　　　（古語 jins　　　　　（古語 jin(ne)s
　　　　　　　　　　[jø(:)ⁿs, jəⁿs]）　　　[jǿnəs, jənəs, (jø(:)ⁿs, jəⁿs)]）
3人称男性/両性　　syn [sin]　　　　　　sines [sínəs]/sinen(t) [sínən(t)]
　　女性　　　　　　har [har]　　　　　　harres [hárəs]
　　中性　　　　　　syn [sin]　　　　　　sines [sínəs]/sinen(t) [sínən(t)]

〈複数〉
1人称　　　　　　　ús [ys] (/yz/)　　　　uzes [ýzəs]
2人称　　　　　　　jim(me) [jím(ə)]　　jimmes [jíməs]
3人称　　　　　　　har(ren) [hár(ən)]　harres [hárəs]

180　V 代名詞

　　ús「私たちの」は有声音が後続すると［yz］（基底形 /yz/）と発音し，それ以外は音節末音の無声化（§ 7 (2)）で［ys］と発音する．独立形は uzes［ŷzəs］である（オ．ons [ɔns]/onze [ɔ́nzə]「私たちの」，ド．uns [ʊns]「私たちを/に（対格・与格）」/unser [ʊ́nz̥ɐ]「私たちの」参照）．

　　Us Wurk［yzvǿrk］（←［ys vørk］）「ユズ・ヴュルク（フローニンゲン大学フリジア語学科発行のフリジア語学文学の学術雑誌）」

　　Us auto［yzɔ́utoː］（←［ys ɔ́utoː］）sjocht der krekt sa út as jimmes.「私たちの車はあなたがたのと同じように見える」

　　Dêr stiet jim fyts en dêr stiet uzes ek.「そこに君たちの自転車があるし，私たちのもそこにある」

　独立形 mines/minen(t)「私のもの」，dines/dinen(t)「君のもの」，sines/sinen(t)「彼の，それの」は「限定形＋-es/-en(t)」となるが，語尾 -en(t) の -t は歯（茎）音 -n に続く発音上の自然な添加音に由来する（§ 19 (3)(a)）．

　　Dat is har brommer en net sines.「それは彼女のオートバイであり，彼のものではありません」

　　As elts sines kriget, hat de duvel neat.「各人が自分のものをもらえば，悪魔は何ももらえない（＝争いは起こらない）（ことわざ）」

　　Dizze hoed is heit sinen(t).「その帽子は父のものです」

　次の表現に注意．

　　ien fan｛ús/uzes/uzen｝「私たちのひとり」

　　ien fan uzes「私たちのうちのひとりの財産」

　　By uzes wie in jiermannich lyn in jonkje útfanhûs.「わが家に数年前，男の子が泊まったことがあった」

　　Sokken binne der by uzes tûzenen.「そういう人たちは私たちのところには何千人もいる」

　2 人称敬称は大文字書き（Jo/Jowes）することがある．限定形 jins (Jins) は古風であり，かつての jy の属格である．次に示す 1933 年の聖書訳（G. A. Wumkes 訳）では Jins を用いているが，1978 年（1989²）の新訳では jo に変わっている（§ 21 (3)(a)）．

　　Us Heit, dy't yn de himelen binne, Jins namme wirde hillige; Jins keninkryk komme. Jins wollen barre allyk yn 'e himel, sa ek op ierde;

§24 所有代名詞　181

(…) hwent *Jowes* is it keninkryk en de krêft en de hearlikheit oant yn ivichheit. Amen.「天にましますわれらが父よ，御名を崇めさせたまえ。御国を来らせたまえ。御心の天になるごとく，地にも来らせたまえ。(…) 国と力と栄えとは永遠に汝のものなればなり。アーメン」(It Nije Testamint 1933, Matteüs 6：9-13, 旧正書法)

(a) **fan＋{名詞/代名詞}**

所有代名詞独立形の意味は「fan＋{名詞句/代名詞}」でも表現できる。

Dy boat is {*de buorlju harres/fan 'e buorlju*}.「あのボートは近所の人のものです」

Hokker jas is {*dines/dinen(t)/fan dy*}?「どのコートが君のですか」

(b) **身体部位と所有代名詞**

所有者が誤解なく特定できる場合には，英語と違って，身体部位にはふつう所有代名詞でなく，定冠詞をつける。とくに生理現象の意味ではそうである(§17(3)参照)。

Ik ha pine *yn 'e holle*.「私は頭が(＝頭の中が)痛い」(pineholle「頭痛」という語もある。比較：オ．*hoofdpijn*)

Do bliedst *út 'e noas*.「君は鼻から血が出ている」

Ik ha *de foet* stikken.「私は足を折った」

De finger blette *my* juster sa.「私は昨日，指から血がたくさん出た」

It swit stiet *him op 'e holle*.「彼は頭に汗をかいている」

Dêr komt heit de keamer yn.　*Hy* hat in brief *yn 'e hân*.「そこへ父が部屋に入って来ます。手紙を手に持っています」

所有代名詞を用いると，対比の意味を表わす傾向がある。しかし，それほど強い傾向とは言えない。

Se komt it simmerhúske yn en rint nei it bêd.　Se nimt de fersen yn *har hannen* en lêst.「彼女は避暑地の別荘の中に入り，ベッドのほうへ行く。彼女は詩を手に取って読む」

英語では所有代名詞の使用が好まれる。

エ．He has a letter *in his hand*.「彼は手紙を手に持っている」

(c)　mei＋所有代名詞限定形＋基数詞 -en「全部で…人」

　主語の人称にあわせて所有代名詞を使い分ける。つねに syn を用いるのはオランダ語の影響として好ましくないとされる。

　　Wy binne thús *mei ús achten*.「私たちは8人家族だ」(mei syn achten はオランダ語的で好ましくない。以下同様)

　　Dat dogge *jimme mei jim beiden*.「それは君たち両方でやるのです」

　　Mei har fiven sliepe *se* dêryn.「彼らは5人でその中で寝る」

オランダ語では人称・性・数にかかわらず「met z'n ⋯-en」を用いる。

　　オ．*We* zijn thuis *met z'n achten*.「私たちは8人家族だ」(we「私たち」では ons も可：met ons achten)

　　Met z'n vijven slapen *ze* daarin.「彼らは5人でその中で寝る」

ただし，op syn minst「少なくとも」，op syn meast「多くとも」ではオランダ語の op zijn {minst/meest} と同様に，つねに syn を用いる。

　　Wy freegje jo dat der middeis *op syn meast* twa en jûns net mear as ien besiker by in pasjint komme.「お見舞いの方が患者さんのところに来られるのは，昼間は多くて2人，夕方は1人以上にならないようにお願いします」

　　Dy jonges steane *op syn minst* fiif kear foar 't finster.「あの男の子たちはもう最低5回は窓の前に立っている」

(2)　所有代名詞と親族名称の表現

(a)　**所有代名詞複数形＋親族名称**

　年上の直系の親族を3人称として扱う場合には，所有代名詞単数形ではなく，複数形を用いる。一人息子でも父親を話題にするときには，*myn heit「(私の)父」ではなく，ús heit「同左」と言う(「私たちの父」という意味ではない)。これは一種の敬語表現と考えられる。

　　Us mem wie der grutsk op, dat ik sa'n goeie tsjinst hie.「母は私がそんな立派な勤めをしたことを誇りにしていました」

　　"Do hast it fan *jim pake*, dat aventoerlike." "Dat soarchlike hasto fan *jim beppe*."「君は冒険好きなところはおじいさんから受け継いだんだね」

「あなたの心配症はおばあさんゆずりね」

Ik bin in soan fan *ús heit en mem*.「私は父と母の息子です」

Ik gean wyks trije kear nei *ús âldelju*.「私は週に3回, 両親のところへ行きます」

オランダ語, ドイツ語, 英語, スウェーデン語など, 他のゲルマン語ではふつう単数形を用いる。

オ. mijn vader／ド. mein Vater／エ. my father／ス. min far「(私の)父」

ただし, 3人称ではふつう所有代名詞単数形を用いる。

ik en ús heit「私と(私の)父」

do en jim heit「君と(君の)父親」

↔ hy en syn heit「彼と(彼の)父親」

It is hjoed ús heit *syn heite* jierdei.「今日は(私の)父の父親の誕生日です」

Doe't *syn heit* ferstoar, bleau Jelle der allinnich oer.「父親が亡くなると, イェレはひとりぼっちで残された」

Jan is in goede freon fan my. *Syn heit* wennet yn Dokkum.「ヨンは私の親友です。彼の父親はドクムに住んでいます」

Dan krijt dat bern in kaart fan *syn oerbeppe*.「それからその子供は曾祖母からカードをもらいます」

ただし, 最近ではオランダ語の影響で, 単数形と複数形の区別が不明確な例が見られる。

Myn dochter seit pake en beppe tsjin *myn âlden*.「私の娘は私の両親におじいさん, おばあさんと言う」

Myn âlden sitte foar de televyzje.「私の両親はテレビの前にすわっている」

年下の親族にも親しみをこめて所有代名詞複数形を用いることがある。この場合には「私たち」という複数形の意味もこめられているとも解釈できる。

ús {jonge/famke}「(私[たち]の)息子/娘」

ús Trynke「(私[たち]の){姉/妹/娘}のトリンケ」

Kin *ús Sytske* dan noch wol mei de bern oerkomme?「それでは(私[たち]の)シツケが子供たちを連れて来てもだいじょうぶでしょうか」

とくに親しみをこめるのでなければ，年下や傍系の親族には所有代名詞単数形を用いる。

Myn pakesizzers komme wol gauris útfanhûs.「(私の)孫たちはよく泊まりに来たりする」

Us mem hat trije bruorren en trije susters. Dat binne *myn omkes en muoikes*.「(私の)母には男の兄弟が3人と女の姉妹が3人います。それは私のおじとおばです」

家族や親しい知人の会話では役割名称としての親族名称だけで十分である。これは親族名称を2人称や呼びかけだけでなく，3人称にも使う例である（§21 (3)(b)）。

Heit en *mem* binne by *pake* en *beppe* op besite. *Omke* en *muoike* binne dêr ek.「お父さんとお母さんがおじいさんとおばあさんのところにやって来ています。おじさんとおばさんもいっしょです」

(b) **その他の表現**

① '所有代名詞＋bern'「…の子供たち」

この表現は自分のすべての子供を指すときに用い，複数の意味になる（bern「子供」は単複同形）。息子や娘のひとりを指すときには，「所有代名詞＋{jonkje/famke}」を用いる。

Myn bern sitte by in neef en in nicht, dat binne bern fan myn broer en skoansuster.「私の子供たちは男のいとこと女のいとこのそばにすわっています。それは私の兄弟と義理の姉妹の子供たちです」

Myn bern antwurdzje myn frou.「私の子供たちは私の妻に答えます」（?Myn bern {antwurdet/sit} ….「私の子供(単数形)は…{すわっています/答えます}」は不自然）

② de frou「家内」, de man「主人」

配偶者を指すときには，所有代名詞単数形のほかに定冠詞 de を用いることもある。

{*Myn/De*} frou hat my de hiele middei yn 'e tún holpen.「家内が一日中庭仕事の手伝いをしてくれた」

Ik sil it tsjin {*myn/de*} man sizze, sei frou Mulder.「「主人に伝えます」

とミュルデル夫人は言った」

§25 指示代名詞 (oanwizend foarnamwurd)

指示代名詞は場面内あるいは文脈中の要素を直示的(ド．deictic)に指し示すときに用いる。指示代名詞はアクセントを持つ。ドイツ語などと違って，アクセントを持つ定冠詞と同形の指示代名詞は存在しない。この点はオランダ語でも同様である。

(a)　dizze [dízə, dísə, déːzə]/dit [dɪt]「これ」; dy [di]/dat [dɔt]「それ，あれ」

	両性	中性	両性	中性
単数：	dizze	dit/強調形 ditte	dy	dat/強調形 datte
複数：	dizze	dizze	dy	dy

dy/dat は定冠詞(de/it)とは語形が異なる。強調形 ditte/datte は ikke「私」(§21(2))と同様に単独で用いることが多い。
　　"Bedoelst dit?" "Nee, *ditte*."「これのことかい？」「いいや，これだよ」
① 限定用法
　　Ik wol *dizze toffels* graach ha, dy oare mei 'k net lije.「私はこのスリッパがほしい。あの別のはいやだ」
② 名詞句の一部の指示(⑥iii参照)
　　It gebrûk is fierders gelyk oan [*dat* yn it Frysk].「さらにその用法はフリジア語の用法と同じである」
　　Dy foarmen komme dus aardich oerien mei [*dy* fan it Nederlânsk].「したがって，その形はオランダ語の形とかなり一致する」
③ 名詞句全体の指示
　　人称代名詞 hy (hja/sy)/it のかわりに，指示代名詞 dy/dat で名詞句を明

確に指し示すことがある。物事の意味の場合に多い。人の意味の場合は話し言葉的であり，あまり丁寧な表現には用いない。

Wolst my *de sûkerpot* even jaan? *Dy* stiet op it oanrjocht.「砂糖の入れ物をちょっと取ってくれない。それは流し台の上にあるから」

Sok sittend wurk yn 'e hûs hin, dat is neat foar my!「家にこもりっきりでやるような仕事なんて，それは私にはとても向かない」

④ 中性名詞単数形以外を指示する dat
i) 複数の名詞，名詞複数形（it と同様，§ 21 (4)(c)）

Myn bern sitte by *in neef en in nicht, dat* binne bern fan myn broer en skoansuster.「私の子供たちは男のいとこと女のいとこのそばにすわっています。それは私の兄弟と義理の姉妹の子供たちです」

オランダ語とドイツ語も同様。

オ．*Dat* zijn mijn kinderen.「それは私の子供たちです」
ド．*Das* sind meine Kinder.「同上」

ii) 名詞句以外の文成分

Utfanhûzje, nee, *dat* liket my neat!「外泊，いや，それは好きじゃない」（第 1 不定詞 útfanhûzje「外泊する」，§ 65 (2)(d)）

Dy wiidte mei de pleatsen en de kij is foar de bûtenlanners like unyk as de bergen en wetterfallen *dat* foar ús binne.「外国人にとって農場や乳牛の姿がある平野は，私たちにとって山や滝がそうであるように独特である」（形容詞 unyk「独特な，唯一の」，この dat は省略可）

iii) 文全体

Noch altiten gongen der mear minsken mei de honger yn 'e hals op bêd as mei it liif fol. Dat feroare pas yn de 20ste ieu.「相変わらず，満腹でよりも，腹をすかせて床につく人のほうが多かった。ようやく 20 世紀にそれが変わった」

⑤ it の dat による代用（§ 21 (4)(c)）

無アクセントの it ［ət］はアクセントを置くときには dat で代用する。とくに主語以外の it は前域（主文の定動詞の直前）には現われず，指示代名詞 dat で代用しなければならない。

Ik sil {*it*/*dat*} dwaan.「私がそれをやります」

↔{*It/Dat} sil ik dwaan.「それは私がやります」(直接目的語)
Ik bin {it/dat}.「それは私です(＝私がそれです)」
↔{*It/Dat} bin ik.「同上」(wêze「…である」の補語)
オランダ語とドイツ語も同様。

オ．Ik zal {het/dat} doen.↔{*Het/Dat} zal ik doen.「同上」
Ik ben {het/dat}.↔{*Het/Dat} ben ik.「同上」

ド．Ich werde {es/das} tun.↔{*Es/Das} werde ich tun.「同上」
Ich bin {es/das}.↔{*Es/Das} bin ich.「同上」

⑥ dat と it の相違

dat と it はアクセントの有無以外に次のような相違がある。

i) 非人称の it と慣用句の形式的な it：*dat 不可(§56)
{It/*Dat} is simmer.「夏です」
Ik ha {it/*dat} sa drok.「私はとてもいそがしい」(it drok hawwe「いそがしい」)

ii) 不定詞句や文をあらかじめ示す it：*dat 不可(§21(4)(c))
{It/*Dat} is tige slim (om) in parkearplak te finen.「駐車場を見つけるのはとてもむずかしい」
{It/*Dat} muoit my dat ik it sizze moat.「私はそのことを言わなければならないのが残念だ」

iii) 名詞句の一部を代用する dat：*it 不可(②参照)
他の3人称代名詞や「代名詞の der」(§34(2))にもこの用法はない。
It gebrûk is fierders gelyk {oan dat/*oan it/*dêroan} yn it Frysk.「用法はさらにフリジア語のそれ(＝用法)と同じである」
Dy foarmen komme dus aardich oerien {mei dy/*mei harren/*dêrmei} yn it Nederlânsk.「したがって，その形はオランダ語のそれ(＝形)とかなり一致する」

⑦ {親族名/人名}(-)en(-)dy「…とその {配偶者/身内}」(§17(1)(a)①②)
Mem fynt it goed en bellet Piter en dy op, om te sizzen mei hokker bus Klaas komt.「母親はクラースがどのバスで来るのかと言うために，ピテルと {奥さん/その家族} に電話をするのが良いと考える」

⑧ 注意すべき dat の用法

§25 指示代名詞　189

次例の dat は「それ」という指示代名詞の用法として辞書に記述されていることが多い。しかし，補文標識(komplemintearder，§42)として解釈できる可能性もある(Hoekstra 未刊)。
"Hja sil trouwe." "Mei wa *dat*?"「彼女は結婚するんだよ」「だれとだって」(Mei wa [is it] dat [hja trouwe sil]?「彼女が結婚するつもりなのはだれのことなのか」)

(b) 　sok［sok］, sa'n［san］「そんな(人・物事)」
　sok/sa'n は場面内または文脈内の特定の要素に共通する性質を備えた対象を指し示すという意味で，不定の意味を持つ指示代名詞とみなす。
① 　限定用法(§19(3))
　　可算名詞：　sa'n［san］(＋単数形)　　sokke［sôkə］(＋複数形)
　　　　　　　　(sok in［sok ən］(＋単数形))
　　不可算名詞：sok［sok］(＋中性)　　sokke［sôkə］(＋両性)
Sa'n helper is yn *sokke tiden* goud wurdich.「そのような助っ人(helper 可算名詞単数形)はそんなとき(tiden 可算名詞複数形)には金の値打ちがある」
Sok dreech iten kin ik net oer.「そんなくどい食事(iten 不可算名詞中性)は私はいやだ」
Sokke wyn mei ik net lije.「そんなワイン(wyn 不可算名詞両性)は私はいやだ」
抽象名詞が具体的な事例を示すときには，sokke のほかに sa'n を用いることもある。
Ik hâld net fan {*sokke*/*sa'n*} *gûchelerij*.「私はそんないんちきは好きではない」
不定代名詞 in {soad/protte/bulte}「多く(の)」(§26(1))とともに用いると，sa'n {soad/protte/bulte}「そんなに多く(の)」となる。
Sa'n soad ferskaat soe eins alhiel net nedich wêze.「それほど大きな(＝多くの)格差は本来まったく不要なはずだ」(in soad ferskaat「大きな(＝多くの)格差」)
sok/sokke は sa'n と違って数詞に後続する。dizze/dit「これ」，dy/dat

「それ，あれ」は数詞に先行する。

{*hûndert sokke* minsken/*sokke hûndert minsken}「百人のそのような人々/そのような百人の人々」

{*hûndert dizze minsken/*dizze hûndert* minsken}「百人のこの人々/この百人の人々」

「sok in＋可算名詞単数形」は一般的な表現ではない。オランダ語でも対応する「zulk een＋可算名詞単数形」は書き言葉的な表現である。

② 独立用法

「そんな人」　：単数　sok ien　　　複数　sokken
「そんな物事」：単数　soks　　　　複数　sokke(n)
「そんな何か」：単数　sokssawat

Jo kinne *sok ien* net fertrouwe.「そんな人は信用できない」

Sokken binne der by uzes tûzenen.「そういう人たちは私たちのところには何千人もいる」

Hy kocht in pear fan *sokke(n)*.「彼はそんなものをいくつか買った」

Soks giet hurd oer de buorren.「そういうことはすぐに村中に知れわたる」

Ut en troch stroffelet er oer in stientsje of *sokssawat*.「ときおり彼は小石か何かにつまずく」

③ sa'n＋{不可算名詞/複数形名詞}

sa'n「そんな」は hoe'n（← hoe＋in）「どんな」と同様に「sa＋in（＝不定冠詞）」に由来し，オ．zo een/ド．so ein/エ．such a に対応する。したがって，sa'n は本来，可算名詞単数形と用いる表現だが，意味・用法が拡大している。たとえば，「sa'n＋数詞」は「約…」という意味の表現になり，複数形にも用いる。この sa'n は数量を表わし，むしろ不定代名詞（§ 26）と言える。

Yn Fryslân lizze *sa'n 400 grutte en lytse doarpen*.「フリースラントには約 400 の大小の村々がある」

sa'n は感情的な表現でも用い，「sa'n＋{不可算名詞/複数形名詞}」でもかまわない（§ 27 (6) wat (…) in 参照）。

Sa'n waar hie gjin mins op rekkene.「こんな天気（waar 不可算名詞）な

Alderraarst *sa'n postsegels* at er hie.「あの人がこんなに切手(postsegels 複数形)を持っていたなんて，まったく意外だ」

(c) -selde(n)［…sɛ́ldə(n)］「同じ，まさにその(人・物事)」
定冠詞・指示代名詞・不定冠詞に後置して，限定用法と独立用法で用いる。

① 定冠詞＋-selde(n)：deselde/itselde/deselden
   Fan generaasje op generaasje wennen hja yn *itselde doarp*.「何世代にもわたって彼らは同じ村に住んでいた」
   Ik leau, ús ynteresses binne net alhiel *deselde*.「思うに，私たちの興味はまったく同じだというわけではないようだ」
   Wy nimme alle fjouwer *itselde*.「私たちは4人とも同じものにします」
   It binne altyd *deselden* dy't kleie.「文句を言うのはいつも同じ連中だ」

② 指示代名詞＋-selde(n)：ditselde/datselde/dyselde/dizze selde/sa'n selde
   Oare fabriken kinne *datselde middel* net samar neimeitsje.「他の工場は同じ薬をちょっとまねして作るというわけにはいかない」(限定用法)
   Us pake ha troch *dizze selde strjitten* rûn.「私の祖父はこれらのまさに同じ通りを歩いていたのです」(限定用法)
   Sa'n selde fyts hie ik ek.「そんな同じような自転車を私も持っていた」

③ 不定冠詞＋selde
   in selde「同じ種類の(人・物事)，それに相当する(人・物事)」

(d) jinge［jíŋə］「あの」(書き言葉)，-jinge(n)「…の人・物事」(書き言葉)
jinge の用法は dizze en jinge「あれこれ(の)」にほぼ限られる。
dejinge/dyjinge(単数)，dejingen/dyjingen(複数)「…の人」；itjinge/datjinge「…の物事」は関係文を伴い，関係詞の先行詞になる。ただし，書き言葉的なので，dyselde/datselde を用いる傾向がある。

Dat is {*dyjinge*/*dyselde*} dy't it my ferteld hat.「この方が私にそれを知らせてくれた人です」

次例では同じ文章で両者が使われている。

Deselden dy't eigen dosinten dookje en jookje, joegen oan dat dy (jongere) dosinten dy't har mei de foarnamme foarstelden, of *dyjingen dy't* se privee goed koenen, doke waarden; de oaren waarden joke.「自分たちの先生を do で呼んだり，jo で呼んだりする人たちは，ファーストネームで自己紹介する(若い)先生や個人的によく知っている先生を do で呼ぶ(＝呼ばれる)と記した。他の先生は jo で呼んだ(＝呼ばれた)のである」

§26 不定代名詞 (ûnbepaald foarnamwurd)

　不定代名詞は不特定の人や物事を示し，不定の数量を示す数量詞(エ．quantifier)の性格を備えた雑多な代名詞の集合である。不定代名詞は所有格を持つ men，ien/immen を除いて，独立用法と限定用法で用い，名詞句から遊離して現われることもある。al/alle のように，限定詞との共起の有無で語形が異なる語もある。

(a)　men [mən]「(話者を含めて一般的に)人」
　目的格は jin [jøn, jən]，所有格は jins [jø(:)ⁿs, jəⁿs] である。主格 men は他の代名詞で受けることはできず，men を繰り返す。定動詞は 3 人称単数形だが，オ．men/ド．man と違って意味的に話者を含む点では，1 人称的である。

　　　Soks docht *men* net.「そういうことはするものではない」
　　　Ik kin mysels moai bedrippe en wêr sil 'k dan sa'n drokte om meitsje. *Men* moat op 't lêst gjin slaaf fan *jins* eigen wurk wurde.「けっこう自分で暮らしていけるし，そんなにせかせかして何になるんだい。自分の仕事の奴隷になったらおしまいだよ」
次例の men は話者を含まないので不適当である。
　　　{*Men seit/Der wurdt sein/Se sizze} dat er fuortgiet, mar ik bin der net wis fan.「彼は行ってしまうそうだが，私にはそれについて確信がない」
　　　(Der wurdt sein dat …「…と言われている」/Se sizze dat …「世間の人々は…と言っている」)
　　　Oant likernôch 1100 {*iet *men*/ieten se} yn Fryslân wakker ientoanich.「1100 年頃までフリースラントでは人々の食事はかなり単調だった」
次例では，1 人称代名詞複数形 wy/ús と men/jins を同等の表現のようにし

て並列して用いている。

　　Ien fan de belangrykste dingen dy't *wy* foar it Frysk dwaan kinne is om sa folle mooglik *ús* brieven yn it Frysk te skriuwen.　Dat *men* mei *jins* famylje of froenen yn 't Frysk briefket sprekt hast wol fansels.　Mar ek yn saaklike brieven moatte *wy ús* net skamje om *ús* eigen taal te brûken.　Sis dan net sa gau, dat *men* mei it Frysk net sa fier komt!「フリジア語のために私たちができるもっとも大切なことのひとつは，フリジア語で手紙を書くことです。家族や友人とフリジア語で手紙のやりとりをするのはほとんど当然ですが，実用的な手紙でも私たち自身の言葉を使うのを恥じらってはなりません。ですから，フリジア語ではやっていけないなどと，早々と言ってはいけません」

　オランダ語の men やドイツ語の man は意味的に3人称的である点で，西フリジア語の men とは異なる。

　　オ．Zoiets doe *je* niet.「そういうことはするものではない」
　　　　Men zegt dat hij weggaat, maar ik ben er niet zeker van.「彼は行ってしまうそうだが，私には確信がない」

　なお，西フリジア語でも2人称代名詞 do，jo や3人称代名詞複数形を「(一般的に)人は」の意味で用いることがある(§21(3)(e))。

　men が意味的に話者を含むようになったのは18世紀以降であり，それ以前は話者を含まない意味の用例も見られる(Krol 1985：18ff.)。また，西フリジア語の men［mən］はオランダ語の men［mən］と同様に，man［mɔn］「男(単数形)」(オ．man［mɑn］)の発音上の弱形から発達した。

　次例の jin と jins は不定代名詞 immen/ien ((b)参照)，所有代名詞 syn (§24)に置き換えられず，men の再帰代名詞のように見える。

　　　Men moat *jins* wurd hâlde.「自分の言った言葉は守らなければならない」
　　　Men moat *jin* foar *jins* flaters skamje.「自分の誤りは恥じるべきだ」
　　　Men moat *jinsels* hieltiden wer ôffreegje wat de reklame fan de lêzer wol.「広告が読者から何を望んでいるか，つねにもう一度，自問し直してみる必要がある」

　しかし，そうではない。次例の men と jin が同一の単文にないことからわかるように，immen/ien, syn と jin, jins の相違は「だれか」と「(話者を含

めて一般的に)人」という意味上の違いによる。

  Wat *men* net wit, dat deart *jin* net.「自分の知らないことは自分を傷つけない(＝知らぬが仏。ことわざ)」

(b) ien [iən]（話し言葉)/immen [íměn]「**だれか**」（ド．einer/エ．one, オ．iemand/ド．jemand)

  Der is *ien* by de doar.「ドアのところにだれかいる」

  Is der noch *immen* dy't wat drinke wol?「まだ何か飲みたい人はいますか」

主格 ien/immen を受ける代名詞はともに hy/er，目的格は him，所有格は syn のように，人称代名詞を用いる。

  As *immen* in nij hûs bouwe wol, moat *er* earst spikers telle.「新しい家を建てようと思ったら，まず釘の数を数えなければならない(＝無理な望みは禁物。ことわざ)」

否定形は net ien または nimmen「だれも…ない」である。*net immen は不可。

  Net ien kin altyd alhiel syn sin krije.「いつも完全に自分の意見が通る人はだれもいない」

  Nimmen is grut dy't grut is yn eigen eagen.「自分で(＝自分の目で)偉大だと思っている者はけっして偉大ではない(ことわざ)」

  Allemans freon, *nimmens* freon.「すべての人の友はだれの友でもない(ことわざ)」

'(in＋)不定代名詞 (-en-)ien'「…の人・物事」(§19(3)(a)) に注意。

  eltsenien「どの人も」, mannichien「多くの人」, in oarenien「別のもの」, in inkeldenien「どれか」

  De Gouden Ieu wie net foar *elkenien* in gouden tiid.「「黄金の世紀(＝オランダ17世紀)」はだれにとっても黄金時代というわけではなかった」

  Hast *eltsenien* is oanwêzich.「ほとんどすべての人が居合わせている」

  Mannichien dy't syn of har wurk yn 'e stêd hat, wennet op in doarp yn 'e omkriten fan dy stêd.「都市で仕事についている人の多くは，その都市の周辺の村に住んでいる」

Neidielen binne der fansels ek. Om *in inkeldenien* te neamen, de huzen steane meastentiids leech.「もちろん，欠点もある。そのうちの任意のひとつを挙げれば，家々がほとんどいつも空であることだ」

Op feesten wurdt ornaris de flagge útstutsen. Hiel faak is dat de Nederlânske trijekleur, mar ek gauris sjocht men *in oarenien*.「祝日にはふつう旗が掲揚される。それはたいていオランダ三色旗が多いが，ほかのものが見られることもある」

(c) al [ɔl]/alle [ɔlə]「すべて(の)」(オ./ド. al/alle, エ. all)

① al＋{限定詞＋名詞/wa't-関係文}

al は限定詞(冠詞，指示・所有代名詞)と共起する場合に用いる。

Beppe breidet altyd *al ús sokken*.「祖母はいつも私たちの靴下を全部編みます」(de sok「靴下」の複数形)

al syn libbensdagen「彼の全生涯にわたって」(de libbensdei「生涯の日」の複数形)

Al wa't komt, is wolkom.「来る人はみな歓迎です」

② alle (＋形容詞)＋名詞

alle は al と違って限定詞とは共起しない。

alle talen「すべての言語」↔ *al dy* talen「そのすべての言語」(de taal「言語」の複数形)

Alle begjin is swier.「最初はみなむずかしい」(it begjin「最初」)

Alle dy't komme, binne wolkom.「いらっしゃる方はみな歓迎です」

Alle bern wolle in sliepkeamer.「子供たちはみな(自分専用または共同の)寝室をほしがっている」(it bern「子供」の複数形，elk/elts/ider と比較)

名詞句から離れて現われることもある(allegear(re) も可，al 不可)。

De bern wolle {*alle*/*allegear(re)*/**al*} in sliepkeamer.「同上」

③ alles「すべての物事」，allen「すべての人々」

Yn 'e simmer bloeit *alles*.「夏にはすべてが花を咲かせる」

Dizze auto is *fan ús allen*.「この車は私たち全員のものです」

Alles wat liket is noch net wier.「それらしく見えるものはすべて，まだ

fan alles「さまざまなもの」については§37(5)(a)参照。

(d) beide [báidə, bɛidə]「両方(の)」(オ./ド. beide, エ. both)

beide には意味的に定(エ. definite)の性格が強いが，耳，手足，紙の表裏，夫婦のように全体が2者の対象に用いる場合には，不定代名詞としての性格がある。

Wy nimme *beide* in kofje.「私たちは二人ともコーヒーにします」
De beide kearen dat in rivier myn paad krúste, hâlde ik dan ek midden op 'e brêge.「川が道と交差したその2回とも，私は橋の上で立ち止まった」

*beides は存在しない(オランダ語と同様。ド. beides に注意)。

Ik drink meast wite wyn of reade … Ik mei *beide* wol.「私はたいてい赤ワインか白ワインを飲むけど…両方とも好きなの」

beiden「二人，両方の人」という語形もある。

Ien *fan ús beiden* sil komme.「私たち二人のどちらかが伺います」

'mei＋所有代名詞＋beiden'「二人でいっしょに」という表現に注意。

Se komme *mei har beiden*.「彼らは二人そろって来る」

「AもBも」は 'A likegoed B' と表現する(エ. both A and B)。

De manlju *likegoed as de froulju* wisten dat net.「男の人たちも女の人たちもそのことを知らなかった」

(e) elk(e) [ɛlk(ə)]/elts(e) [ɛlts(ə)], ider [ídər]「おのおの(の)」(オ. elk/エ. each, オ. ieder/ド. jeder)

限定用法では名詞単数形に用い，形容詞の変化に従う。

Elk is himsels de neiste.「だれでも自分がいちばんかわいい(＝近い)」

De farmaseutyske yndustry is kommersjeel fan opset, krektlyk as *eltse oare yndustry*.「製薬会社は商業的に他のどの企業ともまったく同じ目標を持っている」(de yndustry「企業」)

Elk bern wol in sliepkeamer.「どの子供も(自分専用の)寝室をほしがっている」(it bern「子供」の単数形，alle と比較)

名詞句から離れて現われることもある。ただし，名詞句は複数形になる。

De bern wolle *elk* in sliepkeamer.「子供たちは各自(自分専用の)寝室をほしがっている」(alle と比較，it bern「子供」の複数形)

この場合には接尾辞 -mis/-s を伴って elkmis/iders となることがある。

De famkes krigen {*elk(mis)*/*ider(s)*} twa blommen.「女の子たちは各自風船を二つずつもらった」(it famke「女の子」の複数形)

(f) folle [fólə]「多く(の)」(オ．veel，ド．viel)

無変化であり，オ．veel/ド．viel と違って肯定文では用いず，否定文，safolle/tefolle/hoefolle「{あまりに/それほど/どれほど} 多く(の)」，'folle＋比較級'「よりずっと…」で用いる。肯定文で「多く(の)」の意味には，(1)の in soad/in protte/in bulte などを用いる。

Tefolle sûker wurket ûngeunstich foar it bloed.「砂糖のとりすぎは血液に悪く作用する」

Soe it wier *safolle* skele?「本当にそれほど違うものだろうか」

Hoefolle fertsjinnesto dêr?「君はそこでどのくらい稼いでいるんだ」

De toer is *folle heger* as it hûs.「塔は家よりもずっと高い」('folle＋比較級'「ずっと…」，§20(3)③)

「わずか(の)，少ない」(オ．weinig/ド．wenig)には単独の語がなく，否定形の net folle を用いる。

Der is *net folle romte* mear.「もうそれほど空きがない」

Ik wit der ek *net folle* fan.「私もそれについてはあまり知らない」

Folle minsken wiene der *net*.「あまり人は多くなかった」

(g) gâns [gɔːⁿs]「多く(の)，全体(の)，まったく(の)，大きな・長い」(オ．gans，ド．ganz)

限定詞と共起しない場合は無語尾である。「大きな，長い」のような形容詞的な意味もあり，不定代名詞としては特殊である。

Der stiet *gâns* wyn.「風が強い(＝多くの風が立っている)」

Gâns diersoarten binne hast of hielendal útstoarn.「数多くの種類の動物がほとんどまたはまったく死滅してしまった」

Sadwaande wurdt *gâns jild* stutsen yn it sykjen fan nije medisinen.
「そのようにして新薬の開発に大金が投入される」
Der is soms *gâns ferskil* yn it werjaan fan de feiten.「事実の描きかたにはときには大きな差がある」
gâns in {winkel/stêd}「大きな{店/都市}」
de *gânse* dei「一日中」　*gânse* ferhalen「長大な物語(複数形)」

(h)　genôch [gənɔ́ːx]「十分(な)」(オ．genoeg，ド．genug，エ．enough)
　genôch は限定用法では名詞句の直前または直後に置く。
　　jild *genôch*/*genôch* jild「十分なお金」
　　Boer Dykstra hat *lân genôch*.「農夫のディクストラには土地が十分ある」
　　Ik tocht dat wy noch *genôch sokken en broeken* hienen.「うちにはまだ靴下やズボンは十分あると思ったんだけど」
　　"Kin ik jo ek noch ien ynskinke?" "Nee tankewol, ik ha *genôch* hân."
　　「もう一杯お注ぎしましょうか」「いえ，結構です。十分いただきました」

(i)　guon [gwon]「何人か(の)，いくつか(の)」
　guodden(s), guods などの語形もある。
　　Op *guon plakken* rydt de bus mar in kearmannich deis.「一日にバスが数回しか走らないところもある」
　　Guon trouwe ek nochris yn 'e tsjerke.「教会で結婚式を挙げる人たちもまだ何人かいる」
　　Binne der ek noch *guon* dy't wat freegje wolle?「何か聞きたい人はまだ何人かいますか」

(j)　in bytsje [ən bítʃə]「少し(の)」(オ．een beetje，ド．ein bisschen)
　　Hy wie der *in bytsje* ferlegen mei.「彼はそれに少し当惑した」
　　Platte lannen binne der mar *in hiel lyts bytsje* op 'e wrâld.「平らな国は世界中にほんの少ししかない」
　　Ik ha *in bytsje koarts*.「私は少し熱がある」

(k) **in pear [ən pɪər]**「二，三(の)」(オ．een paar，ド．ein paar)

Ik ha noch al *in pear hobbys*.「私にはまだちゃんといくつか趣味がある」
As bern bin 'k al begûn postsegels te sammeljen. No keapje ik wol ris *in pear*.「子供の頃から私はもう切手を集めはじめた。今でも二，三枚買うことがある」

(l) **in soad [soət]/in protte [prôtə]/in bulte [bølṭə]**「多く(の)」

folle ((f)参照)と違って肯定文にも否定文にも用い，可算名詞にも不可算名詞にも用いる。

Der wenje {*in soad/in protte/in bulte*} *minsken* yn de stêd.「その都市にはたくさんの人が住んでいる」
Dy't *in bulte* begrypt, kin *in bulte* ferjaan.「多くを理解する者は多くを許せる(ことわざ)」
Foaral lytse doarpen hat Fryslân *in soad*.「とくに小さな村がフリースラントには多くある」

in knoarre/in slompe/in smite「多く(の)」も話し言葉で用いる。

De stedman hat *in knoarre jild*.「あの都会人は大金を持っている」
Mar heit fynt 50.000 euro *in slompe jild*.「しかし，父親は5万ユーロは大金だと思う」
Der wie *in smite folk* op it iis.「氷の上にはたくさん人がいた」

(m) **inkeld(e)/inkel(e) [íŋkəlt, …(d)ə]**「いくつか(の)，何人か(の)」(オ．enkele)

Ik tink dat wy fan sneon op snein wat wetter krije en dêrmei *inkelde buien*.「土曜日から日曜日にかけて雨が降り，そのさい少しにわか雨があると思います」
Der binne minsken, dy't *gjin inkelde wichtige wedstriid* oerslaan kinne.「重要な試合はひとつも逃せないという人たちがいる」
Der wie *gjin inkeld gefaar*.「どんな危険もなかった」

名詞単数形と用いて「何らかの」という意味を表わすこともある。

In inkelde kear trof ik har wol ris.「たまに私は彼女に会うこともあっ

た」(in inkelde kear「たまに」, オ. een enkele keer)

(n) mannich [mónəx, mánəx]「多く(の)」(＋名詞単数形/無変化)(オ. menig, ド. manch, エ. many)
Mannich klaaidoarp is ûntstien yn 'e tiid, doe't der noch gjin seediken wiene.「クラーイ地方(＝フリースラント西部の粘土質地域)の村の多くは，まだ海岸の堤防がなかった時代に成立した」

'in (…)mannich (＋名詞複数形)'「いくつか(の)」という表現もある。
Ik jou *in mannich foarbylden*.「私はいくつか例を挙げます」
Wy ha *in stikmannich oarsaken* neamd foar de hjoeddeiske wurkleazens.「私たちは今日の失業の重要な原因をいくつか挙げました」
Foar *in jiermannich* soe de ferbining fan Snits nei Starum opdoekt wurde.「何年かしたら，スニツ(オ. Sneek「スネーク」)からスタールム(オ. Stavoren「スターヴォレン」)に至る交通機関(＝鉄道)は廃止されるかもしれない」
It hat al *in wykmannich* wintere.「もう二，三週間，冬の天気が続いた」
De bus rydt mar *in kearmannich* deis.「バスは一日に数回しか走っていない」

(o) oar(e) [óərə]「ほか(の)」(オ./ド. ander, エ. other)
in *oare* kleur「ほかの色」
de *oare* kant fan 't plein「広場の向こう側」
Ik keapje yn *it iene* winkeltsje dit, yn *it oare* dat.「私はある店でこれを買い，他の店であれを買うという具合だ」
Foar *guon minsken* is dat lestich, *oaren* fine it noflik.「ある人たちにとってそれはいやなことだが，すてきだと思う人たちもいる」
De iene sei wol, *de oare* net.「ある人はそうだと言い，別の人はそうではないと言った」
語尾 -e の有無は微妙な場合がある。
oarman/oar(r)eman「他人」(オ. anderman)
oare kear「今度」↔ in *oar* kear「いつか(別のときに)」

in oar「他人」, de oar「相手」は無語尾で固定している (§ 19 (2)(a)⑦)。
 Wat sil *in oar* derfan sizze?「ほかの人はそれについて何と言うだろう」
 It inisjatyf kin ek fan *de oar* komme.「主導権は相手から来ることもある」
副詞 oars [oəs]「ほかに, そうでなければ」もある。
 Om 1878 hinne gie dat gâns *oars* as hjoeddedei.「1878 年頃はそれは今日とはまったく違っていた」
 Oars nimme wy in lekkere cocktail.「そうでなければ, 私たちはおいしいカクテルをいただきます」

(p) wat [vɔt] (口語的)/eat [Iət]「何か, いくつか」(オ. wat/iets, ド. was/etwas)
 Hast *wat* sjoen?「君は何か見たのか」
 Op it taffeltsje lizze *wat* tydskriften en *wat* folders.「テーブルの上に雑誌が数冊とパンフレットがいくつか置いてある」
 'Dizze' wurdt brûkt foar *eat* dat tichtby is.「dizze は近くにあるものに用いられる」
 As de moade mei *wat* nijs foar 't ljocht komt, wurdt dêr earst *wat* om lake.「流行が何か新しいものをたずさえて登場すると, 最初はいささか (wat「少し」) 物笑いの種になる」
hiel wat「とても多く(の)」, {frij wat/nochal wat}「かなり多く(の)」という表現もある。
 Op *hiel wat* doarpen is hjoeddedei in toanielferiening.「とても多くの村に今日では劇団がある」
 De doarpen nimme *hiel wat* oer fan de stêd.「村は都市から非常に多くのものを譲り受けている」
 Mei *frij wat* minsken sil it sa wêze dat it begjin en de ein fan har libben him ôfspilet yn it sikehûs.「かなり多くの人々にとって, 人生の始まりと終わりは病院で起こるものだろう」
 Der wurde *nochal wat* nije wenten boud foar minsken dy't foarhinne yn 'e stêd wennen, mar no by ús op it doarp kommen binne.「以前は都市に

住んでいたが，今は村の私たちのところにやって来た人々のために，かなりたくさん新しい住宅が建てられている」

§27　疑問詞 (fraachwurd) と疑問文 (fraachsin)

(1) まとめ

　疑問文は文の構成から，主文としての「直接疑問文」(direkte fraachsin)と他の文に従属文として組み込まれた「間接疑問文」(yndirekte fraachsin)に分かれ，疑問詞の有無から，「疑問詞疑問文」(wurdfraach)と「選択疑問文」(sinfraach)に分かれる。疑問詞には疑問代名詞と疑問副詞がある。直接疑問文では，選択疑問文は定動詞を文頭に置き，ふつう文末のイントネーションを上げて表わし，疑問詞疑問文は定動詞の前に疑問詞または疑問詞を含む文成分を置いて表わす。ともに英語の do にあたる要素は用いない。

　　Is 't slim mei jim heit?「お父さんの具合は良くないのですか」
　　Leardesto ek Frysk op skoalle?「君は学校でフリジア語も習ったの？」
　　Kinne wy it hûs besjen?「私たちは家を見てもいいですか」
　　Hat it iten dy hjoed wol goed smakke?「今日は食事はおいしかったかい」
並列接続詞(§41)は定動詞の前に置くことができる。
　　Of geane jo leaver nei de lytse winkeltsjes?「それともあなたは小さい店に行くほうがいいですか」

(2) 疑問代名詞 (freegjend foarnamwurd)

(a) **wa** [va:]「だれ（主格・目的格）」
　　Wa {hat/hawwe} dêr stien?「だれ（単数/複数）がそこに立っていたのですか」
　　Wa hasto juster sjoen?「君は昨日，だれに会ったの」
　　{*Wa syn*/ *Wa har*/ *Wa's*/ *Waans*/ *Wannes*} auto is dit?「これはだれの車

ですか」(wa har「だれの」はとくに女性を指す場合)

{*Wa sines/Wa harres*} is dit?「これはだれのものですか」(wa harres「だれのもの」はとくに女性を指す場合)

前置詞を伴うと「前置詞＋wa」を用いる。「wêr…前置詞」は人の意味では好ましくないとされるが，じっさいには用いることがあり，従属文ではその傾向が強い。

Mei wa hat er jûster dûnse?「彼は昨日，だれと踊ったのですか」

(*Wêr* hat er jûster *mei* dûnse?「同上」)

「wa … 前置詞」は種類の意味「どんな人」では許されないが，特定の意味「だれ」では可能である（ただし，「虚辞の der」を欠く場合。§36(2)(c)）。

Wa hat er jûster *mei* dûnse?「彼は昨日，{*どんな人/だれ} と踊ったのですか」

'wa＋名詞'「どんな（人）」という表現もある((d) wat「どんな」参照)。

Wa minske kin soks dwaan?「どんな人にそんなことができるのだろう」

(b) wat [vɔt]（強調形 watte [vɔ́tə]）「何（主格・目的格）」

Wat tinkt jo fan dizze wize fan advertearjen?「あなたにはこの種の広告のしかたはどう思えますか」

Wat betsjut dit wurd?「この単語はどういう意味ですか」

強調形 watte は文中ではなく，単独で用いる（§21(1)）。

"*Watte*?" sei se en skuorde de mûle wiid iepen.「「何ですって」と彼女は言って，口を大きく真横に開いた」

(c) wêr [vɛːr]（…）前置詞「何」

wat が前置詞を伴うと「wêr（…）前置詞」を用いる。ふつう wêr は前置詞から分離し，前置詞は右枠の動詞や分離成分の直前に置く。

Wêr docht dat *út* bliken?「それは何からわかるのだろう」

論理関係や付帯状況のように述語との結びつきが弱い付加成分では，wêr は前置詞から分離しない傾向が強い（§34(2)(b)「代名詞の der」参照）。

Wêrtroch binne de prizen omheech gien?「何の原因で物価が上がったのだろう」

206　Ⅴ　代名詞

「前置詞＋wat」は不可,「wat … 前置詞」は不自然である。
　　Wêr hast dyn brief *mei* skreaun?「君は何を使って手紙を書いたのか」
　　{*Mei wat hast dyn brief/? *Wat* hast dyn brief *mei*} skreaun?「同上」

(d) {watfoar [vɔ́tfwar] (in)/wat}（＋名詞）「どんな」

「watfoar＋名詞」では wat を文頭に置き,foar 以下から分離することが多い（§36(2)(f)）。可算名詞単数形は不定冠詞 in を伴うことがある（(6)「感嘆文」参照）。

主格補語の例。
　　Watfoar (in) tydskrift is dat?「それはどんな雑誌ですか」
　　Wat is dat *foar (in) tydskrift*?「同上」
目的語の例。
　　Watfoar ferskil soe dat meitsje?「それはどんな違いになるのだろう」
　　Wat hat dat no *foar* sin?「それはいったいどういう意味があるのか」
主語が動作主の場合にはふつう分離しない。
　　Watfoar studinten wolle dit boek hawwe?「どんな学生がこの本をほしいのだろう」（*Wat wolle *foar studinten* dit boek hawwe? は不可）
「wat＋名詞」も「どんな…」の意味を表わす。
　　Wat sykte soe er ha?「彼はどんな病気なのだろう」
　　Wat (foar) {*man/guod*} is dat?「それはどんな {男の人/品物} ですか」

(e) {hok(ke) [hók(ə)]/hokker [hókər]}（＋名詞）「どの,どんな」,
　　{hoe'n [hun]（口語的）/hokfoar [hókfwar] (in)}（＋名詞）「どんな」

hok/hokke の区別は形容詞限定用法の語尾 -e の有無と同じ規則に従う（§19(2)）。hoe'n は hoe＋in に由来する。hok(ke)/hoe'n に後続する名詞の語形は,指示代名詞 sok/sok(ke)/sa'n（§25(b)）とほぼ同様に,次のとおりである。
　　可算名詞：　 hoe'n＋単数形　　　　 hokke＋複数形
　　不可算名詞：hok＋中性名詞単数形　　hokke＋両性名詞単数形
　　Hok tydskrift lêsto dêr?「君はどんな雑誌をそこで読んでいるのかい」
　　(it tydskrift「雑誌」)
　　Hokke blommen fine jimme it moaist?「どの花を君たちはいちばんきれ

いだと思いますか」(blom「花」)

Hoe'n strik hast kocht?「君はどんなネクタイ(de strik)を買ったの」

hokfoar「どんな」では可算名詞単数形が不定冠詞 in を伴うことがあるが，hokker「どの，どんな」では伴わない。ともに名詞の種類に制限はない。「hokfoar (in)+名詞」は*「hok … foar (in)+名詞」とは分離できない。

Mei {*hokfoar (in)*/*hokker*} trein komme jimme?「君たちはどの列車で来ますか」

hokker は元来，複数属格形であり(古フ. huckera)，複数形でも語尾 -e がつかない。

Hokker gemeenten binne achterút gien?「どの自治体が衰退したのだろう」(gemeente「自治体」)

hoe'nen(t) [húnən(t)]/hoe'n(en)-ien [hún(ən)iən]「どんな人・物事」という語もある。

"Ik ha in nije fyts kocht." "O ja? *Hoe'nen(t)*?"「ぼくは新しい自転車を買ったんだ」「へえ，そう。どんなの？」

(3) 疑問副詞(freegjend bywurd)

(a) hoe [hu]（+形容詞/副詞）「どのように，どれほど(の)」

Hoe ferklearje jo dat?「あなたはそれをどのように説明しますか」

Hoe let sil dat west hawwe?「それは何時だったんだろう」

「hoe-{形容詞/副詞}」として1語で固定した疑問副詞がある。

(yn) hoefier [hufíər]「どの程度」，hoefolle [hufólə, húfolə]/hoemannich [humɔ́nəx, humánəx]「どれほど多く(の)」，hoefol(le)ste [hufól(ə)stə, hú…]「何番目(の)，何分の一(の)」，hoenear [huníər, húnɪər]「いつ，どんな場合に」，hoeno [hunó:u]/hoesa [husá]「どうして」

Hoefolle winkels binne dêr?「そこには店がいくつありますか」

Hoefolle is sân en fjouwer?「7たす4はいくつ？」

De hoefol(le)ste {is 't/binne wy} hjoed?「今日は何日ですか」

(b) wêr [vɛːr]（強調形 wêre [vɛ́ːrə]）「どこ」

 Wêr hat ús mem it presintsje kocht?「お母さんはどこでそのプレゼントを買ったのだろう」

'wêr (…) wei [vai, vɛi]'「どこから」，'wêr (…) hinne [hĭnə]'「どこへ」では，wêr はふつう wei/hinne から分離する。wei/hinne は右枠の動詞や分離成分の直前に置く。疑問代名詞 'wêr (…) 前置詞'「何」に注意((2)(c)参照)。

 Wêr komst *wei*?「君はどこから来たのですか」

 Witsto wol *wêr'tsto* aanst *hinne* moatst?「君はこれからすぐにどこへ行くべきかわかっているのか」

(c) wannear [vɔníər, vɔ́nɪər]「いつ」, wêrom [vɛːróm, vɛ́ːrom]「なぜ」

 Wannear binne se begûn mei it oanlizzen fan seediken?「いつ人々は海岸の堤防の建設を始めたのだろう」

 Wêrom ha jo ús dat net earder ferteld?「どうしてそれをもっと早く私たちに知らせてくれなかったのですか」

(4) 間接疑問文 (yndirekte fraachsin)

間接疑問文は従属文であり，定動詞を文末（右枠）に置き，補文標識 -'t (← dat)（または as）を従属文の文頭（左枠）の疑問詞の語末に添える (dat/wat のように t で終わるものはそのまま。§42)。

(a) 選択疑問文

選択疑問文は oft [ɔt] (← of [ɔf]+dat)「…かどうか」で導入する。話し言葉的な文章では，発音どおりにつづった at [ɔt] を用いる (§42(2))。

 Ik woe freegje {*oft/at*} jo my helpe koene.「お手伝いしていただけるか，おたずねしたいのですが」

 Sy seach {*oft/at*} it goed wurke.「彼女はそれがうまくいっているか見てみた」

 {*Oft/At*} it stikken giet? Wolnee. Us yndustry makket alles ommers geweldich goed.「故障するのではないかですって？ いいえ，大丈夫です。

§27 疑問詞と疑問文　209

(b) **疑問詞疑問文**
① 疑問詞が独立用法の場合：「疑問詞＋'t」
'tの付加は義務的である。接語化していない「*疑問詞＋dat」は不可。
Ik wit net *mei wa't* er juster dûnse hat.「私は彼が昨日だれと踊ったか知らない」(wa't [vaːt] ← wa dat)
"Wêr giet dat toanielstik oer?" "It is in blijspul, mar ik wit net krekt *wêr't* it *oer* giet."「その劇はどんな内容ですか」「喜劇ですが，正確な内容はよく知りません」(wêr't [vɛːt] ← wêr dat)
Wêr'tst no wennest, is my net bekend.「君がどこに住んでいるか，私は知らない」(wêr'tst [vɛːst] ← wêr dat-st)
Hoe't soks komt, is net maklik te sizzen.「どうしてそんなことになるのかは簡単には言えない」(hoe't [hut] ← hoe dat)
Beppe wit krekt *wannear't* it in bern syn jierdei is.「祖母は子供の誕生日がいつかちゃんと知っている」(wannear't [vɔníət, vɔ́nɪət] ← wannear dat)
Wêrom't ik dêr sa lang oan wurkje moatten ha, wit ik sels ek net.「なぜ私がその仕事にそんなに長い時間をかけなければならなかったか，私自身わからない」(wêrom't [vɛːrômt, vɛːromt] ← wêrom dat)
wat「何」はtで終わるので，-'tを付加してもwatのままである。
Hast eltsenien wit *wat* dat wurd betsjut.「その語がどういう意味かはほとんどだれでも知っている」(wat [vɔt] ← wat-'t ← wat dat)
「疑問詞＋oft/at」も用いるが，それほど一般的ではない。
Ik wit net *wannear oft* er komt.「私はいつ彼が来るか知らない」
② 疑問詞が限定用法の場合：「疑問詞＋{形容詞/副詞/名詞}＋{∅/{oft/at}（またはas)}」
oft/at（またはas）を添えるのが一般的だが，義務的ではない。
It komt der net op oan *hoe* âld ∅ men is, mar *hoe't* men âld is.「どれだけ年をとっているのかではなく，どのように年をとっているのかが肝心だ（ことわざ）」

It liket of wit er noch net krekt *hokker spesjalist* Ø er it earst rieplach-tsje sil.「どうも彼はどの専門医にまずかかるべきか，まだわかっていないようだ」

Ik trêde it lân út en berekkene *hoefolle lânsomgongen as* ik meitsje moast.「私は土地の広さを歩いて測り，耕作するのに何回往復が必要か計算した」

「疑問詞＋{形容詞/副詞}」で1語の疑問詞として固定しているものは，補文標識 't（← dat）だけを加えることがある（§42(1)）。

Ik wit net {*hoelang oft*/ *hoelang* Ø/ *hoelang't*} it duorje sil.「私はそれがどのくらい続くか知らない」（hoelang「どれほど長く」）

hokker「どの，どんな」((2)(e)参照)は本来，hok＋foar の複合語であり，独立用法「どれ，どんなもの」でも hokker {oft/at} とし，*hokker't とはしない。同様に，hoe'n「どんな」(← hoe＋in, (2)(e)参照)の独立用法にあたる hoe'nen「どんなもの」も hoe'nen {oft/at} とし，*hoe'nen't とはしない。ともに無アクセント音節には -'t がつかないことに注意。

Hy wit krekt, *hokker punten oft* er al neame moat en *hokker oft* er net neame hoecht.「彼はどの点を挙げるべきか，またどの点は挙げる必要がないかをよく知っている」

オランダ語では「疑問詞＋従属文」がふつうだが，話し言葉では「疑問詞＋{dat/of/of dat}＋従属文」という構文も見られる（Donaldson 1997：244, §42(1)(a)）。

オ．Kunt u me zeggen *waar dat* ze wonen?「彼らがどこに住んでいるか教えていただけますか」（話し言葉）

We weten niet *waar of* ze de bruiloft willen houden.「私たちは彼らがどこで結婚式を挙げたいと思っているのか知らない」（話し言葉）

Hij weet niet *wat of* ze kan doen.「彼は彼女に何ができるか知らない」（話し言葉）

We weten niet *wie of dat* er zal komen.「私たちはだれが来るか知らない」（話し言葉）

(5) その他の疑問文

(a) 平叙文疑問文と「問い返し疑問文」(echo-fraachsin)

疑問の意味は平叙文の語順でも表現できる。相手の意図や事実の真偽などを確認するには，平叙文の語順で文末のイントネーションを上げて表現する。

Do fytstest allinnich fan Snits nei Sleat?「君はひとりでスニツ（オ．Sneek「スネーク」）からスレアト（オ．Sloten「スローテン」）まで自転車で行ったのか」

It leit fêst lekker sa ûnder de tekkens, of net soms?「そうやって毛布にくるまっているのは，さぞ気持ちがいいんじゃないか」

Hy sil dochs waarm miel iten ha moatte?「(そんなこと言ったって）だって，彼は温かい食事をとっておかなければいけなかったんでしょう」

相手の発言をそのまま繰り返して聞き返すいわゆる「問い返し疑問文」では，疑問詞は文頭に置かれずに文中にとどまったままである。

"Juster wie ik yn Harns." "Do wiest *wêr*?"「昨日，ぼくはハーンス（オ．Harlingen「ハルリンゲン」）に行ってきた」「どこに行ってきたって？」

(b) 従属文に含まれる要素を問う疑問文

これには次の3種類の構文があり，tinke「…と思う」のように，従属文の内容が事実とは確認されない動詞の目的語の場合に可能である。一方，witte「…ということを知っている」のように，事実と確認される動詞では不可能である(Hiemstra 1986)。

① 従属文中の要素を疑問詞として主文の文頭に置き，従属文の先頭に補文標識 dat を置くもの

Wa tinksto *dat* ik sjoen haw?「君は私がだれに会ったと思う？」
Wa tinksto *dat* my sjoen hat?「君はだれが私に会ったと思う？」
Wêr tinksto *dat* Jan wennet?「君はヨンがどこに住んでいると思う？」

② 従属文中の要素を疑問詞として主文の文頭に置き，従属文の先頭にもそれと同じ疑問詞を置くもの

Wa tinksto *wa't* ik sjoen haw?「同上」
Wa tinksto *wa't* my sjoen hat?「同上」

Wêr tinksto *wêr't* Jan wennet?「同上」

③ 主文の文頭に wat を置き，従属文中の要素を疑問詞として従属文の文頭に置くもの

Wat tinksto *wa't* ik sjoen haw?「同上」

Wat tinksto *wa't* my sjoen hat?「同上」

Wat tinksto *wêr't* Jan wennet?「同上」

③は「あなたは私がだれに会ったかということについてどう思いますか」のように訳せば理解できる。オランダ語，ドイツ語，英語では②は見られない。①は見られるが，従属文の主語を問う疑問文は不自然である。

オ．[?]*Wie* denkt u *dat* mij heeft gezien?「あなたは私がだれに会ったと思いますか」

ド．[?]*Wer* glauben Sie *dass* mich gesehen hat?

エ．*Who* do you think {[?]*that*/Ø} has seen me?

(6) 感嘆文 (útroppende sin)

wat による疑問詞疑問文はイントネーションを変えれば，感嘆文としても用いる。'wat (…) 形容詞'「なんと (…だ)」，'wat (…) in＋名詞'「なんという (…だ)」，'wat … 動詞'「なんと (…だ)」

Wat is 't dêr *moai*!「あそこはなんときれいなんだろう」

Wat wie it *in feest* as men as bern de jierdei fiere soe.「子供の頃，誕生日のお祝いをしようというときは，なんというお祭りだったことでしょう」

Wat spitich dat hy net komme kin!「あの人が来られないとはなんと残念な」

Wat moast ik *laitsje*!「なんと笑ってしまったことか」

例外的に不可算名詞や名詞複数形にも不定冠詞 in がつく（§25 (b) ③ sa'n 参照）。この点はオランダ語でも同様である。

Minsken, minsken *wat in* jild!「やれやれ，なんという大金だ」(jild「金銭 (不可算名詞)」)

Wat in auto's!「なんという車 (auto の複数形) だろう」

wat のかわりに hoe を用いるのは，古めかしい印象を与える。

Heitelân, *hoe moai* bisto!「祖国よ，なんとおまえは美しいことか」

「dat- 従属文」による感嘆文については§44(1)(c)⑤，§65(2)(c)参照。

§28 関係詞 (betreklik foarnam- en bywurd) と関係文 (betreklik bysin)

(1) まとめ

　関係詞には関係代名詞と関係副詞があり，その選択は関係文における意味的・統語的な役割で決まる。関係代名詞の性と数は先行詞(antesedint)に一致し，主格と目的格の区別はない。先行詞を伴わない不定関係詞は一般的な意味で用いる。関係文は従属文であり，関係詞は補文標識 -'t (← dat)を伴って(ただし，dat/wat のように t で終わるものはそのまま)関係文の先頭(左枠)に置き，定動詞は文末(右枠)に置く。正書法ではコンマは関係文の終わりに添えることが多い。関係文の初めには，「制限用法」(beheinend gebrûk)ではコンマを添えず，「継続用法」(útwreidzjend gebrûk)では添えることが多い。

　英語と違って，枠構造(§43(1))を持つ西フリジア語では関係詞は省略できない。これはオランダ語やドイツ語でも同様である。

　　Dit is de kwestje {*dy't*/*Ø*} wy hjoed beprate wolle.「これが私たちが今日論じたいと思っている問題です」

関係文は語用論的な理由から，先行詞に隣接せずに外置されることがある。

　　Men moat net *alles* sizze, *wat men wit*, mar wol *alles* witte, *wat men seit*.「知っていることはすべて言う必要はないが，言うことはすべて知っている必要がある(ことわざ)」

「前置詞＋関係詞」および「関係詞＋名詞句」では補文標識 -'t のかわりに oft (← of dat)を伴うことがある。とくに後者では oft が一般的である(§42 (2))。

　　Dit is de frou {*mei wa't*/*mei wa oft*} ik juster praat ha.「これが私が昨日，(ソノ人ト)言葉を交わした女性です」

　　Dit is de frou {**dy har broer't*/*dy har broer oft*} dearekke wie.「これ

が(ソノ人ノ)兄弟を殺された女性です」

これ以外の場合には oft は用いない。

Dit is de frou {*dy't*/*dy oft} ik juster sjoen ha.「これが私が昨日会った女性です」

(2) 関係代名詞(betreklik foarnamwurd)

(a)　dy't [dit] (← dy dat)

主格と目的格で用いる。所有格は dy {syn/har} ((1)の用例参照)。

① 先行詞：複数形・両性単数形

Yn in boek wurdt ferteld oer *saken dy't* josels soms meimakke hawwe.「書物には，ときにはあなた自身が体験した事柄が語られていることがある」(saken「事柄(複数形)」← de saak)

Hja geat in tsjettel siedend wetter yn *in tobbe dy't* yn 't portaal klear stie.「彼女は玄関に用意してあった桶の中に，煮え立ったやかんのお湯を注いだ」(de tobbe「桶」)

② 先行詞を欠く不定関係代名詞「(およそ)…する人」

wa't ((c)③参照)と同様の用法。単数・複数の両方で用いる((4)参照)。

Dy't in bulte *begrypt*, kin in bulte ferjaan.「多くを理解する者は多くを許せる(ことわざ)」(単数)

Dy't gjin kaart *krigen hawwe*, meie frij folgje, as se dat wolle.「券をもらわなかった人たちも，その気があれば，自由に参列してかまわない」(複数)

不定代名詞 ien「だれか」を先行詞として付加して表現することもある。

Ien dy't earlik is, leit foar syn wurd net om.「誠実な人は自分の言葉を裏切らない」

(b)　dat [dɔt] (← dat dat)

主格と目的格で用いる。

① 先行詞：中性単数形

Ynflaasje is *in wurd dat* hjoeddedei gauris brûkt wurdt.「インフレー

ションはこんにち頻繁に用いられる用語です」(it wurd「語」)
In jiermannich lyn wie der by uzes *in jonkje* útfanhûs, *dat* in jier twa-trije yn Den Haach wenne hie.「数年前，わたしたちの家に二，三年ほどデン・ハーハ(オ．Den Haag)で暮らした男の子が泊まったことがあった」(it jonkje「男の子(指小形)」)

② 先行詞：wat などの不定代名詞

Hy sil faaks wol *wat* fine dat der wat op liket.「彼はそれに少し似ている何かを見つけるかもしれない」

(c) wa't [vaːt] (← wa dat)

① 先行詞：al [ɔl]「すべての人」(単数)

Al wa't dat wol, mei der oan meidwaan.「それをしたい人はいっしょにそれをやってもいい」(*alle wa't は不可。alle dy't/allegear(re) dy't (複数)は可)

②「前置詞＋wa't」(先行詞：人)

De frou mei wa't er juster dûnse hat, is myn suster.「彼が昨日いっしょに踊った女性は私の妹だ」

③ 先行詞を伴わない不定関係代名詞「(およそ)…する人」

dy't ((a)②参照)と同様の用法。単数・複数の両方で用いる((4)参照)。

Wa wit it antwurd? *Wa't* it wit, mei de finger opstekke.「だれか答えがわかりますか。それがわかる人は指を上げてください」(単数)

Bûter, brea en griene tsiis, *wa't* dat net sizze kin, is gjin oprjochte Fries.「bûter(バター)，brea(ライ麦パン)，griene tsiis(青かびチーズ)，これを言えない者は本当のフリジア人ではない」(単数)

Wa't al te hastich trouwe, kin 't al te gau berouwe.「早まって結婚する者は後悔するのも早い(ことわざ)」(複数)(kin は kinne の -e がリズムの関係で脱落したもの)

(d) wat [vɔt] (← wat dat)

① 先行詞：alles [ɔ́ləs]「すべて」, itselde [ətsɛ́ldə]「同じもの」

Alles wat op ierde libbe, ferdronk.「地上で生きていたすべてのものが溺

Ik nim *itselde watsto* nimst.「私は君がもらうものと同じものをもらいます」(*datsto は不可)

オランダ語と比較。

オ．Ik neem *hetzelfde dat jij* neemt.「同上」(*wat は不可)。

② 先行詞：文全体

De minsken harken net nei God en tochten allinne oan harsels, wat God tige fertriette.「人間たちは神の語ることに耳を傾けず，自分たちのことばかり考えた。そのことで神はいたく心を痛められた」

③ 先行詞を伴わない不定関係代名詞「(およそ)…である物事」

Wat men dronken docht, moat men nochteren betelje.「酔っ払ってすることには，しらふで支払わなければならない(ことわざ)」

De minsken harken net nei *wat* God fertelde.「人間たちは神が語ったことに耳を傾けなかった」

(e) **dêr't [dɛ(:)t] (…) 前置詞(← dêr dat)**

① 先行詞を伴う場合

先行詞は原則として物事の意味である。dêr't はふつう前置詞から分離し，前置詞は文末または右枠の動詞や分離成分の直前にとどまる。論理関係や付帯状況のように，動詞との結びつきが弱い付加成分は分離しにくい(§34(2)(b))。

Dit is *it mes, dêr't* ik de griente *mei* snien ha.「これが私が(ソレデ)野菜を切った包丁です」

Eltsenien kin oan 'e weet komme fan *alle dingen, dêr't* men graach wat mear *fan* witte wol.「だれでも(ソレニツイテ)もっと知りたいと思うことは，すべて知ることができる」

人の意味の名詞句ではふつう「前置詞＋wa't」((c)②参照)だが，話し言葉では「dêr't … 前置詞」も用いることがある(§27(2)(a))。

Dit is de studint {*foar wa't* ik it ornearre hie／*dêr't* ik it *foar* ornearre hie}.「これが私がそれをあげようと決めていた学生です」

その他の用例。

　　　　De frou dêr't er mei troud is, is tsien jier jonger. 「彼が(ソノ人ト)結婚した女性は 10 歳年下だ」 (mei wa't が正式)
　　　　オランダ語では「waar (…) 前置詞」を用いることに注意((f)参照)。
　　フ．it wurk *dêr't* se hielendal net *fan* hâldt 「彼女がまったく好きでない仕事」
　　オ．het werk {*waarvan* ze helemaal niet/*waar* ze helemaal *van*} houdt 「同上」
②　先行詞を伴わない不定関係詞「(およそ)…である物事」((4)参照)
　　次の 2 例では，名詞句に相当する前半部の関係文が前置詞 fan「…の」/foar「…ために」の目的語になっている点に注意。
　　Dêr't neat *fan* oan is, komt ek gjin praat *fan*. 「(ソレニツイテ)何もないことについて噂は立たない(=火のないところに煙りは立たない。ことわざ)」
　　Dêr't men *foar* útgiet, moat men jin ek *foar* klaaie. 「(ソノタメニ)出向く用事のためには身支度をしなければならない(=引き受けたことは責任をもって果たさなければならない。ことわざ)」

(f)　wêr- 前置詞 -'t
　　例外的に分離せずに用いるもので，論理関係や付帯状況を表わす副詞(以下の用例では dêrtroch「それを通じて，そのため」，dêrby「そのさいに」)の関係詞に相当し，オランダ語の影響(waar- 前置詞)と考えられる。
①　先行詞：名詞句
　　Meitsje ek *in ferdieling fan beroppen yn groepen, wêrby't* jo útgeane fan it plak dêr't jo meastal arbeidzje. 「(ソノサイニ)主として働く場所を基準にして，職業のグループ分けもしなさい」(オ．waarbij)
②　先行詞：文全体
　　Dêrby komt dan noch *dat dy lucht frij rêstich is, wêrtroch't* de ûntwikkeling fan it delslachproses net folle beynfloede wurde kin en stadich trochgean kin. 「そのさいさらに，大気の流れがかなり遅いことがあり，このため降雨の経過はそれほど影響を受けることはなく，徐々に雨が降るようになるでしょう」(オ．waardoor)

(g) 'sa't [sat] (…) 指示代名詞'「…のような…」(sa't ← sa dat, §43(2)㉒)
指示代名詞が先行する名詞を指して，関係代名詞に近い役割を果たす．
　Sûn iten sa't wy *dat* no kenne, wie der net by.「私たちが今知っているような健康な食事は，そのときにはなかった」
　Net dat *ús flagge*, *sa't* wy *dy* kenne, fan dy tiid is.「私たちが知っているような私たちの旗がその時代からのものというわけではありません」

(3) 関 係 副 詞 (betreklik bywurd)

(a) dêr't [dɛ(:)t] (← dêr dat)：場所
① 先行詞を伴う場合
　Op *de souder*, *dêr't* se ornaris sliepte, wie 't om distiid fierste kâld.「彼女がふだん寝ていた屋根裏部屋は，この時期，とても寒かった」
② 先行詞を伴わない不定関係副詞「(およそ)…するところ」((4)参照)
　Dêr't hout kappe wurdt, falle spuonnen.「木が切られるところでは，おがくずが落ちる(=決定は犠牲を伴う．ことわざ)」
　Dêr't bijen binne, is ek huning.「蜜蜂がいるところには蜜もある(=働けば報いがある．ことわざ)」

(b) wêr't [vɛ(:)t] (← wêr dat)：場所
先行詞を伴わない不定関係副詞「(およそ)…するところ」((4)参照)．
　Wêr't it geweld begjint, hâldt it rjocht op.「暴力が始まるところでは，正義が途絶える(=無理が通って道理ひっこむ．ことわざ)」

(c) doe't [dut] (←doe dat)/wannear't [vanĩət] (←wannear dat)：時間
① doe't：過去の特定の出来事
　Mannich klaaidoarp is ûntstien yn *'e tiid*, *doe't* der noch gjin seediken wiene.「クラーイ地方(=フリースラント西部の粘土質地域)の村の多くは，まだ堤防がなかった時代にできた」
② wannear't：①以外
　Soe *de tiid* noch komme, *wannear't* it Frysk de wrâldtaal wurdt?「フリ

ジア語が国際語になる時代は来るだろうか」

この2語は従属接続詞(§43(2)㉗)としても用いる。これは先行詞の内容を説明する従属文を導入する従属接続詞 dat でも置き換えられる(同格節，§42(1)(a)③, (b)①, §44(1)(c))。

 Der ha *tiden* west, *dat* it stedfolk delseach op it doarp.「都会の人々が村を見下していた時代があった」

 De beide kearen dat in rivier myn paad krúste, hâlde ik dan ek midden op 'e brêge.「川が道と交差したその2回とも，私は橋の真上で立ち止まった」

(4) dy't/dêr't と wa't/wêr't

両者は不定関係代名詞および不定関係副詞として用いることがある。本来の西フリジア語の語形は d- 系列の dy't/dêr't であり，w- 系列の wa't/wêr't はオランダ語の影響による。たとえば，古くからの西フリジア語のことわざでは，dy't/dêr't のほうが使用頻度が著しく高い。最近ではオランダ語の影響で wêr't を多用する傾向がある。「wêr- 前置詞 -'t」((2)(f)参照)のように，前置詞から分離しない関係代名詞の場合には w- 系列だけが可能だが，これもオランダ語(オ．waarbij/waardoor)の影響と考えられる。

① 不定関係代名詞

 Dy't oan boat is, moat meifarre.「船に乗っている者は，いっしょに航海しなければならない(＝乗りかかった船。ことわざ)」

 Wa't farre wol, moat stoarmen noedzje.「海に出ようと思う者は，嵐にあうことを覚悟しなければならない(同上。ことわざ)」

② 不定関係副詞

 Dêr't ljocht is, dêr moat ek skaad wêze.「光があるところにはかならず陰もある(＝何事にも長所と短所がある。ことわざ)」

 Wêr't gjin ear is, is gjin sear.「耳がないところでは痛みはない(＝知らぬが仏。ことわざ)」

不定関係副詞の dêr't は場所が特定，wêr't は不特定の場合に用いると言われることがある(Bosma-Banning 1981² : 117)。ただし，かならずしも明確に

区別されるわけではない。

  Wêr sille hja wenje?「彼らはどこに住むだろうか」
  －*Dêr't* er berne is.「生まれたところさ」（特定）
  －*Wêr't* mar plak is.「住む場所があるところさ」（不特定）

VI

数　詞 (telwurd)

マクム (Makkum) の計量所

§29 数詞と数の表現

(1) 基数詞(haadtelwurd)と序数詞(rangtelwurd)

基数詞は両性名詞(例. de trije「3」)としても用い，独立用法とともに名詞を修飾する限定用法でも用いる。以下では序数詞は形容詞にならって，語尾 -e をつけて示す。基数詞は 13 から 19 では -tjin/(-tsjin) をつけ(§7(1))，20, 30, …90 では -tich をつける。序数詞は基数詞に 19 までは -de (有声子音の後)/-te (無声子音の後)，20 以上は -ste をつける。「80」は歴史的な理由から，オランダ語の tachtig と同様に語頭に t- (元来, 十の意味)を付加して，tach-tich となる。日本語とは逆に，千の桁にはピリオド，小数点にはコンマを用いる。

基数詞

0 nul [nøl]
1 ien [iən]
2 twa [twa:]
3 trije [trɛ́iə]
4 fjouwer [fjóuər]
5 fiif [fi:f] (/fi:v/)
   (→ fiven [fí:vən])
6 seis [sais, sɛis]
   (/saiz, sɛiz/)
   (→ seizen [sáizən, sɛ́izən])

序数詞

1e earste [íəstə, jɛ́stə] (時間)
    foarste [fwástə, fóəstə] (空間)
2e twadde [twádə]
    (twade [twá:də], oarde [óədə])
3e tredde [trɛ́də] (trêde [trɛ́:də])
4e fjirde [fjídə]
5e fyfte [fífftə] (fiifde [fí:vdə],
    fyfde [fívdə])
6e sechste [sɛ́kstə] (sechte [sɛ́xtə]
    sechsde [sɛ́gzdə], sechde [sɛ́ɣdə]
    seisde [sáizdə, sɛ́izdə])

7	sân [sɔːn]	7e	sânde [sɔ́ːndə]
8	acht [axt]	8e	achtste [áxstə, ákstə]
9	njoggen [njóɣən]	9e	njoggende [njóɣəndə]
10	tsien [tsiən]	10e	tsiende [tsíəndə]
11	alve [ɔ́lvə]	11e	alfde [ɔ́lvdə]
	(âlve [ɔ́ːlvə], alf [ɔlf]		(alfte [ɔ́lftə], alfste [ɔ́lfstə]
	âlf [ɔːlf], elf [ɛlf])		elfde [ɛ́lvdə])
12	tolve [tɔ́lvə]	12e	tolfde [tɔ́lvdə]
	(tolf [tɔlf])		(tolfte [tɔ́lftə])
13	trettjin [trɛ́tjən]	13e	trettjinde [trɛ́tjəndə]
	(trettsjin [trɛ́tʃən])		(trettsjinde [trɛ́tʃəndə])
14	fjirtjin [fjítjən]	14e	fjirtjinde [fjítjəndə]
	(fjirtsjin [fjítʃən])		(fjirtsjinde [fjítʃəndə])
15	fyftjin [fíftjən]	15e	fyftjinde [fíftjəndə]
	(fyftsjin [fíftʃən])		(fyftsjinde [fíftʃəndə])
16	sechstjin [sɛ́kstjən]	16e	sechstjinde [sɛ́kstjəndə]
	(sechstsjin [sɛ́kstʃən]		(sechstsjinde [sɛ́kstʃəndə]
	sechtjin [sɛ́xtjən]		sechtjinde [sɛ́xtjəndə]
	(sechtsjin [sɛ́xtʃən])		sechtsjinde [sɛ́xtʃəndə])
17	santjin [sɔ́ntjən]	17e	santjinde [sɔ́ntjəndə]
	(santsjin [sɔ́ntʃən])		(santsjinde [sɔ́ntʃəndə])
18	achttjin [áxtjən]	18e	achttjinde [áxtjəndə]
	(achttsjin [áxtʃən])		(achttsjinde [áxtʃəndə])
19	njoggentjin [njóɣəntjən]	19e	njoggentjinde [njóɣəntjəndə]
	(njoggentsjin [njóɣəntʃən])		(njoggentsjinde [njóɣəntʃəndə])
20	tweintich [twáintəx, twɛ́in…]	20e	tweintichste [twáintəxstə, twɛ́in…])
21	ienentweintich [jínəntwaintəx, …twɛin…; íənən…]	21e	ienentweintichste [jínəntwaintəxstə, …twɛin…; íənən…]
22	twaentweintich [twáːən…]	22e	twaentweintichste [twáːən…]

30	tritich [trítəx]	30e	tritichste [trítəxstə]
40	fjirtich [fjítəx]	40e	fjirtichste [fjítəxstə]
50	fyftich [fíftəx]	50e	fyftichste [fíftəxstə]
60	sechstich [sɛ́kstəx]	60e	sechstichste [sɛ́kstəxstə]
	(sechtich [sɛ́xtəx])		(sechtichste [sɛ́xtəxstə])
70	santich [sɔ́ntəx]	70e	santichste [sɔ́ntəxstə]
80	tachtich [táxtəx]	80e	tachtichste [táxtəxstə]
90	njoggentich [njóɣəntəx]	90e	njoggentichste [njóɣəntəxstə]
100	hûndert [húndə(r)t]	100e	hûndertste [húndə(r)stə]
	(hondert [hón…])		(hondertste [hón…])
101	hûndert(en)ien	101e	hûndert(en)earste, …foarste

注意：en はふつう省く。以下同様。hondert(…) の語形は省略。

120	hûndert(en)tweintich	120e	hûndert(en)tweintichste
121	hûndert(en)ienentweintich	121e	hûndert(en)ienentweintichste
200	twahûndert	200e	twahûndertste
1.000	tûzen [túːzən]	1.000e	tûzenste [túːzənstə]
1.001	tûzen(en)ien	1.001e	tûzen(en)earste, …foarste
1.100	alvehûndert	1.100e	alvehûndertste

注意：tûzenhûndert, tûzenhûndertste とはふつう言わない。以下同様。

1.345	trett(s)jinhûndert-(en)fiifenfjirtich	1.345e	trett(s)jinhûndert-(en)fiifenfjirtichste
7.600	seisensantichhûndert	7.600e	seisensantichhûndertste
7.689	seisensantichhûndert-(en)njoggenentachtich	7.689e	seisensantichhûndert-(en)njoggenentachtichste
10.000	tsientûzen	10.000e	tsientûzenste
100.000	hûnderttûzen	100.000e	hûnderttûzenste
1.000.000	(ien) miljoen [mɪljúən]	1.000.000e	miljoenste [mɪljúənstə]
2.000.000	twa miljoen	2.000.000e	twamiljoenste

(a) **序数詞 earste/foarste, twadde/oarde**

earste は時間，foarste は空間の意味で区別するが，微妙な場合もある．
 de earste kear「1回目」 it earste bern「第1子」
 de earste priis「1等賞」 de earste persoan「1人称」
 it foarste tsjil「前輪」 de foarste poat「(動物の)前足」
 yn 't {earste/foarste} plak「1番目に」

twadde は「2番目の」の意味で広く用いる．oarde は古めかしい．
 de twadde persoan「2人称」 in twadde wente「セカンドハウス」
 om de oarde dei「一日おきに」
 yn 't {twadde/oarde} plak「2番目に」
 de {twadde/oarde} kear「2回目」

論理的に理由を列挙するには，foarst「第一に」，oard/twad「第二に」，tred「第三に」のように用いる．

 Sûnt 1800 is hjir en dêr oer de oansprekfoarmen skreaun．*Foarst* is yn 'e spraaklearen ien en oar te finen, *twad* binne der learmiddels en fierders leit der yn ferskate tydskriften ynformaasje．「1800年以降，呼称については随所に記述がなされた．まず，文法書に何らかの言及が見られ，次に，学習用の教材があり，そしてさらに，種々の雑誌に情報が掲載されている」

それほど論理的でない表現には，earst「まず」を用いる．

 Earst mar ris in slokje en de plaat omdraaie．「でもまあ，まずは一杯やって，レコードでも回すとするか」

(b) **序数詞の語尾 -e**

限定用法では中性名詞単数不定形でも語尾 -e を伴う．
 in {*twadde*/*twad} bern「二人目の子供」

名詞を伴わない慣用句的な表現では，it/'t の後でも語尾 -e をつけない．
 foar it *earst*「初めて」 yn 't *earst*「初めのうち」

叙述用法では語尾 -e の使用はふつう次のようになる．
 Jelle is {*twad*/de *twadde*}．「イェレ(男名)は2番だ」

副詞用法「何番目に」では語尾 -e のない形を用いる．

Anne einige *twad*.「オーネ(男名)は 2 位に終わった」
Sytske kaam *fjird* oan.「シツケ(女名)は 4 番目に着いた」

(c) **基数詞の語尾 -en**

「前置詞＋基数詞」の慣用句的表現では，基数詞は語尾 -en を伴うことがある。fiif ［fi:f］(/fi:v/)「5」, seis ［sais, sɛis］(/saiz, sɛiz/)「6」の無声語末音［f］/［s］は音節末音の無声化(§7(2))によるものであり，有声音に戻る。

mei har *seizen* ［sáizən, sɛ́izən］「彼ら 6 人で」
tsien (minuten) oer *fiven* ［fí:vən］「5 時 10 分過ぎ」
yn *twaen* diele「二つに割る」

その他の表現では語尾 -en を伴わない。

Seis dield troch *twa* is trije.「6 割る 2 は 3」

不特定多数の意味では複数形語尾 -en を伴う表現がある(§16(2)(b))。

Tûzenen reizgen sa fier.「何千人もの人がはるか遠くへ旅をした」
De fûgels fleane *by hûnderten*.「鳥が何百羽も飛んでいる」
inkelde *hûnderten* hynders「数百頭の馬」
tsientallen guozzen「何十頭ものガチョウ」

(d) **2 桁数字の読みかた**

13～19，21～99 ともに「一の位＋(en＋)十の位」の順序である。13 から 19 までは en を入れず，一部で語形的に不規則である(例．trett(s)jin/*trijetsien「13」)。21 以上は en を入れ，規則的な語形を用いる。百の位の後の en は省くことが多い。オランダ語やドイツ語も「一の位＋(オ．en/ド．und＋)十の位」の順序である。英語は fourteen(4＋10)のように，例外的に 13～19 だけをこの順序で読む。

achtt(s)jin「18」(8＋10)　　ienentachtig「81」(1＋80)
hûndert(en)achtenfyftich「158」(100＋8＋50)

99 までの数はひとつのまとまりとして，1 語のように意識されている。たとえば，電話番号は 2 桁ずつ区切って読むことが多い。

tel. 272756 sânentweintich sânentweintich seisenfyftich

(e)　4桁以上の数字の読みかた

　4桁の数字の読みかたには①百単位：「百以上の桁＋十以下の桁」と②千単位：「千の桁＋百以下の桁」があり，ふつう①で読む。1.100～1.900 はほとんど①である。年号は①に限られる。2.000 以上でも①が一般的だが，2.345 のようにすべての桁が 0 以外のときには②でも読む。

1.400　　fjirt(s)jinhûndert：14×100（①の読みかた，以下同様）
　　　　　(tûzenfjouwerhûndert：$1.000 + 4 \times 100$（②の読みかた，以下同様））

1.567　　fyft(s)jinhûndert(en)sânensechstich：$15 \times 100 + (7+60)$
　　　　　(tûzenfiifhûndert(en)sânensechstich：$1.000 + 5 \times 100 + (7+60)$)

3.600　　seisentritichhûndert：$(6+30) \times 100$)
　　　　　(trijetûzenseishûndert：$3 \times 1.000 + 6 \times 100$)

3.654　　seisentritichhûndert(en)fjouwerenfyftich：$(6+30) \times 100 + (4+50)$
　　　　　trijetûzenseishûndert(en)fjouwerenfyftich：$3 \times 1.000 + 6 \times 100 + (4+50)$

(f)　「約…」の表現

　「不定冠詞 in＋数詞」，「sa'n＋数詞」は「約…」という意味を表わす。用例は§13，§25(b)③参照。

(2)　数詞による表現

(a)　時　　刻

　oere [úərə]「時」, minút [mənýt]「分」, sekonde [səkóndə]「秒」
　ien oere「1 時；1 時間」↔ in oere「1 時間」
　（オ．één uur ↔ een uur「同上」）
　twa oere「2 時」↔ twa oeren「2 時間」
　（オ．twee uur ↔ twee uur「同上」）
　次の前置詞の後では「数詞-en」となることに注意（(1)(c)参照）。
　oer「…過ぎ」, foar「…前」, tusken … en …「…と…の間」, by「…近く」, tsjin「…(少し)前」
　{ien (minút)/in minút} {foar/oer} trijen「3 時 1 分 {前/過ぎ}」

kertier {foar/oer} seizen「6時15分{前/過ぎ}」
tusken tsienen en alven「10時と11時の間」

他の前置詞の後では「数詞＋oere」と「数詞 -en」の両方が可能である。

Hja wurken oant {*tolven/tolve oere*}.「彼女らは12時まで働いた」
tolve oere middeis「昼の12時」　　tolve oere nachts「夜の12時」
njoggen oere moarns「朝の9時」　　njoggen oere jûns「夜の9時」
trije oere middeis「昼の3時」
Hoe let is it?「何時ですか」
It is ien oere.「1時です」
It is {omtrint trije oere/by trijen}.「3時近くです」
It is {koart foar/tsjin} fiven.「5時少し前です」
Hoe let komt er?「彼は何時に来ますか」
Hy komt om seis oere.「彼は6時に来ます」
Do kaamst om acht oere hinne.「君は8時頃に来た」
Wy kamen {koart foar/tsjin} njoggenen.「私たちは9時少し前に来た」
Jimme kamen foar alven.「君たちは11時まで(＝前)に来た」

healwei [jɛ́lvə, jɛlvi, jɛ́lvai, …vɛi, hɪ́əl…]「…半」の後でも「数詞 -en」を用いる。

It is *healwei fjouweren*.「3時半です」

一般的な時刻の表現は12時間制による。'healwei＋A-en' は時計の文字盤に従って時針の位置を示すので、「[A−1]時半」の意味であり(3時半では、時針は1番目の0〜1時の空間の位置から数えて4番目の空間の位置にある)、12より大きな数には用いない。

14：30 {healwei trijen middeis/*healwei fyft(s)jin (不可)}「昼の2時半」
02：30 healwei trijen nachts「夜の2時半」

文字盤を上下に2等分して30分単位で数え、上半分は 'A oere'、下半分(ふつうA時20〜40分)は 'healwei A+1 oere' で表現する。

fiif (minuten) {foar/oer} healwei sânen「6時{25分/35分}」
fiif (minuten) {foar/oer} seizen「6時{5分前/5分過ぎ}」

(b)　**年号・日付・年齢**

　年号は「百以上の桁＋(hûndert(en)＋)十以下の桁」と読み，hûndert(en) はふつう省く。日付は基数詞を用い，数字で書くとピリオドをつけない。

　　3 maaie 1958：trije maaie njoggent(s)jin(hûndert(en))achtenfyftich：19 (×100)＋(8＋50)「1958 年 5 月 3 日」

　　Ik {bin/waard} {yn/*Ø} njoggent(s)jin(hûndert(en))achtenfyftich berne.「私は 1958 年に生まれた」

　　om 1958 hinne「1958 年頃」　　by 1958 om「同左」

　世紀は序数詞で表わす。

　　de ienentweintichste ieu「21 世紀」

　　yn {de/'e} njoggent(s)jinde ieu「19 世紀に」

　年齢は次のように表わす。

　　Anneke is {tritich (*jier/jier âld*)}.「アネケは 30 歳だ」

　　Pake is ferstoarn yn 'e âldens fan *tachtich* (*jier*).「祖父は 80 歳で亡くなった」

(c)　**回　　数**

①　「…回」：「基数詞＋kear」/「基数詞＋-ris」(やや書き言葉的)

　　ien kear/ienris「1 回」　　fjouwer kear/fjouwerris「4 回」

②　「de＋序数詞＋kear」((1)(a)参照)

　　de earste (稀 de foarste) kear「1 回目」

　　de twadde (稀 oarde) kear「2 回目」

　　de fjirde kear「第 4 回目」

　kear (keare「回す，帰る」)，ris (reis「旅」) は「行く(こと)」という語の転用である(他のゲルマン語の回数の表現もほぼ同様)。比較：ris [rəs]「かつて(過去)，いつか(未来)；ちょっと」

(d)　**そ の 他**

①　倍数と加減乗除

　　dûbel(d)「2 倍」　　trijedûbel(d)「3 倍」　　fjouwerdûbel(d)「4 倍」

　　1＋2＝3　　Ien {en/plus} twa is trije.

$9-5=4$　　Njoggen min fiif is fjouwer.
$6\times 7=42$　Seis kear sân is twaenfjirtich.
$80\div 10=8$　Tachtich dield troch tsien is acht.

② 小数

小数点はコンマで表わし，基数詞と序数詞による表現がある。

0,1　　nul komma ien; ientsiende (*tsienhûndertste は不可)

7,89　　sân komma njoggenentachtich; sân njoggenentachtichste

0,567　nul komma fiifhûndert(en)sânensechstich; fiifhûndert(en)-sânensechstichtûzenste

数字を確かめたり，小数点以下が長い場合には基数詞で棒読みする。

1,2345678　ien komma twa trije fjouwer fiif seis sân acht

③ 分数

½　　in heal (de helte「半分」)

⅓　　in tredde (in treddepart も可，以下省略)

¼　　in {fjirde/fearn}　　⅕　in fyfte　　⅔　twatredde

¾　　{trijefjirde/trijefearn}　　⅚　fiifsechste

⁵⁶⁄₇₈　seisenfyftichachtensantichste

1½　oardel [óədəl, óərəl], oardeheal [oədəhĭəl, oərə…]

2½　treddel [trɛ́dəl], treddeheal [trɛdəhĭəl], twaeninheal

3½　fjirdel [fjídəl], fjirddeheal [fjɪdəhĭəl], trijeeninheal

12³⁴⁄₅₆　tolve fjouwerentritichseisenfyftichste

VII

副　　詞 (bywurd)

スレアト(Sleat)のオランダ語(スローテン Sloten)との
二重言語表記による道路標識

§30　場所の副詞 (bywurd fan plak)

(1)　副詞の分類

　副詞は一般に語形変化せず，主語や目的語にはならない。形容詞の副詞用法（§19(1)）とは区別する必要がある。副詞は雑多な種類の語から成る品詞で，分類には問題点があるが，以下では意味に従って，場所，時間，程度，様態，論理関係，話者の心的態度の順に述べる。der には種々の用法があり，複数の品詞にまたがるので，VIII §34～36 で扱う。

(2)　一般的な場所を示す副詞と「R 副詞」

(a)　**位置(静止した場所)を示す副詞**
　-r で終わる (hjir/dêr/wêr) か r を語中に含む (earne/nearne/oeral) 6 種類の場所の副詞を，まとめて「R 副詞」と呼ぶ (§35「場所の der」も同様)。

　　hjir [jɪr]（強調形　hjirre [jíɾə]）「ここに」
　　dêr [dɛːr]（強調形　dêre [dɛ́ːɾə]）「そこに，あそこに」
　　wêr [vɛːr]（強調形　wêre [vɛ́ːɾə]）「どこに」

　上記の強調形はおもに単独で用いるが，ik(ke)「私(主格)」(§21(1), (2))/dit(te)「これ」(§25(a)) などと異なって，文中でも用いることがある。

　　Hjir net, mar *dêre*!「ここではなくて，あそこだ」
　　Hjirre, twa pak makaroany foar de priis fan ien!「ほらここ，マカロニ2パックが1パックの値段ですって」
　　Wêr kin ik *hjirre* de lege flessen kwyt?「ここでは空きビンはどこに捨てればいいんですか」
　　jinsen [jéːⁿsən, …jíⁿsən]/dêr jinsen「あそこに」は古めかしい。無アクセ

ントの der [dər]「そこに」(§35)は場面内の対象を直接指示せず，先行文脈に出たものを受け，前域(主文の定動詞の直前)には置けない。

　　{*Dêr*/*Der} wenje ik.「そこに私は住んでいます」
　　hjir en {*dêr*/*der}「そこかしこに」

前置詞とともに用いて場所を示すものは，「R 副詞」ではなく，正確には「R 代名詞」(§34(2))である。

　　hjirboppe「この上に(離接)」(← boppe＋dit)
　　hjirûnder「この下に」(← ûnder＋dit)
　　dêrefter「その・あの後ろ/奥に」(← efter＋dat)
　　wêryn「何の中に」(← yn＋wat)

次の副詞は不定の位置を示す「R 副詞」である(「R 副詞」以外では，場所の副詞として rûnom「いたるところに」がある)。

　　earne [íənə]「どこかに」　　nearne [níənə]「どこにも…ない」
　　oeral [úərɔl, uərɔ́l]「いたるところに」
　　Hy sei yn himsels, "Myn bril moat *hjir* doch *earne* lizze."「彼はつぶやいた。「メガネがたしかここらへんのどこかにあったはずなんだが」」
　　Sille wy net *earne* in kopke kofje drinke?「どこかでコーヒーでも飲みませんか」

(b)　方　　向

後置詞 hinne「…へ」/wei「…から」(§39(2)(c))とともに用いる。

① 　hjir (…) hinne「ここへ」　　dêr (…) hinne「そこへ，あそこへ」
　　wêr (…) hinne「どこへ」
② 　hjir (…) wei「ここから」　　dêr (…) wei「そこから，あそこから」
　　wêr (…) wei「どこから」

無アクセントの der (§35)を含む次の語は，(a)と同様に場面内の対象を直接指示せず，先行文脈に出たものを受け，前域には置けない。

　　derhinne [dərhínə]「そこへ」　　derwei [dərvái, …vέi]「そこから」
　　文中では　hjir/dêr/der/wêr と hinne/wei は離れているのが望ましい。
　　hinne は [[nei (…) ta]「…へ」, wei は [[út (…) wei]「…から」という前置詞句を支配する後置詞 ta および út に相当する(§39(2)(b))。

③　*Wêr* giest *hinne*?「君はどこへ行くのですか」
　　Ik gean [[*nei Fryslân*] *ta*].「私はフリースラントへ行きます」
　　Ik gean {*dêr*/*der*} *hinne*.「私はそこで行きます」
　　{*Dêr*/*Der} gean ik *hinne*.「そこへ私は行きます」
④　*Wêr* komt er *wei*?「彼はどこの出身ですか」
　　Hy komt [[*út Fryslân*] *wei*].「彼はフリースラントの出身です」
　　Hy kom {*dêr*/*der*} *wei*.「彼はそこの出身です」
　　{*Dêr*/*Der} komt er *wei*.「彼はそこの出身です」

(c)　**他の副詞との語順**

　hjir/dêr は ris「ちょっと」, mar「まあ」, dan「それから」, ek「また」, noch「まだ」, wer「再び」などの他の副詞の後には置けない。
　　　Sjoch {*dêr ris*/*ris dêr}!「ちょっとあそこを見なさいよ」
　　　Kom {*hjir mar*/*mar hjir}!「まあここに来なさいよ」
　　　Wennet Jan {*dêr dan*/*dan dêr}?「ヨンはそれではそこに住んでいるのか」
　　　Is dyn frou {*hjir ek*/*ek hjir}?「おまえの嫁もここにいるのか」
　　　Syn auto stiet {*dêr noch*/*noch dêr}.「彼の車はまだそこにある」
　　　Pyt kaam {*hjir wer*/*wer hjir}.「ピトは再びここに来た」
　オランダ語では両方の語順が可能である。
　　オ．Kijk {*daar eens*/*eens daar*}!「ちょっとあそこを見なさいよ」
　　　　Kom {*hier maar*/*maar hier*}!「まあここに来なさいよ」
　　　　Woont Jan {*daar dan*/*dan daar*}?「ヤンはそれではそこに住んでいるのですか」

　Hoekstra (1994a) は，オランダ語と違って，西フリジア語には定動詞の補足成分である方向を示す空の前置詞が文末にあって，hjir/dêr を支配しており，hjir/dêr の移動に伴う前置詞の残留（エ．preposition stranding）を起こしているために，上記の語順の制限が生じると述べている（§34 (2)(a), §37 (2)）。
　　　Kom *hjir* ris [_pp *t* P_∅].「ちょっとここに来なさいよ」

(3) 特定の場所を示す副詞

① 上下

boppe [bópə]「上に」　　　ûnder [úndər]「下に」
boppen [bópən]「上」と ûnderen [úndərən]「下」は前置詞とともに用いる。
fan boppen (ôf)「上から」　　fan ûnderen (op)「下から」
nei boppen (ta)「上へ」　　　nei ûnderen (ta)「下へ」
omheech [omhé:x]「上へ」　　omleech [omlé:x]/del [dɛl]「下へ」

② 中と外

binnen [bínən]「中に」　　　bûten [bútən]「外に」
binnenyn [bɪnənín]「中に」　 bûtenút [butənýt]「外に」
binnendoar(ren) [⋯dóər (⋯dwárən)]「屋内に」
bûtendoar(ren) [⋯dóər (⋯dwárən)]「屋外に」
fan binnen (ôf)「中から」　　fan bûten (ôf)「外から」
deryn [dərín]「中へ」, derút「外へ」による次の表現に注意。
Kom *deryn*!「(話者がいる空間へ)お入りなさい」(*binnen は不可)
Kom *der* doch eefkes *yn*!「どうぞお入りなさいよ」
Gean *derút*!「出ていきなさい, 出ていけ」

③ 前後

foar [foər]「前に」　　efter [ɛftər]/achter [áxtər]「後ろ・奥に」
foaroan [fwaróən, fəróən, fóəroən]「前に」
efteroan [ɛftəróən]「後ろに」
foarút [fwarýt, fərýt, fóəryt]「前へ」
efterút [ɛftərýt]「後ろへ」
foaren [fóərən]/foarren [fwárən]「前」と efteren [ɛftərən]「後ろ」は前置詞とともに用いる。
fan foaren (ôf)「前から」　　fan efteren (ôf)「{後ろ/奥} から」
nei foaren (ta)「前へ」　　　nei efteren (ta)「{後ろ/奥} へ」
werom [vəróm]「戻って」　　tebek [təbɛ́k]「後ろへ, 戻って」

④ 左右

rjochtsôf [rjoxsɔ́ː, rjóxsɔː, …ks…]「右へ」
loftsôf [loftsɔ́ː, lóftsɔː]「左へ」
rjochtsom [rjóxsom, rjoxsóm, …ks…]「右回りに」
loftsom [lóftsom, loftsóm]「左回りに」
形容詞：rjochts [rjoxs]/rjuchts [rjøxs, …ks]/rjochter [rjóxtər]
rjuchter [rjǿxtər]「右の」
lofts [lofts]/links [lɪŋks]/lofter [lóftər]/linker [líŋkər]「左の」
de rjochtse partij「右翼政党」　　rjochts wêze「右利きである」
rjochts hâlde「右翼である」　　it ferkear fan rjochts「右側通行」
de rjochter hân (de rjochterhân)「右手」

⑤ thús [tys]「家で，自宅で」　útfanhûs [ytfɔnhúːs]「外泊して」
thús {wêze/bliuwe}「自宅に {いる/とどまる}」
thús komme「帰宅する」
nei hûs (ta) gean「家路につく」
útfanhûs {gean/komme/wêze}「外泊 {しに行く/しに来る/している}」
動詞：útfanhûzje [ytfɔnhúːʒə]「外泊する，泊める」

⑥ 方角〈補足〉
名詞・形容詞による表現だが，便宜上，以下に示す。
east [ɪəst]「東の，東に」－it {east/easten [íəstən]}「東」
west [vɛst]「西の，西に」－it {west/westen [vɛ́stən]}「西」
noard [noət, nwat]「北の，北に」－it {noard/noarden [nóədən, nwádən]}「北」
súd [syt]「南の，南に」－it {súd/suden [sýdən]}「南」
De sinne komt *yn it east(en)* op en sakket *yn it west(en)*.「太陽は東から上って西に沈む」
De wyn is *noard*./De wyn komt *út it noarden*.「北風だ」
De tsjerke leit *west (fan) de stêd*.「教会は町の南にある」
Hy foer *súd*.「彼は南へ行った」
in keamer *op it suden*「南向きの部屋」

§31 時間の副詞 (bywurd fan tiid) と時間表現

(1) 直示的 (deiktysk) な時間表現

① hjoed [juət]「今日」など
　fan 'e moarn [móən]「今朝，今日の午前」
　fan 'e middei [mídjə, mídi]「今日の昼・午後」
　(fan 'e) jûn [ju(:)n]「今晩」　　fannacht [fɔnáxt]「今夜」
　snein [snain, snɛin]「今度の日曜日」
　fan {'e/'t} wike [víkə]「今週」(dit wykein [víkain, …ɛin]「今度の週末」)
　dizze moanne [mwánə]「今月」　desimber「今年の12月」
　fan {'t/'e} maitiid [máiti:t]「今年の春」
　fan 't jier [(j)iər]「今年」　　(yn) dizze ieu [i:u]「今世紀」
　「fan {'e/'t}＋名詞」の表現は「{dizze/dit}＋名詞」でも可能である。ただし，後者は前者で表現できないことがある (§12(a))。
　{*fan 't/dit*} jier「今年」　　{**fan 'e/dizze*} moanne「今月」

② juster [jǿstər]「昨日」など
　earjuster [jɛ(r)jǿstər]「おととい」
　justermoarn [jǿstərmóən]「昨日の朝・午前」
　justermiddei […mídjə, …mídi]「昨日の昼・午後」
　justerjûn […jú(:)n]「昨晩」　　justernacht […náxt]「昨夜」
　ferline [fəlínə] snein [snain, snɛin]「先週の日曜日」
　{ferline/foarige [fóərəɣə]} wike (freed)「先週(の金曜日)」
　ferline wykein「先週の週末」
　ôfrûne [ɔ́:ru(:)nə] moanne「先月」　ôfrûne desimber「去年の12月」

ôfrûne maitiid「去年の春」　ferline jier「去年」
foarige ieu「前世紀」

③ moarn [moən]「明日」など
oaremoarn [óərəmoən]「あさって」
moarnier [mənĩər]/moarntemoarn [moəntəmóən]/moarnmoarne [⋯mwánə]「明日の朝・午前」
moarn(te)middei [moən(tə)mídjə, ⋯mídi]「明日の昼・午後」
moarn(te)jûn [moəⁿjú(ː)n, (moəntəjú(ː)n)]「明日の晩」
moarntenacht [moən(tə)náxt]「明日の夜」
takom(me) [tákəm(ə)] snein「今度・来週の日曜日」
{nije/oankommende} wike「来週」
oare wike sneon「来週の土曜日」
takom(me) wykein「今度・来週の週末」　oare moanne「来月」
takom(me) desimber「来年の12月」　takom(me) maitiid「来年の春」
takom(me) jier「来年」　takom(me) ieu「来世紀」

形容詞と名詞の組み合わせは固定しており，自由な変更はきかないことがある。

{ferline/*ôfrûne} jier「昨年」　{*ferline/ôfrûne} moanne「先月」

④ no [noːu]「今」(§32(4)(c)⑤) など
doe [du]「そのとき(過去)」　dan [dɔn]「それから」
notiids [nóːutiːts]「こんにち」
eartiids [jɛ́tiːts]/foarhinne [fwarhínə]「以前」
hjoed de dei (hjoeddedei [júədədai, ⋯dɛi])/hjoeddeis [júədais, ⋯dɛis, juədáis, ⋯dɛ́is]「こんにち」　koartlyn [kwátlin]「最近」
meikoarten [maikwátən, mɛi⋯]「いずれ」

名詞：notiid「現在」　doetiid「過去」　dantiid「未来」
形容詞：earder [jɛ́dər]「以前(の)」　letter [lɛ́tər]「以後(の)」
　　　　tsjin(t)wurdich [tʃɪn(t)vǿdəx]「今(の)，現在(の)」

(2) 「名詞 -s」と「定冠詞＋名詞 -s」

「名詞 -s」は不特定の時間「…に」や配分的時間「…ごとに」を示し、「定冠詞＋名詞 -s」は過去・未来の特定の時間を示す。語尾 -s は属格(§17(1)(a))に由来する(Hoekstra 1989a)。

	「…に，…ごとに」	「その…に」
moarn [moən]「朝，午前」	moarns [mwaːⁿs]	de moarns
middei「昼，午後」	middeis	de middeis
jûn [ju(:)n]「晩」	jûns [ju(:)ⁿs]	de jûns
nacht [naxt]「夜」	nachts [naxs, naks]	de nachts
dei「昼間，1日」	deis	de deis
snein「日曜日」	sneins	de sneins
wike [víkə]「週」	wyks [viks]	de wyks
wykein「週末」	wykeins	it wykeins
moanne「月」	なし	なし
desimber「12月」	なし	なし
maitiid「春」	maitiids	de maitiids
(hjerst「秋」	hjerstmis	de hjerstmis)
jier「年」	jiers	it jiers
ieu「世紀」	ieus	de ieus
oere「時間」	oers	なし

(a) 「名詞 -s」：不特定の時間「…に(はいつも)」

  Winters is it *jûns* betiid tsjuster.「冬は夕方，暗くなるのが早い」
  ↔ Ik wol *jûn* net mei.「私は今晩いっしょに行きたくない」
  Freeds hannelje ik de rinnende saken wat ôf.「金曜日には私はたまっている用事を少しかたづける」
  ↔ Wat wiest fan doel om oan te lûken *freed*?「今度の金曜日に君は何を着ていくつもりだったのかい」
  Moarns is ús heit der it earste ôf.「朝は父がいちばん早く起きる」

Ik sykje graach de natoer op. *Winters* is 't my te kâld. Mar *yn 'e maitiid* aaisykje hin, en *simmers* te fiskjen, en *by 't hjerst* wat jeie.「私は自然に親しむのが好きだ。冬は寒すぎるが，春には（鳥の巣の）卵探しに出かけるし，夏には釣りに行く。秋には少し狩りもする」（「{by 't/yn 'e}＋名詞」については§12(b)参照）。

「alle＋名詞複数形」とすれば「すべての…」という意味がはっきりする。

Lang net *alle winters* kin de tocht ferriden wurde.「どの冬にもそのスケート競技が行なわれるというわけではまったくない」

(b) 「名詞 -s」：配分的(distributyf)な時間「…ごとに」

Op guon plakken rydt de bus mar in kearmannich *deis*.「一日に数回しかバスが通らないところもある」

Ik gean *wyks* trije kear nei ús âldelju.「私は週3回，両親のところへ行く」

Dit tydskrift ferskynt trijeris *jiers*.「この雑誌は年3回，出る」

(c) 「定冠詞＋名詞 -s」：特定の時間「(その)…に」

① 過去

De moarns waard er dweiltrochwiet wekker.「その日の朝，彼はびっしょり汗をかいて目が覚めた」

De jûns tsjin njoggenen is er siik thúskommen.「その晩9時頃，彼は気分が悪くなって帰宅した」

② 過去以外

Op de fjirde woansdei fan september is 't by ús feest. *De jûns* is der in gondelfeart.「9月の第4水曜日は私たちのところではお祭りです。その日の晩にはゴンドラが走ります」

次の2例では「定冠詞＋名詞 -s」は過去形の文で使われているが，同じく過去形の他の定動詞よりも以後に起こる出来事を指している。

Se skille de dokter en frege him *de middeis* even del te kommen.「彼女は医者に電話をかけ，その日の昼に来てもらうように頼んだ」

De sneons soe de feesttinte opset wurde. En de foarsitter soe *de sneins* de feesttinte yn 'e gaten hâlde, sa waard ôfpraat.「その週の土曜日に祭りのテントを張り，委員長が日曜日にその祭りのテントを見張るということで話し合いがついた」

③ 類似した表現

指示代名詞や序数詞，oare「別の」，selde「同じ，まさにその」などがつくことがある。語尾 -s を欠く名詞句による副詞的表現もある。

de oare {deis/jûns/wyks}「次の {日/晩/週} に」/「前の {日/晩/週} に」
de oare moanne「次の月に」/「前の月に」
de oare {wike/wyks}「次の週に」/「前の週に」
de lêste wyks「先週」

Smyt noait iten fuort, *de oare deis* smakket it soms noch lekkerder.「食べ物はけっして捨てるんじゃありませんよ。次の日にはもっとおいしくなることもあるんだから」（比較：de foar(r)ige dei(s)「前日に」）

As aardige ôfwikseling fan al dy drege grammatika nimt elkenien *de oare kears* in foarwerp mei nei de kursus.「やっかいな文法からの格好の気分転換として，各人が次回，講習に何か物を持参します」

Hy wol *de selde deis* ek nei Starum.「彼は同じ日にスタールム（オ．Stavoren「スターヴォレン」）へも行きたがっている」

Fimme gie {*dy earste moarns / dy earste moarn*} te skûtsjesilen.「フィメは最初の日の朝にヨットをやりに行った」

名詞が複数形の場合には語尾 -s は用いない。

{*De lêste tsien minuten / *De lêste tsien minutens*} hat er noch net wer in bal krige.「この10分間，彼はまだ再びボールを受けていない」

語尾 -s の有無が任意な副詞の例はほかにも見られる ((4)③)。

fakentiid(s) [faːkəntíːt(s)]「しばしば」　winterdei(s)「冬に」

④ 副詞：「形容詞＋-s」

「形容詞＋-s」で副詞を派生することも少数の語について見られる (§7(5)(f))。

ûnferwachts [ǘⁿfə(r)vaxs, …vaks, …vá…]「不意に」（ûnferwacht(e) [ǘⁿfə(r)vaxt(ə), …váxt(ə)]「不意の」）

sachs [saxs, saks]/sêfts [sɛːfs]「穏やかに，少なくとも，とにかく」

(sacht [saxt]/sêft [sɛːft]「穏やかな」)

dalik(s) [dáːlək(s)]「すぐに」　　tagelyk(s) [tagəlík(s)]「同時に」

(d)　**(h)okker- 名詞 -s/lêsten- 名詞 -s**「この前の…」

　アクセントは後続する名詞にある。(h)okker- [(h)okər…] よりも lêsten- [lɛːs(t)ən…] のほうが現在に近いニュアンスがあり，(h)okkerjiers「先年」は可能だが，?lêstenjiers「先年」は不自然である。

　　　　(h)okkerdeis [(h)okə(r)dáis, …dɛ́is]/lêstendeis [lɛːs(t)əndáis, …dɛ́is]「先日」

　　　　(h)okkermoarns/lêstenmoarns「先日の朝(午前)」

　　　　(h)okkermiddeis/lêstenmiddeis「先日の昼(午後)」

　　　　(h)okkerjûns/lêstenjûns「先日の晩」

　　　　(h)okkernachts/lêstennachts「先日の夜」

　　　　(h)okkersneins/lêstensneins「この前の日曜日」

　　　　(h)okkersneintejûns/lêstensneintejûns「この前の日曜日の晩」

　　　　(h)okkerwyks/lêstenwyks「この前の週」

　　　　(h)okkerlêsten/lêsten「最近」

　Fryslân is in hiel gewoan lân mei hiel gewoane minsken en hiel gewoane dingen, sei *okkerdeis* in skriuwer.「フリースラントはまったく平凡な人とまったく平凡なものだらけのまったく平凡なところだと，最近，ある作家が言った」

　Ik ha *lêsten* noch op reis west.「私はこの前，旅行に行ってきた」

(3)　「名詞 -s」以外の配分的意味の表現

(a)　'{数詞＋kear/数詞 -ris}＋{op/yn}＋冠詞＋名詞'「…ごとに…回」

　前置詞 op, yn の使い分けは配分的な意味以外でも同様である(Hoekstra 1989a)。

①　{数詞＋kear/数詞-ris}＋op＋不定冠詞＋1日以下の長さの時間(dei「1日」と曜日名を含み, oere「…時間」を除く)

　　　{ien kear/ienris} op in jûn「1晩に1回」

{twa kear/twaris} op in snein「日曜日ごとに 2 回」
{trije kear/trijeris} op in dei「 1 日につき 3 回」

② {数詞＋kear/数詞 -ris}＋yn＋{不定冠詞/∅}＋ 1 日以上の長さの非連続的な時間(dei「 1 日」を除く)
{fjouwer kear/fjouwerris} yn in wykein「週末ごとに 4 回」
{fiif kear/fiifris} yn in maitiid「春ごとに 5 回」
{seis kear/seisris} yn desimber「12 月のたびに 6 回」(月名は無冠詞)

③ {数詞＋kear/数詞 -ris}＋yn＋{不定冠詞/定冠詞}＋ 1 日以上の長さの連続的な時間および oere「…時間」
{sân kear/sânris} yn {in/'e} {wike/moanne/ieu}「{週/月/ 1 世紀} ごとに 7 回」
{acht kear/achtris} yn {in/'t} jier「年に 8 回」
{njoggen kear/njoggenris} yn {in/'e} oere「 1 時間ごとに 9 回」

(b) **その他の表現**

① '{ien kear/ienris}＋yn＋定冠詞＋数詞＋名詞'「…に 1 回」
名詞の種類には制限がなく，数量の単位を表わすときに 2 以上でも単数形を用いるもの(§16(2))を除いて，複数形を用いる。定冠詞 de はあったほうがいい。
{ien kear/ienris} yn de trije dagen「 3 日に 1 度」
{ien kear/ienris} yn de twa jier「 2 年に 1 度」
{ien kear/ienris} yn de trije oeren「 3 時間に 1 度」

② '前置詞＋定冠詞 (…) 名詞'「…ごと・おきに」
De trein giet *om de tritich minuten*.「列車は 30 分ごとに発車する」
Hy komt *om 'e tredde dei*.「彼は 3 日おきに来る」
om 'e oar(d)e wike「 2 週間おきに」
De bus giet *op de {hiele/heale} oere*.「バスは { 1 時間/30 分} おきに出る」

③ de man「ひとりにつき」, it stik「ひとつにつき」〈補足〉
時間表現ではないが，類似した表現として挙げておく。
Se kochten twa ke(a)rsen *de man*.「彼らは各自三つろうそくを買った」

De ke(a)rsen kosten in euro *it stik*.「ろうそくはひとつ１ユーロした」

(4) その他の時間の副詞

① 頻度を示す副詞

almeast［ɔlmíəst］/meastal［míəstəl］「たいてい」
altemets［ɔltəmɛ́ts, ɔ́l…］/bytiden［bɛitíːdən, bi…, bə…］「ときどき」/soms［soms］/somtemets［somtəmɛ́ts］/somtiden［…tíːdən］/somtiids［…tíːts］/somwilen［…víːlən］/tydliks［tídləks］/tydlings(wei)［…lɪŋs(vai), …(vɛi)］/wolris［vólrəs］「ときどき」
altyd［ɔ́ltit］/altiten［ɔ́ltitən］/hieltyd［híəltit］/hieltiten［…titən］/steefêst［stéːfɛːst］「いつも」
amper［ámpər］「ほとんど…ない」
ea［ɪə］「かつて，一度でも，いつか」
Wa hie dat *ea* tocht?「だれがそれを考えたためしがあっただろうか」
fakentiden［faːkəntíːdən］/fakentiid(s)［…tíːt(s)］/gauris［gáurəs］「しばしば」（形容詞：faak［faːk］「頻繁な」）
gewoanlik(s)［gəvóənlək(s)］/gewoanwei［…vai, …vɛi］/ornaris［ənáːrɪs］「ふつう」
nea［nɪə］/noait［noːit, noəit, nu(ː)it］「けっして…ない」
jitris［jítrəs］「再び」/wer［vɛr］「再び」
weroan［vɛ́roən］「何度も」（形容詞 seldsum［sɛ́ltsøm, …søm］「稀な」）

② 前後関係

foar［foər］「先に，進んで」—foarôf［fwarɔ́ː, fwárɔː］「あらかじめ」
efter［ɛ́ftər］/achter［áxtər］「後で，遅れて」—efternei［ɛftə(r)nái, …nɛ́i］「後から」
De klok rint {*foar/efter/achter*}.「時計が{進んで/遅れている}」
比較：De klok rint *lyk*.「時計は正確だ」（形容詞 lyk［lik］「(時間が)正確な」）

③ その他

aanst［aːⁿst］/anstons［áːⁿstoⁿs］/aanstûns［…stuⁿs］/dalik(s)

[dáːlək(s)]/daalk(s) [daːlk(s)]/fuortdalik(s)/fuortdaalk(s)/
fuortendaalik(s)/fuortendalk(s)「すぐに」　al [ɔl]「すでに，もう」
ynienen [iníənən]「突然」　jit(te) [jít(ə)]/noch [nɔx]「まだ」
just [jøst]「ちょうど」　njonkelytsen [njoŋkəlítsən]「だんだん」
niis [niːs]/niissa [níːsa]/niissajust […jøst]/niissakrekt(sa)
[…krɛkt(sa)]「さっき」　salang [saláŋ]「その間に」
sadwaande [sadwáːndə]/wilens [víləⁿs]/wiles [víləs]/wyls [vils]
「そうしているうちに」　tagelyk(s) [tagəlík(s)]「同時に」
strak [strak]/straks/strakjes「すぐに；さっき」

(5) 曜日，月，四季〈補足〉

以下の語は副詞ではないが，便宜上，以下に示す。

① 曜日（両性名詞）
moandei [mándjə, …di]「月曜」
tiisdei [tíːzdjə, tíːʒə, tíːzdi]「火曜」
woansdei [váːⁿzdjə, váːⁿʒə, …di]「水曜」
tongersdei [tóŋəzdjə, tóəⁿzdjə, …ʒə, …di]「木曜」
freed [freːt]「金曜」
sneon [snøən]/saterdei [sáːtər(d)jə, …di]「土曜」
snein [snain, snɛin]「日曜」

② 月（両性名詞）
jannewaris [jɔnəváːrəs]/jannewaarje […rjə]「1月」
febrewaris [fɪbrəváːrəs]/febrewaarje […rjə]「2月」
maart [maːt]「3月」　april [aprĭl]「4月」
maaie [máːjə]「5月」　juny [jýni]「6月」
july [jýli]「7月」　augustus [ɔugǿstəs]「8月」
septimber [sɛptímbər]「9月」　oktober [ɔktóːbər]「10月」
novimber [novímbər]「11月」　desimber [dɪsímbər]「12月」
旧称：
foarmoanne [fwármwanə]「睦月」　sellemoanne [sɛ́lə…]「如月」

foarjiersmoanne [fwáriəs…, fwájiəs…]「弥生」
gersmoanne [gɛ́ːs…]「卯月」　　blommemoanne [blómə…]「皐月」
simmermoanne [símər…]「水無月」　heamoanne [híə…]「文月」
rispmoanne [rísp…]「葉月」　　hjerstmoanne [jɛ́st…]「長月」
wynmoanne [vín…]「神無月」　　slachtmoanne [sláxt…]「霜月」
wintermoanne [víntər…]「師走」

③ 四季 (…jier 以外は両性名詞)
simmer [símər]「夏」　　winter [víntər]「冬」
maitiid [máitiːt]/maityd […tit]/foarjier [fwáriər, fwájiər]「春」
hjerst [jɛst]/neijier [nái(j)iər, nɛi…]「秋」

§32 その他の副詞

(1) 様態の副詞(bywurd fan wize)

(a) {形容詞/副詞}＋指小形接尾辞 -s (§18, §7(5)(c))

この -(ts)jes は副詞派生・拡張接尾辞であり，表現の強さを弱めるニュアンスを与える。少数の語に限られる。

　　sêftsjes [sɛ́:ftʃəs]/sêftkes [sɛ́:fkəs]/sachjes [sáxjəs]/sachtsjes [sáxtʃəs]「穏やかに」(sêft [sɛ:ft]/sacht [saxt]「穏やかな」)
　　súnichjes [sýnəxjəs]/súntsjes [sýntʃəs]「静かに」(sunich「静かな」)
　　stadichjes [stá:dəxjəs]「ゆっくり，だんだん」(stadich「ゆっくりした，漸次的な」)
　　stiltsjesoan [stíltʃəsoən]/stil(tsjes)wei […vai, …vɛi]「静かに，ゆっくり」(stil「静かな」)

時間の副詞(§31)または話法の副詞((4))に属する次の語も，この接尾辞を伴っている。

　　nyskes [nískəs]「たった今」(niis [ni:s]「同左」)
　　justjes [jǿʃəs]「まさに，たった今，ほとんど…ない，しばらくの間」(just [jøst]「同左」)
　　eventsjes [é:vəntʃəs]「ちょっと，まさに，まあ」(even [é:vən]「同左」)

(b) その他：複合語による副詞

　　telâne [təlɔ́:nə]「適切に」(te＋lâne)
　　lûdop [lú:top]「声高に」(lûd＋op)
　　tegearre [təgjɛ́(:)rə]「(2人で)いっしょに」(te＋gearre)

↔ mei-inoar ［máiənwar, mεi…］「（3人以上で）いっしょに」(mei＋inoar)

Pyt en Klaas gongen *tegearre* nei de stêd ta.「ピトとクラースはいっしょに町へ行った」

Pyt, Klaas en Jan gongen *mei-inoar* nei de stêd ta.「ピトとクラースとヨンはいっしょに町へ行った」

(2) 程度・比較の副詞(bywurd fan graad)

接続詞的に機能するものや，他の文成分を修飾するものなどが含まれる。

① as ［ɔs］/of ［ɔf］「あたかも…のように」

i) It liket wol *as* hasto koarts.「君はどうも熱があるようだ」

Hy seach *as* hie er pine yn 'e mûle.「彼は歯が痛いような目つきをしていた」

It is krekt *as* wurdt it kâlder.「まさに寒くなりそうだ」

Do dochst dus krekt *as* witst fan neat as jim dan delkomme.「だから，君たちがここに寄るときには，君はさも何も知らないようなふりをするんだよ」

この意味の as は従属接続詞としても用いる(§43(2)①)。論理の副詞の意味の as「…ではあるが」については(3)②参照。

ii) It liket wol *of* wit er noch net krekt hokker spesjalist er it earst rieplachtsje sil.「彼はまずどの専門家にみてもらったらいいか，まだよくわかっていないようだ」

Hy sit wat rûngear en sjocht der út *of* hie er as hobby it sammeljen fan sykten, kwalen en krupsjes.「彼はやや身をかがめてすわっていて，病気や疾患や症状を集めるのが趣味であるかのように見える」

従属接続詞 oft「(あたかも)…のように」については§43(2)⑰参照。

② mar ［mar］「…だけ」

De lantearnepeallen steane *mar* oan ien kant fan ús strjitte.「街灯は私たちのところの通りには片側にしかない」

Hy leit de hiele dei *mar* wat op bêd. Soks kin doch net!「彼は一日中

寝ころがったりしてばかりいる。あんなことではだめだ」

mar は逆接の並列接続詞 (§ 41 (2)(c)) や心態詞 ((4)(c)④) としても用いる。mar はオ．maar／ド．nur と同様に，「否定詞＋wêze の接続法過去3人称単数形」に由来する (古フ．(ne)wêre)。

③ sa [sa]「それほど，そのように」

It is net *sa* maklik te sizzen.「それはそんなに簡単には言えない」

Mei frij wat minsken sil it *sa* wêze dat it begjin en de ein fan har libben him ôfspilet yn it sikehûs.「かなり多くの人々について，人生の始まりと終わりは病院で起こるものだろう」

Sa waard ôfpraat.「そのように話し合いがついた」

En *sa* begjint alles wer op 'e nij!「そのようにしてすべてが再び新しく始まるのだ」

④ o sa [óːsa]/och sa [óxsa, óksa]「とても」

Der wie ris in boer dy't in *o sa* bêst en trou hynder hie.「昔，とても良い忠実な馬を持っている農夫がいた」

Ik brûk dat ding *och sa* graach.「私はその器具をとても愛用している」

⑤ samar [sámar]「あっさり，さっさと」

Do wiest earder altyd *samar* út 'e rie.「君は昔はいつもすぐに困ってしまったじゃないか」

Tsjin in âlderenien sis ik net *samar* 'do'.「年上の人にたいしては私はどうも do とは言いかねます」

"Wêrom hast dat dien?" "Oh, *samar*."「どうして君はそんなことをしたんだ」「いや，べつに」

⑥ te [tə]「あまりに」

Myn hûs is *te* lyts en ek *te* âld.「私の家は小さすぎるし，また寒すぎる」

Ik bin *te* âld om te silen.「私はヨットをやるには年をとりすぎた」

⑦ その他

alhiel [ɔlhíəl]/(al)hielendal [(ɔl)híələndɔl]/folop [folóp]/trochgeans [tróɣɪəⁿs]/trochstreeks [⋯ streːks]/trochstrings [⋯ strɪŋs]「まったく」

allegear(re) [ɔlə(g)jɛ́r(ə), ólə⋯]「まったく；みんな」

ek [ɛk]「…もまた」/(al)lyksa [(ɔ)liksá, (ɔ)lĭksa]「同様に，また」/like [líkə]「同様に」
benammen(tlik) [bənámən(tlək)]/foaral [fwarɔ́l]/fral [frɔl]「とくに」
fierwei [fíərvai, …vɛi]「はるかに」
frijwol [frɛ́ivol]/hast [hast]/suver [sŷ:vər]「ほとんど」
healwei [jɛ́lvə, jɛ́lvi, hĭəlvai, …vɛi, híəl…]「なかば」
just [jøst]「まさに」　tige [tí:ɣə]「とても」
likernôch [likə(r)nɔ́:x]/omtrint [omtrínt, ɔ́mtrɪnt]「約」
sels [sɛls]「…さえ」(「…自身」，§23(3)(b))

⑧ 強意の意味の「形容詞＋-e」
-e を伴った代名詞・副詞との類似性に注意(§21(1))。
barre nijsgjirrich「すごくおもしろい」(bar「不毛な，とても」)
't Is *barre* kâld.「すごく寒い」
seldsume {ferfelend/moai}「非常に{退屈な/美しい}」(seldsum「稀な，異常な」)
in *hiele* moaie reis「超すばらしい旅行」(hiel「まったく，とても」)
Hy hie it sa {*fleanende/alderbenaudste*} drok.「彼は超多忙だった」(fleanend「飛ぶような」，強意 alder- [ɔldər]，benaud「不安な」)

(3) 論理の副詞(bywurd fan kausaliteit)

① al [ɔl]「たしかに…ではあるが」(譲歩，§43(1)(b)⑤)
De minske hat ek syn plak yn de natuer, *al* stelt er him der faak boppe.「人間にも自然の中で自らの占める位置がある。たしかに人間は自分をその上に置くことが多いけれども」
Wûnzeradiel hat mar 12.000 ynwenners, *al* lizze yn dy gemeente dan ek 27 doarpen.「ヴーンゼラディエル(オ．Wonseradeel「ヴォンセラデール」)には1万2000人しか住民がいない。この自治体には27もの村があるのだが」
Ek *al* it duorret de hiele dei, do moatst it dwaan.「それが一日中かかろうとも，君はそれをしなければならない」

② as「…ではあるが」(譲歩文，§43(1)(b)⑤)
Ik wit it noch skoan, *as* is it al lang lyn.「私はそのことをはっきり覚えている。もう遠い昔のことではあるが」
程度・比較の意味の as「あたかも…のように」は(2)①参照。

③ doch(s) [dɔx(s), (dɔks)]/dôch(s) [dɔːx(s)]「しかし，それでも」
Jûns lei er op bêd te bidden, want hy leaude yn God en hope al yn 'e himel te kommen. *Dochs* fielde er him dêr noait wis fan.「夜になると彼はベッドに横になってお祈りをしました。というのは彼は神様を信じ，天国に行けるようにと願っていたからです。しかし，本当にそうなるのかはまったくわからない気がしました」
No, it moat kreas en *dochs* modern.「そうだな，見栄えが良くて，それでいてモダンでなければね」(en dochs に注意)
De Ryn mûnet net út yn it Waad, mar *dochs* komt der troch de tijstream in bulte Rynwetter it Waad op.「ライン川はヴァート地帯(＝オランダ北部北海沿岸の干潟地帯)に注いでいないが，潮の流れによって大量のライン川の水がヴァート地帯に入ってくる」(mar dochs に注意)
ja「はい」, nee「いいえ」のほかに，否定疑問などで肯定の意味を強める場合には，ja dochs wol を用いる。
"Komsto moarn net mei?" *"Ja dochs wol."*「君は明日いっしょに来ないのか」「いや，行くよ」
心態詞としての用法については(4)(c)①参照。
Mem praat oer it nije hûs, mar heit fynt 200.000 euro in slompe jild. "Wy kinne *dochs* ek hiere?" seit de dochter. *"Ja dochs!"* seit de soan.「母は新しい家を話題にするが，父は20万ユーロは大金だと思う。「借りることもできるんでしょう」と娘は言う。「もちろんさ」と息子が答える」

④ dus [døs]「それゆえ，だから」
並列接続詞としての用法は§41(3)①参照。
Pake is twa jier lyn ferstoarn. Beppe is no *dus* widdo.「祖父は2年前に亡くなりました。ですから祖母は今，未亡人です」

⑤ その他
allikewol [ɔlikəvól]/allykwol [ɔlikvól]/lykwol(s) [líkvol(s),

…vôl(s)]「しかし」　boppedat [bopədɔ́t]「さらに」
bygelyks [bɛigəlíks, bi…, bə…]（略．bgl.）「たとえば」
dêrby [dɛ́:rbɛi, dɛːrbɛ́i]「そのさいに」
dêrom [dɛ́:rom, dɛːróm]「そのために」
dêrtroch [dɛ́:(r)trox, dɛː(r)trɔ́x]「それによって」（§ 34 (2)(b)参照）
ensafuorthinne [ɛnsafwothínə]（略．ensfh.）「…など」
jit(te) [jít(ə)]「それでも」
koartsein [kwátsain, …sɛin]/koartwei [kwátvai, …vɛi]「ようするに」
nammerste [náməstə]/namste [námstə]「ますます」
nammers [námǝs]/trouwens [trɔ́uəⁿs]「ところで，それはさておき」
((4)(c)⑥参照)

Nammers, it wurdt sa njonkelytsen tiid dat wy ús dêroer beriede.
「それはそうとして，そろそろ我々はそのことについて考えをはっきりさせるべきときだ」

(4) 話法の副詞(bywurd fan modaliteit)

　話者が発言内容を主観的に評価し，心的態度を表現する副詞を指す．とくに(c)の心態詞はドイツ語やオランダ語と同様に，微妙なニュアンスを伴い，用法に注意を要する．

(a) **蓋然性を示す副詞**
① tink [tɪŋk]「きっと，たぶん」
　　ik tink「私は考える」(tinke「考える」)の省略に由来する．
　　Jo sille 't wol drok ha, *tink*.「あなたはさぞお忙しいでしょう」
　　Silst wol gjin iten ha wolle, *tink*.「君は食事はいらないだろうね」
　　Hy wennet *tink* op 'e romte.「彼は人里離れた場所に住んでいるのだろう」
　　tink は他の副詞と違って，前域(主文の定動詞の直前)には置けない．
　　{*Tink/Wierskynlik} wennet er op 'e romte.「同上」
② その他

altemets [ɔltəmɛ́ts, ɔ́ltəmɛts]/faak [fa:ks]/lichtwol [líxtvol]/
miskien [mɪskíən, ⋯kjín, məs⋯]「もしかすると」
wol [vol]「たぶん」　　wol ～ mar ⋯「たしかに～だ(ろう)が⋯だ」
perfoars(t) [pə(r)fwás(t)]「かならず，たしかに」
次の語は形容詞としても用いる(微妙なニュアンスの差がある)。
fêst [fɛ:st]/grif [grɪf]「きっと」
wierskynlik [vjɪ(r)skínlək, viə(r)⋯]/wis [vɪs]「たぶん」
前置詞句：sûnder mis/nei (alle) gedachten「きっと，たぶん」

(b) **評価・判断を示す副詞**

'⋯ ernôch [ə(r)nɔ:x]'：lokkigernôch [lɔ́kəɣə(r)nɔ:x]「運よく，ありがたいことに」，　spitigernôch [spítəɣə(r)nɔ:x]「残念ながら」など
eins [aiⁿs, ɛiⁿs]/einliks [⋯ləks]/einlik(en) [⋯lək(ən)]/eigentlik(en) [áiɣəntlək, ɛí⋯]/eink [aiŋk, ɛiŋk]「本来，じつは」
fansels [fɔⁿsɛ́ls]「もちろん」　　yndie(d) [indíə(t)]「じつに」
winliks [víⁿləks]/winlik(en) [⋯lək(ən)]/wêzen(t)lik(en) [vɛ́:zən(t)lək(ən)]/wezen(t)lik(en) [vé:zən(t)⋯]「本当は」

(c) **心態詞(ド. Modalpartikel/Abtönungspartikel)としての用法**

　話者の感情を聞き手に配慮して微妙に表現するもので，無アクセントで前域には現れず，単独でも用いない。これまで挙げた副詞にもこの用法で用いるものがある。訳語では不十分なため，以下ではニュアンスの説明を施す。

① doch(s) [dɔx(s), (dɔks)]/dôch(s) [dɔ:x(s)] ((3)③参照)
話者の認識や期待と聞き手の態度との食い違いを意識させようとする場合に用いる。
"Is dyn frou hjir ek?" "Ja wis, sy hat hjir *dochs* al by jo sitten."「おまえの嫁もここにいるのか」「ええ，もちろん。さっき横にすわっていたでしょう」
"Tink om 'e datum. Faak stiet der guod tusken dat krekt oer tiid is. Nim it rêstich mei en sis tsjin 'e juffer fan 'e kassa datst it wol foar de helte fan 'e priis ha wolst." "Mem! Soks docht mem *dochs* net!"「日付

に気をつけなさい。よく賞味期限が切れた品物がまじっていることがあるから。気にしないでレジの女の人のところに持っていって，半額にしてもらうように言うのよ」「お母さん，そんなことするもんじゃないわよ」

Jimme liezen *dochs* in tydskrift?「君たちは雑誌を読んでいたんじゃないのか」

Dûnsje *doch* mei har, sy wol wol.「いいから彼女と踊ってやれよ。踊ってもらいたいんだからさ」

Mem, ik mocht *doch* noch in koekje hawwe?「ママ，ぼくはケーキをもうひとつもらっていいはずだったよね」

② eefkes [éːfkəs]/efkes [ɛfkəs]/even [éːvən]/effen [ɛfən]/eventsjes
命令・要請・意向などの口調を和らげる印象を聞き手に与える。

Wolsto my de tsiis *eefkes* jaan?「チーズをちょっと取ってくれないか」

Ik wol daalk wol *eefkes* werom komme.「またすぐちょっと戻ってくるから」

(Ris) *eefkes* sjen.「ちょっと待って，ええと」

Dat woe 'k mar *even* sizze.「ちょうどそれを言おうと思ったんだよ」(④ mar 参照)

③ eins [aiⁿs, ɛiⁿs]/eink [aiŋk, ɛiŋk]/einliken/einliks ((4)(b)参照)
強い疑惑やとまどいを表わす。

Wêrom nimme minsken *einliks* in hûn?「人々はいったいどうして犬を飼うのだろう」

Wêr leit Makkum *eins*?「マクムはいったいどこにあるのだろう」

④ mar [mar] ((2)② mar「…だけ」参照)
物事に区切りをつけて判断の確定を示したり，聞き手に促したりする。

O ja, kinst hjir fan alles wol krije.　Mar gebak moat ik *mar* net ha.　Ik moat om 'e lijn tinke.「ええ，ここは何でもあるのよ。でも，私はケーキはちょっとやめておかないと。太るといけないから(＝体の線を考えなければならない)」(文頭の Mar「しかし」は並列接続詞，§41(2)(c))

No, wat dogge wy, sis do it *mar*.「そうだな，どうしよう，君から言ってくれよ」

No ja, lit *mar*.「そうだな，まあ，やめておけよ」

Sa is 't *mar* krekt.「まさにそういうことだな」

⑤ no［noːu］(§31(1)④ no「今」参照)
現状に至る経緯を整理した上で新たな展開を確認する。
Ik kin *no* freeds ek nochris nei de feemerk.「それに金曜には家畜の市にも行くことがあるしな」
Wat soe dat *no*?「それがどうだっていうんだ」

⑥ ommers［óməs］/nammers［náməs］((3)⑤ nammers「ところで，それはさておき」参照)
話者の認識や論拠を聞き手に同意を求めながら提示する。

i) Do bist *ommers* sa slank as wat, yn al dy jierren neat feroare.「だって君はスリムそのもの，もう何年も全然変わっていないじゃないか」
Troch bettere ekonomyske omstannichheden koene minsken in wenplak sykje fier fan har wurk ôf. De auto brocht har *ommers* wol te plak.「経済状態の好転で，人々は職場から遠く離れたところに住まいを求められるようになった。車が人々をちゃんと運んでくれたからである」
Net ien wol *ommers* graach foar âldmoadich oansjoen wurde!「だって，だれも時代遅れだとは思われたくありませんからね」

ii) Dat koe se *nammers* net witte.「それは彼女にはわからなかったからね」
Dêr jou ik *nammers* neat om.「そのことは私はまったく気にしていないからね」

ommers/nammers はオランダ語の immers にあたる。ドイツ語では ja に相当する。西フリジア語とオランダ語の ja「はい」は心態詞には用いない。

⑦ ris［rəs］(§29(2)(c)① -ris「…回」参照)
断定の口調を和らげる印象を聞き手に与える。mar と用いることも多い。
Moatte wy de stofsûger net *ris* in kear stean litte? Moatte wy túchblikje en feger wer yn eare herstelle?「私たちは掃除機を一度止めてみるべきではないでしょうか。ちりとりとほうきを再び尊重するべきではないでしょうか」
Fertel mar *ris*, wat mankearret der oan?「まあ，ちょっと教えてくださいよ，何が足りないんでしょう」

Gean de kast *marris* troch.　Sjoch wêr't wy ferlet fan ha.「ちょっと戸棚を確認してみなさい。何が足りないか見てみるのよ」(mar ris)

§33　否定詞 net と否定（ûntkenning）

(1)　否定詞 net の用法

　不定冠詞がついた名詞句や無冠詞の名詞句は否定冠詞 gjin［gjɪn］を前置して否定することは，すでに§14 で述べた。定冠詞や指示・所有代名詞がついた名詞の場合には，否定詞 net［nɛt］（オ．niet/ド．nicht/エ．not）を用いる。

　　Ik wit *it antwurd net*.「私はその答えがわかりません」

　　Ik ken *har âlden net*.「私は彼女の両親を知りません」

　次例で無冠詞の名詞に net を用いているのは，Frysk prate「フリジア語を話す」が複合動詞的な性格を持っているためである。

　　Hy kin *net* [Frysk prate].「彼はフリジア語が話せない」

　net を名詞句の前に置くと名詞句そのものを否定し，対比の意味になる。したがって，対比を表わす文成分が続かないと不自然である。

　　Ik ken *net har âlden*, mar wol *har pake en beppe*.「私は彼女の両親は知りませんが，彼女の祖父母は知っています」

　つまり，net は否定の焦点（エ．focus）を含む作用域（エ．scope）の直前に置くことができる。次例では従属文全体が作用域である。

　　Net [dat ús flagge, sa't wy dy kenne, fan dy tiid is].「私たちが知っているような私たちの旗がその時代からのものというわけではありません」

　否定の焦点となる目的語などの文成分を前域に置けば，net をその直前に置かなくてもそれを話題化して否定することになり，他との対比を含意する必要はない。

　　Har âlden ken ik *net*.「彼女の両親は私は知りません」

　net の位置による意味的相違の一例として，alles net では alles が否定の作用域の外にあるので，文否定（＝動詞句否定）になり，net alles では alles「す

べて」が否定の作用域に入るので，部分否定になる点が挙げられる。

  Men kin *alles net* witte.「何も知ることができない」

  Men kin *net alles* witte.「何でも知っていることはできない」

 perfoarst「かならず，たしかに」を用いた次例も同様。

  It is *perfoarst net* nedich.「それは絶対に不要だ」

  It is *net perfoarst* nedich.「それは絶対に必要というわけではない」

 次例では net を副詞 moarn「明日」の前に置くと，moarn「明日」が否定の作用域になり，対比の意味になる。moarn の後に置けば文否定の意味になる。

  Hy komt *net moarn*, mar oaremoarn.「彼は明日ではなく，明後日来る」

  Hy komt *moarn net*.「彼は明日，来ない」

 moarn を前域に置けば話題化され，他との対比を含意する必要はない。

  Moarn komt er *net*.「明日は，彼は来ません」

 net を文末に置くと文否定の意味になるのは，net が基底語順で文末(右枠，§43(1))を占める動詞を否定し，それが意味的に動詞句を否定することにつながり，結果的に文全体の否定になるからである。主文では2番目の位置(左枠)に置かれる定動詞のほかに，動詞と密接に結びつく要素として文末(右枠)に残る分離動詞の分離成分，助動詞に支配された過去分詞や不定詞がその動詞に相当する。

  Hy *jout*$_i$ it *net op*＿$_i$.「彼はそれをあきらめない」(opjaan「あきらめる」)

  Hy *is*$_i$ noch *net oankommen* ＿$_i$.「彼はまだ到着していない」(oankomme「到着する」)

  In fêste regel *is*$_i$ hast *net ôf te lieden* ＿$_i$.「確固たる規則はほとんど導き出され得ない」(ôfliede「導く，派生する」)

 また，述語形容詞や動詞・述語形容詞に支配された前置詞句もこれに準ずる。

  Ik *bin*$_i$ noch *net klear* ＿$_i$.「私はまだ用意ができていない」(klear wêze「用意ができている」)

  Hy *antwurdet*$_i$ *net op myn fraach* ＿$_i$.「彼は私の質問に答えない」(antwurdzje「答える(op …に)」)

  As it in pear dagen *net op 'e tafel stiet*, mist gjinien it.「それが二，三日

食卓に並んでいないと，気がつかない人はいない」(op 'e tafel stean「食卓に並んでいる」)

(2) 否定詞 net と関連表現

(a) 否定疑問文・付加疑問文

net を伴う否定疑問文は発話内容を強く肯定する意味になる。

Wan ken de waadeilannen *net*?「だれがヴァート諸島(＝オランダ北海沿岸の干潟地帯に沿って連なる島々)を知らないだろうか(＝だれでも知っている)」

net を文末に添えて疑問のイントネーションで文末を高く発話すれば，相手の同意を期待する付加疑問文になる。net を含む他の表現もある。次は感嘆文に net を添えた用例である。

Wat is it hjir feroare, *net*?「ここはなんて変わったんだろう，ねえ？」

Wat wie 't hjoed moai waar, {*net*/*oars net*/*is 't net sa*/*is 't sa net*/*net wier*}?「今日はなんていい天気なんだろう，ねえ」

(b) 否定代名詞　neat/niks「何も…ない」

neat [nɪət] はオ．niets/ド．nichts/エ．nothing に相当する。niks [nɪks] は話し言葉で用いる。

Wy witte der *neat* mear fan.「私たちはそれについてもう何も覚えていません(＝知りません)」

Dat berjocht wit ik *neat* fan.「その報告について私は何も知らない」

"Wie de molke soer?" "Wy preauwen *neat*."「ミルクは酸っぱかった？」「私たちは何も口にしてないわ」

neat は代名詞ではなく，否定詞 net の強調として用いることがある。

Hy liket *neat* op syn heit.「彼は父親に全然似ていない」

Wy binne der *neat* wizer fan wurden.「私たちはそのことでそれだけ利口になったというわけでは全然ない」

(c) 「虚辞の fan」(§ 37 (5)) と否定詞 net

前置詞 fan (オ．van/ド．von/エ．of) とともに用いた次の net に注意。

　　Ik tocht *fan net*.「私はそうは思わなかった」

　　Wy hoopje *fan net*.「私たちはそうは希望しません」

　　Sy seinen *fan net*.「彼らはそうは言わなかった」

動詞は思考・発言を意味するものに限られる。§ 37 (5)(b)で述べるように，この用法の fan を「虚辞の fan」と呼ぶ。

オランダ語にも同様の表現がある。

　　フ．Ik leau *fan net*.「私はそうは思わない」

　　オ．Ik geloof *van niet*.「同上」

「虚辞の fan」のかわりに代名詞 it (オ．het) を用いることもでき，それがむしろ一般的でもある。

　　フ．Ik leau *it net*.「同上」

　　オ．Ik geloof *het niet*.「同上」

一方，次の fan neat witte「何もわかっていない，害悪を意識していない」の neat は前置詞 fan に支配されている。これは「ゼロ属格の fan」の例と言える (§ 37 (5)(a))。

　　Hja wit *fan neat*.「彼女は愚かだ (＝何もわかっていない)」

　　Wy witte *fan neat*.「私たちは悪くありません (＝何も知りません)」

　　Ik haw him warskôge, mar hy wol *fan neat witte*.「私は彼に警告したが，彼は何も言うことを聞かない (＝わかろうとしない)」

(3) 二重否定 (dûbele ûntkenning) と「虚辞の net」

(a) 二重否定：否定の強調

net/gjin は他の否定詞 (nea/noait「けっして…ない」，nimmen「だれも…ない」，neat/'nearne … 前置詞'「何も…ない」，nearne「どこにも…ない」など) と重ねることがある。西フリジア語では二重否定は強い肯定ではなく，否定の意味を強調する。

　　Ik ha *nea net* witten, dat sy sa alderheislikste moai kantklosse koe.「私は彼女がそんなにすごく上手にレース編みができるとはまったく知らな

かった」

　Ik kin it *nearne net* fine.「私はそれをどこにも見つけられない」

　Dat liket *nearne net* nei.「それは何にも似ていない」

　Dat liket my *neat net* goed ta.「それは私には全然良く思えない」

　De duwel en *nimmen net* hawwe in bulte kwea dien.「悪魔も，そして，誰ひとりとして多くの悪事を犯さなかった（＝だれでも責任は取ろうとせず，他人に押しつけたがるものだ。ことわざ）」

　It is *neat gjin* muoite.「それは何の手間でもない」

　Us Jelle hat oars *noait gjin* liger west.「うちのイェレはそれでなくても，嘘つきだったことは一度だってありません」

次の文は否定の要素を三つ以上含む多重否定の用例である。

　En *gjinien* hat *noait gjin* taal *noch* teken wer fan de man heard.「そして，だれもその男の人から二度と何の消息も（＝噂も証拠も）聞くことはなかった」

(noch) A noch B「AもBも…ない」という表現もある。

　Noch syn frou *noch* syn soan wist(en) wêr't er wie.「彼の妻も彼の息子も彼がどこにいるのか，わからなかった」

noch は他の否定詞と用いて二重否定の表現になることがある。

　Wy hawwe iten *noch neat* yn 'e hûs.「私たちはうちには食べるものも何もありません」

　Sokke bern ha (*neat*) *gjin* noeden *noch* soargen.「そんな子供たちは何の心配も（＝気づかいも心配も）しない」

二重否定（または多重否定）が否定の意味を強調する用例は，古フリジア語の時代から観察される。オランダ語，ドイツ語，英語でも古語ではこの表現が否定の意味を強調していたのであり，今日でも話し言葉ではこの意味で用いることがある。

(b)　**虚辞の net**

　主文が否定文のときに，心理的な理由から従属文が論理的意味に反して net を伴う否定文になることがある。この net を「虚辞の net」と言う。

　Hy docht *gjin* lichten foar't er syn sin *net* hat.「彼は思うようになるま

で(＝思うようにならない(net)前に)自分の考えに固執する(＝譲らない)」
Hy hie *gjin* rêst foar't hy *net* wist hoe't alles tagien wie.「彼はすべてがどのように進展したかを知るまでは(＝知らない(net)前には)，落ち着かなかった」

次例の固定した表現では net が任意だが，これも「虚辞の net」と言える。

better as ik (*net*) wit「私の知り得る限りでは」(better net te witten とも言う)

VIII

der

スレアト(Sleat)の家並み

§34 der の四つの用法と「代名詞の der」

(1) der の四つの用法

der［dər］には次の四つの用法がある。

		指示機能	前域	dêr との交替	用法の特徴
①	代名詞の der：	あり	不可	可	前置詞と用い，「それ」と訳せる
②	場所の der：	あり	不可	可	特定の場所を示し，「そこ」と訳せる
③	存在の der：	なし	可	不可	存在文で用い，語彙的意味を持たない
④	虚辞の der：	なし	可	不可	主語の位置を占め，主語を自然に導入する。非人称受動でも用い，語彙的意味を持たない

① Se binne *der* grutsk op.「彼らはそれを(der … op)誇りにしている」
② Hy wennet *der* net mear.「彼はもうそこには住んでいない」
③ Earizers besteane *der* suver net mear.「イェリーゼル(＝金銀細工つきの伝統的な婦人用の頭巾)はもうほとんどなくなった」
④ *Der* falt snie út 'e loft.「空から雪が降っている」

　der にはオランダ語の「数量の er」（オ．kwantitatief 'er'）の用法はなく，この用法での der の使用はオランダ語の影響として好ましくないとされる。オランダ語ではこれは3人称代名詞複数属格 iro（エ．their）に由来し（部分の属

格），他の er（エ．there）とは語源が異なる。
　　フ．Ik ha {*der/∅} trije.「私はそれを三つ持っている」
　　オ．Ik heb {er/*∅} drie.「同上」

(2)　「代名詞の der」(pronominaal 'der')と「R 代名詞」

(a)　「代名詞の der」の分離と前置詞の残留（エ．perposition stranding, §37(2)）

「前置詞＋物事を示す代名詞」では代名詞を der に置き換えて，「der (…) 前置詞」とする（ただし，(c)の dit/dat 参照）。der は「それ」と訳すことができ，これを「代名詞の der」と呼ぶ。このとき，前置詞は語順的には後置詞としてはたらいている。前置詞句が目的語や方向・道具など，述語と結びつきの強い補足成分（エ．complement）の場合には，「代名詞の der」はふつう前置詞から分離し，中域に主語がないときには「左枠」の定動詞や補文導入要素（§42）の直後に「接語」（エ．clitic）として添える（§30(2)(c)の現象も参照）。

　　Se binne grutsk *op har doarp*.「彼らは自分の村を誇りにしている」
　　→ Se binne *der*ᵢ grutsk [＿＿ᵢ op].「彼らはそれを誇りにしている」
　　　（*grutsk op it* は不可）

その他の用例。
　　Hy wie *der* in bytsje ferlegen *mei*.「彼はそれに少し当惑した」
　　Ik sjoch al wat *der oan* skeelt.「私にそれに何が足りないか，もうわかる」
　　Mannichien is *der* neat *op* tsjin in hûn as húsfreon te nimmen.「犬を家族ぐるみの友人とすることに何も抵抗を感じない人たちが多い」

ただし，中域の目的語名詞句や副詞句の後に「代名詞の der」を置く例も見られる。

　　Lûk dy trui *der* dan noch ris *by* oan.「それならそのセーターをちょっとそれに合わせて着てごらん」
　　By faker lêzen fynt men iderkear *der* wer dingen *yn*, dy't earder oer de holle sjoen waarden.「繰り返して読むと，その中に以前は気づかなかった事柄をそのたびに発見する」

中域に主語があるときには,「代名詞の der」は主語の後に置く.
> Binne *se der* grutsk *op*?「彼らはそれを誇りにしているのか」
> Neffens my hat *dy frou der* gjin klap ferstân *fan*.「私の意見ではあの女の人はそれについて何ひとつわかっていない」

ただし,この場合にも,中域の目的語や副詞句の後に「代名詞の der」を置く例も見られる.
> Ast de pleagen ta de foardoar út jagest, komme *se der* ta de efterdoar wer yn.「災難は玄関の外へ追い出しても,裏口からまた中に入ってくる(ことわざ)」
> ↔ Ast de pleagen ta de foardoar út jagest, komme *se* ta de efterdoar *der* wer yn.「同上」

前置詞は中域の末尾に残り,これを「前置詞の残留」と言う.前置詞はそれとの結びつきの強い右枠の動詞の直前に,分離動詞(§59)の分離成分のように隣接する.
> Sy hat fan 'e moarn {har man *mei de fûst*/*mei de fûst* har man} slein.「彼女は今朝,夫をげんこつでなぐった」
>> → Sy hat *der* fan 'e moarn {har man *mei*/*mei har man} *slein*.「彼女は今朝,夫をそれでなぐった」(mei は slaan「なぐる」の過去分詞 slein の直前)

次例では mei de kwast「はけで」は giel「黄色に」の後では不自然だが,「代名詞の der」を用いると,mei を giel の後に置いて,fervje「塗る」の過去分詞 ferve の直前に隣接させなければならない.
> Hy hat juster it stek {*mei de kwast* giel/?giel *mei de kwast*} ferve.「彼は昨日,柵をはけで黄色に塗った」
>> → Hy hat *der* juster it stek {*mei giel/*giel mei*} *ferve*.「彼は昨日,柵をそれで黄色に塗った」(mei は ferve の直前)

オランダ語の「代名詞の er」も同様.ドイツ語では da(r)- と前置詞は分離しない.
> オ.Ze zijn trots *op hun dorp*.「彼らは自分の村を誇りにしている」
>> → Ze zijn {*er* trots *op*/*trots *op* het}.「彼らはそれを誇りにしている」

ド．Sie sind stolz *auf ihr Dorf*.「同上」
  → Sie sind {stolz *darauf*/*stolz *auf es*/**da(r)* stolz *auf*}.「同上」

(b) 「代名詞の der」が分離しない場合

　論理関係や場所・時間などの付帯状況のように，述語と結びつきが弱い付加成分（エ．adjunct）の場合には，「代名詞の der」と前置詞は分離しない．このとき，der はアクセントを持って dêr となることが多い（(f)参照）．論理の副詞として 1 語になっているものもある（§32(3)⑤）．例．dêrby「そのさいに」，dêrom「そのために」，dêrtroch「それによって」

　　Hy gong *nei it iten* op bêd.「彼は食事の後で床に就いた」
　　→ Hy gong {*dernei*/*dêrnei*} op bêd.「彼はその後で床に就いた」
　　　（*Hy gong *der* op bêd *nei*. は不可）

　その他の用例．

　　Hy helle in flesse bearenboarch en in romer, *dêrnei* sette er in plaat fan Mozart op.「彼はジンとワイングラスを持ってきて，その後でモーツァルトのレコードをかけた」

　　Oan 'e oare kant fan ús strjitte steane beammen． *Dêrefter* is in smelle berm en in feart dy't nochal wiid is.「私たちのところの通りのもう片側には，木々が立っています．その後ろには，細長い路肩とかなり広い運河があります」

　　It is *dêrmei* dúdlik wêr't de oast sit.「どこに問題点があるかは，それによって明らかである」

　　Dêrneist meie wy oannimme dat de jongeren mear ûnder ynfloed fan it Hollânsk steane as de âlderen.「それとあわせて，高年層に比べて若年層がオランダ語の影響をより多く被っていると考えていい」

　sûnder/sonder「…なしで」，neffens「…に従って」は「代名詞の der」を伴うことができる．

　　Sette wy 'bak' en 'pak' njonkeninoar, dan is it plak fan artikulaasje gelyk, mar it ferskil is no, dat de 'b' mei trilling fan de stimbannen útsprutsen wurdt, de 'p' *der sûnder*; *dêrneffens* kinne wy ûnderskiede yn 'stimhawwend' en 'stimleas'.「bak と pak を並べてみると，調音位置は

同じだが，b が声帯の振動を伴い，p がそれを伴わないで発音されるという違いがある。このことから「有声」と「無声」を区別できる」
　オランダ語の zonder「…なしで」は *erzonder とは言えない。

(c) 「代名詞の der」が使えない前置詞(§ 37 (1))
① 指示代名詞 dat を用いるもの
behalve(n)/útsein「…を除いて」　　fanwege(n)「…のために」
nettsjinsteande「…にもかかわらず」
名詞が両性や複数形でも dat を用いる。そのほかの代名詞は許されない。この dat は名詞の性・数に一致せず，強いアクセントと指示性を有している。

Sy hat in soad fan har mem *behalve har mûle*.「彼女は口元を除いて，母親から多くのものを受け継いでいる」(de mûle「口」)
→ Sy hat in soad fan har mem {*behalve dat/*behalve dy/*behalve him/*derbehalve/*dêrbehalve*}.「彼女はそれを除いて，母親から多くのものを受け継いでいる」(útsein でも同様)

Fanwege syn sykte koe er net komme.「病気のために彼は来られなかった」(de sykte「病気」)
→ {*Fanwege dat/*Fanwege dy/*Fanwege him/*Derfanwege/*Dêrfanwege*} koe er net komme.「そのために彼は来られなかった」

オランダ語も同様。
オ．Ze heeft veel weg van haar moeder *behalve haar mond*.「同上」
→ Ze heeft veel weg van haar moeder {*behalve dat/*bahalve die/*behalve hem/*erbehalve/*daarbehalve*}.「同上」

Vanwege zijn ziekte kon hij niet komen.「同上」
→{*Vanwege dat/*Vanwege die/*Vanwege hem/*Ervanwege/*Daarvan-wege*} kon hij niet komen.「同上」

指示代名詞 dit「これ」/dat「あれ，それ」は，「代名詞の der」が使える前置詞にも用いることがある。

Fan dit komt dat.「泣き面に蜂(＝これからあれが来る。ひとつのことからほかのことが生じる。ことわざ)」

fan dat(oangeande)/fandat(oangeande)「それにかんして」↔ derfan「それから，その」

次の前置詞は「代名詞の der」か dat を支配するかで意味が異なる。

boppedat「さらに，そのうえ」↔ derboppe/dêrboppe「その上で」

オ．bovendien/daarenboven ↔ erboven/daarboven「同上」

ド．darüber hinaus/außerdem ↔ darüber/da oben「同上」

② 指示代名詞 dat を用いないもの

i) sûnt「…以来，…からずっと」, oant「…まで」

Sûnt 2000 wenje ik yn Snits.「2000 年以来，私はスニツ(オ．Sneek「スネーク」)に住んでいる」

→ {*Sûnt dan/Sûnt doe/*Sûnt dat/*Sûnt dy/*Dersûnt/*Dêrsûnt*} wenje ik yn Snits.「私はそれ以来，スニツに住んでいる」

Hy sliept *oant acht oere*.「彼は 8 時まで寝ている」

→ Hy sliept {*oant dan/*oant dat/*oant dy/*oant him/*deroant/*dêroant*}.「彼はそれまで寝ている」

オランダ語も同様だが，sindsdien「それ以来」が一般的である。

オ．*Sinds 2000* woon ik in Sneek.「同上」

→ {*Sindsdien/Sinds dan/Sinds toen/*Sinds dat/*Sinds die/*Ersinds/*Daarsinds*} woon ik in Sneek.「同上」

Hij slaapt *tot acht uur*.「同上」

→ Hij slaapt {*tot dan/*tot dat/*tot die/*tot hem/*ertoe/*daartoe*}.「同上」

ii) te「…のほうへ，…のところで(など)」

特定の文語的表現にしか用いず，どの代名詞でも副詞でも置き換えられない。

Hy gong dan *te wurk*.「彼はそれから仕事に行った」

→ Hy gong dan {**te dat/*derte/*dêrte*}.「彼はそれからそれに行った」

(d) **名詞句内部の「代名詞の der」の分離**

主語名詞句の内部にある「代名詞の der」はふつう分離しない。

[In gefolch *dêrfan*] is wer dat de biste- en fûgelstân ek achterút giet.

「その結果は，またしても動物や植物の生育も衰えるということである」

wêze「…である」の補語名詞句の内部にある「代名詞の der」は分離できる。

　Dat is {*der* in part *fan*/in part *derfan*}.「それはその一部だ」

次の文は補語名詞句と目的語名詞句の内部にある dêr [dɛːr] (der の強調形)がそれぞれ分離している例である((f)参照)。

　In húshâldbeurs is *dêr in foarbyld fan*.「家庭用品の展示はそのひとつの例です」

　Dêr haw ik no *gjin eksimplaren mear fan* yn 'e hûs.「その在庫は私の家にはもうひとつもありません」

(e) 「代名詞の der」と人称代名詞の語順

目的格・主格補語の人称代名詞と不定代名詞 men [mən] (§26(a))の目的格 jin [jøn, jən] は，同じく無アクセントの「代名詞の der [dər]」と同様に，中域の前方に置かれる傾向がある。つまり，左枠の位置にある定動詞や補文導入要素(従属接続詞，関係詞，間接疑問文の疑問詞；§42)の直後に接語(エ. clitic)として添えられる傾向が強い。両者が並ぶときには，「der＋人称代名詞」と「人称代名詞＋der」の語順がともに可能である。

　Sy besykje {*der ús*/*ús der*} *fan* te oertsjûgjen.「彼らは私たちにそのことを納得させようとする」

　Dan hoecht men {*der jin*/*jin der*} net *oer* te fernuverjen.「それなら，そのことに驚くには及ばない」

人称代名詞が無アクセントの it [ət] の場合には，「it＋der」の語順だけが許される。it [ət] ではあいまい母音 [ə] が脱落して 't [t] となることがあり，接語としての性格がいっそう強いと言える。

　Hy tinkt dat wy {*it der*/**der it*} *mei* iens binne.「彼は私たちがそれに賛成だと思っている」

　Ik bin {*it der*/**der it*} *mei* iens.「私はそれに賛成だ」

人称代名詞が主語の場合には，「主語人称代名詞＋der」の語順だけが許される。

　{Bist*o der*/Bist-∅ *der*/*Bist *der do*} grutsk *op*?「君はそれを誇りにし

Is {*hy der/er der/*der hy/*der er*} grutsk *op*?「彼はそれを誇りにしているのだろうか」

Soms liket {*it der/*der it*} *op*.「ときにはそれはそのように見えることもある」

Hoe't {*se der ús/se ús der/*der se ús/*der ús se*} *fan* besykje te oertsjûgjen, it is om 'e nocht.「どんなに彼らがそのことについて私たちを納得させようとしても，それはむだだ」

目的語名詞句と人称代名詞の語順については§17(4)参照。

(f) dêr とその他の「R 代名詞」

前域に置くときや強調するときには，代名詞の der ではなく，アクセントを持つ dêr [dɛːr]「それ，あれ」を用いる。

{*Dêr/*Der*} moatst faaks eefkes *ta* wenne.「それには君はちょっと慣れる必要があるかもしれない」

{*Dêr/*Der*} hast gelyk *oan*.「その点で君は正しい」

文中でも強調するときには dêr を用いる。

Hy hat *dêr* syn eigen ideeën *oer*.「彼はそれについては自分の考えがある」

Binne jo it *dêr mei* iens?「あなたはそれには賛成ですか」

「代名詞の der」とその強調形の dêr 以外に，用法が共通の -r で終わる(あるいは語中に r を含む)代名詞が五つあり，これをあわせて「R 代名詞」と呼ぶ。これは「場所の der」(§35)と同様に，場所の副詞(「R 副詞」，§30(2))と同形であり，注意を要する。

「R 代名詞」：'代名詞の der'「それ」/dêr(強調形)「それ，あれ」
「R 副詞」：'場所の der'「そこ」/dêr(強調形)「そこ，あそこ」

① hjir「これ」(R 代名詞) ↔「ここ」(R 副詞/場所の副詞)
wêr「何」(R 代名詞) ↔「どこ」(R 副詞/場所の副詞)

Ut it Noardgermaansk binne ûntstien: It Noarsk, Sweedsk, Deensk en Yslânsk. *Hjir* kaam ek it Eastgermaansk *út* fuort, dêr't it Goatysk in belangrike taal fan is.「北ゲルマン語からは次の言語が生まれた：ノル

ウェー語，スウェーデン語，デンマーク語，そして，アイスランド語。これからはまた東ゲルマン語が生じ，ゴート語はその中で重要な言語である」(dêr't (… fan) は関係代名詞)

Jimme hawwe *hjir* neat oer te kedizen.「君たちはこれについて何も口出しする資格はない」

Wêr docht dat *ût* bliken?「それは何からわかりますか」

② earne [íənə]「何か」(R代名詞) ↔「どこか」(R副詞/場所の副詞)

nearne [níənə]「何も…ない」(R代名詞) ↔「どこにも…ない」(R副詞/場所の副詞)

oeral [úərɔl, uərɔ́l]「すべて」(R代名詞) ↔「どこでも」(R副詞/場所の副詞)

この3語については，「R代名詞＋前置詞(＝後置詞)」のほかに，「前置詞＋不定代名詞 eat (または wat)/neat/alles」も可能である。

Hja koe wol *earne om* ferlegen wêze.「彼女は何かがどうしても必要だったのかもしれない」

↔ Hy is fan neat *ta eat* komd.「彼はゼロから始めて一応の成果をあげた(＝無から何かに到達した)」

Juster pratesto *nearne oer*.「昨日，君は何も(＝何についても)話さなかった」

↔ Der wurdt net *foar neat* sein.「何もないことについては噂は立たない(＝何も言われない)」

Pake die as wist er *fan neat*.「祖父は何も知らないふりをした」

Hja bemuoit har *oeral mei*.「彼女は何事も気にかける」

↔ Hy is *mei alles* tefreden.「彼はすべてに満足している」

オランダ語でも er と並んで，hier/waar/ergens/nergens/overal も「R副詞」と同様に「R代名詞」として用い，「{ergens/nergens/overal}＋前置詞(＝後置詞)」と「{iets(または wat)/niets/alles}＋前置詞」がともに可能である。ドイツ語では da(r) と並んで，hier/wo(r) も「R副詞」と同様に「R代名詞」として用いるが，不定や否定の意味を持つ irgendwo/nirgend(s)(wo)/überal は「R副詞」に限られ，「R代名詞」としては用いない。また，dort「あそこ」は「R代名詞」としては用いない。

フ．Hja bemuoit har *mei* {*alles*/*neat*}.「彼女は何事も気に {かける/かけない}」
　　Hja bemuoit har {*oeral*/*nearne*} *mei*.「同上」
オ．Zij bemoeit zich *met* {*alles*/*niets*}.「同上」
　　Zij bemoeit zich {*overal*/*nergens*} *mee*.「同上」
ド．Sie bemüht sich *um* {*alles*/*nichts*}.「同上」
　　*Sie bemüht sich {*überall*/*nirgend(s)(wo)*} *um*.「同上」

(g) derút sjen「…のように見える」

慣用句として固定しており，der は dêr と交替せず，何も指さないが，省略できない(オ．eruitzien「…のように見える」も同様)．

　　Troch de ferljochting *sjocht* it *der* hiel moai *út*.「照明でそれはとても美しく見える」
　　Dyn auto *sjocht der* krekt sa *út* as mines.「君の車は私のとまったく同じように見える」

(h) 相関詞の der

西フリジア語の前置詞は動詞・形容詞・名詞の補足成分である場合に，従属文や不定詞句(§67(9)⑤)を直接支配できないので，「代名詞の der」を用いて，これをあらかじめ示しておく必要がある．この der を「相関詞(ド．Korrelat) の der」と呼ぶ．

　　It liket *der*₁ *op* [dat de tsjintwurdige gemeentlike yndieling syn langste tiid hân hat]₁.「現在の自治体の区分は時代遅れの感がある」
　　De natuerbeskermers binne *der*₁ fansels *foar* [dat it Waad safolle mooglik syn funksje as machtich moai natuergebiet hâldt]₁.「自然保護家はもちろん，ヴァート地帯(＝オランダ北部北海沿岸の干潟地帯)がそのすばらしく美しい自然地域としての機能を守ることに賛成である」

付加成分としての副詞節では，前置詞は従属文や不定詞句を直接支配できる．

　　Do antwurdest [*sûnder* [nei te tinken]].「君はよく考えずに答えた」
　　Do antwurdest [*sûnder* [datst neitochtst]].「同上」

感情・感覚などの意味の述語では「相関詞の der＋前置詞」を欠くことがあ

る。

 Ik sil Ø₁ Øⱼ *soargje* [dat ik thús bin]ᵢ.「私は家にいるように心がけます」(soargje「配慮する(foar …に)」)

 ↔ De reklame makket de minsken nijsgjirrich en *soarget der*ᵢ *foar* [dat der kocht wurdt]ᵢ.「広告は人々の興味をそそり、買われるようにしむける」

 Se *binne* Ø₁ *bliid* Øⱼ [dat se twa dagen faninoar ôf binne]ⱼ.「彼らは2日続けて休むのがうれしそうだ」(bliid「うれしい(mei/oer …で)」)

次例は前置詞が従属文を直接,支配しているように見えるが,wat は先行詞を欠く不定関係代名詞であり,関係文は従属文ではなく,名詞句に相当する。

 Do hast gelyk [*oan* [*watsto* seist]].「君は君が言っている点で正しい」

 Soms binne jo it wol hielendal iens [*mei* [*wat* yn in boek stiet]].「ときには,本に書いてあることとまさに同感だということもあるだろう」

上記の「wat-関係文」が従属文ではなく名詞句であることは,外置(エ. extraposition)の可否から明らかである。一般に外置は従属文では義務的,前置詞句では任意,名詞句では不可能である。i),ii)が可能なのは [oan [watsto seist]] が前置詞句,iii)が不可能なのは [watsto seist] が名詞句であることによる。

i) Do hast gelyk [*oan* [*watsto* seist]] hân.「君は君が言っている点で正しかった」

ii) Do hast gelyk ＿＿ᵢ hân [*oan* [*watsto* seist]]ᵢ.「同上」

iii) *Do hast gelyk [*oan* ＿＿ᵢ] hân [*watsto* seist]ᵢ.「同上」

 「der (…) 前置詞 ～ (om) … te- 第2不定詞句」の用例は §67 (9) 参照。

§35 「場所の der」(lokatyf 'der') と「R 副詞」

「場所の der」は特定の場所を示す文成分を受ける場所の副詞(§30(2))であり，「そこに」と訳すことができる。

Dit is it hûs fan 'e dichter, mar dy wennet *der* net mear.「これがその詩人の家です。しかし，その詩人はもうそこには住んでいません」

As lytsfaam arbeide ik by in rike famylje op 'e Lemmer. Ik ha *der* trije jier west en ik ha *der* noait in stikje iten krigen.「女中として私はデ・レメル(De Lemmer, オ．Lemmer「レメル」)の裕福な家で働きました。そこには 3 年いましたが，一口も食事をもらったことはけっしてありませんでした」

前域ではアクセントを持つ dêr を用いる。この位置の無アクセントの der は，特定の場所を指さない「存在の der」または「虚辞の der」(§36)と解釈される。

Yn 'e rin fan 'e jierren ha in protte minsken har yn 'e stêd nei wenjen set. Want *dêr* wie wurk, *dêr* wie fertier.「長年の間に人々がおおぜい都市に居住するようになった。なぜならそこには職があり，そこには娯楽があったからである」

中域でも強調する場合には dêr を用いる。

Der is ien by de doar. Wa is *dêr*?「玄関のところにだれかいるわ。そこにいるのはどなたですか」(文頭の der は「存在の der」)

「場所の der」は他の「R 副詞」(hjir「ここ」/wêr「どこ」/earne「どこか」/nearne「どこにも…ない」/oeral「どこでも」，§30(2)，§34(2)(f))と同類である。

Dit is it hûs fan 'e dichter, mar dy wennet *hjir* net mear.「これがその詩人の家です。けれども，その詩人はここにはもう住んでいません」

Wêr wennet de dichter no?「その詩人は今はどこに住んでいますか」
Dit is it hûs *dêr't* de dichter earder wenne hat.「これがその詩人が以前，住んでいた家です」(dêr't は関係副詞，§ 28 (3)(a))
It is *nearne* goed te wenjen.「どこにも住むのに良いところはない」
It is *oeral* goed te wenjen.「どこでも住むには良いところだ」

§36 「存在の der」と「虚辞の der」

(1) 「存在の der」(eksistinsjeel 'der')

「存在の der」は存在（あるいは不在）を表わす「存在動詞」と用い，特定の場所を指すことはなく，語彙的意味を持たない。dêr などとは交替せず，無アクセントで前域に置くことができ，前域以外でも用いる。

Der is soms gâns ferskil yn it werjaan fan de feiten.「事実の描きかたにはときには大きな差がある」

Belangstelling foar sa'n ûndernimmen is *der* mear as genôch.「そのような企画にたいする興味は十二分にある」

Spoeken besteane *der* net.「幽霊というものはいない」

Der skine altyd sokke minsken te wêzen.「そういう人たちはいつでもいるらしい」

場所を示す副詞句が文中にあるときにも用いる。

Der wiene mar in pear minsken doe *op 'e Lemmer* dy't in lytsfaam hâlden.「当時，デ・レメル（De Lemmer, オ．Lemmer「レメル」）には，女中を置いていた人はほんのわずかしかいませんでした」

主語は定（エ．definite）で既知のものでもいい。

It Frysk Ynstitût moat *der* bliuwe.「フリジア語学科は存続するべきだ」

Hy kopiearre *de siden dy't der* misten.「彼は欠けていたページをコピーした」

Doe't syn heit ferstoar, bleau Jelle *der* allinnich oer.「父親が亡くなると，イェレはひとりぼっちで残された」

(a) 「存在の der」を省略する場合

　場所を示す副詞句が前域にあったり，中域で「存在の der」と隣接するときには，「存在の der」を省くことがある。

　　In jiermannich lyn wie *der by uzes* in jonkje útfanhûs.「数年前，わが家にある男の子が泊まったことがあった」

　　↔ *By uzes* wie Ø in jiermannich lyn in jonkje útfanhûs.「わが家には数年前，ある男の子が泊まったことがあった」

　　Ut dy samling binne *der* trije skilderijen *yn dat museum*.「そのコレクションからは4点の絵があの美術館にある」

　　↔ *Yn dat musem* binne Ø fjouwer skilderijen út dy samling.「あの美術館にはそのコレクションから4点の絵がある」

　　Sit {*der*/Ø} *yn dat hûs* ek elektrysk ljocht?「あの家には電気の照明もありますか」

(b) 「存在の der」と「虚辞の der」の関係

　存在動詞と用いた「存在の der」を含む文の主語が新情報を伝える場合には，「虚辞の der」((2)参照)の性格も認められることがある。

　　"Fytsmakker, soene jo myn fyts goed neisjen wolle, hy docht it net sa bêst." "Jawis wol．Sjoch, *der* sit in skuor yn 'e efterbân."「自転車屋さん，ぼくの自転車をよく見てもらえませんか。どうも調子が良くないんです」「ああ，いいよ。ごらん，後ろの車輪に裂け目があるよ」

　両者は区別しにくい場合があるが，「存在の der」は存在動詞とともに用い，主語が定・既知でも可能であるのにたいして，「虚辞の der」には動詞にとくに意味的制限がなく，主語が不定・未知に限られる点で異なる。

　オランダ語文法では「存在の er」を区別しないが，西フリジア語には上述のように，存在文で主語が定・既知の場合にも現われる der がある。これは「虚辞の der」とは明確に異なるので，西フリジア語では「虚辞の der」とは別に「存在の der」を認める必要がある (Hoekstra 1991a)。

　　フ．Spoeken besteane *der* net.「幽霊というものはいない」

　　オ．Spoken bestaan Ø niet.「同上」

　　フ．It Frysk Ynstitút moat *der* bliuwe.「フリジア語学科は存続するべき

エ．Het Fries Instituut moet Ø blijven.「同上」
フ．Doe't syn heit ferstoar, bleau Jelle *der* allinnich oer.「父親が亡くなると、イェレはひとりぼっちで残された」
オ．Toen zijn vader stierf, bleef Jelle Ø alleen over.「同上」

(2) 「虚辞の der」（ekspletyf 'der'）

「存在の der」以外にも，特定の場所を指さず，dêr などと交替せずに前域に置くことができ，アクセントを担わず，語彙的意味を持たない der がある。「虚辞の der」がそれである。「虚辞の der」は典型的な用法として，主語が現われるべき位置を占め，新情報を伝える主語が他の位置に現われることを先取りして，それを自然に導入する役割を果たす。たとえば，一般に主語は旧情報の場合が多く，この場合には前域(主文平叙文の先頭)に置いても十分自然である。しかし，主語が新情報のときには，自然な情報伝達の流れに沿って前域に「虚辞の der」を置き，主語はそこからはずすのが望ましい。「虚辞の der」を用いなければ，前域の未知の主語は既知と解釈されて唐突な印象を与え，言語使用上，好ましくないことが多い。このように，「虚辞の der」には語用論的な機能が顕著にあり，文脈，状況，話者の意図などが微妙に影響する。日本語の「が」と「は」の相違とも類似点がある。

Der giet noch mar in bytsje ferkear troch ús strjitte.「私たちのところの通りにはほんの少し車が通るだけです」

Der kinne allegearre ûnferwachte dingen barre.「思いがけない出来事がいろいろ起こる可能性がある」

Der begjinne ek al in pear strúkjes út te rinnen.「それに、もう木立もいくつか芽を出しはじめている」

Der hat net ien lake.「だれも笑わなかった」

Der hat fan 'e moarn ien skille.「今朝、だれかが電話をかけてきた」

「虚辞の der」は前域以外にも，基底語順での主語の位置で用いることがある。ここでも「虚辞の der」は未知の主語を先取りし，それを後に自然な形で導入する役割を果たしている。

Sa binne *der* yn Fryslân yn dy tiid alve stêden ûntstien.「こうしてフリースラントではこの時代に 11 の都市が成立した」

As it moai waar is, komme *der* in tritich manlju te keatsen.「天気が良ければ，30 人くらい男の人たちがケアツェン（＝フリースラントの伝統的な球技）をしにやってくる」

Wy ride in pear kear in blokje om, oant *der* in plakje frij komt.「場所があくまで，何回かそこらを車で回ることにしよう」

恒常的性質や一般的特徴の意味では，主語が新情報を提供するのに不自然なために，「虚辞の der」は用いないことが多い。

**Der smakket tsiis lekker.「チーズがおいしい」

↔ Tsiis smakket lekker.「同上」

Der is in jonge {?lang/siik}.「男の子が｛背が高い/病気だ｝」

それ以外には，英語の there- 構文と違って，述語の意味的制限はとくにない。ただし，主語は不定・未知に限られる。

**Der kaam Piter by de trep op.「ピテルが階段をのぼってきた」

↔ Piter kaam by de trep op.「同上」

オランダ語の er も同様。

オ．**Er smaakt kaas lekker.↔ Kaas smaakt lekker.「チーズがおいしい」

Er is een jongen {?lang/ziek}.「男の子が｛背が高い/病気だ｝」

**Er kwam Pieter de trap op.↔ Pieter kwam de trap op.「ピーテルが階段をのぼってきた」

ドイツ語の es は主語が定・既知でも可能であり，機能的に異なる。

ド．*Es* kam Peter die Treppe herauf.↔ Peter kam die Treppe herauf.「ペーターが階段をのぼってきた」

Es irrt der Mensch, solang er strebt.「人間は努力する限り，迷うものだ」

(a) 「虚辞の der」と受動態

「虚辞の der」は受動態（§54）でも用いる。

① 他動詞の受動態

Der wurde nochal wat nije wenten boud foar minsken dy't foarhinne yn 'e stêd wennen, mar no by ús op it doarp kommen binne.「以前は都市に住んでいたが，今は私たちのところの村に来た人々のために，かなりたくさん新しい住宅が建てられている」

Oan 'e ein fan de feestdei wurdt *der* in fjoerwurk ôfstutsen.「祭りの日の最後に花火が打ち上げられる」

It wie hiel gewoan dat *der* by in besite by de boer, dochs in deftich barren, eartiids mar twa gleskes brûkt waarden, ien foar de manlju en ien foar de froulju.「改まった行事でも，以前は農家を訪れると，二つしかグラスが出されないのがごくふつうだった。ひとつは男性用，ひとつは女性用である」

② 自動詞の受動態(非人称受動)

自動詞の受動態は主語を欠き，動作主は表現されないことが多いが，不在の主語の位置をふさぐように「虚辞の der」を用いることがある。前域以外でも現われることがあるが，der の使用には自由度が認められる。

Der waard ta de nacht út dûnse.「夜を徹して踊りが続いた」

Juster waard {*der*/Ø} ta de nacht út dûnse.「昨日は夜を徹して踊りがあった」

Hy seit dat {*der*/Ø} ta de nacht út dûnse waard.「彼は夜を徹して踊りがあったと言っている」

オランダ語の er も同様。

オ．*Er* werd tot diep in de nacht gedanst.「同上」

Gisteren werd {*er*/Ø} tot diep in de nacht gedanst.「同上」

Hij zegt dat {*er*/Ø} tot diep in de nacht werd gedanst.「同上」

ドイツ語の es は前域以外では現われず，機能的に異なる。

ド．*Es* wurde bis tief in die Nacht getanzt.「同上」

Gestern wurde {*es/Ø} bis tief in die Nacht getanzt.「同上」

Er sagt, dass {*es/Ø} bis tief in die Nacht getanzt wurde.「同上」

西フリジア語のその他の用例。

De reklame makket de minsken nijsgjirrich en soarget der foar dat *der* kocht wurdt.「広告は人々の興味をそそり，買われるようにしむける」

　　　　Wylst er de plaat omdraaide, waard *der* op 'e doar kloppe.「彼がレコードを裏返していると，ドアをノックする音がした」
　　↔ Yn it doarp Heechwert wurdt Ø de lêste tiid in soad praat oer de nije dyk.「ヘーヘヴェトの村では最近，新しくできる道路のことがさかんに話題になっている」
　　　　De foarsitter soe de sneins de feesttinte yn 'e gaten hâlde, sa waard Ø ôfpraat.「委員長もその週の日曜日に祭りのテントを見張るということで話し合いがついた」

(b)　「虚辞の der」の言語使用上の要因
　「虚辞の der」の用法には言語使用上の種々の要因が関係している。まず，場所を示す副詞句があるときには der の使用は自由なことが多い(§ 54(2))。
　　　　Wurdt {*der*/Ø} oan dy skoalle ek Frysk jûn?「あの学校ではフリジア語も教えられていますか」
　次の用例の主語は不定・未知だが，定・既知の目的語では der の使用は不自然になる。これは文末の目的語が予想に反して新情報を提供せず，文の自然な情報伝達の流れに沿わないためである。
　　　　Der lêst ien {*in boek*/? *dat boek*/*it}.「だれか {本/その本/それ} を読んでいる人がいる」
　一方，完了形で文末の過去分詞がアクセントを伴って(大文字で示す)新情報を担う場合には，ある程度，自然な文になる。
　　　　Der hat ien {dat boek/it} *LEZEN*.「だれかその本を読んだ人がいる」
　もっとも自然な文としては次のように表現する。
　　　　Ien hat {dat boek/it} lêzen.「同上」
　このように，「虚辞の der」には主語以外にも，文全体の情報伝達の流れを自然にする一定の役割が認められる。

(c)　疑問詞による「虚辞の der」の制限
　疑問詞が主語のときには，その種類や意味によって「虚辞の der」の使用に差がある(Hoekstra 1991a)。der は個別的対象をたずねる疑問詞 wa「だれ」/hokker「どれ，どの人」とは用いにくい。一方，種類や量をたずねる疑問詞

wa「どんな人」/wat「何(＝どんなこと)」/hoe'n「どんな」/hoefolle「どれほど多く(の)」とは用いやすい(§27(2)(a))。

i) 個別的対象をたずねる疑問詞：der は用いない

"*Wa* geane Ø mei?" "Wim, Siebren, Anne en Eric."「だれがいっしょに行くのですか」「ヴィム，シエブレン，オーネ，それにエーリクです」

Hokker bern geane Ø mei?「どの子供たちがいっしょに行くのですか」

Hokker nammen wurde Ø neamd?「どの名前が呼ばれるのですか」

ii) 種類や量をたずねる疑問詞：der を用いる

"*Wa* geane *der* mei?" "Jonkjes."「どんな人たちがいっしょに行くのですか」「男の子たちです」

Wat is *der* bard?「何が起こったのですか」

Tiisdei kaam de feestkommisje by elkoar om te bepraten *wat der* allegearre noch dien wurde moast.「火曜日に祭りの委員会の人たちがおよそ何がなされる必要があるかを話し合うために集まった」

Hoe'n auto stiet *der* foarhûs?「どんな車が家の前に止まっているのですか」

Hoefolle lju sille *der* meidwaan?「どれほど多くの人が参加するだろうか」

オランダ語の er はどちらの場合にも用いる。

オ．*Wie* gaan *er* mee?「｛だれが/どんな人たちが｝いっしょに行くのですか」

Welke kinderen gaan *er* mee?「どの子供たちがいっしょに行くのですか」

Wat is *er* gebeurd?「何が起こったのですか」

Wat voor een auto staat *er* voor het huis?「どんな車が家の前に止まっているのですか」

① 間接疑問文や従属文からの取り出し(エ．extraction)を含む疑問文(§27(5)(b))

上記と同様の差が見られる。

i) 個別的対象をたずねる疑問詞：der は用いない

Ik wit net *wa't* Ø allegearre meigeane.「私はだれがみんなでいっしょに

行くのか知りません」

Wa tinkst dat Ø jûn komt?「君は今晩だれが来ると思いますか」

オランダ語の er はこの場合にも用いる(ただし，方言差が認められる。Gerritsen 1991：Kaart 19, 20 参照)。

 オ．Ik weet niet *wie er* allemaal meegaan.「同上」

  Wie denk je dat *er* vanavond komt?「同上」

ii) 種類や量をたずねる疑問詞：der を用いる

Wat mienden jo dat *der* bard wie?「あなたは何が起こったと思いましたか」

Hoe'n auto mienden jo dat *der* foarhûs stie?「あなたはどんな車が家の前に止まっていると思いましたか」

② 再述代名詞(エ．resumptive pronoun)の使用

上記と同様の差が見られる。

i) 個別的対象をたずねる疑問詞：再述代名詞を用いることがある

Hokker famke mienden jo dat {Ø/*se*} jo skille hat?「あなたはどの女の子があなたに電話をかけてきたと思ったのですか」

ii) 種類や量をたずねる疑問詞：再述代名詞を用いることはない

Wat mienden jo dat {*der*/*it} bard wie?「あなたは何が起こったと思ったのですか」

Hoe'n auto mienden jo dat {*der*/*it} foarhûs stie?「あなたはどんな車が家の前に止まっていると思ったのですか」

(d) **関係文での「虚辞の der」の用法**

 制限用法の関係代名詞は定・既知の対象を指すので，「虚辞の der」は用いない。

  de keunstner *dy't* Ø jûn komt「今晩来る芸術家」

 ただし，先行詞や関係文中に数量を表わす不定代名詞が含まれ，主語が不定の意味を表わす場合には der を用いる。

  de *stikmannich* wurdboeken *dy't der* op it rim stiene「棚にのっていた数冊の辞書」

  de boeken *dy't der in stikmannich* op it rim stiene「棚に数冊のっていた

オランダ語も同様。

オ．de kunstenaar *die* Ø vanavond komt「今晩来る芸術家」
de *enkele* woordenboeken *die er* op de plank stonden「棚にのっていた数冊の辞書」

(e) **受動態での「虚辞の der」と it の使い分け**

次の受動文は主語が従属文だが，「虚辞の der」と 3 人称代名詞中性単数形 it は置き換えられない。統語的には，これは対応する能動文で beweare「主張する」は it を介在させられないが，betreurje「悔やむ」はそれができることと関係がある。

{*Der/*It*} waard beweard [dat er ferlieze soe].「彼は負けるだろうと主張された」
← Se bewearden {Ø/*it} [dat er ferlieze soe].「人々は彼は負けるだろうと主張した」
{**Der/It*} waard betreure [dat er ferlern hie].「彼が負けたことが悔やまれた」
← Se betreuren {Ø/(*it*)} [dat er ferlern hie].「人々は彼が負けたことを悔やんだ」

意味的には，beweare「主張する」の従属文は主張される内容であり，未知の事柄だが，betreurje「悔やむ」の従属文は悔やまれる内容であり，既知の事柄である。beweare「主張する」のタイプの動詞では，「虚辞の der」が話題の位置である前域を占め，未知の事柄である主語従属文を自然に導入するが，betreurje「悔やむ」のタイプの動詞では，言語使用上の理由で後域に枠越えした既知の事柄を示す従属文と同一指示関係を結ぶ人称代名詞 it が話題の位置を占める。

	能動文の特徴	従属文の特徴
der を用いる受動文：	動詞＋Ø＋従属文	未知の事柄
it を用いる受動文：	動詞＋(it)＋従属文	既知の事柄

オランダ語の er と het にも同様の使い分けがある。
 オ．{*Er*/*Het} werd beweerd dat hij zou verliezen.「彼は負けるだろうと主張された」
  {*Er/*Het*} werd betreurd dat hij had verloren.「彼が負けたことが悔やまれた」

ドイツ語ではどちらの場合にも es を用いる。
 ド．*Es* wurde behauptet, dass er verlieren würde.「同上」
  Es wurde bedauert, dass er verloren hatte.「同上」

その他の用例。
 Der wurdt wol oannommen, [dat fan âlds it suden fan Fryslân mear as it noarden iepen lei foar ynterferinsjes mei it Hollânsk].「たしかに昔から，フリースラントの南部のほうが北部よりも，オランダ語（＝Nederlânsk）から言語干渉を受けやすかったとみなされている」

 Der waard ôfpraat [dat twa leden fan de kommisje woansdeis nei de bosk gean soene om it grien foar de earepoarten te heljen].「委員会の2人のメンバーが水曜日に，凱旋門につける樹木を取りに森に行くことが話し合いで決まった」

 It waard ferfelend fûn [dat er ferlern hie].「彼が負けたことは興ざめに思われた」

(f)「watfoar (in)＋名詞」の分離と「虚辞の der」

§27(2)(d)で述べたように，'watfoar (in)＋名詞'「どんな…」は動作主の主語の場合，wat を文頭に移動して foar 以下から分離させることができない。しかし，主語の位置に「虚辞の der」を置けば分離できることがある((c)参照)。

 Watfoar famkes sille jûn sjonge?「どんな女の子たちが今晩，歌うのだろう」

 Wat sille {**∅*/*der*} jûn *foar famkes* sjonge?「同上」

ただし，つねに自然な文になるとは限らず，個人差もあり，微妙である。
オランダ語も同様。
 オ．*Wat voor meisjes* zullen vanavond zingen?「同上」
  Wat zullen {**∅*/*er*} vanavond *voor meisjes* zingen?「同上」

⑻ 「虚辞の der」と「代名詞の der」(§ 34 ⑵)

両者は同一の単文には同時に現われず,ひとつの der に縮約する。次例の der₁/der₂/der₃ はすべて「虚辞の der」だが,der₁ は前域にあるので「代名詞の der」ではなく,定動詞 wurdt の直後の「代名詞の der」((der) ⋯ op)が省略されていると考えられる。

 *Der*₁ wurdt ∅ *op* rekkene dat *der*₂ in ferslach komt, dat *der*₃ moat wat skreaun wurde.「報告書が出ることが見込まれており,したがって何かが書かれる必要がある」(rekkenje「見込む(op ⋯を)」)

次例の der も「虚辞の der」であり,「代名詞の der」((der) ⋯ yn)が省略されている。

 As de printkladden op 'e setting klear binne, sjogge de redakteuren oft *der* gjin flater ∅ *yn* glûpt binne.「印刷所で校正刷りができると,編集者たちはその中に誤りがまぎれ込んでいないか点検する」(glûpe「まぎれ込む(yn ⋯の中へ)」)

オランダ語の er でも同様の縮約が見られる。

 オ. *Er* keken veel mensen *naar het programma*.「たくさんの人がその番組を見た」(kijken「見る(naar ⋯を)」)
  → *Er* keken ∅ veel mensen *naar*.「たくさんの人がそれを見た」

IX

前置詞と後置詞（ferhâldingswurd）

7つのスイレンの葉（pompeblêden）をあしらった
フリースラント州の旗とオランダ国旗

§37 前 置 詞 (preposysje)

(1) 個々の前置詞

　前置詞には，語形的に不変化詞（エ．particle）と共通する本来の前置詞（例．yn「…の中で，中へ」）と，他の品詞や複数の語の組み合わせから派生したもの（例．behalve(n)「…を除いて」，ynstee fan「…のかわりに」，fanwege(n)「…の理由で」）がある。本来の前置詞は意味・用法が多岐にわたるのにたいして，派生前置詞は意味・用法が特定化していることが多い。以下では代表的なものに限って示す。このほかに，前置詞の意味とは無関係に，個々の動詞・形容詞・名詞が特定の本来の前置詞を要求することがある（例．hâlde「好む（fan …を）」，grutsk wêze「誇りにしている（op …を）」，belang hawwe「興味がある（by …に）」）。

① behalve(n) [bəhɔ́lvə(n)]「…を除いて」(útsein；「代名詞の der」は不可，§34(2)(c), オ．behalve)

In wurdgroep bestiet út in oantal wurden dy't net te skieden binne en in fêste folchoarder hawwe, *behalve tiidwurdgroepen*.「句は動詞句を除いて，分離できず，固定した語順を持つ複数の語から成る」

Behalve de foarsitter wiene der seis leden.「会長のほかに6人会員がいた」

② by [bɛi, bi]「…のもとで，…のそばに，…のときに，…に従って」（受動態などの動作主は troch；オ．bij，ド．bei，エ．by)

Wy betelje ús boadskippen *by de kassa*.「私たちはレジで買物のお金を払います」

Sy wennet noch *by har âlden*.「彼女はまだ両親のもとで暮らしている」

Se binne fan doel om *by ús* te kommen.「彼らは私たちのところに来るつ

Ik soe myn freon in brief skriuwe, mar it is *der by* bleaun.「私は友人に手紙を書こうとしたが，そのままになってしまった」

It is *by tolven*.「12 時近く（=少し前）です」

By heech wetter is it Waad in echte see.「満潮のときには，ヴァート地帯（=オランダ北部北海沿岸の干潟地帯）は本当の海になる」

By it jier tûzen binne ús foarfaars begûn mei it opsmiten fan seediken.「1000 年頃，私たちの祖先は海岸に堤防を築きはじめた」

Ik drink kofje *by it iten*.「私は食事のときにコーヒーを飲む」

Hy is oan 't wurk *by de oere*.「彼は時給で働いている」

Hy is strafber, want dat is *by de wet* regele.「彼は有罪だ。なぜなら法律で（=法律のもとで）決まっているからだ」（この by は受動態の動作主を示すのではない。受動態の動作主は troch で表わす）

「by 't+両性名詞」については§12(b)参照。

③ binnen [bínən]「…の内側に，…以内に」（↔ bûten；オ. binnen）

Der steane folle mear huzen òm as *binnen de âlde stedsgrêften*.「旧市街を囲む運河の内側よりも，外側のまわりにずっと多く家がある」（òm の「ˋ」は強調した発音を示す補助記号）

Hjirby fersykje wy jo freonlik de stipe foar 2006 *binnen fjirtjin dagen* oan ús oer te meitsjen.「2006 年分の会費を 2 週間以内に当方にお振り込み下さいますよう，ここにお願い申し上げます」

④ boppe [bópə]「…の真上で（接触・広がり・移動を伴わない），…のほかにも，…より北に，…の上流で」（オ. boven，エ. above）

Wat hinget my *boppe de holle*?「私の頭の上には何が掛かっているのだろう」（比較：Der hinget him noch wat *oer de holle*.「彼の身の上にはまだ何かが起こる」）

Hylke woeks heit *boppe de holle*.「ヒルケは父親（=父親の頭）よりも背が高くなった」

Krekt *boppe it wetter* fljocht in swerm miggen.「まさに水面（=水の上）すれすれのところで蚊の群れが飛び交っている」（oer と比較）

Dat giet *boppe ús* ferstân.「それは私たちの理解を越えている」

Boppe syn lean kin er noch reiskostefergoeding krije.「賃金のほかに彼は旅費ももらえる」

Wy wenje *boppe Dokkum*.「私たちはドクムの北に住んでいる」

⑤ bûten [bútən]「…の外側に，…のほかに」(↔ binnen；オ．buiten)

Us strjitte leit in eintsje *bûten de stêd*.「私たちの通りは町から少しはずれたところにあります」

Men kin hobby's yn 'e hûs hawwe, mar ek *dêrbûten*.「趣味は家の中でも持てるが，その外でも持てる」

Bûten syn literêr wurk hat Obe Postma ek fertsjinsten fan it boerelibben út earder tiden.「文学作品以外にも，オーベ・ポストマには昔の農民の生活についての業績がある」

⑥ efter [ɛftər]/achter [áxtər]「…の後ろに(場所)」(オ．achter，エ．after)

De poes sit *achter it gerdyn*.「子猫はカーテンの後ろにすわっている」

Efter de lytse winkeltsjes stiet in grutte supermerk.「小さな店の後ろに大きなスーパーがある」

Jier efter jier kamen der mear leden.「年々，多くの会員が集まるようになった」

この最後の用例以外では，「…の後で」という時間の意味では nei を用いる(エ．after との相違に注意)。

nei it iten「食事の後で」　　nei de oarloch「戦後」

nei ien oere「1時以降」

⑦ fan [fɔn](オ．van，ド．von)「…の，…から，…について，…によって(受動態などの動作主，古語；troch 参照)」

It eigene *fan it doarp* kin ferlern gean.「村の独自のものが失われる可能性がある」

De ûntfolking *fan it plattelân* wurdt tsjingien.「田舎の過疎化はくいとめられる」

Hokker jas is *fan dy*?「どのコートが君のものですか」

Wy murken net folle *fan de hurde wyn*.「私たちは強い風をそれほど感じなかった(＝強い風の多くを感じなかった)」

Wy hawwe *der* amper genôch *fan*.「私たちはそれをほとんど十分には持っていない」

Fan in buorren is yn Beets neat te finen.「村の中心というもの(について)はベーツでは何も見られない」

Yn dit doarp wenje in soad âlde minsken. Jappe is *ien fan de âldsten*.「この村には高齢者がたくさん住んでいる。ヤペは最高齢者のひとりだ」(ien fan＋複数形名詞句「…のひとつ・ひとり」)

Dit is myn suster *fan trettjin*.「これが私の13歳の妹です」

Hy krijt in tút *fan syn skoansuster*.「彼は義理の妹からキスを受ける」

De man dreamt *fan grutte fûgels*.「男は大きな鳥の夢を見る」

Hy is wiet *fan swiet*.「彼は汗びっしょりだ(＝汗で濡れている)」

Hiel wat minsken *binne fan betinken* dat de moade mar foar in lyts part fan it folk *fan betsjutting is*.「流行はごく少数の人々だけにとって意味があると考える人々が多い」

「fan 't＋名詞」については§12(a)参照。

「ゼロ属格の fan」と「虚辞の fan」については(5)参照。

⑧ fanwege(n) [fɔnvé:ɣə(n)]「…の理由で，…の発案・命令・由来で」(「代名詞の der」は不可，§34(2)(c)；オ．vanwegen，ド．wegen)

Fanwege de drokte koe er net komme.「多忙のために彼は来られなかった」

Fanwege it bestjoer waard in gearkomste belein.「執行部の命令で会議が招集された」

⑨ foar [fwar, foər] (§5(2)(e)④ ii))「…の前に(場所・時間)，…のために，…にとって」(オ．voor，ド．für，エ．for)

Myn âlden sitte *foar de televyzje*.「私の両親はテレビの前にすわっている」

Foar de wyn is elts in hurdrider.「風を受ければ(＝風の前では)だれでも速く走れる(＝競争の選手だ)(＝運が良いだけでは，てがらとは言えない。ことわざ)」

It is fiif minuten *foar achten*.「8時5分前です」

De âlde doarpskearn is *foar it jier tûzen* al op in terp boud.「古い村の

中心は 1000 年以前にすでにテルプ（＝盛り土）の上に作られた」

Dat is krekt wat *foar har*.「それは彼女にとってまさにうってつけだ」

Sy breidet in pear hoazzen *foar harsels*.「彼女は自分用にストッキングを二，三足編んでいる」

Tefolle sûker wurket ûngeunstich *foar it bloed*.「砂糖のとりすぎは血液に悪く作用する」

Wy komme te let *foar de trein*.「私たちは電車に乗り遅れてしまう」

Myn dochter wurket *foar heale dagen* yn it sikehûs.「私の娘は半日，病院で働いている」

⑩ yn [in]「…の中で（位置），…の中へ（方向），…のときに」（オ./ド. in, エ. in/into）

De earste bussen *yn Fryslân* begûnen te riden *yn 1921*.「フリースラントで最初のバスは 1921 年に運転を開始した」（op, te と比較，(4)(a)参照）

Yn 'e simmer kin men *yn 'e bosk* moai kuierje.「夏には林の中をすばらしい散歩ができる（＝すばらしく散歩できる）」（by 't simmer も可．§12 (b)）

Ik ha pine *yn 'e holle*.「私は頭痛がする」（＝Ik ha pineholle.）

pineholle「頭痛」は，pine yn 'e holle [pínə inə hóla] から [inə] の重音脱落（エ. haplology）によって生じた（オ. hoofdpijn）。

Wy geane *yn it gers* lizzen.「私たちは芝生で横になる」

Hy kin al *yn it Frysk* telle.「彼はもうフリジア語で数が数えられる」

De man arbeidet op it fabryk *yn de nachttsjinst*.「その男の人は工場で夜勤で働いている」

yn には位置「…の中で」（エ. in）だけでなく，方向「…の中へ」（エ. into）の意味もあることに注意。

Set de tekst oer *yn it Frysk*.「テキストをフリジア語に訳しなさい」

Hy is juster *yn dy hege beam* klommen.「彼は昨日あの高い木に登った」

Gabe wie wiet doe't er *yn 'e sleat* foel.「ガーベは水路に落ちて，ずぶ濡れになった（＝水路に落ちたときに，ずぶ濡れだった）」

De ein kaam *yn 't sicht*.「終わりが見えてきた」

Bou in arke en gean *der* mei dyn gesin *yn*.「方舟を作り，その中に家族

とともに入りなさい」

⑪ ynstee fan [insté: fɔn]「…のかわりに」(オ．in plaats van, オ．statt, エ．instead of)
Yn 'e Wâlden binne op de skieding fan stikken lân beamwâlen te finen *ynstee fan sleatten*.「ヴォーデン地方(＝フリースラント州東部の森林地帯)では，水路のかわりに，土地の境界に木立による仕切りが見られる」

⑫ mank [maŋk]「…の間に，…の真ん中に」(エ．among)
Mank tûzen frjemdlingen neam ik him mei syn eigen namme: freon.「千人の見知らぬ人の中で，私は彼を彼独自の名前で友と呼ぶ」
Yn dit boek wurdt neigien watfoar plak oft it Frysk *mank de oare minderheidstalen* binnen de Europeeske Uny hat.「この本では，フリジア語がヨーロッパ連合内部の他の少数言語の間で，どのような位置を占めているかということが検討されている」

⑬ mei [mai, mɛi]「…とともに，…を使って，…にかんして」(オ．met/(er …) mee, ド．mit)
Ik wol ris *mei jo* prate.「私はちょっとあなたと話がしたい」
Dykstra melkt de kij noch *mei de hân*.「ディクストラはまだ手で牛の乳をしぼる」
Hy wâde *mei wiete fuotten* troch de wiette.「彼は足を濡らして(＝濡れた足で)水たまりを渡った」
De dokter harket *mei oandacht* nei de klachten fan syn pasjint.「医者は注意深く患者の症状に耳を傾ける」
Us muoike hat fakentiden muoite *mei lêzen*.「伯母はものを読むのにしばしば苦労する」
Hoe is it *mei dyn broer*?「お兄さんの具合はどうですか」
Sy steame *mei har fjouweren* klear.「彼らはもう4人とも準備ができている」(§24(1)(c))
Middei, (it is) *mei Stienstra*.「もしもし(＝こんにちは)，(こちらは)スティエンストラです」(電話での応答)
mei は「ともに」という意味の副詞あるいは分離動詞の分離成分としても用いる。オランダ語では「…とともに」という意味の前置詞には met を

用い,「ともに」という意味の副詞あるいは分離動詞の分離成分には mee/mede を用いる。

  フ．It bern praat *mei syn mem*.「子供は母親と話をしている」
    Komst ek *mei*?「君もいっしょに来るかい」
  オ．Het kind praat *met zijn moeder*.「同上」
    Kom je ook *mee*?「同上」

次の表現にも注意。

  フ．meidiele「伝える」(分離動詞), hjirmei「これをもって」
  オ．meedelen/mededelen「同上」(同上), hiermee/hiermede「同上」

⑭ neffens [nɛfə(ⁿ)s]「…に従って，…にあわせて」

Sûn iten wie der *neffens ûs begrip* net by.「健康な食事というものは，私たちの理解からいうとそのときには存在しなかった」

Binne jo wol *neffens de nijste moade* klaaid?「あなたは最新の流行に従った服装をしていますか」(nei も可)

⑮ nei [nai, nɛi]「…へ(方向)，…の後で(時間・順序)，…に従って」(efter/achter と比較；オ．na, ド．nach)

「…へ(方向)」という意味では nei … ta も頻繁に用いる(§39(2)(a)③, (4)⑱)。

Giest jûn *nei it toanielstik*?「君は今晩その劇を見にいきますか」

De dyk fan Ljouwert *nei It Hearrenfean* is in foarrangsdyk.「リャウエト(オ．Leeuwarden「レーヴァルデン」)からエト・イェレンフェアン(オ．Heerenveen「ヘーレンヴェーン」)までの道は優先道路です」

Ik ried op 'e fyts *nei skoalle*.「私は自転車で学校へ行った」

De doar giet iepen en poes komt *nei bûten*.「ドアが開いて，子猫が外へ出ていく」

De loft stiet *nei reinen*.「雨が降りそうな空模様だ」

Nei de maitiid komt de simmer.「春の後には夏が来る」

Nei 1500 kaam it Frysk gâns yn ferfal as skriuwtaal.「1500年以降，フリジア語は書き言葉としてまったく衰退した」

Wy geane *nei it iten* te boadskipjen.「私たちは食事の後で買物に行きます」

It is my o sa *nei 't sin*.「私はそれで十分満足です」

nei myn betinken「私の考えでは」(neffens も可)

「…の後ろに」という場所の意味には efter/achter を用いることに注意。

⑯ neist [naist, nɛist]/nêst [nɛ:st]「…の横に，…のほかにも」(オ．naast，エ．next to)

Ik siet *neist har* yn 'e trein.「私は電車の中で彼女の横にすわっていた」(njonken も可)

Neist ekonomyske spylje oare ynfloeden ek mei.「経済的な影響のほかに他の影響も作用している」(*njonken は不可)

⑰ nettsjinsteande [nɛtʃɪⁿstɪənde]「…にもかかわらず」(「代名詞の der」不可，§34 (2)(c)；オ．niettegenstaande，エ．notwithstanding)

Nettsjinsteande alle tsjinstuiten is se der net foar omlizzen gongen.「いかなる逆境にもかかわらず，彼女はひるまなかった」

⑱ njonken [njóŋkən]「…の横に，…にたいして，…に比べて」

Njonken my sit in man fan in jier of fyftich.「私の隣に50歳くらいの男の人がすわっている」(neist も可)

By âlds waard it hea bewarre yn in heaberch *njonken de pleats*.「古くは，干し草は農場の母屋の隣の干し草置き場に貯蔵された」(neist も可)

Alders hawwe plichten *njonken har bern*.「両親は子供にたいして義務がある」(*neist は不可)

⑲ oan [oən]「…の面に接して，…に(受益者)，…にかんして」(オ．aan，ド．an，エ．on)

De sjauffeur hie de hannen *oan it stjoer*.「運転手は両手をハンドルに当てていた」

Oan 'e kant fan 'e feart stiet in ielreager.「水路の端にアオサギがいる」

Dat is te sjen *oan de wurden*.「それは言葉でわかる」

De reizger joech it kaartsje *oan de kondukteur*.「乗客は車掌に乗車券を渡した」(＝De reizger joech de kondukteur it kaartsje.)

Lit dyn húswurk sjen *oan 'e learaar*.「宿題を先生に見せなさい」

Sille wy dan no mar *oan tafel* gean?「さて，それではまあ食卓につきましょうか」

Dêr helpt neat *oan*. 「それについては何も助けにならない」

Hy is in brief nei Fryslân *oan 't skriuwen*. 「彼はフリースラントへ手紙を書いているところだ」（前置詞句進行形，§66(6)）

⑳ oant ［oənt］ 「…まで(場所・時間)」（「代名詞の der」不可，§34(2)(c)）

Fan De Lemmer *oant en mei de Burgumermar* leit in lege krite mei marren, puollen en sompen. 「デ・レメル(オ．Lemmer「レメル」)からブルフム湖(オ．Bergumer Meer「ベルフム湖」)を含むところまでは，湖や池や沼のある低地が広がっている」

De lytsfaam arbeide fan moarns ier *oant jûns let*. 「女中は朝早くから夜遅くまで働いた」

Oant sjen! 「さようなら(＝また会うまで)」

㉑ oer ［uər］ 「…の上を(移動)，…を越えて，…を経由して，…について」（オ．/エ．over, ド．über）

De beammen hingje *oer de sleatten*. 「木々は水路の上にかかるようにして立っている」（boppe と比較）

De sjirurch bûcht him *oer it lichem* fan de kocheljende pasjint. 「外科医はあえぐ患者の体の上に身をかがめる」（boppe と比較）

Ik bin *oer in stien* fallen. 「私は石につまずいて転んだ」（boppe と比較）

Minder strange winters meitsje sokke tochten *oer iis* hjoeddedei hast ûnmooglik. 「冬があまり厳しくないために，氷の上を滑るこうしたレースは今日ではほとんど無理である」（op と比較）

Dit wurk kin *oer in jier* duorje. 「この仕事は1年以上かかるかもしれない」

Do reizgest better *oer Ljouwert*. 「君はリャウエト(オ．Leeuwarden「レーヴァルデン」)を経由して行ったほうがいい」

It is in moai boek *oer it âlde Fryslân*. 「それは昔のフリースラントについての美しい本です」

Hy klaget *oer de drokte*. 「彼はいそがしいと(＝いそがしさについて)苦情を言う」

㉒ om ［om］ 「…のまわりに，…時・頃に，…を求めて，…にかんして」（オ．om, ド．um）

§37 前置詞　301

De moanne draait *om de ierde*.「月は地球のまわりを回っている」
Sy hat in ring *om 'e finger*.「彼女は指に指輪をしている」
Hy kaam *om tsien oere*.「彼は10時に来た」(§29(2)(a))
Om 'e {twa/oar(d)e} wike gean ik nei Grins.「2週間ごとに私はフローニンゲン(オ．Groningen)に行く」(§31(3)(b)②)
Yn Fryslân is it *om distiid* fierste kâld.「フリースラントではこの時期は非常に寒い」
Jan rôp *om syn mem*.「ヨンは母親を(=母親を求めて)呼んだ」
Guon minsken nimme in kat *om 'e gesellichheid*.「楽しみで猫を飼う人がいる」
De minsken moasten *om it toanielstik* laitsje.「人々はその劇のことを笑わざるを得なかった」
Om my geane wy nei Frankryk.「私はどうかと言えば，みんなでフランスに行きたいと思います」

㉓ op [op]「…の上面に(位置)，…の上面へ(方向)，…のときに」(オ．op, ド．auf, エ．upon)

De seefûgel hat syn nêst *op it strân*.「カモメは海岸に巣がある」
Hy ried *op 'e fyts* nei hûs.「彼は自転車で家に帰った」
De bern ha *op iis* riden.「子供たちは氷の上でスケートをした」(oer と比較)
Hy wennet yn Balk, en sy wennet *op 'e Jouwer*.「彼はボルク(オ．Balk「バルク」)に住んでおり，彼女はデ・ヤウエル(De Jouwer, オ．Joure「ヤウレ」)に住んでいる」(yn, te と比較，(4)(a)参照)
Jo moatte *op bêd* bliuwe.「あなたは寝ていなければなりません」
Us bern geane jûns om acht oere *op bêd*.「うちの子供たちは8時に寝ます」
Ik stapte *op de trein*.「私は電車に乗った」
in bustsjinst *op Snits*「スニツ(オ．Sneek「スネーク」)行きのバス路線」
Koffers en tassen nimme wy *op reis* mei.「トランクとカバンを私たちは旅行に持っていきます」
Fan generaasje *op generaasje* wennen de minsken yn harren doarp.「何

世代も(=世代から世代にわたって)人々は自分の村に住み続けた」

Op snein bliuw ik thús.「私は日曜は家にいる」

Ferheard seagen wy baas smid *op in moarn* yn in wite jas omspringen.「私たちは鍛冶屋の主人がある日，白い上着を着て立ち回っているのを見て驚いた(=驚いて見た)」

㉔ sûnder [súndər]/sonder [sóndər]「…なしで」(オ．zonder)

De moanne skynde út in himel *sûnder wolken*.「月が雲のない空から輝いていた」

Koene jimme it *der* net mear *sûnder* rêde?「君たちはそれなしではもうやっていけないのかね」

㉕ sûnt [sunt]「…以来，…からずっと」(「代名詞の der」は不可，§34(2)(c); オ．sinds/sedert，ド．seit，エ．since)

Sûnt de Twadde Wrâldoarloch libje de minsken frijer.「第2次大戦以降，人々はより自由に生きるようになっている」(現在形)

It boerelibben hat foaral *sûnt de lêste oarloch* in grutte ûntjouwing trochmakke.「農村の生活はとくに先の大戦以来，大きな展開をとげた」(現在完了形)

Gysbert Japicx wie winliken de earste dy't *sûnt lange tiid* it Frysk as skriuwtaal wer brûkte.「ギスベト・ヤーピクス(1603-1666)は長い時代の後に，フリジア語を再び文章語として用いたまさに最初の人だった」

㉖ ta [ta]「…の状態・関係へ，…について」(オ．(…)toe，ド．zu，エ．to)

Dan komt men wol *ta dizze konklúzje*.「それなら，なるほどこの結論に至るだろう」

Hy waard keazen *ta foarsitter*.「彼は会長に選出された」

Eeltsje Halbertsma learde *ta dokter*, earst yn Leien en letter yn Heidelberg.「エールチェ・ホルベツマ(=有名な文献学者，1797-1850)はまずレイデン(オ．Leiden)，次にハイデルベルクで医学を修めた」

De redakteuren kedize oer ynkoartsjen *ta minder alinea's*.「編集者たちは改行を少なくするように指示する」

ta de Fryske syntaksis「フリジア語統語論について」

㉗ te [tə]「…のほうへ，…のところで，…のために，…の様子で，…のときに」(無冠詞の名詞・地名と慣用句で，文語的；「代名詞の der」は不可，§34(2)(c)；オ．te，ド．zu，エ．to)

J. H. Halbertsma waard yn 1789 *te* Grou berne.「J. H. ホルベツマ（=著名な文献学者）は 1789 年にグラウ（オ．Grouw「フラウ」）で生まれた」（ふつうの文章では yn, op を用いる，(4)(a)参照）

De auto brocht har *te plak*.「車は彼らを目的地に運んだ」

Wat in folk komt der oan *te pas*!「なんという大勢の人が集まって来ることか」

㉘ troch [trox]「…を通って，…の間ずっと，…によって（受動態などの動作主，古語では fan），…のために（原因）」(オ．door，ド．durch，エ．through)

Wy fytse *troch de buorren*.「私たちは自転車で村の中心を通り抜ける」

De dief is *troch it finster* yn 'e hûs kommen.「泥棒は窓を通って家の中に入った」

Hâns kaam *troch it eksamen*.「ホーンスは試験に通った」

Hy kaam mei lijen *troch de winter*.「彼は苦労して冬を越した」

It famke is *troch in mich* stutsen.「女の子は蚊に刺された」（受動態の動作主）

Lit it ferhaaltsje lêze *troch ien* dy't it Frysk yn 'e macht hat.「だれかフリジア語のできる人にその話を読んでもらいなさい」（使役文の動作主）

It doarpslibben kin *troch frjemde ynkommelingen* in fernijing ûndergean.「村の暮らしはよそから来る人々によって革新を被る可能性がある」

It hea bedoar ferline wike *troch it reinwetter*.「干し草は先週，雨でだめになった」

㉙ tsjin [tʃɪn]「…に向かって，…にたいして，…頃に，…と引きかえに」(オ．tegen，ド．gegen，エ．against)

De auto botste *tsjin in beam*.「車は木に衝突した」

De busûndernimmingen moatte konkurrearje *tsjin de eigen auto*.「バス会社は自家用車と競争しなければならない」

Ik bin der *tsjin 't sin* hinne gien.「私は気が乗らずに（=意に反して）そこ

へ行った」

Ik haw honger, seit de jonge *tsjin har*.「おなかがすいたと男の子は彼女に言う」

It ûntwerp fan de Fryske flagge is *tsjin 1900* makke.「フリースラントの旗の原案は 1900 年頃に作られた」

㉚ tusken [tǿskən]「…の(二つの)間に」(オ．tussen, ド．zwischen, エ．between)

Yn de midsieuwen leine de sân Fryske seelannen *tusken it Swin en de Weser*.「中世にはフリースラント沿岸 7 州はズヴィン川(オ．het Zwin)とヴェーザー川の間にあった」

It ferskil *tusken doarpen en stêden* is lytser wurden.「村と都市の間の差は，より小さくなった」

De flagge stiet op it tuorke *tusken de keale beammen*.「旗は葉を落とした木々の間の塔の上に立っている」

㉛ ûnder [úndər]/onder [óndər]「…の下に，…のもとで」(オ．onder, ド．unter, エ．under)

It skip wie sonken en lei *ûnder wetter*.「船は沈没して水底に沈んでいた」

Sy lije *ûnder it regear*.「彼らは政権のもとで苦しんでいる」

It gefolch wie in protte sykte en stjerte, foaral *ûnder de bern*.「それはとくに子供たちの間で，多くの病気と死をもたらす結果になった」

㉜ út [yt]「…の外に，…から，…の理由・きっかけで」(オ．uit, ド．aus, エ．out of)

「…の外へ，…から」という意味では út … wei も頻繁に用いる(§ 39 (4)㉖)。

It jonkje blet *út 'e noas*.「男の子は鼻から血が出ている」

De âldste fan de bruorren Halbertsma *út Grou* wie Joast.「グラウ(オ．Grouw「フラウ」)出身のホルベツマ兄弟の最年長者はヨアストだった」

De wyn komt *út it westen*.「風は西から来ている」

De natuer komt *út 'e wintersliep*.「自然は冬の眠りから目を覚ます」

De kleur fan myn freon syn strik is *út 'e moade*.「私の友人のネクタイ

の色は流行遅れだ」

Ut namme fan de feriening skreau er dat.「会を代表して(＝会の名前で)彼はそれを書いた」

㉝ *útsein* [ýtsain, …sɛin]「…を除いて」(「代名詞の der」は不可, §34(2)(c); behalve(n))

Wy hawwe it bannich *útsein sneons*.「私たちは土曜を除いて多忙です」

(2)「代名詞の der」を欠く前置詞の残留

‘「代名詞の der」(…)前置詞(＝後置詞)' については §34(2) で述べた。このほかに, 西フリジア語では「代名詞の der」を介在させなくても, 前置詞の残留によって名詞句だけを話題化(エ. topicalization)して前域に置くことができる。

De regionale berjochten harkje de minsken better *nei*.「人々はローカルな報道のほうをよく聞く」(harkje「聞く(nei …を)」)

↔ *Nei de regionale berjochten* harkje de minsken better.「同上」

受動文でも「代名詞の der」を欠く前置詞の残留が見られる。次例は自動詞の受動態, すなわち非人称受動であり, 定動詞は3人称単数形 wurdt であって, 複数形 wurde にはならない。つまり, 前域の名詞句は前置詞に支配されたままである。

De regionale berjochten {*wurdt*/*wurde} better *nei* harke.「ローカルな報道のほうがよく聞かれる」

↔ *Nei de regionale berjochten* {*wurdt*/*wurde} (der) better harke.「同上」(der は「虚辞の der」, §36(2)(a)②)

Der {*wurdt*/*wurde} better *nei de regionale berjochten* harke.「同上」

次の例も同様である。

Fiif minsken wurdt *op* rekkene.「5人が見込まれている」(rekkenje「見込む(op …を)」)

← *Se rekkenje op fiif minsken*.「彼らは5人を見込んでいる」

↔ *Fiif minsken* wurde ferwachte.「5人が期待されている」(ferwachtsje「…を期待する」)

← Se ferwachtsje *fiif minsken*.「彼らは5人を期待している」

次例では話題化した名詞句を「代名詞の der」の有アクセント形である dêr で受け，前置詞の残留が起きている。

De sinne$_i$ *dêr*$_i$ mei 'k wol *oer*.「日差し，それは私は嫌いではない」

Net mear *swimme*$_i$, net mear *sile*$_i$, *dêr*$_i$ bin ik te âld *foar*.「泳ぎも，ヨットも，もうやらない，それにはおれは年をとりすぎた」

dêr を除けば上記の構文と同様になるようだが，次の用例では名詞句は人を示している。しかし，「代名詞の der」はふつう物事を示す名詞句に用いるので，dêr の省略とみなすと矛盾が生じる。

Dy man moatst' *mei* oppasse: dat is in minnen.「あの男の人には気をつけないとね。悪い人だから」

また，次例の hokker「どれ」は dêr や wêr では受けることができない。

Hokker$_i$ {Ø/*dêr$_i$/*wêr$_i$} hast it meast *fan*?「君はどれをいちばんたくさん持っているのか」

したがって，これは dêr の省略ではない。以下にその他の用例を示す。

Syn earlikens twivelje wy *oan*.「彼の誠実さを私たちは疑います」

Sok dreech iten kin ik net *oer*.「そんなくどい食事には私は耐えられない」

Alde, brekfallige húskes wurde kreaze huzen *fan* makke.「古くていたんだ家にかわって(＝家から)立派な家が作られる」

De krante kinne jo net *sûnder*, gjin dei.「新聞は，なしではいられない，一日たりとも」

Hoekstra (1995) は，上述の構文は名詞句が分離した位置にはじめからあり，前置詞の目的語である「空の再述代名詞」（エ. empty resumptive pronoun, pro$_i$）を束縛しているとみなしている。つまり，次のような構造になっていると考えている。

[*De regionale berjochten*]$_i$ harkje de minsken better [*nei* pro$_i$].「人々はローカルな報道のほうをよく聞く」

この「空の再述代名詞」は名詞句と同じ文にある場合には，音形を持つ語形としては現われず，埋め込まれた文で解釈が困難になる場合にだけ音形を持つ語形として現われる(§30(2)(c)の現象も参照)。

*_Hokker famke_ᵢ hie er _mei har_ᵢ praat?「彼はどの女の子と話をしていたのだろう」（不可）

_Hokker famke_ᵢ miendest dat er sei dat er _mei har_ᵢ praat hie?「どの女の子と（彼ガ）話をしたと彼が言っていると君は思ったのか」

次は「名詞句＋前置詞句」と解釈できる例である。

Ferkearsregels ha se _gjin weet fan_.「交通規則について彼らは何の知識もない」

De âlderdom binne _gjin krûden foar_ woeksen.「老いに効く薬草は（育ってい）ない（＝人はみな年をとる。ことわざ）」

It miljeu hat elkenien eins _belang by_.「環境にはそもそもだれでも関心がある」

Dy sykte hat er _wat fan_ oerholden.「その病気の後遺症が彼には少し残ってしまった」

オランダ語の標準語では「代名詞の er」を欠く前置詞の残留は正式には認められない。しかし，話し言葉では広く観察される。以下はそのような用例である（Paardekooper 1958：21ff.）

オ．_Dat zeuren_ houd ik niet _van_.「そういう愚痴は私は好きではない」（話し言葉）

Die slechte weg kun je toch niet _op_ gaan fietsen.「あの悪い道は君は自転車で行くのは無理だよ」（話し言葉）

Die muur lag ik _tegen_ te slapen.「その壁に私はもたれて眠っていた」（話し言葉）

Kinderen zegt ze dat ze niet _van_ houdt.「子供というものは好きではないと彼女は言っている」（話し言葉）

英語では再分析（エ．reanalysis）によって，「自動詞＋前置詞」が他動詞に相当するまとまりを形成することがある。西フリジア語ではこの現象は見られない。

エ．John _laughed at_ them.「ジョンは彼らのことを笑った」
　　→ _They_ were _laughed at_ by John.「彼らはジョンに笑われた」

(a) 名詞句が中域にある場合

　名詞句が中域にある場合(「かきまぜ」，エ．scrambling)でも，「代名詞の der」を欠く前置詞の残留は可能だが，それほど頻繁には用いられない．

　Hoe kin it dat *dyn hûswurk* no ynien gjin flaters mear *yn* sitte, Tabe?「おまえの宿題にいっぺんにもう何も間違いがなくなったのは，どうしたわけなの，ターベ」

　Better net te witten is yn 'e útropliteratuer *sa'n konstruksje* oars kwealik omtinken *oan* jûn.「筆者の知り得る限り，感嘆文を扱った文献では，このほかにそのような構文にはほとんど注意が払われていない」

それでも，西フリジア語ではオランダ語に比べて，名詞句が中域にある場合の前置詞の残留はずっと容認性が高い(Hoekstra 1995)．

　　フ．Hy seit dat er {*dêr*/*dy gearkomste*} juster net *oan* tocht hie.「彼は昨日，その会議があるとは思っていなかったと言っている」

　　オ．Hij zegt dat hij {*daar*/*die vergadering} gisteren niet *aan* gedacht had.「同上」

前置詞の目的語が代名詞の場合には，「代名詞の der」を欠く前置詞の残留は好まれない．したがって，名詞句が中域にある場合とあわせて，「代名詞の der」を欠く前置詞の残留は「代名詞の der」による前置詞の残留に比べて有標であると言える．

　{?*Dy*/*Dêr*} ha ik in protte boeken *oer* lêzen.「それについて私は多くの本を読んだ」

　Dit is it ark {?*dat*/*dêr't*} er *om* socht hat.「これが彼が探していた道具です」

「代名詞の der」を欠く前置詞の残留の構文は，前域の名詞句が最初から前置詞から分離した位置にあり，話題化による焦点化を受けるなどして，否定詞 net (§33)の場合と同様に前置詞の作用域(エ．scope)として解釈され，その支配を受けた目的語としてはたらいていると考えられる．

(b) 名詞句 … [om … 前置詞＋te- 第 2 不定詞] (§ 67 (8)(b), (9)(a))

　不定詞句に含まれる名詞句についても一見，類似した現象が見られる．

　Bedoarne kofjemolke is hielendal [om *fan* te grizen.]「腐ったコーヒーミ

ルクはまったく嫌気がする」(grize「嫌悪感を抱く(fan …に)」)
　ところが，この文に「代名詞の der」を介在させると非文になる。
　*Bedoarne kofjemolke₁, dêr₁ is hielendal om fan te grizen.「同上」(不可)
bedoarne kofjemolke「腐ったコーヒーミルク」はたんなる話題ではなく，前置詞 fan から統語的に独立した主語であり，定動詞に一致している。
　Bedoarne kofjemolke en bedoarn fleis {binne/*is} hielendal om fan te grizen.「腐ったコーヒーミルクと腐った肉は本当に嫌気がする」
この構文は名詞句が前置詞の目的語と解釈されていながら，前置詞から統語的に独立している点で，「代名詞の der」を欠く前置詞の残留とは本質的に異なる。次の用例も同様。
　Hy socht om in hûs om yn te wenjen.「彼は(ソノ中ニ)住むための家を探した」

(3) 場所の前置詞を欠く表現

　場所を示す前置詞句を要求する動詞を用いた表現では，前域の名詞句に限って前置詞を伴う必要がなく，意味的に前置詞を補って解釈される。
　　{By/∅} de bakkerij komme wy aanst fansels, earst it oare mar.「パン屋にはもちろんすぐ寄るけど，最初はほかにしましょう」
　　↔ Wy komme aanst fansels {by/*∅} de bakkerij, earst it oare mar.「同上」(by は省略不可)
　　{Yn/∅} dy bosk wennet in hillige.「あの森には聖者が住んでいる」
　　↔ In hillige wennet {yn/*∅} dy bosk.「同上」(yn は省略不可)
　　{Yn/∅} hoefolle lannen hat Pyt west?「ピトはどのくらいたくさんの国に行ったことがあるのだろう」
　　↔ Pyt hat {yn/*∅} safolle lannen west.「ピトはとても多くの国に行ったことがある」(yn は省略不可)
オランダ語では前域か否かにかかわらず前置詞が必要である(Hoekstra 1995)。
　　オ．{Bij/*∅} de bakkerij komen we zo dadelijk natuurlijk, eerst het andere maar.「同上」

↔ We komen {*bij*/*∅} de bakkerij zo dadelijk natuurlijk, eerst het andere maar.「同上」

{*In*/*∅} dat bos woont een heilige.「同上」

↔ Een heilige woont {*in*/*∅} dat bos.「同上」

{*In*/*∅} hoeveel landen is Jan geweest?「同上」

↔ Jan is {*in*/*∅} zoveel landen geweest.「同上」

　Hoeksta (1995：106) は西フリジア語にはこの場合，定動詞の補足成分である「空の場所の R- 副詞」(エ．empty locative R-adverb) があり，それが前域の名詞句に束縛されているために上記の構文が可能であると述べている。(2) との類似性に注意。

　次例ではそれぞれ「場所の der」(§35)，「代名詞の der」(§34 (2)) が省略されている。

Jan hat *yn mear lannen* west as dat syn frou *west* hat.「ヨンは彼の妻が行った(＝いた)よりも多くの国に行った(＝いた)ことがある」(「場所の der」の省略)

Jan hat *mear jild* fertsjinne as dat syn frou *op rekkene* hie.「ヨンは彼の妻が見込んでいたよりも多く金を稼いだ」(rekkenje「見込む(op …を)」,「代名詞の der」の省略)

　オランダ語では上記の構文は不可能である (Hoekstra 1995)。

オ．*Jan is *in meer landen* geweest dan zijn vrouw *geweest* is.「同上」(「場所の er」の省略)

*Jan heeft *meer geld* verdiend dan zijn vrouw *op gerekend* had.「同上」(rekenen「見込む(op …を)」,「代名詞の er」の省略)

(4) 前置詞のその他の用法

(a) **地名によって異なる場所の前置詞**

① yn：大部分の無冠詞の地名

　yn Ljouwert「リャウエト(オ．Leeuwarden「レーヴァルデン」)で」

　yn Amsterdam「アムステルダムで」　　yn Fryslân「フリースラントで」

② op：少数の無冠詞の地名(小さな村)，定冠詞つきの地名，島

op Snakkerbuorren「スナケルブオレン(オ．Snakkerburen「スナケルビューレン」)で」(小さな村)

op 'e Jouwer「デ・ヤウエル(De Jouwer, オ．Joure「ヤウレ」)で」

op 't Hearrenfean「エト・イェレンフェアン(It Hearrenfean, オ．Heerenveen「ヘーレンヴェーン」)で」

op 't Bilt「エド・ビルト(It Bilt, オ．Het Bildt「エド・ビルト」)で」

op 't Amelân「エト・アーメローン島(It Amelân, オ．Ameland「アーメラント島」)で」

op Skylge「スキルヘ島(オ．Terschelling「テルスヘリング島」)で」

op Skiermûntseach「スキエルムンツェアハ島(オ．Schiermonnikoog「スヒールモニクオーホ島」)で」

③ te：書き言葉

次の地名にはふつう yn を用いるが，古めかしい文章では te を用いることがある。

Der binne guon Aldfryske hânskriften yn 'e universiteitsbibleteek *te Grins*.「フローニンゲン(オ．Groningen)の大学図書館には古フリジア語の写本がいくつかある」

Joast Hiddes Halbertsma waard yn 1789 *te Grou* berne.「ヨアスト・ヒデス・ホルベツマ(=著名な文献学者)は1789年にグラウ(オ．Grouw「フラウ」)で生まれた」

Joast learde ta dûmny en waard yn 1814 beroppen *te Boalsert*.「ヨアストは牧師になる勉学を修め，1814年にボルゼト(オ．Bolsward「ボルズヴァルト」)に招聘された」

(b) 前置詞句を支配する前置詞

前置詞には名詞句を伴うもののほかに，前置詞句を伴うものがある。

It Aldfrysk [*fan* [*nei* 1200]] is ús út ûnderskate hânskriften bekend.「1200年以降の古フリジア語は種々の写本から我々に知られている」

Soms [*oant* [*yn* de lytse ûnderdieltsjes]] wurdt foarskreaun, wêr't in wente oan foldwaan moat.「ときには小さな下位部分に至るまで，住居が何を満たす必要があるかが規定されている」

It foarheaksel 'fer-' ferliest de útspraak fan de 'r' foar alle bylûden [*útsein* [*foar* de 'h']].「接頭辞 fer- は h を除いて，すべての子音の前で r の発音を失う」(behalve(n)「…を除いて」も同様)

(c) **前置詞の意味を細かく指定する副詞**

前置詞の意味を細かく指定する副詞が前置詞句の直前に置かれることがある。次の achter/bûten/midden/krekt は，そのような前置詞を修飾する副詞の例である。

Achter [op alle foto's] hat beppe de bertedata fan har oerbeppesizzers skreaun.「すべての写真の裏に祖母はひ孫たちの誕生日の日付を書いた」(achter「裏に」)

Bûten [*op* it brief] stiet it folgjende.「封筒の(＝手紙の)表には次のことが書いてある」(bûten「表に，外に」)

De beide kearen dat in rivier myn paad krúste, hâlde ik dan ek *midden* [*op* 'e brêge].「川が道と交差したその2回とも，私は橋の真上で立ち止まった」(midden「真ん中に」)

Krekt [*boppe* it wetter] fljocht in swerm miggen.「まさに水面すれすれのところで蚊の一群が飛び交っている」(krekt「まさに」)

(d) **不定詞句を支配する前置詞**

前置詞は述語の付加成分として副詞的にはたらく不定詞句(te＋第2不定詞(en- 不定詞))を支配することがある(§67(8))。

Do antwurdest [*sûnder* [*nei te tinken*]].「君はよく考えずに答えた(答える)」

It ûndersyk waard dien [*troch* [in enkête *te stjoeren* nei alle kriten en studinteferienings]].「その調査はすべての自治体と学生組合にアンケートを送ることによって行なわれた」

[*Nei* [yn Frjentsjer by de útjouwer Telenga yn 't wurk *west te hawwen*]], ferfart Waling Dykstra yn 1861 nei Holwert.「フリェンチェル(オ．Franeker「フラーネケル」)で出版社テーレンガに勤めた後，ヴァーリング・ディクストラ(＝著名な作家・辞書編集者, 1821-1914)は

1861 年にホルヴェト(オ．Holwerd「ホルヴェルト」)に移り住む」

　ドイツ語では「ohne … zu＋不定詞」は可能だが，「*｛durch/nach｝… zu＋不定詞」は不可。オランダ語では西フリジア語と同様に，「｛zonder/door/na｝… te＋不定詞」がすべて可能である。

(5)「ゼロ属格の fan」と「虚辞の fan」

(a) **ゼロ属格の fan**

　古くは名詞の格変化で示していた「部分の属格」(§17(1))に相当し，不定の数量を表わす fan の用法で，名詞句が意味する対象の部分集合を示す。'不定代名詞｛guon/eat/wat｝fan＋名詞句'「…の何か」の guon「いくつか」，eat/wat「何か」(§26(i)，(p))という不定代名詞の省略に意味的に対応すると考えれば，理解しやすい。「fan＋名詞句」というかつての属格に相当する前置詞句の主要部が欠けているわけであり，つまり「ゼロ」なので，この用法の fan を「ゼロ属格の fan」と呼ぶ。名詞句は定冠詞や所有代名詞を伴うことが多い。この fan は前置詞ではなく，むしろ数量を示す一種の不定代名詞であり，限定詞の役割を果たしていると言える。フランス語のいわゆる部分冠詞(du/de l'/de la)または不定冠詞複数形(des ← de les)と比較。

　　Der rûnen *fan buorman syn guozzen* yn ús tún.「隣の人のガチョウが何羽かうちの庭に入ってきた」

　　Dizze strik is net mear *fan it aldernijste*.「このネクタイはもう最新のものではない」

　fan に続く主語名詞句が複数形でも，定動詞は単数形の場合がある。

　　Hja hawwe der belang by dat *fan har produkten* ferkocht *wurdt*, wat mear wat leaver.「彼らは自分たちの製品が売れることに関心がある――多く売れれば，それだけ結構」

　fan alles は「さまざまのもの」という意味の独立用法の不定代名詞とみなすことができる(ド．allerlei)。これは「万事，すべて」(alles, §26(c)③)ではなく，「あらゆるものの一部」という意味を表わす。

　　Kinst hjir *fan alles* wol krije.「ここでは何でも(＝いろいろなものが)もらえるのよ」

Wy hawwe yn 'e fakânsje *fan alles* sjoen.「私たちは休暇中にいろいろなものを見た」

Fan alles soe der barre, ferskes sjonge, pakje-knippe en noch mear spultsjes soene der dien wurde.「いろいろなことがある (=起こる) ことになっていたでしょう。歌を歌ったり，プレゼントを開いたり，ほかにもたくさんする (=される) ことになっていたでしょう」

Der wurdt *fan alles* nei it nêst tôge: hea, strie, tou, wolle, lapkes, papier en fearkes.「どんなものでも (=いろいろなものが) 巣に運び込まれるのです。干し草，麦わら，ひも，毛糸，布切れ，紙，それに羽毛も」

fan neat witte「何もわかっていない，何も害悪を意識していない」という表現に注意 (§ 33 (2)(c))。

'fan＋指示代名詞＋名詞'「そんな・そういう…」という表現に注意。これは 'sok(ke)＋名詞' (§ 25 (b)) と同様の意味を表わす。

Ynlissipeltsjes, dat binne *fan dy lytse sipeltsjes*.「シャロットっていうのは，小さなタマネギみたいなもののことよ」

Ik krige altiten *fan dy suterige griente*.「私はいつもそんな汚らしい野菜をもらっていた」

'fan sok(ke)＋名詞' という表現も可能である。

Hy kocht altiten *fan sok nuver guod*.「彼はいつもそういう変な品物を買っていた」

'fan＋指示代名詞＋名詞' は前置詞に支配されることもある。このことは上述のように，「fan＋指示代名詞」が一種の不定代名詞として限定詞の役割を果たしていると考えれば理解できる。

Ik sjoch graach *nei fan dy moaie romantyske films*.「私はそんなすてきでロマンティックな映画を見るのが好きなの」

指示代名詞を定冠詞に変更したり，無冠詞にすることはできない。

Ynlissipeltsjes, dat binne *fan {dy/*de/*Ø} lytse sipeltsjes*.「同上」

Ik krige altiten *fan {dy/*de/*Ø} suterige griente*.「同上」

Ik sjoch graach *nei fan {dy/*de/*Ø} moaie romantyske films*.「同上」

オランダ語の van にも同様の用法がある。やはり，指示代名詞を定冠詞に変更したり，無冠詞にすることはできない。

オ．*Van alles* zou er gebeuren, versjes zingen, pakje knippen en nog meer spelletjes zouden er worden gedaan.「いろいろなことがある（＝起こる）ことになっていたでしょう。歌を歌ったり，プレゼントを開いたり，ほかにもたくさんする（＝される）ことになっていたでしょう」

Zilveruitjes, dat zijn *van {die/*de/*Ø} kleine uitjes*.「シャロットっていうのは，小さなタマネギみたいなもののことよ」

Ik kijk graag naar *van {die/*de/*Ø} mooie romantische films*.「私はそんなすてきでロマンティックな映画を見るのが好きなの」

オランダ語では，「van＋指示代名詞＋名詞」は「zulk(e)＋名詞」よりもくだけた話し言葉的な表現とされる（ANS 1997²：820）。西フリジア語では言語規範上の性格からそのようなニュアンスはとくにない。

オ．Hij gaat altijd met *zulke rare mensen* om.「彼はいつもそういうおかしな連中とつきあっている」

Hij gaat altijd met *van die rare mensen* om.「同上」（話し言葉的）

フ．Hy giet altiten mei *sokke nuvere minsken* om.「同上」

Hy giet altiten mei *fan dy nuvere minsken* om.「同上」

オランダ語でも 'van zulk(e)＋名詞' という表現が可能である。ただし，やはりくだけた話し言葉的な表現とされる（ib. 317）。西フリジア語では上記と同様に，そのようなニュアンスはとくにない。

オ．Wie is dat in godsnaam!?　Hij draagt *van zulke gekke kleren*.「あれはいったいだれなんだ。なんか変な服を着ているね」（話し言葉的）

フ．Wa is dat yn godsnamme!?　Hy draacht *fan sokke gekke klean*.「同上」

'mei fan＋名詞句「…のいくつか，…に属している」' という表現に注意。

Dat binne *mei fan 'e moaiste ferhalen* dy't er skreaun hat.「それは彼が書いたもっとも美しい物語の中のいくつかだ」

De measte plaknammen yn Fryslân geane út op '-um'. Dat binne ek *mei fan de âldste*.「フリースラントの大多数の地名は -um で終わる。それはまたもっとも古い地名に属する」

(b) 虚辞の fan

　§ 33 (2)(c)で述べたように，思考・発言を意味する動詞とともに用いる fan がある。否定詞 net を伴う場合のほかに，以下の用法の fan をまとめて「虚辞の fan」と呼ぶ。

　　Sy mienden *fan net.*「彼らはそうは思わなかった」

　　Hy sei *fan net.*「彼はそう言わなかった」

　これは 'der {eat/wat} fan' 「そのうちの何か」という表現において，前置詞句 der … fan「その」の主要部である不定代名詞 eat/wat「何か」とともに，「代名詞の der」(「それ」)を欠いた fan だけによる表現とも考えられる。この点で，「虚辞の fan」には「ゼロ属格の fan」と一部で共通点が認められないわけではない。しかし，「ゼロ属格の fan」と違って，「虚辞の fan」ははっきりした語彙的な目的語を欠いており，意味的にも「それ」を意味する「代名詞の der」が何を指すのかも不明確である。「虚辞の fan」は前置詞ではなく，限定詞の役割を担う不定代名詞でもない。

　「虚辞の fan」を含む表現では，否定詞 net のかわりに他の要素を用いることもできる。

　　My tinkt *fan al.*「私にはたしかにそう思える」

　　Ik bewissigje jo *fan wol.*「私はあなたにそれをちゃんと確証します」

　否定詞 net と副詞 al/wol「たしかに，きっと，ちゃんと」はともに話法的ニュアンスを伴っており，思考・発言の意味が主観的・感情的に強調されていると言える。また，このような要素を欠くと，「虚辞の fan」による表現は許されない。

　　*Sy mienden *fan.*「彼らはそう思った」

　　*Hy sei *fan.*「彼はそう言った」

　　*My tinkt *fan.*「私にはそう思える」

　　*Ik bewissigje jo *fan.*「私はあなたにそれを確証します」

　これはこの fan に感情的な強調表現としての性格があることを示している。これは(a)で述べた「ゼロ属格」を含む 'fan＋指示代名詞＋名詞' 「そんな・そういう…」という表現において，fan の支配する名詞句に「そんな(sok(ke))…」の意味で主観的・感情的に強調する指示代名詞が義務的に含まれていることに似ている。

§33 (2)(c)で述べたように,「虚辞の fan」のかわりに代名詞 it を用いることもできる.

　　Sy mienden *it net*.「彼らはそう思った」

　　Hy sei *it net*.「彼はそう言った」

両者の意味の差は微妙だが,しいて言えば,「虚辞の fan」が思考・発言の内容をぼかした主観的・感情的な意味(「…のように思った」「…などと言った」)を表わすのにたいして,代名詞 it は既知の思考・発言内容を受けて,それを直接的に示す(「…と思った」「…と言った」)点に求められる.ただし,話法的な意味のほかに,「虚辞の fan」とともに用いる否定詞 net は,「それはそうではない」,副詞 al/wol は「それは {たしかに/ちゃんと・きっと} そうだ」という思考・発言の動詞の目的語に相当する内容に対応しているとも言える.じじつ,「虚辞の fan」はそのような意味の文を目的語として伴う場合にも用いることができる.

　　Sy mienden *fan dat it wol sa wêze soe*.「彼らはそれはそうだろうと思った」(fan＋dat-従属文)

　　Hy sei *fan it koe wol sa wêze*.「彼はそれはそうだろうと言った」(fan＋主文)

この場合には,fan は義務的ではなく,省略できる.つまり,fan は余剰的である.

　　Sy mienden *dat it wol sa wêze soe*.「同上」

　　Hy sei *it koe wol sa wêze*.「同上」

意味の差は微妙だが,しいて言えば,上例と同様に,「虚辞の fan」を伴わない文は「…と思った」「…と言った」という意味に近いのにたいして,「虚辞の fan」を伴う文では「…のように思った」「…などと言った」のように,思考・発言の内容がぼやけ,主観的・感情的なニュアンスが加わっている点に求められる.

また,次例のような knikke「…とうなずく」, sizze「…と言う」を含む直接話法的な表現にも「虚辞の fan」が現われる.この fan も余剰的であり,なくても文法的である.

　　De boer *knikt* (*fan*) *ja*.「農夫は「そうだ」とうなずいた」

　　De man *seit* (*fan*) *nee*.「男は「いいや」と言った」

'(fan) … hjitte「…という名前である」', '(fan) … neame「人を…と名づける」' という表現に注意。この fan も省略可能である。

　　Allebeide hieten se (*fan*) *Klaas*.「両方とも彼らはクラースという名前だった」

　　(*Fan*) *hoe* hjitsto?「君は何という名前なのか」

　　Sy neamden him (*fan*) *Klaas*.「彼らは彼をクラースと名づけた」

　(a)で述べたように,「ゼロ属格の fan」は「さまざまな」という不定代名詞の意味を持ち, 後続の名詞にたいする限定詞的な性格が明確に認められる。一方, 思考・発言の動詞とともに用いる「虚辞の fan」は前置詞としての性格を失っているだけでなく, 目的語の機能を担う不定代名詞としての性格もあいまいで, 余剰的な場合も認められ, はっきりした文法的役割は認めがたい。むしろ, この fan の役割は上述のように, おもに主観的・感情的なニュアンスを付け加えている点にあると言える。

　オランダ語でも「虚辞の van」は存在し, その用法もほぼ同様である。すなわち, オランダ語でも「虚辞の van」を含む文では否定詞 niet 以外にも他の要素を用いることができ, そのような要素を欠くと,「虚辞の van」による表現は許されない。また, ニュアンスの差はあるが,「虚辞の van」を代名詞 het で代用することができる。

　　フ．Ik leau {*fan*/*it*} net.「私はそうは思わない」

　　オ．Ik geloof {*van*/*het*} *niet*.「同上」

　　フ．Ik leau {*fan/*it*}.「私はそう思う」

　　オ．Ik geloof {*van/*het*}.「同上」

　　フ．Ik tocht {*fan*/*it*} *wol*.「私はたしかにそう思った」

　　オ．Ik dacht {*van*/*het*} *wel*.「同上」

　　フ．Ik tocht {*fan/*it*}.「私はそう思った」

　　オ．Ik dacht {*van/*het*}.「同上」

ただし, 動詞によっては両言語が正確には対応しない場合もある。

　　フ．It *liket* al sa.「どうもそのようだ, そうらしい」
　　　　Dêr *liket* it al op.「同上」(lykje「…のようだ, …らしい」)
　　　　(*It *liket fan* wol. は不可)

　　オ．Het *lijkt van* wel.「同上」(lijken「同上」)

オランダ語では「虚辞の van」はすでに 17 世紀から存在し，くだけた話し言葉では，次のようにふつうの名詞句を伴う表現も可能である(Van Dale 1992[12]：3259)。

- オ．"Wat is dat voor een stof?" "Ik geloof *van een zuur*."「それは何という物質なんでしょう」「私は酸だと思います」
- フ．"Wat is dat foar in stof?" "Ik leau *fan in soer*."「同上」

§38　名詞句を支配する後置詞（postposysje）

(1)　後置詞の種類と代名詞の分離

　後置詞には名詞句を支配するものと前置詞句を支配するものがあり，後者はオランダ語やドイツ語よりも数が多い。「前置詞＋物事を示す代名詞」は「代名詞の der (…) 前置詞」（およびその他の「R 代名詞」，§34(2)）となり，この場合の前置詞は語順的には後置詞だが，本書では前置詞と称し，以下で述べる後置詞と区別する。ここで言う後置詞はつねに語順的に後置詞である。ただし，「代名詞＋後置詞」の代名詞は指示代名詞 dit/dat と疑問代名詞 wat に限られ，意味的にも強い制限がある((2)(c)参照)。

　伝統的には後置詞を認めず，副詞とみなすことがある。たとえば次例の yn「…の中へ(方向)」がそうである。

　　De trein rydt de tunnel *yn*.「列車はトンネルの中へ入る」

　しかし，de tunnel yn「トンネルの中へ」は前域を占めるひとつの文成分になるので，本書では yn を後置詞とみなす。

　　De tunnel yn rydt de trein.「トンネルの中へ列車は入っていく」

　後置詞は分離動詞(§59)の分離成分から区別することが困難な場合がある。たとえば，上例では名詞句を前域に置いて，後置詞を文末に残留させることができる。

　　De tunnel rydt de trein *yn*.「同上」

　この例では後置詞 yn と動詞 rydt「乗り物で行く」が分離動詞 ynride「…の中に乗り物で入る」を形成し，yn はその分離成分になっているとも言える。辞書には de garaazje ynride「(車が/車で)ガレージの中に入る」という用例とともに，ynride は分離動詞として記載されている。一方，分離動詞 ynride は de auto ynride「車を(車庫などの)中に入れる」のようにも用いるが，この

場合の分離成分 yn は，明らかに de auto ride「車を運転する」という動詞句の他動詞 ride に「中へ」という方向の意味を添える不変化詞としてはたらいている。

　一般に基底語順における「名詞句＋X＋動詞」という連鎖では，Xは直前の名詞句とも直後の動詞とも結びつく可能性がある。歴史的にXは副詞であり，「名詞句＋X」の結びつきが強ければXは後置詞になり，「X＋動詞」の結びつきが強ければXは分離動詞の分離成分になったと考えられる。西フリジア語やオランダ語では「名詞句＋X」の結びつきが強く，後置詞が発達したが，ドイツ語では「X＋動詞」の結びつきが強く，Xは分離動詞の分離成分になり，後置詞はそれほど発達していない。ただし，今日では西フリジア語やオランダ語でも「X＋動詞」の強い結びつきが見られ，新たな動詞を形成するようにして後置詞の残留が起こり(再分析，エ．reanalysis)，後置詞か分離動詞の分離成分かの区別が微妙になることがある。上例の ynride の yn はその例と言える(オ．inrijden)。

　一方，「X＋名詞句＋動詞」では，Xは隣接する名詞としか結びつかないが，「代名詞の der」(オ．er/ド．da(r))による前置詞の残留では「{フ．der/オ．er/ド．da(r)}＋X＋動詞」という語順になり，Xは「フ．der/オ．er/ド．da(r)」とも動詞とも結びつく可能性がある。西フリジア語やオランダ語，低地ドイツ語などでは「X＋動詞」の結びつきが強く，前置詞が残留するのにたいして，(標準)ドイツ語では本来の「da(r)＋X」の結びつきが強く，前置詞の残留は不可能である(古くはドイツ語でも前置詞の残留が見られた)。

(2) 後置詞と前置詞の相違

(a) 「前置詞：動作の経過・継続」↔「後置詞：動作の達成・完結」

　名詞句を支配する後置詞は，動作の方向や状態の完結を含意する(例．de winter út「冬の間ずっと，冬の終わりまで」)。つまり，前置詞は動作を部分的にとらえ，経過・継続(未完了アスペクト，エ．imperfective aspect)を表わすのにたいして，後置詞は動作を全体的にとらえ，達成・完結(完了アスペクト，エ．perfective aspect)を表わす。前置詞は動作の行なわれる位置や継続も表わすが，完結はふつう含意しない(例．yn 'e winter「冬に，冬の間」)。

① 前置詞：動作の経過

De trein sil gau *troch de tunnel* ride.「列車はもうすぐトンネルの中を通る(=トンネルに入る)だろう」

De trein ried *troch de tunnel* en kaam der noch net út.「列車はトンネルを通っており，まだ出てきていなかった」

② 後置詞：動作の達成

De trein sil gau *de tunnel troch* ride.「列車はもうすぐトンネルを通り抜ける(=トンネルから出る)だろう」

?De trein ried *de tunnel troch* en kaam der noch net út.「同上」

以下の用例も同様である。

Se geane *yn 'e tún*.「彼らは庭の中へ入っていく」

↔ Se geane *de tún yn*.「彼らは庭の中に入る」

Se rinne *út 'e tún*.「彼らは庭の外へ歩いて出ていく」

↔ Se rinne *de tún út*.「彼らは庭の外に歩いて出る」

Se rinne *om 'e tún*.「彼らは庭のまわりを歩く」

↔ Se rinne *de tún om*.「彼らは庭のまわりを歩いて一周する」

上記の事実はオランダ語でも同様。

オ．Ze gaan *in de tuin*.↔ Ze gaan *de tuin in*.「同上」

　　Ze lopen *uit de tuin*.↔ Ze lopen *de tuin uit*.「同上」

　　Ze lopen *om de tuin*.↔ Ze lopen *de tuin om*.「同上」

(b) 「前置詞：位置」↔「後置詞：方向」

後置詞は方向を表わし，位置(=静止した場所)の意味にはならない。

① 前置詞：位置・方向

Se rinne *yn 'e tún*.「彼らは｛庭の中を歩く/庭の中へ歩いていく｝」

② 後置詞：方向

Se rinne *de tún yn*.「彼らは庭の中に歩いて入る」

方向の意味を表わさない動詞には後置詞は用いることができない。次例のstean「立っている」は状態動詞なので，動作の方向は表わさず，後置詞を用いることはできない。

Se steane {*yn 'e tún*/*de tún yn}.「彼らは庭の中に立っている」

なお，前置詞および後置詞の út には方向「…の外へ」の意味しかない。
Se steane {*út 'e tún/*de tún út}.「彼らは庭の外に立っている」
↔ Se steane bûten de tún.「同上」
上記の事実はオランダ語でも同様。

オ．Ze lopen in de tuin. ↔ Ze lopen de tuin in.「同上」
　　Ze staan {in de tuin/*de tuin in}.「同上」
　　Ze staan {*uit de tuin/*de tuin uit}.「同上」
　　↔ Ze staan buiten de tuin.「同上」

位置を示すすべての前置詞に方向を示す後置詞が対応するとは限らない。
Se rinne foar de tún.「彼らは庭の前を歩く」（位置）
*Se rinne de tún foar.「彼らは庭の前へ歩く」（方向）
↔ Se rinne nei de foarkant fan 'e tún (ta).「彼らは庭の前(＝正面)へ歩いていく」

時間を示す前置詞には語形的に対応する後置詞がないことが多い。
Se binne {yn 1945/*1945 yn} berne.「彼らは1945年に生まれた」
Se komme {om acht oere/*acht oere om}.「彼らは8時に来る」

(c) ‘「代名詞の der」(…) 前置詞’ ↔ ‘「代名詞 dit/dat/wat」(…) 後置詞’

前置詞では物事を示す代名詞として「代名詞の der」（およびその他の「R代名詞」）を用いるが，後置詞では指示代名詞中性単数形 dit/dat と疑問代名詞 wat にほぼ限られる。しかし，この場合には dit「この方角へ」/dat「｛あの/その｝方角へ」，wat「どの方角へ」という意味に限定され，特定の名詞句を受ける機能はない。たとえば，次例の dat は {de/it} bosk を受けるという解釈にはならない。

Wy rûnen {de/it} bosk yn.「私たちは森の中に歩いて入った」
Wy rûnen dat yn.「私たちはその方角に歩いて中に入った」
Dat rûnen wy yn.「その方角に私たちは歩いて中に入った」

このように，後置詞が代名詞を伴う場合には，強い制限がある。次の後置詞の用例でも同様である。

Ik rûn dat {op/út/del/lâns/om}.「私はその方角に｛(上がって)歩いていった/歩いて外に出た/(下って)歩いていった/沿って歩いていった/歩い

て回った}」

Wat rûn se *ût*?「彼女はどの方角に歩いて出ていったのだろう」

(d) 「話題化」と「かきまぜ」

後置詞句では名詞句だけを取り出して前域に置く「話題化」も可能であり，中域の左(＝前)寄りに置く「かきまぜ」も同様に許される。「代名詞の der」を欠く前置詞の残留との相違に注意(§37(2))。

De tunnel troch sil de trein gau ride.「トンネルを列車はもうすぐ通り抜けるだろう」

De tunnel sil de trein gau *troch* ride.「同上」

De trein sil *de tunnel* gau *troch* ride.「列車はトンネルをもうすぐ通り抜けるだろう」

次の例も同様。

De auto is al *de berch op* riden.「車はもう山の上にのぼった」

De berch is de auto al *op* riden.「山の上に車はもうのぼった」

De auto is *de berch* al *op* riden.「車はもう山の上にのぼった」

その他の用例。

Pluk hie in lyts read takelautootsje. Hy ried der *de hiele stêd* mei *troch* en socht om in hûs om yn te wenjen.「プリュクは小さな赤いクレーン車を持っていました。彼はそれに乗って町中を走り，住む家を探しました」

Dat sil *myn tiid* wol *ût* duorje.「それは私が生きている間は変わらないだろう(＝続くだろう)」

前域に名詞句がある文では，前置詞句か後置詞句かの判定にあいまいさが生じることがある。このとき，アクセント(大文字で示す)の位置を変えれば，あいまいさは解消される。

Dizze tún rinne se YN.「この庭の中に彼らは歩いて入る」(後置詞句：dizze tún yn)

Hokker tún rinne se YN?「彼らはどの庭の中に歩いて入るのだろう」(後置詞句：hokker tún yn)

↔ Dizze tún RINNE se yn.「{この庭の中を彼らは歩く／この庭の中へ彼らは歩いていく}」(前置詞句：yn dizze tún)

Hokker tún RINNE se yn?「{彼らはどの庭の中を歩くのだろう/彼らはどの庭の中へ歩いていくのだろう}」」(前置詞句：yn hokker tún)

(3) 個々の後置詞

おもなものについて意味と用例を示す.
① ［… del］［dεl］「…に沿って，…を下って」
 Hy rûn *de dyk del*.「彼は道に沿って歩いていった」
 De frou komt *de finne del*.「その女性は牧草地に沿ってこちらに来る」
② ［… yn］［in］「…の中へ」
 Heit kaam *de keamer yn*.「父が部屋の中に入ってきた」
③ ［… lâns］［lɔːⁿs］「…に沿って，…を通じて」
 Hy gong *de wei lâns*.「彼は道に沿って行った」
 syn hiele libben lâns「彼の一生を通じて」(troch も可)
 it hiele jier lâns「一年中」(troch も可)
④ ［… oer］［uər］「…の上を，…を覆って」
 It nijs gong *hiele Fryslân oer*.「そのニュースはフリースラント全土に伝わった」
⑤ ［… om］［om］「…のまわりをめぐって」
 Hy rûn {*de/it*} *bosk om*.「彼は森のまわりを歩いて一周した」
⑥ ［… op］［op］「…の上のほうへ，…に沿って(ある一定の水平の方向へ)」
 Der komt troch de tijstream in bulte Rynwetter *it Waad op*.「潮の流れによって大量のライン川の水がヴァート地帯(=オランダ北部北海沿岸の干潟地帯)に入ってくる」
 Hja gong *de keamer op en del*.「彼女は部屋の中を行ったり来たりした」
 dat *op* nei Snits「スニツ(オ．Sneek「スネーク」)の方角へ」
⑦ ［… troch］［trox］「…を通り抜けて」
 Hiele Fryslân troch wie it sterk iis.「フリースラント全土にわたって厚い氷が張った」
 de hiele jûn troch「一晩中」(út も可)
⑧ ［… út］［yt］「…の外へ，…の終わりまで」

Ut Ljouwert wei kin men mei de trein *fjouwer kanten út* komme.「リャウエト(オ．Leeuwarden「レーヴァルデン」)からは列車で四方に行くことができる」

Ik bliuw yn Leien *de winter út*.「私はレイデン(オ．Leiden)で冬を越します(=冬の終わりまでとどまる)」

de hiele jûn út「一晩中」(troch も可)

§39　前置詞句を支配する後置詞

(1) 用　　法

前置詞句を支配する後置詞の一例として，次の yn が挙げられる。

　It famke kuiere *tusken heit en mem yn*.「その女の子は父親と母親の間に入り込んだ」

　→ *Tusken heit en mem yn* kuiere it famke.「父親と母親の間にその女の子は入り込んだ」

tusken … yn「…の間に」を名詞句を前後から包み込む「包置詞」(エ．circumposition)と呼ぶことがある。しかし，(3)で述べるように，これは厳密には［［tusken …］yn］という構造になっており，後置詞 yn が前置詞句［tusken …］を支配しているとみなすほうが妥当である。なお，前置詞と後置詞の組み合わせには意味的な制限がある。

　前置詞を支配する後置詞は，方向と位置(＝静止した場所)の両方の意味を表わす。一方，名詞句を支配する後置詞は方向の意味しか表わさない。例．［［tsjin …］oan］「…に向かって，…に触れて」，［［by …］lâns］「…に沿って」

① 方向

　De frachtauto ried *tsjin ús auto oan*.「トラックは私たちの車に衝突した」

　In skot fan him giet mar krekt *by de peal lâns*.「彼のシュートはゴールの柱のほんのすぐ脇にそれる」

② 位置

　Syn lân leit *tsjin mines oan*.「彼の土地は私の(土地)と接している」

　De beammen steane *by de wâlen lâns*.「木々は堀に沿って立っている」

前置詞句を支配する後置詞は，名詞句を支配する後置詞(§38)と同様に，分

離動詞(§59)の分離成分とまぎらわしい場合がある。このとき，両者は次のようにして区別できる。すなわち，yn が後置詞である冒頭の例では後置詞句全体［［tusken …］yn］を話題化して前域に置けるが，次例の foar は分離動詞 foarkomme「現われる」の分離成分であり，前域には置けない。

 De barchjeblom *komt* gauris tusken de reiden *foar*.「黄色いアイリスの花がもうすぐ葦の間から顔を出す」(foarkomme「現われる」：分離動詞)

 →**Tusken de reiden foar* komt de barchjeblom gauris.「葦の間からは黄色いアイリスの花がもうすぐ顔を出す」

「…の下から」/「…の後ろから」などの表現にも，前置詞句を支配する後置詞［［ûnder …］wei］/［［{efter/achter} …］wei］を用いる。

 ûnder de sofa *wei*「ソファの下から」

 {*efter/achter*} de beam *wei*「木の後ろから」

オランダ語や英語では，この場合には前置詞句を支配する前置詞を用いる。

 オ．*van onder* de sofa「同上」/*van achter* de boom「同上」

 エ．*from under* the sofa「同上」/*from behind* the tree「同上」

ドイツ語の hervor は西フリジア語の wei と用法が似ているが，伝統的には後置詞ではなく，副詞として扱われることが多い。

 ド．*unter* dem Sofa *hervor*「同上」/*hinter* dem Baum *hervor*「同上」

(2) 前置詞および名詞句を支配する後置詞との関係

(a) 前置詞句を支配する後置詞と前置詞の関係

前置詞句を支配する後置詞には，前置詞の意味を補足・補強・特定する役割がある。

① ［［foar …］del］「…の前を通り過ぎて」↔［foar …］「…の前に」

前置詞 foar「…の前に」の場所の意味に後置詞 del「…に沿って」が方向の意味を補足している。

 Se gong hastich *foar de ruten del*.「彼女は足早に窓の前を通り過ぎた」

② ［［foar …］oer］「…にたいして」↔［foar …］「…の前に」

前置詞 foar「…の前に」の場所の意味に後置詞 oer「…に向かって」が方向の意味を補強し，全体で比喩的な意味になっている。

Hy stiet posityf *foar it ûtstel oer*.「彼は提案にたいして賛成だ」
オ．tegenover/ド．gegenüber は 1 語の前置詞または後置詞である((3)(d)参照)。

③ [[nei …] ta]「…へ」↔[nei …]「…へ」
前置詞 nei「…へ」の方向の意味を後置詞 ta「…へ」が補強している。ta はなくてもいいが，[[nei …] ta] は [nei …] よりも好まれる。
Hy rydt moarn *nei Drachten ta*.「彼は明日ドラハテンに行く」
オランダ語では [[naar …] toe] よりも [naar …] が好まれる。ドイツ語は前置詞 nach のみ。

④ [[fan …] ôf]「…から」↔[fan …]「…から」
前置詞 fan「…から」の時間の意味を後置詞 ôf「…から」が補強すると同時に，fan の種々の意味をひとつに特定化している。[[nei …] ta] と違って ôf は必要である。
Fan seis oere ôf is it resepsje.「6 時から歓迎会があります」
オランダ語では vanaf zes uur「6 時から」のように 1 語の前置詞を用いる。ドイツ語では ab sechs Uhr または von sechs Uhr ab と言う。後者は西フリジア語と類似しているが，伝統的にはこの ab は副詞とみなされることが多い。

(b) 前置詞句を支配する後置詞と名詞句を支配する後置詞の関係

前置詞句を支配する後置詞の多くは，名詞句を支配する後置詞と共通している。

① [[by …] del]「…に沿って，…の下へ」↔[… del]「同左」
De wein rekke *by de dyk del*.「車は道から水路に落ちた」
↔ Hja rûn *de dyk del*.「彼女は道に沿って歩いていった」

② [[op …] yn]「…の中へ」↔[… yn]「同左」
It giet *op 'e stêd yn*.「これから町の中に入っていきます」
↔ Ik rûn *{de/it} bosk yn*.「私は森の中へ歩いて入った」

③ [[ta …] út]「…の終わりまで」↔[… út]「同左」
ta de lette jûn út「夜遅くまで」↔ de lette jûn út「同左」

(c) hinne [hĭnə]「…へ」と wei [vai, vɛi]「…から」(§ 30 (2)(b))

両者は [[nei …] ta]「…へ」と [[út …] wei]「…から」とほぼ同じ意味である。*… nei ta, *… út wei のように，ほぼ同じ意味の後置詞と前置詞は隣接できないので，… hinne, … wei で代用する。「…」の部分は hinne/wei からふつう分離する。

① [[nei …] ta]「…へ」↔[… hinne]「同左」

　Ik ha *nei de útstalling ta* west.「私はその展覧会に行った」

　↔ *Dy útstalling* ha ik {*nei ta/*hinne*} west.「同上」

　　Ik ha *der* {*nei ta/*hinne*} west.「私はそこに行った」

② [[út …] wei]「…から」↔[… wei]「同左」

　Dizze flechtlingen komme *út Afghanistan wei*.「この亡命者たちはアフガニスタンから来ている」

　↔ *Hokker lân* komme dizze flechtlingen {*út wei/*wei*}?「この亡命者たちはどの国から来ているのだろう」

　　Dizze flechtlingen komme *der* {*út wei/*wei*}.「この亡命者たちはそこから来ている」

　オランダ語では … naartoe/… heen がともに可能。*… naar は不可。ドイツ語では … hin だけを用い，… nach は「…によれば」の意味になる。

　フ．*Wêr* fljocht er moarn {*nei ta/*hinne*/*nei}?「彼は明日どこへ飛行機で行くのですか」

　オ．*Waar* vliegt hij morgen {*naartoe*/*heen*/*naar}?「同上」

　ド．*Wo* fliegt er morgen {*hin*/*nach}?「同上」

(3) 語　順

(a) ［前置詞句＋後置詞］＋定動詞

　すでに(1)で述べたように，後置詞句は話題化して前域に置くことができる。

　　Foar de ruten del gong se hastich.「窓の前を彼女は足早に通り過ぎた」

　　Foar it útstel oer stiet er posityf.「提案にたいして彼は賛成だ」

　　Nei Drachten ta rydt er moarn.「ドラハテンに彼は明日行く」

(b) 「前置詞句＋定動詞(…)後置詞」/「定動詞…前置詞句(…)後置詞」

話題化や「かきまぜ」によって前置詞句を後置詞から分離して前域や中域に置き，後置詞を残留させることもできる（名詞句を支配する後置詞も同様。§38(2)(d)）。

① 前置詞句＋定動詞(…)後置詞

Foar de ruten gong se hastich *del*.「同上」

Foar it ûtstel stiet er posityf *oer*.「同上」

② 定動詞…前置詞句(…)後置詞

Se gong *foar de ruten* hastich *del*.「彼女は窓の前を足早に通り過ぎた」

Hy stiet *foar it ûtstel* posityf *oer*.「彼は提案にたいして賛成だ」

ただし，[[nei …] ta]「…へ」では [nei …] を ta から分離する両方の語順がともに好まれない。これは，前置詞句と離れた位置にある ta「…へ」がほぼ同じ意味の nei「…へ」をたんに補強するだけであり，ta を添える意味的な必要性が薄いためと考えられる。(2)(a)③で述べたように，[[nei …] ta] の ta はなくてもいいことは，このことと関係がある。

?*Nei Drachten* rydt er moarn *ta*.「ドラハテンに彼は明日，行く」

?Hy rydt *nei Drachten* moarn *ta*.「彼はドラハテンに明日，行く」

(c) 「代名詞の der」…[前置詞＋後置詞]

前置詞句に含まれる名詞句が「代名詞の der」の場合には，「代名詞の der」だけを前域（有アクセントの dêr を用いる）や中域の前（＝左）寄りの位置に置き，前置詞を後置詞の直前に隣接して残留させることができる。

Dêr gong se hastich *foar del*.「その前を彼女は足早に通り過ぎた」

Se gong *der* hastich *foar del*.「彼女は足早にその前を通り過ぎた」

Dêr stiet er posityf *foar oer*.「それにたいして彼は賛成だ」

Hy stiet *der* posityf *foar oer*.「彼はそれにたいして賛成だ」

[[nei …] ta]「…へ」では nei と ta は隣接できない((2)(c)参照)。

Dêr rydt er moarn {*nei ta/*hinne*}.「そこへ彼は明日行く」

Hy rydt *der* moarn {*nei ta/*hinne*}.「彼は明日そこへ行く」

その他の用例。

Dêr binne wy noch net *oan ta*.「私たちはまだそこまで行っていない」

Wat er dien hat, is *der* fier *by del*.「彼がやったことは見苦しい過失だ(＝そこから遠く落ちている)」

Syn heit snúfde *der* earst raar *tsjin oan*.「彼の父親は初めはそれにたいして快く思っていなかった」((4)⑬ [tsjin …] oan 参照)

「前置詞＋後置詞」で 1 語として続け書きすることもある((d)参照)。

Hy giet *der* stil *bylâns*.「彼はそれに沿って静かに歩いていく」([[by …] lâns])

Ommers it hillige smyt men net yn it moeras en men wâdet *der* net straffeleas *oerhinne*.「というのは当然のことながら，聖なるものを沼に放り投げて，罰を受けずにその上を渡りきることはないからである」([[oer …] hinne])

Op 'e klaai kin men soms noch sjen dat de âlde doarpskearn heger leit as it lân *der omhinne*.「クラーイ地方(＝フリースラント州西部の粘土質地域)では，古くからの村の中心地がその周辺の土地よりも高い位置にあるのがまだ見られることがある」([[om …] hinne])

(d)　**名詞句…[前置詞＋後置詞]**

　前置詞句内の名詞句が前域や中域の前寄りの位置に分離して，前置詞と後置詞が隣接することについては，可否に差がある。nei と ta は隣接できず，hinne を用いることは(2)(c)で述べた。

Drachten rydt er moarn {*nei ta/*hinne*}.「同上」

[[foar …] del]「…の前を通り過ぎて」でもこれは不可能である。

*Dy ruten gong se hastich *foar del*.「その窓の前を彼女は足早に通り過ぎた」

「名詞句…[前置詞＋後置詞]」という語順はまったく許されないというわけではない。この語順が可能な場合には，再分析(エ．reanalysis)によって，名詞句を支配する［前置詞＋後置詞］という後置詞や，［後置詞＋動詞］という分離動詞が形成されていると考えられる。たとえば，[[by …] lâns]「…に沿って」は [by lâns] のように隣接することができるが，これは名詞句を支配する 1 語の後置詞としてはたらいているためである。辞書にも後置詞 bylâns として記載されている ((c)の der … bylâns の用例を参照)。

By de dyk lâns wie in fuotpaad.「道に沿って歩道があった」
↔ De Alvestêdetocht is in tocht fan sa'n 200 km oer iis *de alve Fryske stêden bylâns*.「オルヴェステーデトホトとは，フリースラントの 12 の町に沿って氷の上を約 200 キロメートル走る競技のことです」

同様に，[[foar …] oer]「…にたいして」でも [foar oer] という隣接が可能である(前域の名詞句には，強調のために指示代名詞をつけるのが望ましい)。これも名詞句を支配する 1 語の後置詞としてはたらいているためである。

Dat ûtstel steane wy posityf *foar oer*.「同上」

じじつ，foaroer は次例のように前置詞としても用いることがある。

Wat betsjut dat bytsje risiko *foaroer de grutte winsten* dy't wachtsje?「期待される(＝待っている)利益を目の前にして(＝にたいして)，そんなわずかな危険は何の意味があるだろうか」

一方，[[fan …] ôf]「…から」では，物理的な意味では [fan ôf] のように隣接できないが，fan … ôfsjen「…を見捨てる」(オ．van iets afzien/ド．von etwas absehen)のように分離動詞を形成する場合には可能である。

Der falle in protte blêden *fan dy beam ôf*.「その木からはたくさん葉が落ちる」
→＊*Dy beam* falle in protte blêden *fan ôf*.「同上」
↔ *Dy sike ko* moatte wy *fan ôfsjen*.「その病気の雌牛は私たちは見捨てざるを得ない」

(4) 個々の後置詞の用例

前置詞句との組み合わせは数多くあり，以下ではおもなものを示す。
① [[by …] del]「…を通り過ぎて，…に沿って，…の下へ」
Triennen rinne him *by de wangen del*.「涙が彼の頬を伝って落ちる」
Ik kom jûn om healwei achten wol eefkes *by dy del*.「私は今晩 7 時半に君のところにちょっと寄ります」
② [[foar …] del]「…の前を通り過ぎて」
Hy gong *foar it hûs del*.「彼女は家の前を通り過ぎた」
③ [[oer …] hinne]「…の上へ，…を越えて」

Men soe better alles *oer jin hinne* komme litte.「あるがままにさせる（＝すべてのことに人の上を越えさせる）ほうが良いだろう」

It is *oer alles hinne*.「非常に悪い状況だ（＝それはすべてを越えている）」

By Dronryp hawwe se it fiadukt al sawat klear, dat dan sil *dêr* ek in dyk *oerhinne*.「ドロンリプ（オ．Dronrijp「ドロンレイプ」）では高架がほぼ完成した。だから，その上に道が通ることにもなるだろう」

④ [[om …] hinne]「…のまわりをめぐって，およそ…（の頃）に」

Ik sjoch ris *om my hinne*.「私は自分のまわりを見渡してみる」

It kostet *om tweintich euro hinne*.「それは約 20 ユーロかかる」

Om 1878 hinne gie dat gâns oars as hjoeddedei.「1878 年頃，それはこんにちとはまったく違っていた」

⑤ [[troch …] hinne]「…を通り抜けて」

In flau sintsje kipet *troch de wolken hinne*.「おぼろな太陽が雲の間から顔をのぞかせている」

Yn elts doarp is *troch al dy jierren hinne* in hechte mienskip ûntstien.「どの村にもそうした長年の間に緊密な共同体が成立した」

Hja hâlden it mei-inoar, dwers *troch alles hinne*.「彼らは一致して，何事にも負けずにそれを守りとおした」

⑥ [[by …] yn]「…の中へ」

It wie oft my in ammerfol kâld wetter *by de nekke yn* smiten waard.「バケツ一杯の水が私の首元にかけられたようだった」

⑦ [[op …] yn]「…の中へ」

It giet *op 'e stêd yn*.「これから町の中に入っていきます」

⑧ [[tusken …] yn]「…の間の中へ」

Tsjipke kuiere *tusken pake en beppe yn*.「ティプケは祖父と祖母の間に入り込んだ」

⑨ [[by …] lâns]「…に沿って」

Hy rint *by de skilderijen lâns*.「彼は絵画に沿って歩いていく」

De jonkjes steane *by de muorre lâns*.「男の子たちは壁に沿って立っている」

⑩ [[op …] nei]「…を除いて」

Op 'e noas nei hat er in soad fan syn mem.「鼻を除いて彼は父親から多くを受け継いでいる」

⑪ [[{efter/achter} …] oan]「…の後ろに続いて」

In hynder rint *efter in ko oan*.「馬が雌牛の後を歩いている」

Dêr ride trije bussen *achter inoar oan*.「あそこに3台バスが続いて(＝たがいの後ろに続いて)走っている」

⑫ [[op …] oan]「…のところへ」

Hy rydt *op 'e tsjerke oan*.「彼は教会のところへ車で行く」

⑬ [[tsjin …] oan]「…に向かって，…に触れて，…にたいして」

In laam leit *tsjin in skiep oan*.「子羊が(大人の)羊に寄りかかっている」

Hy tikket *tsjin it byldsje oan*.「彼は絵をコツコツたたいている」

De hiele middei hong er *der tsjinoan* en hie de moed net om it te sizzen.「昼の間ずっと彼はそれに躊躇し，それを言い出す勇気がなかった」

⑭ [[foar …] oer]「…の向かいに，…にたいして」

Hy siet altyd *foar my oer*.「彼はいつも私の向かいにすわっていた」

Dat is net aardich *foar har oer*.「それは彼女にたいして良くない」

⑮ [[fan …] ôf]「…から」

Mei gâns muoite kaam muoike *fan 't bêd ôf*.「とても大儀そうに伯母はベッドからおりた」

Fan hjir ôf kinst it noch better sjen.「ここからだともっとよく見えますよ」

Fan acht oere ôf is it resepsje.「8時から歓迎会があります」

⑯ [[by …] op]「…の上へ」

By in pealtsje klimt er *by de wâl op* en giet yn 'e hûs.「杭のところで彼は塀をのぼって自分の家の中へ入る」

⑰ [[yn …] op]「(風など)に逆らって・向かって」

De bern fytsten *yn 'e wyn op*.「子供たちは風に逆らって自転車をこいだ」(*tsjin 'e wyn は不可。比較：foar de wyn「(背後から)風を受けて」)

⑱ [[nei …] ta]「…へ(方向)」

Om seis oere gean ik *nei hûs ta*.「6時に私は家路につく」

⑲ [[oan …] ta]「…のところまで(おもに場所)」

De kij sonken hast *oan de knibbels ta* yn 'e modder.「牛たちはほとんどひざまで泥の中に埋まった」

Hy reizge mei *oan Sleat ta*.「彼はスレアト（オ．Sloten「スローテン」）までいっしょに旅行した」

次例は時間の意味なので，oant … ta または oant …を用いるべきだという判定もある。このように oan … ta と oant … ta には混同が見られる。

Ik bliuw hjir *oan moandei ta*.「私はここに月曜日までいる」

Wy moatte *oan acht oere ta* wurkje.「私たちは 8 時まで働かなくてはいけない」

Dêr is er *oan syn dea ta* bleaun te wenjen.「そこで彼は亡くなるまで暮らした」

⑳ [[oant …] ta]「…のときまで（おもに時間）」

Jûns moast ik wer komme en *oant healwei achten ta* arbeidzje.「夕方には私は戻ってきて，7 時半まで働かなくてはならなかった」

fan 1939 oant 1945 ta「1939 年から 1945 年まで」

oant no ta「今まで」

時間以外の意味の用例も散見される。oant … ta は oan … ta と oant の混淆から生じたのであり，そのために用法に混同が見られる。

It famke sit *oant har earen ta* ûnder it gips.「その女の子は耳までギプスをしている」

Elkenien hatet har, *oant de bern ta*.「だれもが彼女を嫌っている。子供たちまでもが」

㉑ [[tusken …] troch]「…の間に」

It liket my neat om *der tusken troch* wat te reizgjen.「その間に少し旅行をするのは私は好まない」

㉒ [[ûnder …] troch]「…の下を通って」

It famke koe net *ûnder de hage troch* krûpe.「女の子は生け垣の下を這って通ることができなかった」

㉓ [[ta …] út]「…の終わりまで，…の外へ」

Der waard *ta de nacht út* dûnse.「夜を徹して踊りが続いた」

Ast de pleagen *ta de foardoar út* jagest, komme se ta de efterdoar der wer yn.「災難は玄関の外へ追い出しても，裏口からまた中に入ってくる」

㉔ [[{efter/achter} …] wei]「…の後ろから」

Dy poes sprong *efter de gerdinen wei*.「その子猫はカーテンの後ろから飛び出した」

㉕ [[ûnder …] wei]「…の下から」

Der kroep in kat *ûnder de tafel wei*.「猫が机の下から這い出した」

㉖ [[út …] wei]「…から」

Ut de keamer wei kinst it krekt sjen.「部屋の中からは君はそれがよく見える」

Ut Ljouwert wei kin men mei de trein fjouwer kanten út komme.「リャウエト（オ．Leeuwarden「レーヴァルデン」）からは列車で四方に行くことができる」

　西フリジア語には前置詞句を支配する後置詞がオランダ語よりも豊富にある。以下の例では，オランダ語では前置詞，または名詞句を支配する後置詞が対応している。

i)　フ．Mei graasje kaam sy *by de trep del*.「しとやかに彼女は階段を降りてきた」

　　オ．Gracieus kwam zij *de trap af*.「同上」（後置詞 af）

ii)　フ．*Om Krysttyd hinne* begjint de kursus.「クリスマス頃に講習は始まる」

　　オ．*Omstreeks Kerstmis* begint de kursus.「同上」（前置詞 omstreeks）

iii)　フ．Hy siet altyd *foar my oer*.「彼はいつも私の向かいにすわっていた」

　　オ．Hij zat altijd *tegenover mij*.「同上」（前置詞 tegenover）

iv)　フ．Sy geane *fan skoalle ôf*.「彼らは下校する（＝学校から帰る）」

　　オ．Zij gaan *van school*.「同上」（前置詞 van）

v)　フ．Sy geane *nei skoalle ta*.「彼らは登校する（＝学校へ行く）」

　　オ．Zij gaan *naar school*.「同上」（前置詞 naar）

vi)　フ．Ik tel *oan seis ta*.「私は6まで数える」

　　オ．Ik tel *tot zes*.「同上」（前置詞 tot）

X

接 続 詞 (bynwurd)

スタールム(Starum)の手動のはね橋

§40　接続詞の種類と文の構造

　接続詞は並列接続詞(§41)と従属接続詞(§43)に分かれる。並列接続詞は統語的に同等の文や文成分を結びつけ，従属接続詞は統語的に同等でない文や文成分を結びつける。
　並列接続詞は文成分に相当せず，主文の文頭に置かれた場合，後続する文の語順には影響を与えない。

　　Juster *is* er net thúskommen.「昨日彼は帰宅しなかった」
　　→ *En* juster *is* er net thúskommen.「そして，昨日彼は帰宅しなかった」
　　（従属接続詞 en「そして」）
　　Dan is er juster net thúskommen.「それから彼は昨日帰宅しなかった」（副詞 dan「それから」）

　従属接続詞は主文の文成分となる従属文を伴い，語順の上では定動詞が文末に置かれ，従属接続詞とともに「枠構造」(§43(1))を作る。従属文は「補文」または「定形補文」とも言う。「補文」という用語は「不定形補文」のように，不定詞句を含めて用いることがある。

　　Sy wit *dat* er juster net thúskommen is.「彼女は彼が昨日帰宅しなかったことを知っている」（従属接続詞 dat「…ということ」：補文標識）
　　Sy wit net *oft* er juster thúskommen is.「彼女は彼が昨日帰宅したかどうか知らない」（従属接続詞 oft [ɔt]「…かどうか」：副詞 of [ɔf]「または」＋補文標識 't [← dat]）

　従属接続詞は従属文を導く点で関係詞や間接疑問文の疑問詞と共通しており，3者をまとめて「補文導入要素」(§42)と呼ぶことにする。西フリジア語の従属文では，補文導入要素がその中核(主要部，エ．head)となる「補文標識」(エ．complementizer, §42(1))を原則としてかならず伴っており，これが従属文を導くはたらきをする。定形の動詞(＝定動詞)を含む従属文(＝定形補文)

を導く補文標識には，dat［dɔt］とその縮約形で接語(エ. clitic)としてはたらく 't［t］がある。as も補文標識に含められるが，用法は複雑で，容易には 't（← dat）と区別しがたい。補文導入要素から補文標識を除けば，副詞，前置詞，指示詞，疑問詞が残り，従属文を導くことはない。これは従属文の意味を特定化しており，補文導入要素の指定部(エ. specifier)にあたる。

不定形の動詞を含む不定詞句(=不定形補文)を導く補文標識には om がある (§67(9))。従属文の補文標識 dat/'t を「定形補文標識」(エ. finite complementizer)，不定詞句(om … te＋第 2 不定詞)の補文標識 om を「不定形補文標識」(エ. infinite complementizer)と呼ぶことがある。

　{*Wêrom't/ Wêrom} is er juster net thúskommen?「どうして彼は昨日帰宅しなかったのだろう」(疑問詞 wêrom「なぜ」)
　Sis mar {wêrom't/*wêrom} er juster net thúskommen is.「なぜ彼が昨日帰宅しなかったか言ってみなさい」(補文導入要素 wêrom't「なぜ…かということ」：疑問詞 wêrom＋補文標識 't［← dat］)

補文標識は主文の定動詞と同じ位置を占めるので，補文標識がその位置を占めている場合には，定動詞は「枠構造」(§43(1))に従って文末(右枠)にとどまる。また，§22(3)で述べたように，従属文の主語が 2 人称代名詞親称単数形の場合には，補文標識は定動詞と同様に「活用」し，人称変化語尾 -st を伴う。

　Sis mar wêrom'tsto juster net thúskommen bist.「なぜあなたが昨日帰宅しなかったか言ってみなさい」(wêrom'tsto［vɛ́ːromstou, vɛːrómstou］← wêrom＋'t（← dat）＋-st＋-o（← do）)

oft［ɔt］(← of［ɔf］＋'t，口語 at［ɔt］)の用法にも注意を要する。oft/as は「…かどうか」という意味で間接疑問文などで用いるが，この意味とは無関係に，補文標識の実現を助ける形式的な手段として用いることがある(§42(2))。補文標識に接語形が存在し，補文導入要素がかならず補文標識を伴い，補文標識が活用する点は，同じく枠構造と動詞定形第 2 位の文構造を持つオランダ語やドイツ語の標準語にはない西フリジア語の特徴である。

dat は従属文のほかに主文を伴うことがある。これについては §44 で別に扱う。

§41 並列接続詞 (lykskikkend bynwurd)

(1) 並列接続詞の用法と空所化

並列接続詞は主文が後続する場合には前域のさらに前に置かれ，後続する主文の語順に影響を与えない。表わす意味は，列挙，選択，反対，帰結，根拠などの論理・因果関係がおもなものである。例．en「そして」

It is soms tige waarm.「ときどきとても暑いことがある」

→ Yn 'e simmer bloeit alles, de beammen sitte fol blêden *en it is* soms tige waarm.「夏にはすべてが花を咲かせ，木々は葉をたくさんつけ，そして，ときどきとても暑いことがある」

並列接続詞に後続する主文は先行する文から統語的に独立しており，先行する文とは別の文として現われることがある。

"Dat bestiet net." "*En* dochs is it wier."「そんなことはないよ」「でも本当なんだ」

並列接続詞としてはたらく語には，別の意味で副詞や従属接続詞としてはたらくものがある((2) as, mar, of 参照)。類似した意味を表わす語が並列接続詞としても副詞としてもはたらくことがある。

Mar it *is* wier.「しかしそれは本当だ」(並列接続詞 mar「しかし」)

Dochs is it wier.「同上」(副詞 dochs「しかし，それでも」)

なお，主文を伴う dat は §44(2)で扱う。

二つの主文に共通する要素は省略することがあり，これを「空所化」(エ. gapping)と言う。

God skoep de see *en* de Fries Ø it lân.「神は海をつくった。そして，フリジア人は陸を(つくった)(=神は海を，そしてフリジア人は陸をつくった)」(Ø=skoep「つくった」)

ただし，(2)(e) want「というのは，なぜなら」では空所化は起こらない。
並列接続詞がなくても「空所化」は起こる。

De mitselder fan in muorre helpe wy oan stiennen.　De ferver Ø oan in ljedder en in kwast.「壁を作る左官屋に私たちは石を運ぶ手伝いをします。塗装屋にははしごとはけを(運ぶ手伝いをします)」（Ø＝helpe）

(2)　個々の並列接続詞

(a)　**as** [ɔs]「…でなければ」

Hy wol net dokterje, *as* hy moat twongen wurde.「彼は無理やり強制されるのでなければ，医者には行きたがらない」

従属接続詞(§42(2)(c)，§43(2)①)または副詞(§32(3)②)としての as にも注意。

(b)　**en** [ɛn]「そして，…と；一方」（オ．en，ド．und，エ．and）

Dêr hâlde de dream op *en* hy skeat oerein.「そこで夢は終わり，彼は跳び起きた」

In keatsbal is lyts *en* tige hurd.「ケアツェン(＝フリースラントの伝統的な球技)のボールは小さくて，とても硬い」

De tiden fan it jier binne de maitiid, de simmer, de hjerst *en* de winter.「一年の季節は春，夏，秋，そして冬です」

Heit giet yn in stoel sitten, skuort de slúf iepen *en* begjint te lêzen.「父はいすにすわり，封筒を開けて，読みはじめる」

「en＋第3不定詞(命令形不定詞)」構文については§69参照。

(c)　**mar** [mar]「しかし，…が；ただし」（オ．maar；ド．nur と同源）

Hja hie der gâns lêst fan.　*Mar* hja klage net.「彼女はそのことでひどく迷惑していた。しかし，彼女は不平を言わなかった」

mar は文頭で用い，文中では lykwols などを用いる。

De fuotsjes binne him kâld.　*Mar* hy hâldt fol.「彼は足が冷たいのだ。しかし，がまんしている」

344　Ⅹ　接　続　詞

↔ Hy hâldt *lykwols* fol.「同上」

　net 〜 mar …「〜ではなくて…だ」, net allinne 〜 mar …「〜だけでなく…もだ」, wol 〜 mar …「たしかに〜だが，(それでも)…だ」

　　It praat fan 'e bern is *net* mear Frysk, *mar* Hollânsk.「子供たちのおしゃべりはもはやフリジア語ではなく，オランダ語(＝Nederlânsk)だ」

　　Ik hear dan *net allinne* de nachtlike stilte, *mar* ynien *ek* de lûden fan de nacht.「すると，私には夜の静けさだけでなく，不意に夜の音も聞こえてくる」

　　Ferline wike hawwe wy noch *wol* in daverjende rûzje hân, *mar* dy duorre net langer as tsien minuten.「先週，私たちはすごいけんかをしたけど，ものの10分と続かなかったわよ」

　次の mar は並列接続詞ではなく，意味も異なる。

　　Dêr steane *mar* in pear wenten mear.「そこにはもう数軒しか住宅が建っていない」(程度の副詞 mar「…だけ」, §32 (2)②)

　　"Der binne ek sa'n soad minsken." "Ja, it is *mar* drok."「たくさん人もいることですし」「ええ，まあせわしないこと」(心態詞 mar, §32 (4)(c)④)

(d)　**of** [ɔf]（オ．of）

①　「または，…か…」

　　Is dat alles *of* hast noch mear?「それで全部かい，それとも君はまだもっと持っているのかな」

　　It deistich miel bestie út brij fan nôtprodukten, mei sa no en dan wat fisk, fleis *of* aaien.「日々の食事は穀物のおかゆにときどき少し魚，肉または卵が入ったものから成り立っていた」

ⅰ)　'of A of B'「AまたはB」

　　'A of B'「AまたはB」と同様の意味で用いる。

　　Do kinst *óf* dit *óf* dat krije.「君はこれかあれのどちらかをもらえる」(「´」は強調発音の補助記号。次例の「ˋ」も同様)

　　Lêze docht elkenien, dy't lêzen leard hat, *òf* yn in boek *òf* yn in krante, *òf* op 'e televyzje.「読むことは，本または新聞またはテレビで読むこと

を習った人はだれでもする」
ii）付加疑問文の表現：of net (soms)「…ではないのか」

この soms は「ときどき」（§31 (4)①）ではなく，「もしかすると」の意味である。

It leit fêst lekker sa ûnder de tekkens, *of net soms*?「そうやって毛布にくるまっているのはさぞ気持ちいいんじゃないのか」

iii）ofte ［ɔ́ftə］

ofte は of と並んで特定の表現で用いる。

ja ｛*ofte*/*of*｝nee「イエスかノーか」

myn ｛*ofte*/*of*｝mear「多かれ少なかれ」

nea ｛*ofte*/*of*｝nimmer「けっして…ない」

② 「約…」（§13）

Pake is *in jier of wat* lyn ferstoarn.「祖父は1年ほど前に亡くなった」
in dei of trije「3日間ほど」

③ 「…するや否や〜」（否定文の後）

As de sinne ûndergiet, duorret it *net* lang *of* de minsken sette ôf.「太陽が沈むとまもなく人々は出発する（＝出発するには長くかからない）」

④ 「…しないほど〜」（否定文の後）

Yn in tiid fan tanimmend ferkear en kontakt mei oare streken en lannen kin it hast *net* oars *of* der belânje hjirre ek planten út oare kontreien wei.「異郷や異国との通行や接触が増す時代にあっては，ここでもよその土地から植物が漂着することは避けられない」

Der is *gjin* wet *of* de duvel fynt der wol in gat yn.「悪魔がその中に穴を見つけないような法律はない（ことわざ）」

Der is *gjin* ko sa swart *of* der sit wol in wyt hier oan.「どんなに黒くても，白い毛がその表面に生えていない牛はいない（＝完璧な人はいない。ことわざ）」

In fûgel fljocht *noait* sa heech *of* hy siket syn iten op 'e grûn.「鳥はけっして地上の食べ物が見えなくなるほど高くは飛ばない（＝うぬぼれていても，一度は現実にかえる必要がある。ことわざ）」

(e) want [vɔnt]「というのは，なぜなら（話者の判断の根拠）」（オ．want）

Harkje goed wat der barde mei dy twa, *want* dit is in wier ferteltsje.「その二人に何が起こったかよくお聞きなさい。というのは（＝なぜ私がこう言うのかというと），これは本当のお話なのですから」

Skuorbot kaam algemien foar, *want* griente waard hast net iten.「壊血病はよく起きる病気だった。なぜなら野菜はほとんど食用にされなかったからである」

「want＋主文」は先行文とは別の文として用いることがある。

Bou in arke en gean der mei dyn gesin yn. *Want* ik sil de hiele ierde ûnder wetter rinne litte.「方舟を作り，家族とともにその中へ入りなさい。なぜなら（＝なぜ私がこう言うのかというと），私は地上にあるものをすべて水底に沈めてしまうからである」

① 空所化：不可

want に後続する主文では空所化は起こらない。

Ik moat rinne, *want* {ik/*∅} ha in lekke bân.「私は歩かなくてはならない。パンクしたからだ」

② want と om't/omdat

want は話者の判断の根拠，従属接続詞 om't/omdat「…だから」（§43(2)⑱）は因果関係を表わす点で相違する。

De beam jout skaad, *want* de sinne skynt.「木が影を落としている。（私がそう言う理由は）日が照っているからだ」

↔ De beam jout skaad, {*om't/omdat*} de sinne skynt.「日が照っているので，（その結果として）木が影を落としている」

De sinne skynt, *want* de beam jout skaad.「日が照っている。（私がそう言う理由は）木が影を落としているからだ」

↔ ?De sinne skynt, {*om't/omdat*} de beam skaad jout.「木が影を落としているので，（その結果として）日が照っている」

「want＋主文」は「{om't/omdat}＋従属文」と違って否定の作用域に入らない。話者が自分の判断の根拠を否定するのは不自然だからである。

Hy bleau thús, {*net om't* syn frou siik wie/*net want syn frou wie siik}.「彼は奥さんが病気だったので家にいたというわけではない」

「want- 主文」は関係する主文に先行できない。

{*Om't/Omdat*} er siik is, kin er net komme.「彼は病気なので来ることができない」

↔ *Want hy is siik, kin er net komme.「同上」

3人称代名詞連接形 er (§22(1)(a)) は従属接続詞 om't/omdat の直後では用いるが，並列接続詞 want の直後で用いることはできない。

Hy komt net, *want* {*hy*/*er} is siik.「彼は来ない。病気だからだ」

↔ Hy komt net, {*om't/omdat*} {*hy/er*} siik is.「彼は病気なので来ない」

オランダ語の want/omdat，ドイツ語の denn/weil にも同様の相違がある。古くはドイツ語にも西フリジア語とオランダ語の want に相当する wande (中高ドイツ語)/wanta (古高ドイツ語) という語があった。

(3) 並列接続詞と副詞

ほぼ同じ意味で並列接続詞としても副詞としてもはたらく語がある。

① dus [døs]「したがって，それで」(オ．dus, エ．thus, §32(3)④)

Sy wie it der mei iens, *dus* ik rekkenje op har meiwurking.「彼女はそれに賛成した。だから私は彼女の協力を見込んでいる」(並列接続詞)

↔ *Dus* rekkenje ik op har meiwurking.「だから私は彼女の協力を見込んでいる」(副詞)

Ik rekkenje *dus* op har meiwurking.「同上」(副詞)

Ik rekkenje op har meiwurking, *dus*.「同上」(副詞)

② lykwol(s) [líkvol(s), likvól(s)]「しかしながら」(ド．gleichwohl)

並列接続詞 mar「しかし」((2)(c)参照) よりも逆接の意味を強く表わす。

In grut lêzer wie se net, *lykwols* dat tydskrift sloech se nea oer.「彼女は大の読書家ではなかったが，その雑誌はけっして欠かさなかった」(並列接続詞)

↔ Ik haw it him ferbean, *lykwols* hat er it dochs dien.「私は彼にそれを禁止した。ところが，彼はそれにもかかわらずそれをやってしまった」(副詞)

Fabryk B wol *lykwols* ek graach sa'n soarte middel op 'e merk bringe om mei konkurrearje te kinnen.「製造所Bはしかし，競合できるように，そのような薬を市場に持ち込みたがる」（副詞）

③　alteast [ɔltíəst]「少なくとも」（オ．althans）
　　Sy is der net, *alteast* ik haw har net sjoen.「彼女はいません。少なくとも私は彼女に会っていません」（並列接続詞）
　　↔ Ik haw har *alteast* noch net sjoen.「私は少なくとも彼女にまだ会っていません」（副詞）

④　teminsten [təmé:ⁿs(t)ən]「少なくとも」（オ．tenminste，ド．zumindest）
　　Hy hie der wakker sin oan, *teminsten* sa liet er him út.「彼はそれをやる気があった，少なくとも彼はそう言っていた」（並列接続詞）
　　↔ Hy liet him *teminsten* sa út.「少なくとも彼はそう言っていた」（副詞）

並列接続詞のほかに従属接続詞としても用いる語については，§43(2)⑦⑪⑱，§44参照。

§42　補文導入要素と補文標識 (komplemintearder)

(1)　補文標識の種類と用法

(a)　補文導入要素の構造

　従属接続詞は従属文を導く点で関係詞や間接疑問文の疑問詞と共通しており，本書では3者をまとめて「補文導入要素」と呼ぶ(§22)。
　補文導入要素は一般に次の構造からなる。

　　補文導入要素：「{副詞/前置詞/指示詞/疑問詞}＋補文標識 dat/'t」

　補文標識 dat［dɔt］/'t［t］は統語的に補文導入要素の「主要部」(エ．head)，直前の副詞・前置詞・指示詞・疑問詞は「指定部」(エ．specifier)に相当する。補文標識は義務的であり，従属文を導くはたらきをする点で従属文の中核をなす(以下では補文標識を欠くことを「∅」で示す)。指定部は従属文の種類を示す。補文標識 't は dat の縮約形で，直前の指定部の末尾に添えられる接語(エ．clitic)であり，全体で1語でつづる。指定部を欠くときには接語化せず，dat を用いる。したがって，形容詞や名詞の直後に続くときには接語形 't は用いない。平叙文の意味の同格節(エ．apposition clause，例．it feit dat- 従属文「…という事実」)でも同様である。指定部が前置詞のときには，発音上の制約を除いて，dat/'t の両方が可能である。これは(b)で述べるように，それぞれ別の統語構造を反映していると考えられる。なお，歴史的に補文標識が義務的になったのは19世紀以降とされている(Van der Woude 1960)。
　間接疑問文や疑問文の意味の同格節(例．de fraach oft- 従属文「…かどうかという疑問」)などで用いる oft［ɔt］「…かどうか」(話し言葉 at［ɔt］)は 'of［ɔf］＋'t(← dat)' と分析される。つまり，of は指定部であり，補文標識は疑問

の意味の有無にかかわらず 't (← dat) なのであって，oft 全体が補文標識なのではない((2)(a),(b)参照)。ただし，as は dat/'t を欠いて用いることがあり，もうひとつの補文標識とも言えるが，用法上の区別は微妙である((2)(c)参照)。

　補文標識としてオランダ語では dat/of，ドイツ語では dass/ob の2種類を疑問の意味の有無に応じて認めることがある。しかし，西フリジア語では疑問の意味の有無に関係なく，dat とその接語形 't の1種類を補文標識として認めれば十分である。これはオランダ語やドイツ語の標準語と違って，西フリジア語では dat の接語化(エ．cliticization)が広く起こることと関係がある。

① 従属接続詞：「副詞＋補文標識 't」
   {*Doe dat/Doe't/*Doe ∅} er juster thúskaam, wie syn frou al op bêd.「彼が昨日帰宅したとき，奥さんはすでに寝ていた」(副詞節)
   ↔ Doe wie syn frou al op bêd.「そのとき彼の奥さんはもう寝ていた」(副詞 doe「そのとき」)

② 従属接続詞：「前置詞＋補文標識 dat/'t」
   {Omdat/Om't/*Om ∅} er juster net thúskommen is, is syn frou lilk op him.「彼が昨日帰宅しなかったので，奥さんは彼のことを怒っている」(副詞節)
   ↔ Dêrom is syn frou lilk op him.「そのために奥さんは彼のことを怒っている」(副詞 dêrom「それゆえに」)

③ 従属接続詞：「∅＋補文標識 dat」
   {Dat/*'t/*∅} er juster net thúskommen is, lit him wol tinke.「彼が昨日帰宅しなかったことは十分あり得る」(主語)
   Syn frou tinkt net {dat/*'t/*∅} er juster thúskommen is.「奥さんは彼が昨日帰宅したとは思っていない」(直接目的語)
   Syn frou is der wis fan, {dat/*t/*∅} er juster net thúskommen is.「奥さんは彼が昨日帰宅しなかったことを確信している」(前置詞の目的語)
   It feit {dat/*'t/*∅} er juster net thúskommen is, falt net te ûntkennen.「彼が昨日帰宅しなかった事実は否定できない」(同格節)

④ 間接疑問文の疑問詞：「{疑問詞/of}＋補文標識 't」
   Syn frou wit net {*wêrom dat/wêrom't/*wêrom ∅} er juster net thúskommen is.「奥さんはなぜ彼が昨日帰宅しなかったか知らない」(直接目

的語)

Syn frou wit net {*of dat/oft/*of Ø} er juster thúskommen is.「奥さんは彼が昨日帰宅したかどうか知らない」(直接目的語)

Syn frou is der net wis fan, {*wêrom dat/wêrom't/*wêrom Ø} er juster net thúskommen is.「奥さんはなぜ彼が昨日帰宅しなかったのか確信していない」(前置詞の目的語)

De fraach {*of dat/oft/*of Ø} er jûn wol thúskomme soe, hat syn frou slim pleage.「彼が今夜帰宅するだろうかという疑問が奥さんをひどく苦しめた」(同格節)

⑤ 関係詞:「指示代名詞＋補文標識 't」

Dit is de man {*dy dat/dy't/*dy Ø} juster net thúskommen is.「これが昨日帰宅しなかった男の人です」(主格補語)

オランダ語の補文標識 dat には 't にあたる接語の語形がないために，西フリジア語で 't を用いる場合にオランダ語では語形的に補文標識を欠く。

フ．om't/omdat「…だから」↔ オ．omdat「同左」
doe't「…したとき」/dy't「…する人・物事(関係代名詞)」/wêrom't「なぜ…かということ」↔ toen/die/waarom「同左」

ただし，オランダ語でも方言や話し言葉では補文標識を伴う例も見られる(§27(4)(b))。

オ．Ze wisten niet *wat* {*of/dat*} ze zouden doen.「彼らは何をしたらいいかわからなかった」

Mij werd gevraagd *wat voor een potlood* {*of/dat*} ik prefereerde.「私はどんな鉛筆が好みかと聞かれた」

ドイツ語にも dat にあたる dass はあるが，接語形はない。また，「前置詞＋補文標識」以外は補文標識を欠き，しかもその前置詞の種類は少なく，副詞節として用いる ohne dass「…することなしに」, (an)statt dass「…するかわりに」, außer dass「…することのほかに」, auf dass「…するために(書き言葉的)」などに限られる。ただし，南部のドイツ語方言などでは補文標識(dass, wo)を伴う例がある(標準語では不可)。

南ド．Ich frage mich, *welches Buch dass* ich wählen soll.「どの本を選ぼうか，ぼくは迷ってしまう」

Das ist das Buch, das *wo* mir der Buchhändler empfohlen hat.
「これが本屋さんがぼくに勧めてくれた本です」

英語の方言や北ゲルマン語でも類似した現象が見られる。スウェーデン語の例を示す。

ス．Jag kan inte se *vem* {*som*/*∅} kommer.「私はだれが来るのかわからない」(vem「だれ(主語)」, som：補文標識)

Han undrade *vem* {*som/∅} han hade hört det ifrån.「彼は自分がだれからそのことを聞いたのだろうと考えた」(vem「だれ(前置詞の目的語)」, som：補文標識)

(b) 補文標識 dat/'t の使い分け

補文導入要素が「前置詞＋補文標識」の場合には，補文標識として基本形の dat と接語形の 't の両方が可能だが，これは別々の統語構造を反映していると考えられる。

まず，「前置詞＋補文標識 dat」(例．omdat- 従属文「…だから」)では，前置詞は「dat- 従属文」全体を補文導入要素の外から支配し，補文導入要素は指定部を欠くので，dat は 't に接語化されない。つまり，「前置詞＋[[∅-dat]- 従属文]」という前置詞句を形成していると考えられる。主文の主語・目的語としてはたらく「dat- 従属文」を主文の定動詞が従属文の外から支配している場合(例．ik wit dat- 従属文「私は…ということを知っている」)もこれと同様である。平叙文の意味の同格節(例．it feit dat- 従属文「…という事実」)も指定部がない場合に含められる。

一方，「前置詞＋補文標識 't」(例．om't- 従属文「…だから」)では，前置詞は従属文を直接支配しておらず，補文導入要素の指定部にあるために，dat が 't に接語化され，「[前置詞＋'t]- 従属文」という従属文を形成していると考えられる。したがって，「副詞＋補文標識」による従属文で dat が許されないのも(例．{doe't/*doe dat}- 従属文「…したときに」)，副詞は後続する文成分を支配できないので，つねに補文導入要素の指定部に現われるためと言える。関係詞(例．de man {dy't/*dy dat}- 従属文「…する人」)や間接疑問文の疑問詞(例．ik freegje {wêrom't/*wêrom dat}- 従属文「なぜ…かと私は問う」)，それに疑問文の意味の同格節(例．de fraach {oft/*of dat}- 従属文「…かどう

§42　補文導入要素と補文標識　　353

かという疑問」)についても同様である。まとめると次のようになる。
① 指定部がない場合
i) 前置詞＋[[∅-dat]-従属文]：副詞節，付加成分
　　　例．omdat-従属文「…だから」
ii) 定動詞＋[[∅＋dat]-従属文]：主語・目的語，補足成分
　　　例．ik wit dat-従属文「私は…ということを知っている」
iii) 名詞＋[[∅＋dat]-従属文]：平叙文の意味の同格節，修飾成分
　　　例．it feit dat-従属文「…という事実」
② 指定部がある場合
i) [前置詞＋'t]-従属文：副詞節，付加成分
　　　例．om't-従属文「…だから」
ii) [副詞＋'t]-従属文：副詞節，付加成分
　　　例．doe't-従属文「…したときに」
iii) 先行詞＋[[指示代名詞・副詞＋'t]-従属文]：関係文，修飾成分
　　　例．de man dy't「…する人」
iv) 定動詞＋[[{疑問詞/of}＋'t]-従属文]]：間接疑問文，補足成分
　　　例．ik freegje wêrom't「なぜ…かと私は問う」
v) 名詞＋[[{疑問詞/of}＋'t]-従属文]：疑問文の意味の同格節，修飾成分
　　　例．de fraach of't「…かどうかという疑問」

次の語では例外的に「[副詞＋'t]-従属文」と並んで，「[副詞＋dat]-従属文」も可能である。
　　　ear't/eardat「…する前に」(§43(2)④)
　　　wylst/wyl't/{wyls/wile(n)s} dat「…している間に」((c)②，§43(2)㉘)
次の語は「[副詞＋dat]-従属文」だけが可能である。
　　　navenant dat「…に応じて，…につれて」(§43(2)⑫)
理由はそれぞれの語の説明の部分で述べる。

(c)　その他の要因

補文標識 dat/'t の使い分けには次のような要因も関係している。
① 指定部が子音 [t] で終わる場合：'t →∅
　　[t] の連続(二重子音の連続)を避けて，接語形 't は発音上，吸収されて

現われない(§27(4), §28(1))。

Dit is it boek *dat* ik net lêze kin.「これは私には読めない本です」(関係代名詞 dat ← dat+'t)

De bern boarten op 't strân {*oant dat/oant*} it tsjuster wie.「子供たちは暗くなるまで海岸で遊んだ」(従属接続詞 oant「…するまで」←前置詞 oant「…まで」+'t)

② 最終音節にアクセントがない前置詞:「前置詞+{dat/*'t}」

この場合には接語形 't を用いることができず, dat を用いる。一般に dat はアクセントを持つ先行音節に 't として接語化すると言える。

De minsken wurde ferrifele, {*sûnder dat/*sûnder't*} se der wat oan dwaan kinne.「人々はそれについて何もできずにだまされてしまう」(前置詞 sûnder [súndər]「…なしに」)

③ 前置詞・副詞などの機能語以外の直後: *dat/*'t

指定部の前置詞・副詞などを欠き, 名詞や形容詞の直後では dat/'t は用いない(ただし, (2)で示すように, oft/at を用いることはできる)。

Ik ken de jonge {*dy syn fyts dat/*dy syn fyts't/dy syn fyts* Ø} stellen wie.「私は自転車を盗まれた少年を知っている」(fyts「自転車」)

Ik frege {*mei hokker nijs dat/*mei hokker nijs't/mei hokker nijs* Ø} se bliid wie.「私は彼女がどの知らせに喜んでいるのかたずねた」(nijs「知らせ, ニュース」)

Hy freget {*hoe'n ding dat/*hoe'n ding't/hoe'n ding* Ø} it is.「彼はそれはどんなものかとたずねている」(ding「もの」)

Hy wit net {*hoe nuodlik dat/*hoe nuodlik't/hoe nuodlik* Ø} dizze ûndernimming is.「彼はこの企てがどんなに危険なのか知らない」(nuodlik「危険な, 心配な」)

補文標識 dat/'t を欠く場合のその他の用例。

Men moat witte *ût hokker hoeke* Ø de wyn waait.「どの方角から風が吹いているかは知っている必要がある(=用心は賢明の母。ことわざ)」(hoeke「方角, 角」)

Men sjocht oan de finnen wol *wat fisk* Ø it is.「ひれでどんな魚かはちゃんとわかる」(fisk「魚」)

Net ien wist krekt *hoe slim* Ø dat wie.「だれもそれがどれほどむずかしいか知らなかった」(slim「むずかしい，困難な」)

Fregesto niis krekt, *hoe let* Ø ik moarn yn it sikehûs wêze moast?「明日いつ病院に行かなくちゃいけないか，さっき聞いてくれた？」(hoe let「何時に」, let「遅い」)

補文標識 dat/'t を欠くと，人称代名詞連接形(§22(1))は用いない。これは接語化するためのホスト(エ．host)を欠くからである。

Ik frege *mei hokker nijs* Ø {*hy*/*er} bliid wie.「私は彼がどの知らせに喜んでいるのかとたずねた」(nijs「知らせ，ニュース」)

Ik frege {*mei hokker nijs* Ø *do*/**mei hokker nijs-Ø-sto*} bliid wiest.「私は君がどの知らせに喜んでいるのかとたずねた」(同上)

次の 2 例で接語形 't を用いているのは，本来は hoe「どのように」+ {mear「より多く」/fier「遠く」} という 2 語の組み合わせだが，もはや hoe mear「どれだけより多く」/yn hoefier「どの程度」という全体でひとつの疑問詞として意識されているためと考えられる。したがって，最初の用例では 3 人称代名詞連接形 er (§22(1)(a))を用いることができる。

Hoe mear't men de duvel jout, *hoe mear't* er ha wol.「悪魔はものをやればやるほど多くほしがる(ことわざ)」

Ik wit net *yn hoefier't* dat kin.「私にはそれがどの程度可能なのかわからない」

④ 独立用法の疑問詞 hokker/hoe'nen「どんなもの」：*dat/*'t

最終音節にアクセントがないために，②に準じて接語形 't は用いないとも考えられるが，③に準じて「もの」を意味する空の被修飾名詞が後続するためとみなす可能性もある。なお，(2)で示すように，oft/at を用いることはできる。かならず oft/at を用いるという話者もいる。

Ik frege {*mei hokker dat/**mei hokker't*/*mei hokker* Ø} se bliid wie.「私は彼女がどんなものに喜んでいるのかとたずねた」(hokker [hôkər]「どんなもの」)

Ik frege {**hoe'nen dat*/**hoe'nen't*/*hoe'nen* Ø} it is.「私はそれはどんなものかとたずねた」(hoe'nen [húnən]「どんなもの」)

⑤ 統語的に不完全な従属文：*dat/*'t

dat/'t ともに用いない((2)の oft/at も不可)。

Wêrom sa soe men freegje kinne.「どうしてそうなのかと問うてもいいところだ」

Men soe freegje kinne *wêrom*.「どうしてかと問うてもいいところだ」

(2) oft/at と as

oft［ɔt］は 'of＋'t (←dat)' の組み合わせだが，「…かどうか；…であるかのように」(§43(2)⑰) という意味とは別に，形式的に接語のホスト(エ．host)としてはたらくことがある。oft は話し言葉では at［ɔt］とつづることがある。

(a) 間接疑問文での oft/at の用法

oft/at は「…かどうか」という意味で選択疑問文の間接疑問文に用いる以外に，疑問詞疑問文の間接疑問文でも，補文標識接語形 't を含む「疑問詞＋'t」のかわりに，「疑問詞＋oft/at」として用いることができる。

Wy wisten net, {*wa't*/*wa oft*} komme soe.「私たちはだれが来るのか知らなかった」(間接疑問文の疑問詞)

間接疑問文の疑問詞以外では oft/at は使えない。

Dit is de jonge {*dy't*/*dy oft} it dwaan wol.「これがそれをしたいと思っている少年です」(関係代名詞)

疑問詞と同形でも，間接疑問文以外では oft/at は使えない。

{*Wannear't*/*Wannear oft} ik in hjerring yt, wurd ik siik.「ニシンの塩漬を食べると，私はいつも気分が悪くなる」

(b) 従属文の種類にかからわず oft/at を用いる場合

間接疑問文か否かとは別に，(1)(c)で述べたように，指定部としての前置詞や副詞などの機能語がない場合や，独立用法の hokker/hoe'nen「どんなもの」では，補文標識 dat/'t は例外的に現われない。しかし，oft/at を用いることはできる(義務的に用いる話者もいる)。つまり，補文標識 dat は補文導入要素に指定部があれば，直前の語が有アクセント音節で終わる場合には義務的に 't として接語化し，接語化しなければ語形的に実現しない。接語化を阻む要素が

あれば，まったく形式的に of を任意に介在させ，oft/at として補文標識を実現できる。つまり，of は疑問の意味とは無関係に，まったく形式的に接語のホスト（エ．host）としての役目を果たすと言える（§28(1)）。

① 指定部がない場合

　Ik ken de jonge *dy syn fyts* {*oft*/∅} stellen wie.「私は自転車を盗まれた少年を知っている」（*dy syn fyts dat，*dy syn fyts't はともに不可）

　Ik frege {*mei hokker nijs ∅*/*mei hokker nijs oft*} se bliid wie.「私は彼女がどの知らせに喜んでいるのかとたずねた」（*mei hokker nijs dat/*mei hokker nijs't は不可）

　Hy freget {*hoe'n ding ∅*/*hoe'n ding oft*} it is.「彼はそれはどんなものかとたずねている」（*hoe'n ding dat/*hoe'n ding't は不可）

　Hy wit net, {*hoe nuodlik ∅*/*hoe nuodlik oft*} it is.「彼はこの企てがどんなに危険なのか知らない」（*hoe nuodlik dat/*hoe nuodlik't は不可）

② 独立用法の疑問詞 hokker/hoe「どんなもの」

　Ik frege {*mei hokker ∅*/*mei hokker oft*} se bliid wie.「私は彼女がどんなものを購読しているのかとたずねた」（*mei hokker dat/*mei hokker't は不可）

　Hy freget {*hoe'nen ∅*/*hoe'nen oft*} it is.「彼はそれはどんなものかとたずねている」（*hoe'nen dat/*hoe'nen't は不可）

次例は oft を用いた感嘆文の用例である。

　Sjoch ris *hoe'n moai blom oft* dat is.「ごらん，あれはなんてきれいな花なんでしょう」

　Sjoch ris *hoe moai oft* dy blom is.「ごらん，あの花はなんてきれいなんでしょう」

(c) **補文標識 as [ɔs]**（オ．/ド．als，エ．as）

従属接続詞「sa- 副詞＋'t」では，補文標識接語形 't のかわりに as を用いて「sa- 副詞＋as」とすることがある。

　foarsafier't/foarsafier as, (yn)safier't/(yn)safier as「…である限り」（§ 43 (2)⑥）

　sadree't/sadree as, sagau't/sagau as「…するとすぐに」（§ 43 (2)⑳）

salang't/salang as「…する間はずっと」(§43(2)㉑)

　as は dat/'t と並ぶ補文標識とも考えられるが，これ以外に用法は一定せず，dat/'t との明確な用法の区別も困難である。比較構文や条件節では as に 't が連接することもあり，「as+'t」は［ɔt］と発音して oft/at と混同されることがある。また，as の使用が任意で，as dat，as at という語形も見られる。地域差も大きい (De Rooy 1965, Popkema 1979)。以下では用例を列挙するにとどめる。

① 比較構文 (§20(3)⑤)

　Wat fierder as it wetter komt, *wat minder sterk* Ø de stream is.「水が遠くに来れば来るほど，流れは弱くなる」

　Wy jouwe mear út *as dat* wy fertsjinje en liene dan jild.「私たちは稼ぐよりも多く支出し，そうしてお金を借りる」

　't Is better dat de wein giet *as dat* er stiet.「車は止まっているよりも，動いているほうがいい (＝物事は停滞しているよりも，どのようにであれ，進行しているほうがいい。ことわざ)」

　Do bist grutter *as at* ik tocht.「君は私が思ったよりも背が高い」

② 条件節「もし…ならば，…するときに」(§43(2)①)

　As't pake fiifensantich wurdt, komt de hiele famylje.「祖父が75歳になると，家族が全員やってくる」

　At ik thús west hie, wie dit noait bard.「私が家にいたら，このことはけっして起こらなかっただろうに」

　As it dyn heit en mem goed is, trouwe wy.「もし君のお父さんとお母さんがよければ，結婚しよう」

　As men oer de duvel praat, is er ornaris tichteby.「悪魔について話をすると，きまって悪魔は近くにいる (＝噂をすれば影。ことわざ)」

(3) 補文標識の「活用」(fleksje)

　補文標識は従属文の主語が2人称代名詞親称単数形の場合に義務的に人称変化語尾 -st を伴い，定動詞と同様に活用する (§22(3))。この場合，代名詞は連接形 -o/-e (← do/de) として -st の直後に付加されるが，人称変化語尾 -st から

主語が明らかなので省略できる。したがって，補文導入要素は次の構造になる。

補文導入要素：
「指定部＋補文標識 dat/'t＋人称変化語尾 -st（＋人称代名詞連接形 -o/-e）」

① 従属接続詞

Hoe is 't Timen jonge, ferfeelst dy ek no, *no'st* A. O. W.-er bist?「どうだい調子は，ティメンや。年金生活者になって今，退屈しないか」(no'st ← no-'t-st-∅)

Ik hie net tocht, *datsto* skilderje koest.「私は君に絵がかけるとは思ってもみなかった」(∅-dat-st-o)

② 間接疑問文の疑問詞

Witst wol *hoe'tst* mei dat apparaat moatste?「その器械はどうやったらいいか，君は知っていますか」(hoe-'t-st-∅)

Net te witten *oftst* him ea wer sjochste.「君が彼にまた会うことになるかは，定かではない」(of-'t-st-∅)

③ 関係詞

Hjir is de list fan de boeken *dy'tste* fergees tastjoerd krije kinst.「ここに無料で郵送してもらえる本のリストがある」(dy-'t-st-e)

Krûp net yn in gat *dêr'tst* net wer út komme kinst.「(そこから)再び外へ出てこられないような穴へはもぐるな(＝自分の能力以上の企てはやめておけ。ことわざ)」(dêr-'t-st-∅)

360　Ⅹ　接続詞

§43　従属接続詞 (ûnderskikkend bynwurd)

(1)　従属文と枠構造

(a)　枠　構　造

　従属接続詞に導かれた従属文では，主文とは異なって定動詞が文末に置かれ，従属接続詞とともに「枠構造」（ド．Satzklammer）を作る。これは補文標識が主文で定動詞の現われるべき位置(動詞定形第2位)をすでに占めているためである。主文は補文標識を欠くので，定動詞は主文第2位に現われることができ，受動態(hy wurdt … 過去分詞「…される」)，完了形(hy {hat/is} … 過去分詞「…した」)，話法の助動詞(hy kin「…できる」…不定詞)，分離動詞(hy komt … oan「到着する」)などで文末の要素と枠構造を形成する。従属文を導く補文標識と主文の定動詞の位置は同一であり，次の点で共通の特徴を示す。

① 人称代名詞連接形(3人称単数男性主格 er, 2人称親称単数主格 -o/-e (← -do/-de))がその直後に限って付加される(§22(1))。

② 2人称親称単数主格の人称変化語尾 -st を義務的に伴う(§22(1)(b), (3))。

③ der や人称代名詞などの無アクセントの短い機能語が接語としてその直後に置かれる傾向がある(§17(4), §34(2)(a), (e))。

　従属接続詞あるいは主文の定動詞が占める位置を「左枠」（ド．linke Klammer），助動詞に支配された過去分詞・不定詞や分離動詞の分離成分など，動詞と密接に関連する要素が占める位置を「右枠」（ド．rechte Klammer）と言う。左枠を占める主文の定動詞の直前に置かれる文成分の位置を「前域」（ド．Vorfeld）と言う。左枠と右枠にはさまれた複数の文成分が置かれる位置を「中域」（ド．Mittelfeld）と言う。また，右枠の後ろの位置を「後域」（ド．Nachfeld）と言い，外置によって「枠越え」（枠外配置，ド．Ausklammerung）した補文(従属文と不定詞句)や前置詞句・副詞句などが置かれる。従属

文や不定詞句はひとつの文成分に相当し，前域を占めると直後に定動詞が続く。命令文や直接選択疑問文は前域を欠き，左枠の定動詞は文頭に置かれる。並列接続詞は前域よりも前に置かれる。枠構造は英語を除くいわゆる西ゲルマン語に共通する特徴である。

〈前域〉	〈左枠〉	〈中域〉	〈右枠〉	〈後域〉

Doe　　　　　　　　　　*wie*　　de arke klear.
「すると箱舟ができあがった」

　　　　　　　　　　　　Doe't　　de arke klear　　*wie*,
　　　　　　　　　　　　「方舟ができあがると」

[Doe't de arke klear wie,] *sei*　　God:　　　　　　　　　["Gean yn
　　　　　　　　　　　　　　　　　　　　　　　　　　　　　　'e arke!"]

　　　　　　　　　　　　(*hat*　　God　　　　　　　*sein*:　　["Gean yn
　　　　　　　　　　　　　　　　　　　　　　　　　　　　　　　　'e arke!"])

「方舟ができあがると，神は言われた「方舟の中に入りなさい」」

　　　　　　　　　　　　　　"*Gean*　　yn 'e arke!"
　　　　　　　　　　　　　　「方舟の中に入りなさい」

(En) doe　　　　　　　　*die*　　[God de doar
　　　　　　　　　　　　　　　　fan 'e arke　　] *ticht*.
「(そして，)それから神は方舟の扉をお閉めになった」(en は枠構造の外)

(b) **枠構造と主文・従属文の語順**

① 従属接続詞を欠く従属文（ド. uneingeleiteter Nebensatz）

条件文は従属接続詞 as/at/wannear't「もし…ならば」を欠くことがあり，選択疑問文と同様に，定動詞は左枠に置かれる。

[*Dochst* minsken goed], dan krigest drek, [*dochst* bargen goed], dan krigest spek.「人に良くしてやればごみをもらうだけだが，豚に良くしてやれば脂身が手に入る（ことわざ）」

Elk moat gapje, [*sil* er bite].「噛みたければ，だれでも口を大きく開けなければならない（＝何かを獲得するには努力が必要だ。ことわざ）」

② 副詞・代名詞による照応

前域を占める従属文を前域に位置する副詞や代名詞で受けて，主文につなげることがある。

[*As de grutten mei jin dien hawwe*]₁, *dan*₁ kenne se jin net mear.「お偉方は用がすめば，人のことをすぐに忘れる（ことわざ）」(dan「すると」)

[*Dêr't de dyk it leechst is*]₁, *dêr*₁ rint it wetter it gaust oer.「道がもっとも低いところでは，水がもっとも早くあふれる（＝災害は貧民に最大の被害をもたらす。ことわざ）」(dêr「そこで」)

[*Altyd mei 't ryk op 'e dyk*]₁, *dat*₁ hâld net lyk.「いつも富をひけらかしていると，いつかそれは破綻する（ことわざ）」(dat「それは（主語）」)

[*Wat in boer net ken*]₁, *dat*₁ yt er net.「農夫は自分が知らないものは食べない（＝変だと思うことはしないほうがいい。ことわざ）」(dat「それを（直接目的語）」)

③ 発言の引用文

発言の引用文もひとつの文成分であり，前域を占めると定動詞が続く。

"*Do bist siik*," *sei* syn frou.「「あなたは病気なのよ」と彼の妻は言った」

"*Wy moatte dat hûs earst mar ris sjen*," *sei* heit.「「まずは一度その家を見てみなくちゃならん」と父は言った」

④ 話者のコメントを表わす語句

話者のコメントを表わす語句は前域よりも前に置かれることがある。

Koartsein, der *komt* by sa'n wichtige saak nochal wat tinkwurk oan te pas.「要するに，そのような重大な事柄にはかなりの熟考を要する」

Fansels it hûs *hie* styl en it kin jin begrutsje om de âlde gevel.「もちろん，その家は趣のある様式で建てられており，（取り壊すことになったら）古い切妻屋根が惜しまれよう」

Ommers it hillige *smyt* men net yn it moeras en men wâdet der net straffeleas oerhinne.「というのは当然のことながら，聖なるものを沼に放り投げて，罰を受けずに渡りきることはないからである」

⑤ 譲歩文

譲歩文は条件節に「疑問詞 … ek」, (ek) al (§ 32 (3)①), noch sa などを伴うことが多いが，その直後の主文にはふつう定動詞が後続しない。この場合，条件節に相当する従属文は前域を占めていないことになる。

Hoe't er it ek besocht, it *wie* om 'e nocht.「彼がどう試みても，それはむだだった」

Wat it regear ek docht, it *is* altyd wurkleazens, dat der út fuortkomt.「政府が何をしても，その結果として生じるのはいつも失業だ」

Hoe't ús mem it ek besocht, sy *koe* de tekening mar net lykje litte.「どうやってみても，母は絵をそっくりに描くことができなかった」

条件節が「al＋主文」の譲歩文や，主文を並列させた譲歩文もある。一般に譲歩文では，主文と従属文の独立性が意味的にも統語的にも強いと言える。

Al kaam er let, hy kaam dochs.「なるほど彼は遅く来たけれども，来ることは来たのだ」

Al hiest wjukken, dan wiest noch te swier.「翼があったとしても，君はまだ重すぎるだろうね」

Ien kin in frjemde taal noch sa goed leare, syn aksint ferriedt him eins altiten.「外国語はいくら上達しても，なまりで母語使用者ではないとわかってしまう」

⑥ 「従属文＋従属文」(§20(3)⑤)

「{wat/hoe}＋比較級＋従属文，{wat/hoe}＋比較級＋従属文」の形式で「…であればあるほど…だ」という意味を表わす。これは文成分の並列であり，全体でひとつの文を形成しているのではない。

Wat men *heger* fljocht, *wat* men *leger* saait.「人は高く飛べば飛ぶほど低く落ちる(ことわざ)」(副詞句の並列)

不定関係詞を含む関係文の並列も名詞句の並列によるのであり，全体でひとつの文を形成しているのではない。

Dy't heech kliuwt, *dy't* leech falt.「高くのぼる者は低く落ちる(＝高くのぼる者，それすなわち低く落ちる者。ことわざ)」(名詞句の並列)

(c) 「枠越え」(枠外配置)

「枠越え」は前置詞句，副詞句，補文(従属文・不定詞句)で起こる。従属文の用例は§44(1)，不定詞句の用例は§21(4)(c)参照。従属文が目的語の場合に「枠越え」が義務的であることは，§44(1)(b)参照。

① 前置詞句の「枠越え」

No skriuwe de dokters yn ús lân sa'n 3.500 medisinen foar *oan harren pasjinten*.「今では，私たちの国の医者は患者に約 3500 種類の医薬品を処方している」

Yn in protte gemeenten dy't neffens de plannen ferdwine moatte, wurdt aksje fierd *foar behâld*.「それらの計画によって消滅を余儀なくされる自治体の多くでは，保存のための運動が繰り広げられている」

Dy't mei de dochter trouwe wol, moat frije *mei de mem*.「娘を嫁にもらおうとする者は，母親とねんごろになる必要がある（ことわざ）」

② 副詞句の「枠越え」

Ik hoopje dat it gau went. Want ik ha wat ôfdreamd *de lêste wiken*.「早く軌道に乗ってほしいと私は願っている。というのは，最近の数週間，何かと夢にうなされたからだ」

③ 長い主語・目的語・補語名詞句の「枠越え」

主語・目的語・補語としてはたらく名詞句はふつう「枠越え」できないが，長くなると，言語使用上の理由から可能になることもある。

Der wurdt tsjintwurdich oannommen dat út dat Noardseegermaansk ûntstien is *it Frysk, Ingelsk en miskien ek it Aldsaksysk*.「現在では，その北海ゲルマン語からフリジア語，英語，そして，もしかすると古ザクセン語が成立したと考えられている」

(2) 個々の従属接続詞

「前置詞＋dat」の語形を持つ従属接続詞では，前置詞と dat の両方にアクセントがあるが，dat がきわだつことが多いので（「卓立」，エ. prominence），便宜的に dat にアクセントを示す。前置詞と dat は続けて 1 語でつづるが，2 音節以上の前置詞では 2 語に分けてつづることもある。なお，⑦ (al)hoewol't「…であるにもかかわらず」，⑪ mits/mitsdat「…という条件ならば」，⑱ om't/omdat「…だから」は，古風な文章では例外的に並列接続詞（§ 41）としても用いることがある。

① as [ɔs]/at [ɔt]（§ 41 (2)(a)，オ./ド. als, エ. as)

§43 従属接続詞　365

従属文以外の文成分を伴うこともある。at (← as+'t)や as at として用いることもあり，明確な区別は微妙である(i)，ii)，iv)参照)。

i) 「もし…ならば，…するときには」(↔ doe't「…したときに」; wannear't 参照)

As it tij ferrint, streamt it wetter werom.「干潮になると水が引く」

De bern moatte noadich wat nije klean ha, *as* it my net mist.「私の思い違いでなければ，子供たちは何か新しい服が必要よ」

Ik wit net mear hoe't it moat. *Ast* dat mar witste!「ぼくはもうどうしていいかわからない。もし君にわかればなあ」

at (← as+'t)を用いることも多く，明確な区別はつけがたい。

At se echt wolle, kinne se it wol.「彼らが本当に望むなら，彼らはそれをしてもいいだろう」

At de sinne ûndergiet, wurdt it tsjuster.「日が沈めば暗くなる」

ii) 「(あたかも)…のように」(比較 oft)

Do sliepst dêr *as in roas*, seit se tsjin har dochter.「おまえはそこで薔薇のように眠っているね，と彼女は娘に言った」

It wie krekt *as* er net doarst.「彼にはまったくその勇気がないかのようだった」

at (← as+'t)を用いることも多く，明確な区別はつけがたい。

It liket *at* it reine soe.「雨が降りそうだ」

as at のように重ねて用いることもある。

It wie krekt *as at* se oerein gean soe.「彼女はまさに起き上がろうとしているようだった」

「as+定動詞」のように，as は同じ意味で副詞としてはたらくこともある (§32(2)①)。

It liket *as soe* it reine.「雨が降りそうだ」

It wie krekt *as soe* se oerein gean.「彼女はまさに起き上がろうとしているようだった」

Se docht krekt *as sjocht* se my net.「彼女は私を見ていないふりをしている」

ド．'als ob+従属文'/'als+主文'「あたかも…であるかのように」，オ．

'{als/alsof}+従属文'/'als+主文'「同上」を参照。次の表現もある。
- フ．Hy is sa dom of hy docht *sabeare*.「彼はよほど愚かであるか，わざとそうしているかのどちらかだ」
- オ．Hij is zo dom of hij doet *alsof*.「同上」

iii) 「…として」
修飾語を伴わない名詞はふつう無冠詞である。
Fryslân stiet fan âlds bekend *as boerelân*.「フリースラントは昔から農民の地として知られている」
As jonge koest ek wol aardich tekenje en skilderje.「子供のときに君はもうけっこううまく絵がかけたじゃないか」

iv) 「…よりも」(＋形容詞比較級，§20 (3))
Ik haw no al *mear as* in oere op 'e dokter wachte.「私はもう1時間以上も医者を待った」
as at を用いることもあり，明確な区別は微妙である。
It wie lytser (*as*) *at* ik tocht.「それは私が思っていたよりも小さかった」

② behalve(n) [bəhɔ́lvə(n)] dat「…であることを除いて」(*behalve(n)'t は不可，オ．behalve dat)
It is oars wol in aardige keardel, *behalven dat* er in bytsje loai is.「少し怠惰なことを除けば，彼はわりといいやつだ」(útsein dat も可)

③ doe't [dut]「…したときに」(↔ as/at，オ．toen)
過去の1回限りの出来事に用いる。
Doe't it krysttiid wie, seach it berntsje mei grutte eagen nei de krystbeam.「クリスマスになると，子供は目を丸くしてクリスマスツリーを見つめた」
Doe't de ierapels rûnom gewoane kost waarden, kamen ek de foarken yn gebrûk.「ジャガイモがいたるところで一般的な食べ物になると，フォークが使われはじめた」

④ ear't [jɛt]/eardat [jɛdɔ́t], foar't [fwat]/foardat [fwadɔ́t]「…する前に；…でない限り(＋否定)」(オ．eerdat/(eer)/voordat，ド．ehe dass)/bevor，エ．before)
ear「以前に」は本来，副詞だが，例外的に eardat も用いる(§42 (1)(b))。

副詞としての ear は古語であり，foar't/foardat「…する前に」(foar は前置詞「…の前に」)との類推によるとも考えられる。

i) It moat earst op 't slimst *ear't* it betteret.「良くなる前には，まず最悪にならなければならない(＝弊害は最悪の状況にならないと除去されない。ことわざ)」

Eardat er in wurd sein hie, hie er al in dúst te pakken.「ひとことも言わないうちに(＝ひとこと言う前に)，彼はもう平手打ちをくらった」

Ear't ik har net fyn, kom ik net werom.「彼女を見つけるまでは(＝彼女を見つけない限り)私は戻らない」

ii) Lês dat formulier *foar't* jo begjinne te skriuwen.「書きはじめる前にその書式に目を通しなさい」

Trije jonges hongen wat om by de nije skoalle in healoerke *foardat* it gebou iepen wurde soe.「男の子が3人，新しい学校のところで門が開く30分前からたむろしていた」

Hja komt net werom, *foar't* er fuort is.「彼女は彼がいなくなるまで戻らない」

⑤ fan't [fɔnt]/fandat [fɔndɔ́t]「…のときから」

Hy sei gjin wurd {*fan't*/*fandat*} er dêryn kaam oant er fuortgie.「中に入って来たときから出て行くまで，彼はひとことも口をきかなかった」

⑥ foarsafier't [fwasafíət]/foarsafier as；(yn)safier't/(yn)safier as「…する限り」(オ．(voor/in) zover (dat)，ド．insofern (als)，エ．{as/so} far as；as については§42(2)(c)参照)

It âldste Fryske boek-yn-druk is *foarsafier't* wy witte: 'Thet Freeske Landriucht'.「我々の知る限り，もっとも古いフリジア語の印刷本は『フリースラント法典』である」

Ynsafier't er der tiid foar fine kin, sil er dy helpe.「時間が見つかる限り，彼は君に手助けするだろう」

Safier't wy witte, is it noch net betelle.「私たちが知る限り，それはまだ支払われていない」

⑦ (al)hoewol't [(ɔl)huvólt]「…であるにもかかわらず」(オ．(al)hoewel，ド．obwohl)

Hoewol't it Frysk en it Hollânsk oaninoar besibbe binne, leveret in oersetting fakernôch de nedige swierrichheden op.「フリジア語とオランダ語（＝Nederlânsk）はたがいに親縁関係にあるにもかかわらず，翻訳のさいには必然的な困難を呈することが多い」

It moast der sa smoarch yn 'e hûs wêze, ornearren de minsken, *alhoewol't* net ien krekt wist hoe slim dat wie.「だれもどれほどひどいのかよく知らなかったのにもかかわらず，人々は家の中はさぞ不潔にちがいないと思っていた」

例外的に並列接続詞として用いることがあるが，古風である。

Wy geane der mar hinne, *hoewol't* wy *ha* der gjin nocht oan.「私たちは乗り気がしないが，そこへ行ってみる」

⑧ ynpleats [implíəts] (fan) dat, ynstee [iⁿstéː] dat「…するかわりに」
(*ynpleats't/*ynstee't は不可，オ．in plaats dat，ド．(an)statt dass)

Ynstee dat er my efkes frege, gong er daliks fuort.「彼は私にたずねるかわりに，すぐに立ち去ってしまった」

Ynpleats fan dat er my leaut, makket er deselde flater hieltyd wer.「彼は私の言うことを信じないで（＝信じるかわりに），いつも同じ誤りを繰り返している」

⑨ lykas [líkɔs]「…と同様に」(オ．evenals/zoals/gelijk，エ．as/like)
sa't も同様の意味を表わすが，従属文以外の文成分は伴わない（① ii) as の例文 as in roas「薔薇のように」参照）。

It bart {*lykas/sa't*} ik sein ha.「私が言ったようなことが起こる」

Ik wol net {*lykas/*sa't*} do.「ぼくは君と同じように気が乗らない」

反対の意味「…とは違って」には oars as を用いる。

Om 1878 hinne gie dat gâns *oars as* hjoeddedei.「1878年頃は今日とはまったく違っていた」

⑩ mei't [mait, mɛit]/meidat [maidɔ́t, mɛi…]「…だから；…と同時に」
Mei't elkenien belang hat by it Waad, wurdt it in tige gefoelich ûnderwerp as der oer praat wurde moat.「だれもがヴァート地帯（＝オランダ北部北海沿岸の干潟地帯）に関心があるので，それが話題にならざるを得ないときにはとてもデリケートなテーマになる」

Meidat ik thús kaam, begûn it te reinen.「私が帰宅するや否や，雨が降りだした」

⑪ mits [mɪts]/mitsdat [mɪdzdɔ́t]「…という条件ならば」(オ．mits)
Ik wol wol, *mits* hy ek meidocht.「彼がいっしょにやるということなら，私はやってもいい」
例外的に並列接続詞として用いることがあるが，古風である。
Ik wol wol, *mits* hy *docht* ek *mei*.「同上」

⑫ navenant [na(:)vənɔ́nt] dat「…に応じて，…につれて」
navenant は本来，「相応した」という意味の副詞だが，dat を用いることに注意(§42(1)(b))。この語は -t で終わるために，接語形 't は現われない。
De oerienkomst tusken it Frysk en it Ingelsk wurdt grutter, *navenant dat* de skreaune teksten âlder binne.「フリジア語と英語の類似は書かれた文献が古くなるにつれて大きくなる」

⑬ nei't [nait, nɛit]/neidat [naidɔ́t, nɛi…]「…した後で，…に従って」(オ．nadat/naar(gelang)，ド．nachdem/je nachdem)
Neidat er koarte tiid as dokter yn Purmerein stien hie, sette er him nei wenjen yn syn berteplak.「プュルメラインで医者として短い期間務めた後，彼は生まれ故郷に居を定めた」
Jo moatte tarre, *nei't* jo barre.「支出は収入に応じてなすべし(ことわざ)」
Nei't de man is, is syn krêft.「人の力量はその人に応じて決まっている(ことわざ)」

⑭ nettsjinsteande [nɛtʃɪⁿstɪəndə] (dat)「…であるにもかかわらず」(*nettsjinsteande't は不可，オ．niettegenstaande (dat)，エ．notwithstanding that)
Nettsjinsteande (*dat*) er net leard hie, wist er der in soad fan.「習っていなかったにもかかわらず，彼はそれについてたくさん知っていた」

⑮ no't [nout, noːt]「…である今，…なのだから」(オ．nu, エ．now that)
Hy wol net langer, *no't* it reint.「雨が降っているので，彼はこれ以上やりたがらない」

Ik bin altyd by 't ferstân rekke, sei de boer, doe't ik jong wie, siet it yn 'e âlderdom en *no't* ik âld bin, sit it by de jeugd.「「おれには分別があったためしがない」と農夫は言った。「若い頃は(分別は)年寄りにあったし, 年をとった今となっては若い者にある」」

⑯ oant [oənt]/oantdat [oəndɔ́t]「…するまで」(oant ← oant＋'t, オ. tot(dat), ド. bis)

Wachtsje *oantdat* ik klear bin.「私が準備ができるまで待ちなさい」

De bern boarten op 't strân *oant* it tsjuster wie.「子供たちは暗くなるまで海岸で遊んだ」

⑰ oft [ɔt]/(話し言葉) at [ɔt]「…かどうか, あたかも…であるかのように」(オ. of, ド. ob, エ. if)

i)「…かどうか」

Hy frege har *at* it wier wie.「彼は彼女にそれは本当かとたずねた」

Oft it holp, wist er net.「それが役に立つか, 彼にはわからなかった」

De twifel *oft* ik myn wurk goed die, hat my slim pleage.「仕事をうまくしたのかという疑念に, 私はひどくさいなまれた」

Wy dogge dochs oan de moade mei, *oft* wy wolle of net.「私たちは望もうが望むまいが, やはり流行とかかわっているのだ」

ii)「あたかも…であるかのように」(比較 as；副詞 as/of)

It liket *oft* der neat bard is.「何事も起こらなかったかのようだ」

Doe't ik dy hân yn mines fielde, wie 't *oft* my in ammerfol kâld wetter by de nekke yn smiten waard.「その手を自分の手に取って触れてみたとき, 私はまるで冷たい水をバケツ一杯, 首筋に注がれたような気がした」

It liket wol *oft* er dat noch net krekt wit.「彼はそれをまだよく知らないようだ」

補文標識 't を欠く of は同じ意味で副詞としてはたらく(§32(2)①)。

It liket wol *of* wit er dat noch net krekt.「同上」(副詞)

⑱ om't [omt]/omdat [omdɔ́t]「…だから」(比較 want, §41(2)(e), オ. omdat)

Ik ha honger, *omdat* ik hurd wurkje.「私は熱心に仕事をするので, おなかがすきます」

Om't wy yn in twatalige provinsje wenje, sprekt it fansels dat beide talen ynfloed op elkoar ha.「私たちは2言語使用地域に住んでいるので，両方の言語がたがいに影響しあうのは当然のことです」

例外的に並列接続詞として用いることもあるが，古風である。

Ik doch net langer, *om't* ik *ha* skjin myn nocht.「私はもうこれ以上はやらない。すっかり飽きてしまったからだ」

⑲ sadat [sadɔ́t]/(sa) dat「その結果…(結果)；…するために(目的)」(オ．zodat，ド．so dass，エ．so that，§44(1)(c))

Guon skoallen bringe it tempo omheech, *sadat* de oanslutting slimmer wurdt.「進度を速める学校があるので，連携がむずかしくなる」

As fabryk A in nij middel fynt, freget it dêr patint op oan, *sadat* oare fabriken dat middel samar net neimeitsje kinne.「製造所Aが新薬を開発すると，他の製造所がそのまままねできないように特許を申請する」

Meitsje notysjes, *(sa) dat* jo de haadsaken fêsthâlde.「大事な点を把握するためにメモをとりなさい」

Meitsje sinnen mei ûndersteande wurden *(sa) dat* de betsjutting goed útkomt.「意味がうまくとおるように，下記の語を用いて文を作りなさい」

⑳ sadree't [sadré:t]/sadree as/sagau't [sagɔ́ut]/sagau as「…するとすぐに」(オ．zodra；as については§42(2)(c)参照)

Hy hearde it al, *sadree as* hy de klompen útklapte.「彼は木靴を脱いだとたんにそれが聞こえた」

Sadree't it begjint te winterjen, wurdt der praat oer dizze Fryske iismaraton.「冬が始まると，すぐにフリースラントのこの長距離スケート競技のことが話題になる」

Sagau't it klear is, stjoer ik it jo fansels.「完成したらすぐに，もちろん私はそれをあなたに送ります」

㉑ salang't [saláŋt]/salang as「…する間はずっと」(オ．zolang，ド．so lang(e)，エ．{as/so} long as；as については§42(2)(c)参照)

Salang't wy yn 'e wrâld ferkeare, kinne wy alle dagen leare.「この世に生きている(=とどまる)限り，私たちは日々，学ぶことができる」

㉒ sa't [sat]「…と同様に；…するとすぐに」(lykas 参照，オ．zoals)
It kaam krekt *sa't* ik tocht hie.「まさに私が考えていたとおりになった」
Sa't it no liket, wurdt it noait wat.「どうもそれはいくらやっても何にもならないような気がする」
Sa't ik der oankaam, gong de doar op.「私がそこに着いたとたんに，ドアが開いた」
'sa't (…) 指示代名詞 dy/dat'「…のような…」が関係代名詞 dy't/dat に近い役割を果たすことについては，§28(2)(g)参照。

㉓ sûnderdat [sundə(r)dɔ́t]「…することなしに」(*sûnder't は不可，オ．zonder dat)
Fia bibleteek kin men fan alle dingen oan 'e weet komme, *sûnderdat* men dêrfoar slim djoere boeken keapje moat.「図書館を利用すれば，そのためにひどく高価な本を買う必要なく，すべてのことを知ることができる」
sûnder dat のように2語でつづることもある。
De minsken wurde ferrifele, *sûnder dat* se der wat oan dwaan kinne.「人々はそれについて何もできずに，だまされてしまう」

㉔ sûnt [sunt]/sûntdat [sundɔ́t]「…して以来」(sûnt ← sûnt+'t) (オ．sinds/sedert, ド．seitdem, エ．since)
Sûnt se hjir is, is it hieltyd rûzje.「彼女がここに来て以来，いつも喧嘩だ」
Sûntdat er ferfearn is, haw ik net wer mei him praat.「彼が行ってしまってから，私は彼と再び話をしていない」

㉕ troch't [troxt]/trochdat [tro(ɣ)dɔ́t]「…することによって」(オ．doordat, ド．dadurch/dass)
Trochdat it sa lang oanien reinde, fersutere de hiele tún.「とても長く雨が降り続いたために，庭が全部だいなしになった」

㉖ útsein [ýtsain, …sɛin] dat「…であることを除いて」(*útsein't は不可。behalve(n) dat 参照)
It waar hold him goed, *útsein dat* it justjes reind hat.「少し雨がぱらついたことを除けば，天気は持ちこたえた」

㉗ wannear't [vɔníət]「もし…ならば，…するときには」(↔ doe't ; as 参照，オ．wanneer，ド．wenn，エ．when)
　Wannear't hy dy bedragen hat, moat er dy it jild werom jaan.「もし彼が君をだましたのならば，彼は君にお金を返さなければならない」

㉘ wylst [víllst]/wyl't/{wyls/wile(n)s} dat/tewylst/tewyl't「…している間に；…であるのにたいして」(オ．terwijl，エ．while)
　Ik lês in boek, *wylst* sy in jumper breidet.「彼女がセーターを編んでいる間に，私は本を読む」
　Do ytst al, *wylst* wy noch net ree binne.「私たちがまだ用意ができていないのに，君はもう食べている」
　Wyl't de boer knippere, makke it folk wille.「農夫が昼寝をしている間に，使用人たちは好き勝手なことをした」
　Om mar fuort te farren, sei de jonge, sil ik de brij mar opite, *tewyl't* mem bidt.「「出かける前に(＝ために)」と少年は言った，「お母さんがお祈りをしている間に，おかゆをたいらげておこう」」(本来，食前の祈りがすむまでは食べてはいけない)

wyls(t) は「その間に」という意味の副詞にもなるが，例外的に wyls dat として用いることがある(§42(1)(b))。
　Hy waard delsketten {*wylst*/*wyls dat*} er de doar iependie.「彼はドアを開けている間に撃たれた」
　↔ Gean mar troch; *wylst* meitsje ik my klear.「最後までやり通してください。その間に私は準備をしますから」

wile(n)s も wile(n)s dat となる点で例外的である(§42(1)(b))。
　Wilens dat se fierder arbeide, beseach ik it spul ris.「彼女が引き続き働いている間に，私はそれをちょっと見直した」
　↔ *Wilens* gong se fierder.「その間に彼女はさらに進んだ」(副詞)

wyls(t)/wile(n)s は wile「(短い)時間」の属格に由来するので，「名詞＋dat-従属文」という同格節「…している時間に」の構造を反映していると考えられる。

tewyl't は 'te＋wile' という前置詞句に由来するが，副詞 tewyl「その間に」として固定しているので，接語形 't の使用には問題がない。

§44　従属文を伴う dat と主文を伴う dat

(1) 従属文を伴う dat

　dat は従属文を伴う場合と主文を伴う場合があり，意味と用法に共通点と相違点がある。従属文を伴う dat は従属接続詞 (§43) であり，指定部を欠く補文標識「…ということ」と言えるが，主文を伴う dat は別の扱いが必要である。ここではまず，従属文を伴う従属接続詞としての dat について述べる。

(a) 主語としての「dat-従属文」

　　[*Dat* hy noch nea kommen *wie* te sjen], fernuvere my.「彼がまだ一度も見にきていなかったことは，私にとって驚きだった」

　　[*Dat* der neist ekonomyske ek noch oare ynfloeden yn it moadebyld *meispylje*], is wol wis.「ファッションに経済的な影響と並んで他の影響もはたらいているのは，たしかである」

　　My tinkt, [*dat* wy dit net gewurde litte *kinne*].「我々はこれを放任できないと私には思われる」

　言語使用上の理由から，仮主語 it を置いて dat-従属文を「枠越え」(枠外配置) させることも多い (§21 (4)(c))。

　　It is no al oer it jier [*dat* wy wat fan him heard *hawwe*].「私たちが彼の噂を耳にしたのは，もう去年のことになる」

　　It is goed [*dat* in minske hobby's *hat*].「人が趣味を持つのは良いことだ」

　前域以外ではこの it がないこともある。

　　Dan sprekt *it* hast wol fansels [*dat* der ferskil *is*].「それなら，差があるのはほとんど当然と言える」

↔ Spitich wie Ø eins allinne [*dat* it in lânskip sûnder sleatsjes *wie*].「ただ，じつのところ，水路のない風景なのが興ざめだった」

分裂文は「it＋wêze の定形＋関係文」となる。

It binne altyd deselden [*dy't kleie*].「文句を言うのは，いつも同じやつらだ」（関係代名詞 dy't）

lykje「…のようだ」, skine「…のように見える」, blike「…とわかる」など，真偽や蓋然性の意味を表わす動詞では「枠越え」が義務的である。

It liket [*dat* er siik *is*].「彼は病気のようだ」

↔ *[*Dat* er siik *is*], *liket*.「同上」（不可）

「te- 第 2 不定詞句」を用いると次のようになる。

Hy *liket* siik *te wêzen*.「同上」

発言・思考・感情など，未知の事実を表わす動詞の場合に受動態では it ではなく，「虚辞の der」を用いることは，すでに述べた（§ 36 (2)(a)）。

Der wurdt sein [*dat* der in nije skoalmaster *komt*].「新しい校長先生が来るという噂だ」

(b) **目的語としての「dat- 従属文」**

この場合には「枠越え」(§ 43 (1)(c)) が義務的である。「中央埋め込み文」(エ．center embedding) は理解しづらいので回避する。

Ik tocht [*dat* wy noch genôch sokken *hiene*].「うちにはまだ靴下は十分あったと思ったけど」

↔ *Ik haw [*dat* wy noch genôch sokken *hiene*] tocht.「同上」（不可）

(c) **そ の 他**

① 'sa ⋯ dat- 従属文'「〜のような」

Mei frij wat minsken sil it *sa* wêze [*dat* it begjin en de ein fan har libben him *ôfspilet* yn it sikehûs].「かなり多くの人々にとって人生の始まりと終わりは病院で起こるものだろう」

② 'sa＋形容詞 ⋯ dat- 従属文'「あまりに…なので〜」：結果 (§ 43 (2)⑲)

Juster waaide it *sa fûl*, [*dat* der hûnderten beammen *sneuvelen*].「昨日は風が非常に強かったので，何百本もの木が倒れた」

It is hjoeddedei *sa fier*, [*dat* mannichien, dy't syn of har wurk no ienkear yn 'e stêd hat, op in doarp *wennet* yn 'e omkriten fan dy stêd].「今日ではじっさいに都市に職場がある人でも，その多くがその都市の周辺の村に住むというまでになっている」

③ 'dat-従属文'「…するために」：目的(sadat §43(2)⑲，オ．opdat，ド．auf dass)

Wy binne der betiid ôf gongen, [*dat* wy mear tiid hawwe *soene*].「もっと時間があるように，私たちは朝早く起きた」

Wy sizze dit [*dat* jimme dêr ris oer neitinke *sille*].「私たちは君たちがそのことを一度じっくり考えてみるようになるために，このことを言っているのです」

④ 'dat-従属文'：同格節(§28(3)(c)，§42(1)(a)③，(b)①)

Hiel wat minsken binne *fan betinken* [*dat* de moade foar in lyts part fan it folk fan betsjutting *is*].「人々の多くは，流行がごく一部の人にしか意味がないという考えかたをしている」

Mar dat wiene net *de iennichste kearen* [*dat* ik *stilstie*].「しかし，私はそのときの何度かだけ立ち止まったわけではなかった(＝それは私が立ち止まった唯一の何度かではなかった)」

⑤ 'dat-従属文'：感嘆文(§65(2)(c))

Kâld *dat* it *wie*!「寒かったといったらないよ」

Swimme *dat* er *koe*!「彼女の泳ぎったら，なんとまあ，うまかったこと」

感嘆文については§27(6)参照。

(2) 主文を伴う dat

(a) 「dat-主文」の三つの用法

dat は主文を伴うことがあり(「dat-主文」)，次の三つの用法がある。従属文を伴う dat (「dat-従属文」)には①②の用法はあるが，③の用法はない。①では「dat-主文」の dat は語順的には並列接続詞だが，「dat-主文」は「dat-従属文」と同様に母型文(エ．matrix sentence)の動詞が要求する文成分であり，例外的である。①は dat を欠く主文((3)「∅-主文」)と類似している。なお，オ

ランダ語フローニンゲン方言(オ．Gronings)にも主文を伴う dat があり，すでに Overdiep (1938/39 (1947：147f.))が指摘している。

① 'dat- 主文'：目的語

この「dat- 主文」は母型文が発言・思考・感情などの意味を表わす動詞を含み，話法の助動詞を含まない肯定文である場合におもに用いる。典型的な目的語相当の文成分「…ということ」よりも，むしろ引用の「…と」としての性格が強い。

Ik leau [*dat* {*do wolst*/*hy wol*} it graach witte].「私は｛君が/彼が｝それを知りたがっていると思う」

② 'sa＋形容詞 … dat- 主文'「あまりに…なので～」(結果)

Hy krige it *sa drok* [*dat* ik *koe* der net fierder op ynfreegje].「彼はとてもいそがしくなったので，私はそれ以上教えてもらえなかった」

It hynder wie *sa âld* wurden [*dat* it *koe* gjin wein mear lûke].「馬は年をとりすぎて，もはや荷車を引くことができなくなった」

Op it lêst waard er *sa lilk*, [*dat* hy *fleach* oerein en wiisde ús de doar].「しまいに彼はとても腹を立て，席を立って私たちに出て行くようにドアを指さした」

③ 'dat- 主文'：「したがって…」

'Fanke' hat gjin meartal, [*dat* dan *brûke* wy: 'famkes' of 'fammes'].「fanke (小娘，蔑称)には複数形がないので，私たちは famkes または fammes を用いる」

「dat- 従属文」はこの意味では用いない。

Ik ha har yn lang net sjoen, [*dat* sy *sil* wol net goed wêze].「私は彼女に長い間会っていない。だから，彼女はたぶん調子が悪いのだろう」(dat- 主文)

↔ *Ik ha har yn lang net sjoen, [*dat* sy wol net goed wêze *sil*].「同上」(dat- 従属文，不可)

「dat- 主文」は単独の主文として用いることもある(「dat- 従属文」では不可)。

Myn winkeltsje rint net min. It saldo is alle jierren wat heger. *Dat* it *kin* wol lije dat it in supermerk wurdt.「私の店は景気が悪くない。売り

上げは年々少しずつ高くなっている。だから，スーパーになってもいいと思う」

Dat wês op jim iepenst en *brûk* oeral dêr't mooglik is ús eigen taal.「ですから，可能な場合にはどこでも私たち自身の言葉を使うように留意しなさい」

Dat sadwaande *gie* ik op ûndersyk út.「そのようなわけで，私は偵察に出かけた」((dat) sadwaande「したがって，そのような理由で」)

(b) 目的語としての「dat-従属文」と「dat-主文」の相違

両者には以下の相違点がある。「dat-主文」は空所化を除いて「dat-従属文」と相違点が多く，主文の特徴を強く示すと言える (De Haan 1983, 1987a, 1990)。

① 共通点：空所化

「dat-主文」は「dat-従属文」と同様に空所化を起こさない。

Pyt sei [*dat* ik wat tsjin dy {sei/*Ø}].「ピトは私が君に何かを言ったと言った」(dat-従属文)

Pyt sei [*dat* ik {sei/*Ø} wat tsjin dy].「同上」(dat-主文)

ただし，「したがって…」の意味の「dat-主文」((a)③)では，want「というのは，なぜなら」を除く並列接続詞と同様に空所化が起こる。

Ik ha har yn lang net sjoen [{*dat/dus*} sy *hat* my yn lang net sjoen].「私は彼女に長い間会っていない。だから，彼女も私に長い間会っていないことになる」(並列接続詞 dus「したがって」)

→ Ik ha har yn lang net sjoen [{*dat/dus*} sy Ø my Ø net Ø].「同上」

② 相違点：人称代名詞主格連接形と補文標識の「活用」

「dat-主文」では「dat-従属文」と違って，人称代名詞主格連接形 -o/-e「君」，er「彼」を用いることができない。また，dat は活用しない(§22 (1), (3), §42(3))。

i) Ik leau [{**dat do/datsto*} it graach witte *wolst*].「私は君がそれを知りたがっていると思う」(dat-従属文)

Ik leau [{*dat do*/*datsto} *wolst* it graach witte].「同上」(dat-主文)

ii) Ik leau [{*dat hy/dat er*} it graach witte *wol*].「私は彼がそれを知りた

§44 従属文を伴う dat と主文を伴う dat　379

がっていると思う」(dat- 従属文)

Ik leau [{*dat hy*/*dat er} *wol* it graach witte].「同上」(dat- 主文)

③ 相違点：否定，話法の助動詞

「dat- 主文」は「dat- 従属文」と違って，母型文が否定や話法の助動詞を含む場合には用いない。

i) Ik leau *net* [*dat* Pyt him wol rêde *kin*].「私はピトが自分でやっていける (＝自分の身を守れる)とは思わない」(dat- 従属文)

*Ik leau *net* [*dat* Pyt *kin* him wol rêde}].「同上」(dat- 主文，不可)

ii) Nynke *woe* sizze [*dat* se my sjoen *hie*].「ニンケは私を見かけたと言いたかったのだ」(dat- 従属文)

*Nynke *woe* sizze [*dat* se *hie* my sjoen].「同上」(dat- 主文，不可)

④ 相違点：左方転移，間投詞

「dat- 主文」では「dat- 従属文」と違って左方転移が起こり，間投詞を含む文も許される。

i) *Pyt sei [*dat Nynke dy* net komme *woe*].「ピトはニンケのやつ(Nynke dy)が来たがらないんだと言った」(dat- 従属文，不可)

Pyt sei [*dat Nynke dy* woe net komme].「同上」(dat- 主文)

ii) *Pyt sei [*dat, godskes*, hy syn buorman sitten sjoen *hie*].「ピトはなんと (godskes 間投詞)近所の人が列席しているのを見たぞと言った」(dat- 従属文，不可)

Pyt sei [*dat, godskes*, hy *hie* syn buorman sitten sjoen].「同上」(dat- 主文)

⑤ 相違点：取り出し(エ．extraction)による話題化

「dat- 主文」では「dat- 従属文」と違って文成分を取り出して話題化し，前域に置くことができない。

i) *Syn buorman*ᵢ sei Pyt [*dat* hy ＿＿ᵢ sitten sjoen *hat*].「近所の人が列席しているのを見たとピトは言った」(dat- 従属文)

**Syn buorman*ᵢ sei Pyt [*dat* hy *hie* ＿＿ᵢ sitten sjoen].「同上」(dat- 主文，不可)

(3) dat を欠く主文

　dat を欠いて，母型文の動詞が要求する補足成分(エ．complement)としての文成分に主文を用いることがある。発言・思考・感情などの意味の動詞で，話法の助動詞を含まない肯定文に続く場合が多い。これは間接話法の表現と類似している。

　　My tinkt, [*it kin* hjoed sa wol ta].「私は今日はもうこれで十分だという気がする」(tinke「(…と)思われる」)
　　Mar hja klage net, want se wist, [*it koe* net oars].「しかし，彼女は不平を言わなかった。というのは，しかたがないということがわかっていたからである」(witte「知っている」)
　　Ik fernim, [*jo kinne* net].「私はあなたには無理だと思う」(fernimme「思う，知覚する」)
　　Hy sei, [*hy koe* der gjin tiid foar fine].「それには時間を見つけられそうもないな，と彼は言った」(sizze「言う」)

この表現では，「∅-主文」は「dat-従属文」よりも統語的に動詞との結びつきがゆるいと言える。たとえば，次例の tinkt my「思うに…」は「∅-主文」が先行しており，それへの付け足しにすぎない。

　　[*Mantsjes sykje* wyfkes út, mar ek oarsom by mosken], tinkt my.「思うに，オスはメスを探しあてるものだが，スズメの場合には逆のこともあるようだ」
　　[*Jo wiene* der út], begryp ik?「お決まりですか(＝あなたはその外へ出ているのだろうと，私は理解しましょうか)」

「dat-主文」と「∅-主文」は次の点で共通した特徴を示し，類似性が高い。
① 空所化：ともに不可
　　Pyt sei [{*dat*/∅} hy *sei* wat tsjin my].「ピトは彼が私に何かを言ったと言った」
　　→*Pyt sei [{*dat*/∅} hy ∅ wat tsjin my].「同上」(不可)
② 人称代名詞主格連接形と補文標識の「活用」：ともに不可
　　Ik leau [{*dat do*/∅ *do*} *wolst* it graach witte].「私は君がそれを知りたがっていると思う」

*Ik leau [{*datsto*/Ø*-sto*} wolst it graach witte].「同上」（ともに不可）
　　　Ik leau [{*dat hy*/Ø *hy*} wol it graach witte].「私は彼がそれを知りたがっていると思う」
　　　*Ik leau {*dat er*/Ø *er*} wol it graach witte.「同上」（ともに不可）
③　否定，話法の助動詞(母型文)：ともに不可
　　　*Ik leau net [{*dat*/Ø} Pyt *kin* him wol rêde].「私はピトが自分でやっていける(＝自分の身を守れる)とは思わない」（ともに不可）
　　　*Pyt *woe* sizze [{*dat*/Ø} hy *hie* my sjoen].「ピトは私を見かけたと言いたかったのだ」（ともに不可）
④　左方転移，間投詞：ともに可
　　　Pyt sei [{*dat*/Ø} *Nynke dy woe* net komme].「ピトはニンケのやつが来たがらないんだと言った」
　　　Pyt sei [{*dat*/Ø}, *godskes*, hy *hie* syn buorman sitten sjoen].「ピトはなんと(godskes)近所の人が列席しているのを見たぞと言った」
⑤　取り出し：ともに不可
　　　**Syn buorman* sei Pyt [{*dat*/Ø} hy *hie* Ø sitten sjoen].「近所の人が列席しているのを見たとピトは言った」（ともに不可）

XI

動　　詞 (tiidwurd)

マクム(Makkum)の陶器をしつらえたホテルの内部

§45　動詞の語形変化と文法範疇：概観

(1) 定形と不定形

　動詞には語形変化(「活用」，bûging)として「定形」と「不定形」の区別があり，後述の文法範疇を示す。定形は発話内容を発話状況に関係づける場合の語形であり，「時制」，「法」，主語の「人称」(2人称では親称・敬称の区別)と「数」に「一致」して変化する。これをいわゆる「人称変化」と呼ぶ。不定形は「分詞」と「不定詞」を含み，発話内容を発話状況に関係なく特徴づける場合の語形で，時制と法を示さず，一致による人称変化を示す語彙的な主語を欠く。不定形は動詞を他の品詞の用法に転用する語形でもあり，分詞は形容詞的，不定詞は名詞的に用いる。動詞定形は「定動詞」と呼ぶことがある。

　枠構造に従って，動詞定形(定動詞)は補文標識の有無に応じて従属文の文末(「右枠」)あるいは主文の第2位(「左枠」)を占める。3種類の不定詞の中で，第1不定詞(e-不定詞)と第2不定詞(en-不定詞)は右枠を占めるが，第3不定詞(命令形不定詞)は例外的に左枠の位置を占める。西フリジア語の右枠の動詞群の語順は，支配される要素を支配する要素の左側に置く厳密な「左枝分かれ型」(エ．left-branching)であり，支配される要素を支配する要素の右側に置く厳密な「右枝分かれ型」(エ．right-branching)のオランダ語とは「鏡像関係」(エ．mirror image)にある(§70)。

(2) 定　　形(finite foarm, persoansfoarm)

　動詞定形で示される時制と法は発話状況それ自体にかかわり，人称・数は発話状況の関与者にかかわるものである。

(a) 時制(tiid)と法(foarstelswize, modus)

　時制(§51)には「現在」(notiid)と「過去」(doetiid)がある。時制としての現在形は過去形以外の広い意味を表わす。過去形はドイツ語やオランダ語と同様に，物語・回想・歴史的叙述のように日常生活に直接関係しないと話者が判断する出来事に用いる。日常生活に直接関係すると話者が判断する時間的に過去の出来事は，完了形と現在時制を組み合わせて現在完了形として表現し，時制としては「現在」である。時制としての「未来」(dantiid)は，ドイツ語やオランダ語と同様に確立していない。時間としての未来の意味は現在形で表現するか，「話法の助動詞 sille の現在形…第1不定詞」などを用いて，補足的に表現するにとどまる。

　法はほとんど「直説法」(feitlike foarstelswize, yndikatyf)しか認められない。「命令法」(hjittende foarstelswize, ymperatyf)の設定には問題があるので，たんに「命令形」(hjittende foarm)と呼ぶが，これは原則として2人称を対象とし，親称・敬称や数による語形的な区別を示さず，むしろ不定詞に近い(§69)。ドイツ語やアイスランド語などのような接続法(ûnfeitlike foarstelswize, konjunktyf)は今日ではほぼ存在せず，人称変化を示すのは直説法だけである。仮定，条件，非現実などの意味は，過去形や「soe (話法の助動詞 sille の過去形) … 第1不定詞」で補足的に表現するにとどまる。

　接続法の語形は聖書などの古風な書き言葉に限られ，今日では廃れている。接続法をまだ用いている1933年刊行の聖書(G. A. Wumkes 訳)と，それをもはや用いていない1978年刊行の聖書の次の箇所を参照(正書法は原文のまま)。

　　Us Heit, dy't yn de himelen binne, Jins namme *wirde hillige*; Jins keninkryk *komme*; Jins wollen *barre* allyk yn 'e himel, sa ek op ierde;「天にましますわれらが父よ。御名を崇めさせたまえ。御国を来らせたまえ。御心の天になるごとく，地にも来らせたまえ」(It Nije Testamint 1933：17, Mattheüs 6：9-10)

　　Us Heit yn 'e himel, *lit* jo namme *hillige wurde*, *lit* jo keninkryk *komme*, *lit* jo wil *dien wurde* op ierde likegoed as yn 'e himel.「同上」(Bibel 1989² (1978)：1379, Mattéus 6：9-10)

　wêze「…である」の接続法現在形3人称単数に由来する -sij を用いた次の表現に注意。

itsij A, itsij B「Aであれ，Bであれ」
itsij dat- 従属文「…であれ」(itsij [ətsɛi]，オ．hetzij，ド．es sei)
It wurk moat dien makke wurde, *itsij* hjoed *of* moarn.「その仕事は完成させなければならない，今日か明日にでも」
Wy geane moarn nei Drylts, *itsij dat* it reinich waar is.「私たちは雨天であっても，明日ドリルツ(オ．IJlst「エイルスト」)に行く」

(b) **人称・数と人称変化語尾**

人称と数による変化には，1人称，2人称親称・敬称，3人称，および単数・複数の区別がある。

人称と数による変化語尾，いわゆる「人称変化語尾」には，時制の区別に応じて次の2種類があり，それぞれの時制の語幹の後につける。人称変化語尾は動詞のクラスにかかわらず，下記の1種類である。ただし，過去現在動詞(§47(4))に限って，現在形3人称単数は過去形3人称単数と同様に無語尾(-Ø)である。過去形複数と2人称敬称の -ne(n) については§47(3)(b)，過去形2人称親称単数の -st(e) については§48(1)参照。複数形では現在・過去の両時制で人称による語尾の区別がない。複数形の人称変化語尾が1種類なのは，歴史的に北海ゲルマン語共通の特徴であり，「統一複数」(ド．Einheitsplural)と呼ばれる。2人称敬称単数形の語尾と語幹は，人称代名詞 jo「あなた」が本来，複数形に由来するために，現在・過去の両時制で複数形とつねに同形である。

	現在 単数	現在 複数	過去 単数	過去 複数
1人称	-Ø	-e	-Ø	-(e)n/-ne(n)
2人称親称	-st	-e	-st/(稀 -ste)	-(e)n/-ne(n)
敬称	-e	-e	-(e)n/-ne(n)	-(e)n/-ne(n)
3人称	-t/(-Ø)	-e	-Ø	-(e)n/-ne(n)

(3) **不定形**(ynfinite foarm, nominale foarm)

不定形には3種類の不定詞(nammefoarm, ynfinityf)と2種類の分詞

(mulwurd, partisipium)がある。不定詞は名詞的に，分詞は形容詞的・副詞的に用いることができる。

(a) **不　定　詞**(nammefoarm, ynfinityf)

不定詞(§64〜69)には3種類あり，第1不定詞(e- 不定詞)の末尾音によって，動詞は3つのクラスに分かれる(§46)。
i)　「e- 動詞」：第1不定詞が -e で終わる。例．sile [sîlə]「帆走する」
ii)　「je- 動詞」：第1不定詞が -je で終わる。例．tankje [táŋkjə]「感謝する」
iii)　「n- 動詞」：第1不定詞が -n で終わる。例．jaan [jaːn]「与える」

3種類の不定詞の語形は次のとおりである。
① 　第1不定詞(e- 不定詞)
　　 sile/tankje/jaan
② 　第2不定詞(en- 不定詞；または「動名詞」(gerundium))
　　 silen/tankjen/jaan
③ 　第3不定詞(命令形不定詞)
　　 syl [sil]/tankje/jou [jɔu]

不定詞に3種類あることは北フリジア語でも同様である。第1不定詞(e- 不定詞)と第2不定詞(en- 不定詞)の区別はフリジア語群すべてに共通し，用法上の区分も本質的に同じである。第3不定詞は命令形と同じ語形を示す。無標の不定詞は第1不定詞であり，辞書の見出し語として用いられる。本書でもこれに従う。また，te- 第2不定詞には種々の用法があり，te を伴わない第2不定詞とは区別して説明する必要がある。

英語のような高度に発達した進行形はないが，不定詞による2種類の進行形の表現がある。
i)　前置詞句進行形：「oan 't＋第2不定詞＋wêze」(§66(6))
ii)　姿勢動詞進行形：「{stean/sitte/lizze/hingje/rinne}＋te- 第2不定詞」
　　　　　　　　(§67(4))

(b) **現　在　分　詞**(fuortsettend mulwurd)

現在分詞(§62)は形容詞的・副詞的に用いる。英語の進行形のように助動詞とともに特別な構文を形成することはなく，用法は比較的限られている。現在

分詞は第1不定詞に -d [t] をつける。副詞的に用いる場合には -de [də] をつけることが多い。現在分詞の形成は規則的なので，以下の変化表では省略する。

　　「e- 動詞」：silend/silende (← sile「帆走する」)
　　「je- 動詞」：tankjend/tankjende (← tankje「感謝する」)
　　「n- 動詞」：jaand/jaande (← jaan「与える」)

(c) **過　去　分　詞**(ôfsluttend mulwurd)

　過去分詞(§63)は形容詞的・副詞的に用いることがあるほか，一部の助動詞とともに以下のような構文を形成する。語形は動詞の種類によって異なる。

① 完了形(folsleine tiid, §52)

　　完了形は発話内容を発話状況に関係づけずに，発話内容それ自体にかかわるものとして，ある出来事が他の出来事よりも時間的に先行することを示す。完了形は不定形の範疇であり，定形の範疇である過去時制と違って，発話時点との時間的前後関係は示さない。過去時制と競合するのは，完了形が現在時制と結びついた場合である。

　　完了形の語形は「過去分詞＋完了の助動詞 hawwe/wêze」であり，ドイツ語やオランダ語のように完了の助動詞の選択にかんする規則がある。

② 受動態(passyf, §54)

　　受動態は発話内容としての出来事それ自体と出来事の関与者との関係を示すものであり，「人称受動」と「非人称受動」，ならびに「動作受動」と「状態受動」の区別がある。人称受動は他動詞から作り，非人称受動は自動詞から作る。動作受動と状態受動では，受動の助動詞が次のように異なる。状態受動はオランダ語と同様に，動作受動の完了形と語形的に一致するが，意味的には大きく異なる。状態受動は過去分詞が形容詞に近く，受動態というよりも「形容詞＋コプラ(連結詞)wêze」という構文としての性格が強い。

i)　動作受動：「過去分詞＋受動の助動詞 wurde」
ii)　状態受動：「過去分詞＋受動の助動詞 wêze」（＝動作受動の完了形）

§46　動詞の語形変化 (bûging) と分類

(1) 動詞の三つのクラスと下位分類

　動詞は第 1 不定詞 (e- 不定詞) の語末音によって三つのクラスに分かれる。
　　i) e- 動詞 (§ 47)　　ii) je- 動詞 (§ 48)　　iii) n- 動詞 (§ 49)
「e- 動詞」と「je- 動詞」は数多いが，「n- 動詞」は七つしかない。「je- 動詞」はオランダ語の干渉で衰退の傾向もあるが，派生語や外来語に用いる -earje [jɛrjə, (íərjə)]（例．studearje [stydjɛ́rjə, (stydíərjə)]「大学で学ぶ」）を含み，生産的な役割を果たす。「e- 動詞」「je- 動詞」の両語形を持つ語もある。
　　damme [dámə]/damje [dámjə]「ダムでせき止める」
　　drige [drí:ɣə]/driigje [drí:yjə]「脅す」
　　hate [há:tə]/haatsje [há:tʃə]「憎む」
　　kappe [kápə]/kapje [kápjə]「たたき切る」
　　moete [múətə]/moetsje [múətʃə]「会う」
　　parte [pátə]/partsje [pátʃə]「分配する」
　各クラスの動詞は語形変化の点で次のように下位分類される。
iv)　弱変化動詞：母音交替（ド．Ablaut）を起こさない→規則動詞・不規則動詞
v)　強変化動詞：母音交替を起こす→不規則動詞
vi)　過去現在動詞：歴史的に過去形を現在形に転用している→不規則動詞
　以上の分類を組み合わせると，次のようになる。なお，「n- 動詞」の第 1 不定詞 (e- 不定詞) は例外的に -n で終わる。
① 　e- 動詞：第 1 不定詞 (e- 不定詞)＝「ゼロ語幹＋-e」
　　　弱変化動詞：規則動詞　sile [sílə]「帆走する」
　　　　　　　　　不規則動詞　tinke [tíŋkə]「考える」, bliede「出血する」,
　　　　　　　　　　　　　　　feie「掃く」

　　　　強変化動詞：不規則動詞　helpe [hέlpə]「助ける」
　　　　過去現在動詞：不規則動詞　kinne [kínə]「…できる」
②　je-動詞：第1不定詞(e-不定詞)＝「je-語幹＋-e(→ -∅)」
　　　　弱変化動詞：規則動詞　tankje [táŋkjə]「感謝する」
　　　　　　　　　不規則動詞　meitsje [máitʃə, mέi…]「作る」
　　　　強変化動詞：不規則動詞　waskje [vóskjə]「洗う」
③　n-動詞：第1不定詞(e-不定詞)＝「不規則語幹＋-n」
　　　　強変化動詞：不規則動詞　jaan [ja:n]「与える」

　　　　　(2)　語幹(stam)と人称変化語尾(útgong)

　動詞は語幹と人称語尾からなる。語幹は「語根」と「語幹形成要素」から成る。弱変化の「je-動詞」の語幹は語根と語幹形成要素 -je/-e から成る。本書では，語幹形成要素 -je による語幹を「je-語幹」，語幹形成要素 -e による語幹を「e-語幹」，語幹形成要素を欠いて(-∅)，語根と同形の語幹を「ゼロ語幹」と呼ぶ。語幹の形成は「e-動詞」ではゼロ語幹が基本となる。「je-動詞」の弱変化動詞では現在形2人称親称・3人称単数，過去形，過去分詞で「e-語幹」，それ以外では「je-語幹」が基本となる。「je-動詞」の強変化動詞では過去形と過去分詞で不規則なゼロ語幹が基本となる(§48(4))。人称語尾は語幹の種類にかかわらず，1種類である。

i)　ik syl「私は帆走する」/hy sylt「彼は帆走する」
　　[[syl(語根)-∅(語幹形成要素)] (＝ゼロ語幹)]-∅(人称変化語尾)：syl
　　[[syl(語根)-∅(語幹形成要素)] (＝ゼロ語幹)]-t(人称変化語尾)　：sylt
ii)　ik tankje「私は感謝する」/hy tanket「彼は感謝する」
　　[[tank(語根)-je(語幹形成要素)] (＝je-語幹)]-∅(人称変化語尾)：tankje
　　[[tank(語根)-e(語幹形成要素)] (＝e-語幹)]-t(人称変化語尾)　：tanket
　従来の記述では「je-動詞」に「je-語幹」と「e-語幹」の区別を設けず，語根をそのまま語幹とし，語幹形成要素を人称変化語尾に含めていることが多い。
　　　従来の記述：
　　　ik syl/hy sylt「同上」　　　：syl(語幹)-∅(人称変化語尾)
　　　　　　　　　　　　　　　　　syl(語幹)-t(人称変化語尾)

ik tankje/hy tanket「同上」：tank（語幹）-je（人称変化語尾）
tank（語幹）-et（人称変化語尾）

　従来の記述では「je-動詞」に1種類の語幹を設定すればすむかわりに，時制の区別に応じて2種類の人称変化語尾を設定する必要があり，「e-動詞」を含めるとさらに増え，時制と人称の関係が不明確である．本書の記述では「je-動詞」の語幹を2種類設定することで，「e-動詞」を含めても1種類の人称変化語尾を設定するだけで十分であり，時制と人称変化語尾の区別も明確になる．

　以下に「e-動詞」と「je-動詞」の弱変化規則動詞の語形変化の一覧を示す．-(e)はあいまい母音e [ə]の連続を嫌って，-eが現われないことを示す．

	「e-動詞」（弱変化動詞）	「je-動詞」（弱変化動詞）
	sile [sílə]「帆走する」	tankje [táŋkjə]「感謝する」

〈不定形〉
不定詞
　　不定詞語幹： ゼロ語幹　　　　　　　　je-語幹
　　　　　　　　（語根 syl-＋-Ø）　　　　（語根 tank-＋-je）
　　　　　　　　syl-　　　　　　　　　　tankje-
　第1不定詞　　ゼロ語幹＋-e　　　　　　je-語幹＋-(e)
　（e-不定詞）　sile (← syl-e)　　　　　　tankje (←[tank-je]-(e))
　第2不定詞　　ゼロ語幹＋-en　　　　　 je-語幹＋-(e)n
　（en-不定詞）　silen (← syl-en)　　　　 tankjen (←[tank-je]-(e)n)
　第3不定詞　　ゼロ語幹＋-Ø　　　　　 je-語幹＋-Ø
　（命令形不定詞）syl (← syl-Ø)　　　　　tankje (←[tank-je]-Ø)
現在分詞　　　　[ゼロ語幹＋-en]＋-d/-de　[je-語幹＋-(e)n]＋-d/-de
　　　　　　　　silend/silende　　　　　tankjend/tankjende
　　　　　　　　(←[syl-en]-d/-de)　　　　(←[[tank-je]-(e)n]-d/-de)
過去分詞　　　　ゼロ語幹＋　　　　　　 e-語幹＋Ø
　　　　　　　　-t（無声音の直後）
　　　　　　　　-d（有声音の直後）
　　　　　　　　syld (← syl-d)　　　　　tanke (←[tank-e]-Ø)

〈定形〉

命令形		ゼロ語幹＋-Ø	je- 語幹＋-Ø
		syl (← syl-Ø)	tankje (←[tank-je]-Ø)
現在形			
現在形語幹：		ゼロ語幹	je- 語幹/e- 語幹
		syl-	tankje-/tanke-
単数			
1人称		ゼロ語幹＋-Ø	je- 語幹＋-Ø
	ik	syl (← syl-Ø)	tankje (←[tank-je]-Ø)
2人称親称		ゼロ語幹＋-st	e- 語幹＋-st
	(do)	sylst (← syl-st)	tankest (←[tank-e]-st)
敬称		ゼロ語幹＋-e	je- 語幹＋-(e)
	jo	sile (← syl-e)	tankje (←[tank-je]-(e))
3人称		ゼロ語幹＋-t	e- 語幹＋-t
	hy	sylt (← syl-t)	tanket (←[tank-e]-t)
複数			
1人称		ゼロ語幹＋-e	je- 語幹＋-(e)
	wy	sile (← syl-e)	tankje (←[tank-je]-(e))
2人称		ゼロ語幹＋-e	je- 語幹＋-(e)
	jimme	sile (← syl-e)	tankje (←[tank-je]-(e))
3人称		ゼロ語幹＋-e	je- 語幹＋-(e)
	hja	sile (← syl-e)	tankje (←[tank-je]-(e))

過去形

過去形語幹：　　ゼロ語幹＋　　　　　　　e- 語幹
　　　　　　　　-te（無声音の直後）
　　　　　　　　-de（有声音の直後）
　　　　　　　　syl-de　　　　　　　　　tank-e

単数
1人称　　　　　　［ゼロ語幹＋-de］　　　　e- 語幹＋-∅
　　　ik　　　　　sylde（←[syl-de]-∅）　　tanke（←[tank-e]-∅）
2人称親称　　　　［ゼロ語幹＋-de］＋-st　　e- 語幹＋-st
　　　(do)　　　　syldest（←[syl-de]-st）　tankest（←[tank-e]-st）
　　敬称　　　　　［ゼロ語幹＋-de］＋-(e)n　e- 語幹＋-(e)n
　　　jo　　　　　sylden（←[syl-de]-(e)n）　tanken（←[tank-e]-(e)n）
3人称　　　　　　［ゼロ語幹＋-de］＋-∅　　e- 語幹＋-∅
　　　hy　　　　　sylde（←[syl-de]-∅）　　tanke（←[tank-e]-∅）

複数
1人称　　　　　　［ゼロ語幹＋-de］＋-(e)n　je- 語幹＋-(e)n
　　　wy　　　　　sylden（← sylde-(e)n）　tanken（←[tank-e]-(e)n）
2人称　　　　　　［ゼロ語幹＋-de］＋-(e)n　je- 語幹＋-(e)n
　　　jimme　　　 sylden（← sylde-(e)n）　tanken（←[tank-e]-(e)n）
3人称　　　　　　［ゼロ語幹＋-de］＋-(e)n　je- 語幹＋-(e)n
　　　hja　　　　　sylden（← sylde-(e)n）　tanken（←[tank-e]-(e)n）

§47　e-動詞 (e-tiidwurd)

(1)　弱変化動詞(swak tiidwurd)：規則動詞(regelmjittich tiidwurd)

過去形と過去分詞には，不定詞語幹末尾音が無声音か有声音かに応じて，それぞれ歯音接尾辞 -te [tə]/-t [t], -de [də]/-d [t] を付加する。

	過去形語幹	過去分詞
不定詞語幹：	無声音＋-te	無声音＋-t (smoke [smô:kə]「喫煙する」)
不定詞語幹：	有声音＋-de	有声音＋-d (telle [tɛlə]「数える」)

		現在形		過去形	
語幹		smook-	tel-	smookte-	telde-
単数1人称	ik	smook	tel	smookte	telde
2人称親称	(do)	smookst	telst	smooktest	teldest
敬称	jo	smoke	telle	smookten	telden
3人称	hy	smookt	telt	smookte	telde
	hja	smookt	telt	smookte	telde
	it	smookt	telt	smookte	telde
複数1人称	wy	smoke	telle	smookten	telden
2人称	jimme	smoke	telle	smookten	telden
3人称	hja	smoke	telle	smookten	telden
過去分詞	smookt/teld		現在分詞	smokend(e)/tellend(e)	

以下の規則的な音変化を伴うものがある。なお，以下の表では現在分詞はほぼ規則的なので省略する。3人称単数は hy，複数形は3人称 hja で代表させ

(a) **音節末音の無声化 (§7 (2))**

とくに摩擦音では正書法と発音の対応に注意。

-ve [və]→-fde [vdə]；-fd [ft], -ft [ft]/-fst [fst]

-ze [zə]→-sde [zdə]；-sd [st], -st [st]

-ge [ɣə]→-gde [ɣdə]；-gd [xt], -cht [xt]/-chst [xst, kst]

① love [lóːvə]「ほめる」（過分 loofd [loːft]）

	現在		過去	
ik	loof	[loːf]	loofde	[lóːvdə]
(do)	loofst	[loːfst]	loofdest	[lóːvdəst]
jo	love	[lóːvə]	loofden	[lóːvdən]
hy	looft	[loːft]	loofde	[lóːvdə]
hja	love	[lóːvə]	loofden	[lóːvdən]

② wize [víːzə]「示す」（過分 wiisd [viːst]）

以下，左側が現在形，右側が過去形を示す。

ik	wiis	[viːs]		wiizde	[víːzdə]
(do)	wiist	[viːst]	(← wiis-st)	wiisdest	[víːzdəst]
jo	wize	[víːzə]		wiisden	[víːzdən]
hy	wiist	[viːst]		wiisde	[víːzdə]
hja	wize	[víːzə]		wiisden	[víːzdən]

③ doge [dóːɣə]「役に立つ（おもに否定）」（過分 doogd [doːxt]）

例外的に3人称単数現在形で語尾 -t を欠くことがある ((4))。

ik	dooch	[doːx]	doogde	[dóːɣdə]
(do)	doochst	[doːxst, doːkst]	doogdest	[dóːɣdəst]
jo	doge	[dóːɣə]	doogden	[dóːɣdən]
hy	dooch(t)	[doːx(t)]	doogde	[dóːɣdə]
hja	doge	[dóːɣə]	doogden	[dóːɣdən]

(b) r の脱落 (§ 7 (3))

r は歯(茎)音 [s]/[z]/[l]/[d]/[t]/[n] の直前で規則的に脱落する。とくに r と [s]/[d]/[t] の連続に注意。

hearre [jérə]「聞く」(過分 heard [jɛt])

ik	hear	[jɛr]	hearde	[jédə]
(do)	hearst	[jɛst]	heardest	[jédəst]
jo	hearre	[jérə]	hearden	[jédən]
hy	heart	[jɛt]	hearde	[jédə]
hja	hearre	[jérə]	hearden	[jédən]

(c) t の脱落 (§ 7 (5)), 二重子音の縮約 (§ 7 (4)), 弱変化動詞過去分詞の -en

語幹末の d/t は s が後続すると発音上，脱落する (-dst [d-st]→[tst]→[st]; -tst [t-st]→[st])。二重子音の縮約 (dd → d, tt → t) は正書法でも1字に縮約して表記する。

① taaste [tá:stə]「手で触れる」(過分 taast [ta:st] (← taast-t))

ik	taast	[ta:st]		taaste	[tá:stə]	(← taast-te)
(do)	taastst	[ta:st]		taastest	[tá:stəst]	(← taast-test)
jo	taaste	[tá:stə]		taasten	[tá:stən]	(← taast-ten)
hy	taast	[ta:st]	(← taast-t)	taaste	[tá:stə]	(← taast-te)
hja	taaste	[tá:stə]		taasten	[tá:stən]	(← taast-ten)

② melde [mɛ́ldə]「伝える，届け出る」(過分 meld [mɛlt] (← meld-d) / melden [mɛ́ldən] (← meld-den))

ik	meld	[mɛlt]	melde	[mɛ́ldə]	(← meld-de)
(do)	meldst	[mɛlst]	meldest	[mɛ́ldəst]	(← meld-dest)
jo	melde	[mɛ́ldə]	melden	[mɛ́ldən]	(← meld-den)
hy	meldt	[mɛlt]	melde	[mɛ́ldə]	(← meld-de)
hja	melde	[mɛ́ldə]	melden	[mɛ́ldən]	(← meld-den)

オランダ語ではこの場合，二重子音の縮約は正書法では表記せず，語構成を視覚的に明示する。

フ．hy taaste [tá:stə]「彼は手で触れた」(taaste [tá:stə]「手で触れる」)

オ．hij tastte [tástə] (tasten [tástə(n)])「同上」
　フ．hy melde [mɛ́ldə]「彼は伝えた，届け出た」(melde [mɛ́ldə(n)]「伝える，届け出る」)
　オ．hij meldde [mɛ́ldə] (melden [mɛ́ldə])「同上」
次の用例も参照。
　フ．hy prate [prá:tə]「彼はしゃべった」(prate [prá:tə]「しゃべる」)
　オ．hij praatte [prá.tə] (praten [prá.tə(n)])「同上」
　melde「伝える，届け出る」は弱変化動詞なので，過去分詞で -en [ə(n)] がつくのは例外的である。しかし，ほかにも類例がある。
　　fiede [fíədə]「食物を与える」(過分 fied/fieden)
　　prate [prá:tə]「話す」(過分 praat/praten)
　　sette [sɛ́tə]「置く」(過分 set/setten)
　　spjalte [spjɔ́ltə]/spâlte [spɔ́:ltə]「(薪を)割る」(過分 spjalt/spâlt, spjalten/spâlten)
弱変化不規則動詞でも次の例がある((2)(b)①②参照)。
　　rêde [rɛ́:də]「救う，世話をする」(過分 ret/rêden)
　　skiede [skíədə]「分ける」(過分 skaat/skieden)
　　liede [líədə]「導く」(過分 laat/lieden)
　　spriede [spríədə]「広げる」(過分 spraat/sprieden)
　　stjitte [stjítə]「突く」(過分 staat/stjitten)
-en は元来，強変化動詞の過去分詞だけについた。語幹が d/t で終わる弱変化動詞につくようになったのは，歴史的に接頭辞 ge- の消失と二重子音の縮約で失われた過去分詞の形態的指標 -d/-t を強変化動詞過去分詞の -en で新たに明示したためと考えられる。つまり，-en はこの場合，本来の強変化動詞以外でも，過去分詞としての形態的役割を新たに担うようになったと言える。
　オランダ語とドイツ語では ge- の付加で過去分詞が形態的に明示され，上記の場合には -en がつかない。
　オ．melden「伝える」→過分 gemeld
　ド．melden「同上」→過分 gemeldet
　逆に，語幹が -n で終わる強変化動詞は母音交替(ド．Ablaut)を示すが，過去分詞の末尾音 -en を欠くために，西部の西フリジア語方言(西部フ．)では過

去分詞に弱変化動詞の -d をつけて，過去分詞を形態的に明示することがある (Tiersma 1999²：67, De Haan/Hoekstra 1993：24, §63(1)(a)②)。

フ．bine「巻く」→過分 bûn ↔ 西部フ．bûnd
　　sjen「見る」→過分 sjoen ↔ sjoend
　　dwaan「する」→過分 dien ↔ diend
オ．binden → gebonden/ド．binden → gebunden「同上」
　　zien → gezien/sehen → gesehen「同上」
　　doen → gedaan/tun → getan「同上」

(2) 弱変化動詞：不規則動詞（ûnregelmjittich tiidwurd）

弱変化動詞には母音交替以外の不規則な変化を示すものがあり，次の三つのタイプに分かれる。(a)のタイプは過去形と過去分詞だけが不規則で，ごく少数だが，(b)(c)のタイプは現在形も不規則で，さらに下位区分される。

(a) 不規則動詞 I

過去形と過去分詞が不規則であり，次の2語に限られる。

不定詞/現在 ink [ɪŋk], ing [ɪŋ]―過去/過分 ocht [ɔxt]
bringe [brĭŋə]「持ってくる」/hy bringt―hy brocht [brɔxt]/brocht
tinke [tĭŋkə]「考える」/hy tinkt―hy tocht [tɔxt] (tochte [tɔ́xtə])/tocht

ik	bringe	[brɪŋ]	brocht	[brɔxt]
(do)	bringst	[brɪŋst]	brochtst	[brɔxst, brɔkst]
jo	bringe	[brĭŋə]	brochten	[brɔ́xtən]
hy	bringt	[brɪŋt]	brocht	[brɔxt]
hja	bringe	[brĭŋə]	brochten	[brɔ́xtən]

「je- 動詞」に属する sykje「探す」，keapje「買う」も，n の消失を伴わないことを除けば，類似している(§48(3)⑤)。

歴史的には，閉鎖音の連続 kt を嫌って，k が ch [x] に摩擦音化した(kt > cht)ことにより，摩擦音の直前での n の消失とそれに伴う母音の「代償延長」（ド．Ersatzdehnung；後の時代に短母音化した）によって生じた。

(b) **不規則動詞 II**

　原則として(または歴史的に)語幹が d/t で終わり，語幹母音の変化と語幹末尾音の t との交替を伴う。語幹母音の種類から次の三つに下位区分される。規則的な変化形が併存することが多く，現在形でその傾向が強い。ただし，以下の① sliepe [slíəpə]「眠る」と riere [ríərə]「かき回す」は，語幹が d/t 以外で終わる。② deie「殺す」(古フ. dêda)と③ lije [léiə]「苦しむ」(古フ. litha)は，古くは語幹が d/th で終わっていた。

① 不定詞 ie [iə]/ue [uə]/ê [ɛ:] － 現在3単 e [ɛ] － 過去 e [ɛ] －
　　過分 e [ɛ]

i) 不定詞 ie [iə] － 現在3単 e [ɛ] － 過去 e [ɛ] － 過分 e [ɛ]
　　bliede [blíədə]「出血する」(過分 blet [blɛt])

ik	blied	[bliət]	ik	blette	[blɛ́tə]
(do)	bletst	[blɛst]	(do)	blettest	[blɛ́təst]
	bliedst	[bliəst]		bletst(e)	[blɛ́st(ə)]
jo	bliede	[blíədə]	jo	bletten	[blɛ́tən]
hy	blet	[blɛt]	hy	blette	[blɛ́tə]
	bliedt	[bliət]			
hja	bliede	[blíədə]	hja	bletten	[blɛ́tən]

　類例：briede「(食物を)焼く，あぶる」，liede「(鐘が)鳴る」，riede「助言する」，riere「かき回す」

　次の語は「割れ」(§5(2)(a)④)を起こすことがある(ie [iə]＞[jɪ])。
sliepe [slíəpə]「眠る」(過分 slept [slɛpt], sliept [sljɪpt], sliepen [slíəpən])

ik	sliep	[sliəp]	ik	slepte	[slɛ́ptə]
				sliepte	[sljɪ́ptə]
(do)	slepst	[slɛpst]	(do)	sleptest	[slɛ́ptəst]
	sliepst	[sljɪpst]		slieptest	[sljɪ́ptəst]
jo	sliepe	[slíəpə]	jo	slepten	[slɛ́ptən]
hy	slept	[slɛpt]	hy	slepte	[slɛ́ptə]
	sliept	[sljɪpt]		sliepte	[sljɪ́ptə]
hja	sliepe	[slíəpə]	hja	slepten	[slɛ́ptən]

400 　XI 　動　　詞

　　　　　　　　　　　　　　sliepten　［slíːptən］

ii) 　不定詞 ue［uə］－現在3単 e［ɛ］－過去 e［ɛ］－過分 e［ɛ］
　　次の動詞に限られ，「je-動詞」の語形が併存する。
　　moetsje［múətʃə］/moete［múətə］「会う」（過分 met［mɛt］, moete［múətə］）

	ik	moetsje	[múətʃə]		ik	mette	[mɛ́tə]
		moet	[muət]			moete	[múətə]
	(do)	metst	[mɛst]		(do)	mettest	[mɛ́təst]
		moetest	[múətəst]			moetest	[múətəst]
	jo	moetsje	[múətʃə]		jo	metten	[mɛ́tən]
		moete	[múətə]			moeten	[múətən]
	hy	met	[mɛt]		hy	mette	[mɛ́tə]
		moetet	[múətət]			moete	[múətə]
	hja	moetsje	[múətʃə]		hja	metten	[mɛ́tən]
		moete	[múətə]			moeten	[múətən]

iii) 　不定詞 ê［ɛː］－現在3単 e［ɛ］－過去 e［ɛ］－過分 e［ɛ］
　　次の動詞のみ。過去分詞 rêden の -en については(1)(c)参照。
　　rêde［rɛ́ːdə］「救う，世話をする」（過分 ret［rɛt］, rêden［rɛ́ːdən］）

	ik	rêd	[rɛːt]		ik	rette	[rɛ́tə]
						rêde	[rɛ́ːdə]
	(do)	retst	[rɛst]		(do)	rettest	[rɛ́təst]
		rêdst	[rɛːst]			rêdest	[rɛ́ːdəst]
	jo	rêde	[rɛ́ːdə]		jo	retten	[rɛ́tən]
						rêden	[rɛ́ːdən]
	hy	ret	[rɛt]		hy	rette	[rɛ́tə]
		rêdt	[rɛːt]			rêde	[rɛ́ːdə]
	hja	rêde	[rɛ́ːdə]		hja	retten	[rɛ́tən]
						rêden	[rɛ́ːdən]

② 　不定詞 ie［iə］/ji［jɪ］/ei［ai, ɛi］－現在3単 aa［aː］－過去 a［aː］－過分 aa［aː］

i) 　不定詞 ie［iə］－現在3単 aa［aː］－過去 a［aː］－過分 aa［aː］

過去分詞 skieden の -en については(1)(c)参照。
skiede [skíədə]「分ける」(過分 skaat [ska:t], skieden [skíədən])

ik	skied	[skiət]	ik	skate	[ská:tə]
				skiede	[skíədə]
(do)	skaatst	[ska:st]	(do)	skatest	[ská:təst]
	skiedst	[skiəst]		skiedest	[skíədəst]
jo	skiede	[skíədə]	jo	skaten	[ská:tən]
				skieden	[skíədən]
hy	skaat	[ska:t]	hy	skate	[ská:tə]
	skiedt	[skiət]		skiede	[skíədə]
hja	skiede	[skíədə]	hja	skaten	[ská:tən]
				skieden	[skíədən]

類例：liede [líədə]「導く」, spriede [spríədə]「広げる」

ii) 不定詞 ji [jɪ]―現在3単 aa [a:]―過去 a [a:]―過分 aa [a:]
i)に準じるが，語幹が「割れ」(§5)を起こしている (ie [iə] > ji [jɪ])。
類例はない。過去分詞 stjitten の -en については(1)(c)参照。
stjitte [stjítə]「突く」(過分 staat [sta:t], stjitten [stjítən])

ik	stjit	[stjɪt]	ik	state	[stá:tə]
				stjitte	[stjítə]
(do)	staatst	[sta:st]	(do)	statest	[stá:təst]
	stjittst	[stjɪst]		stjittest	[stjítəst]
jo	stjitte	[stjítə]	jo	staten	[stá:tən]
				stjitten	[stjítən]
hy	staat	[sta:t]	hy	state	[stá:tə]
	stjit	[stjɪt]		stjitte	[stjítə]
hja	stjitte	[stjítə]	hja	staten	[stá:tən]
				stjitten	[stjítən]

iii) 不定詞 ei [ai, ɛi]―現在3単 aa [a:]―過去 a [a:]―過分 aa [a:]
deie [dáiə, dɛ́iə]「殺す」(過分 daat [da:t], deid [dait, dɛit])

ik	dei	[dai, dɛi]	ik	date	[dá:tə]
				deide	[dáidə, dɛ́idə]

(do)	daatst	[da:st]	(do)	datest	[dá:təst]
	deist	[daist, dɛist]		daatst(e)	[dá:st(ə)]
				deidest	[dáidəst, dɛ́idəst]
jo	deie	[dáiə, dɛ́iə]	jo	daten	[dá:tən]
				deiden	[dáidən, dɛ́idən]
hy	daat	[da:t]	hy	date	[dá:tə]
	deit	[dait, dɛit]		deide	[dáidə, dɛ́idə]
hja	deie	[dáiə, dɛ́iə]	hja	daten	[dá:tən]
				deiden	[dáidən, dɛ́idən]

③ 不定詞 ij [ɛi] －現在 3 単 ij [ɛi] －過去 i [ɪ] －過分 i [ɪ]
次の動詞のみ。
lije [lɛ́iə]「苦しむ，被る」(過分 lit [lɪt], lijd [lɛit])

ik	lij	[lɛi]	ik	litte	[lɪ́tə]
				lijde	[lɛ́idə]
(do)	litst	[lɪst]	(do)	littest	[lɪ́təst]
	lijst	[lɛist]		lijdest	[lɛ́idəst]
jo	lije	[lɛ́iə]	jo	litten	[lɪ́tən]
				lijden	[lɛ́idən]
hy	lit	[lɪt]	hy	litte	[lɪ́tə]
	lijt	[lɛit]		lijde	[lɛ́idə]
hja	lije	[lɛ́iə]	hja	litten	[lɪ́tən]
				lijden	[lɛ́idən]

歴史的には，①～③の動詞は人称変化語尾や歯音接尾辞の付加に伴う短母音化(§4，調音位置は 1 段下がる)に由来する(rêde [rɛ́:də]「救う」(古フ. hredda)では有声子音 d の前で e が長母音化した)。古フリジア語と対比して示す。

① 古フ. ê [e:] (フ. ie [iə]/ue [yə])＞e [ɛ]：bliede「出血する」(古フ. blêda), moetsje/moete「会う」(古フ. mêta)

② 古フ. ê [æ:] (フ. ie [iə]/ji [jɪ]/ei [ai, ɛi])＞[a] (＞[a:] 後続二重子音の単子音化に伴う代償延長)：skiede「分ける」(古フ. skêda), stjitte「突く」(古フ. stêta), deie「殺す」(古フ. dêda)

③ 古フ. î [i:]（フ. ij [εi]）＞i [ɪ]：lije「苦しむ，被る」(古フ. lîtha；lij-＞lit-)

　上記の短母音化による不規則動詞は，現在形では徐々に規則的に不定詞語幹に統一される傾向が認められる。一方，かつての語幹母音が [i:] を示す強変化動詞で歴史的におもに第Ⅰ系列に属するものは(例. smite [smítə]「投げつける」(古フ. smîta)) ，今日では短母音化が現在形のすべてに及んでいるが，古くは2人称親称と3人称単数に限られていた。短母音化による語幹の交替は次の動詞にも認められるが，今日では短母音語幹が一般的である。

　　farre [fárə]（〜fare [fá:rə]）「船で/が行く・運ぶ」
　　ride [rídə]（〜[rí:də]）「(車・自転車・馬で/が)行く」
　　sykje [síkjə]（〜siikje [sí:kjə]）「探す」
　　stjerre [stjɛ́rə]（〜[stjɛ́:rə]）「死ぬ」

　上記の語幹の形態の不均一性はギスベト・ヤーピクス(Gysbert Japicx (あるいは Japiks) 1603-1666)の作品にも見られる。

　現在形2人称親称単数・3人称単数での語幹の交替は，表面的にはドイツ語のウムラウト(ド. Umlaut)やいわゆる「割れ」(ド. Brechung)による交替に似ているが(古くは以下の helfen「助ける」では語幹母音が現在形単数すべての人称で交替した)，歴史的な由来は大きく異なる。

　　ド. helfen「助ける」(du hilfst, er hilft)
　　　　schlagen「打つ」(du schlägst, er schlägt)

(c) **不規則動詞 III**

　不定詞の i/j を含む二重母音が g [ɣ] を含む音と交替する動詞で，弱変化の「je-動詞」と同様に，過去形と過去分詞で歯音接尾辞 -te/-de, -t/-d を欠く。2人称親称単数は現在形と同形だが，これを嫌って，fageste/kôgeste/krigeste のように -e を伴うことがある(§48(1))。現在形には規則変化もある。歴史的には g の口蓋化に由来する。

① 不定詞 ei [ai, εi]－現在3単 age [a:ɣə]－過去 age [a:ɣə]－
　　過分 age [a:ɣə]
　　feie [fáiə, fɛ́iə]「掃く」(過分 fage [fá:ɣə])
　　ik　fei　[fai, fεi]　　　　　ik　fage　[fá:ɣə]

(do)	fagest	[fá:ɣəst]	(do)	fagest(e)	[fá:ɣəst(ə)]
	feist	[faist, fɛist]			
jo	feie	[fáiə, fɛiə]	jo	fagen	[fá:ɣən]
hy	faget	[fá:ɣət]	hy	fage	[fá:ɣə]
	feit	[fait, fɛit]			
hja	feie	[fáiə, fɛiə]	hja	fagen	[fá:ɣən]

類例：jeie「狩りをする，追いたてる」，kleie「嘆く，不平を言う」

② 不定詞 oai [o:i] (/o:j/)－現在3単 ôge [ɔ:ɣə]－過去 ôge [ɔ:ɣə]－過分 ôge [ɔ:ɣə]

「je-動詞」の語形が併存する。kauje [kɔ́ujə] もあるが，割愛する。

kôgje [kɔ́:kjə]/koaie [kó:jə]「噛む」(過分 kôge [kɔ́:ɣə])

ik	kôgje	[kɔ́:ɣjə]	ik	kôge	[kɔ́:ɣə]
	koai	[ko:i]			
(do)	kôgest	[kɔ́:ɣəst]	(do)	kôgest(e)	[kɔ́:ɣəst(ə)]
jo	kôgje	[kɔ́:ɣjə]	jo	kôgen	[kɔ́:ɣən]
	koaie	[kó:jə]			
hy	kôget	[kɔ́:ɣət]	hy	kôge	[kɔ́:ɣə]
hja	kôgje	[kɔ́:ɣjə]	hja	kôgen	[kɔ́:ɣən]
	koaie	[kó:jə]			

類例：tôgje [tɔ́:ɣjə]/toaie [tó:jə]「運ぶ」

③ 不定詞 ij [ɛi]－現在3単 ige [i(:)ɣə]－過去 ige [i(:)ɣə]－過分 ige [i(:)ɣə]

過去形には異形がある。次の動詞のみ。

krije [krɛ́iə]「得る」(過分 krige [krí(:)ɣə], krigen [krí(:)ɣən])

ik	krij	[krɛi]	ik	krige	[krí(:)ɣə]
				krych/kriich	[kri(:)x]
(do)	krigest	[krí(:)ɣəst]	(do)	krigest(e)	[krí(:)ɣəst(ə)]
	krijst	[krɛist]		krychst/kriichst	[kri(:)xst, …kst]
jo	krije	[krɛ́iə]	jo	krigen	[krí(:)ɣən]
hy	kriget	[krí(:)ɣət]	hy	krige	[krí(:)ɣə]
	krijt	[krɛit]		krych/kriich	[kri(:)x]

| hja | krije | [krɛiə] | hja | krigen | [krí(:)ɣən] |

(3) 強変化動詞 (sterk tiidwurd)

　強変化動詞は母音交替 (ド. Ablaut) による不規則動詞で，大多数が「e-動詞」である。特殊な子音変化を起こすものもある。これ以外の不規則動詞には，話法の助動詞を中心とする「過去現在動詞」がある ((e))。これは歴史的に過去形を現在形に転用した動詞で，現在形3人称単数は強変化動詞過去形と同様に無語尾である。

(a) 過去分詞の末尾音

　過去分詞の末尾音は次の4種類に分かれる。①〜③では -en が過去分詞の直前の音との関係で，-en/-n/-∅(ゼロ) として現われる。④は弱変化との混合である。

① 過去分詞 -en：直前が母音 /r/n 以外

　helpe [hɛlpə]「助ける」(過分 holpen [hólpən])

ik	help	[hɛlp]	holp	[holp]
(do)	helpst	[hɛlpst]	holpst	[holpst]
jo	helpe	[hɛlpə]	holpen	[hólpən]
hy	helpt	[hɛlpt]	holp	[holp]
hja	helpe	[hɛlpə]	holpen	[hólpən]

② 過去分詞 -n：直前が母音または r

「r の脱落」(§7(3)) によって n の直前の r は発音しない。直前が母音の例は (b)① bliuwe「とどまる」参照。

　stjerre [stjɛ́rə]「死ぬ」(過分 stoarn [stoən])

ik	stjer	[stjɛr]	stoar	[stoər]
(do)	stjerst	[stjɛst]	stoarst	[stoəst]
jo	stjerre	[stjɛ́rə]	stoaren	[stóərən]
hy	stjert	[stjɛt]	stoar	[stoər]
hja	stjerre	[stjɛ́rə]	stoaren	[stóərən]

類例：

i) 直前がr：bedjerre/ferdjerre「腐る」（過分 bedoarn/ferdoarn），farre (fare)「船で行く」(fearn)，ferlieze「失う」(ferlern)

ii) 直前が母音：bidde「祈る」(bean)，fleane「飛ぶ」(flein)，lizze「横たわっている，横たえる」(lein)，siede「沸騰する」(sean)，sizze「言う」(sein，本来，弱変化)，snije「切る」(snien)，spije「唾を吐く」(spein)，swije「黙っている」(swein)

iii) -iuwe [jywə, jo:wə] で終わる動詞。後代の類推による弱変化の過去形も併存する：driuwe「駆りたてる」(dreaun)，kliuwe「登る」(kleaun)，piuwe「いやいや食べる」(peaun)，priuwe「味わう」(preaun)，riuwe「連ねる，（ビーズなどを）糸に通す」(reaun)，skriuwe「書く」(skreaun)，triuwe「押す」(treaun)，wiuwe「（合図に手やハンカチなどを）振る」(weaun)，wriuwe「こする」(wreaun)

③ 過去分詞 -Ø（無語尾）：直前が n

2人称親称単数形 -st では，他の変化形との類推から先行母音が鼻音化に伴う長音化を起こしにくい（§3(2)）。

fine [fínə]「見つける」（過分 fûn [fu(:)n]）

ik	fyn	[fin]	fûn	[fu(:)n]
(do)	fynst	[fiⁿst, (fi:ⁿst)]	fûnst	[fuⁿst, (fu:ⁿst)]
jo	fine	[fínə]	fûnen	[fú(:)nən]
hy	fynt	[fint]	fûn	[fu(:)n]
hja	fine	[fínə]	fûnen	[fú(:)nən]

類例：begjinne「始める」（過分 begûn），bine「結ぶ」(bûn)，ferdwine「消える」(ferdwûn)，kwine「衰弱する」(kwûn)，rinne「歩く」(rûn)，spinne「（糸を）紡ぐ」(spûn)，swine「消える」(swûn)，ûntginne「開墾する，干拓する」(ûntgûn)，wenne「慣らす，慣れる」(wûn)，wine「巻く」(wûn)，winne「勝つ」(wûn)

④ 過去分詞 -t/-d

弱変化との混合であり，過去形だけ，あるいは過去形・過去分詞の両方に弱変化と強変化が併存する。blike「…のようである」のように，過去形が強変化，過去分詞が弱変化の例もある。語幹は「短母音＋{k/p}」で終わることが多い。

§47 e-動詞　407

dûke [dúkə]「潜る」(過分 dûkt [dukt])

ik	dûk	[duk]	doek	[du:k]/dûkte	[dúktə]
(do)	dûkst	[dukst]	doekst	[du:kst]/dûktest	[dúktəst]
jo	dûke	[dúkə]	doeken	[dú:kən]/dûkten	[dúktən]
hy	dûkt	[dukt]	doek	[du:k]/dûkte	[dúktə]
hja	dûke	[dúkə]	doeken	[dú:kən]/dûkten	[dúktən]

類例：beswike「屈服する」(過分 beswykt), finge「発火する」(fongd), knipe「つねる」(knypt), rûke「嗅ぐ」(rûkt), skoppe「蹴る」(skopt), stappe「踏む, 歩む」(stapt), strûpe「むく, (…の皮を)はぐ」(strûpt), sûpe「がぶ飲みする」(sûpt), wike「退く」(wykt)など

(b)　**過去形複数と 2 人称敬称の -ne(n)**

　過去形単数が二重母音で終わる語には, 過去形複数と 2 人称敬称の末尾音として -ne と -nen が併存するものがある。どちらかと言えば -ne が正式である (Eisma(1989：16)；(c)⑥の動詞の -en と比較)。歴史的には, -n を欠くのが本来の語形だったが, 過去形複数で -n をつける大多数の他の動詞との類推から, -nen が広がった。

① -iuwe で終わる動詞((a)②参照)

bliuwe [bljýwə, bljówə]「とどまる」(過分 bleaun [bløən])

後代の類推による弱変化の過去形も併存する。

ik	bliuw	[bljyu, bljou]	ik	bleau	[bljou, bløə]
				bliuwde	[bljýudə, bljóudə]
(do)	bliuwst	[bljyust, bljoust]	(do)	bleaust	[bljoust, bløəst]
				bliuwdest	[bljýudəst, bljóudəst]
jo	bliuwe	[bljýwə, bljówə]	jo	bleauwen	[bljówən]
				bleaune(n)	[bløənə(n)]
				bliuwden	[bljýudən, bljóudən]
hy	bliuwt	[bljyust, bljoust]	hy	bleau	[bljou, bløə]
				bliuwde	[bljýudə, bljóudə]
hja	bliuwe	[bljýwə, bljówə]	hja	bleauwen	[bljówən]
				bleaune(n)	[bløənə(n)]

bliuwden　[bljýudən, bljóudən]

② その他

過去形 3 人称単数・複数をカッコ内に示す。

hawwe [hávə]「持っている」(hie [hiə], hiene(n) [híənə(n)])
kinne [kínə]「…できる，…かもしれない」(koe [kuə], koene(n) [kúənə(n)])
lizze [lízə, lé:zə]「横たわっている，横たえる」(lei [lai, lɛi], leine(n) [láinə(n), lɛ́i…])
sille [sílə]「…だろう(など)」(soe [suə], soene(n) [súənə(n)])
sizze [sízə, sé:zə]「言う」(sei [sai, sɛi], seine(n) [sáinə(n), sɛ́inə(n)])
wêze [vɛ́:zə]「…である，…がいる・ある」(wie [viə], wiene(n) [víənə(n)])
wolle [vólə]「…したい」(woe [vuə], woene(n) [vúənə(n)])

一部の「n- 動詞」もこれに属する (§ 49)。

dwaan [dwa:n]「する」(die [diə], diene(n) [díənə(n)])
gean [gɪən]「行く」(gie [giə], giene(n) [gíənə(n)]) など
stean [stɪən]「立っている」(stie [stiə], stiene(n) [stíənə(n)])

次の動詞では強変化過去形複数の末尾音として -ne が一般的とされる (Eisma 1989：50)。ただし，-ne(n) とする扱いもあり，かならずしも一定しない。

snije [snɛ́iə]「切る」(snijde/snie [sniə], snijden/sniene [sníənə] (sniene(n) [sníənə(n)]))
spije [spɛ́iə]「唾を吐く」(spijde/spei [spai, spɛi], spijden/speine [spáinə, spɛ́inə] (speine(n) [spáinə(n), spɛ́i…]))

(c) **子音の変化による交替を起こす強変化動詞**

「不定詞」-「現在形 3 人称単数形」-「過去形 3 人称単数形」-「過去分詞」の順で示す。

① j [j]（不定詞・現在形）- g [g]（過去形・過去分詞）

jitte [jítə]「注ぐ」- jit [jɪt]（← jit-t）- geat [gɪət]- getten [gɛ́tən]
類例：ferjitte「忘れる」，jilde「有効である」（規則的な弱変化も併存）

② sj [ʃ]（不定詞・現在形）－sk [sk]（過去形・過去分詞）
sjitte [ʃítə]「撃つ」－sjit [ʃɪt]（← sjit-t）－skeat [skɪət]－sketten [skɛ́tən]

③ 「子音＋j」（不定詞・現在形）－「子音＋∅」（過去形・過去分詞）
i) sj [ʃ]－s [s]
sjonge [ʃóŋə]「歌う」－sjongt [ʃoŋt]－song [soŋ]－songen [sóŋən]
ii) dj [dj]－d [d]
bedjerre [bədjɛ́rə]「腐る」－bedjert [bədjɛ́t]－bedoar [bədóər]－bedoarn [bədóən]
類例：ferdjerre「腐る」
iii) gj [gj]－g [g]
begjinne [bəgjínə]「始める」－begjint [bəgjínt]－begûn [bəgú(:)n]－begûn [bəgú(:)n]
iv) hj [j]－h [h]
hjitte [jítə]「…という名前である」－hjit [jɪt]－hiet [hiət]/hjitte [jítə]－hiten [hítən]/hjitten [jítən]（規則的な弱変化も併存）
v) mj [mj]－m [m]
mjitte [mjítə]「測定する」－mjit [mjɪt]（← mjit-t）－meat [mɪət]－metten [mɛ́tən]
vi) stj [stj]－st [st]
stjonke [stjóŋkə]「悪臭がする」－stjonkt [stjoŋkt]－stonk [stoŋk]－stonken [stóŋkən]
類例：stjerre「死ぬ」((a)②)

④ k(k)（不定詞・現在形）－k/ts（過去形）－ts（過去分詞）
sprekke [sprɛ́kə]「公言する」－sprekt [sprɛkt]－spriek [spriək]/spruts [sprøts]－sprutsen [sprøtsən]
類例：brekke「割る」，dekke「覆う」（規則的な弱変化も併存），lûke「引く」，rekke「伸ばす」，stekke「突き刺す」，strike「なでる」，trekke「引く」
次の動詞は過去形 k の語形のみ。
berekke「(火を)灰で覆う」（過去形 beriek），strekke「伸ばす」（striek），

wreke「復讐する」(wriek，規則的な弱変化も併存。wrekke や「je- 動詞」の wreekje/wrekje もある)

歴史的には，①〜④は後続母音の前舌・後舌の区別や「割れ」(§5)の有無による口蓋化(エ．palatalization)に由来する。

⑤　z (不定詞・現在形) −r (過去形) −r/z (過去分詞)

歴史的に「ヴェルナーの法則」(ド．Vernersches Gesetz)による「子音字交替」(ド．grammatischer Wechsel)に起因する。

ferlieze [fəlíəzə]「失う」−ferliest [fəlíəst]−ferlear [fəlíər]−ferlern [fəlɛ́n]

frieze [fríəzə]「凍る(非人称動詞)」−friest [friəst]−frear [frɪər]−ferzen [fɛ́zən] (過去分詞は「音位転換」(ド．Metathese)による)

⑥　d (不定詞・現在形) −∅ (過去形・過去分詞)

biede [bíədə]「提供する」−biedt [biət]−bea [bɪə]−bean [bɪən]

過去形複数は beaen のように -en である。(b)の動詞の -ne(n) と比較。

類例：bidde「祈る」(規則的な弱変化も併存)，siede「沸騰する」

(d)　その他の不規則な語形を示す強変化動詞

①　「n- 動詞」と類似した変化をするもの

slaan「打つ」の変化参照(§49)。

fleane [flíənə]「飛ぶ」(過分 flein [flain, flɛin])

ik	fljoch [fljox]/flean [flɪən]	fleach	[flɪəx]
(do)	fljochst [fljoxst, …kst]	fleachst	[flɪəxst, …kst]
jo	fljogge [fljóɣə]/fleane [flíənə]	fleagen	[flíəɣən]
hy	fljocht [fljoxt]	fleach	[flɪəx]
hja	fljogge [fljóɣə]/fleane [flíənə]	fleagen	[flíəɣən]

②　補充形(ド．Suppletivform)によるもの

wêze [vɛ́:zə]「…である，…がいる・ある」(過分 west [vɛst])

ik	bin	[bɪn]	wie	[viə]
(do)	bist	[bɪst]	wiest	[viəst]
jo	binne	[bínə]	wiene(n)	[víənə(n)]
hy	is	[ɪs]	wie	[viə]

hja　　binne　[bínə]　　　wiene(n)　[víənə(n)]
③　hawwe [hávə]「持っている」(過分 hân [hɔ:n])
　　　ik　　ha(w)　　[ha(f), ha(v)]　　hie　　　[hiə]
　　　(do)　hast　　 [hast]　　　　　 hiest　　[hiəst]
　　　jo　　ha(wwe)　[há(və)]　　　　 hiene(n)　[híənə(n)]
　　　hy　　hat　　　[hat]　　　　　　hie　　　[hiə]
　　　hja　　ha(wwe)　[há(və)]　　　　hiene(n)　[híənə(n)]
　　　このほかに ha(bbe) [há(bə)], he(bbe) [hɛ́(bə)], he(wwe) [hɛ́(və)] という異形があり，現在形が異なる。
　　　ik　　{ha(b)/he(b)/he(w)}
　　　(do)　{hast/hest}
　　　jo　　{ha(bbe)/he(bbe)/he(wwe)}
　　　hy　　{hat/het}
　　　hja　　{ha(bbe)/he(bbe)/he(wwe)}

(4)　過去現在動詞(tiidwurd mei opskode doetiid, preterito presens)

　過去現在動詞はすべて不規則動詞である。歴史的には，過去形を現在形に転用したものであり，したがって，現在形3人称単数が強変化動詞過去形と同様に無語尾である。このことを重視すれば，wêze「…で/がある；完了の助動詞」((3)(d)②)を含めることも可能である。西フリジア語の過去現在動詞はオランダ語やドイツ語と違って，現在形単数と複数で異なる母音交替は示さない。
①　話法の助動詞
　　　kinne [kínə]「…できる，…かもしれない」(過分 kinnen [kínən], kind [kɪnt])
　　　ik　　kin　　[kɪn]　　　　　　koe　　　[kuə]
　　　(do)　kinst　[kɪⁿst, (ke:ⁿst)]　koest　　[kuəst]
　　　jo　　kinne　[kínə]　　　　　 koene(n)　[kúənə(n)]
　　　hy　　kin　　[kɪn] (← kin-Ø)　koe　　　[kuə]
　　　hja　　kinne　[kínə]　　　　　koene(n)　[kúənə(n)]
　　　類例：語形変化は不規則動詞変化表(§50)と「話法の助動詞」(§53(5))の

各項目参照。

meie「…してもいい，…するのが好きだ」, moatte「…しなければならない，…にちがいない」, sille「…だろう(など)」; wolle「…したい」(wolle は歴史的には本来，過去現在動詞ではない)

② 話法の助動詞以外

kenne [kɛ́nə]「知っている」(過分 kennen [kɛ́nən], kend [kɛnt])

ik	ken	[kɛn]		koe	[kuə]
(do)	kenst	[kɛⁿst, (kɛⁿːst)]		koest	[kuəst]
jo	kenne	[kɛ́nə]		koene(n)	[kúənə(n)]
hy	ken	[kɛn] (← ken-Ø)		koe	[kuə]
hja	kenne	[kɛ́nə]		koene(n)	[kúənə(n)]

類例：doge「役に立つ」(hy dooch(t), (1)(a)③), witte [vítə]「知っている」(過分 witten [vítən])

witte「知っている」は歴史的には過去現在動詞(現在形 hy wit-Ø)だが，現在形を hy wit-t と分析すれば，過去現在動詞とはみなさないことも可能である。

ik	wit	[vɪt]		wist	[vɪst]
(do)	witst	[vɪst]		wist	[vɪst] (← wist-st)
jo	witte	[vítə]		wisten	[vístən]
hy	wit	[vɪt]		wist	[vɪst]
hja	witte	[vítə]		wisten	[vístən]

§48　je-動詞 (je-tiidwurd)

(1) 過去形・過去分詞の歯音接尾辞の欠如と過去形2人称親称単数の -st(e)

「je-動詞」には「e-動詞」と同様に弱変化(規則動詞・不規則動詞)と強変化があり，後者は母音交替を起こす。

弱変化の「je-動詞」は過去形と過去分詞で歯音接尾辞 -te/-de, -t/-d を欠き，2人称親称単数が現在形と過去形で同形になる((3)⑤ sykje「探す」，keapje「買う」を除く)。近年，「je-動詞」にはオランダ語の影響で「e-動詞」との混合が見られるが，これは上記の形態的なあいまいさを解消する役割があるとも言える。

　　現在形 (do) harkest～過去形 (do) harkest (harkje「注意して聞く」)

過去形2人称親称単数の人称語尾には，規則的な -st のほかに -ste があり，現在形と過去形を区別することがある。

　　現在形 (do) harkest ↔ 過去形 (do) harkest(e)

過去形で歯音接尾辞 -te/-de を欠く「e-動詞」(§47(2)(c))でも同様である。

　　現在形 (do) {fagest/krigest} ↔ 過去形 (do) {fagest(e)/krigest(e)} (feie「掃く」, krije「得る」)

不規則な弱変化動詞の「e-動詞」に属する bliede「出血する」でも，現在形と過去形が同形のときに限って，-e がつくことがある (§47(2)(b))。

　　現在形 (do) bletst ↔ 過去形 (do) {blettest/bletst(e)}

-e の付加はかつての異形態の機能分化の結果であると言える。なお，補文標識の「活用」を含む -sto/-ste/-st にも -ste という語形がある (§22)。ただし，これは過去形に限らない。

その他の動詞も -e を伴うことがあるが，-e の付加は一般的ではないので，

以下の記述では -e を付加しない語形だけを示す。

歴史的には，西フリジア語でも，「e-動詞」でもかつては2人称親称単数が現在形と過去形で同形になることがあるものがあった。

現在形 (do) mienst(e) — 過去形 (do) {mienst(e)/miendest} (miene「思う」)

現在形 (do) bakst(e) — 過去形 (do) {bakst(e)/baktest} (bakke「(パンなどを)焼く」)

次の用例は古典的な近代詩の一部である。

Dû *kaamste*, dû *kaamste* sa stadich deroan.「あなたはやって来た，あなたはやって来た。とてもゆっくりと」(komme「来る(強変化動詞)」)

過去形と過去分詞で歯音接尾辞を欠く弱変化動詞は，ノルウェー語ニューノシュク(ニュ．nynorsk)やフェーロー語(フェロ．føroyskt)，低地ドイツ語(ド．Niederdeutsch)にも見られ，ゲルマン語に特徴的な歯音接尾辞が複数の現代語で少なくとも部分的に消失する傾向が認められる。以下では，低地ドイツ語は北ニーダーザクセン方言(ド．Nordniedersächsisch)の用例で示す。フェーロー語の文字 ð は無音であり，歴史的な原則に基づく正書法上の便宜にすぎない。過去形の [j]/[v] は母音衝突を避けるために挿入されたわたり音であり，ð の音価とは無関係である。

低ド．	不定詞	halen「持ってくる」— 過去分詞 haalt
	現在形	ik haal — du haalst — he haalt — {wi/ji/se} haalt
	過去形	ik haal — du haalst — he haal — {wi/ji/se} halen
フェロ．	不定詞	kasta「投げる」
	現在形	eg kasti — tú kastar — hann kastar — {vit/tit/teir} kasta
	過去形	{eg/tú/hann} kastaði [kástajɪ] — {vit/tit/teir} kastaðu [kástavʊ]
	過去分詞	kastað [kásta] (スピヌム)
ニュ．	不定詞	kasta「投げる」
	現在形	eg kastar (以下同様)
	過去形	eg kasta (以下同様)
	過去分詞	kasta

(2) 弱変化動詞：規則動詞

(a) 典型的な例

harkje [hárkjə]「注意して聞く」（過分 harke [hárkə]）

ik	harkje	[hárkjə]	harke	[hárkə]
(do)	harkest	[hárkəst]	harkest	[hárkəst]
jo	harkje	[hárkjə]	harken	[hárkən]
hy	harket	[hárkət]	harke	[hárkə]
hja	harkje	[hárkjə]	harken	[hárkən]

-earje [jέrjə, (íərjə)]（オ．-eren/ド．ieren，§61(5)(a)）は生産的な動詞派生要素(-ear は品詞転換に用いる「加音」)であり，オランダ語経由のフランス語などからの外来語にも多く用いる。「-e 語幹」では r を重ねて「割れ」(§5)による発音(-earre [jέrə])を明示する。ただし，「割れ」を起こさない発音([íərjə]/[íərə])も増えてきている。この場合は r を重ねないが，好ましくない発音およびつづりとされる。さらに，第1不定詞が -eare [íərə] という e-動詞の語形も散見される。これもまたオランダ語の影響であり，規範的ではなく，好ましくないとされる。

studearje [stydjέrjə, (stydíərjə)]「大学で学ぶ」（過分 studearre [stydjέrə], studeare [stydíərə]）

ik	studearje	[stydjέrjə, (stydíərjə)]	studearre (studeare	[stydjέrə] [stydíərə])
(do)	studearrest (studearest	[stydjέrəst] [stydíərəst])	studearrest (studearest	[stydjέrəst] [stydíərəst])
jo	studearje	[stydjέrjə, (stydíərjə)]	studearren (studearen	[stydjέrən] [stydíərən])
hy	studearret (studearet	[stydjέrət] [stydíərət])	studearre (studeare	[stydjέrə] [stydíərə])
hja	studearje	[stydjέrjə, (stydíərjə)]	studearren (studearen	[stydjέrən] [stydíərən])

類例：ave(n)searje [avə(ⁿ)sέrjə, (avə(ⁿ)síərjə)]「前進する」, kontrolearje「管理する」, notearje「メモする」, organisearje「企画運営する，組

織する」, wurdearje「評価する」

(b) **規則的な音変化による交替を起こすもの**
① 破擦音化(§7(1))
'tsje [tʃə]/dzje [dʒə]―te [tə]/de [də]' の交替を起こす。

i) boartsje [bwátʃə]「遊ぶ」(過分 boarte [bwátə])

ik	boartsje	[bwátʃə]	boarte	[bwátə]
(do)	boartest	[bwátəst]	boartest	[bwátəst]
jo	boartsje	[bwátʃə]	boarten	[bwátən]
hy	boartet	[bwátət]	boarte	[bwátə]
hja	boartsje	[bwátʃə]	boarten	[bwátən]

類例：fetsje「つかむ」, groetsje「挨拶する」, rotsje「腐る」, sâltsje「塩漬けにする」, tútsje「キスをする」

ii) antwurdzje [ɔ́ntvødʒə]「答える」(過分 antwurde [ɔ́ntvødə])

ik	antwurdzje	[ɔ́ntvødʒə]	antwurde	[ɔ́ntvødə]
(do)	antwurdest	[ɔ́ntvødəst]	antwurdest	[ɔ́ntvødəst]
jo	antwurdzje	[ɔ́ntvødʒə]	antwurden	[ɔ́ntvødən]
hy	antwurdet	[ɔ́ntvødət]	antwurde	[ɔ́ntvødə]
hja	antwurdzje	[ɔ́ntvødʒə]	antwurden	[ɔ́ntvødən]

類例：arbeidzje「働く」, breidzje「編む」, hoedzje「保護する」, wâdzje「(水の中を)歩いて渡る」, wreidzje「繁茂する, 広がる」

② t の脱落(§7(5))
-stje [ʃə] で終わるものは 'stje [ʃə]―ste [stə]' の交替を起こす。
hoastje [wáʃə]「せきをする」(過分 hoaste [wástə])

ik	hoastje	[wáʃə]	hoaste	[wástə]
(do)	hoastest	[wástəst]	hoastest	[wástəst]
jo	hoastje	[wáʃə]	hoasten	[wástən]
hy	hoastet	[wástət]	hoaste	[wástə]
hja	hoastsje	[wáʃə]	hoasten	[wástən]

類例：feest(s)je [féːʃə]「祝う」, fêstje [féːʃə]/festje [fɛ́ʃə]「断食する」, gêstje [géːʃə]/gestje [gɛ́ʃə]「発酵する」, haastje [háːʃə]/hastje [háʃə]「急がせる」, kistje [kíʃə]「棺に収める」

③ 鼻音化(§3)

「母音＋n」は摩擦音 [j]/[s]/[z] の直前で鼻母音になる(④参照)。

tsjinje [tʃĩⁿjə]「住む」(過分 tsjinne [tʃĩnə])

ik	tsjinje	[tʃĩⁿjə]	tsjinne	[tʃĩnə]
(do)	tsjinnest	[tʃĩnəst]	tsjinnest	[tʃĩnəst]
jo	tsjinje	[tʃĩⁿjə]	tsjinnen	[tʃĩnən]
hy	tsjinnet	[tʃĩnət]	tsjinne	[tʃĩnə]
hja	tsjinje	[tʃĩⁿjə]	tsjinnen	[tʃĩnən]

類例：bûnzje [búːⁿʒə]「強くたたく，ドキドキする」, dûnsje [dúːⁿʃə]「ダンスをする」, ferdigenje [fədí:ɣəⁿjə]「擁護する」, skjinje [skjĩⁿjə]「掃除する」, wenje [vɛⁿjə]「住む」

④ あいまい母音 e [ə] の脱落

3音節以上の語であいまい母音 [ə] が連続すると，語末の -et [ət]/-est [əst] の e [ə] が脱落することがあり，正書法でも表記する。発音上は'あいまい母音 [ə]＋鳴音'が同一音節にある場合には，さらに音節化(§9)を伴うが，以下では表記しない。

hannelje [hɔ́nəljə]「商売する」(過分 hannele [hɔ́nələ])

ik	hannelje	[hɔ́nəljə]	hannele	[hɔ́nələ]
(do)	hannel(e)st	[hɔ́nəl(ə)st]	hannel(e)st	[hɔ́nəl(ə)st]
jo	hannelje	[hɔ́nəljə]	hannelen	[hɔ́nələn]
hy	hannel(e)t	[hɔ́nəl(ə)t]	hannele	[hɔ́nələ]
hja	hannelje	[hɔ́nəljə]	hannelen	[hɔ́nələn]

類例：dûzelje「めまいがする(非人称動詞)」, hongerje「空腹である」, knibbelje「ひざまずく」, simmerje「夏になる，夏である(非人称動詞)」, timmerje「(建物を)木材で建てる」, winterje「冬になる，冬である(非人称動詞)」

とくに -enje で終わる語は③の「鼻音化」を伴う。

tekenje [téːkəⁿjə]「(絵を)描く」((do) tekenest [téːkənəst]/tekenst [téːkⁿst])

oefenje [úfəⁿjə]「練習する，訓練する」((do) oefenest [úfənəst]/

oefenst [úfəⁿst])

3音節以上の語で i [ə] を含むものでも e [ə] の脱落が見られる。

billikje [bíləkjə]「承認する，同意する」((do) billik(e)st [bíləkəst], hy billik(e)t [bíləkət])

hilligje [híləyjə]「神聖にする，あがめる」((do) {hilligest [híləyəst]/hillichst [híləxst, …kst]}, hy {hilliget [híləyət]/hillicht [híləxt]})

⑤ 半母音 j [j]/w [w] の交替(§6(3)(b)⑤)

{ouje/auje [ɔujə]}−{ouwe/auwe [ɔuə, (ɔuwə)]}

ouwe/auwe [ɔuə] は [ɔuwə] と表記することもできるが，わたり音である [w] の音は [ɔu] の後ではきわめて弱いので，本書では [ɔuə] とだけ表記する。

touje [tɔ́ujə]「寝言を言う」(過分 touwe [tɔ́uə])

ik	touje	[tɔ́ujə]	touwe	[tɔ́uə, (tɔ́uwə)]
(do)	touwest	[tɔ́uəst, (tɔ́uwəst)]	touwest	[tɔ́uəst, (tɔ́uwəst)]
hy	touwet	[tɔ́uət, (tɔ́uwət)]	touwe	[tɔ́uə, (tɔ́uwə)]
hja	touje	[tɔ́ujə]	touwen	[tɔ́uən, (tɔ́uwən)]

類例：rouje「喪に服する」(hy rouwet)，skouje「避ける」(hy skouwet)，souje「ふるいにかける，こす」(hy souwet)，dauje「霜が降りる」(it dauwet)，gauje/(gig(g)elje)「ねだる，せがむ」(hy gauwet)，kauje (kôgje, koaie)「かむ」(hy kauwet)

(3) 弱変化動詞：不規則動詞

歴史的には，口蓋化(エ. palatalization)による交替に由来する。

① eitsje [aitʃə, ɛitʃə]−akke [akə]

meitsje「作る」(過分 makke [mákə])

ik	meitsje	[máitʃə, mɛ́itʃə]	makke	[mákə]
(do)	makkest	[mákəst]	makkest	[mákəst]
jo	meitsje	[máitʃə, mɛ́itʃə]	makken	[mákən]
hy	makket	[mákət]	makke	[mákə]
hja	meitsje	[máitʃə, mɛ́itʃə]	makken	[mákən]

類例：smeitsje「…の味がする」(it smakket)

② eitsje [aitʃə, ɛitʃə]－ekke [ɛkə]
reitsje「当たる, 至る」(過分 rekke [rɛkə])

ik	reitsje	[ráitʃə, rɛ́itʃə]	rekke	[rɛ́kə]
(do)	rekkest	[rɛ́kəst]	rekkest	[rɛ́kəst]
jo	reitsje	[ráitʃə, rɛ́itʃə]	rekken	[rɛ́kən]
hy	rekket	[rɛ́kət]	rekke	[rɛ́kə]
hja	reitsje	[ráitʃə, rɛ́itʃə]	rekken	[rɛ́kən]

類例：weitsje/wekje「目を覚ましている, 見張る」(hy wekket)

③ aitsje [aitʃə]－ake [a:kə]
laitsje [láitʃə]「笑う」(過分 lake [lá:kə])

ik	laitsje	[láitʃə]	lake	[lá:kə]
(do)	lakest	[lá:kəst]	lakest	[lá:kəst]
jo	laitsje	[láitʃə]	laken	[lá:kən]
hy	laket	[lá:kət]	lake	[lá:kə]
hja	laitsje	[láitʃə]	laken	[lá:kən]

④ oaitsje [o:itʃə]－ôke [ɔ:kə]
loaitsje [lóːitʃə]「見る」(過分 lôke [lɔ́:kə])

ik	loaitsje	[lóːitʃə]	lôke	[lɔ́:kə]
(do)	lôkest	[lɔ́:kəst]	lôkest	[lɔ́:kəst]
jo	loaitsje	[lóːitʃə]	lôken	[lɔ́:kən]
hy	lôket	[lɔ́:kət]	lôke	[lɔ́:kə]
hja	loaitsje	[lóːitʃə]	lôken	[lɔ́:kən]

類例：kôkje/koaitsje「沸騰する」(it kôket), plôkje/ploaitsje (ploaitse)「摘む」(hy plôket)

⑤ {kje [kjə]/pje [pjə]}－ocht [ɔxt]
sykje [síkjə]「探す, 求める」(過分 socht [sɔxt])
siikje [síːkjə] もあるが, 以下の変化表では割愛する.

ik	sykje	[síkjə]	ik	socht	[sɔxt]
(do)	sikest	[síkəst]	(do)	sochtst	[sɔxst, sɔkst]
jo	sykje	[síkjə]	jo	sochten	[sɔ́xtən]

hy　siket　［síkət］　　hy　socht　［sɔxt］
hja　sykje　［síkjə］　　hja　sochten　［sɔ́xtən］

類例：keapje「買う」

「e-動詞」に属する tinke「思う，考える」と bringe「持ってくる・いく」も，n の消失を伴うことを除けば，類似した変化を示す（§47(2)(a)）。

なお，①〜⑤のほかに，pliigje［plíːɣjə］/plichtsje［plíxtʃə］「…する習慣がある」の過去形が plichte［plíxtə］/placht(e)［pláxt(ə)］となることに注意。

(4) 強変化動詞

すべて不規則動詞であり，語幹の母音が母音交替を起こす。

waskje［vɔ́skjə］「洗う」（過分 wosken［vóskən］）

ik	waskje	［vɔ́skjə］	wosk	［vosk］	
(do)	waskest	［vɔ́skəst］	woskst	［voskst］	
jo	waskje	［vɔ́skjə］	wosken	［vóskən］	
hy	wasket	［vɔ́skət］	wosk	［vosk］	
hja	waskje	［vɔ́skjə］	wosken	［vóskən］	

類例：bergje「かくまう」，fjochtsje「戦う」

次の動詞は規則的な弱変化が併存する。

befelje「命令する」，fergje「要求する」，flechtsje「編む」，genietsje「享受する」，hingje「掛ける，掛かっている」，lykje「似ている」，terskje「脱穀する」，tingje「値切る」

§49　n-動詞 (n-tiidwurd)

　n-動詞は七つの強変化動詞に限られ，第1不定詞(e-不定詞)が例外的に -n で終わる。第1不定詞(e-不定詞)と現在形1人称単数が異形か同形かに分かれ，前者では第1不定詞(e-不定詞)と第2不定詞(en-不定詞)，および現在形1人称単数と第3不定詞(命令形不定詞)がそれぞれ同形である。また，後者では現在形1人称単数と三つの不定詞すべてが同形である。slaan「打つ」は両方の性格を示す。「e-動詞」の fleane「飛ぶ」もこれに類似している(§47(3)(d)①)。過去形複数と2人称敬称の -ne(n) については§47(3)(b)参照。

① 第1不定詞と現在形1人称単数(＝現在1単)が異形

第1不定詞	現在1単	第2不定詞	第3不定詞
dwaan「する」	doch	dwaan	doch
jaan「与える」	jou	jaan	jou
sjen「見る」	sjoch	sjen	sjoch
tsjen「引く(書き言葉)」	tsjoch	tsjen	tsjoch

② 第1不定詞と現在形1人称単数が同形

gean「行く」	gean	gean	gean
stean「立っている」	stean	stean	stean

③ 第1不定詞と現在形1人称単数が同形あるいは異形

slaan「打つ」	slach/slaan	slaan	slach/slaan

　gean「行く」と stean「立っている」は語根動詞(ド．Wurzelverb)，slaan「打つ」は縮約動詞(ド．kontrahiertes Verb)に由来する。

i)　dwaan [dwaːn]「する」(過分 dien [diən])

ik	doch	[dox]	die	[diə]	
(do)	dochst	[doxst, dokst]	diest	[diəst]	
jo	dogge	[dóɣə]	diene(n)	[díənə(n)]	

	hy	docht	[doxt]	die		[diə]
	hja	dogge	[dóɣə]	diene(n)		[díənə(n)]
	命令形	doch [dox]	現分 dwaand(e) [dwa:nt, (dwá:ndə)]

ii) jaan [ja:n]「与える」(過分 jûn [ju(:)n])

	ik	jou	[jɔu]	joech	[ju:x]
	(do)	joust	[jɔust]	joechst	[ju:xst, ju:kst]
	jo	jouwe	[jɔ́uə]	joegen	[jú:ɣən]
	hy	jout	[jɔut]	joech	[ju:x]
	hja	jouwe	[jɔ́uə]	joegen	[jú:ɣən]
	命令形	jou [jɔu]	現分 jaand(e) [ja:nt, (já:ndə)]

iii) sjen [ʃɛn]「見る」(過分 sjoen [ʃuən])

	ik	sjoch	[ʃox]	seach	[sɪəx]
	(do)	sjochst	[ʃoxst, ʃokst]	seachst	[sɪəxst, sɪəkst]
	jo	sjogge	[ʃóɣə]	seagen	[sɪ́əɣən]
	hy	sjocht	[ʃoxt]	seach	[sɪəx]
	hja	sjogge	[ʃóɣə]	seagen	[sɪ́əɣən]
	命令形	sjoch [ʃox]	現分 sjend(e) [ʃɛnt, (ʃɛ́ndə)]

iv) tsjen [tʃɛn]「引く(書き言葉)」(過分 tein [tain, tɛin]) (trekke が一般的)

	ik	tsjoch	[tʃox]	teach	[tɪəx]
	(do)	tsjochst	[tʃoxst, tʃokst]	teachst	[tɪəxst, tɪəkst]
	jo	tsjogge	[tʃóɣə]	teagen	[tɪ́əɣən]
	hy	tsjocht	[tʃoxt]	teach	[tɪəx]
	hja	tsjogge	[tʃóɣə]	teagen	[tɪ́əɣən]
	命令形	tsjoch [tʃox]	現分 tsjend(e) [tʃɛnt, (tʃɛ́ndə)]

v) gean [gɪən]「行く」(過分 gien [giən]/gongen [góŋən])

	ik	gean	[gɪən]	ik	gyng [giŋ]/gong [goŋ]/gie [giə]
	(do)	giest	[gjɪst, giəst]	(do)	gyngst [giŋst]/gongst [goŋst]
					giest [giəst]
	jo	geane	[gíənə]	jo	gyngen [gíŋən]/gongen [góŋən]
					giene(n) [gíənə(n)]

hy	giet	[gjɪt, giət]	hy	gyng [giŋ]/gong [goŋ]/gie [giə]	
hja	geane	[gíənə]	hja	gyngen [gíŋən]/gongen [góŋən]	
				giene(n) [gíənə(n)]	

命令形　gean [gɪən]　　現分　geand(e) [gɪənt, (gíəndə)]

vi) stean [stɪən]「立っている」(過分　stien [stiən])

ik	stean	[stɪən]		stie	[stiə]
(do)	stiest	[stiəst]		stiest	[stiəst]
jo	steane	[stíənə]		stiene(n)	[stíənə(n)]
hy	stiet	[stiət]		stie	[stiə]
hja	steane	[stíənə]		stiene(n)	[stíənə(n)]

命令形　stean [stɪən]　　現分　steand(e) [stɪənt, (stíəndə)]

vii) slaan [sla:n]「打つ」(過分　slein [slain, slɛin])

ik	slach	[slax]		sloech	[slu(:)x]
	slaan	[sla:n]			
(do)	slachst	[slaxst, slakst]		sloechst	[slu(:)xst, slu(:)kst]
jo	slagge	[sláɣə]		sloegen	[slú(:)ɣən]
	slane	[slá:nə]			
	slaan	[sla:n]			
hy	slacht	[slaxt]		sloech	[slu(:)x]
hja	slagge	[sláɣə]		sloegen	[slú(:)ɣən]
	slane	[slá:nə]			
	slaan	[sla:n]			

命令形　slach [slax]/slaan [sla:n]　　現分　slaand(e) [sla:nt, (slá:ndə)]

424　XI　動　詞

§50　不規則動詞変化表

　以下の表では「第1不定詞－過去形3人称単数－過去分詞」の順に示し，必要に応じて他の変化形を加えている．分離動詞は分離成分を除いて検索し（例．bydrage「貢献する」は drage「運ぶ」で検索），非分離動詞は非分離接頭辞を除いて検索（例．befalle「気に入る」は falle「落ちる」で検索）する．ただし，begjinne「始める，始まる」のように非分離接頭辞を除いた語形がないものは，そのまま示してある．

　第1不定詞としてカッコ内に添えた語形は比較的稀なので，変化形は示していない（例．sykje (siikje)「深す」）．このほかの異形も多く，文法書や辞書の記述はかならずしも一定しない（Breuker 1989/90）．ここではほぼ標準的な語形と判断したものに限定する．

第1不定詞	過去形3人称単数	過去分詞
bedjerre [bədjɛ́rə]「腐る」	bedoar [bədóər]	bedoarn [bədóən]
bedrage [bədrá:ɣə]「あざむく」		
	bedroech [bədrú(:)x]	bedragen [bədrá:ɣən]
	複数　bedroegen [bədrú(:)ɣən]	
	bedreach [bədríəx]	
	複数　bedreagen [bədríəɣən]	
befelje [bəfɛ́ljə]「命令する」	befelle [bəfɛ́lə]	befelle [bəfɛ́lə]
	befoel [bəfúəl]	
befinge [bəfíŋə]「（病気・感情が）襲う」		
	befong [bəfóŋ]	befongen [bəfóŋən]
	befingde [bəfíŋdə]	befingd [bəfíŋt]
begjinne [bəgjínə]「始める，始まる」		

§50 不規則動詞変化表　425

| | | begûn [bəgú(:)n] | begûn [bəgú(:)n] |

belide [bəlídə]「告白する」 belied [bəlíət] beliden [bəlídən]
berekke [bərɛ́kə]「逮捕する，(火を)灰で覆う」
　　　　　　　　　　beriek [bəríək] berutsen [bərɵ́tsən]
bergje [bɛ́rɣjə]「保護する」 burch [børx] burgen [bɵ́rɣən]
　　　　　　　　　　複数 burgen [bɵ́rɣən]
beswike [bəswíkə]「屈服する」
　　　　　　　　　　beswykte [bəswíktə] beswykt [bəswíkt]
　　　　　　　　　　beswiek [bəswíək]
bidde [bídə]「祈る」　bea [bɪə] bean [bɪən]
　　　　　　　　　　複数　beaen [bíəən]
　　　　　　　　　　bidde [bídə] bidden [bídən]
biede [bíədə]「提供する」 bea [bɪə] bean [bɪən]
　　　　　　　　　　複数　beaen [bíəən]
bine [bínə]「結ぶ，巻く」 bûn [bu(:)n] bûn [bu(:)n]
bite [bítə]「噛みつく」 biet [biət] biten [bítən]
blaze [blá:zə]「吹く」 blaasde [blá:zdə] blaasd [bla:st]
　　　　　　　　　　blies [bliəs] blazen [blá:zən]
　　　　　　　　　　複数 bliezen [blíəzən]
bliede [blíədə]「出血する」 blette [blɛ́tə] blet [blɛt]
　現在　ik blied [bliət], (do) {bletst [blɛst]/bliedst [bliəst]}, hy {blet/bliedt [bliət]}, hja bliede；過去　(do) {blettest/bletst(e) [blɛ́st(ə)]}
blike [blíkə]「…のようである」
　　　　　　　　　　bliek [bliək] blykt [blikt]
blinke [blíŋkə]「ぴかぴか光る」
　　　　　　　　　　blonk [bloŋk] blonken [blóŋkən]
bliuwe [bljýwə, bljówə]「とどまる」
　　　　　　　　　　bleau [bljou, bløə] bleaun [bløən]
　　　　　　　　　　複数　bleauwen [bljówən]/bleaune(n) [bløənə(n)]
　　　　　　　　　　bliuwde [bljýudə, bljóudə]

brekke [brɛ́kə]「割る，割れる」
       briek [briək]   brutsen [brǿtsən]
       bruts [brøts]
briede [bríədə]「(食物を)焼く，あぶる」
       brette [brɛ́tə]   bret [brɛt]
 現在 ik bried, (do) {bretst [brɛst]/briedst [briəst]}, hy {bret/briedt}, hja briede；過去 (do) {brettest/bretst(e) [brɛ́st(ə)]}
bringe [bríŋə]「持ってくる」 brocht [brɔxt]   brocht [brɔxt]
deie [dáiə, dɛ́iə]「殺す」 date [dá:tə]   daat [da:t]
       deide [dáidə, dɛ́idə] deid [dait, dɛit]
 現在 ik dei, (do) {daatst [da:st]/deit}, hy {daat/deit}, hja deie；過去 (do) {datest [dá:təst]/daatst(e) [dá:st(ə)]}
dekke [dɛ́kə]「覆う」 diek [diək]   dutsen [dǿtsən]
       duts [døts]   dekt [dɛkt]
doare [dóərə, dwárə]「あえて…する」
       doarst [dóəst, wást] doarst [doəst, dwast]
 現在 hy {doar/doart}   doaren/doard
doge [dó:ɣə]「役に立つ」 doogde [dó:ɣdə] doogd [do:xt]
 現在 hy dooch(t) [do:x(t)]
drage [drá:ɣə]「運ぶ」 droech [dru(:)x] droegen [drú(:)ɣən]
       複数 droegen [drú(:)ɣən]
drinke [dríŋkə]「飲む」 dronk [drɔŋk]   dronken [drɔ́ŋkən]
driuwe [drjýwə, drjówə]「駆りたてる」
       dreau [drjou, drøə] dreaun [drøən]
       複数 dreauwen [drjówən]/
          dreaune(n) [drǿənə(n)]
       driuwde [drjýudə, drjóudə]
dûke [dúkə]「潜る」 doek [du:k]   dûkt [dukt]
       dûkte [dúktə]
dwaan [dwa:n]「する」 die [diə]   dien [diən]
       複数 diene(n) [díənə(n)]

§50 不規則動詞変化表 427

現在　ik doch [dox], (do) dochst [doxst, …kst], hy docht, hja dogge [dóɣə]；第2不定詞　dwaan, 第3不定詞　doch

erve [ɛrvə]「相続する」	urf [ørf]	urven [ǿrvən]
	複数　urven [ǿrvən]	
	erfde [ɛrvdə]	erfd [ɛrft]
falle [fɔ́lə]「落ちる」	foel [fuəl]	fallen [fɔ́lən]
fange [fáŋə]「捕らえる」	fong [foŋ]	fongen [fóŋən]
farre [fárə] (fare [fá:rə])「船で/が行く」		
	foer [fuər]	fearn [fíən]
	fear [fɪər]	
feie [fáiə, fɛiə]「掃く」	fage [fá:ɣə]	fage [fá:ɣə]

現在　ik fei, (do) {fagest/feist}, hy {faget/feit}, hja feie

ferdjerre [fədjɛ́rə]「腐る」	ferdoar [fədóər]	ferdoarn [fədóən]
ferdwine [fədwínə]「消える」	ferdwûn [fədwú(:)n]	ferdwûn [fədwú(:)n]
fergje [fɛ́rɣjə]「要求する」	ferge [fɛ́rɣə]	ferge [fɛ́rɣə]
	furch [førx]	furgen [føŕɣən]
	複数 furgen [føŕɣən]	
ferjitte [fəjítə]「忘れる」	fergeat [fəɡíət]	fergetten [fəɡɛ́tən]
		ferjitten [fəjítən]
ferlieze [fəlíəzə]「失う」	ferlear [fəlíər]	ferlern [fəlɛ́n]
fine [fínə]「見つける」	fûn [fu(:)n]	fûn [fu(:)n]
finge [fíŋə]「発火する」	fingde [fíŋdə]	fingd [fɪŋt]
	fong [foŋ]	
fjochtsje [fjóxtʃə]「戦う」	focht [foxt]	fochten [fóxtən]
fleane [flíənə]「飛ぶ」	fleach [flɪəx]	flein [flain, flɛin]
	複数 fleagen [flíəɣən]	

現在　ik {fljoch [fljox]/flean}, (do) fljochst [fljoxst, …kst], hy fljocht, hja {fljogge [fljóɣə]/fleane}

flechtsje [flɛ́xtʃə]「編む」	flechte [flɛ́xtə]	flechte [flɛ́xtə]
	flocht [floxt]	flochten [flóxtən]
frette [frɛ́tə]「(動物が)食べる」		

XI 動詞

	friet [friət]	fretten [frɛ́tən]
frieze [fríəzə]「凍る」	frear [frɪər]	ferzen [fɛ́zən]
gean [gɪən]「行く」	gyng [giŋ]	gien [giən]
	gong [goŋ]	gongen [góŋən]
	gie [giə]	
	複数　giene(n) [gíənə(n)]	

現在　ik gean, (do) giest [gjɪst, giəst], hy giet [gjɪt, giət], hja geane [gíənə]；第2不定詞/第3不定詞　gean

genêze [gənɛ́:zə]/geneze [gəné:zə]「回復する」

	genies [gəníəs]	genezen [gəné:zən]
	複数　geniezen [gəníəzən]	genêzen [gənɛ́:zən]
	genêsde [gənɛ́:zdə]	
	geneesde [gəné:zdə]	
genietsje [gəníətʃə] (geniete [gəníətə])「楽しむ」		
	geniete [gəníətə]	geniete [gəníətə]
	genoat [gənóət]	genoaten [gənóətən]
glide [glí(:)də]「滑る」	glied [gliət]	gliden [glí(:)dən]
glimme [glímə]「かすかに燃える」		
	glom [glom]	glommen [glómən]
	glimde [glímdə]	glimd [glɪmt]
glûpe [glúpə]「そっと歩く」	gloep [glu:p]	glûpen [glúpən]
	glûpte [glúptə]	glûpt [glupt]
grave [grá:və]「掘る」	groef [gru:f]	groeven [grú:vən]
	複数　groeven [grú:vən]	
gripe [grípə]「つかむ」	grypte [gríptə]	grypt [gript]
	griep [griəp]	grepen [grɛ́:pən]
hâlde [hɔ́:də]「保つ」	hold [ho:t]	holden [hó:dən]
	hâlde [hɔ́:də]	hâlden [hɔ́:dən]
hawwe [hávə]「持っている；完了の助動詞」		
(ha(bbe) [há(bə)]	hie [hiə]	hân [hɔ:n]

§50 不規則動詞変化表　429

he(bbe) [hɛ́(bə)]　　　　　複数　hiene(n) [híənə(n)]
he(wwe) [hɛ́(və)])
　現在　ik ha(w) [ha(f), ha(v)], (do) hast [hast], hy hat [hat], wy
　　ha(wwe) [há(və)]；第2不定詞　hawwen, 第3不定詞　ha(w)
helpe [hɛ́lpə]「助ける」　　holp [holp]　　　　　holpen [hólpən]
hingje [híŋjə]「掛かっている，掛ける」
　　　　　　　　　　　　　hong [hoŋ]　　　　　hongen [hóŋən]
　　　　　　　　　　　　　hinge [híŋə]　　　　　hinge [híŋə]
hjitte [jítə] (hite [hítə])「…という名前である」
　　　　　　　　　　　　　hiet [hiət]　　　　　hiten [hítən]
　　　　　　　　　　　　　hjitte [jítə]　　　　　hjitten [jítən]
ite [ítə]「食べる」　　　　iet [iət]　　　　　　iten [ítən]
jaan [ja:n]「与える」　　　joech [ju:x]　　　　jûn [ju(:)n]
　　　　　　　　　　　　　複数　joegen [jú:ɣən]
　現在　ik jou [jɔu], (do) joust, hy jout, hja jouwe [jóuə]；第2不定詞
　　jaan, 第3不定詞　jou
jeie [jáiə, jɛ́iə]「狩りをする，追いたてる」
　　　　　　　　　　　　　jage [já:ɣə]　　　　　jage [já:ɣə]
　現在　ik jei, (do) {jagest/jeist}, hy {jaget/jeit}, hja jeie
jilde [jíldə]「有効である」　jilde [jíldə]　　　　jilden [jíldən]
　　　　　　　　　　　　　gou [gɔu]　　　　　gouwen [gɔ́uən]
　　　　　　　　　　　　　複数　gouwen [gɔ́uən]
jitte [jítə]「注ぐ」　　　　geat [gɪət]　　　　　getten [gɛ́tən]
　　　　　　　　　　　　　　　　　　　　　　　jitten [jítən]
keapje [kíəpjə]「買う」　　kocht [kɔxt]　　　　kocht [kɔxt]
　　　　　　　　　　　　　koft [kɔft]　　　　　koft [kɔft]
kenne [kɛ́nə]「知っている」　koe [kuə]　　　　　kend [kɛnt]
　現在　hy ken [kɛn]　　　複数　koene(n)　　　kennen [kɛ́nən]
　　　　　　　　　　　　　　　　[kúənə(n)]
kerve [kɛ́rvə]「刻む，切る」　kurf [kørf]　　　　kurven [kǿrvən]
(kervje [kɛ́rvjə])　　　　　kerfde [kɛ́rvdə]　　kerfd [kɛrft]

kieze [kíəzə]「選ぶ」　　keas [kɪəs]　　　　keazen [kíəzən]
kinne [kĭnə]「…できる，…かもしれない」
　　　　　　　　　　　koe [kuə]　　　　　kinnen [kĭnən]
　　　　　　　　　複数　koene(n)　　　　　kind [kɪnt]
　　　　　　　　　　　　[kúənə(n)]
　現在　ik kin, (do) kinst [kɪⁿst, (ke:ⁿst)], hy kin, hja kinne
kleie [kláiə, klέiə]「嘆く」　klage [klá:ɣə]　　klage [klá:ɣə]
　現在　ik klei, (do) {klagest/kleist}, hy {klaget/kleit}, hja kleie
klimme [klĭmə]「登る」　　klom [klom]　　　klommen [klŏmən]
klinke [klĭŋkə]「鳴る」　　klonk [kloŋk]　　　klonken [klóŋkən]
kliuwe [kljýwə, kljówə]「登る」
　　　　　　　　　　　kleau [kljou, kløə]　kleaun [kløən]
　　　　　　　　　複数　kleauwen [kljówən]/
　　　　　　　　　　　kleaune(n) [kløénə(n)]
　　　　　　　　　　　kliuwde [kljýudə, kljóudə]
knipe [kní(:)pə]「つまむ」knypte [kníptə]　　knypt [knipt]
　　　　　　　　　　　kniep [kniəp]
kôgje [kɔ́:ɣjə]/koaie [kó:jə] (kauje [kɔ́ujə])「噛む」
　　　　　　　　　　　kôge [kɔ́:ɣə]　　　　kôge [kɔ́:ɣə]
　現在　ik {kôgje/koai}, (do) kôgest, hy kôget, hja {kôgje/koaie}
kôkje [kɔ́:kjə]/koaitsje [kó:itʃə]「沸騰する」
　　　　　　　　　　　kôke [kɔ́:kə]　　　　kôke [kɔ́:kə]
　現在　ik {kôkje/koaitsje}, (do) kôkest, hy kôket, hja {kôkje/koaitsje}
komme [kŏmə]「来る」　kaam [ka:m]　　　　kommen [kŏmən]
　　　　　　　　　　　　　　　　　　　　komd [komt]/kaam
krije [krέiə]「得る」　　krige [krí(:)ɣə]　　krige(n) [krí(:)ɣə(n)]
　　　　　　　　　　　krych/kriich [kri(:)x]
　現在　ik krij, (do) {krigest/krijst}, hy {kriget/krijt}, hja krije
krimpe [krĭmpə]「縮む」　kromp [kromp]　　krompen [krŏmpən]
kringe [krĭŋə]「押し進む」krong [kroŋ]　　　krongen [króŋən]
krinke [krĭŋkə]「気持ちを傷つける」

§50 不規則動詞変化表　431

　　　　　　　　　　　　　kronk [kroŋk]　　　　kronken [króŋkən]
krite [kríːtə]「嘆き悲しむ」　kriet [kriət]　　　　kriten [krítən]
krûpe [krúːpə]「這う」　　　kroep [kruːp]　　　　krûpen [krúːpən]
　　　　　　　　　　　　　krûpte [krúːptə]　　　krûpt [krupt]
kwine [kwíːnə]「やつれる」　kwynde [kwíːndə]　　kwynd [kwint]
　　　　　　　　　　　　　kwûn [kwu(ː)n]　　　 kwûn [kwu(ː)n]
laitsje [láitʃə]「笑う」　　　lake [láːkə]　　　　　lake [láːkə]
　現在　ik laitsje, (do) lakest, hy laket, hja laitsje
lêze [lɛ́ːzə]「読む」　　　　lies [liəs]　　　　　　lêzen [lɛ́ːzən]
　　　　　　　　　　　　　複数　liezen [líəzən]
liede [líədə]「導く」　　　　late [láːtə]　　　　　laat [laːt]
　　　　　　　　　　　　　liede [líədə]　　　　　lieden [líədən]
　現在　ik lied [liət], (do) {laatst [laːst]/liedst [liəst]}, hy {laat/liedt [liət]}, hja liede
liede [líədə]「(鐘が)鳴る, 鳴らす」
　　　　　　　　　　　　　lette [lɛ́tə]　　　　　　let [lɛt]
　現在　ik lied, (do) {letst [lɛst]/liedst [liəst]}, hy {let/liedt}, hja liede
lige [líːɣə]「嘘をつく」　　 liigde [líːɣdə]　　　　liigd [liːxt]
　　　　　　　　　　　　　leach [liəx]　　　　　 leagen [líəɣən]
　　　　　　　　　　　　　複数　leagen [líəɣən]　lygd [lixt]
lije [lɛ́iə]「苦しむ, 被る」　litte [lítə]　　　　　　lit [lɪt]
　　　　　　　　　　　　　lijde [lɛ́idə]　　　　　 lijd [lɛit]
　現在　ik lij, (do) {litst [lɪst]/lijst}, hy {lit/lijt}, hja lije
lykje [líkjə]「似ている, …のようだ」
　　　　　　　　　　　　　like [líːkə]　　　　　　like [líːkə]
　　　　　　　　　　　　　liek [liək]
litte [lítə]「…させる, 放置する」
　　　　　　　　　　　　　liet [liət]　　　　　　litten [lítən]
lizze [lízə, lɛ́ːzə]「横たわっている, 横たえる」
　　　　　　　　　　　　　lei [lai, lɛi]　　　　　lein [lain, lɛin]
　　　　　　　　　　　　　複数　leine(n) [láinə(n), lɛ́i…]

XI 動詞

現在　ik lis [lɪs, leːs]，(do) leist, hy leit, hja lizze
loaitsje [lóːitʃə]「見る」　　lôke [lɔ́ːkə]　　　　　lôke [lɔ́ːkə]
　現在　ik loaitsje, (do) lôkest, hy lôket, hja loaitsje
loegje [lúːɣjə]/loeie [lú(ː)jə]「積み上げる」
　　　　　　　　　　loege [lúːɣə]　　　　　loege [lúːɣə]
　　　　　　　　　　loeide [lú(ː)idə]　　　　loeid [lu(ː)it]
lûke [lúkə]「引く」　　loek [luːk]　　　　　lutsen [lǿtsən]
　　　　　　　　　　luts [løts]
meie [máiə, mɛ́iə]「…してもいい，…するのが好きだ」
　　　　　　　　　　mocht [moxt]　　　　mocht [moxt]
　　　　　　　　　　　　　　　　　　　　meien [máiən, mɛ́iən]
　現在　ik mei, (do) meist, hy mei, hja meie
meitsje [máitʃə, mɛ́i…]「作る」
　　　　　　　　　　makke [mákə]　　　　makke [mákə]
　現在　ik meitsje, (do) makkest, hy makket, hja meitsje
melke [mɛ́lkə]「乳を搾る」　molk [molk]　　molken [mólkən]
merke [mɛ́rkə]「気づく」　murk [mørk]　　murken [mǿrkən]
minge [mĩŋə]「混ぜる」　　mong [moŋ]　　mongen [móŋən]
mjitte [mjítə]「測る」　　　meat [mɪət]　　metten [mɛ́tən]
moatte [mátə, mwátə]「…しなければならない，…にちがいない」
　　　　　　　　　　moast [m(w)ast]　　moatten [m(w)átən]
　現在　ik moat, (do) moatst [m(w)ast], hy moat, hja moatte
moetsje [múətʃə]/moete [múətə]「会う」
　　　　　　　　　　mette [mɛ́tə]　　　　met [mɛt]
　　　　　　　　　　moete [múətə]　　　　moete [múətə]
　現在　ik {moetsje/moet}, (do) {metst [mɛst]/moetest}, hy {met/moetet}, hja {moetsje/moete}
nimme [nímə]「取る」　　naam [naːm]　　nommen [nómən]
　　　　　　　　　　　　　　　　　　　　nomd [nomt]/naam
piuwe [pjýwə, pjówə]「いやいや食べる」
　　　　　　　　　　peau [pjou, pøə]　　peaun [pøən]

　　　　　　　　　　複数　peauwen [pjówən]/
　　　　　　　　　　　　　　peaune(n) [pǿənə(n)]
　　　　　　　　　　　　piuwde [pjýudə, pjóudə]
pliigje [plí:ɣjə]/plichtsje [plíxtʃə]「…する習慣がある」
　　　　　　　　　　　　plichte [plíxtə]　　　なし
　　　　　　　　　　　　placht(e) [pláxt(ə)]
plôkje [plɔ́:kjə]/ploaitsje [plɔ́:itʃə] (ploaitse [plɔ́:itsə])「摘む」
　　　　　　　　　　　　plôke [plɔ́:kə]　　　　plôke [plɔ́:kə]
　現在　ik {plôkje/ploaitsje}, (do) plôkest, hy plôket, hja {plôkje/ploaitsje}
priuwe [prjýwə, prjówə]「(…の)味がする，味わう」
　　　　　　　　　　　preau [prjou, prǿə]　　preaun [prǿən]
　　　　　　　　　　複数　preauwen [prjówən]/
　　　　　　　　　　　　　　preaune(n) [prǿənə(n)]
　　　　　　　　　　　　priuwde [prjýudə, prjóudə]
rêde [rɛ́:də]「救う」　　　rette [rɛ́tə]　　　　　ret [rɛt]
　　　　　　　　　　　　rêde [rɛ́:də]　　　　　rêden [rɛ́:dən]
　現在　ik rêd, (do) {retst [rɛst]/rêdst [rɛ:st]}, hy {ret/rêdt [rɛ:t]},
　　hja rêde
reitsje [ráitʃə, rɛ́i…]「…に当たる，至る」
　　　　　　　　　　　　rekke [rɛ́kə]　　　　　rekke [rɛ́kə]
　現在　ik reitsje, (do) rekkest, hy rekket, hja reitsje
rekke [rɛ́kə]「伸びる，伸ばす」
　　　　　　　　　　　　riek [riək]　　　　　　rutsen [rǿtsən]
　　　　　　　　　　　　ruts [rǿts]
ride [rí(:)də]「(車・自転車・馬で/が)行く」
　　　　　　　　　　　　ried [riət]　　　　　　riden [rí(:)dən]
riede [ríədə]「助言する」　rette [rɛ́tə]　　　　　ret [rɛt]
　現在　ik ried [riət], (do) {retst [rɛst]/riedst [riəst]}, hy {ret/riedt
　　[riət]}, hja riede；過去　(do) {rettest/retst(e) [rɛ́st(ə)]}
riere [ríərə]「(身体を)動かす」
　　　　　　　　　　　　rette [rɛ́tə]　　　　　ret [rɛt]

§50　不規則動詞変化表　　433

XI 動詞

                      rierde [ríədə]   rierd(en)
                                                  [riət, (ríədən)]

  現在 ik rier, (do) {retst [rɛ́st]/rierst [ríəst]}, hy {ret/riert [riət]}, hja riere

rinne [rínə]「歩く，動く」 rûn [ru(:)n]   rûn [ru(:)n]
rite [rítə]「裂く，裂ける」 riet [riət]   riten [rítən]
riuwe [rjýwə, rjówə]「連ねる，(ビーズなどを)糸に通す」
                      reau [rjou, røə]   reaun [røən]
                      複数 reauwen [rjówən]/
                            reaune(n) [rǿənə(n)]
                      riuwde [rjýudə, rjóudə]
roppe [rópə]「叫ぶ，呼ぶ」 rôp [rɔːp]   roppen [rópən]
rûke [rúkə]「におう，嗅ぐ」 roek [ruːk]   rûkt [rukt]
                      rûkte [rúktə]
siede [síədə]「沸騰する/させる」
                      sea [sɪə]   sean [sɪən]
                      複数 seaen [síəən]
                      sear [sɪər]
sykje [síkjə] (siikje [síːkjə]「探す」
                      socht [sɔxt]   socht [sɔxt]
sille [sílə]「…だろう(など)」 soe [suə]   sillen [sílən]
                      複数 soene(n)   sild [sɪlt]
                          [súənə(n)]

  現在 ik sil, (do) silst [sɪst], hy sil, hja sille
sinke [síŋkə]「沈む」   sonk [sɔŋk]   sonken [sóŋkən]
sitte [sítə]「すわっている」 siet [siət]   sitten [sítən]
sizze [sízə, sɛ́ːzə]「言う」 sei [sai, sɛi]   sein [sain, sɛin]
                      複数 seine(n) [sáinə(n), sɛ́i…]

  現在 ik sis [sɪs, seːs], (do) seist, hy seit, hja sizze
sjen [ʃɛn]「見る」   seach [sɪəx]   sjoen [ʃuən]
                      seagen [síəɣən]

§50 不規則動詞変化表　435

　現在　ik sjoch [ʃox], (do) sjochst [ʃoxst, …kst], hy sjocht, hja sjogge [ʃóɣə]；第2不定詞 sjen，第3不定詞 sjoch

sjitte [ʃítə]「撃つ」	skeat [skɪət]	sketten [skɛ́tən]
sjonge [ʃóŋə]「歌う」	song [soŋ]	songen [sóŋən]
skelde [skɛ́ldə]/skelle [skɛ́lə]「ののしる」		
	skold [skolt]	skolden [skóldən]
	skelde [skɛ́ldə]	skeld [skɛlt]
skeppe [skɛ́pə]「創造する」	skoep [skuːp]	skepen [skéːpən]
skiede [skíədə]「分ける」	skate [skáːtə]	skaat [skaːt]
	skiede [skíədə]	skieden [skíədən]

　現在　ik skied [skiət], (do) {skaatst [skaːst]/skiedst [skiəst]}, hy {skaat/skiedt [skiət]}, hja skiede

skinke [skíŋkə]「注ぐ，贈る」
	skonk [skoŋk]	skonken [skóŋkən]
skite [skítə]「糞をする」	skiet [skiət]	skiten [skítən]
skoppe [skópə]「蹴る」	skopte [skóptə]	skopt [skopt]
	skôp [skɔːp]	
skowe [skówə]「押して動かす・動く」		
	skode [skóudə, skɔ́ːdə]	skood [skout, skoːt]
	skau [skɔu]	
	複数　skauwen [skɔ́wən]	

　現在　ik sko [skou], (do) skoost [skoust, skoːst], hy skoot [skout, skoːt], hja skowe

skrikke [skríkə]「驚く，こわがる」
	skrok [skrok]	skrokken [skrókən]
skriuwe [skrjýwə, skrjówə]「書く」		
	skreau [skrjou, skrøə]	skreaun [skrøən]
	複数　skreauwen [skrjówən]/	
	skreaune(n) [skrøənə(n)]	
	skriuwde [skrjýudə, skrjóudə]	

slaan [slaːn]「打つ」　　　sloech [slu(ː)x]　　　slein [slain, slɛin]
　　　　　　　　　　　　複数　sloegen [slú(ː)ɣən]
　現在　ik {slach [slax]/slaan}, (do) slachst [slaxst, …kst], hy slacht, hja {slagge [sláɣə]/slane [sláːnə]/slaan}；第2不定詞　slaan, 第3不定詞　slach/slaan
sliepe [slíəpə]「眠る」　　slepte [slɛ́ptə]　　　slept [slɛpt]
　　　　　　　　　　　　sliepte [sljíptə]　　　sliept [sljɪpt]
　　　　　　　　　　　　　　　　　　　　　　sliepen [slíəpən]
　現在　ik sliep [sliəp], (do) {slepst/sliepst [sljɪpst]}, hy {slept/sliept [sljɪpt]}, hja sliepe [slíəpə]
slinke [slíŋkə]「(腫れ・痛みが)ひく」
　　　　　　　　　　　　slonk [sloŋk]　　　　slonken [slóŋkən]
slite [slítə]「すり切れる」　sliet [sliət]　　　　sliten [slítən]
slûpe [slúpə]「そっと歩く」sloep [sluːp]　　　　slûpt [slupt]
　　　　　　　　　　　　slûpte [slúptə]　　　slûpen [slúpən]
slute [slýtə]「閉める, 閉まる」
　　　　　　　　　　　　sleat [slɪət]　　　　　sletten [slɛ́tən]
　　　　　　　　　　　　sluet [slyət]　　　　　sluten [slýtən]
　　　　　　　　　　　　slute [slýtə]
smeitsje [smáitʃə, smɛ́i…]「(…の)味がする, (人生などを)楽しむ」
　　　　　　　　　　　　smakke [smákə]　　　smakke [smákə]
　現在　ik smeitsje, (do) smakkest, hy smakket, hja smeitsje
smelte [smɛ́ltə] (smeltsje [smɛ́ltʃə])「溶ける, 溶かす」
　　　　　　　　　　　　smolt [smolt]　　　　smolten [smóltən]
smite [smítə]「投げつける」smiet [smiət]　　　　smiten [smítən]
snije [snɛ́iə]「切る」　　　snie [sniə]　　　　　snien [sniən]
　　　　　　　　　　　　複数　sniene [sníənə]　(sniene(n) [sníənə(n)])
　　　　　　　　　　　　snijde [snɛ́idə]　　　　snijd [snɛit]
snute [snýtə]「鼻をかむ」　snute [snýtə]　　　　snuten [snýtən]
　　　　　　　　　　　　snuet [snyət]
spije [spɛ́iə]/spuie [spœ́yə]「唾を吐く, 吐く」

§50 不規則動詞変化表

        spijde [spɛ́idə]   spijd [spɛit]
        spei [spai, spɛi] spein [spain, spɛin]
        複数　speine (speine(n) [spáinə(n), spɛ́i…])
        spuide [spœ́ydə] spuid [spœyt]
spinne [spínə]「(糸を)紡ぐ」 spûn [spu(:)n] spûn [spu(:)n]
        spinde [spíndə] spind [spɪnt]
spite [spítə]「残念に思える」 spiet [spiət]   spiten [spítən]
splite [splítə]「分割する」 spliet [spliət]   spliten [splítən]
sprekke [sprɛ́kə]「公言する」
        spriek [spriək] sprutsen [sprøtsən]
        spruts [sprøts]
spriede [spríədə]「広げる」 sprate [sprá:tə]   spraat [spra:t]
        spriede [spríədə] sprieden [spríədən]
 現在　ik spried [spriət], (do) {spraatst [spra:st]/spriedst [spriəst]},
 hy {spraat/spriedt [spriət]}, hja spriede
springe [spríŋə]「跳ぶ, はねる」
        sprong [sproŋ] sprongen [spróŋən]
sprute [sprýtə]「発芽する」 sprute [sprýtə]   spruten [sprýtən]
stappe [stápə]「踏む, 歩む」 stapte [stáptə]   stapt [stapt]
        stoep [stu:p]
stean [stɪən]「立っている」 stie [stiə]   stien [stiən]
        複数　stiene(n) [stíənə(n)]
 現在　ik stean, (do) stiest, hy stiet, hja steane；第2不定詞/第3不定詞
 stean
stekke [stɛ́kə]「突き刺す」 stiek [stiək]   stutsen [støtsən]
        stuts [støts]
stelle [stɛ́lə]「盗む」 stiel [stiəl]   stellen [stɛ́lən]
stjerre [stjɛ́rə]「死ぬ」 stoar [stoər]   stoarn [stoən]
stjitte [stjítə]「突く」 state [stá:tə]   staat [sta:t]
        stjitte [stjítə]   stjitten [stjítən]
 現在　ik stjit, (do) {staatst [sta:st]/stjitst [stjɪst]}, hy {staat/stjit},

XI 動詞

　　hja stjitte
stjonke [stjóŋkə]「悪臭がする」
　　　　　　　　　　　　　　stonk [stoŋk]　　　　stonken [stóŋkən]
stowe [stówə]「突進する」　　stode [stóudə, stóːdə]　stood [stout, stoːt]
　　　　　　　　　　　　　　stau [stɔu]
　　　　　　　　　　　　　　複数 stauwen [stówən]
　　現在　ik sto [stou], (do) stoost [skoust, skoːst], hy stoot [stout, stoːt],
　　hja stowe
strekke [strɛ́kə]「のばす」　strekte [strɛ́ktə]　　　strekt [strɛkt]
　　　　　　　　　　　　　　striek [striək]　　　　strutsen [strøtsən]
stride [stríːdə]「争う」　　　stried [striət]　　　　striden [stríːdən]
strike [stríkə]「なでる」　　striek [striək]　　　　strutsen [strøtsən]
　　　　　　　　　　　　　　struts [strøts]
strûpe [strúpə]「(の皮を)むく」
　　　　　　　　　　　　　　strûpte [strúptə]　　　strûpt [strupt]
　　　　　　　　　　　　　　stroep [struːp]
sûpe [súpə]「がぶ飲みする」　sûpte [súptə]　　　　sûpt [supt]
　　　　　　　　　　　　　　soep [suːp]
swerve [swɛ́rvə]「さまよう」　swurf [swørf]　　　　swurven [swørvən]
　　　　　　　　　　　　　　複数　swurven [swørvən]
swije [swɛ́iə]「黙っている」　swijde [swɛ́idə]　　　swijd [swɛit]
　　　　　　　　　　　　　　swei [swai, swɛi]　　swein [swain, swɛin]
swimme [swímə] (swemme [swɛ́mə])「泳ぐ」
　　　　　　　　　　　　　　swom [swom]　　　　swommen [swómən]
swine [swínə]「消える」　　swûn [swu(ː)n]　　　swûn [swu(ː)n]
swinge [swíŋə] (swingje [swíŋjə])「揺らす, 揺れる」
　　　　　　　　　　　　　　swong [swoŋ]　　　　swongen [swóŋən]
swinke [swíŋkə]「向きを変える」
　　　　　　　　　　　　　　swinkte [swíŋktə]　　　swinkt [swíŋkt]
　　　　　　　　　　　　　　swonk [swoŋk]　　　　swonken [swóŋkən]
terskje [tɛ́skjə]「脱穀する」　tursk [tøsk]　　　　　tursken [tøskən]

§50 不規則動詞変化表　439

	terske [tɛ́skə]	terske [tɛ́skə]
tingje [tíŋjə]「値切る」	tong [toŋ]	tongen [tóŋən]
	tinge [tíŋə]	tinge [tíŋə]
tinke [tíŋkə]「考える」	tocht [tɔxt]	tocht [tɔxt]
	tochte [tɔ́xtə]	
tôgje [tó:ɣjə]/toaie [tó:jə]「運ぶ」		
	tôge [tó:ɣə]	tôge [tó:ɣə]

　現在　ik {tôgje/toai}, (do) tôgest, hy tôget, hja {tôgje/toaie}

treffe [trɛ́fə]「会う, 当たる」	trof [trof]	troffen [trófən]
trekke [trɛ́kə]「引く」	triek [triək]	trutsen [trǿtsən]
	truts [trøts]	
triuwe [trjýwə, trjówə]「押す」		
	treau [trjou, trøə]	treaun [trøən]
	複数　treauwen [trjówən]/	
	treaune(n) [trǿənə(n)]	
	triuwde [trjýudə, trjóudə]	

tsjen [tʃɛn]「引く(書き言葉)」

| | teach [tɪəx] | tein [tain, tɛin] |
| | 複数　teagen [tíəɣən] | |

　現在　ik tsjoch [tʃox], (do) tsjochst [tʃoxst, …kst], hy tsjocht [tʃoxt],
　hja tsjogge [tʃóɣə]；第2不定詞　tsjen, 第3不定詞　tsjoch

twinge [twíŋə]「強制する」	twong [twoŋ]	twongen [twóŋən]
ûntginne [untɡínə]「開拓する」		
	ûntginde [untɡíndə]	ûntgind [untɡínt]
	ûntgûn [untɡú(:)n]	ûntgûn [untɡú(:)n]
waakse [vá:ksə] (waachs(j)e [vá:kʃə, (vá:ksə)]/waaksje [va:kʃə])「成長する」		
	woeks [vu(:)ks]	woeksen [vú(:)ksən]
waskje [vɔ́skjə]「洗う」	wosk [vosk]	wosken [vóskən]
weage [víəɣə] (weagje [víəɣjə]/wage [vá:ɣə])「(…の)重さを量る」		
	woech [vu:x]	woegen [vú:ɣən]
	woegen [vú:ɣən]	

weitsje [váitʃə, vέi…]/wekje [vέkjə]「目を覚ましている，見張る」
　　　　　　　　　wekke [vέkə]　　　wekke [vέkə]
　現在　ik {weitsje/wekje}, (do) wekkest, hy wekket, hja {weitsje/wekje}
wenne [vέnə]「慣らす，慣れる」
　　　　　　　　　wende [vέndə]　　　wend [vεnt]
　　　　　　　　　wûn [vu(:)n]　　　wûn [vu(:)n]
werpe [vέrpə]「投げる」　wurp [vørp]　　wurpen [vǿrpən]
wêze [vέ:zə]「…である，…がいる・ある」
　　　　　　　　　wie [viə]　　　west [vεst]
　　　　　　　複数　wiene(n) [víənə(n)]
　現在　ik bin [bɪn], (do) bist [bɪst], hy is [ɪs], hja binne [bínə]；命令形　wês [vε:s]；第2不定詞 wêzen, 第3不定詞 wês
wike [víkə] (wykje [víkjə])「退く」
　　　　　　　　　wykte [víktə]　　　wykt [vikt]
　　　　　　　　　wiek [viək]
wine [vínə]「巻く」　wûn [vu(:)n]　　wûn [vu(:)n]
winke [víŋkə]「(身振りで)合図する」
　　　　　　　　　wonk [voŋk]　　　wonken [vóŋkən]
winne [vínə]「勝つ，獲得する」
　　　　　　　　　wûn [vu(:)n]　　　wûn [vu(:)n]
wite [vítə]「(…を…の)せいにする」
　　　　　　　　　wiet [viət]　　　witen [vítən]
witte [vítə]/wite [vítə]「知っている」
　　　　　　　　　wist [vɪst]　　　witten [vítən]
　　　　　　　　　　　　　　　　witen [vítən]
wiuwe [vjýwə, vjówə]「(合図のために手やハンカチなどを)振る」
　　　　　　　　　weau [vjou, vøə]　weaun [vøən]
　　　　　　　複数　weauwen [vjówən]/
　　　　　　　　　　weaune(n) [vǿənə(n)]
　　　　　　　　　wiuwde [vjýudə, vjóudə]

wolle [vólə]「…したい」　　woe [vuə]　　　　　　wollen [vólən]
　　　　　　　　　　　　　複数　woene(n)　　　　wold [volt]
　　　　　　　　　　　　　　　　[vúənə(n)]
　現在　ik wol, (do) wolst [vost], hy wol, hja wolle
wreke [vré:kə]「復讐する」　wriek [vriək]　　　　wrutsen [vrótsən]
　　　　　　　　　　　　　wreekte [vré:ktə]　　　wreekt [vre:kt]
wringe [vríŋə]「ねじる，しぼる」
　　　　　　　　　　　　　wrong [vroŋ]　　　　　wrongen [vróŋən]
write [vrítə]「引き裂く」　wriet [vriət]　　　　　writen [vrítən]
wriuwe [vrjýwə, vrjówə]「こする，磨く」
　　　　　　　　　　　　　wreau [vrjou, vrøə]　　wreaun [vrøən]
　　　　　　　　　　　　　複数　wreauwen [vrjówən]/
　　　　　　　　　　　　　　　　wreaune(n) [vrǿənə(n)]
　　　　　　　　　　　　　wriuwde [vrjýudə, vrjóudə]
wurde [vǿdə]「…になる，受動の助動詞」
　　　　　　　　　　　　　waard [va:t]　　　　　wurden [vǿdən]
　　　　　　　　　　　　　　　　　　　　　　　woarn [(v)wan]
　現在　ik wurd [vøt], (do) wurdst [vøst], hy wurdt [vøt], hja wurde

§51 時制 (tiid) と命令形 (hjittende foarm, ymperatyf)

(1) 現在形 (notiid)

　時制には現在と過去があり，未来時制は確立していない。現在形は発話時の出来事に限らず，現実世界を主観的に広く表現する無標の形式である。③〜⑤はオランダ語やドイツ語と共通で，英語とは相違するように，西フリジア語の時制体系はオランダ語やドイツ語に近い。

① 規則・法則・真理

　　De moanne *draait* om 'e ierde.「月は地球のまわりを回っている」
　　Trettjin *is* it ûngeloksgetal.「13 は縁起の悪い数字である」

② 現行の習慣・傾向

　　Mem *kôket* jûns waarm iten.「母は晩に温かい食事を作る」
　　Bern *waakse* tsjintwurdich hurd nei folwoeksenheid.「子供はこの頃では大人になるのが早い」

③ 現在進行中の出来事

　　進行形構文は§66 (6)，67 (4)参照。
　　Hjoed *skynt* de sinne.「今日は日が照っている」
　　Hja *sitte* yn 'e wenkeamer.「彼らは居間にすわっている」

④ 過去からの継続

　　Do *sitst* al twa oeren efter it stjoer.「あなたはもう 2 時間もハンドルを握ったままだ」
　　Dy huzen *steane* hjir al trije jier.「その家々はここに建てられてからもう 3 年になる」
　　Beppe *is* al tolve jier widdo.「祖母はもう 12 年も未亡人だ」

⑤ 未来の出来事

推量などの話法的な意味を明示しないときには，ふつう現在形を用いる。話法の助動詞 sille「…だろう」を参照 (§ 53 (5)(d))。

Us beppe Jantsje *wurdt* moarn tachtich.「祖母のヨンチェは明日，80歳になります」

Wy *kieze* moarn in nije gemeenterie.「私たちは明日，新しい町議会の選挙をします」

Moarn *prate* wy fierder.「明日，続きを話そう」

As er *komt*, moatst my roppe.「彼が来たら，君は僕を呼ばなければいけませんよ」

⑥ 歴史的現在

まとまった文章で過去の一連の事実を生き生きと描写するときに，文体的な効果を伴って用いることが多い。現在完了形や過去形との交替がよく見られる (§ 52 (3)(b))。

Tsjin de folksskriuwerij fan it lêst fan de 19de ieu en it begjin fan de tweintichste *komt* in espeltsje jonge skriuwsters en skriuwers sa om 1915 hinne yn 't ferset.「19 世紀末と 20 世紀初頭の民衆文学に対抗して，1915 年頃から若い作家たちのグループが台頭する」

(2) 過 去 形 (doetiid)

西フリジア語の過去形は物語，回想，歴史的叙述など，日常生活とは別のまとまった出来事を表わす。また，ドイツ語やアイスランド語などでは接続法で表現するような婉曲，丁寧，遠慮，非現実などの話法的な表現にも用いる。つまり，過去形は話法的な意味を伴って話者の想像世界を描く手段であり，たんなる「過去」ではない。日常世界の過去の出来事には，時制としては「現在」の現在完了形を用いるので，過去形はむしろ話法の範疇に近い。西フリジア語では時制という範疇を設定する必然性が弱いとも言え，英語よりもオランダ語やドイツ語に近い。

① 物語・回想・歴史的叙述

Der *wiene* ris twa manlju op in doarp, dy't beide deselde nammen hiene.「昔，ある村に同じ名前の二人の男がいた」

Dokkum is ien fan 'e âldste stêden fan Fryslân.　Yn 'e tiid fan 'e Evangeeljeprekers *waard* de namme al neamd.　Yn 'e omkriten *waard* doe Bonifatius *fermoade*.　Eartiids *wie* dy stêd in seestêd.「ドクムはフリースラントでもっとも古い町(＝歴史的意味での「都市」)のひとつである。福音伝道の時代にすでにその名前が言及されている。その周辺で当時，ボニファティウスが暗殺された。以前，その町は海に面した町だった」

② 婉曲・丁寧・遠慮

"Hawwe jo dizze trui ek yn in oare kleur?" "Hokker kleur *hiene* jo yn 'e holle?"「このセーターは別の色はありますか」「どの色をお考えでいらっしゃいますか」

"Jo *wiene* der út, begryp ik?" "Ja, wy nimme beide in Dockumer kofje."「お決まりですか」「ええ，私たちは二人ともドクムコーヒーにします」(Dokkum「ドクム(町の名)」)

Goeie moarn, mefrou, menear.　*Woene* jo al bestelle?「おはようございます。ご注文はもうお決まりですか」

Ik *mocht* doch noch in koekje hawwe?「私はもうひとつケーキをもらってもよかったのよね」

③ 非現実の表現

話法の助動詞を伴う表現については§53(4)参照。

Al *hiest* wjukken, dan *wiest* noch te swier.「翼があったとしても，君はまだ重すぎるだろう」

Ik woe dat ik in fûgel *wie*.「私は鳥だったらいいのに」

Kaam er mar!「彼が来ればいいのになあ」

(3) 命令形

命令形は数や敬称・親称の区別なく1種類であり，動詞のクラスによって語形が異なる。否定命令では英語の do に相当するものは不要である。

① e- 動詞：ゼロ語幹と同じ

　　Yt lekker!「いただきます(＝おいしく召し上がれ)」(ite「食べる」)

② je- 動詞：「je- 語幹」と同じ

Wachtsje net langer!「これ以上，待つな」（wachtsje「待つ」）
③　n-動詞：現在形1人称単数と同じ
　　　Doch it no!「今，それをやれ」（dwaan「する」）
　　　Gean te boadskipjen!「買物に行きなさい」（gean「行く」）
　①②は現在形1人称単数と同形なので，一般に命令形は現在形1人称単数と同形とも言える。ただし，wêze「…である，…がいる・ある」（命令形 wês）を除く。
　　　Wês net bang!「こわがらないで」

(a)　**命令文での話法の副詞と人称代名詞主格基本形の付加**
　命令文には話法の副詞，とくに心態詞（§32(4)(c)）を付加して話法的ニュアンスを加えることが多い。人称代名詞主格基本形を付加することもあり，子供をなだめたり，大人をからかったりする場合などに用いる。両者の併用も多い。
①　話法の副詞の付加
　　　Kom der *doch eefkes* yn!「まあちょっとお入りなさいよ」
　　　O God, lit my *doch* net langer libje!「ああ神様，私をこれ以上，生きながらえることのないようにしてください」
　　　Gâns diersoarten binne hast of hielendal útstoarn, *tink mar* oan de walfisk.「たくさんの種類の動物たち（＝動物の多くの種類）がほとんどまたはまったく滅びてしまった。たとえば鯨のことを考えてみなさい」
②　2人称代名詞主格基本形と話法の副詞の付加
　　　Skink *do* ús *ris* yn.「私たちにもついで（＝注いで）ちょうだいよ」
　　　No, hâld *do* dy *mar* stil.「いいかげんにちょっとお黙り」
③　3人称代名詞主格基本形と話法の副詞の付加
　　　Kom *sy mar* by mem.「お母さんのところに行きなさいね」（女の子に）
　　　Sis *hy* it *mar*.「言ってごらんなさいよ」（男の子供や大人に）

(b)　**命令形以外による命令の表現**
　「2人称主語＋動詞現在形」の平叙文や第1不定詞でも，命令の意味は表現できる。この場合にも話法の副詞，とくに心態詞（§32(4)(c)）や人称代名詞主格基本形を付加することがある。

① 「2人称主語＋動詞現在形」の平叙文

"Wiene jo der al út?" "Nee, noch eefkes. Kin 't noch wol eefkes?" "Fansels, *jo jouwe mar* in wink."「お決まりでしょうか」「もうしばらくいいですか」「もちろんですとも。合図をなさってくださいね」(話法の副詞 mar, (a)①)

② 第1不定詞(§ 65 (2)(b))

Ophâlde!「やめなさい」　Trochrinne！「歩きとおしなさい」

"Do hoechst dyn sean aai ek net tink?" "Ho, ho, *ôfbliuwe do*. Dêr moat ik my noch op beriede oft ik dy nim of net."「あなたはゆで卵もいらないのね」「えー、ちょっと待って。もらうかどうか、よく考えてからにしないと」(2人称代名詞主格基本形 do, (a)②)

過去分詞は命令の意味を表現できない。

Treurje dêrom net, wy besykje it gewoan nochris.「だから悲しまないで。私たちはそれをもう一度やるから」(命令形)

↔ *Treure dêrom net, wy besykje it gewoan nochris.「同上」(過去分詞，不可)

Set gjin fytsen tsjin de glêzen, asjeblyft.「自転車を窓ガラスに立て掛けないで」(命令形)

↔ *Gjin fytsen tsjin de glêzen *set*, asjeblyft.「同上」(過去分詞，不可)

*Opdondere!「地獄へ行け(過去分詞)，不可」(命令形 Donderje op!「同左」← opdonderje「地獄へ行く」)

*Opduvele「消えて失せろ(過去分詞)，不可」(命令形 Duvelje op!「同左」← opduvelje「消えて失せる」)

ドイツ語やオランダ語では過去分詞を命令の意味で使える場合も少数ある。西フリジア語で過去分詞を命令の表現として用いて容認可能とする判定は，オランダ語の影響とされ，好ましくないとされる。

フ．*Oppast!「気をつけろ(過去分詞)，不可」(命令形 Pas op!「同左」← oppasse「気をつける」)

オ．Opgelet! (Let op! ← opletten)「同上，可」

ド．Aufgepasst! (Pass auf! ← aufpassen)「同上，可」

§52 完　了　形 (folsleine tiid)

(1)　完了形の語形

　完了形第1不定詞の語形は「過去分詞＋完了の助動詞 hawwe/wêze」である。hawwe/wêze が現在形になれば現在完了形(folsleine notiid)，過去形になれば過去完了形(folsleine doetiid)になる。主文では過去分詞は右枠に置かれ，完了の助動詞定形と枠構造を作る。

　　完了形第1不定詞：songen hawwe「歌った」← sjonge「歌う」
　　　　　　　　　　kommen wêze「来た」← komme「来る」

　現在完了形/過去完了形

ik	{ha(w)/hie} … songen		ik	{bin/wie} … kommen
(do)	{hast/hiest} … songen		(do)	{bist/wiest} … kommen
jo	{ha(wwe)/hiene(n)} … songen		jo	{binne/wiene(n)} … kommen
hy	{hat/hie} … songen		hy	{is/wie} … kommen
hja	{ha(wwe)/hiene(n)} … songen		hja	{binne/wiene(n)} … kommen

(2)　完了の助動詞 hawwe/wêze の選択

　ある動詞が hawwe と wêze のどちらに支配されて完了形を作るかという選択のことを「hawwe-支配」/「wêze-支配」と呼び，次の規則に従う。「他動詞」とは名詞句目的語を伴う動詞を指す。前置詞句目的語を伴うものは自動詞である。
① 「過去分詞＋hawwe」：他動詞，および②以外の自動詞

「②以外の自動詞」とは非能格動詞（エ．unergative verb）に対応する。
"*Hat* er wat *ferteld*?" "Hy *hat* neat *sein*."「彼は何か言っていましたか」「何も言っていませんでした」(fertelle「伝える」, sizze「言う」)
Ik *ha* in moai boek *lêzen*.「私はすてきな本を読んだ」(lêze「読む」)
Sy *hawwe* lekker *sliept*.「彼らはよく眠った」(sliepe「眠る」)

② 「過去分詞＋wêze」：場所の移動や状態の変化を表わす自動詞「非対格動詞／能格動詞」(§ 57 (1))にほぼ対応する。
Ik *bin* oer in stien *fallen*.「私は石につまずいて転んだ」(falle「落ちる, 倒れる」)
Is er foar it eksamen *slagge*?「彼は試験は（＝試験には）うまくいったのですか」(slagje「成功する」)
It *is* him net *slagge*.「彼は（＝彼には）それがうまくいかなかった」(同上)
De grutte minsken *binne* ek út it wurk *stapt*.「大人たちも仕事をやめてやって来た」(stappe「歩む」)
By dat treinûngelok *binne* hiel wat minsken *stoarn*.「その列車事故で大勢の人々が亡くなった」(stjerre「死ぬ」)
Trije jier lyn *binne* wy *troud*.「3年前に私たちは結婚した」(trouwe「結婚する」)
It oantinken *wie* samar yn him nei boppen *dreaun*.「思い出が彼の脳裏にすぐによみがえってきた」(driuwe「漂う」, 過去完了形)

同一の動詞もこの規則で使い分ける。
Yn koarte tiid *hat* dat it oansjen fan ús provinsje gâns *feroare*.「短期間のうちにそれは私たちの地方の外観をまったく変えた」(feroarje「変える（他動詞, hawwe- 支配）」)
↔ De lêste jierren *binne* de doarpen wol gâns *feroare*.「最近何年かの間に村々はたしかにとても変わった」(feroarje「変わる（自動詞, wêze-支配）」)

(a) **注意すべき点**
① 運動動詞
komme「来る」と gean「行く」はつねに wêze- 支配である。これは両者

が移動方法に言及せず，移動それ自体の意味を表わすためである。
Bist allinne mei de bus *kommen*?「君はひとりでバスに乗って来たのか」
Ik *bin* der tsjin 't sin hinne *gien*.「私は気が乗らずにそこへ行った」
gean「行く」は場所を示す名詞句を伴っても wêze- 支配である。この場合の名詞句は副詞句とみなせるが，目的語の性格も完全には否定できない。
Tûzenen *binne de paden gien*, fan 't libben, jierren en dagen.「何千もの人々がその道をたどった。人生，歳月，日々という(道を)」
その他の運動動詞，farre (fare)/fleane/ride/sile/swimme などは，「(船で/飛行機で/車・列車などで/ヨットで/泳いで)…へ行く」のように，場所の移動に意味の重点が置かれる場合には wêze- 支配だが，「航行する」「飛行する」「乗車する」「帆走する」「水泳をする」のように，移動方法としての動作の様態に意味の重点が置かれる場合には hawwe- 支配である。
Hy *hat* yn syn libben in bulte *fearn*.「彼は生涯，たくさん航海した」
  ↔ Fan 'e moarn *binne* wy nei Earsterlittens *fearn*.「今朝，私たちはイェステルリテンス(オ．Oosterlittens「オーステルリテンス」)へ船で行った」(farre「(船で)行く」)
Sûnt 1880 en oan 1948 ta *ha* hjir ek trams *riden*.「1880 年以降，1948 年まではここにも路面電車が走っていた」
  ↔ De auto *is* tsjin in beam *riden*.「車は木にぶつかった」(ride「(車・列車などで)行く」)

② アスペクト動詞

アスペクト動詞は状態の変化を示すので，wêze- 支配である。begjinne は「始まる」のほかに，「始める([mei] …を)」の意味でも例外的に wêze- 支配である。
De konferinsje te London *is eindige*.「ロンドンの会議は終わった」(ein(d)igje「終わる」)
As bern *bin* 'k al *begûn* postsegels te sammeljen.「私はもう子供の頃から切手を集めはじめた」(begjinne「始める」)
オランダ語でも beginnen「始まる，始める([met] …を)」，eindigen「終わる」，ophouden「やめる(met …を)」，stoppen「止まる」は zijn- 支配である。

③ ferjitte「置き忘れる，しそこなう(hawwe- 支配)」↔「記憶にない，思い出せない(wêze- 支配)」

 Pake *hat* syn stôk *fergetten*.「祖父は杖を忘れた」
 Us mem *hat* de boadskippen *fergetten*.「母は買物をするのを忘れた」
 ↔ Wat de sprekker sein hat *is* my no al wer *fergetten*.「私は話をした人の言ったことをまた忘れてしまった」
 ferleare「(習ったことを)忘れる」も hawwe- 支配のほかに，wêze- 支配の場合がある。
 De minske *is* it sjen, de ferwûndering en it harkjen *ferleard*.「人間は見ること，驚くこと，そして聞くことを忘れてしまった」

④ wêze「…である，…がいる・ある」, bliuwe「とどまる」
 wêze は hawwe- 支配が正式である。bliuwe は例外的に wêze- 支配である。ただし，じっさいには wêze には wêze- 支配の例もあり，hawwe- 支配を規範的とみなすことには，zijn- 支配(＝フ．wêze- 支配)であるオランダ語の zijn(＝フ．wêze)「…である，…がいる・ある」との距離を保つ意図がある。

 Hat er siik *west*?「彼は病気だったのか」
 Ik *haw* nei Makkum *west*.「私はマクムに行ってきた」
 Wêr soe er *bleaun wêze*?「彼はどこに滞在していたのだろう」
 Dat *is* der by *bleaun*.「それはそのままになってしまった」

(b) **非現実の表現での例外的な hawwe- 支配**

 非現実の表現では，wêze- 支配の動詞が例外的に hawwe- 支配になることがある。

 Jo *hiene* leaver thús *bleaun*.「あなたは家にいたほうがよかったのに」(bliuwe「とどまる(wêze- 支配)」)
 As ik net moatten hie, *hie* 'k hjir net *komd*.「必要がなかったら，私はここには来なかっただろう」(komme「来る(wêze- 支配)」)
 As ik har mem wurden wie, *hie* it nea *bard*, wat no bard is.「私が彼女の母になっていれば，今起こってしまったことはけっして起こらなかっただろうに」(barre「起こる(wêze- 支配)」)

Hy *moast* mar *meikomd ha*; dat hie 'k wol aardich fûn.「彼もいっしょに来るべきだったのに。そうすれば私はとてもよかったのにと思うのだが」(meikomme「いっしょに来る(wêze-支配)」)

　Sa *moast* it *bleaun hawwe*.「それはそうであり続けるべきだったのに」(bliuwe「とどまる(wêze-支配)」)

オランダ語でも同様の例が散見される(オ．zijn「…である，…がいる・ある」は zijn-支配)。この場合，hebben-支配(＝フ．hawwe-支配)は，可能だったかもしれない出来事が何らかの要因で起こらなかったことを示すのにたいして，zijn-支配は，もともと不可能だった出来事が起こらなかったことを示すという相違があるとされるが，話者によって差があり，かならずしも一定しない(Honselaar 1987)。

　オ．{*Had*/*Was*} ik er maar bij *geweest*.「私がもしその場にいたらよかったのに」(zijn「いる(zijn-支配)」)

　　{*Had*/*Was*} ik er maar bij *gebleven*.「私がもしその場に残っていればよかったのに」(blijven「とどまる(zijn-支配)」)

オランダ語では「zijn-支配の動詞＋話法の助動詞」の完了形でも，hebben-支配と zijn-支配の両方が見られる。西フリジア語は hawwe-支配のみ。

　オ．Dat zoiets {*heeft*/*is*} kunnen gebeuren.「そんなことが起こり得るなんて」(gebeuren「起こる(zijn-支配)」)

　フ．Dat soks *barre kinnen hat*.「同上」(barre「起こる(wêze-支配)」)

　オ．Hij {*heeft*/*is*} niet langer dan een uur *durven blijven*.「彼はあえて1時間以上待とうとはしなかった」

　フ．Hy *hat* net langer as in oere *bliuwe doarst*.「同上」

　　　　　(3) 現在完了形(folsleine notiid)

(a)　現在完了形の用法

① 日常生活での過去の出来事

　現在完了形はドイツ語やオランダ語と同様に，日常生活での過去の出来事に広く用いる。過去の時間を示す副詞句があってもかまわない。

　Hawwe jo al fakânsje *hân*?「あなたはもう休暇をとりましたか」(hawwe

「持つ」)

De polysje *hat* fannacht twa ynbrekkers *attrapearre*.「警察は昨夜，二人の強盗を逮捕した」(attrapearje「逮捕する」)

Alde Jabik *hat* ferline wike syn frou *ferlern*.「ヤービクじいさんは先週，奥さんを亡くした」(ferlieze「失う」)

Wy *binne* justerjûn *thúskommen*.「私たちは昨夜，帰宅しました」(thúskomme「帰宅する」)

② 過去時点での継続

英語と違って，現在完了形は現在までの継続をかならずしも含意せずに，過去における継続を表わす。現在までの継続には現在形を用いる(§51(1)④)。

Wy *hawwe* fiif jier yn Ljouwert *wenne*. It wiene goede jierren.「私たちは5年間リャウエト(オ．Leeuwarden「レーヴァルデン」)に住みました。それは良い年月でした」(wenje「住む」)

↔ Wy *wenje* fiif jier yn Ljouwert.「私たちは5年間，リャウエトに住んでいます」

Ik *haw* no al mear as in oere op 'e dokter *wachte*.「私はもう1時間以上も医者を待ちました」(wachtsje「待つ」)

↔ Ik *wachtsje* no al mear as in oere op 'e dokter.「私はもう1時間以上も医者を待っています」

③ 未来の時点までに完了している出来事

現在形が未来の出来事も表わすように，現在完了形も基準となる未来のある時点までに終わっている出来事を表わすことがある。

As er it *dien hat*, sil er it sizze.「それをやってしまったら，彼はそう言うでしょう」(dwaan「する」)

Hjirby fersykje wy jo freonlik de stipe foar 2006 binnen fjirtjin dagen nei't jimme dit brief *krigen hawwe* oan ús oer te meitsjen.「2006年分の会費をこの手紙を受け取られてから2週間以内に当方にお振り込みくださいますよう，お願い申し上げます」(krije「得る」)

Wy rekkenje derop dat alle stipe foar ein july 2006 op ús rekken *byskreaun is*.「私どもは2006年7月の末までにすべての会費が当方の口

座に納入されていることを見越しております」(byskriuwe「納入する」，受動態現在完了形)

(b) 現在完了形と過去形の使い分け

過去形は物語，回想，歴史的叙述など，日常生活とは別の話者の想像世界での出来事に用い，過去の表現として特殊であるのにたいして，現在完了形は日常生活の出来事の一般的な過去の表現と言える。ただし，両者の区別は主観的なものであり，遠い過去の出来事でも，話者が日常生活にかかわるとみなせば，現在完了形を用いる。

Frjentsjer *hat* yn 1585 in universiteit *krige*.「フリェンチェル(オ．Franeker「フラーネケル」)には 1585 年に大学ができた(＝フリェンチェルは…大学を得た)」(krije「得る」)

Simke Kloosterman is yn 1876 te Twizel berne en *hat* dêr ek har jonge jierren *trochbrocht*.「シムケ・クローステルモン(＝有名な女流作家)は 1876 年にトヴィーゼル(オ．Twijzel「トヴェイゼル」)に生まれ，そこでまた若い時期を過ごした」(trochbringe「過ごす」)

受動態や話法の助動詞などでは，動詞部分の複雑さを嫌って過去形を好む傾向がある(§70(4)(a)②)。wêze「…である，…がいる・ある」でも過去形を好む傾向がある。過去形と現在完了形がひとつの文で混在する例も見られる。

Wy *liezen* yn 'e krante dat jo *ferhuze binne*.「私たちはあなたが引っ越したという記事を新聞で読みました」(lêze「読む」，ferhúzje「引っ越す」)

Doe't yn 'e tritiger jierren it busferfier *opkaam, is* de N. T. M. der stadichoan ta *oergien* de tramtsjinsten troch bustsjinsten te ferfangen.「30 年代にバスが走るようになると，N. T. M.(オ．De Nederlandse Tramweg Maatschappij「オランダ路面電車会社」)はしだいに路面電車をバス路線で代行させるようになった」(opkomme「台頭する」，oergean「移行する」)

現在完了形，過去形，現在形(歴史的現在)の 3 者は，文体上の理由で巧みに使い分けることがある。過去の一連の出来事を述べる場合には，現在完了形(現完)で導入し，過去形(過)に移行して出来事を叙述し，現在形(現)を交えながら展開していく。最後にしめくくりとして現在完了形に戻ることもある。

i) Yn 1632 *hat*(現完) it earste trekskip *fearn* tusken Amsterdam en Haarlim. Sa'n trekskip *wie*(過) in lange, smelle skûte mei in lange kajút. It *waard*(過) troch in hynder *lutsen*, dat op de trekwei njonken de trekfeart *rûn*(過). Dy wize fan reizgjen *wie*(過) in kolossale ferbettering. It trekskip *fear*(過) op tiid en *kaam*(過), net ôfhinklik fan de wyn, op in fêste tiid *oan*. ⋯ Op 29 maart 1649 *fart*(現) yn Fryslân it earste treksip tusken Harns en Ljouwert. Al gau *komme*(現) der mear, lykas yn 1647 Dokkum—Ljouwert, 1652 Boalsert—Ljouwert en 1662 Snits—Ljouwert. De trekskippen *hawwe*(現完) it sa'n 200 jier úthâlde *kinnen*, oant it spoar harren taak *oernaam*(過).「1632年に最初の引き船がアムステルダムとハールレム(オ. Haarlem)の間を走った(hat ⋯ fearn ← farre)。その種の引き船は長い船室を備えた細長い貨物船だった(wie ← wêze)。それは運河に沿った道を走る(rûn ← rinne)馬に引かれた(waard ⋯ lutsen ← lûke)。この旅の方法は大変な進歩だった(wie ← wêze)。引き船は時間どおりに走り(fear ← farre)、風と関係なく、決められた時間どおりに到着した(kaam ⋯ oan ← oankomme)。⋯1649年3月29日にはフリースラントで最初の引き船がハーンス(オ. Harlingen「ハルリンゲン」)とリャウエト(オ. Leeuwarden「レーヴァルデン」)の間を走る(fart ← farre)。まもなく他の路線も登場する(komme ← komme)。たとえば1647年にドクム—リャウエト間、1652年にボルゼト(オ. Bolsward「ボルズヴァルト」)—リャウエト間、そして1662年にスニツ(オ. Sneek「スネーク」)—リャウエト間のように。引き船は鉄道がその役目を継承する(oernaam ← oernimme)まで、約200年間長らえることができた(hawwe ⋯ kinnen ← kinne)」

ii) Ien fan de grutste striders foar 't Frysk *hat*(現完) Harmen Sytstra *west*. Hy *kaam*(過) yn 1817 yn Mullum op 'e wrâld, *waard*(過) letter bakkersfeint yn Arum, Winaam en Seisbierrum, mar hy *hie*(過) och sa'n nocht oan learen. Op 't lêst *giet*(現) er by it bakkersfak *wei* en *wurdt*(現) skoalmaster. Dat *wie*(過) doedestiids foar in earme jonge mei in klear ferstân sawat de iennichste mooglikheid. Neidat er in pear oare plakken *hân hat*(現完), *komt*(現) er yn Burgum as ûndermaster. Hy *slût*(現) dêr freonskip mei Tsjibbe Gearts van der Meulen. Ut dy tiid *is*(現) ek syn ferneamde 'Wâldsang'.「フリジア語擁護のもっとも偉大な功労者のひとりは，ハルメン・シツトラ(1817-1862)だった(hat … west ← wêze)。彼は1817年にミュルム(オ．Midlum「ミドルム」)で生まれ(＝世に出て(kaam ← komme))，後にアールム(オ．Arum)，ヴィナーム(オ．Wijnaldum「ヴェイナルドゥム」)，セイズビエルム(オ．Sexbierum「セズビールム」)でパン屋の見習いになった(waard ← wurde)が，勉学が非常に好きだった(hie ← hawwe)。結局，彼はパン屋の職から離れて(giet … wei ← weigean)教師になる(wurdt ← wurde)。それは当時としては利口で貧しい少年にとってほぼ唯一の可能性だった(wie ← wêze)。いくつか他の土地で勤めた(＝赴任地として持った(hân hat ← hawwe))後，彼はビュルフム(オ．Bergum「ベルフム」)に教頭として赴任する(komt ← komme)。そこで彼はチベ・ゲアツ・ヴァン・デル・メーレンと親交を結ぶ(slút ← slute)。この時代のものとして彼の有名な『森の歌』がある(is ← wêze)」

(4) 過去完了形(folsleine doetiid)

(a) 過去の時点までに完了した事実

過去完了形は過去のある時点を基準として，それまでに起こった出来事を表わす。

Ik frege oft er it nijs al *heard hie*.「私は彼がそのニュースをもう聞いたかとたずねた」(hearre「聞く」)

Wy liezen yn de krante dat it iis *brutsen wie*.「私たちは新聞で氷が割れたという記事(＝こと)を読んだ」(lêze「読む」)

Tige wiidweidich hat er ús ferteld wat er dêr *belibbe hie*.「とても詳細に彼はそこで何を体験したかを私たちに語った」(belibje「体験する」)

De boat *wie sonken* en lei ûnder wetter.「ボートは沈没して，水底に沈んでいた」(sinke「沈む」)

(b) 話法の表現

過去完了形は§51(2)で述べた過去形が持つ話法的な意味を表わすことがある。(a)の例よりもこの用法の例のほうがむしろ多い。とくに②のように，語法の助動詞とともに用いる例が目立つ(§70(4)(a)②)。

① 意外さなど

Ik *hie* krekt *ferwachte* dat ús útstellen oannommen wurde soene.「私は私たちの提案が受け入れられると，てっきり期待していたのですが」

② 過去の非現実(§53(4))

話法の助動詞とともに過去の非現実を表わすことがある。

Jo *hiene* better op bêd *bliuwe kinnen*.「君は寝ていたほうが良かったのに」

Dat *hie* ik graach *sjen wollen*.「それは私は見たかったなあ」

Ik *hie* dat net *freegje moatten*.「私はそれを問うべきではなかった」

§53 話法の助動詞 (modaal helptiidwurd)

(1) 話法の助動詞の語形変化と語順

　話法の助動詞には次の七つがある。wolle と hoege/(hoeve) を除いて過去現在動詞 (§47(4)) であり，現在形3人称単数で語尾 -t を欠く。doare では一定しない。hoege/(hoeve) は -t を伴う。

① 第1不定詞を伴うもの：
　　kinne「…できる，…かもしれない」, meie「…してもいい，…するのが好きだ」, moatte「…しなければならない，…にちがいない」, sille「…だろう (など)」, wolle「…したい」
　　te- 第2不定詞，第1不定詞を伴うもの：
　　doare「あえて…する」, hoege/(hoeve)「…する必要がある (おもに否定文で)」

② 現在形3人称単数：
　　hy {kin/mei/moat/sil/wol}
　　hy {doar(t)/hoecht (hoeft)}

　オランダ語やドイツ語と違って，西フリジア語の話法の助動詞は現在形の単数と複数で母音交替を示さない。

　　hy kin〜kinne (比較：オ．hij kan ↔ kunnen；ド．er kann ↔ können)

　過去分詞は弱変化の -d と強変化の -en の両方で終わるものが多い。

　　hy hat … {kinnen/kind; meien/mocht; sillen/sild; wollen/wold}
　　hy hat … {moatten; doarst/doaren/doard; hoegd/(hoefd)}

　文末 (右枠) の動詞群 (§70) では，支配される動詞または助動詞を支配する助動詞の左側 (＝前) に置き，ドイツ語やオランダ語のような「代替不定詞」(ド．Ersatzinfinitiv) は用いない。若い世代ではこれとは逆の語順と代替不定詞が

見られるが，オランダ語の影響として好ましくないとされる。

 Frysk prate kinne「フリジア語を話せる(こと)」

 Frysk prate {kinnen/kind} hawwe「フリジア語を話せた(こと)」

 従属文では補文導入要素を文頭(左枠)に置き，文末(右枠)の動詞群の末尾の動詞または助動詞を定形にして枠構造を作る。

 Ik wit *dat* er Frysk *prate kin*.「私は彼がフリジア語を話せることを知っている」

 Ik wit *dat* er Frysk *prate* {*kinnen/kind*} *hat*.「私は彼がフリジア語を話せたことを知っている」

 主文では定動詞を第2位(左枠)に置き，文末(右枠)の不定詞と枠構造を作る(te- 第2不定詞を伴う doare, hoege/(hoeve) の語順については，(6)参照)。

 Hy *kin*ᵢ Frsyk *prate* ＿ᵢ.「彼はフリジア語を話せる」

 Hy *hat*ᵢ Frysk *prate* {*kinnen/kind*} ＿ᵢ.「彼はフリジア語を話せた」

(2) 不定詞の省略

 話法の助動詞の客観的用法((3)参照)では，意味的に修復可能な場合に第1不定詞や te- 第2不定詞を省略することがある(§68)。これは英語を除くゲルマン語に共通である(一方，不定詞句の省略は現代の英語だけが可能である)。

(a) **運動動詞と一般的な行為・存在を表わす動詞の不定詞の省略**

① 運動動詞の不定詞の省略

 Ik *mei* ek graach mei in oar fuort.「私はほかの人と出かけるのも好きだ」

 Healwei achten *moatte* de lytse bern op bêd.「7時半には小さな子供たちは寝なくてはいけない」

 Moarn *sille* wy der hinne.「明日，私たちはそこに行く予定です」

 Wêr *wolst* hinne?「君はどこへ行きたいのか」

 It famke *doarst* foar gjin noch safolle *nei* it *bûthús*.「その女の子は絶対に牛小屋に行こうとしなかった」

 Jimme *hoege* hjoed net *nei skoalle*, jimme ha hjoed frij.「君たちは今日，

学校に行く必要はありません。君たちは今日は休みです」

第1不定詞が省略されて,「話法の助動詞 … te- 第2不定詞」が残る場合もある。これはオランダ語には存在しない構文である(§67(7))。

Men *kin te aaisykjen, te fiskjen en te silen.*「野鳥の卵探しや魚釣りやヨットをやりに行くことができる」

↔ Do *giest* moarn net *te silen.*「あなたは明日、ヨットをやりに行くんじゃありませんよ」

Gabe *giet te aaisykjen.*「ガーベは野鳥の卵探しに行く」

② 一般的な行為・存在を表わす動詞の不定詞の省略

Hoe *kin* dat?「どうしてそれが可能なのか」

Faaks *kin* it noch krekt.「もしかしたらそれはまだ可能かもしれない」

Ik *mei* ek graach wat swiet yn tee en kofje.「私はコーヒーと紅茶に甘いものを入れるのが好きだ」

Wat *silst*?「君は何をするつもりなのか」

Witst wol hoest mei dat apparaat *moatste*?「君はその器械をどのように扱うべきかわかりますか」(hoest ← hoe'tst)

次例は省略された不定詞(dûnsje「踊る」)が先行文に照らして,復元できる場合である。

Dûnsje doch mei har, sy *wol* wol.「彼女と踊ってやれよ、彼女は踊りたいんだからさ」

③ 「話法の助動詞…分離動詞の分離成分」

分離動詞の分離成分に相当する不変化詞が残ることがある。

De moade *moat* men *nei* al sil 't himd ek boppe de broek.「シャツがズボンの外に出ることになっても、流行には従わざるを得ない」(neimeitsje「模倣する」)

Dy't der mear fan witte wol *moat* syn lesjouwer mar *oan*.「それについてもっと知りたい人は担当教師にたずねる必要があります」(oanfreegje「問い合わせる」)

Sille wy in slach *om*?「散歩に行こうか」(omgean「めぐり歩く」)

Ik soe wol *mei wolle*, mar ja, ik ha krekt in oare ôfspraak makke.「私はごいっしょしたいけれど、ちょうどほかの約束をしてしまって」

(meikomme「いっしょに来る・行く」)

Dy broek *hoechst* ek al net mear *oan*.「あなたはもうそのズボンははかなくてもいいわよ」(oanlûke「はく，身につける」)

oandoare「敢行する」のように，分離成分(oan)と話法の助動詞(doare)が分離動詞を形成している例もある。

In húshâlding út de stêd hat it *oandoarst* en keapje it spultsje.「都会出身の一家がその小さな農場を思いきって購入した」

④ 不定詞なしで他動詞または自動詞として固定している話法の助動詞

i) 'meie＋名詞句'「好きだ」，'hoege/(hoeve)＋否定'「必要としない」

Bern *meie* graach swietekau.「子供は甘いものが好きだ」

Do *hoechst* dyn sean aai ek *net* tink?「君はゆで卵もいらなんだね」

ii) 'oer＋名詞句＋(net) {kinne/(wol) meie}'「…が好きだ(嫌いだ)，…に耐えられる(耐えられない)」

Ik *kin* net *oer* spekfet.「私はベーコンは苦手だ」

De sinne dêr *mei* 'k *wol oer*.「太陽の光，それは気持ちがいい」

Ik *mei* der *net oer* dat famkes smoke.「私は女の子がタバコを吸うのは感心しない」

⑤ 「dat-従属文」を伴う話法の助動詞(おもに wolle「…したい」，(5)(e)参照)

Hy *woe dat* er dat skilderij kocht hie.「彼はあの絵を買っておけばよかったと思った」(wolle＋dat-従属文)

(b) **完了の助動詞 hawwe/wêze と受動の助動詞 wurde の省略**

受動の助動詞 wurde は不定詞で広く省略可能である。

Hy kin it ek net helpe, dat *moat* {*sein/sein wurde*}.「正直言って(＝それは言われる必要がある)，彼でもそれは助けてやれない」(sein ← sizze「言う」)

Dat *moat* hjoed noch {*regele/regele wurde*}.「それは今日中にかたづける(＝かたづけられる)必要がある」(regele ← regelje「かたづける」)

Dat lân *sil* {*ferkavele/ferkavele wurde*}.「その土地は分割される予定だ」(ferkavele ← ferkavelje「分割する」)

完了の助動詞 hawwe/wêze の省略は制限が強い。

Dat *kin* ik hjoed noch {*dien/dien hawwe*}.「それは私は今日中にやってしまうことができる」(dien hawwe「やってしまう」← dwaan「する」)

Dat *kin* 'k hjoed noch {⁽?⁾*naaid/naaid hawwe*}.「それは私は今日中に縫ってしまうことができる」(naaid ← naaie「縫う」, naaid では判定に揺れがある)

Ik {*moat/wol*} dat boek foar snein {**lêzen/lêzen hawwe*}.「私はその本を日曜日までに読んで{しまう必要がある/しまいたい}」(lêzen ← lêze「読む」, 不可)

オランダ語では受動の助動詞 worden は省略可能だが，完了の助動詞 hebben/zijn は省略できない。オランダ語の zullen には西フリジア語の sille と違って主観的用法しかないので((3)参照)，zullen では受動の助動詞 worden と完了の助動詞 hebben/zijn がともに省略不可能である。

オ．Hij kan het ook niet helpen, dat *moet* {*gezegd/worden gezegd*}.「はっきり言って，彼でもそれは助けてやれない」(gezegd ← zeggen「言う」)

Dat *moet* vandaag nog {*geregeld/worden geregeld*}.「それは今日中にかたづける(＝かたづけられる)必要がある」(geregeld ← regelen「かたづける」)

Dat land *zal* {**verkaveld/worden verkaveld*}.「その土地は分割される予定だ」(verkaveld ← verkavelen「分割する」)

Dat *kan* ik vandaag nog {**gedaan/hebben gedaan*}.「それは私は今日中にやってしまうことができる」(gedaan ← doen「する」, kan のかわりに zal も不可)

Dat kan ik vandaag nog {**genaaid/hebben genaaid*}.「それは私は今日中に縫ってしまうことができる」(genaaid ← naaien「縫う」)

Ik {*moet/wil*} dat boek voor zondag {**gelezen/hebben gelezen*}.「私はその本を日曜日までに読んで{しまう必要がある/しまいたい}」(gelezen ← lezen「読む」)

(3) 話法の助動詞の主観的用法(話法的用法)と客観的用法(疑似話法的用法)

(a) **意味の相違**

一般に話法の助動詞には意味的に次の用法上の区別がある。

i) 主観的用法(ド．subjektiver Gebrauch, 話法的用法, 根源的(エ．root)意味)

ii) 客観的用法(ド．objektiver Gebrauch, 疑似話法的用法, 認識的(エ．epistemic)意味)

主観的用法は蓋然性を表わし，その程度によって話法の助動詞全体が体系づけられる(例．moatte「…にちがいない」は蓋然性が高く，kinne「…かもしれない」は低い)。客観的用法は能力・可能，許可，義務・必要，意志，願望などの個別的意味に分かれる。doare と hoege/(hoeve) には客観的用法しかない。話者の心的態度としての本来の話法の意味を明示するのは，主観的用法である。

主観的用法は状態を表わす不定詞や完了不定詞と用いる傾向がある。

Dat *moat* wol in nuveren-ien *wêze*.「それは変なやつにちがいない」

Hja *koe* har hier wol *ferve ha*.「彼女は髪を染めたのかもしれない」(fervje「染める」)

しかし，客観的用法の用例もあり，解釈に注意を要する。

Jimme *kinne* noch moai foar tolven thús *wêze*.「あなたがたは12時までにまだじゅうぶん家に戻れます」

Ik {*moat/wol*} dat boek foar snein *lêzen hawwe*.「私はその本を日曜日までに読んで{しまわなければならない/しまいたい}」(lêze「読む」)

(b) **形態・統語現象への反映**

① 不定形と完了形

話法の助動詞は客観的用法では不定形(不定詞，分詞)で現われることができる。したがって，完了形にできる。

De tiid sil 't leare *moatte*.「時がそれを教える必要があるだろう」(第1不定詞)

Lit it net by *sillen* bliuwe.「計画だけで終わらせないようにしなさい」（第2不定詞）

Do hast hjir neat *te wollen*.「君がここでほしがるものは何もない」(te-第2不定詞)

It *hat* sa wêze *moatten*.「それはしかたがないことだった」（過去分詞）

It *hat* net sa wêze *meien*.「それはそうあるべきではなかった」（過去分詞）

話法の助動詞は主観的用法では不定形にならず，完了形は過去の非現実の仮定を表わす「過去完了構文」((4)参照)に限られる。

It wer beskikber kommen fan syn boek *hie* in feestlike eare foar Klaes Dykstra wêze *moatten* ── mar de werklikheid wie dus al oars.
「自著の再度の完成は，クラース・ディクストラにとっては慶賀の名誉になるはずだった──しかし，現実はこのように違ったものになってしまった」

② 不定詞の省略((2)参照)

不定詞の省略は客観的用法では可能だが，主観的用法では不可能または不自然な場合が多い。

i) 客観的用法

Hy {*kin*/*mei*/*moat*/*sil*/*wol*} nei Japan ta {*gean*/∅}.「彼は日本に{行くことができる/行ってもよい/行かなくてはいけない/行くつもりだ/行きたいのだ}」

ii) 主観的用法

Hy *koe* wol nei Japan ta {*gean*/*∅}.「彼は日本に行くかもしれない」

Mocht er nei Japan ta {*gean*/*∅}, dan gean ik ek mei.「彼が日本に行くことがあれば，私もいっしょに行く」

Moast er noris nei Japan ta {*gean*/*∅}.「彼が日本に行くはずだなんて！」

Hy *sil* wol nei Japan ta {*gean*/*∅}.「彼はたぶん日本に行くだろう」

Hy *wol* noch wolris nei Japan ta {*gean*/*∅}.「彼はいつか日本に行くと言い張っている」

次のような sille の慣用句的な表現では例外的に可能である。

Dat *sil* ('t) wol.「それはそうかもしれない」（オ．Dat *zal* wel.）
Soe it?「それは本当なのか」
It falt wol wat ta, *soe* 't net?「それは悪くないかもしれないね」

③ 不定詞句の代名詞化

不定詞句は客観的用法では指示代名詞 dat で置き換えられるが，主観的用法では不可能である。

"Wy moatte Frysk leare." "Ja, *dat* moatte wy."「私たちはフリジア語を学ばなくてはいけない」「そうだ，そうしなくてはならない」
↔ "Hy moat siik wêze." "*Ja, *dat* moat er."「彼は病気にちがいない」「そうだ，そうにちがいない」（不可）

④ 疑似分裂文

客観的用法では主観的用法と違って，疑似分裂文が可能である。

Wat wy moatte is Frysk leare.「私たちがやらなくてはいけないのは，フリジア語を学ぶことだ」
↔ **Wat er moat* is siik wêze.「彼がそうにちがいないのは，病気であることだ」（不可）

(4) 非現実の表現と「過去完了構文」/「完了不定詞構文」

(a) 現在・未来と過去の非現実の表現と「非現実の soe」

過去形を非現実の表現に用いるのは，話法の助動詞でも同様である。現在・未来（＝非過去）における非現実は，過去形または「soe … 第1不定詞」（＝未完了第1不定詞，以下同様）で表わす。後者は推量（主観的用法）の意味の sille の過去形 soe が非現実の表現手段として確立しているためであり，「非現実の soe」と呼ぶ。同一文で両者が共起することもある（Hoekstra 1997：47ff.）。

① 現在・未来の非現実の表現：過去形/'soe … 第1不定詞'

At se it my moarn *frege*, dan *die* ik it.「もし彼女が明日，私にそれを頼めば，私はそれをするだろうに」（freegje「頼む」，dwaan「する」）
At se it my moarn *frege*, dan *soe* ik it *dwaan*.「同上」
At se it my moarn *freegje soe*, dan *die* ik it.「同上」
At se it my moarn *freegje soe*, dan *soe* ik it *dwaan*.「同上」

§53 話法の助動詞　465

　過去における非現実は，過去完了形または「soe … 完了第 1 不定詞」で表現する。ここでも後者において「非現実の soe」は非現実の表現手段として確立している。同一文で両者が共起することもある。

② 過去の非現実の表現：過去完了形/'soe … 完了第 1 不定詞'

　　At se it my juster *frege hie*, dan *hie* ik it *dien*.「もし彼女が昨日，私にそれを頼んでいたら，私はそれをしただろうに」

　　At se it my juster *frege hie*, dan *soe* ik it *dien ha*.「同上」

　　At se it my juster *frege ha soe*, dan *hie* ik it *dien*.「同上」

　　At se it my juster *frege ha soe*, dan *soe* ik it *dien ha*.「同上」

　　その他の用例。

　　As de auto stadiger *riden hie, soe* alles noch bêst goed *gien wêze kinne*.「もし車がもっとスピードを落としていたら，万事支障なくすんでいたのに」

　　As ik dat *dwaan mochten hawwe soe, wie* alles noch goed *ôfrûn*.「もし私がそのことをすることが許されていたら，すべては良い結果に終わっていただろうに」

(b)　**2 種類の soe**

　(a)で述べた「非現実の soe」は推量の意味(主観的用法)の sille「…だろう」の過去形である（ⅰ）参照）。一方，これとは別に，意志・計画・予定の意味(客観的用法)の sille「…するつもりだ」の過去形として，過去の出来事に用いる soe がある（ⅱ）参照）。

ⅰ) 推量，主観的用法・非現実の soe：現在・未来の非現実（＝(a)①）

　　Hja *soe* it my moarn *freegje*.「彼女は明日私にそれを頼むかもしれない」

　　Soe it noch lang snije?「まだ雪が降るのが長く続くのだろうか」

ⅱ) 意志・計画・予定，客観的用法の soe：過去の出来事

　　Hja *soe* it my juster *freegje*.「彼女は昨日私にそれを頼むつもりだった」

　　Hy *soe* trouwe, mar hy hat him beret.「彼は結婚しようとしたが，考え直した」

　soe は他の話法の助動詞とともに用いると，意味的な共起制限のために，(a)で述べた「非現実の soe」による現在・未来の非現実の意味にほぼ限定される

($§70 (4)(a)①$)。

iii) 推量，主観的用法・非現実の soe：現在・未来の出来事（＝(a)①）

　　Hja *soe* it my moarn *freegje kinne*.「彼女は明日私にそれを頼むことができるかもしれない」

iv) 意志・計画・予定，客観的用法の soe：過去の出来事—不可

　　*Hja *soe* it my juster *freegje kinne*.「彼女は昨日私にそれを頼むことができるつもりだった」（不可）

(c) 「非現実の soe」以外による過去の非現実の表現

　「非現実の soe」とは別に，過去における非現実の表現には，「過去完了構文」と「完了不定詞構文」の2種類がある。これは「意志・計画・予定」の意味の sille「…するつもりだ」あるいはその他の客観的用法の助動詞の過去形による表現である。後者の完了不定詞構文は用法に制限があり，用例の数も少なく，有標の表現と言える（$§70 (4)(a)②$）。

i) 過去完了構文：「完了の助動詞の過去形…第1不定詞＋話法の助動詞の過去分詞」

　　Pyt *hie* snein einliks de tún *omhakje moatten*, mar hy hie der neat gjin sin oan hân.「ピトは本当は日曜日に庭の手入れをしなければならないはずだったが，まったくその気がなかった」

ii) 完了不定詞構文：「話法の助動詞の過去形…完了第1不定詞」

　　Pyt *moast* snein einliks de tún *omhakke ha*, mar hy hie der neat gjin sin oan hân.「同上」

　その他の用例（過去完了構文）。

　　Wa *hie* ea *tinke* {*kinnen*/*kind*} dat it nochris safier komme soe.「そこまでになるとはだれに想像できただろう」

　　Ik *hie* better *witte moatten*.「私はもっとよく知っているべきだった」

　　Wy *hiene* ús wurk graach ôf *ha* {*wollen*/*wold*}.「私たちは仕事にけりをつけたかったのだが」

　　Dat *hiest* net *dwaan* {*hoegd*/*hoefd*}.「君はそれをする必要はなかったのに」

　不定詞の省略を伴った用例（過去完了構文）。

Ik jou ta, soks *hie* al earder *moatten*.「なるほど，そのようなことはもっと早くやっておく必要があったのですね」

It *hie* net {*hoegd*/*hoefd*}.「それは必要なかったのに」

両者には次のような違いがある。

① 過去の非現実の表現—従属文：過去完了構文/可↔完了不定詞構文/不可

「過去完了構文」は用いることができるが，「完了不定詞構文」は不可。

Hja wit dat ik har in brief *skriuwe wollen hie*.「彼女は私が本当は彼女に手紙を書きたかったことを知っている」（過去完了構文/可）

*Hja wit dat ik har in brief *skreaun ha woe*.「同上」（完了不定詞構文/不可）

「過去完了構文」による従属文のその他の用例。

Wy tochten datsto dat wol *meitsje kinnen hiest*.「私たちは君にはそれを作ることができただろうにと思った」

Do mienste dat hy dy *helpe wollen hie*.「君は彼が本当は君を助けたかったと思ったんだね」

② 過去の事実の表現：過去完了構文/可↔完了不定詞構文/不可

「過去完了構文」は過去完了形と同形であり，過去における事実の表現としても用いるが，「完了不定詞構文」はこの意味では用いない。

Pyt *hie* snein foar straf de tún *omhakje moatten* en dêr hie er de hiele dei mei besteld west.「ピトは罰として日曜日に庭の手入れをしなければならず，それに一日中かかりきりだった」（過去完了構文/可）

*Pyt *moast* snein foar straf de tún *omhakke ha* en dêr hie er de hiele dei mei besteld west.「同上」（完了不定詞構文/不可）

(d)「非現実の soe」を用いた過去の非現実の表現との対比

「非現実の soe」は過去の非現実の表現として確立しており，それを用いた「完了不定詞構文」は主文・従属文に関係なく用いる。ただし，これは過去分詞 sillen にはならないので，「過去完了構文」は主文・従属文を問わず，まったく用いない。したがって，(c)で述べた「非現実の soe」以外による過去の非現実の表現とは逆の分布になる。

① 過去の非現実の表現—主文：完了不定詞構文/可

Soe hja dat wol *witten ha*?「彼女はそれを知っていたのだろうか」
　　　Pyt *soe* foar de wyn *soarge ha*.「ピトはワインを調達するはずだったのに」
② 過去の非現実の表現—従属文：完了不定詞構文/可
　　　Hja seit dat Pyt foar de wyn *soarge ha soe*.「彼女はピトがワインを調達するはずだったのにと言っている」
　　　Wa wit oft se wol lokkich mei Jan *west ha soe*.「彼女がヨンといっしょで幸せだったのか，だれが知ろう」
③ 過去における事実：過去完了構文/不可↔完了不定詞構文/可
　　　Hie se wol lokkich mei Jan wêze sillen?「彼女はヨンといっしょで幸せだったのだろうか」（過去完了構文/不可）
　　　↔ *Soe* se wol lokkich mei Jan *west ha*?「同上」（完了不定詞構文/可）
　意志・計画・予定の意味(客観的用法)の sille「…するつもりだ」の過去形としての soe では，他の助動詞と同様に「過去完了構文」が許される。
　　　Hy *hie* hjir ek *wêze sillen*, mar hy waard behindere.「彼はここに来るつもりだったが，邪魔がはいった」
　　　Dat *hied* er faaks wol *dwaan sillen*.「それを彼はもしかするとやるつもりだったのかもしれない」（hied er ← hie er）
　　　Jimme *hiene* dat *dwaan sillen*.「あなたがたはそれをしようとすればよかったのに」
　オランダ語では過去の非現実の表現には「過去完了構文」を用いる。
　　オ．Hij had z'n koffer daar *neer kunnen zetten*.「彼はトランクをおろすことができただろうに」
　　　　Je *had* eerder *moeten komen*.「君はもっと早く来なければならなかったのに」
　　　　Jan *had* voor de wijn *zullen zorgen*.「ヤンはワインを調達するはずだったのに」
　一方，「完了不定詞構文」は zullen の過去形の zou に限られる。
　　オ．*Hij kon z'n koffer daar neergezet hebben*.「同上」（不可）
　　　　Je moest eerder gekomen zijn.「同上」（不可）
　　　　↔ Jan *zou* voor de wijn *gezorgd hebben*.「同上」

zou (zullen の過去形) はオランダ語でも非現実の表現として確立していると言える。オランダ語の zullen は他の話法の助動詞と異なって, 任意の現実度による推量を広く表わし, 主観的用法しかなく, 非現実の表現に発達したと考えられる。一方, 西フリジア語の sille はオランダ語の zullen と違って客観的用法をあわせもっている。これは「非現実の soe」とは別であり, 意志・計画・予定の意味を表わす sille「…するつもりだ」の過去形である ((5)(d)参照)。なお, 19世紀の西フリジア語では, 過去分詞 sillen を用いた「過去完了構文」の用例が従属文で見られる。ここでは「非現実の soe」はまだ未確立であると言える (Hoekstra 1997 : 80)。

フ. Hwa wit ef hy wol lokkich mei Janke *wêze scillen hie*.「彼がヨンケといっしょで幸せだったのかだれが知ろう」(旧正書法 scillen)

さて,「過去完了構文」と「完了不定詞構文」を比較すると, オランダ語では上述のように, zou を除いてもっぱら前者を用いる。ドイツ語も同様。

ド. Er { *hätte* es *tun können*/*könnte es *getan haben*}.「彼はそれをやることができただろうに」

西フリジア語では上述のように後者も可能だが, 従属文で後者が許されないことや用例の頻度から, 前者が優勢である。一方, 英語では後者しか許されず, 中高ドイツ語 (ド. Mittelhochdeutsch, 中高ド.) でも同様だった。

エ. He *could have done* it.

中高ド. Si *wolden* Volkêren ze tôde *erslagen hân*.「彼らはフォルケールを殺してやりたいところだった」(Das Nibelungenlied, 1893-6)

これは英語や中高ドイツ語では話法の助動詞が不定形, とくに過去分詞を語形変化の上で欠くことと関係がある。両言語では話法の助動詞が語形変化として過去分詞を欠くので完了形ができず,「過去完了構文」は不可能である。ドイツ語はその後, 話法の助動詞が過去分詞を発達させ, 一般の動詞に近づいたために,「完了不定詞構文」から「過去完了構文」に移行し, 非現実の würde を用いた構文を発達させた。オランダ語も同様の移行を経た。一方, 西フリジア語は「非現実の soe」による構文を除いて,「完了不定詞構文」から「過去完了構文」への移行の途上にあると考えられる。同様の変化は北ゲルマン語にも観察される。

(5) 第1不定詞を伴う話法の助動詞

(a) kinne [kÍnə]

	現在形		過去形	
ik	kin	[kɪn]	koe	[kuə]
(do)	kinst	[kɪⁿst, (ke:ⁿst)]	koest	[kuəst]
jo	kinne	[kÍnə]	koene(n)	[kúənə(n)]
hy	kin	[kɪn]	koe	[kuə]
hja	kinne	[kÍnə]	koene(n)	[kúənə(n)]
過分	kinnen [kÍnən], kind [kɪnt]			

① 能力・可能「…できる」
主語の能力や客観的な可能性を表わす。
Ik *kin* jo net ferstean.「私はあなたの言っていることが聞こえない」
Do *koest* it net fine.「君はそれを見つけられなかった」
Wy *kinne* Fryslân yn sân lânskippen *ferdiele*.「私たちはフリースラントを七つの地形に分けることができる」
Korreksje fan eigen wurk *kin* net.「自分の作品の修正は無理だ」(第1不定詞の省略)

② 依頼(疑問文2人称主語)「…してくれませんか」(wolle も可),申し出(疑問文1人称主語)「…しましょうか」(sille も可),許可「…してもかまわない」
能力そのものではなく,状況に応じた可能性などをたずねる。
Kinst my wol efkes helpe?「ちょっと手を貸してくれないか」(依頼)
Koest dy net better stilhâlde?「黙っていてくれないか」(依頼)
Moarn mefrou, *kin* ik jo ek helpe?「おはようございます,奥様。何にいたしましょうか(店などで)」(申し出)

③ 推量「…かもしれない」
It *kin* tige spannend *wêze*.「それはとてもスリルがあるかもしれない」
De sinne *kin* mar skine.「日が照ることもあろう」

(b) meie [máiə, mɛ́iə]

ik	mei [mai, mɛi]	mocht [moxt]
(do)	meist [maist, mɛist]	mochtst [moxst, mokst]
jo	meie [máiə, mɛ́iə]	mochten [móxtən]
hy	mei [mai, mɛi]	mocht [moxt]
hja	meie [máiə, mɛ́iə]	mochten [móxtən]

過分　mocht [moxt]，meien [máiən, mɛ́iən]

① 許可「…してもいい」，禁止(否定文)「…してはいけない」(moatte も可)

As jo der net út komme, *meie* jo in ensyklopedy brûke.「解決できない場合には，百科事典を使ってもかまいません」

Mei ik hjir wol sitten gean?「ここにすわってもいいですか」

Wy *meie* de enerzjy *net* fergrieme.「私たちはエネルギーを浪費してはならない」

Skriuw no yn likernôch 10 sinnen de wichtichste punten út it ferhaaltsje op.　It *mei* yn it Hollânsk.「その話の中から10ほどの文でもっとも重要な点を書き出しなさい。オランダ語でもかまいません」(第1不定詞の省略)

Fan my *mei* it.「私としてはそれはかまいません」(同上)

② 好み「…するのが好きだ」

副詞 graach/wol「好んで」を伴うことが多い。

Earrebarren en froulju *meie graach* heech nestelje.「コウノトリと女は高いところに巣を作りたがる(=目立ちたがる)(ことわざ)」

Ik *mocht* dy fint foar myn eagen *net* sjen.「私はそいつの顔が見たくなかった」

In protte minsken *meie* hjir *net* wenje.「ここには住みたくないと思っている人が多い」

Ik *mei* dy trui {wol/net} *lije*.「私はそのセーターは {好みだ/好みではない}」(名詞句＋lije meie「…を好む」)

Ik *mei* sels wol *graach* in whisky.「私自身はウイスキーも好きなの」(第1不定詞の省略)

Ik *mei gjin* mûzen.「私はネズミは嫌いだ」(同上)

③ 可能「…できる」(kinne も可)
Hy hope dat er noch in skoftsje libjen bliuwe *mocht*.「彼はもう少しの間生きていられることを望んだ」

④ 必然・必要「…するべきだ」(moatte も可)
Do *meist* dy wat skamje.「君は少し恥を知るべきだ」
Do *meist* wol avesearje.「君は急がなくてはいけない」

⑤ 推量「…だろう」
As wy alles dwaan moasten, wat wy dwaan soene, dan *mocht* ús libben wol trijeris sa lang duorje.「もし私たちがしようと思うことをすべてしなければならないとしたら，私たちの人生は３倍も長くなるだろう」

⑥ 祈願「…であれ」
Mei de Heare jo seinigje!「主が汝を祝福し給わんことを」
Och, *mocht* ik har in tút jaan.「ああ，彼女にキスができたらなあ」
Dat Heechwert noch lang libje *mei*!「ヘーヘヴェト(村の名)が長く栄えますように」

(c) **moatte** [mátə, mwátə]

ik	moat	[m(w)at]	moast	[m(w)ast]
(do)	moatst	[m(w)ast]	moast	[m(w)ast]
jo	moatte	[m(w)átə]	moasten	[m(w)ástən]
hy	moat	[m(w)at]	moast	[m(w)ast]
hja	moatte	[m(w)átə]	moasten	[m(w)ástən]
過分	moatten	[m(w)átən]		

① 義務・強制・必要・必然「…しなければならない，…するべきだ」
Neffens guon soe it iepenbier ferfier fergees wêze *moatte*.「一部の人々によれば，公共交通は無料であるべきだという」
Wy *moasten* tige laitsje, doe't er him hieltyd fersinde.「彼が間違いをしてばかりいるのを見て，私たちは大笑いせずにはいられなかった」
Oh, blikje, ik *moat* noadich nei skoalle.「あ，大変だ，もう学校に行かなくちゃ」(第１不定詞の省略)

② 禁止(否定文)「…してはいけない」(meieも可)
第1不定詞だけが否定され，moatteは否定されていない([…シナイ] (=[…スル] [ノデハナイ])必要ガアル)。

It petear *moat net* langer as fiif minuten duorje.「話は5分以上続いてはいけません」

Jim *moatte net* sa bargje hear, oars wurdt it hiele kleed smoarch.
「ねえ，あんたたちそんなに騒いではだめよ，そうでないと服がみんな汚れてしまうからね」

③ 不必要(否定文)「…する必要はない」(hoege/(hoeve)も可)
第1不定詞を含むmoatteが否定されている([[…スル] 必要ガアル] トイウコトハナイ)。

Men *moat net* alles sizze, wat men wit, mar wol alles witte, wat men seit.「知っていることはすべて言う必要はないが，言うことはすべて知っている必要がある(ことわざ)」

④ 強い推定「…にちがいない」

It *moast* der sa smoarch yn 'e hûs wêze, ornearren de minsken.「家の中はさぞ不潔だろうと人々は決めつけた」

Dat *moat* wol in nuveren-ien wêze.「あれは変なやつにちがいない」

(d) sille [sílə]

ik	sil	[sɪl]		soe	[suə]
(do)	silst	[sɪst]	(←[sɪlst])	soest	[suəst]
jo	sille	[sílə]		soene(n)	[súənə(n)]
hy	sil	[sɪl]		soe	[suə]
hja	sille	[sílə]		soene(n)	[súənə(n)]
過分	sillen [sílən], sild [sɪlt]				

　silleの意味には意志・計画・予定(客観的用法)と推量(主観的用法)がある((3), (4)参照)。未来の意味は二次的であり，silleは未来の助動詞とはみなさない。

① 意志・計画・予定「…するつもりだ，…する予定だ」など(客観的用法)
i) 1人称主語

'k *Sil* him efkes út 'e bus helje.「私は彼をちょっとバスの中から連れてきましょう」

Ik *sil* moarn in fyts keapje.「明日，私は自転車を買うつもりだ」

Dat *haw* ik no al jierren *sillen*.「それを私はもう何年もやる予定でいた」（第１不定詞の省略，過去分詞）

時間を表わす副詞節でも sille はこの意味で用いる。

Dat fanke *sil* altyd fuort as wy ite *sille*.「あの子ったら，私たちが食事をしようというときになると，いつもいなくなるんだから」（主文の sil は iii)の例で，第１不定詞の省略）

１人称主語の疑問文で勧誘「…しましょうか」(wolle)，申し出「…しましょうか」の意味を表わす(kinne)。

Sille wy dan no mar oan tafel gean?「では，食卓につきましょうか」

Sil ik om kertier oer twaën komme?「２時15分に伺いましょうか」

ii) ２人称主語

Sille jimme wier nije wike al ferhúzje?「あなたがたは本当に来週もう引っ越してしまうのですか」

Wat *silst*?「君は何をするつもりなのか」（第１不定詞の省略）

命令・要求「…するのですよ」の意味を表わすことがある。これ以外に sille や soe が命令・要求を表わすことはなく，moatte を用いる（ド. sollen/sollte, エ. should との相違に注意）。

Silst hjir komme.「こっちにいらっしゃいよ」

iii) ３人称主語

Us Jan *sil* nije wike trouwe.「うちのヨンは来週，結婚します」

God segene Noach en sei "noait mear *sil* in sûndfloed alles ferwoestje."「神はノアを祝福して言われた。「二度と洪水がすべてのものを滅ぼすことはないであろう」」

Hy *sill* te fiskjen.「彼は魚釣りに行くつもりだ」（第１不定詞の省略）

時間を表わす副詞節でも sille はこの意味で用いる。

Takom wike komt der mear nijs oer, as de stichting It Fryske Boek har plannen bekend meitsje *sil*.「来週，フリジア語書籍協会が計画を発表すれば，それについてもっと新しい知らせが出る」

次例は第2不定詞(en-不定詞)の名詞用法(§66(1))である。

Lit it net by *sillen* bliuwe.「物事を計画倒れにするな(＝するつもりだというままでそれを放っておくな)」

② 推量「…だろう」(主観的用法)

Wy *sille* net lang bliuwe kinne.「私たちは長く滞在することはできないでしょう」

Hy *sil* syn wurk dochs dwaan moatte.「彼はやはり自分の仕事をせざるを得ないだろう」

Sa'n gedicht *sil* nei alle gedachten net yn in ferdivedaasjeblêd opnommen wurde.「そんな詩はどう考えても娯楽雑誌には掲載されないだろう」

Wat *sil* it *betsjutte*?「それはどういう意味だろう」

完了第1不定詞を伴った推量は未来だけでなく，過去の出来事にも用いるので，「未来完了形」という名称は適切ではない。

Hy *sil* dat moarn *dien hawwe*.「彼はそれを明日にはやってしまっているだろう」

Hoe let *sil* dat *west hawwe*?「それはいつのことだったろう」

Yn dit ferhaaltsje *sille* jo ek in tal nije wurden *tsjinkommen wêze*.「この物語の中であなたは一連の新語に出会ったことでしょう」

It *sil* jo wolris *bliken dien ha* dat wurden yn 't Frysk net yn ien kear oersetten wurde kinne yn it Hollânsk.「フリジア語の単語がそのままオランダ語には訳せないことがあなたには明らかになったでしょう」

sille には客観的用法と主観的用法があるが，オランダ語の zullen は「…しなければならない」という意味(有アクセント)を除いて主観的用法しかない((4)(d)参照)。sille では意志・計画・予定の意味で不定詞の省略が可能だが，zullen では不可能である(「…しなければならない」という意味では可能)。

フ．Hy *sil* nei Grins ta.「彼はフローニンゲンに行くつもりだ」

オ．*Hij *zal* naar Groningen.「彼はフローニンゲンに行くだろう」(不可)

Hij *ZAL* naar Groningen.「彼はフローニンゲンに行かなければならない」(ZAL はアクセントを持つ)

オランダ語では近接未来の表現に zullen のかわりに「gaan＋不定詞」を多

用するが，西フリジア語では「第 2 不定詞＋gean」とは言わず，sille を用いるのはこのためである。近接未来は漠然とした推量ではなく，実現性の高い出来事を表わすので，オランダ語の zullen はこれに適さず，客観的用法をあわせもつ西フリジア語の sille はこれに適すると言えるからである(§ 67 (7))。

フ．Hy {*sil trouwe/*giet trouwen*}.「彼は(もうすぐ)結婚する」
　　 It {{*sil/wol*} *reine/*giet reinen*}.「雨が降りそうだ」
オ．Hij *gaat trouwen*.「同上」
　　 Het *gaat regenen*.「同上」

オランダ語で Hij zal (wel) trouwen./Het zal (wel) regenen. と言えば，「彼は(おそらく)結婚するだろう」/「(たぶん)雨が降るだろう」という推量の意味になる。一方，西フリジア語でも Hy sil (wol) trouwe./It sil (wol) reine. は同様に推量の意味を表わすことができる。このように，西フリジア語の sille には「…するつもりだ」という客観的用法としての意志・計画・予定の意味と並んで，「…だろう」という主観的用法としての推量の意味があり，オランダ語の zullen よりも使用範囲が広い(Hoekstra 1997：47ff.)。

③　soe の用法((4)参照，§ 70 (4)(a)①)
i)　過去における意志・計画・予定(①の過去形)
　　Hja wist net wat hja keapje *soe*.「彼女は何を買おうかわからなかった」
　　Hja wachte op it stuit dat har Heit sizze *soe*: "Is ús Machteld der net?"
　　「彼女は父親が「マハテルドはいないのか」と言うときを待った」
ii)　推測・疑念・非現実の仮定，婉曲・丁寧・遠慮(②の過去形)
　　(4)で述べた「非現実の soe」に対応する。
　　Sûnder hobbys *soe* it libben earm wêze.「趣味なしでは人生はあじけないものだろう」
　　Soe er noch komme?「彼はいったい来るのだろうか」
　　Soe it gryp wêze?「それは風邪なのだろうか」
　　Soe it noch lang frieze?「まだ冷え込むことが長く続くのだろうか」
　　soe … wolle「…したいのですが」(オ．zou … willen/エ．would like to/ド．möchte)
　　Ik *soe* wol mei *wolle*, mar ja, ik ha krekt in oare ôfspraak makke.
　　「ご一緒したいけど，あいにくちょうどほかの約束が入ってしまって」

Soenen jo de doar ticht dwaan *wolle*?「すみませんが，窓を閉めていただけませんか」

Wêrom *soe* se dy net sjen *wolle* dan?「じゃあ，どうして彼女はあなたと顔を合わせたくないのかしら」

(e) wolle [vóle]

ik	wol [vol]	woe [vuə]
(do)	wolst [vost] (←[volst])	woest [vuəst]
jo	wolle [vóle]	woene(n) [vúənə(n)]
hy	wol [vol]	woe [vuə]
hja	wolle [vóle]	woene(n) [vúənə(n)]
過分	wollen [vólən], wold [volt]	

① 願望・欲求「…したい」

Ik *wol* graach in bewiis hawwe.「証明書をいただきたいのですが」

Dat *wol* ik út noch yn net lije.「それは絶対にいやです」(名詞句+lije meie「…を好む」)

Ik *wol hawwe*, do silst derhinne gean.「君にはぜひそこへ行ってもらいたい」(hawwe wolle「…を要求・忠告する，どうやら…らしい」)

De lju *wolle ha'* dat er net earlik is.「彼は誠実ではないという噂だ」(同上, ha'=hawwe)

Wa't *wol*, dy kin.「やる気がある者はできる」(第1不定詞の省略)

Wolst in slokje Frida?「一杯やるかい，フリーダ」(同上)

Do hast hjir neat te *wollen*.「君はここではほしいものが何もない」(同上)

「dat-従属文」を伴って「wolle+dat-従属文」となることがある((2)(a)⑤参照)。

Ik *woe* wol *dat* ik it mar hân hie.「それを持っていればよかったのになあ」(主文と従属文の主語が同一であることに注意。⑥参照)

It ferhaal *wol (hawwe), dat* hjir ien fermoarde is.「ここで殺人があったという話だ」(hawwe wolle 参照, hawwe wolle+dat-従属文)

② 依頼(2人称主語)「…してくれませんか」(kinne も可), 勧誘(1人称主

語)「…しましょう」

①と関連するが，願望・欲求自体ではなく，状況に応じた意向を問う。

Wol ien fan jim eefkes de bûter en de tsiis út 'e koelkast helje?「君たちのだれかバターとチーズを冷蔵庫から取ってきてくれないか」

Wolle jo dit foar my fertale?「これを私のために訳してくれませんか」

Wolle wy de hannen gear dwaan?「手を合わせて祈りましょうか」

③ 強い傾向，要求・必然「どうしても…になる」

物事が主語になることが多い点に注意。

Boppedat *wolle* de trapers net sa bêst draaie.「おまけにペダルがどうしてもうまく回らないんです」

It fjoer *woe* de kneppel net baarne.「棒には火がつきそうになかった」

De moade *wol* it sa hawwe.「流行でどうしてもそうなるのです」

Dizze kursus *wol* jo ek leare hoe't jo it Frysk skriuwe moatte.「このコースはフリジア語のつづりかた(＝どのようにあなたがフリジア語をつづらなければならないか)を教えようとするものでもある」

Hy strikt oer it wang en oer it kin, dat *wol* sizze, oer it burd.「彼は頬とあご，すなわち，ひげをなでる」(dat wol sizze「すなわち」)

Syn learen *wol* net bot.「彼の勉強ははかどらない」(第１不定詞の省略)

As 't *wol*, komme wy hjoed noch klear.「必要ならば，私たちは今日，間に合わせます」(同上)

④ 主張

Hy *wol* noch wolris dronken wêze.「彼はちょっと酔っただけだと称している」

⑤ 天候などの開始(sille も可)

De loft is berûn. Miskien *wol* it wol reine.「空が曇っている。もしかしたらもうすぐ雨が降るかもしれない」

As it frieze *wol*, leit der iis yn 'e fearten. As it snije *wol*, boartsje de bern yn 'e snie.「寒くなれば水路に氷が張り，雪が降れば子供たちが雪遊びをする」

⑥ woe の用法(soe … wolle, (d)③参照)

願望・欲求・依頼などの意味に婉曲・丁寧・遠慮の意味が加わる。

Eins *woe* 'k wol wat feestlikers drinke.「本当はもっと豪華なものを飲みたいんだけど」

Ik *woe* freegje oft jo ferstân fan hynders hawwe.「馬についてご存じかお聞きしたいのですが」

Woene jo al bestelle?「ご注文はもうお決まりですか」

Ja, dat wit ik wol, mar ik *woe* in dei te winkeljen.「ええ，それはわかってるけど，いつか一日，買物に行きたいのよ」

Ik *woe dat* ik net altyd salang oer de dingen neitocht.「私はいつもあんまり物事を考えすぎないようにしたいと思うんだけど」（wolle＋dat- 従属文，①参照）

Ik *woe dat* ik in fûgel wie.「私は鳥だったらなあ」（同上）

(6) te- 第2不定詞または第1不定詞を伴う話法の助動詞

　doare「あえて…する，…する勇気がある」と hoege/(hoeve)「…する必要がある（おもに否定文で）」がこれに該当するが，使い分けには揺れが認められる。

① te- 第2不定詞だけを伴う場合

doare と hoege/(hoeve) が文末（右枠）にはなく，不定詞に隣接しない場合がこれにあたる。稀に doare を第1不定詞と用いることがある。

Hja *doar* dat net {*te dwaan*/(稀)*dwaan*}.「彼女はそれをあえてすることはない」

Jimme *hoege* ús net {*te folgjen*/*folgje}.「君たちは私たちについて来る必要はありません」

doare は17世紀には第1不定詞を伴っていたが，1800年以降は，「te- 第2不定詞」と競合し，Boelens/Van der Woude (1955) の方言調査では半数以上の話者が te- 第2不定詞を用いるに至った。

② te- 第2不定詞と第1不定詞をともに伴う場合

文末（右枠）で不定詞 doare あるいは hoege/(hoeve) が不定詞に隣接する場合がこれにあたる。

Dat sil se wol net {*dwaan doare*/*doare te dwaan*}.「それを彼女はあえて

することはないだろう」

Dat sil er wol net {*sizze hoege/ hoege te sizzen*}.「それを彼はたぶん言う必要がないだろう」

Dat liket se wol net {*dwaan te doaren/ te dwaan te doaren*}.「それを彼女はあえてすることはないようだ」(dwaan te doaren がふつう)

Dat liket er wol net {*sizze te hoegen/ te sizzen te hoegen*}.「それを彼はたぶん言う必要はないようだ」(sizze te hoegen がふつう)

③ 第1不定詞だけを伴う場合

文末(右枠)で過去分詞 doarst あるいは hoegd/(hoefd) が不定詞に隣接する場合がこれにあたる。

Dat hat se net {*dwaan doarst/*doarst te dwaan*}.「それを彼女はあえてすることはなかった」

Jimme hiene ús net {*folgje hoegd/*hoegd te folgjen*}.「君たちは私たちについて来る必要はなかったのに」

(a) **doare** [dóərə, dwárə]「あえて…する, …する勇気がある」

ik	doar	[doər, dwar]	doarst	[doəst, dwast]
			doarde	[dóədə, dwádə]
(do)	doarst	[doəst, dwast]	doarst	[doəst, dwást]
			doardest	[dóədəst, dwádəst]
hy	doar(t)	[doə(t), dwa(t)]	doarst	[doəst, dwast]
			doarde	[dóədə, dwádə]
hja	doare	[dóərə, dwárə]	doarsten	[dóəstən, dwástən]
			doarden	[dóədən, dwádən]

過分　doarst [doəst, dwast], doaren/doard

① te- 第2不定詞を伴う用例

Ik *doar* it net *te dwaan*.「私はそれをあえてする気はない」

De bern *doarsten* earst net *te boadskipjen*.「子供たちは最初, 買物をしてみようという気になれなかった」

② 第1不定詞を伴う用例

Lid wurde kin elk, as er foar tûzen euro *stean doar*.「1000 ユーロ出すのに抵抗がない人ならだれでも会員になれる」

Men moat *sprekke doare* as it tiid is.「しかるべきときが来たら，はっきりものを言う勇気が必要だ」

Nimmen hie it *weagje doard*.「だれもそれを敢行する勇気がなかった」

③ 不定詞を伴わない用例

"Do bist in flinke jonge," seit mem, "mar *doarst* wol allinne yn 'e bus?"「おまえは頭の良い子だ」と母親は言った。「でも，ひとりでバスに乗る勇気はあるのかい」

Hy moast it ris weagje *doare*!「彼はそれをちょっとやってみようとしなければいけないのに」

(b) hoege [hú(:)ɣə]/(hoeve [hú(:)və])「…する必要がある（おもに否定文で）」

ik	hoech	[hu(:)x]		hoegde	[hú(:)ɣdə]
	(hoef	[hu(:)f])		(hoefde	[hú(:)vdə])
(do)	hoechst	[hu(:)xst, hu(:)kst]		hoegdest	[hú(:)ɣdəst]
	(hoefst	[hu(:)fst])		(hoefdest	[hú(:)vdəst])
hy	hoecht	[hu(:)xt]		hoegde	[hú(:)ɣdə]
	(hoeft	[hu(:)ft])		(hoefde	[hú(:)vdə])
hja	hoege	[hú(:)ɣə]		hoegden	[hú(:)ɣdən]
	(hoeve	[hú(:)və])		(hoefden	[hú(:)vdən])

過分　hoegd [hu(:)xt] (hoefd [hu(:)ft])

moatte（否定文，(5)(c)）も同様の意味で用いる。

① te- 第 2 不定詞を伴う用例

Dan *hoecht* men jin dêr *net oer te fernuverjen*.「それならそれは驚くにはあたらない」

Mem *hoecht* oer my *net yn te sitten*.「お母さんはぼくのことを心配しなくていいよ」

② 第 1 不定詞を伴う用例

In goeie ferslachjouwer wit krekt, hokker punten oft er al neame moat en hokker oft er *net neame hoecht*.「良いレポーターはどの点を挙げるべ

きか，どの点は挙げなくてもいいかをよく心得ている」
③ 不定詞を伴わない用例
　　Hy *hoecht gjin* jild.「彼には金を持たせないほうがいい」
　　It *hoecht net*.「それは必要ない」
　　Reizgje, dat *hoecht* fan my *net*.「旅行か，そいつは私はたくさんだ」
　　Wat *hoecht* dat?「それは何の役に立つのか，それはなぜ必要なのか」

§54 受動態 (ûndergeande foarm, passyf)

(1) 人称受動 (persoanlik passyf)

(a) 動作受動

　受動態は統語的に主語の有無によって「人称受動」と「非人称受動」，意味的に動作・行為あるいは状態を表わすかで「動作受動」と「状態受動」に分かれる。動作受動は過去分詞とそれを支配する受動の助動詞 wurde［vǿdə］で表わす。動詞群は「過去分詞＋受動の助動詞」の語順を基本とし，従属文では文末（右枠）に置く。主文では定形の受動の助動詞を第2位（左枠）に置き，文末（右枠）に残った過去分詞と枠構造を形成する。動作主「…によって」は「troch＋名詞句」（古風な文章では「fan＋名詞句」）で表現する。ただし，受動態は本来，動作主の明示を避ける出来事中心の表現なので，動作主は特定しがたい場合や明示する必要がない場合には示さない。不定代名詞 men は意味的に話者を含むので（§26(a)），不定代名詞 ien/immen「だれか」や人称代名詞3人称複数形 se/hja による能動態の表現が受動態と並んで好まれる。完了形はオランダ語と同様に助動詞 wurde の過去分詞 wurden を省き，「過去分詞＋wêze」となる。この形式は状態受動と同じである。なお，過去分詞 wurden は東部の方言で用いることがある。

　東部フ. Dat bern *is oerriden* (*wurden*).「あの子供は車にひかれた」

　　　　　Der *binne* fiif skiep *skeard* (*wurden*).「羊が5頭，毛を刈られた」

　　　　　Der *is sein* (*wurden*).「発言があった（非人称受動）」

　動作受動の変化形を以下に示す。

第 1 不定詞　未完了：stutsen wurde「刺される」（stekke「刺す」）
　　　　　　完了：stutsen wêze「刺された」

現在形/過去形：wurde の {現在形/過去形}…過去分詞

	現在形			過去形		
ik	wurd	[vøt]	… stutsen	waard	[vaːt]	… stutsen
(do)	wurdst	[vøst]	… stutsen	waardst	[vaːst]	… stutsen
jo	wurde	[vǿdə]	… stutsen	waarden	[váːdən]	… stutsen
hy	wurdt	[vøt]	… stutsen	waard	[vaːt]	… stutsen
hja	wurde	[vǿdə]	… stutsen	waarden	[váːdən]	… stutsen

現在完了形/過去完了形：wêze の {現在形/過去形}…過去分詞

	現在完了形		過去完了形	
ik	bin	… stutsen	wie	… stutsen
(do)	bist	… stutsen	wiest	… stutsen
jo	binne	… stutsen	wiene(n)	… stutsen
hy	is	… stutsen	wie	… stutsen
hja	binne	… stutsen	wiene(n)	… stutsen

第 1 不定詞　It famke *wol* net troch in mich *stutsen wurde*.「その女の子は蚊に刺されたくないと思っている」（未完了不定詞）

現在形　　It famke *wurdt* troch in mich *stutsen*.「女の子は蚊に刺される」

過去形　　It famke *waard* troch in mich *stutsen*.「女の子は蚊に刺された」

現在完了形　It famke *is* troch in mich *stutsen*.「同上」

過去完了形　It famke *wie* troch in mich *stutsen*.「女の子は蚊に刺されていた」

① 動作主を伴う用例

De meanmasine *waard* troch twa hynders *lutsen*.「草刈り機は 2 頭の馬によって引かれた」（lûke「引く」）

Sa'n boek moat troch in goede skriuwster *skreaun wurde*.「そのような

本は良い女性作家によって書かれなければならない」

古風な文章では動作主に troch のかわりに fan を用いることがある。

It boek wurdt *fan him* lêzen.「その本は彼によって読まれる」(古風, lêze「読む」)

② 動作主を伴わない用例

By begraffenissen *wurde* soms klokken *let*.「葬儀にはときには鐘が鳴らされる」(liede「鳴らす」)

Ik wol net yn dy rûzje *behelle wurde*.「私はそのけんかに巻き込まれたくない」(behelje「巻き込む」)

Mar *ferrifele wurde* se.「しかし，彼らはたぶらかされる」(ferrifelje「たぶらかす」；過去分詞が前域を占めている)

③ 完了形の用例

Wannear *is* it hûs *boud*?「その家はいつ建てられたのですか」(bouwe「建てる」)

Sûnt 1970 *is* der hiel wat *dien* om it treinferfier rendabeler te meitsjen. Der *is* in automatysk befeilingssysteem *ynfierd*. In protte stasjons *binne ôfbrutsen* en *ferfongen* troch lytse wachthokken.「1970 年以来，鉄道交通の利潤率を高めるために，さまざまなことがなされた。自動安全装置が導入された。多くの駅が廃止され，小さな待ち合い小屋に替えられた」(dwaan「する」, ynfiere「導入する」, ôfbrekke「取り壊す」, ferfange「代替する」)

(b) 受動態の可否

動作主が想定しにくい性質や状態の表現で受動態が不可能なのは，他のゲルマン語と同様である(例．lykje「(…に)似ている」)。自動詞には同族目的語などを支配して，他動詞として用いるものがあるが，主語が非動作主の場合には受動態はできない。

Wy *songen* twa âlde sangen.「私たちは古い歌を二つ歌った」

→ Twa âlde sangen *waarden* (troch ús) *songen*.「古い歌が二つ(私たちによって)歌われた」(sjonge「歌う」)

Hja *stoar* in rare dea.「彼女は奇妙な死をとげた」(stjerre「死ぬ」)

→*In rare dea *waard* (troch har) *stoarn*.

　また，使役構文(§55(1))での使役動詞「…させる」の受動化「…させられる」は可能だが，知覚動詞構文(§66(2))での知覚動詞の受動化は不可能である。これは「第2不定詞＋知覚動詞」が意味的にひとつの複合動詞としてのまとまりを形成しにくいことと関係がある。

i)　Se *litte* de bern mar *rinne*.「彼らは子供たちをただ歩かせる」
　　→ De bern *wurde* mar *rinne litten*.「子供たちはただ歩かされる」
ii)　Se *sjogge* de bern *rinnen*.「彼らは子供たちが歩くのを見る」
　　→*De bern *wurde rinnen sjoen*.「子供たちは歩くのを見られる」

(c)　状態受動

　「過去分詞＋wêze」は動作受動の完了形「…された」の形式と同じだが，動作から切り離しても，結果として生じた状態が顕著に認められる場合には，結果に意味的な重点を置いた表現「…されている」と解釈できることがあり，これを「状態受動」と言う。

　　Jo *binne* fan herten *útnoege* om dêr by te wêzen.「ご臨席くださいますよう，心からご招待申し上げます(＝あなたは招待されています)」
　　(útnoegje「招待する」)
　　Us lân *is ferdield* yn provinsjes en dy wer yn gemeenten.「私たちの国は州に区分され，それはさらに市町村に区分されています」(ferdiele「区分する」)
　　Dy stoel *is* foar jo *ornearre*.「そのいすはあなたのために用意されています」(ornearje「指定する」)

　状態受動はふつう動作主を伴うことができず，対応する能動態を欠く。つまり，状態受動は受動の助動詞 wurde の過去分詞 wurden が省略された表現ではない。この場合の wêze は受動の助動詞ではなく，コプラであると言える。状態受動は便宜的な名称であり，受動態というよりも，むしろ wêze をコプラとし，形容詞に相当する過去分詞を補語とする一般的な状態表現ととらえたほうが適切である。

　　Jûns *is* it swimbad *sletten*.「夜にはプールは閉まっている(＝閉められている)」(sletten「閉まっている(形容詞化した過去分詞)」← slute「閉め

状態受動「過去分詞＋wêze」は動作受動の完了形とあいまいな場合がある。

　Op dizze platen *binne* de tiden fan it jier *tekene*.「この図には一年の季節が｛描かれた／描かれている｝」(tekenje「描く」)

　It berop byldzjend keunstner *is* net *beskerme*.「彫刻家という職業は｛保護されなかった／保護されていない｝」(beskermje「保護する」)

(d)　wêze「出かけている，不在である」

　西フリジア語の wêze は「…である，…がいる・ある」という意味とは別に，移動の結果としての不在の意味を表わすことがある。

　Hy *is* nei Japan ta.「彼は日本に出かけている」

　Hy *is* te fiskjen.「彼は魚釣りに出かけている」(§67 (7)②)

　↔ Hy *is* yn Japan.「彼は日本にいる」

　　Hy *is* oan 't fiskjen.「彼は魚釣りをしている」

これは次例のような gean「行く」の過去分詞 gongen/gien の省略とは意味が異なっており，不在の意味の wêze は完了の助動詞とみなすことはできない (§67 (7))。

　Hy *is* nei Japan ta ｛*gongen/gien*｝.「彼は日本に行った」

　Hy *is* te fiskjen ｛*gongen/gien*｝.「彼は魚釣りに行った」

以上の事実は状態受動と動作受動の完了形との相違に類似している。

このことはオランダ語の zijn でも同様である。

　オ．Hij *is* naar Japan.「彼は日本に出かけている」

　　Hij *is* vissen.「彼は魚釣りに出かけている」(§67 (7)②)

　　↔ Hij *is* in Japan.「彼は日本にいる」

　　Hij *is* aan het vissen.「彼は魚釣りをしている」

　　Hij *is* naar Japan *gegaan*.「彼は日本に行った」

　　Hij *is* *gaan* vissen.「彼は魚釣りに行った」(gaan は代換不定詞)

(e)　**過去分詞＋wêze**

　この形式は受動態完了形のほかにもまぎらわしい場合がある。

① wêze- 支配の自動詞の能動態完了形

In rêde *is* troch de boargemaster *útsprutsen*.「演説が市長によってなされた」(受動態現在完了形, útsprekke「表明する(他動詞)」)

↔ Hy wachte oant de boargemaster *útsprutsen wie*.「彼は市長が話し終わるまで待った」(能動態現在完了形, útsprekke「話し終わる(wêze-支配の自動詞)」)

De stêd *is* yn ien oere *berûn*.「その町は1時間で走破された」(受動態現在完了形, berinne「走破する(他動詞)」)

↔ De loft *is berûn*.「空が曇っている」(能動態現在完了形, berinne「曇る(wêze-支配の自動詞)」)

② 状態再帰(§55(2)(d)②)

Jo *binne* wat waarmer *klaaid*.「あなたは少し暖かめの服装をしている」(jin klaaie「服装をする」)

③ 形容詞化した過去分詞

It tal ôfnimmers fan it wurk fan de measte keunstners *is* tige *beheind*.「大多数の芸術家の作品の買い手の数は非常に限られている」(beheind「制限された(形容詞)」↔ beheine「制限する」)

Juster *wiest* al *ferkâlden*.「昨日, あなたはもう風邪をひいていたのよ」(ferkâlden「風邪をひいた(形容詞)」↔ ferkâldzje「風邪をひく(wêze-支配の自動詞)」)

Sy *is* net sa lang *troud*.「彼女は結婚してからそれほどたっていない」(troud「既婚の(形容詞)」)

↔ Trije jier lyn *binne* wy *troud*.「3年前に私たちは結婚した(能動態現在完了形)」(trouwe「結婚する(wêze-支配の自動詞)」)

berne「生まれた(形容詞)」は bernje「生む」の過去分詞に由来するが, wêze だけでなく, wurde と用いることもできる. オランダ語(オ. {worden/zijn} geboren)とドイツ語(ド. geboren {werden/sein})も同様.

Simke Kloosterman *is* yn 1876 te Twizel *berne*.「シムケ・クロースデルモン(=有名な女流作家)は1876年にトヴィーゼル(オ. Twijzel「トヴェイゼル」)で生まれた」

Eeltsje Halbertsma *waard* ek te Grou *berne*.「エールチェ・ホルベツマ(=有名な文献学者)もグラウ(オ. Grouw「フラウ」)に生まれた」

(2) 非人称受動 (ûnpersoanlik passyf)

人称受動は主語を持ち，名詞句目的語を伴う他動詞(oerbringend tiidwurd)から作る。非人称受動は主語を持たず，名詞句目的語を伴わない自動詞(lykhâldend tiidwurd)から作る。非人称受動は意味的に動作主が想定できる動作について可能である。主文平叙文の文頭(前域)には「虚辞の der」(§36 (2)(a))を置く。非人称受動は英語を除くゲルマン語一般で可能である。日本語では「…(ら)れる」と訳すことができないことがある。

Der *wurdt* net wer oer dy saak *praat.*「そのことについて二度と話されることはない」(prate「話す」)

Der *wurdt* thús op ús *wachte.*「家で私たちを待っている人がいる」(wachtsje「待つ」)

Der *wurdt* fan alles hinne *tôge.*「いろいろなものがそこへ運ばれてくる」(tôgje「運ぶ」)

Der *wurdt* {*dûnse*/*songen*}.「{踊りがある/歌が歌われる}」(dûnsje「踊る」, sjonge「歌う」)

「虚辞の der」の中域での使用は一定しない。前域に場所を示す副詞成分があると用いない傾向などが認められる。他の用例は §36 (2)(b)参照。

By 't foarjier *wurdt der* tige *tsierd.* Mantsjes sykje wyfkes út.「春になると，とてもけたたましい鳴き声が聞こえてくる。雄が雌を求めるのだ」(tsiere「さえずる」)

By it stjerbêd *waard* Ø de hiele nacht *wekke.*「臨終の床のもとでは一晩中，人が起きていた」(weitsje/wekje「起きている」)

(3) 受動態の関連構文

(a) 「名詞句(直接目的語)＋過去分詞＋krije」など

西フリジア語では，英語とは異なって，間接目的語は受動態で主語になれない。しかし，「過去分詞＋krije」による構文では，ドイツ語のいわゆる「bekommen-受動」と同様に，能動態で間接目的語で現われる名詞句が主語になる人称受動が可能である。文法化の度合いは完全とは言えないが，これは

受益者を主語とした受動態の表現である。

 De boekjes mei de programs foar de nije kursussen kinst fergees *tastjoerd krije*.「君は新しいコースのプログラムがついた冊子を無料で送ってもらえる」(tastjoere「(人に物事を)送る」)

 In groepke fan fjouwer of fiif minsken *kriget* in tal foarwerpen *taskikt*.「4人または5人のグループが一定の数の課題をあてがわれる」(taskikke「(人に物事を)あてがう」)

「過去分詞＋fine」もこれに類似している。

 Hjirby *ynsletten fine* jimme wer de jierlikse akseptgirokoart foar de stipe.「例年どおり年会費の振込用紙をここに同封してあるのがご覧いただけると存じます」(ynslute「同封する」)

 Yn de hjir folgjende list *fynt* de brûker ta syn geriif de measte sterke en ûnregelmjittige Fryske tiidwurden by inoar *brocht*.「これ以下に続くリストには，利用者は必要とするほとんどのフリジア語の強変化および不規則変化動詞が収録されているのがわかります」(bringe「もたらす」)

(b) te- 第2不定詞＋wêze (§ 67 (5))

受動の可能・必然を表わす。他動詞について用いる。

 Dy't net *te rieden is, is* net *te helpen*.「忠告を聞かない者は助けられない(＝忠告され得ない者は助けられ得ない。ことわざ)」

 De antwurden *binne te finen* op it antwurdblêd.「答えは解答のページに出ています(＝見いだされ得る)」

(c) wurde/wêze 以外のコプラによる受動態の表現

受動の助動詞 wurde/wêze は主語と補語を連結するコプラの代表でもある。コプラと同等の機能を果たす他の動詞には，bliuwe「とどまる」，stean「立っている，(…の状態に)ある」，lizze「横たわっている」，sitte「すわっている」などがある。こうした動詞は過去分詞を補語として，wêze を助動詞とする状態受動に似た意味を表わすことがある。

 Yn Feanwâlden stiet de 'Skierstins', de iennichste stins dy't út 'e Midsieuwen *bewarre bleaun is*.「フェアンヴォーデン(オ．Veenwouden

「ヴェーンヴァウデン」)には中世から残っている貴族の館である「スキェルスティーンス」がある」(bewarje「保つ」, bleaun ← bliuwe)

Eartiids *leine*, foaral by 't hjerst en by 't winter, de doarpen *isolearre*. 「以前はとくに秋と冬の間は村々は隔絶されていた」(isolearje「隔てる」, leine ← lizze)

It muzykkorps stiet al klear en de fersierde weinen *steane* ek *opsteld*. 「音楽隊はもう待機しており, 飾りをつけた車も整列している」(opstelle「駐車する, 配置する」, steane ← stean)

§55 使役動詞 (kausatyf tiidwurd) と
再帰動詞 (weromwurkjend tiidwurd)

(1) 使役動詞

(a) litte

使役動詞 litte「…させる」(オ．laten/ド．lassen/エ．let) は助動詞として第1不定詞を伴って枠構造を作る。意味的に「許容・放任」と「強制」に分かれる。再帰動詞の使役化については(2)(d)③参照。

① 許容・放任「…させてやる，…させておく」

Lit my dat mar *dwaan*.「いいから私にそれをさせてください」

De boeren *lieten* de ierappels *waakse*.「農民はジャガイモを育てた (=生育させた)」

Ik ha 't op 'e gong *stean litten*.「私はそれを廊下に置いたままにした」

Lit dyn goede dagen dy net *ûntkomme*!「君の良き日々を逃さないようにしなさい」

litte は助動詞以外に「やめる，そのままにする」という意味の他動詞として用いる。

Lit dat!「それはやめておきなさい」

Hjir *lit* men wat en dêr fynt men wat.「ここで何かを捨てる者もいれば，あちらで何かを見つける者もいる (ことわざ)」

As dwaan net doocht, is *litten* better.「してもむだなときには，しないほうがいい (ことわざ)」

② 強制・要請「…させる，…するように命じる・頼む」

Hy *liet* de doker *helje*.「彼は医者を呼びにやった」

De skroef *liet* it wetter *skomje*.「スクリューで水が泡立った (=スクリューが水を泡立たせた)」

Dat *lit* my *tinke* oan earder.「それは私に昔のことを思い出させる」
この意味では，被使役者が動作主を示す'troch＋名詞句'で表わされることもある。
Lit it ferhaaltsje *lêze troch* de kursuslieder.「その話を講師の先生に読んでもらいなさい」
Lit it ferhaal *beoardielje troch* in oare kursist.「その話を別の受講者に判定してもらいなさい」
sjen litte は「見させる」よりも，むしろ「見せる，示す」という意味のひとつの他動詞を形成しているとも言える。witte litte「知らせる」，hearre litte「教える（＝聞かせる）」も同様。
It plaatsje fan 'e hjerst *lit* in bosk *sjen*.「その秋の図は森を示しています」
Ik *lit* it jo noch *witte*.「私はあなたにそれを知らせますからね」
動作主を示す troch のかわりに受益者を示す 'oan＋名詞句' を用いることがある。
Lit jo advertinsje *sjen oan ien* dy't Frysk skriuwe kin.「あなたが作った広告をフリジア語が書ける人に見せなさい」

③ lit ús「…しましょう」（勧誘）
Lit ús bidde.「祈りましょう」
Lit ús der earst mar ris in nacht oer sliepe, seit mem. Moarn prate wy fierder.「そのことはまず，一晩寝てからにしましょうと母は言う。明日，また話すことにしましょう」
litte wy はオランダ語の影響（オ．laten we）として好ましくないとされる。

(b) dwaan と meitsje

「第2不定詞＋dwaan」はオランダ語の「doen＋不定詞」と異なって，固定した表現を除いて使役の助動詞としてはあまり用いない。
Dat *die* my *tinken* oan jo.「それは私にあなたのことを思い出させた」
Doe't Piter grutter waard *die it bliken dat* er oars wie as oare bern.「ピテルは大きくなると，自分がほかの子供たちとは違っていることがわかった」（bliken dwaan「…が明らかになる」）

「it dwaan＋dat-従属文」も使役の意味を表わすことがある。

　　Dat *docht it dat* hja net doar.「そのために彼女はやる勇気がない（＝それが彼女がやる勇気をなくさせる）」

　meitsje（オ．maken/ド．machen/エ．make）も「dat-従属文」を伴って使役の意味を表わすことがある（meitsje＋dat-従属文）。しかし，使役の意味だけに限らない。

　　Dat *makket dat* hja net doar.「同上」

　　Ik *meitsje dat* ik yn myn skûltinte kom.「私は隠れ小屋に来るようにします」

　次の用例を比較。

　　In stien *liet* him *stroffelje*.「彼は石につまずいて転んだ（＝石が彼をつまずいて転ばせた）」

　　In stien *makke dat* er stroffele.「同上」

　　In stien *die it dat* er stroffele.「同上」

(2) 再 帰 動 詞

　再帰動詞・再帰構文の分類，人称代名詞の再帰用法，sels の付加については §23(3)で述べた。以下では用例の追加と補足的説明にとどめる。

(a) **本来の再帰動詞**

① もっぱら再帰動詞として用いるもの
　感情，感覚，認識など，生理的・心理的意味を持つものが多い。
　Hy *bemuoit him* net mei sokken.「彼はそんな人たちにはかかわらない」
　(jin bemuoie「かかわる，干渉する」)
　Hja soe trouwe, mar hja *hat har beret*.「彼女は結婚しようとしたが，考え直した」(jin beriede「熟考する，考え直す」)
　Hawwe jo *jo fersind*?「あなたは思い違いをしたのですか」
　この種の再帰動詞では sels による対比の強調ができない（§23(3)(a)）。
　Ik *skamje* {*my*/*mysels} sa.「私はとても恥ずかしい」

② 同形の他動詞があるが，意味的にかけ離れているもの

De bern *fermakken har* as mosken yn it sân.「子供たちはスズメのように砂遊びをして楽しんだ」(jin fermeitsje「楽しむ」↔ eat fermeitsje「作り直す，遺贈する」)

It lânskip *liende him* goed ta in fytstocht.「その景観はサイクリングする価値が十分にあった」(jin liene「…の価値がある」↔ eat liene「貸す，借りる」，本来，「自らを役立たせる」の意味，エ．lend itself)

Binne jo ien, dy't *him* net om soksoarte uterlikheden *bekroadet*?「あなたはその種の外見を気にしない人々のひとりですか」(jin bekroadzje「気にかける」↔ eat bekroadzje「お膳立てする，企てる」)

(b) **他動詞の再帰用法**

対応する自動詞を欠く場合，本来の他動詞を再帰的に用いて自動詞化の役割を果たすことがある。

 jin ferfele「退屈する」← immen ferfele「退屈させる」
 Him ferfele die er nea.「退屈することは彼はけっしてなかった」
 ← Do *ferfeelst my*.「君には退屈する(＝君は私を退屈させる)」
  It begûn *my* te *ferfelen*.「私は退屈してきた(＝それは私を退屈させはじめた)」

その他の用例。

 De minske sil *him* wer *ferwûnderje* kinne moatte oer alles wat der om him hinne bart.「人間は自分のまわりで起こることに再び感嘆することができなければならないだろう」(jin ferwûnderje「感嘆する」← immen ferwûnderje「感嘆させる」)

 Dy broek *hâldt him* goed.「そのズボンは長持ちする」(jin hâlde「(物事が)持ちこたえる」← eat hâlde「(物事を)維持する」)

 Foar it hillige moat men *jin hoedzje*.「聖なるものには気をつけなければならない」(jin hoedzje「(人が)用心する」← immen hoedzje「(人を)保護する」)

 Hy *stekt him* oan in stikel.「彼はアザミのとげに刺される」(jin stekke「刺される(＝自分を刺す)」← immen stekke「(人を)刺す」)

 Jo sitte op in frije dei leaver thús? Dan kinne jo *jo ûntspanne* yn 'e tún.

「休日は家にいるほうがいいですか。それなら庭で息抜きすればいいですね」(jin ûntspanne「休養する」← immen ûntspanne「(人の)緊張を解く」)

(c) 「人称代名詞＋状態・結果を表わす文成分」による再帰構文

　上記の形式が「小節」(エ．small clause)をなす構文になるもので，他動詞のほかに，本来，目的語名詞句を伴わない自動詞の場合もある。

① 状態を表わす文成分を伴うもの

　　Jo *fiele jo thús* by Albert.「あなたはオルベトのもとでくつろげます」(jin … fiele「自分が…と感じる」← fiele「感じる」)

　　Hy *wit him Fries*.「彼はフリジア人であることを自覚している」(jin witte「自分が…であると心得ている」← witte「知っている」)

　　Se *tochten har dêr feilich*.「彼らはそこにいれば安全だと思った」(jin … tinke「自分が…だと思う」← tinke「思う」)

　　次の him は直接目的語ではなく，所有を表わす(§17(3)②)。

　　Hy *skuorde him* de bûsen *út*.「彼は財布をはたいた(＝自分のポケットを引き裂いた)」(jin de bûsen útskuorre「(自分の)財布をはたく」← eat útskuorre「(物を)引き裂く」)

② 結果を表わす文成分を伴うもの

　　Hy *die him sear* oan in skerp stientsje.「彼は尖った石でけがをした」(jin sear dwaan「けがをする」← dwaan「する，与える」)

　　接頭辞を伴った非分離動詞(接頭辞動詞，§60)が同様の再帰構文を形成することがある。

　　Wy oerite ús oan allerhande ûnnut iten.「私たちはやたらに不要なもので食べすぎになる」(jin oerite「食べすぎる」← ite「食べる」)

　　↔ in kwaal oerite「滋養に富むものを食べて病を克服する」(他動詞)

③ 自動詞の場合

　　De minsken *laken har slop*, doe't de fierljepper yn de feart foel.「人々はフィエルリエペン(＝棒を使って水路を飛び越し，距離を競うフリースラントの伝統的スポーツ)の選手が水路に落ちると大笑いした」(jin slop laitsje「(体がだるくなるまで)大笑いする」← laitsje「笑う」)

Hja arbeiden har(ren) stikken.「彼らは働きすぎてくたくたになった」(jin stikken arbeidzje「体をこわすまで働く」← arbeidzje「働く」)

次例の him は直接目的語ではなく，身体部位の所有者を表わす(§17(3)②)。

Hy arbeide him de lea stikken.「彼は働きすぎて体をこわした」

次の3例は自動詞 rinne「歩く，走る」の転用である。

Dy jonge rint de âldman dea.「あの男の子はじいさんを引きずり回している」(他動詞 immen dearinne「…を引きずり回す」)

Ik haw my dearûn om de trein noch te heljen.「列車に何とか間に合うように，私は必死で走った」(再帰動詞 jin dearinne「必死に走る」)

De feart rint yn 't doarp dea.「その運河は村の中で行き止まりになっている」(能格動詞/非対格動詞 dearinne「行き止まりである」)

(d) その他の再帰表現

① 代名詞を欠く再帰動詞の用法

名詞的に用いた不定詞では再帰動詞が代名詞を欠く場合がある。

Fersinnen is mooglik, sei de man tsjin 't wiif, doe hie er de faam patte.「間違いはあるものさ，と男は妻に言ったが，そのときすでに女の子にキスしていた」(第2不定詞，jin fersinne「間違える」)

"Hoe is 't Timen jonge, ferfeelst dy ek no, no'st A. O. W.-er bist?" "Ferfele? Lokkich net. Ik ha noch al in pear hobby's."「どうだい調子は，ティメンや。年金生活者になって今，退屈しないか」「退屈するだって？ おかげさまでそんなことはないよ。これでもまだいくつか趣味があるからね」(第1不定詞，jin ferfele「退屈する」)

② 状態再帰(§54(1)(e)②)

結果としての状態が意味的に顕著に認められる再帰動詞では，「過去分詞＋wêze」の形式で状態再帰が可能である。「状態受動」(§54(1)(c))との相違に注意。

de namme dêr't ik ûnder ynskreaun bin「私が(その名前で)登録した名前」(jin ynskriuwe「登録する」)

Binne jo wol neffens de nijste moade klaaid?「あなたは最新の流行に

沿った服を着ていますか」(jin klaaie「服装をする」)

③ 再帰動詞の使役化

再帰動詞は使役動詞に支配されることがある(使役動詞の再帰化は不可)。不利益を表わす場合には，日本語の「迷惑の受け身」と似た意味になる。

Wy *litte ús* net *bekeapje*!「我々は一杯食わされないぞ」(bekeapje「買収する，償う」)

De iene sil *him* gauwer as de oare *ferliede litte* om in nagelnije útmeunstering oan te skaffen, as ús dat foarskreaun wurdt.「ファッションで決められた真新しいサンプルを手に入れようと，人々は我先にそそのかされることになる」(ferliede「誘惑する」)

Foar de oant no ta lêste Alvestêdetocht hienen *har* mear as tsientûzen dielnimmers *ynskriuwe litten*.「これまでのオルヴェステーデトホト(=フリースラントの11の歴史的都市をめぐる伝統的なスケート競技)には1万人以上の参加者が登録している」(ynskriuwe「登録する，記帳する」)

"De grutte krudeniers *litte har* mar by de foarnamme *neame*." "Allegear polityk fansels. Foar de sfear."「大きなスーパーは自分の店をファースト・ネームで呼ばせるのよ」「もちろん，まったくの企業戦略さ。アットホームな感じがするからね」(neame「名づける」)

It *lit him tinke*.「それは自明だ(=自分を考えさせる)」(tinke「考える」)

§56　非人称動詞 (ûnpersoanlik tiidwurd) と非人称表現

　非人称代名詞 it (§21(4)(c)) を用いた非人称動詞や非人称表現には，天候，日時，行事，状況，心理・生理，慣用句がある．

(a)　**天候，日時，行事**
　　it reint「雨が降る」(reine)
　　it {miggelet/sto(f)reint}「霧雨が降る」(miggelje/sto(f)reine)
　　it spielt「大雨だ」(spiele)
　　it waait「風が吹く」(waaie)
　　it {rûst/rûzet}「風がそよぐ，ざわめく」(rûze/rûzje)
　　it twirret「つむじ風が吹く」(twirje)
　　it stoarmet「嵐だ」(stoarmje)
　　it bliksem(e)t「稲光がする」(bliksemje)
　　it tonger(e)t「雷が鳴る」(tongerje)
　　it snijt「雪が降る」(snije)
　　it krôket「小雪が舞う」(krôkje)
　　it wisket「吹雪く」(wiskje)
　　it friest「霜が降りる」(frieze)
　　it winter(e)t「冬になる」(winterje)
　　it simmer(e)t「夏になる」(simmerje)
　上記の非人称動詞は，様態や程度を表わす副詞用法の名詞句や「dat-従属文」を伴うことがある．
① 非人称動詞＋名詞句
　　It frear fannacht *tsien graden*.「昨夜は零下10度まで下がった」
　　It friest *bakstiennen*.「しばれる寒さだ（＝煉瓦が凍るほど寒い）」

　　　　It reint *balstiennen*.「大雨だ(＝砂利が降るほど雨が降っている)」
　　　　It reint op 't heden *promoasjes* binnen de Fryske Akademy.「目下，フリスケ・アカデミーの内部では博士号取得が相次いでいる」
②　非人称動詞＋dat- 従属文
　　　　It friest *dat it ongel(e)t*.「つららができるほど寒い」
　利害・関心を表わす人の意味の名詞句・代名詞を伴って，心理・生理表現としても用いる。
　　　　Heit soe in slach om 'e buorren dwaan, mar *it frear him* tefolle.「父は近所に散歩に出かけようとしたが，寒くてたまらなかった」
　季節や日時の表現にも非人称表現を用いる。
　　　　It wie in heldere nacht want de moanne skynde út in himel sûnder wolken.「明るい夜だった。月が雲のない空から照っていたからである」
　　　　It wurdt wer maitiid.「また春になる」
　　　　Ik fyn it hjir kâld.「私はここは寒いと思う」
　　　　No is it healwei fiven.「もう4時半だ」
　　　　Hjoed is it sneon.「今日は土曜日です」
　　　　It is winter.「冬です」

(b)　その他の非人称表現
①　行事，状況
　　　　Juster wie it ús mem har jierdei.「昨日は母の誕生日だった」
　　　　It siigde ôfgryslik troch it finster.「窓からひどく雨漏りがした」
　　　　Hoe giet it mei jo?「お元気ですか」
　　　　Hoe is it mei dyn broer?「お兄さん(弟さん)の調子はどうだい」
　　　　Op it skoalplein is it stil.「校庭はひっそりしている」
　　　　"Wêr wolst hinne?" "Net nei de buorren.　Dêr is it my te drok."「君はどこへ行きたいんだ」「村の中心はだめだ。あそこは僕にはあまりにせわしない」
②　心理・生理現象
　　利害・関心を表わす人の意味の名詞句を伴う。
　　　　Mar djip yn syn hert *begrutte it him* wol om it bist.「しかし，心の底で

は彼にはその動物が哀れに思えた」(begrutsje「哀れに思える」)
It muoit my, mar se kinne net komme.「残念ですが，彼らは来られません」(muoie「残念に思える」)
It gong har kâld troch de lea.「彼女は手足に悪寒が走った」
it は文中でも必要である(中域の it)。オランダ語の het も同様。ドイツ語の es との相違に注意。
My dûzelt it yn 'e holle.「私は頭がくらくらする」(dûzelje「めまいがする」)
オ．Mij duizelt {*het*/*∅} in het hoofd.「同上」(duizelen「同上」)
ド．{Mir/Mich} schwindelt {*es/∅} im Kopf.「同上」(schwindeln「同上」)
非人称動詞以外にも dûzelje を用いることができる。
De holle *dûzelt* my.「同上」
「彼は寒い」「彼は足が寒い」は「彼」「足」を主語にして表現する。
De fuotsjes binne him kâld, mar hy hâldt fol.「彼は足が寒いが，我慢している」
Hy is kâld.　Hy hat iiskâlde fuotsjes.「彼は寒いのです。足はかじかんでいます」
オランダ語，ドイツ語，英語との差に注意。
オ．Hij {heeft het koud/is koud}.「彼は寒いのです」
エ．He {is/feels} cold.「同上」
ド．Ihm ist kalt.「同上」

③　性質，評価(非人称中間動詞，§57 (1)(a)③)
本来の自動詞を転用して，様態を示す文成分を伴って性質や評価を表わす非人称構文を形成することがある。特定の人を示す文成分は明示しない。
It leit fêst lekker sa ûnder de tekkens, of net soms?「そうやって毛布にくるまって横になっているのは，さぞ気持ちいいんじゃないのか」(lizze「横たわっている」)
Hjir *wennet it* goed.「ここは住みやすい」(wenje「住む」)
Hjir *is it* goed *wenjen*.「同上」
オランダ語にも同様の表現がある。

オ．Hier *woont het* goed.「同上」
　　Hier *is het* goed *wonen*.「同上」
ドイツ語では非人称再帰構文や非人称使役再帰構文を用いる。
ド．Hier *wohnt es sich* gut.「同上」
　　Hier *lässt es sich* gut *wohnen*.「同上」
西フリジア語やオランダ語では非人称使役再帰構文は不可。
オ．*Hier *laat het zich* goed *wonen*.「同上」（不可）
フ．*Hjir *lit it him* goed *wenje*.「同上」（不可）

④　慣用句

De boer en de boerinne hawwe it drok mei 't melken.「農夫とその妻は乳しぼりにいそがしい」(it drok hawwe「いそがしい(mei …に)」)

Bisto it dêr mei iens?「君はその点に賛成ですか」(it iens wêze「賛成である(mei …に)」)

§57　態にかんする語彙的表現

(1)　中間動詞と能格動詞(非対格動詞)

　他動詞を再帰用法によって自動詞化するほかに，自動詞と他動詞が同じ語で表現されることがある。このとき，自動詞の主語は他動詞の目的語に相当するものになり，動作主以外の意味を表わすことが多い。この種の自動詞は主語の性質を示す状態表現か，個々の出来事を示す移行表現かに分かれ，前者を「中間動詞」（エ．middle verb），後者を「能格動詞」（エ．ergative verb）あるいは「非対格動詞」（エ．unaccusative verb）と呼ぶ。中間動詞では動作主は想定されるが，不特定で表現されない場合が多く，受動態の意味が明確に示される。一方，能格動詞(非対格動詞)は自然に起こる現象を指すことが多く，動作主は想定しにくい。なお，中間動詞には自動詞に対応する非人称中間動詞が含まれる。語数は多いが，以下では代表例を示す。

(a)　中 間 動 詞
　意味的に動作主の影響を顕著に受ける文成分が主語として現われる状態表現の自動詞を指す。他動詞の目的語以外の名詞句が主語になるものもあり，非人称の中間動詞も存在する。ふつう様態を示す文成分を伴って，主語の性質を述べ，個々の具体的な出来事は示さない。形態的には能動態だが，受動態の意味を表わし，特定の動作主は表現されない。完了形は hawwe- 支配である((c)ⅱ)の用例参照)。
① 対応する他動詞の目的語が主語になる中間動詞
　　No, dat *heart* nochal earnstich.「あら，それはお聞きしたところ，かなり深刻ね」(hearre「(物事が)…と聞こえる(中間動詞)」↔「(人が物事を)聞く(他動詞)」)

Alles *fielde* wiet.「触ると何もかも濡れていた」(fiele「(物事が)…という感触だ(中間動詞)」↔「(人が物事に)触れる(他動詞)」)

De romte *mjit* likernôch 2,40×3,00 meter.「その空間はおよそ2.40×3.00メートルの広さがある」(mjitte「(物事が)測ると…の数値がある(中間動詞)」↔「(人が物事を)測る(他動詞)」)

De tee *skinkt* {brún/swart/goed}.「そのお茶は{注ぐと{茶色/黒}になる/注ぎやすい}」(skinke「(物事が)注ぐと…である(中間動詞)」↔「(人が物事を)注ぐ(他動詞)」)

It fleis *snijt* maklik.「その肉は簡単に切れる」(snije「(物事が)切れる(中間動詞)」↔「(人が物事を)切る(他動詞)」)

② 対応する他動詞目的語以外の文成分が主語になる中間動詞

Dy fyts *sit* goed.「その自転車は乗り心地がいい」(sitte「(物事が)…というすわり心地がする(中間動詞)」↔「(人が物事の場所に)すわる(自動詞)」)

De bern wolle elk in sliepkeamer. Dat *sliept* lekker, sizze se.「子供たちは各自寝室をほしがる。そのほうがよく眠れると言う」(sliepe「(物事が)…という寝心地がする(中間動詞)」↔「(人が物事の場所で)眠る(自動詞)」)

③ 非人称中間動詞(§56(b)③)

自動詞から非人称動詞に転用して，中間動詞として用いるものがある。場所などを示す副詞的な文成分について一般的な性質や評価を述べる。

It *sit* hjir noflik.「ここはすわり心地がいい」(sitte「…というすわり心地がする(非人称中間動詞)」↔「(人が場所に)すわっている(自動詞)」)

It *wennet* hjir goed.「ここは住み心地がいい」(wenje「…という住み心地がする(非人称中間動詞)」↔「(人が場所に)住む(自動詞)」)

次の用例は様態を示す副詞的成分を欠いている。

Wy moatte mar wer oerein, *it sit* hjir wol, mar *it wennet* hjir net.「じっとしている場合ではない。まだやるべきことがたくさん残っている(＝私たちは再び立ち上がらなくてはならない。ここは一時的にすわる(sitte)ところではあるが，定住する(wenje)ところではない)」

第2不定詞を用いた次のような非人称構文になることもある。

In protte minsken meie hjir net wenje. No, *it is* hjir goed *wenjen* fine wy.「ここには住みたがらない人が多い。それでも，ここは住みやすいとわしらは思うよ」

sitte「すわっている（など）」を用いた次の構文を比較。

Hy *sit* yn in leunstoel.「彼は安楽いすにすわっている」

Dy leunstoel *sit* noflik.「その安楽いすはすわり心地がいい」

Yn dy leunstoel *sit* it noflik.「同上」

Yn dy leunstoel *is it* noflik *sitten*.「同上」

(b) **能格動詞（非対格動詞）**

　意味的に他動詞の目的語にあたる被動作主が主語として現われている自動詞で，個々の具体的な出来事を表わす。運動や状態の変化を示す移行表現が多く，完了形はふつう wêze- 支配である。

De planke *is spjalt* fan droegens.「板は乾燥したために割れた」（spjalte「割れる（能格動詞/非対格動詞）」）

↔ Hy *hat* de planke *spjalt*.「彼は板を割った」（spjalte「割る（他動詞）」）

De loft *brekt*.「雲間から光が漏れる（＝雲が割れる）」（brekke「割れる，こわれる（能格動詞/非対格動詞）」）

↔ Hja *brekt* de faas.「彼女は花瓶を割る」（brekke「割る，こわす（他動詞）」）

　能格動詞（非対格動詞）の完了形は他動詞の受動態完了形と同形なので，解釈に注意を要する。

Dat glês *is brutsen*.「そのガラスは｛割れた/割られた｝」

　その他の用例。ただし，判定は場面や文脈に左右される。以下では典型的な解釈だけを示す。

It iten *is bedoarn*.「食べ物が腐った」（bedjerre「腐る（能格動詞/非対格動詞）」）

↔ Us takomst *is bedoarn*.「私たちの将来は損なわれた」（bedjerre「損なう（他動詞）」）

De broek *is skroeid*.「ズボンに焦げた跡がある」（skroeie「焦げ目がつく（能格動詞/非対格動詞）」）

↔ Hy hat it guod by de kachel skroeid.「彼はその品物を暖炉のそばで焦がした」(skroeie「焦げ目をつける（他動詞）」)
　次の用例は，人と物事が主語になる能格動詞（非対格動詞）および他動詞が1語で表現される例である。
i) 　Nei in pear dagen wiene hja al aardich wend yn it nije hûs.「二，三日後に彼らは新しい家にもうすっかり慣れた」(wenne「（人が）慣れる（能格動詞（非対格動詞））」)
　　Wenst deroan.「君はそれに慣れるよ」（同上）
ii) 　Ik hoopje dat it gau went.「私はそれが早く軌道に乗ることを願っている」(wenne「（物事が）慣れる，軌道に乗る（能格動詞（非対格動詞））」)
　　Alles went.「すべては慣れていくものだ」（同上）
iii) 　Hy koe de kat net wenne.「彼はその猫を慣らすことができなかった」(wenne「（人が物事を）慣らす（他動詞）」)

(c) 　**中間動詞と能格動詞（非対格動詞）をあわせもつもの**
　同一の動詞でも，不特定の動作主が想定される性質を示す状態表現か，動作主が想定されない自然に起こる個々の出来事を示す移行表現かによって，中間動詞と能格動詞（非対格動詞）の機能をあわせもつことがある。次の二つの動詞は他動詞としても用いる。
i) 　skowe「動かすと…だ（中間動詞）」↔「動く（能格動詞（非対格動詞））」
　　↔「動かす（他動詞）」
　　Dy fyts skoot swier.「その自転車は重くて走りにくい」（中間動詞）
　　Yn ûnôfhinklike sinnen skoot yn alle Germaanske talen (útsein it Ingelsk) it tiidwurd nei de twadde posysje yn 'e sin.「主文ではすべてのゲルマン語で（英語を除いて），動詞が文の2番目の位置に移動する」（能格動詞（非対格動詞））
　　Hy hat de karre oan 'e kant skood.「彼は台車を脇に動かした」（他動詞）
ii) 　rekke「のばすと…だ（中間動詞）」↔「のびる（能格動詞（非対格動詞））」
　　↔ útrekke「のばす（他動詞）」
　　Dat lear hat altiten maklik rutsen.「その革はいつも簡単にのびた」（中間動詞）

It ilastyk *is* ûnder dat gewicht aardich *rutsen*.「ゴムは重みでひどくのびた」(能格動詞(非対格動詞))

Hy *hat* dat lear *útrutsen*.「彼は革をのばした」(他動詞)

(2) その他の態にかんする語彙的表現

(a) **同一の動詞での異なる用法**

主語名詞句が人を表わすか物事を表わすかの交替によって，動詞の意味が態に関連した変化を示すものがある．以下にいくつか例を挙げる．

① 他動詞が自動詞と同形で，自動詞の使役化に相当するもの

i) lizze「横たわっている，(物事が人にとって)…である(自動詞)」↔「横たえる(他動詞)」

De Ljouwerter Krante *leit* op 'e tafel.「リャウエト新聞(オ．Leeuwarder Courant「レーヴァルデン新聞」)がテーブルの上にある」

Dat wurk *leit* him net.「その仕事は彼には向かない」

↔ Men moat net alle aaien ûnder ien hin *lizze*.「すべての卵を1羽のめんどりの下に置いてはいけない(＝すべての命運をたったひとつの機会に賭けてはいけない．ことわざ)」

ii) liede「(鐘が)鳴る(自動詞)」↔「(鐘を)鳴らす(他動詞)」

Foarhinne *letten* de klokken trije kear deis.「以前，鐘は一日に3回鳴っていた」(自動詞)

↔ Juster *hat* de koster de klokken *let*.「昨日，教会の番人が鐘を鳴らした」(他動詞)

歴史的には，古フリジア語のledza「横たえる」は同じく古フリジア語のlidza「横になっている」から派生した使役動詞であり，語形が異なっていた．liedeも同様．自動詞の完了形はともにhawwe-支配である．klokliede「鐘を鳴らす」という抱合動詞があることに注意(hy kloklet「彼は鐘を鳴らす」，§58)．

② 思考や存在・不在の意味を表わす動詞が心理動詞と同形であるもの

i) tinke「(人が)…と思う，熟慮する，思い出す」↔「(物事・人が)人に…と思われる」

動作主の意味を表わす人が主語の場合には思考動詞，物事が主語の場合には経験者の意味を表わす人を目的語名詞句として心理動詞になる。

Tink der goed om!「そのことをよく考えなさい」

Tink oan my!「私のことを思い出してね」

↔ Wat *tinkt* dy dêrfan?「それについて君にはどう思えますか」

Ja, dat *tinkt* my ek.「ええ，私にもそう思えます」

ii) misse「(人が物事・人を)欠く」↔「(物事・人)が欠けている」↔「(物事・人が人に)欠けている，不備である，勘違いしている」

Ik *mis* noch ien ding.「私はまだひとつ足りない」

Wy soene it net graach *misse* wolle.「私たちはそれを欠かしたくない」

↔ Hy *mist* nea yn 'e tsjerke.「彼は教会で見かけないことはない」

Dat kin net *misse*.「それは疑いなくそうだ」

↔ Dat *mist* dy.「それは君の思い違いだ」

En wy ek, as it my net *mist*.「それに，もし私の間違いでなかったら，私たちもそうです」

③ 意味的に類似した動詞で人あるいは物事が主語になるもの

主語以外では，人を示す名詞句は利害・関心を表わす名詞句，物事を示す名詞句は前置詞句として一般に現われる。

i) slagje「(人が物事において)うまくいく」↔「(物事が人にとって)うまくいく」(完了形はともに wêze- 支配)

Is er foar it eksamen *slagge*?「彼は試験はうまくいったのですか」

↔ It *is* him net *slagge*.「それは彼にとってうまくいかなかった」

De operaasje *is slagge*.「手術は成功した」

オランダ語では人が主語の場合には slagen を用い，物事が主語の場合には (ge-)lukken を用いる(ともに完了形は zijn- 支配)。

(b) 再帰・使役・非人称構文(§55, 56)での語彙的交替

個々の語彙の意味が関係する微妙な問題であり，数例にとどめる。

i) lêze「読む，読める」

Dit artikel {*lêst*/**lêst him*} maklik.「この論文は読みやすい」

Dit artikel *lit him* maklik lêze.

オ．Dit artikel {*leest*/*leest zich} gemakkelijk.「同上，以下同様」
　　　Dit artikel *laat zich* gemakkelijk *lezen*.
　ド．Dieser Artikel {*liest/*liest sich*} leicht.
　　　Dieser Artikel *lässt sich* leicht *lesen*.

ii) ferkeapje「売る，売れる」
　Dit boek {*ferkeapet*/*ferkeapet him} goed.「この本はよく売れる」
　Dit boek *lit him* goed *ferkeapje*.
　オ．Dit boek {*verkoopt*/*verkoopt zich} goed.
　　　Dit boek *laat zich* goed *verkopen*.
　ド．Dieses Buch {*verkauft/*verkauft sich*} gut.
　　　Dieses Buch *lässt sich* gut *verkaufen*.

iii) spjalte「割る，割れる」
　Dit hout {*spjalt*/*spjalt him} maklik.「この材木は割りやすい」
　Dit hout *lit him* maklik *spjalte*.
　オ．Dit hout {*splijt*/*splijt zich} gemakkelijk.
　　　Dit hout *laat zich* gemakkelijk splijten.
　ド．Dieses Holz {*spaltet/*spaltet sich*} leicht.
　　　Dieses Holz *lässt sich* leicht *spalten*.

iv) sitte「すわっている (op …(の上)に)」
　Dizze sofa {*sit*/*sit him} noflik.「このソファはすわりやすい」
　Op dizze sofa {*sit it*/*sit it him} noflik.
　Op dizze sofa *is it* noflik *sitten*.
　*Dizze sofa *lit him* noflik *sitte*.
　*Op dizze sofa *lit it him* noflik *sitte*.
　オ．Deze sofa {*zit*/*zit zich} prettig.
　　　Op deze sofa {*zit het*/*zit het zich} prettig.
　　　Op deze sofa *is het* prettig *zitten*.
　　　*Deze sofa *laat zich* prettig *zitten*.
　　　*Op deze sofa *laat het zich* prettig *zitten*.
　ド．Dieses Sofa {*sitzt/*sitzt sich*} angenehm.
　　　Auf diesem Sofa {*sitzt es/*sitzt es sich*} angenehm.

510　XI　動　詞

　　　　*Auf diesem Sofa *ist es* angenehm *sitzen*.
　　　　*Dieses Sofa *lässt sich* angenehm *sitzen*.
　　　　Auf diesem Sofa *lässt es sich* angenehm *sitzen*.
v)　wenje「住む(yn …[の中] に)」
　　Dit hûs {*wennet*/*wennet him*} goed.「この家は住みやすい」
　　比較：Dit hûs {*bewennet*/*bewennet him*} goed. (in hûs bewenje「家に住む」)
　　Yn dit hûs {*wennet it*/*wennet it him*} goed.
　　比較：Yn dit hûs {*bewennet it*/*bewennet it him*} goed.
　　Yn dit hûs *is it* goed *wenjen*.
　　比較：*Yn dit hûs *is it* goed *bewenjen*.
　　*Dit hûs *lit him* goed *wenje*.
　　比較：Dit hûs *lit him* goed *bewenje*.
　　*Yn dit hûs *lit it him* goed *wenje*.
　　比較：*Yn dit hûs *lit it him* goed *bewenje*.
オ．Dit huis {*woont*/*woont zich*} goed.
　　比較：Dit huis {*bewoont*/*bewoont zich*} goed. (een huis bewonen「同上」)
　　In dit huis {*woont het*/*woont het zich*} goed.
　　比較：In dit huis {*bewoont het*/*bewoont het zich*} goed.
　　In dit huis *is het* goed *wonen*.
　　比較：*In dit huis *is het* goed *bewonen*.
　　*Dit huis *laat zich* goed *wonen*.
　　比較：Dit huis *laat zich* goed *bewonen*.
　　*In dit huis *laat het zich* goed *wonen*.
　　比較：*In dit huis *laat het zich* goed *bewonen*.
ド．Dieses Haus {*wohnt*/*wohnt sich*} gut.
　　比較：Dieses Haus {*bewohnt*/bewohnt sich} gut. (ein Haus bewohnen「同上」)
　　In diesem Haus {*wohnt es*/wohnt es sich} gut.
　　比較：In diesem Haus {*bewohnt es*/*bewohnt es sich} gut.

*In diesem Haus *ist es* gut *wohnen*.
　　　比較：*In diesem Haus *ist es* gut *bewohnen*.
　　　*Dieses Haus *lässt sich* gut *wohnen*.
　　　比較：Dieses Haus *lässt sich* gut *bewohnen*.
　　　In diesem Haus *lässt es sich* gut *wohnen*.
　　　比較：*In diesem Haus *lässt es sich* gut *bewohnen*.
vi) skriuwe「書く，書ける」
　　　Dy pinne {*skriuwt*/**skriuwt him*} it bêst.「そのペンはもっとも書きやすい」
　　　Mei dy pinne {*skriuwt it*/**skriuwt it him*} it bêst.
　　　*Mei dy pinne *is it* it bêst *skriuwen*.
　　　*Dy pinne *lit him* it bêst *skriuwe*.
　　　*Mei dy pinne *lit it him* it bêst *skriuwe*.
　オ．Die pen {*schrijft*/**schrijft zich*} het best.
　　　Met die pen {*schrijft het*/**schrijft het zich*} het best.
　　　*Met die pen *is het* het best *schrijven*.
　　　*Die pen *laat zich* het best *schrijven*.
　　　*Met die pen *laat het zich* het best *schrijven*.
　ド．Die Feder {*schreibt*/**schreibt sich*} am besten.
　　　Mit der Feder {**schreibt es*/*schreibt es sich*} am besten.
　　　*Mit der Feder *ist es* am besten *schreiben*.
　　　Die Feder *lässt sich* am besten *schreiben*.
　　　Mit der Feder *lässt es sich* am besten *schreiben*.

§58 名詞抱合
(nomenynkorporaasje, haadwurdynkorporaasje)

(1) ま と め

　名詞を動詞の一部として取り込み，形態的に1語の複合動詞(または「合成動詞」)を形成する現象を名詞抱合(または「名詞編入」)という(N＋V→[NV]$_v$)。西フリジア語ではこのような非分離の複合動詞が数多く見られる。これは同言語の特徴であり，類型論的にも興味深い。以下では名詞抱合という用語を非分離の複合動詞形成に限定して用いる。

i) Heit lêst de krante.「父は新聞を読んでいる」(動詞句表現：名詞句 de krante「新聞を」＋動詞 lêze「読む」)

ii) Heit *krant(e)lêst*.「同上」(抱合動詞 krant(e)lêze「新聞を読む」)

　i)の「動詞句表現」にたいして，ii)の krant(e)lêze [krɔ́nt(ə)lɛːzə]「新聞を読む」は，「被抱合名詞」である krante「新聞」を動詞 lêze「読む」に抱合した「抱合動詞」である。アクセントは前半部の被抱合名詞にある。

　抱合動詞に対応する動詞句表現には「前置詞句＋動詞」のタイプもある。

　　抱合動詞　　 sleatsjespringe「水路を飛び越す」
　　動詞句表現　 oer in sleatsje「水路の上を」＋springe「飛び越す」

　名詞抱合はフリジア語群に広く見られ，北フリジア語にも存在する(Dyk 1992b)。また，西フリジア語の東側に隣接するオランダ語フローニンゲン方言(オ．Gronings)にも見られる(Schuurman 1987)。一方，オランダ語，ドイツ語，英語では名詞抱合はきわめて限られている。

　西フリジア語の名詞抱合には次のような特徴がある(Dijk 1997, 以下同様)。
① 生産性：生産性が高く，かなり自由に新しい語が作れる。
② 形態的特徴：
i) 一般に動詞句表現「{名詞句/前置詞句}＋動詞」が併存する。

ii) 抱合動詞は形態的に1語であり，分離動詞(§59)と違って分離していない。
iii) 被抱合名詞の語形は単数形・複数形と異なることがあり，複合語の成分としての語形と共通することがある。
iv) 形態：抱合動詞はもとの動詞の語形変化を継承する。名詞抱合を起こした強変化動詞は，オランダ語やドイツ語と違って，強変化のままである。

③ 意味的特徴：
i) 被抱合名詞は総称的な意味を表わし，特定の個別的な指示物を示さず，単数・複数の区別も含意しない。
ii) 抱合動詞は継続アスペクトを表わす「行為動詞」(エ．activity verb)であり，完結・完了は含意しにくい。また，個々の1回限りの動作よりも継続・反復・習慣を示す典型的な動作表現に多用する。制度的・儀礼的・社会的行為や比喩のように意味的な拡大を起こすこともある。
iii) 被抱合名詞は動作主が表わす意図的な動作によって直接的な影響を被り，動詞の意味役割を充足するものに限られる。

④ 統語的特徴：
i) 被抱合名詞は動詞句表現の直接目的語や道具・目標・場所などを示す前置詞句に対応する。主語は一部の天候動詞のような非人称動詞や非人称受動のように，「内項」(エ．internal argument)の場合を除いて抱合されない。
ii) 直接目的語を抱合した抱合動詞は被抱合名詞と同族の直接目的語(同族目的語)を伴わず，自動詞である。ただし，動詞との結びつきの弱い付加成分(エ．adjunct)は，名詞抱合で直接目的語に統語的に昇格し，他動詞が形成されることがある。逆に，直接目的語以外に動詞と結びつきの強い補足成分(エ．complement)を伴う他動詞句は，名詞抱合を起こすと非文になる。このように，名詞抱合は動詞の「項構造」(エ．argument structure)を変化させる。
iii) 名詞抱合には構文的な制約があり，語彙的な固定度によって動詞ごとに差がある。すべての抱合動詞に可能なのは，第2不定詞の名詞用法(§66(1))，te-第2不定詞の前置詞句用法(§67(1), (7))とte-第2不定詞の文用法(§67(1), (2))，「oan 't＋第2不定詞＋wêze」構文(前置詞句進行形，§66(6))である。

⑤ 存在理由：西フリジア語(フリジア語群一般)に名詞抱合が広範囲で見られ

るのは，動詞的性質の強い第1不定詞(e-不定詞)のほかに，動詞的性質と名詞的性質をあわせもつ第2不定詞(en-不定詞)があり，基本語順がOV型であることと関係がある。すなわち，西フリジア語の名詞抱合は第2不定詞からの「逆成」(エ．back-formation)に由来し，このために他のゲルマン語と違って生産的であると考えられる。(以上，Dijk 1997)。それと並んで，名詞抱合が起こる典型的な構文に現われる「te-第2不定詞」のteに，オランダ語te/ドイツ語zu/英語toとは異なって，不定詞標識のほかに前置詞としての性質が残っており，このteが後続する第2不定詞に動詞的な性質と並んで名詞的な性質を付与することに原因があると考えらえる(清水2006)。

(2) 名詞抱合の生産性

　名詞抱合は西フリジア語では生産性が高く，かなり自由に新しい語を作ることができる。辞書にはすべての抱合動詞を記載できないほど数が多い。

i) drinke「飲む」：bierdrinke「ビールを飲む」，kofjedrinke「コーヒーを飲む」，molkedrinke「牛乳を飲む」，teedrinke「お茶を飲む」，wetterdrinke「水を飲む」，wyndrinke「ワインを飲む」

ii) ierappel「ジャガイモ」：ierappelbouwe「ジャガイモを栽培する」，ierappeldolle「ジャガイモを掘る」，ierappeldreagje「ジャガイモのゆで汁を捨てる」，ierappeljaskje/-skile「ジャガイモの皮をむく」，ierappelpjukke/-pripkje/-sykje「掘り出したジャガイモを集める」，ierappelsette「ジャガイモの苗を植える」，ierappelskrobje「ジャガイモを洗って汚れを落とす」，ierappelsproeie「畑のジャガイモに水をまく」，ierappelsutelje「ジャガイモの行商をする」，ierappelsuverje「畑のジャガイモを他の雑草から選別する」，ierappelwaskje「皮をむいたジャガイモを洗う」

iii) fioel(e)spylje「ヴァイオリンをひく」，fluitspylje「フルートを演奏する」，gitaarspylje「ギターをひく」，pianospylje「ピアノをひく」，hoarnblaze「ホルンを吹く」，trompetblaze「トランペットを吹く」，tromslaan「太鼓をたたく」

iv) artikelkopiearje「論文をコピーする」, cd-keapje「CDを買う」

　既存の動詞と競合すると名詞抱合が起こりにくいことがある。たとえば，autoride「車を運転する」, hynsteride「乗馬をする」, reedride「スケートをする」にたいして，?fytsride「自転車に乗る」はほとんど使わない。これはfytse「同左」との競合によると考えられる。ただし，krant(e)lêzeとkrantsje/kranterje「新聞を読む」が併存するように，個々の語で異なる。

　なお，名詞抱合は1回のみ可能であり，被抱合名詞の数はひとつに限られる。
　　De boer lade {de wein/hea}.「農夫は{車に荷物を/干し草を}積んだ」
　　→ De boer {*weinlade/healade*}.「同上」
　　→*De boer {*weinhealade/heaweinlade*}.「農夫は車に干し草を積んだ」
オランダ語やドイツ語では名詞抱合は非生産的であり，上記の対応例はオランダ語では pianospelen「ピアノをひく」, vioolspelen「ヴァイオリンをひく」, paardrijden「乗馬をする」に限られる。ドイツ語でも数が少なく，複合名詞からの「逆成」による技術的な専門用語が多い。

(3) 名詞抱合の形態的特徴

(a) 分離動詞・非分離動詞の名詞抱合

　分離動詞(§59)や非分離動詞(§60)についても名詞抱合ができることがある。ただし，分離成分としての不変化詞(エ．particle)が他動詞化の役目を果たし，名詞抱合の自動詞化の性質と相容れない場合や，動作の完結・完了を意味する「完成動詞」(エ．accomplishment verb)または「達成動詞」(エ．achievement verb，瞬時的)を形成する場合にはできない。不変化詞が方向を示したり，動詞の語彙的な意味を補足するにとどまる場合には，名詞抱合は可能である((8)参照)。

① 名詞抱合：不可

　　apelsutelje「リンゴの行商をする」(apel「リンゴ」+sutelje「行商をする(自動詞 mei …の)」)
　　↔ *apelútsutelje「同上」(útsutelje「(…の)行商をする(分離動詞，他動詞)」, 不可)
　　apelite「リンゴを食べる」(ite「食べる」)

↔ *apelopite「リンゴを全部食べる」(opite「食べつくす(分離動詞, 完成動詞)」, 不可)

　　glêsskilderje「ガラスに絵を描く」(glês「ガラス」+skilderje「絵を描く」)

　　　↔ *glêsbeskilderje「ガラスに絵を描きつくす」(beskilderje「絵を描きつくす(非分離動詞, 完成動詞)」, 不可)

② 名詞抱合：可

　　teeynjitte「お茶をつぐ」(tee「お茶」+ynjitte「注ぎ入れる(分離動詞, 方向)」)

　　molkopnimme「牛乳のサンプルを採取する」(molke「牛乳」+opnimme「採取する(分離動詞, nimme「取る」の語彙的意味の補足)」)

　　bêdopmeitsje「寝床を整える」(bêd「ベッド」+opmeitsje「整える(分離動詞, meitsje「作る」の語彙的意味の補足)」)

　　tafelklearmeitsje「食事の用意を整える」(tafel「食卓」+klearmeitsje「用意する(分離動詞, meitsje「作る」の語彙的意味の補足)」)

(b) **抱合動詞の１語としての性質**

　　抱合動詞は形態的に１語であり, 被抱合名詞は単独の語として機能しない。

① 限定詞, 修飾成分, 代名詞化

　　被抱合名詞は限定詞や修飾成分を伴わず, 代名詞でも受けることができない。

i) 限定詞：不定冠詞, 定冠詞, 否定冠詞, 所有代名詞, 指示代名詞

　　Ik wit dat er {*in/*de/Ø} koslachtet.「私は彼が {ある/その/Ø} 牛を屠殺していることを知っている」(ko「牛」+slachtsje「屠殺する」)

　　Ik wol {*gjin/net} bierdrinke.「私はビールを飲みたくない」(bier「ビール」+drinke「飲む」)

　　Hy hat al {*syn/Ø} toskpoetst.「彼はもう {自分の/Ø} 歯を磨いた」(tosk「歯」+poetse「磨く」)

　　Sy moat noch {*dat/Ø} skiepmelke.「彼女はまだ {あの/Ø} 羊の乳しぼりをしなければならない」(skiep「羊」+melke「乳をしぼる」)

ii) 修飾成分：形容詞

Pake is nei de polder te {*grouwe/Ø} bitewjudzjen.「祖父は干拓地に{灰色の/Ø}ビート掘りに行った」

「形容詞＋名詞」で語彙的に1語として固定している場合には許される。

Pake is nei de polder te *reade bitewjudzjen*.「祖父は干拓地に赤カブ掘りに行った」(reade byt「赤カブ」)

iii) 代名詞化

Heit begûn te {*karretriuwen*/**himtriuwen*}.「父は{荷車/それ}を押しはじめた」(karre「荷車」+triuwe「押す」)

② その他の統語的な制約

被抱合名詞は定動詞の主文第2位への移動や te- 第2不定詞(en- 不定詞)での分離ができず，空所化も起こらない。

i) te- 第2不定詞での分離，主文第2位への移動

Ik holp har {*te messeslypjen*/**messe te slypjen*}.「私は彼女にナイフをとぐのを手伝った」(mes「メス」+slypje「とぐ」)

Hy {*messeslipet*/**slipet messe*}.「彼はナイフをとぐ」

ii) 空所化と前方削除

Anneke wol apels ite$_i$ en Jantsje parren ____$_i$.「アネケ(女名)はリンゴを食べたがり，ヨンチェ(女名)は梨を食べたがる」

↔ *Anneke wol *apelite*$_i$ en Jantsje *parre-*____$_i$.「同上」(不可)

等位接続での前方削除は抱合動詞では可能である(複合語でも可)。逆に，動詞句表現では許されない。

*Anneke wol apels ____$_i$ en Jantsje parren ite$_i$.「同上」(不可)

↔ Anneke wol *apel-*____$_i$ en Jantsje *parreïte*.「同上」

③ 語形成

抱合動詞は接頭辞を伴って非分離動詞を形成することがある。一般に語形成は単一の語を対象とするので，抱合動詞は形態的に1語と言える。

fersûpedrinke「脱脂粉乳の飲みすぎで胃を痛める」(fer-+sûpe「脱脂粉乳」+drinke「飲む」)

ferkaartspylje「トランプ遊びで損をする」(fer-+kaart「トランプ」+spylje「遊ぶ」)

(c) 被抱合名詞の語形

被抱合名詞の語形は複合名詞の前半部と同様に，あいまい母音 [ə] である「接合の e」(ド．Fugen-e) を伴ったり，「割れ」(§5) や短母音化 (§4) などを起こすことがある．指小形 (§18) を用いる語もある．

① 「単数形語幹＋接合の e」

parreïte「梨を食べる」(par「梨」+ite「食べる」)
brieveskriuwe「手紙を書く」(brief「手紙」+skriuwe「書く」)
stekkefervje「柵にペンキを塗る」(stek「柵」+fervje「塗装する」)
hynsteride「乗馬をする」(hynst「雄馬」+ride「(車・馬に)乗る」)

「接合の e」を欠く語が併存することもあり，個人差がある．

parite/briefskriuwe/stekfervje「同上」

単数形語幹が -e で終わるものでは，「接合の e」の有無は不明である．

bonkeplúzje「骨をかじる」(bonke「骨」+plúdzje「少しずつ食べる」)
tûkeseagje「枝切りする」(tûke「枝」+seagje「のこぎりで切る」)

「接合の e」は複数形が語尾 -en による名詞だけに付加される．

parreïte「梨を食べる」(par「梨」→複数形 parren)
brieveskriuwe「手紙を書く」(brief「手紙」→複数形 brieven)
stekkefervje「柵にペンキを塗る」(stek「柵」→複数形 stekken)

複数形が -s などの -en 以外の語尾による名詞には，「接合の e」はつかない．また，-s は名詞抱合の接合要素にはならない(複合語の接合要素にはなる)．

apelite/*apeleite/*apelsite「リンゴを食べる」(apel「リンゴ」→複数形 apels+ite「食べる」)
finsterfervje/*finsterefervje/*finstersfervje「窓枠にペンキを塗る」
(finster「窓」→複数形 finsters+fervje「塗装する」)
autowaskje/*autoëwaskje/*auto'swaskje「洗車する」(auto「車」→複数形 auto's+waskje「洗う」)

「接合の e」の有無に揺れがある語では，「接合の e」を持つ語形は複数形の意味を誘発する．したがって，「接合の e」は物質名詞では現われない．次例では stekfervje は「柵を塗装する」，stekkefervje は「柵を2枚以上塗装する」の意味で解釈されやすい．

§58 名詞抱合　519

Wy sille moarn {*stekfervje/stekkefervje*}.「私たちは明日，柵にペンキを塗るつもりです」

その他の語では単複両方の意味に解釈できることになる。

tûkeseagje「(1本または数本)枝切りする」(tûke「枝」，単数形語幹 -e)

autowaskje「(1台または数台)洗車する」(auto「車」→複数形 auto's)

「接合の e」が複数形の -en と何らかの関係があることは否定できないが，被抱合名詞が複数形として現われることはない。

parreïte/*parrenite「梨を食べる」

brieveskriuwe/*brievenskriuwe「手紙を書く」

stekkefervje/*stekkenfervje「柵にペンキを塗る」

tûkeseagje/*tûkenseagje「枝切りをする」

「接合の e」を伴わない被抱合名詞には以下の語形がある。

② 単数形をそのまま使う語

balsmite「ボール投げをする」(bal「ボール」+smite「投げる」)

rúthimmelje「ガラス拭きをする」(rút「ガラス」+himmelje「掃除する」)

apelite「リンゴを食べる」(apel「リンゴ」+ite「食べる」)

③ 「割れ」(§5)を起こす語

fuotfeie [fwôtfaiə, …fɛiə]「靴みがきをする」(foet [fuət]「足」+feie「掃く，掃除する」)

hoasstopje [hwástɔpjə]「ストッキングをかがる」(hoas [hoəs]「ストッキング」+stopje「つくろう」)

④ 短母音化(§4)を起こす語

hanwaskje [hónvɔskjə]「手洗いをする」(hân [hɔ:n]「手」+waskje「洗う」; hânwaskje も可)

aisykje [áisikjə]「(野鳥の)卵探しをする」(aai [a:i]「卵」+sykje「探す」; aaisykje も可)

húshâlde [hýshɔ:də]「家計・家政をつかさどる」(hûs [hu:s]「家」+hâlde「保つ」)

⑤ 語末のあいまい母音 -e [ə] を欠く語形が併存する語

krant(e)lêze「新聞を読む」(krante「新聞」+lêze「読む」)

fioel(e)spylje「ヴァイオリンをひく」(fioele「ヴァイオリン」+spylje「演奏する」)

molkedrinke「牛乳を飲む」(molke「牛乳」+drinke「飲む」)

↔ molkfarre「牛乳を船で運ぶ」(molke「牛乳」+farre「船で運ぶ」)

⑥ 指小形(§18)を用いる語

小さな事物を意味する場合。

beantsjetriedzje「インゲンのすじをとる」(beanstje ← bean/beanne「インゲン」+triezdje「さやをとる」)

blomkenaaie「花の刺繍をする」(blomke ← blom「花」+naaie「縫う」)

子供の遊びや親しみなどの感情がこもった表現。

fjurkestoke「火遊びをする」(fjurke ← fjoer「火」+stoke「(火を)おこす」)

tomkesobje「親指しゃぶりをする」(tomke ← tomme「親指」+sobje「しゃぶる」)

rôltsjeride「ローラースケートをする」(rôltsje ← rôle「ローラー」+ride「(車などで)行く」)

boatsjefarre「船遊びをする」(boatsje ← boat「ボート」+farre「航行する」)

指小形接尾辞は「接合のe」と同様のはたらきをしているとも言える。これは複合語でも指小形接尾辞がつくものがあることと関係がある。

goudsjeblom「マリーゴールド」(goudsje ← goud「金」+blom「花」)

skipkelju「居住用の船に住む人々」(skipke ← skip「船」+lju「人々」)

単数形と異なる被抱合名詞は，複合語の前半部と共通点がある。

抱合動詞 parreïte「梨を食べる」〜複合語 parrebeam [párəbıəm]「梨の木」(par「梨」→ parre-,「接合のe」)

fuotfeie [fwótfaiə, …fɛiə]「靴みがきをする」〜fuotbal [fwótbɔl]「サッカー」(foet「足」→ fuot-,「割れ」)

húshâlde [hŷshɔːdə]「家計・家政をつかさどる」〜húsfrou [hŷsfrou]「主婦」(hûs「家」→ hús-, 短母音化)

(d) 抱合動詞の語形変化

　抱合動詞はもとの動詞の語形変化を継承する。強変化動詞は名詞抱合によって抱合動詞になっても，強変化のままである。

i)　強変化 drinke「飲む」－過去 dronk－過分 dronken
　　強変化 teedrinke「お茶を飲む」－過去 teedronk－過分 teedronken
ii)　強変化 skriuwe「書く」－過去 skreau－過分 skreaun
　　強変化 brieveskriuwe「手紙を書く」－過去 brieveskreau－過分 brieveskreaun

　オランダ語やドイツ語では，強変化動詞をもとにした抱合動詞は弱変化動詞になることがある。

　　オ．強変化　zuigen「吸う」－過去 zoog－過分 gezogen
　　　　弱変化　stofzuigen「電気掃除機で掃除する」－過去 stofzuigde－過分 gestofzuigd
　　　　強変化　houwen「彫る，削る」－過去 hieuw－過分 gehouwen
　　　　弱変化　beeldhouwen「彫刻する」－過去 beeldhouwde－過分 gebeeldhouwd
　　ド．強変化　saugen「吸う」－過去 sog/saugte－過分 gesogen/gesaugt（「電気掃除機で掃除する」という意味では弱変化）
　　　　弱変化　staubsaugen「電気掃除機で掃除する」－（過去 staubsaugte）－過分 staubgesaugt
　　　　強変化　preisen「ほめる」－過去 pries－過分 gepriesen
　　　　弱変化　lobpreisen「賛美する」－過去 lobpreiste/lobpries－過分 gelobpreist/lobgepriesen/lobgepreist

(4) 名詞抱合の意味的特徴

(a) 被抱合名詞の意味的特徴

　被抱合名詞は総称的・典型的な意味を表わし，単数・複数の区別を含意せず，具体的・個別的な対象は示さない((3)(b), (c))。ただし，感情的な強調表現では例外的に具体的・個別的な対象を示すことがある。

　　No moatte jim ophâlde te *Fritsnarjen*.「もうフリッツ(男名)いじめはや

めなさいよ」

オランダ語フローニンゲン方言(オ．Gronings)では固有名詞もふつうに抱合できる(Schuurman 1987：186)。

Nou mot je ophollen te *Piter Moatje pesten*.「もうピテル・モアチェ(男名)いじめはやめなさいよ」

(b) **抱合動詞の意味的特徴：アスペクトと意味的拡張**
① 継続，反復，習慣
抱合動詞は動作の継続の意味を表わし，瞬間的な動作や完結・完了の表現には適さない。つまり，「行為動詞」(エ．activity verb)である。
Hy *stekferve* {*yn in oere/oerenlang}.「彼は柵を｛1時間で塗装し終えた/何時間も塗装していた｝」(stekfervje「柵を塗装する」)
↔ Hy ferve it stek yn in oere.「彼は柵を1時間で塗装し終えた」
反復的な動作は全体として継続性の表現なので，抱合動詞が許される。
Hja *knyndeadet* oerenlang.「彼女は何時間もウサギを屠殺している(=何匹も立て続けに屠殺している)」(knyndeadzje「ウサギを屠殺する」)
抱合動詞は1回限りの動作よりも習慣的動作を表わしやすい。
Hja *bôlebakt* {al jierren/?∅} mei nocht.「彼女は｛もう何年も/∅｝好きでパンを焼いている」(習慣，bôle「(白)パン」+bakke「(パンなどを)焼く」)

② 制度的・儀礼的・社会的行為，比喩
語彙的に固定した抱合動詞には，全体でまとまった概念を形成し，制度的・儀礼的・社会的行為や比喩を表わしやすいものがある。

i) Wy *kofjedrinke* om trije oere middeis.「私たちは午後の3時にコーヒーブレイクの時間をとる(コーヒーを飲み，談笑し，くつろぐ)」(kofjedrinke)
↔ Wy *drinke* om trije oere middeis *kofje*.「私たちは午後の3時にコーヒーを飲む(ただコーヒーを飲むだけ)」

ii) Hy *fytsmakket*.「彼は自転車製造・修理を職業にしている」(fytsmeitsje)
↔ Hy *makket in fyts*.「彼は自転車を(素人として)製造・修理している」

iii) skûtsjesile「ヨット遊び(スクチェシレン)をする(フリースラントの伝統

　　　　↔ mei in skûtsje sile「ヨットに乗る(ただ乗るだけ)」
iv) komelke「(小さな)牧畜業を営む，牛の乳をしぼる」
　　　　↔ {in ko/kij} melke「牛{単数/複数}の乳をしぼる」
v) kieskauje「いやいや食べる(比喩的表現)」(kies「砂利」+kauje「嚙む」)

(c) 抱合動詞の意味的特徴：主題関係

　名詞抱合は，動作主主語による意図的な動作が，動詞の意味役割を充足する名詞に，直接的な影響を及ぼす場合に限られる。次例の可否はこのことで説明される。

　　It bern *faasbrekt*.「子供は花瓶を割っている」(faas「花瓶」+brekke「割る」)
　　↔ *De bal *faasbrekt*.「ボールが当たって花瓶が割れている」(不可)
　　It bern *plaatsjekleuret*.「子供はプレートに色を塗っている」(plaatsje←plaat「プレート」+kleurje「彩色する」)
　　↔ *De ûndergeande sinne *hûskleuret*.「沈む太陽の光が家々を赤く照らしている」(hûs「家」+kleurje「彩色する」，不可)
　　Minne *radioharket*.「ミネはラジオを聞いている」(radio「ラジオ」+harkje「(注意して)聞く(nei …を)」)
　　↔ *Loltsje *autoheart*.「ロルチエには車の音が耳に入ってくる」(auto「車」+hearre「聞こえる」，不可)

(5) 名詞抱合の統語的特徴：被抱合名詞

(a) 直接目的語と前置詞目的語の抱合

　上述のように，他動詞の直接目的語は，動作主の意図的な動作で直接的な影響を被る被動者の場合に抱合されやすい。前置詞句内の名詞も同様に，直接的な影響を被り，動詞の意味役割を充足する場合には抱合できる。

① 道具
　fisksutelje「魚の行商をする」(mei fisken「魚で」+sutelje「行商をする」)

masinemolke「機械で乳しぼりをする」(mei in masine「機械で」+ molke「乳しぼりをする」)

tou(tsje)dûnsje/-springe「縄跳びをする」(tou(tsje)「縄」+{dûnsje「踊る」/springe「はねる」})

② 目標

einsjitte「カモをねらい撃ちする」(op in ein「カモに向かって」+sjitte「射撃する」)

ikelsykje「どんぐり拾いをする」(nei in ikel「どんぐりを求めて」+ sykje「探す」)

③ 場所

bêdmige「おねしょをする」(op bêd「ベッドの上で」+mige「小便をする」)

autoride「車を運転する」(yn in auto「車の中で」+ride「運転する」)

pianospylje「ピアノをひく」((op 'e) piano「ピアノ(で)」+spylje「演奏する」, fioel(e)spylje「ヴァイオリンをひく」, fluitspylje「フルートを吹く」, gitaarspylje「ギターをひく」なども同様)

④ 時間

稀に見られるにとどまる。

jûnprate/-pizelje「晩に訪問する」(jûn「晩」+{prate「話す」/pizelje「楽しく共にいる」})

jûnfrije「晩に恋人を訪ねる」(frije「求愛する」)

nachtbrake「徹夜で仕事をする,飲み明かす,夜遊びする」(nacht「夜」+brake「夜に活動する(古語)」)

bêdmige「おねしょをする」にたいして *bêdlêze「寝床で本を読む」と言えないのは,mige「小便をする」と違って,lêze「読書する」では寝床(ベッド)に直接的な影響が及ぶとは考えにくいためである。また,autoride「車を運転する」は自動車の運転をする場合に限られ,同乗する場合には yn in auto ride「車に乗る」と言う。つまり,動作の類別だけでは名詞抱合は起こらない。

(b) **主語の抱合**

他動詞の主語，および能格動詞(非対格動詞)か非能格動詞かの区別なく，自動詞一般の主語は抱合されない。天候動詞の一部では可能だが，抱合名詞は非人称動詞になる。

De snie {wisket/jaget}.「吹雪いている」

→ It begjint te {*sniewiskjen/sniejeien*}.「吹雪になりはじめる」

 It {*sniewisket/sniejaget*}.「吹雪いている」(sniewiskje/sniejeie「吹雪く」(snie「雪」+{wiskje「吹きまくる」/jeie「疾駆する」}))

主語を抱合すると無主語構文になるが，西フリジア語には能動態で無主語構文がないので，主語の抱合は統語論的に不可能である。ただし，非人称代名詞 it による非人称動詞では許される。上例の wiskje「吹きまくる」/jeie「疾駆する」は能格動詞(非対格動詞)であり，snie「雪」はその内項(エ. internal argument)である。ただし，他の天候動詞はほとんど抱合動詞ではない。

抱合動詞は非人称受動でも過去分詞として現われる。

i) Der {*wurdt in apel/wurde apels*} *iten*.「リンゴが食べられている」

ii) Der *wurdt apeliten*.「同上」

i)の in apel/apels「リンゴ(単数/複数)」は内項としての主語なので，ii)のように抱合動詞が使える。これは能動態で apelite「リンゴを食べる」という抱合動詞が使えるのと同じである。このように，主語の抱合は内項としては可能な余地があるが，統語的な制限が強い。なお，noasbliede「鼻血が出る」は「鼻が(noas)出血する(bliede)」ではなく，Hy blet ût 'e noas.「彼は鼻から出血している」という場所の前置詞句に由来するのであり，主語の抱合ではない。

日本語には「泡立つ」(←泡が立つ)のように，能格動詞(非対格動詞)の主語が抱合される例がある。日本語では「外項」(エ. external argument)としての非能格動詞(エ. unergative verb)の主語は抱合できないが，内項ならば主語も抱合できる。一方，上例の場合，西フリジア語では名詞 skom/skûm「泡」から skomje/skûmje「泡立つ」という je- 動詞を品詞転換(§61)によって派生する。

(c) **接頭辞 be- との比較**

名詞抱合は直接的な影響を被る目的語を対象とする点で，動作の影響が目的

語全体に及ぶことを示す接頭辞 be- (オ./ド. be-)と類似している(§60(2))。ただし，この場合の接頭辞 be- は補足成分の名詞句目的語や，場合によってはそれに加えて前置詞句を伴う他動詞を派生する。一方，名詞抱合はそのような補足成分を伴わない自動詞を作る点で異なる。

i) op 'e piano spylje → piano bespylje/pianospylje「ピアノをひく」
ii) bûter op in stikje bôle smarre「パンにバターをぬる」
  → in stikje bôle mei bûter *besmarre*「パンをバターでぬりつくす」
  {*mei bûter/∅} *bôlesmarre*「パンに(バターなどを)ぬる」
iii) De boer lade hea op 'e wein.「農夫は車に干し草を積んだ」(lade)
  → De boer *belade* de wein mei hea.「農夫は干し草を積んで車を一杯にした」(belade)
  De boer *weinlade* {*mei hea/∅}.「農夫は車に{干し草を/(荷物を)}積んだ」(weinlade)

すべての動詞句表現が名詞抱合と接頭辞 be- に対応するわけではない。

oer in sleatsje springe「水路を飛び越す」
→{*in sleatsje *bespringe*/*sleatsjespringe*}「同上」
op in ein skine「(おびき寄せるために)カモに照明を当てる」
→{in ein *beskine*/*einskine}「同上」

(6) 名詞抱合の統語的特徴：抱合動詞の項構造

(a) 直接目的語とその他の「補足成分」(エ. complement)

名詞抱合は動詞の支配関係，すなわち，「項構造」(エ. argument structure)を変化させる。まず，「直接目的語＋動詞」の名詞抱合は他動詞の自動詞化に相当する。抱合動詞は被抱合名詞と同族の直接目的語を支配できない。

Buorman *autohimmelet* alle sneinen {*syn BMW/∅}.「隣人は日曜日にはいつも{BMWを/∅}車掃除する」(auto「車」+himmelje「掃除する」)

直接目的語と並んで，動詞との結びつきが強い補足成分を同時に含む構文では，名詞抱合は不可能である。それがなければ可能である。

① 間接目的語

De listlûker *jout* de besikers *plakplaatsjes*.「筆頭候補者は訪問客にポスターを配っている」
→ De listlûker {*plakplaatsjejout/∅} de besikers.「同上」

② 道具・方向など
Heit *set* de boeken op it rim.「父は書棚に本を並べている」
→ Heit *boekset* {*op it rim/∅}.「父は {書棚に/∅} 本を並べている」
De boer *lade* de wein mei hea.「農夫は車に干し草を積んでいた」
→ De boer *weinlade* {*mei hea/∅}.「農夫は車に {干し草を/(荷物を)} 積んでいた」
De boer *lade hea* op 'e wein.「農夫は干し草を車に積んでいた」
→ De boer *healade* {*op 'e wein/∅}.「農夫は干し草を {車に/∅} 積んでいた」

③ 小節(エ. small clause)
Mem *bakt* de bôle brún.「母はパンを小麦色に焼いている」
→ Mem *bôlebakt* {*brún/∅}.「母はパンを {小麦色に/∅} 焼いている」
Hy *tekenet* fûgels sturtleas.「彼は鳥たちを尻尾なしに描いている」
→ Hy *fûgeltekenet* {*sturtleas/∅}.「彼は鳥たちを {尻尾なしに/∅} 描いている」

④ 再帰代名詞
jin baaie「水浴びする，入浴する」→{*jin/∅} sinnebaaie「日光浴する」(sinne「太陽」)

⑤ 直接目的語以外の補足成分が複数ある場合
Ik *keapje* altiten *bôle* fan 'e bakker foar trije euro.「私はいつもパン屋から3ユーロで白パンを買う」
→ Ik *bôlekeapje* altiten {*fan 'e bakker/*foar trije euro/*fan 'e bakker foar trije euro/∅}.「私はいつも {パン屋から/3ユーロで/パン屋から3ユーロで/∅} 白パンを買う」

(b) **付 加 成 分(エ. adjunct)**

所有を表わす名詞句(§17(3)②)や場所を示す前置詞句のように，動詞との結びつきが弱い付加成分を伴う他動詞構文では，名詞抱合は可能である。たとえ

ば次の用例では，op 'e rûchskerne は方向の意味「堆肥の山の上に向かって」では補足成分だが，位置(＝静止した場所)の意味「堆肥の山の上に立って」では付加成分であり，名詞抱合は後者の意味の場合だけに可能である。

Hy *lege de jiskepanne* op 'e rûchskerne. 「彼は ｛堆肥の山の上に向かって/堆肥の山の上に立って｝灰皿を空にしていた」

→ Hy *jiskepannelege* op 'e rûchskerne. 「彼は ｛*堆肥の山の上に向かって/堆肥の山の上に立って｝灰皿を空にしていた」

所有を表わす名詞句や位置を示す前置詞句は，名詞抱合によって直接目的語に統語的に昇格することがある。この場合，抱合動詞は他動詞であり，昇格した直接目的語は受動態で主語になる。

① 所有を表わす名詞句

i) Sy wol him *it hier knippe*. 「彼女は彼の髪を切ろうと思っている」(him「彼」，所有を表わす名詞句)

→ Sy wol him *hierknippe*. 「彼女は彼を散髪しようと思っている」(him「彼」，直接目的語)

ii) Him moat *it hier knipt wurde*. 「彼は髪を切ってもらう必要がある」(it hier「髪」，主語・受動態)

→ Hy moat *hierknipt* wurde. 「彼は散髪してもらう必要がある」(hy「彼」，主語・受動態)

② 位置を示す前置詞句

i) Ik moat yn 'e keamer noch *behang plakke*. 「私はまだ部屋の中に壁紙を張らなければいけない」

→ Ik moat de keamer noch *behangplakke*. 「私はまだ部屋に壁紙を張らなければならない」(de keamer「部屋」，直接目的語)

→ De keamer moat noch *behangplakt wurde*. 「その部屋はまだ壁紙を張られなくてはいけない」(de keamer「部屋」，主語・受動態)

ii) Wy sille yn 'e grutte seal noch *de flier feie*. 「私たちはまだ大広間で床を掃除するつもりです」

→ Wy sille noch de grutte seal *flierfeie*. 「私たちはまだ大広間を床掃除するつもりです」(de grutte seal「大広間」，直接目的語)

→ De grutte seal sil noch *flierfage wurde*. 「大広間はまだ床掃除される予

定です」(de grutte seal「大広間」，主語・受動態)

所有を表わす名詞句ではなく，利害・関心を表わす名詞句(§17(3)①)を伴う場合には，名詞抱合は起こらない。

Sy wol him *de blikke meane*.「彼女は彼のために芝生を刈ってやりたいと思っている」(him「彼のために」，利害を表わす名詞句)

→*Sy wol him *blikkemeane*.「同上」

位置を示す前置詞句でも，意図的な動作によって直接的な影響を被らなければ，直接目的語に昇格できない。次の用例は de tún「庭」が krant(e)lêze「新聞を読む」という動作で直接的な影響を被るとは考えにくいので，非文になる。

Hy *lêst de krante* yn 'e tún.「彼は庭で新聞を読んでいる」

→ Hy *krant(e)lêst* {*de tún/Ø}.「彼は {庭で/Ø} 新聞を読んでいる」

オランダ語やドイツ語の抱合動詞も稀に他動詞として機能することがある。

オ．Zij *stofzuigde* de kamer.「彼女は部屋を電気掃除機で掃除した」

ド．Sie hat {den Fußboden/den Teppich} *staubgesaugt*.「彼女は {床を/じゅうたんを} 電気掃除機で掃除した」

(7) 名詞抱合の統語的制約

(a) **語彙的に固定していない抱合動詞**

名詞抱合には統語的な制約がある。語彙的に固定していない抱合動詞が問題なく可能なのは，不定詞を用いた次の四つの構文である。

例．waskmasinekeapje「洗濯機を買う」(waskmasine「洗濯機」+keapje「買う」)

① 第2不定詞の名詞用法(§66(1))：可

(It) *waskmasinekeapjen* is moedsum wurk.「洗濯機を買うのは骨の折れる仕事だ」

By it *waskmasinekeapjen* hat er yn 'e winkel syn freondinne met.「洗濯機を買っているときに，彼は店の中で恋人に会った」

② 「oan 't+第2不定詞+wêze」構文(前置詞句進行形，§66(6))：可

Hy is *oan it waskmasinekeapjen*.「彼は洗濯機を買っているところだ」

③ te-第2不定詞の前置詞句用法(§67(1), (7))：可

Hy *giet* nei de winkel *te waskmasinekeapjen*.「彼は店に洗濯機を買いに行く」

④ te- 第 2 不定詞の文用法 (§ 67 (1), (2)) : 可

Syn freondinne *helpt* him *te waskmasinekeapjen*.「彼の恋人は彼に洗濯機を買う手伝いをする」

これ以外では，語彙的に固定していない抱合動詞は用いることができず，動詞句表現を用いる。

⑤ その他の不定詞の用法

i) *Hy *wol* hjoed net *waskmasinekeapje*.「彼は今日，洗濯機を買いたくないと思っている」(話法の助動詞…第 1 不定詞，不可)

ii) *Hy *sjocht* har *waskmasinekeapjen*.「彼は彼女が洗濯機を買うのを見ている」(知覚動詞…第 2 不定詞，不可)

iii) *Hy *freget* syn freondinne *om* foar him *te waskmasinekeapjen*.「彼は恋人に自分のために洗濯機を買ってくれと頼む」(補文標識の om … te- 第 2 不定詞，不可)

⑥ 過去分詞

*Hy *hat* hjoed net *waskmasinekocht*.「彼は今日，洗濯機を買わなかった」(不可)

*Der *waard* net *waskmasinekocht*.「洗濯機が買われなかった」(不可)

⑦ 現在形・過去形

*Hy {*waskmasinekeapet*/*waskmasinekocht*} noait yn dizze winkel.「彼はけっしてこの店で洗濯機を{買わない/買わなかった}」(不可)

(b) 語彙的に固定した抱合動詞

語彙的に固定した抱合動詞は，上記の①〜④の構文以外にも用いることができる。用法の範囲は語彙的固定の度合いに応じて，動詞ごとに異なる。語彙的な固定度の高い抱合動詞による(a)の⑤〜⑦の例を以下の①〜③に示す。

① その他の不定詞の用法

i) Ik ha nea witten dat sy sa alderheislikste moai *kantklosse koe*.「私は彼女がそんなにすばらしくボビンレース織りが上手だとはまったく知らなかった」(kant「ボビンレース」+klosse「レース編みをする」)

ii) Hja *seach* him *apelplôkjen*.「彼女は彼がリンゴを摘むのを見た」（apel「リンゴ」＋plôkje「摘む」）

iii) De buorlju ha ús *frege, om* jûn by harren *te hûswarjen*.「隣人が私たちに今夜，留守番をしてほしいと頼んだ」（hûs「家」＋warje「守る」）

② 過去分詞

Heit hat hiel wat ôf *geitmolken*.「父はたくさん山羊の乳しぼりをした」（geit「山羊」＋molke「乳をしぼる」）

Der wurdt *apeliten*.「だれかがリンゴを食べている」（apel「リンゴ」＋ite「食べる」）

③ 現在形・過去形

Hy *aaisiket*.「彼は（野鳥の）卵探しをしている」（aai「卵」＋sykje「探す」）

Hja *noassnute* wakker.「彼女は大きく鼻をかんだ」（noas「鼻」＋snute「（鼻を）かむ」）

Hja *bibelliezen* en *psalmsongen* mei elkoar.「彼らはたがいに聖書を読み，賛美歌を歌い合った」（bibel「聖書」＋lêze「読む」；psalm「賛美歌」＋sjonge「歌う」）

オランダ語やドイツ語でも，抱合動詞は定形では一般に制限がある。たとえば，ドイツ語の staubsaugen「電気掃除機で掃除する」は現在形 staubsaugt と過去形 staubsaugte ではあまり用いず，オランダ語の pianospelen「ピアノをひく」はほとんど不定形でのみ用いる。

(c) 統語的制約と名詞的性質

上記の制約は動詞句表現との競合に関係がある。動詞句表現を例外的に欠く語彙的に固定した少数の抱合動詞では，この制約が弱い。

　Hja *sykhellet* rêstich.「彼女は静かに息をしている」（sykhelje「呼吸する」（sike「息」＋helje「持ってくる」，現在形）

　↔ *Hja *hellet* rêstich (*de*) *sike*.「同上」（不可）

動詞句表現が併存し，語彙的に固定していない抱合動詞は上記の四つの構文に限られるが，そこでは逆に動詞句表現は不可能である。つまり，名詞抱合と動詞句表現は相補分布の関係にあり，名詞句を動詞の直前に隣接させる場合に

は，名詞抱合によって動詞に取り込む必要がある。(a)の①〜④の例を以下に示す。

① 第2不定詞の名詞用法

(It) in waskmasine keapjen is moedsum wurk.「洗濯機を買うのは骨の折れる仕事だ」(不可)

*By *it in waskmasine keapjen* hat er yn 'e winkel syn freondinne met.「洗濯機を買っているときに，彼は店の中で恋人に会った」(不可)

動詞句表現によって名詞句を用いるには，名詞化(エ．nominalization)した第2不定詞に前置詞句「fan＋名詞句」を後続させる必要がある。

It keapjen fan in waskmasine is moedsum wurk.「同上」

By *it keapjen fan in waskmasine* hat er yn 'e winkel syn freondinne met.「同上」

② 「oan 't＋第2不定詞＋wêze」構文（前置詞句進行形）

*Hy is *oan 't in waskmasine keapjen*.「彼は洗濯機を買っているところだ」(不可)

動詞句表現によって名詞句を用いるには，oan 't の左側に名詞句を出さなくてはいけない。

Hy is *in waskmasine oan 't keapjen*.「同上」

③ te- 第2不定詞の前置詞句用法

*Hy *giet* nei de winkel ta *te in waskmasine keapjen*.「彼は店に洗濯機を買いに行く」(不可)

動詞句表現によって名詞句を用いるには，'補文標識 om … te- 第2不定詞'「…するために」で不定形補文としての te- 第2不定詞句を導入する必要がある。この場合は逆に名詞抱合は不可能である。

Hy *giet* nei de winkel ta {*om in waskmasine te keapjen*/*om te waskmasinekeapjen*}.「彼は洗濯機を買うために店に行く」

④ te- 第2不定詞の文用法

*Syn freondinne *helpt* him *te in waskmasine keapjen*.「彼の恋人は彼に洗濯機を買う手伝いをする」

動詞句表現によって名詞句を用いるには，補文標識 om で不定形補文としての te- 第2不定詞句を導入する必要がある。この場合は逆に名詞抱合は

不可能である。

　Syn freondinne *helpt* him {*om in waskmasine te keapjen/*om te waskmasinekeapjen*}.「彼の恋人は彼に洗濯機を買う手伝いをする」

　①〜④の構文は名詞的性質が強い。そもそも第2不定詞は第1不定詞よりも名詞的性質が強いが，①は名詞用法であり，②も定冠詞 't (← it)を伴う。③④も名詞的性質の強い構文であり，③の前置詞句用法「洗濯機を買いに(=〈洗濯機買いに〉)行く」は「〈店に〉行く」，④の文用法「洗濯機を買う(=〈洗濯機買いをするときに〉)手伝いをする」は「〈洗濯機買いをするときに〉手伝いをする」のように，前置詞句あるいは副詞成分としてはたらく従属文に準じて理解できる。一方，動詞的性質の強い他の不定詞構文では，逆に名詞抱合は制約を受ける。③④でも om に導かれた第2不定詞句は不定形補文であり，もはや te- 第2不定詞の前置詞句用法・文用法ではない。この場合の第2不定詞は動詞的性質が強く，名詞的性質は稀薄である。この場合には名詞抱合はできない。知覚動詞構文でも同様である(歴史的にも，知覚動詞構文の第2不定詞は動名詞(Gerundium)ではなく，現在分詞に由来する)。

　Hy *sjocht* har {*in waskmasine keapjen/*waskmasinekeapjen*}.「彼は彼女が洗濯機を買うのを見ている」

　つまり，名詞抱合の典型的な統語的条件は，名詞的性質の強い第2不定詞を同じく名詞的性質の強い上記の四つの構文で用いる場合であると言える。

(8) 名詞抱合の存在理由

　他のゲルマン語とは異なって，西フリジア語(あるいはフリジア語群一般)で名詞抱合が可能なのは，以下の理由によると考えられる。まず，西フリジア語の名詞抱合はオランダ語やドイツ語と同様に，複合名詞的表現からの「逆成」(エ. back-formation)によると言える。

　　オ．stogzuiger「電気掃除機」→ stofzuigen「電気掃除機で掃除する」
　　ド．Staubsauger「同上」→ staubsaugen「同上」

　しかし，西フリジア語の「逆成」は純粋な複合名詞に起こるのではない。それは，西フリジア語にはドイツ語やオランダ語には見られない，名詞的な性質と動詞的な性質を持つ第2不定詞(en- 不定詞)が存在することと関係がある。

(7)(a)の①〜④は名詞的性格を強く示し，第2不定詞による構文である(①は部分的に第1不定詞(e-不定詞)も可。§65(1))。とくに第2不定詞の前置詞句用法(③)と文用法(④)は，ドイツ語やオランダ語には見られない。不定詞の章で述べるように，第2不定詞は第1不定詞よりも名詞的な性質が強く，動詞的な性質が弱いので，目的語名詞句を直接支配できない。したがって，動詞句表現は不可能であり，その名詞的性質によって「逆成」がなされる。たとえば kofjedrinke「コーヒーを飲む」という抱合動詞は，'kofje「コーヒーを」+ drinken「飲む(こと)」' の -en が drink- だけでなく，kofjedrink- 全体に及ぶと再解釈された結果と考えられる。第2不定詞の -en は名詞的性質が強いので(歴史的に中性単数与格語尾に由来)，kofjedrinken の kofje は drinken に支配された目的語名詞句とは理解されず，kofje と drinken という二つの名詞的表現がひとつになって，kofjedrinken 全体で複合名詞的な表現を形成することになる。一方，-en は動詞的性質も兼ね備えており，kofjedrinken から -en を除けば，動詞語幹として理解されやすい。これに第1不定詞の -e が付加されて，kofjedrinke という抱合動詞が形成される。

　《[kofje]$_N$+<[drink-]$_V$[-en]$_N$>$_N$》$_N$→《<[kofje]$_N$[drink-]$_V$>$_V$+[-en]$_N$》$_N$
　→《<[kofje]$_N$[drink-]$_V$>$_V$+[-en]$_N$》$_V$→《<[kofje]$_N$[drink-]$_V$>$_V$+[-e]$_V$》$_V$

　ドイツ語やオランダ語と違って，西フリジア語の語形変化が名詞抱合でも変わらない(すなわち，(3)(d)で述べたように，強変化動詞は強変化のままであること)のは，ドイツ語やオランダ語では名詞抱合が純粋な複合名詞からの「逆成」に由来するために，抱合以前の動詞的特徴が抱合動詞に浸透しないが，西フリジア語では不定詞(=第2不定詞)に由来するために，そのような浸透がなされるためと考えられる(Dijk 1997：165ff.)。

　このほかに，名詞抱合が起こる典型的な te- 第2不定詞構文である(7)(a)③④に現われる「te- 第2不定詞の前置詞句用法・文用法」において，この te が不定詞標識のほかに，かつての前置詞としての性質を残していることにも原因があると考えられる。つまり，西フリジア語ではこの te がオランダ語 te/ドイツ語 zu/英語 to とは違って，後続する不定詞に動詞的な性質と並んで名詞的な性質も付与することがあるので，不定詞からの「逆成」が起こりやすいとも言える(清水 2006)。

　こうした名詞抱合は語彙的に固定すると，上記の不定詞構文以外にも用いら

れ，定形でも許されるようになる。西フリジア語の名詞抱合の生産性が高いのは，不定詞からの「逆成」が現代の西フリジア語の語形成規則に存在し，統語的・意味的条件にかなった場合に多用されるためと考えられる。

このように，西フリジア語の名詞抱合は，名詞的性質と動詞的性質をあわせもつ第2不定詞(en-不定詞)という形態的な根拠に支えられた一部の構文で現われやすく，統語的に条件づけられている。また，(6)で述べたように，抱合動詞は他動詞を自動詞化するなど，動詞の項構造を変化させる統語的な役割を担う。ただし，抱合動詞にはkofjedrinke「コーヒーを飲む」のような「名詞＋動詞」型の動詞的表現に対応するもののほかに，「前置詞句＋動詞」型の動詞表現に対応するものも数多くある(例．sleatsjespringe「水路を飛び越す」←[oer in sleatsje]_PP＋[springe]_V)。加えて，名詞抱合の可否は意味的な条件に強く依存し，(4)(b)で述べたように，抱合動詞にはしばしば意味的な拡大が認められる。さらに，(3)(c)で述べたように，被抱合名詞の語形は単数形や複数形とも異なり，複合語の成分と共通することもある。そして，(3)(b)で述べたように，抱合動詞は1語である。以上の事実は，西フリジア語の名詞抱合が統語的な操作によるものではなく，意味的な制約を伴う生産的な語形成規則であることを示している。

歴史的には，名詞抱合の例は中期フリジア語(フ．Midfrysk，1550-1800)の時代から見られる(最古の例は1599年)。ゲルマン語では，同じく第2不定詞を有する北フリジア語や東フリジア語(東フ．Seeltersk)に名詞抱合が存在する。西フリジア語の東側に隣接するオランダ語フローニンゲン方言(オ．Gronings)にも存在するが，これはフリジア語の基層に由来するとも言われる。北フリジア語フェリング方言(北フ．fering)とオランダ語フローニンゲン方言では不定形に限られ，頻度も生産性もそれほど高くない(Dijk 1997：172, 192, 195f.)。

西フリジア語には上述のように，名詞抱合が義務的な構文があるが，北フリジア語，東フリジア語，オランダ語フローニンゲン方言では，すべての構文で名詞句表現が動詞句表現と競合し，衰退する傾向が認められる。これには標準ドイツ語やオランダ語の影響のほかに，名詞抱合にアスペクトや限定・修飾の点で制約があり，使用範囲が狭いことも関係していると考えられる。じじつ，フリジア語群あるいはゲルマン語一般では，名詞抱合とは逆に，統合型

(Synthese)から分析型(Analyse)への歴史的発達の傾向が顕著に認められる。近年の名詞中心型の構文である「機能動詞構文」(ド．Funktionsverbgefüge)はその一例である。

　英語は不定詞(例．to eat)と動名詞(例．eating)を区別する点で，西フリジア語と共通している。複合動詞にも -er のほかに，-ing を伴う複合名詞からの逆成による語がある。ただし，直接目的語(例．sight-seeing → to sight-see)よりも副詞的にはたらく前置詞句(例．typewriting → to typewrite)に相当するものを含むほうが圧倒的に多く，定形では現われにくく，形態的に不完全である(例．they go sight-seeing ↔ *they sight-saw)。これは英語の語順が VO 型であることと関係がある。名詞的性質の強い動名詞 -ing という明確な形態的手段があっても，「直接目的語＋動詞」という語順の構文は英語には認められない。したがって，動名詞による複合名詞的な表現が複合動詞的な表現に再解釈される統語的条件が整わず，抱合動詞が形成されにくいと考えられる。

　西フリジア語でも不変化詞抱合はあまり見られない。この種の複合動詞はオランダ語やドイツ語と同様に，抱合動詞ではなく，分離動詞(§59)を形成する。

　　フ．oankomme「到着する」(hy komt … oan「彼は到着する」)
　　オ．aankomen (hij komt … aan)「同上」
　　ド．ankommen (er kommt … an)「同上」

しかし，上述の第2不定詞による構文では，名詞抱合と同様に不変化詞と動詞が義務的に隣接するので，逆成による抱合が起こってもおかしくない。

　　Hja giet {te *oprêden*/*op te rêden}.「彼女はかたづけに行く」(oprêde「かたづける(分離動詞)」)

　　Hy giet {te *hierknippen*/*(it) hier te knippen}.「彼は散髪しに行く」
　　(hierknippe「散髪する(抱合動詞)」)

これは次のように説明されると考えられる。名詞抱合の特徴は，動詞句表現における名詞句にたいして被抱合名詞が個別的な特定の指示物を示さず，動詞句表現にたいして抱合動詞が完結・完了を含意しない継続アスペクトを示す「行為動詞」になり，他動詞を自動詞化するように動詞の項構造を変化させる点にある。一方，不変化詞抱合はこの特徴を満たさず，これと対立する性質を示すことが少なくない。すなわち，不変化詞抱合は個別的・特定的指示物とは無縁で，完結・完了のアスペクトを示す「達成動詞」や「完成動詞」を形成し

やすく，自動詞を他動詞化することが多い。このような場合には不変化抱合は起こらないと考えられる。

　西フリジア語では，抱合による非分離の複合動詞形成は名詞抱合に典型的に見られるとすれば，不変化詞は名詞抱合と共通点があまりなく，相容れない点があるためにほとんど起こらず，分離動詞にとどまると考えられる。ちなみに，⑽で述べる形容詞抱合は継続アスペクトを示し，自動詞の他動詞化を起こさず，名詞抱合の特徴と矛盾するわけではないために，少数で生産性は高くはないが，動詞の意味役割を充足する手段としての類推から，排除されないと考えられる。

(9)　類別的名詞抱合

　動詞の意味を補充し，項構造を変化させる上述の「補充的名詞抱合」(エ．compound noun incorporation)にたいして，西フリジア語にはこれとは別に，動作を類別する「類別的名詞抱合」(エ．classifier noun incorporation)が認められる(Rosen 1989)。この類別的名詞抱合は，上述の名詞抱合とは逆の語順による以下のような非分離の複合動詞を指し，生産性は低く，30語程度にとどまる。

　　　[動詞＋名詞]：V＋N→[VN]ᵥ

　前半の動詞部分にはふつう語根(第1不定詞の -e/-je を除いた部分)を用い，後半の名詞部分には品詞転換(§61)によって派生した「je- 動詞」の語形を用いる。名詞は身体部位であり，道具としての意味役割を持つ。主語や直接目的語に相当する語も少数ある。主語の制御内にある反射的・本能的・感情的動作を意味し，前半部分の動詞の下位分類としての動作を示す。たとえば，stampfuotsje「足踏みする」は主語の身体部位である foet「足」による stampe「踏みつける」という動作である。

　　klap(per)wjokje［klɑ́p(ər)vjokjə］/klap(per)wjukje［klɑ́p(ər)vjøkjə］「羽(翼)をばたばたさせる」(klappe/klapperje「ばたばた音をたてる」＋wjok/wjuk「羽，翼」)
　　plokhierje［plɔ́kjɪrjə］「つかみあいのけんかをする」(plôkje/ploaits(j)e「摘む，むしる」＋hier「髪」)
　　skokskouderje［skɔ́kskɔudərjə］「肩をすくめる」(skokke「大きく振

る」+skouder「肩」)

skombekje [skómbɛkjə]/skûmbekje [skúmbɛkjə]「口角泡を飛ばす」(skomje/skûmje「泡立つ」+bek「(動物の)口」)

stampfuotsje [stámpfwotʃə]「足踏みする」(stampe「踏みつける」+foet [fuət]「足」)

sûzebolje [sú:zəbɔljə]「頭がくらくらする」(sûzje「耳鳴りがする」+bol「頭」)

「名詞+動詞」型の抱合動詞が併存する語も少数ある。

knars(el)toskje [knás(əl)toskjə]↔toskeknarse [tóskəknasə]「歯ぎしりする」(knarse「ギシギシ音を立てる,きしむ」+tosk「歯」; op 'e tosken knarse「同左」)

giselsturtsje [gísəlstøtʃə]↔sturt(sje)giselje [støt(ʃə)gisəljə]「尻尾を振る」(giselje「すばやく動かす,むち打つ」+sturt「尻尾」)

オランダ語では上から順に次の対応語があり,やはり30語程度にとどまる。ただし,抱合動詞は併存しない。

klapwieken [klápʋi.kə(n)]「羽(翼)をばたばたさせる」(klappen「ばたばた音をたてる」+wiek「羽,翼」)

plukharen [plÝkha:rə(n)]「つかみあいのけんかをする」(plukken「摘む,むしる」+haar「髪」)

schokschouderen [sxɔ́ksxɔudərə(n)]「肩をすくめる」(schokken「大きく振る」+schouder「肩」)

schuimbekken [sxœ́ymbɛkə(n)]「口角泡を飛ばす」(schuimen「泡立つ」+bek「(動物の)口」)

stampvoeten [stámpfu.tə(n)]「足踏みする」(stampen「踏みつける」+voet「足」)

suizebollen [sœ́yzəbɔlə(n)]「頭がくらくらする」(suizen「耳鳴りがする」+bol「頭」)

knarsetanden [knársətɑndə(n)]「歯ぎしりする」(knarsen「ギシギシ音を立てる,きしむ」+tand「歯」)

kwispelstaarten [kʋíspəlsta:rtə(n)]「尻尾を振る」(kwispelen「尻尾を振る」+staart「尻尾」)

ドイツ語と英語にはほとんど対応例がない。

(10) 形容詞抱合

　副詞用法の様態を表わす形容詞も抱合されることがある。この場合の形容詞は副詞用法であり，以下の訳語も副詞用法の意味でつけることにする。
　　［形容詞＋動詞］：A＋V→[AV]$_V$
　形容詞抱合による抱合動詞は，名詞抱合と同様にアクセントが前半部分にあり，分離せず，対応する動詞句表現があり，意味の異同も類似している。しかし，数は少なく，生産性も高くない。

　　hurdrinne [hǿtrɪnə]「競走する」(hurd「速く」+rinne「走る」)
　　moaiprate [móəipra:tə]「お世辞を言う」(moai「美しく，上手に」+prate「話す」)
　　fierljeppe [fíə(r)ljɛpə]「フィエルリエペンをする（＝水路に立てた棒に跳びつき，対岸に届いた距離を競うフリースラントの伝統的競技）」(fier「遠く」+ljeppe「跳ぶ」)

　その他の例。

　　domprate [dómpra:tə]「ばか話をする」(dom「愚かに」+prate「話す」)
　　kâldgnyskje [kɔ́:dgniskjə]/kâldgnize [kɔ́:dgni:zə]「苦笑する，あざ笑う」(kâld「冷たく」+gnyskje/gnize「にやりと笑う」)
　　raardwaan [rá:rdwa:n]「妙なことをする」(raar「妙に」+dwaan「する」)
　　tsjokite [tʃókitə]「満腹になるまで食べる，食事に呼ばれる」(tsjok「太った」+ite「食べる」，この tsjok は副詞用法ではなく，結果を表わす叙述用法である）

　構文上の制約も共通しており，語彙的に固定した語だけが不定詞構文一般や定形でも用いることができる。

　　Hy komt faak *te tsjokiten.*「彼はよくごちそうになりにやって来る」
　　Hy hold op *te raardwaan.*「彼は妙なことをするのをやめた」
　　Pyt siet wer de hiele jûn *te dompraten.*「ピトはまた一晩中，（すわって）

ばか話をしていた」

↔ *Pyt *domprate* wer ris de hiele jûn.「ピトはまた一晩中，ばか話をしていた」(不可)

Hy *fierljept* moarn yn Kollum.「彼は明日，コルムでフィエルリエペンをする」(語彙的に固定した語)

オランダ語の mooipraten [mó.ipra.tə(n)]「お世辞を言う(不定形のみ)」は抱合動詞だが，hardlopen [hártlo.pə(n)]「競走する」(hij loopt … hard「彼は競走する」)は分離動詞である。

(11) 名詞抱合とは異なる動詞：品詞転換と並列動詞

名詞抱合とは本質的に異なるが，表面的に類似しているように見える現象がある。なお，分離動詞(§59)は $[XV]_V→[V…X]_V$ のように分離し，名詞抱合とは明確に異なる。

(a) 品 詞 転 換 (§61)

複合名詞を品詞転換によって動詞化したものがある。これは名詞抱合とはまったく異なる。

[名詞＋名詞]：$[NN]_N→[[NN]_N]_V$

たとえば，sniebalje [sníəbɔljə]「雪玉を投げる，雪合戦をする」は 'snie「雪」+balje「ボール遊びをする」' ではなく，sniebal [sníəbɔl]「雪玉」の品詞転換による動詞化である。

その他の用例。

hantwurkje [hóntvørkjə]「手芸をする」(hantwurk「手芸品」)

skimerjûnje [skímərjuⁿjə]「夕涼みをする，夕暮れ時にすわって歓談する」(skimerjûn「夕暮れ」)

toskedokterje [tóskədɔktərjə]「歯医者に通う」(toskedokter「歯医者」)

wjerljochtsje [vjɛ́(r)ljɔxtʃə]/waarljochtsje [vá:(r)ljɔxtʃə]「稲妻が光る」(wjerljocht/waarljocht「稲妻」)

オランダ語には sneeuwballen [sné.ubɑlə(n)]「雪合戦をする」(sneeuwbal

「雪玉」), handwerken [hántvɛrkə(n)]「手芸をする」(handwerk「手芸」), weerlichten [vé:rlɪxtə(n)]「稲妻が光る」(weerlicht「稲妻」), ドイツ語には schneeballen「雪合戦をする」(Schneeball「雪玉」), wetterleuchten「稲妻が光る」(Wetterleuchten「稲妻」)などがある。

類別的名詞抱合の中にも, 品詞転換に類するとも解釈できる語がある。

 trieneagje [trjíɪnɪəɣjə]「目に涙をためる」(類別的名詞抱合 'trienje「涙が出る」+each「目」'/品詞転換 trieneach「涙をためた目」)

オランダ語でも traanogen [trá.no.ɣə(n)] (類別的名詞抱合 'tranen+oog'/品詞転換 traanoog)「同上」となり, 同様である。ドイツ語には対応語がない。

(b) 並列動詞

並列動詞はごく少数の語に限られ, 次の形式をとる。

 [動詞+動詞]：V+V→[VV]_v

これは二つの動詞の並列に由来するが, もはやそのようには意識されておらず, 語彙的な固定度が高い。

 fimeltiizje [fímǝlti:ʒə]「くだらないことで混乱する」(fimelje「たわごとを言う」+tiizje「混乱する」)

 achtenearje [axtǝnjérjə]「尊重する」({achtsje/achte} en earje「同左」)

jin hâlde en drage「ふるまう」は分かち書きをし, hâlde と drage はともに語形変化する。名詞形は hâlden en dragen「ふるまい, 態度」で, 中性である。

§59 分離動詞 (skiedber tiidwurd)：不変化詞動詞

(1) 語形と語順

英語の句動詞 (エ. phrasal verb, 例. give up) のように, 不変化詞 (小辞, エ. particle) などの「分離成分」を伴う動詞を分離動詞 (またはとくに「不変化詞動詞 (ド. Partikelverb)」) と言う。西フリジア語にはオランダ語やドイツ語と同様に, 多数の分離動詞がある。アクセントは分離成分と残りの動詞部分 (以下,「動詞」) の両方にあるが, 分離成分に卓立 (エ. prominence) があって目立つので, 発音記号では便宜的に分離成分にアクセントを置く (以下, 分離成分と動詞の境界を「｜」で示す。文例では示さない)。

分離動詞 oer|sette [úə(r)sɛtə] (←[úər]+[sɛ́tə])「翻訳する；(向こう側へ) 渡す・渡る」←分離成分 oer「向こうへ」+動詞 sette「置く」

oer|sette は形態的には 2 語だが,「翻訳する」という独自の意味を持つ点で 1 語の複合動詞 (＝合成動詞) を形成していると言える。一方,「(向こう側へ) 渡す・渡る」という意味では分離成分と動詞の組み合わせで理解できるので, 意味的に 1 語の複合動詞とは言いがたい点がある ((3)参照)。ただし, 派生名詞 oersetter には「翻訳者」と「渡し守」の意味がある。oer|sette は「翻訳する」「(向こう側へ) 渡す」の意味でともに語形成のインプットとなる点で, 1 語の複合動詞とみなせる。次の例も同様。

by|drage [bɛ́idraːɣə]「貢献する」(by「そばに」+drage「運ぶ」)→ bydrage「貢献」

mei|wurkje [máivørkjə, mɛ́i…]「協力する」(mei「ともに」+wurkje「働く」)→ meiwurking「協力」

ドイツ語との相違に注意（「´」はアクセントの位置を示す）。
　　ド．ǘber|setzen「（向こう側へ）渡す・渡る」（分離動詞・不変化詞動詞）
　　　↔ überśetzen「翻訳する」（非分離動詞・接頭辞動詞）

(a) 分離動詞と枠構造（§ 43 (1)(a)）

　不定形（不定詞・分詞）と従属文の定形（現在形・過去形）では，西フリジア語の語順規則に従って，動詞は文末の右枠にある分離成分の直後に隣接する（第3不定詞（命令形不定詞，§ 69）を除く）。正書法では分離成分と動詞を続け書きするが，te- 第2不定詞ではオランダ語と同様に分かち書きする（例．oer te setten）。主文定形と命令形（および第3不定詞（命令形不定詞））では動詞だけを左枠に置き，分離成分は右枠に残る。このように，分離動詞の分離の有無は正書法と語順という統語規則により，語の形態的性質とは無関係である。te- 第2不定詞を分かち書きするように，分離成分と動詞は隣接していても，じつは分離していると言える。分離動詞は形態的に「つねに分離している動詞」であり，「主文定形と命令形（および第3不定詞）で分離する動詞」ではない。本質は英語の句動詞と同じである。

　なお，ドイツ語では，西フリジア語とは逆に，zu- 不定詞は分離動詞に限って続け書きする（zu setzen「置く」↔ überzusetzen「（向こう側へ）渡す・渡る」）。この首尾一貫しない正書法もまた，ドイツ語でも分離動詞はつねに形態的に分離していることを示している。

① 主文不定形：第1不定詞（e- 不定詞）・過去分詞
　　前域　　　　左枠　　　［中域　　　　　　　　　　］右枠
　　Hy　　　　　wol　　　[it gedicht yn it Frysk　　]　oersette.
　　「彼はその詩をフリジア語に翻訳したがっている」
　　Hy　　　　　hat　　　[it gedicht yn it Frysk　　]　oerset(ten).
　　「彼はその詩をフリジア語に翻訳した」
　　It gedicht　　waard　　[(troch him) yn it Frysk]　oerset(ten).
　　「その詩は（彼によって）フリジア語に翻訳された」

② 従属文定形（現在形・過去形）・不定形
　　　　　　［左枠［中域　　　　　　　　　　　　　］右枠］
　　Ik tink　［*dat*　［er it gedicht yn it Frysk　　　]　{*oerset/oersette*}].

「私は彼がその詩をフリジア語に翻訳｛する/した｝と思う」
Ik tink [dat [er it gedicht yn it Frysk   ] oerset(ten) hat].
「私は彼がその詩をフリジア語に翻訳したと思う」
Ik tink [dat [er it gedicht yn it Frysk   ] oersette wol].
「私は彼がその詩をフリジア語に翻訳したいのだと思う」
Ik tink [dat [it gedicht (troch him) yn it Frysk] oerset(ten) waard].
「私はその詩は(彼によって)フリジア語に翻訳されたのだと思う」

③　不定形：(om ···) te- 第2不定詞(en- 不定詞)(分かち書きに注意)
　　　　　　　　　　　［左枠　［中域　　　　　　　　　］右枠］
Hy is fan doel　[(om)　[it gedicht yn it Frysk　] oer te setten].
「彼はその詩をフリジア語に翻訳するつもりだ」

④　主文定形(現在形・過去形)，命令形
前域　左枠　　　［中域　　　　　　　　　　　］右枠
Hy　{set₁/sette₁}　[it gedicht yn it Frysk　] oer＿＿₁.
「彼はその詩をフリジア語に翻訳｛する/した｝」
　　　　Set₁　　　[it gedicht yn it Frysk　] oer＿＿₁.
「その詩をフリジア語に翻訳しなさい」

⑤　第3不定詞(命令形不定詞)
　　　　　　　　　　　［左枠　［中域　　　　　　　　　］右枠］
Hy is fan doel en　[set　[it gedicht yn it Frysk　] oer].
「彼はその詩をフリジア語に翻訳するつもりだ」

(b)　**枠越え(枠外配置，§43 (1)(c))**

中域の前置詞句や副詞句が後域に「枠越え」することがあり，名詞句主語・目的語・補語が「枠越え」しないのは，分離動詞でも同様である。

前域　左枠　［中域　　　　　　　　］右枠［後域］
　　　Set　[de tekst skriftlik　] oer　[yn it Frysk].
　　*Set　[skriftlik yn it Frysk　] oer　[de tekst]. (不可)
「テキストを文字に書いてフリジア語に訳しなさい」
　　　Lês　[it ferhaal nochris　] foar　[oan jo kursuslieder].
　　*Lês　[nochris oan jo kursuslieder] foar　[it ferhaal]. (不可)

「その物語をもう一度，講師の先生に向かって朗読しなさい」

次例の freed「今度の金曜日に」は副詞的に用いており，「枠越え」できる。

Wat wiest fan doel om oan te lûken *freed*?「君は今度の金曜日に何を着ていくつもりだったの」（oan|lûke「着る」）

(2) 分離成分の種類と意味

(a) 前置詞と同形の不変化詞を用いる語

前置詞と同形の不変化詞が分離成分になる分離動詞が多数ある。歴史的には，この種の前置詞は副詞としてもはたらいた。

by|stean「援助する」（by「…のそばに」+stean「立っている」）
efter|bliuwe「残留する」（efter「…の後ろに」+bliuwe「とどまる」）
foar|lêze「朗読する」（foar「…の前に」+lêze「読む」）
yn|gean「入る，調査する」（yn「…の中に」+gean「行く」）
nei|sjen「点検する，見送る」（nei「…のあとで」+sjen「見る」）
oan|stekke「点火する」（oan「…の表面に」+stekke「刺す，突く」）
oer|jaan/op|jaan「あきらめる」（{oer「…を越えて」/op「…の上に」}+jaan「与える」）
om|rinne「歩き回る」（om「…のまわりに」+rinne「歩く」）
op|ite「食べつくす」（op「…の上に」+ite「食べる」）
ta|nimme「増える」（ta「…へ，…に加えて」+nimme「取る」）
troch|komme「通り抜ける，やりとげる」（troch「…を通って」+komme「来る」）
tsjin|stean「抵抗する」（tsjin「…にたいして」+stean「立っている」）
ûnder|dûke「もぐる，潜伏する」（ûnder「…の下に」+dûke「もぐる」）
út|noadigje/út|noegje「招待する」（út「…の外に」+noadigje/noegje「招く」）

Lês rige 1-10 lûdop *foar*.「1行目から10行目まで声を出して朗読しなさい」（foar|lêze）
We *jouwe* de hoop net *oer*.「私たちは希望を捨てません」（oer|jaan）
Hja *ha* it fjoer *oanstutsen*.「彼らは火をつけた」（oan|stekke）

Ik sil besykje ek myn âlde freonen *út* te *noadigjen*. 「私は旧友たちも招待するつもりです」(út|noadigje)
　次の①②の分離成分の用法に注意。

① om「そこらじゅう…する，あてもなく…する」(無秩序の動作)

　このomは特定の方向や目標なしにあてもなく活動するという，気ままで無秩序な動作を表わす。前置詞句を伴うことが多く，自動詞である。運動動詞に用いることが多いが，それ以外の例もある。オランダ語ではこの意味のomの使用は少なく，同様の意味を表わすrondも一部の運動動詞に限られる(Dyk 1991)。

　Se *dangelen* oeren yn 'e stêd *om*. 「彼らは何時間も町中をぶらぶらしていた」(om|dangelje「ぶらぶらうろつく」← dangelje「うろつく」)

　Der *rûn* in mich op 'e tafel *om*. 「ハエがテーブルの上をあちこち歩き回っていた」(om|rinne「あちこち歩き回る」← rinne「歩く」)

　De ûndernimmingsrie *prate* oeren op it útstel *om*. 「労使協議会はその提案について何時間もあれこれ話し合った」(om|prate「あれこれ話す」← prate「話す」)

　In dichter *gûchelt* wat mei wurdsjes *om*. 「詩人は言葉をいろいろ巧みに操る」(om|gûchelje「いろいろ巧みに操る」← gûchelje「巧みに操る」)

② oan/ta「しっかり・十分…する」(強意)

　本来，方向・到達の意味を表わすoan/taは，運動動詞・作業動詞や天候動詞に付加して強意の表現に多用し，生産性が高い。運動動詞・作業動詞では話法の助動詞と用いることが多い。オランダ語のaan/toeやドイツ語のan/zuにはこの用法は認めがたい(Tamminga 1963：275-277)。

i) Wy *meie* wol wat *oantrêdzje*, oars komme wy te let. 「私たちはちょっとしっかり大股で歩かなければならないぞ。そうしないと，遅れてしまう」(oan|trêdzje「しっかり大股で歩く」← trêdzje「大股で歩く」)

　Ien dy't goed fertsjinnet, *moat* ek *oanarbeidzje*, tinkt my. 「稼ぎが良い者はちゃんと仕事もしなければならないと，私には思える」(oan|arbeidzje「ちゃんと働く」← arbeidzje「働く」)

　It {*friest/wintert*} *oan* op 't heden. 「この頃｛とても冷える/めっきり冬らしくなってきた｝」(oan|frieze「とても冷える」← frieze「冷える」),

oan|winterje「めっきり冬らしくなる」← winterje「冬になる」)

It {*reint/tsjustert*} *oan*.「{だいぶ雨が降っている/すっかり暗くなってきた}」(oan|reine「だいぶ雨が降る」← reine「雨が降る」, oan|tsjusterje「すっかり暗くなる」← tsjusterje「日が暮れる」)

ii) De boeren *kinne* mei dit waar mar *taûngetiidzje*.「お百姓さんはこのお天気なら、ちゃんと干し草作りができる」(ta|ûngetiidzje「しっかり干し草を作る」← ûngetiidzje「干し草を作る」)

Jonge, do *moatst oanite*, want der *kin tahaaid wurde* fan 'e middei.「おまえ（＝男の子）、ちゃんと食べるんだぞ。今日の昼にはたっぷり干し草作りがあるかもしれないからな」(oan|ite「ちゃんと食べる」← ite「食べる」, ta|haaie「しっかり干し草作りをする」← haaie「干し草を作る」)

It *hat* fannacht {*taferzen/tawaaid*}.「昨夜は{とても冷えた/風が強かった}」(ta|frieze「とても冷える」← frieze「冷える」, ta|waaie「風が強く吹く」← waaie「風が吹く」)

(b) **副詞と同形の不変化詞を用いる語**

副詞と同形の不変化詞を分離成分とする分離動詞も少なくない。

achterút|gean/efterút|gean「後退する、低下する」(achterút/efterút「後ろに」＋gean「行く」)

del|komme「下る、立ち寄る」(del「下に」＋komme「来る」)

gear|fetsje「要約する」(gear「いっしょに」＋fetsje「つかむ」)

thús|bringe「家に送る」(thús「家で」＋bringe「もって来る」)

It tal seehûnen *giet* hieltyd *achterút*.「アザラシの数はどんどん減っている」(achterút|gean)

Ik *kom* jûn om acht oere wol eefkes by dy *del*.「今晩、8時に君のところにちょっと寄るからね」(del|komme)

Hy *waard* justerjûn siik *thúsbrocht*.「彼は昨晩、病気になって家に運ばれた」(thús|bringe)

① wer「再び（…する）」（反復）/werom「逆に（…する）」（逆転）/tebek「後ろへ（…する）」（後退）

i) wer「反復」→「逆転」, werom「逆転」→「反復」

本来，wer は反復「再び…する」，werom は逆転「逆に…する，…し返す」の意味で用いる。ただし，werom- 動詞と wer- 動詞が同じ意味を表わすことがある。それはまず，wer が「反復」から「逆転」の意味に転じる場合である。これは「反復」の意味の wer- 動詞が完結する単一の動作を表わす場合に，動作の反復が逆方向の動作に転用されるときに起こる。たとえば，wer|jaan「再び与える」(反復)は受け取り手が同じ動作を繰り返して「第三者に渡す」のではなく，相手にたいして同じ動作を繰り返すときには「返す」(逆転)という意味になる。

wer|jaan「再現する，複製する」(反復)→「返す」(逆転) (wer「再び」+ jaan「与える」)

↔ werom|jaan「返す」(werom「戻って」+ jaan「与える」)

Hy *joech* har it jild {*werom*/*wer*}.「彼は彼女にお金を返した」

次の語も同様である。

wer|krije「再び得る」(反復)→「取り戻す」(逆転) (wer「再び」+ krije「得る」)

↔ werom|krije「取り戻す」(werom「戻って」+ krije「得る」)

Tink mar net datst dat boek {*weromkrigest*/*werkrigest*}.「あの本が戻って来るとは思わないほうがいいよ(＝思うな)」

werom が「逆転」から「反復」の意味に転じることもある。たとえば，werom|sjen は「振り返る」が原義だが，「再会する」の意味にもなる。これは「相手が視界の中に戻って(werom)来る」という解釈による。

werom|sjen「振り返る」(逆転)→「再び見る，再会する」(反復) (werom「戻って」+ sjen「見る，会う」)

↔ wer|sjen「再び見る，再会する」(wer「再び」+ sjen「見る，会う」)

Dy sil ik hjir net {*weromsjen*/*wersjen*}.「その人に私はここで再会することはないだろう」

ii) werom「逆転」と tebek「後退」

本来，werom は前後に向きを変えて戻る動作，tebek は前後に向きを変えないで戻る動作を示す点で，両者は明確に異なる。

De auto *ried* in eintsje *werom*.「車は少しの距離をユーターンして戻って来た」(werom|ride「ユーターンして戻る」)

De auto *ried* in eintsje *tebek*.「車は少しの距離をバックして戻って来た」(tebek|ride「バックして戻る」)

ただし，両者は反対方向に動作が及ぶ点で共通の意味を表わすことがある。これはとくに姿勢の変化という特徴があいまいとなる時間的にさかのぼる比喩的な意味で認められる。

werom|sjen「振り返る」/「再び見る，再会する」(werom「戻って」+sjen「見る，会う」)

tebek|sjen「振り返る」(tebek「後ろへ」+sjen「見る」)

Hy *seach* op syn libben {*werom/tebek*}.「彼は人生を振り返った」

オランダ語では「逆転」は terug だが，「反復」の we(d)er- は稀で，her- を用いる。her- は無アクセントの接頭辞であり，非分離動詞を形成する (例．her|zien「改訂する，修正する」(zien「見る，会う」))。ドイツ語では「返す」は wieder|geben (フ．wer|jaan) ではなく，zurück|geben (フ．werom|jaan) であり，「再会する」は zurück|sehen (フ．werom|sjen) ではなく，wieder|sehen (フ．wer|sjen) である。つまり，「反復」と「逆転」の意味的関連は認めがたい。語形的にもドイツ語の wieder と zurück は，西フリジア語の wer と werom とは違って互いに関連がなく，この点も両者の意味的関連を稀薄にしている一因と考えられる。

オ．「逆転/後退」(フ．werom/tebek)：terug (不変化詞) など

　　「反復」(フ．wer)：her- (接頭辞) / (稀) we(d)er- (不変化詞)

ド．「逆転/後退」(フ．werom/tebek)：zurück (不変化詞)

　　「反復」(フ．wer)：wieder (不変化詞)

英語でも逆転の意味は不変化詞 back (フ．tebek)，反復の意味はロマンス語起源の接頭辞 re- で表現する。西フリジア語には上記3言語に比べて，wer/werom/tebek に明確な相互関連がある (Hoekstra 1993b)。

② fuort「離脱，出発」/ôf「離脱，終結」/wei「離脱，除去」

fuort (オ．voort/ド．fort)，ôf (オ．af/ド．ab)，wei (オ．/ド．weg) の使い分けに注意。とくに fuort と wei の相違は微妙である。なお，分離成分としてではないが，wei は 'der … wei'「…から」のように「R代名詞」(§34(2)(f)) とともに用いることがあるが(§39(2)(c))，fuort と ôf にはそのような用法はない。

550　XI 動　詞

i)　fuort|bliuwe「留守にする」(fuort「出発して」+bliuwe「とどまる」)
　　Hoe lang *bliuwe* jimme *fuort*?「どれだけ長く君たちは留守にするの」
ii)　ôf|rekkenje「清算する」(ôf「すませて」+rekkenje「計算する」)
　　Moat ik daalk *ôfrekkenje*?「私はすぐお支払いする必要がありますか」
iii)　wei|gean「離れる」(wei「いなくなって」+gean「行く」)
　　Gean wei!「あっちへ行ってよ」

(c)　**形容詞・名詞を用いる語**
　これは不変化詞動詞ではないが，正書法上では続け書きされるために，便宜的に分離動詞とみなされることが多い。(3)の説明を参照。なお，抱合動詞(§58)との相違に注意。
① 形容詞＋動詞
　　dwers|lizze「へそを曲げる，妨害する」(dwers「横切った」+lizze「横たわっている」)
　　flau|falle「失神する」(flau「力のない」+falle「倒れる」)
　　goed|karre「承認する」(goed「良い」+karre「検査する」)
　　skjin|meitsje「掃除する」(skjin「清潔な」+meitsje「する」)
　　It jonkje *leit dwers*.「男の子はへそを曲げている」
　　Deputearre Steaten *hawwe* ús útstel *goedkard*.「州議会は我々の提案を承認した」
　　Hjoed moatst dyn keamer *skjinmeitsje*.「今日，おまえは部屋を掃除しなければいけないよ」
② 名詞＋動詞
　　broek|sette「奮闘する」(broek「ズボン」+sette「据える」)
　　diel|nimme「参加する(oan …に)」(diel「部分」+nimme「取る」)
　　les|jaan「教える，教師である」(les「授業」+jaan「与える」)
　　stân|hâlde「持ちこたえる」(stân「姿勢，構え」+hâlde「保つ」)
　　De boeren *namen* oan de besprekkings *diel*.「農民たちは話し合いに参加した」
　　De muorre *hold stân* yn 'e stoarm.「外壁は嵐の中で持ちこたえた」

(3) 分離動詞の認定の問題

　分離動詞は雑多なものを含み，拡大解釈される傾向がある。たとえば，次例では fuort|smite「投げ捨てる」（fuort「離れて」+smite「投げる」）の名詞句目的語 dy boel「あんなもの」が「枠越え」していることになるが，名詞句はそもそも「枠越え」できないはずなので矛盾する（(1)(b)）。したがって，fuort は右枠の分離成分とは言いがたい。また，stân|hâlde「持ちこたえる」（stân「姿勢，構え」+hâlde「保つ」）を用いた次例は，stân が否定冠詞 gjin を伴っている。gjin stân は名詞句を形成し，[[gjin stân]_NP hâlde]_VP「持ちこたえられない」は動詞句と解釈されるので，stân は分離成分とは言いがたい。このように，分離動詞は意味的には1語でも，形態的に1語として認めるのに問題がないわけではない。

　　Smyt fuort dy boel en keapje der wat nijs foar yn 't plak.「あんなものは投げ捨てて，そのかわりに新しいものを買いなさい」

　　Dat argumint *hâldt gjin stân*.「その論拠は疑わしい（＝持たない）」

正書法でもオランダ語やドイツ語とは微妙に異なり，揺れがある。

　フ．televyzje sjen「テレビを見る」（オ．televizie|kijken）
　　　derút sjen「…のように見える」（オ．eruit|zien, ド．aus|sehen）
　　　deryn komme「入って来る」/deryn gean「入って行く」（オ．binnen|komen/binnen|gaan）
　　　{swart ride/swartride}「無銭乗車する」（オ．zwart|rijden, ド．schwarz|fahren）
　　　{swart sjen/swartsjen}「受信料を払わずにテレビを見る」（オ．zwart|kijken, ド．schwarz|fernsehen）

　分離動詞の認定の問題はドイツ語でも指摘できる。ドイツ語の新正書法では旧正書法で続け書きしていた不変化詞以外の分離成分を分かち書きすることで，分離動詞の種類を制限しようとしている（ただし，これは新たな混乱を招いている場合もある）。なお，ドイツ語に分離動詞というカテゴリー自体を設定することを疑問視する意見が亀井/河野/千野（1996：1201ff.）に見られる。

§60 非分離動詞（ûnskiedber tiidwurd）：接頭辞動詞

(1) 接頭辞（foarheaksel）の種類

　非分離動詞には抱合動詞（§58）のほかに「接頭辞動詞」（ド．Präfixverb）がある。この接頭辞は前置詞と同形か異形かによって、次の2種類に分かれ、be-/fer- を除いて非生産的である。アクセントは接頭辞にはなく、後続の動詞部分にある。②の接頭辞は分離動詞の分離成分にもなるが、これを用いた接頭辞動詞はほとんどオランダ語からの借用である。

① 前置詞とは異形：
　　be- [bə], fer- [fə(r)], ûnt- [unt], te- [tə], mis- [mɪs], wjer- [vjɛr]
② 前置詞と同形：
　　efter-, foar-, oan-, oer-, om-, troch-, ûnder-

　歴史的には、be-（オ．/ド．be-）と fer-（オ．/ド．ver-）は②と同様に無アクセント位置で弱化した前置詞 by（オ．bij/ド．bei）と foar（3種類の前置詞の混合、オ．voor/ド．für）と関係がある。ûnt-（ド．ent-/emp-, オ．ont-）は接頭辞 ant-（ド．/オ．ant-）と関係がある。また、古くは be- は om「…のまわりに」（オ．om/ド．um）と関係がある。すなわち、両者はラテン語 ambi と同語源で、歴史的に am- が om, -bi が by（→ be-）にあたる。

　他の接頭辞のオランダ語とドイツ語との語形的対応は次のようになる。
　　フ．te-/オ．なし/ド．zer-
　　フ．mis-/オ．mis-/ド．miss-
　　フ．wjer-/オ．weer-/ド．wider-

　西フリジア語にはオ．/ド．ge- とオ．her-〜er-（ドイツ語からの借用）/ド．er- がない。次にいくつか例を示す。

i)　フ．brûke「使う」/lykje「似ている」/leauwe「信じる，思う」
　　オ．gebruiken/gelijken/geloven「同上」
　　ド．gebrauchen/gleichen/glauben「同上」(gl-＜ge-l-)
　　西フリジア語の ge- 動詞はオランダ語からの借用である。
　　フ．gebiede「命令する」/geniet(sj)e「楽しむ，享受する」/genêze「(病気が)なおる」
　　オ．gebieden/genieten/genezen「同上」
　　ド．gebieten/genießen/genesen「同上」

ii)　フ．werom|kenne/wer|kenne「識別する，認識する」(分離動詞)
　　オ．herkennen(非分離動詞)/ド．(wieder|)erkennen「同上」
　　オ．herinneren/ド．erinnern「思い出させる」に対応する語は西フリジア語には非分離動詞・分離動詞ともに存在せず，他の表現で代用する。
　　フ．It stiet my noch by./It heucht my noch./It mei my noch tinke. Ik wit it noch.「私はまだそれを覚えている」
　　オ．Ik *herinner* het *me* nog.「同上」
　　ド．Ich *erinnere mich* noch daran.「同上」

(2) 接頭辞 be-

　西フリジア語の be- には多様な用法があり，ドイツ語やオランダ語よりも広範囲で用いる。be- 動詞は be- のない動詞と語形的・意味的対応を欠いて語彙的に固定しているものと，規則的な意味的関連が認められるものに大別される。後者の be- の基本的な意味は「対象への直接的影響と動作の達成」とほぼ総括できる。

(a) be- のない動詞と語形的・意味的対応を欠くもの

① be- のない動詞と語形的な対応を欠くもの
　bedigenje「整える」, bedjerre「腐る」, befelje/befelle「命令する」, begjinne「始める，始まる」, beledigje「侮辱する」, belide「告白する」, bepale「規定する」, (jin) besauwe「仰天する」, beseffe「実感する」, beslisse「決定する」, bestede/besteegje「費やす」, jin bestuere「わめ

く，騒ぎたてる」，bestuiverje「支払う」，beswike「屈する」

② be- のない動詞が意味的な対応を欠くもの
部分的な対応がわずかに認められても，本来的な意味的相違があると理解される。

begripe「理解する」(gripe「つかむ」)，beheine「制限する」(heine「とらえる」)，bekomme「得る，到達する，(食べ物が…の)体に合う，回復する，おさまる」(komme「来る」)，belibje「経験する」(libje「生きる」)，belove/beloovje「約束する」(love/loovje「ほめる」)，besykje「試みる」(sykje「探す」)，besitte「所有する」(sitte「すわっている」)，beslute「決心する」(slute「閉じる」)，bestelle「注文する」(stelle「立てる」)，betelje「支払う」(telje「数える」)

Dat sil jimme raar *bekomme*.「それはあなたがたにとって悪い結果になるだろう」(bekomme)

It iten *is* my goed *bekommen*.「その食事は私の体によく合っていた」(同上)

Wy ha it nochal drok hân en dan moat ik efkes *bekomme* mei in bakje kofje en de krante.「私たちはかなりいそがしかったので，私はちょっとコーヒー一杯と新聞で一息つかないといけない」(同上)

be- のない動詞と規則的な意味的関連が認められる用法を以下に述べる。

(b) 他動詞化

be- は自動詞の前置詞句目的語を名詞句直接目的語に変えて他動詞化する。

beäntwurdzje/beänderje「(…に)答える」(antwurdzje/anderje「答える(op …に)」)

bedoele「(…を)ねらう，意図する」(doele「ねらう，意図する(op …を)」)

beharkje「(…を)聞く」(harkje「聞く(nei …を)」)

bejubelje「(…に)歓声をあげる」(jubelje「歓声をあげる(om …に)」)

bekleie「(…を)嘆く」(kleie「嘆く(oer …を)」)

beskrieme「(…を)嘆き悲しむ」(skrieme「嘆き悲しむ(om …を)」)

betreur(j)e「(…を)悲しむ」(treur(j)e「悲しむ(om …を)」)

betwivelje/betwifelje「(…を)疑う」(twivelje/twifelje「疑う(oan …を)」)

i) *Harkje nei de tekst* op 'e bân.「本文をテープで聞きなさい」(harkje)
   Beharkje de tekst op 'e bân.「同上」(beharkje)

ii) *Dêr* hoechst dochs net *om* te *skrieme*?「そのことは君は嘆く必要はないじゃないか」(skrieme)
   Letter silst *dyn ûnfoech dwaan beskrieme*.「後になって，君は自分の不適切な行動を嘆くだろう」(beskrieme)

iii) *Wêr doelde* er *op* mei dat sizzen?「彼はあんなことを言って，何のつもりだったんだろう」(doele)
   Wat soe hja *bedoele*?「彼女はどういうつもりなのだろう」(bedoele)

このbe-は動詞の明示的な意味は変更しないが，動作の達成・遂行((e)②)や目的語への影響を強調するニュアンスが認められる(「しっかり・十分…する」)。

Hy *skeat op 'e liuw*.「彼はライオンをねらって撃った」(自動詞 sjitte「ねらって撃つ(op …を)」)

Hy *beskeat de liuw*.「彼はライオンにかなりの銃撃を加えた」(他動詞 besjitte「(…を)かなり銃撃する」)

次例では drinke「飲む(op …を祝って)」にたいして，bedrinke「(…に)祝杯をあげる」は特定の語彙的意味を獲得している。

bedrinke「(…に)祝杯をあげる」(drinke「飲む(op …を祝って)」)

(c) **代換表現(エ．hypallage)**

他動詞の目的語が be- の付加によって以下の交替を起こすことがある。

be- のない動詞：「名詞句A＋［場所の前置詞＋名詞句B］＋動詞」
be- 動詞：「名詞句B＋［mei＋名詞句A］＋be- 動詞」

be- を欠く動詞での前置詞の種類は動詞ごとに異なるが，be- 動詞による代換表現では mei「…で(手段)」(オ．met/ド．mit)に限られ，動作の影響が目的語全体に及ぶことを含意する。［mei＋名詞句A］は表現しないこともある。

i) Mem *smart* bûter *op* it stikje bôle.「母はパンにバターをぬる」(smarre

「(…を)ぬる(op …の上に)」)

Mem *besmart* it stikje bôle *mei* bûter.「母はパンにバターを一面にぬる」(besmarre「(…に)ぬりつくす(mei …を)」)

ii) Heit *sproeide* wetter *oer* de tún.「父は庭に水をまいた」(sproeie「(…を)まく(oer …に)」)

Heit *besproeide* de tún *mei* wetter.「父は庭一面に水をまいた」(besproeie「(…に)たっぷりまく(mei …を)」)

iii) It jonkje *hat* it tou *om* de redens bûn.「男の子はスケートにひもを結びつけた」(bine「(…を)結ぶ(om …のまわりに)」)

It jonkje *hat* de redens *mei* tou bebûn.「男の子はスケートにひもをしっかり結びつけた」(bebine「(…に)しっかり結びつける(mei …を)」)

iv) De sjauffeur *lade* koffers *op* de auto.「運転手は車にトランクを積んだ」(lade「(…を)積む(op …の上に)」)

De sjauffeur *belade* de auto *mei* koffers.「運転手はトランクを積んで車を一杯にした」(belade「(…に)一面に積む(mei …を)」)

① 受動化

be- のない動詞による「名詞句A」と，be- 動詞による代換表現の「名詞句B」はともに直接目的語であり，受動態で主語になる。

i) De boer *plante* de tulpen *yn* de tún.「農夫は庭にチューリップを植えた」(plantsje「(…を)植える(yn …の中に)」)

→ De tulpen *waarden* troch de boer *yn* de tún *plante*.「チューリップは農夫によって庭に植えられた」

ii) De boer *beplante* de tún *mei* de tulpen.「農夫は庭一面にチューリップを植えた」(beplantsje「(…に)植えつくす(mei …を)」)

→ De tún *waard* troch de boer *mei* de tulpen *beplante*.「チューリップは農夫によって庭一面に植えられた」

② 被動目的語と達成目的語

be- のない動詞は動作の結果として生じる「達成目的語」(エ. effectum object)を伴うことがある。be- 動詞の目的語は動作に先立って存在し，直接的影響を被る「被動目的語」(エ. affectum object)である。

i) Heit *skildere* in glês.「父はグラスの絵をかいた」(skilderje「(…の)絵を

描く」)

Heit *beskildere* in glês.「父はグラスに絵をかいた」(beskilderje「(…に)絵を描く」)

ii) Muoike *naait* in jurkje.「伯母はドレスを編んでいる」(naaie「(…を)編んで作り出す」)

Muoike *benaait* in jurkje.「伯母はドレスに編み物を施す(＝ドレスに何かを編みつける)」(benaaie「(…に)編みつけをする」)

iii) Omke *hat* in nij hok *timmere*.「伯父は新しい納屋を作った」(timmerje「(…を)木材で作る」)

Omke *hat* in nij hok *betimmere*.「伯父は新しい納屋に手を入れた」(betimmerje「(…に)木材で工作を施す」)

③ 名詞を含む be- 動詞(装備動詞)

語幹に名詞を取り込んだ be- 動詞には、「…に〈名詞を〉備える」という意味の「装備動詞」(エ. ornative)がある。この場合、〈名詞を〉の部分は代換表現の「mei＋前置詞」に相当するので、「mei＋前置詞」を加える必要はない。たとえば、betegelje「(…)にタイルを張りつくす」は名詞 tegel「タイル」を含んでおり、mei tegels「タイルを」を加える必要はない。

Ik haw de flier *betegele*.「私は床にタイルを張った」

Ik *bedongje* dat lân fan 't jier net.「私は今年はあの土地に肥料はやらない」(bedongje「(…に)肥料(dong)を与える」)

Wêrom soe ik syn missetten ek *bemantelje*?「なぜ私が彼の過失を隠すことがあろうか」(mantel「マント、コート、被覆」)

De direksje *bekompjûtert* it hiele ynstitút.「執行部は研究所全体をコンピューター化する」(bekompjûterje「(…に)コンピューター(kompjûter)を備えつける」)

なお、接頭辞 be- が名詞から直接、動詞を派生しているのではないことについては、§61(1)(a)参照。たとえば、上述の betegelje「(…)にタイルを張りつくす」は、名詞 tegel「タイル」から品詞転換(§61(1)(a))によって派生した動詞 tegelje「(…に)タイルを張る」に接頭辞 be- が付加されて生じた動詞であると考えられる。

(d) 「中へ入れ込む」という意味の他動詞

　be- 動詞は動作の結果として目的語を何かの中へ(「yn など＋名詞句」)完全に入れ込むという意味を持つことがある。

　　Jo moatte noch aaien yn it besleek *beklopje*.「あなたはそれからまだ卵を泡立ててねり粉に混ぜなければなりません」(beklopje「たたいて泡立てながら混ぜる(yn …の中へ)」↔ klopje「たたく」)

　　Hja *hat* blommen yn 't hier *befrissele*.「彼女は花を髪に編み込んだ」(befrisselje「編み込む(yn …の中へ)」↔ frisselje「編む」)

　　De sûker *is* deryn *bebakt*.「砂糖がその中に入れて焼いてあります」(受動態現在完了形, bebakke「混ぜて焼く(yn …の中へ)」↔ bakke「焼く」)

　　Wy wolle net yn dizze rûzje *behelle wurde*.「私たちはこのけんかに巻き込まれたくありません」(behelje「呼びこむ(yn …へ)」↔ helje「呼んでくる, 持ってくる」)

(e) **効果・充足, 到達・遂行**

① 効果・充足

　be- による他動詞は be- のない他動詞に比べて, 動作の達成による対象全体への効果や充足を表わしたり, 強調したりすることがある。

i) Pake *hat* it izer *bûcht*.「祖父は鉄を曲げた・のばした」(bûge「曲げる, のばす」)

　Pake *hat* it izer *bebûgd*.「祖父は鉄を曲げて・のばして(目的にかなうように)整えた」(bebûge「曲げて・のばして整える」)

ii) Beppe *meant* it gers.「祖母は草を刈る」(meane「刈る」)

　Beppe *bemeant* it gers.「祖母は草を刈ってきれいにする」(bemeane「刈ってきれいにする」)

iii) De timmerman *skaafde* de rûge planke.「大工はごつごつした板にかんなをかけた」(skave「かんなをかける」)

　De timmerman *beskaafde* de rûge planke.「大工はごつごつした板にかんなをかけて平らにした」(beskave「かんなをかけて平らにする」)

　　次の例は一種の強調表現とも言える。オランダ語では同様に danken「感謝する」↔ bedanken「深謝する」だが, ドイツ語では danken ↔ sich

bedanken「同上」のように，be-動詞は再帰動詞になる。
iv) Ik *tankje* jo hertlik foar jo brief.「私はお手紙に心から感謝します」(tankje「感謝する」)
Ik *betankje* jo hertlik foar jo brief.「私はお手紙に心から深謝します」(betankje「深謝する」)
v) sjen「見る，考える」↔ besjen「よく見る，よく考える」
次の例では，be-動詞がかなり独立した意味を持っているとも解釈できる。
vi) keapje「買う」↔ bekeapje「買収する，償いをする」
Wy litte ús net *bekeapje*!「我々は一杯食わされないぞ(＝買収されない)」
Hy moast it mei de dea *bekeapje*.「彼はそれを死をもって償わなくてはならなかった」

② 到達・遂行

be-動詞は目的語への到達や動作の遂行を明示することがある。話法の助動詞 kinne「…できる」を伴ったり，可能の受動の意味「…され得る」を表わす「te-第2不定詞＋wêze」構文などで使い，否定詞や程度の副詞を伴うことが多く，話法的ニュアンスを伴う表現で用いる傾向がある。

De hûn *koe* de hazze lang net *berinne*.「犬はウサギに到底，追いつけなかった」(berinne「(…に)走って追いつく」↔ rinne「走る」)

De swimmer *kin* it hjir net *bedjipje*.「泳ぎ手はここでは深くて足が届かない」(bedjipje「(…の)底に足が届く，(…の)深さを測る」↔ djipje「(…の)深さを測る」)

Yn in pear tellen *wie* it fleantúch net mear te *beëagjen*.「しばらくすると，飛行機はもう目で後を追えなくなった」(beëagje「目で追う」↔ eagje「見る」, each「目」)

Soe dit paad te *befytsen* wêze?「この道は自転車で行けるんだろうか」(befytse「(…を)自転車で走破する」↔ fytse「自転車で行く」)

次例の be-動詞は自動詞の他動詞化((b)参照)と類似している。

Dy fûgel is te fier fuort, ik *kin* him net *besjitte*.「あの鳥は遠くに離れすぎている。私はそれを撃って命中させることができない」(besjitte「(…を)撃って命中させる」↔ sjitte「(…を)撃つ，仕留める(他動詞)；ねらって撃つ(op …を)(自動詞)」)

Fan 'e boat *koene* wy de wâl *sawat krekt bestappe*.「ボートから私たちは埠頭になんとか降りることができた」(bestappe「(…に)乗り移る」↔ stappe「乗る(op …の上に)」)

次例の be- 動詞は代換表現((c)参照)と類似している。

De guozzen wiene sa tichtby, dat hy *koe* se hast mei in stien *besmite*.「ガチョウたちはすぐそばにいたので，彼はほとんど石を投げて(それらに)ぶつけられそうだった」(besmite「(…に)投げて命中させる(mei …を)」↔ smite「(…を)投げる」)

オランダ語とドイツ語の be- 動詞では，「効果・充足」と「到達・遂行」の意味は部分的あるいは少数の慣用句にとどまる。

フ．Der *is* gjin lân mei him *te besilen*.「彼はまったく手に負えない(=彼とともに航海してたどり着ける国はない。慣用句)」(besile「(…に)航海してたどり着く」)

オ．Er *is* geen land met hem *te bezeilen*. (bezeilen)「同上」

(f) **収益・獲得**

be- は動作の達成で間接的にもたらされる収益や獲得物を新たに目的語として，他動詞を形成することがある。

Us pake *hat* genôch jild *bebuorke* dat er stil libje kin.「伯父は余生を静かに過ごすのに十分な金を農業を営んでたくわえた」(bebuorkje「農業を営んで(…を)得る」↔ buorkje「農業を営む」)

Pyt *hat* mei syn wiif in grut boerepleats *betroud*.「ピトは奥さんと結婚して大きな農場を手に入れた」(betrouwe「結婚して(…を)手に入れる(mei …と)」↔ trouwe「結婚する(mei …と)」)

Hy *befiske* op 'e Noardsee in sober stikje brea.「彼は北海で漁をして細々と生計を立てていた(=わずかなパンを得ていた)」(befiskje「漁をして(…を)稼ぐ」↔ fiskje「漁をする」)

Se *hawwe* de frede *befochte*.「彼らは戦いによって平和を勝ち取った」(befjochtsje「戦って(…を)得る」↔ fjochtsje「戦う」)

Sûnder in kloek wyfke *hie* Jan dat kaptaaltsje noait *bewrotte* kinnen.「倹約家の奥さんなしには，ヨンはいくら懸命に働いてもあの財産はけっ

して手に入らなかっただろう」(bewrotte「懸命に働いて(…を)得る」↔ wrotte「懸命に働く」)

　西フリジア語にはドイツ語の er- に相当する接頭辞がなく，be- が代行しているとも考えられる(㎜)の説明参照)。オランダ語の be- でもこの用法は稀である。

i)　フ．de {frijdom/frijheid} befjochtsje「戦って自由を勝ち取る」
　　オ．de vrijheid bevechten「同上」
　　ド．die Freiheit erkämpfen「同上」

ii)　フ．betrouwe「結婚して(…を)手に入れる」(trouwe「結婚する」)
　　オ．(door trouwen verkrijgen「同上」(trouwen「同上」))
　　ド．erheiraten (heiraten)「同上」

(g)　**不足・不快感の発生**

　be- は動作の達成によって動作主である主語に発生する身体的不足や不快感を新たに目的語として，他動詞を形成することがある。この be- の用法はオランダ語とドイツ語には見られない。

　　We *hawwe* honger *beskrept*.「私たちは重労働をしておなかがすいた(＝空腹を覚えた)」(beskreppe「あくせく働いて(…に)なる(＝(…を)得る，覚える)」↔ skreppe「あくせく働く」)

　　Hy *hat* pine yn 'e holle *bereizge*.「彼は旅行をしてから頭痛がした(＝頭痛を覚えた)」(bereizgje「旅行して(…に)なる(＝(…を)得る，覚える)」↔ reizgje「旅行する」)

　　Drink mar ris op, jim sille wol toarst *berûn hawwe*.「さあ，飲み干しなさいよ。おまえたちは歩いて(走って)のどが渇いた(＝のどの渇きを覚えただろうから」(berinne「歩いて(走って)(…に)なる(＝(…を)得る，覚える)」↔ rinne「歩く(走る)」)

(h)　**自動詞化：能格動詞(非対格動詞)の be- 動詞**

　be- は他動詞化のほかに，動作の達成で変化を受ける対象が主語として現われる能格動詞(非対格動詞)の自動詞を形成することがある。完了の助動詞は wêze である。

① be- のない動詞が他動詞の場合

It brea *is bebakt*.「ライ麦パンは焼くと縮んだ」(bebakke「(パンなどが)焼くと縮む」↔ bakke「(パンなどを)焼く」)

Spinaazje *besiedt* oe sa.「ホウレン草は煮るとすごく縮む」(besiede「(…が)煮ると縮む」↔ siede「(…を)煮る」)

De glêzen *beblomje* fan 'e froast.「窓ガラスは凍って霜の花が咲く」(beblomje「(…が)花模様をつける」↔ blomje「(…を)花模様で飾る」)

De gearkomste *is* goed {*beslein*/*beteard*}.「会議は成功した」(beslaan/beteare「終わる，…という結果になる(比喩的)」↔ slaan「(…を)打つ」/teare「(…を)たたむ」)

話法の助動詞 moatte「…する必要がある」や副詞 '(earst/noch) wat'「(まず/まだ)少し」が共起することも多く，この be- は話法的ニュアンスを伴うと言える。

Sa'n nij stik ark *moat earst wat bebrûke*.「そういう新しい道具はまずちょっと使い慣れる必要がある」(bebrûke「(…が)使ってなじむ」↔ brûke「(…を)使う」)

Nije klean *moatte earst wat bedrage*.「新しい服はまず少し着てなじませる(=なじむようになる)必要がある」(bedrage「(…が)着てなじむ」↔ drage「(…を)着る」)

Dizze tsiis *moat noch wat belegerje*.「このチーズはまだ少しねかせる(=貯蔵して熟成する)必要がある」(belegerje「(…が)貯蔵して熟成する」↔ legerje「(…を)貯蔵する」)

Dy nijmelke ko *moat earst wat bemelke*.「あの子牛を生んだばかりの乳牛は，まずちょっと乳がよく出るように乳しぼりをする必要がある」(bemelke「(…が)乳が出るようになる」↔ melke「(…の)乳をしぼる」)

② be- のない動詞が能格動詞(非対格動詞)の場合

動作の達成による変化の結果を強調するニュアンスが加わり(「しっかり・十分に…になる，…しつくす」)，一種の強調表現になるとも言える。

Mei ien waarm reintsje sil it lân wol gau *begroeie*.「一度，暖かい雨でも降れば，その土地はたぶんすぐに草が一面に茂るようになるだろう」(begroeie「十分に成長する」↔ groeie「成長する」)

{Sneinswurk/Dy beam} *bedijt* net.「{日曜仕事は大成しない/あの木はちゃんと茂らない}」(bedije「よく繁栄する」↔ dije「繁栄する」)

It semint *wie bestjurre*.「セメントはよく固まっていた」(bestjurje「しっかり固まる」↔ stjurje「固まる」)

Yn it rêstige wetter fan it Waad *besinkt* in protte ôfeart út dat Rynwetter.「ヴァート地帯(=オランダ北部北海沿岸の干潟地帯)の静かな水には，ライン川の水からの多くの廃棄物が沈澱する」(besinke「沈澱する」↔ sinke「沈む」)

話法の助動詞や副詞 wol wat「たぶん少し」などが共起して話法的ニュアンスを伴うことがある。

Dat doek *sil wol wat bekrimpe* by it waskjen.「あの布はたぶん洗うと少し縮むだろう」(bekrimpe「ずっと縮む」↔ krimpe「縮む」)

Wy fiele ús hjir noch net sa thús, mar it *sil wol wat bewenne*.「私たちはここではまだそれほど落ち着きませんが，たぶんいくぶん慣れてくると思います」(bewenne「よく慣れる」↔ wenne「慣れる」)

Dy leafde *is aardich besakke*.「あのロマンスはだいぶ熱がさめた」(besakje「落ち着く，下がる」↔ sakje「下がる」)

③ be- のない動詞が非人称動詞の場合

Pas op, de boeken *bereine*.「気をつけて，本が雨で濡れるよ」(bereine「雨で濡れる」↔ reine「雨が降る(非人称動詞 it reint, 以下同様)」)

Dong *moat wat bereine*.「肥料は少し雨に当てて湿らせる必要がある」

Ik *bin bereind*.「私は雨に降られた(=雨で濡れた)」

Har fingers *wiene beferzen*.「彼女の指はしもやけになった」(befrieze「しもやけになる」↔ frieze「冷える，氷が張る(非人称動詞 it friest)」)

It lân *besnijt*.「その土地は雪が積もる」(besnije「雪で覆われる」↔ snije「雪が降る(非人称動詞 it snijt)」)

Sokke nije ferkearsrêgels *moatte* earst *wat besimmerje en bewinterje*.「そういう新しい交通規則はまず少し夏冬を越してなじませる必要がある」(besimmerje/bewinterje「{夏/冬}を越してなじむようになる」↔ simmerje/winterje「{夏/冬}になる(非人称動詞 it {simmert/wintert})」)

この be- の用法はオランダ語やドイツ語では稀である。

フ．besinke「沈澱する」(sinke「沈む」)
befrieze「しもやけになる」(frieze「冷える，氷が張る(it friest)」)
オ．bezinken (zinken)「同上」
evriezen (vriezen (het vriest))「同上」
ド．なし
erfrieren (frieren ({es/er} friert))「同上」
オランダ語では be- ではなく，ge- が対応することもある。
フ．bewenne「よく慣れる」(wenne「慣れる」)
オ．gewennen (wennen)「同上」
ドイツ語では gewöhnen は他動詞であり，*wöhnen という語はない。
オ．beregenen／ド．beregnen「(…に)散水する，雨にあてて濡らす」はもっぱら他動詞である。フ．bereine は同じ意味の他動詞のほかに，能格動詞(非対格動詞)としても用いる点で異なる。

④ 過去分詞で使う能格動詞(非対格動詞)の be- 動詞
年中行事や社会的慣習としての動作を経た結果，主語の変化を示す表現に用いる。様態を表わす形容詞を伴うことが多い。
Hoe binne jimme befeeste?「君たちはお祭りが終わってどんな気分だい」(befeestje「祭りの後で(…という)気分になる」↔ feestje「祝う，祭りをする」)
Mem *is goed behúshimmele*.「母は見事に家の大掃除をした」(behúshimmelje「家を大掃除する」↔ húshimmelje「家を大掃除する」)
Hoe is 't, *binne jo goed bereizge*?「どうです，旅行は良かったですか」(bereizgje「(…を)旅行する」↔ reizgje「旅行する」)
Ik fiel my mar *min bebrullofte*.「私は良い結婚生活を送っていないような気がする」(bebrulloftsje「結婚生活に入る」↔ brulloftsje「結婚式を挙げる」)
Hja liket *aardich bewive te wêzen*.「彼女はちゃんと嫁らしくなったようだ」(bewiivje「妻らしくなる，所帯じみる」↔ wiivje「妻帯する，嫁をもらう」)
オランダ語とドイツ語では，オ．bereisd／ド．bereist (フ．bereizge)，bewandert「精通している」(<「いろいろ旅行している」)などの少数の例

§60 非分離動詞：接頭辞動詞　565

があるにとどまる。

(i) 再帰動詞化

be- 動詞が再帰動詞になる語が少数ある。他動詞の自動詞化に準じて理解でき，主語が変化を被る点で能格動詞(非対格動詞)に類似している。

jin bedrinke「酔っぱらう」(drinke「飲む」)

jin besûpe「酔っぱらう」(sûpe「(…を)がぶ飲みする」)

jin bejaan「赴く，関係する，屈する」(jaan「与える」)

Men hoecht *jin* net nei Amerika te *bejaan* om in loai libben te hawwen. 「怠惰な生活を送るためにアメリカに行く必要はない」(jin bejaan)

再帰動詞のほかに能格動詞(非対格動詞)としても用いる例がある。

beda(a)rje/jin beda(a)rje「落ち着く，(症状が)おさまる」(*da(a)rje は存在しない)

Bedarje (*dy*) wat.「少しは我慢しなさい」

{De pine/It hoastjen/De koarts} *is* aardich *bedarre*.「{痛み/せき/熱}がだいぶおさまった」

be- 動詞を他動詞，再帰動詞，能格動詞(非対格動詞)に用いる語もある。

bewege「動かす；動く」/jin bewege「動く」(稀 wege「動く」)

(j) wat＋be- 動詞(＋en bedwaan)

be- 動詞は wat「なんと，なんで」を含む感嘆文や疑問文で，嫌悪・驚嘆・好奇心の意味を表わす。wat は目的語というよりもむしろ，副詞であり，be- 動詞は動作主を主語とする非能格動詞(エ．unergative verb)としての自動詞である。この用法は非常に数多くの動詞で可能であり，動詞の語彙的意味を変更せず，もっぱら話法的ニュアンスを表現する。また，無アクセントの接頭辞 be- を付加することで動詞語幹のアクセントが強調され，話者の感情が表現しやすいという音韻論的な効果もあると考えられる。

Wat sil men *bereedride* mei sok striemin iis?「なんでこんなひどい氷のときにスケートをしようっていうんだ」(reedride「スケートをする」)

Wat silst no al *betrouwe*, jonge, do bist noch fierste jong!「なんで今もう結婚しようなんていう気になるの，おまえ(＝男の子に向かって)，まだ若

すぎるじゃないか」(trouwe「結婚する(mei …と)」)

Men soe sizze, *wat behúshimmelet* sa'n minske de hiele dei!「あの人ったら、なんとまあ一日中、家の大掃除をしてるんだろうって言いたいところだよ」(húshimmelje「家の大掃除をする」)

① 「wat＋be-動詞＋en bedwaan」

「en bedwaan」(en「そして」, dwaan「する」)を並列させて、継続・強意の意味を強調することがある。

Wat bemûskopje en bedogge jimme dochs?「おまえたちはいったい何をひそひそ話してるんだ」(mûskopje「ひそひそ話をする」)

Ik koe net ferstean *wat* dat âld minske *beëamele en bedie*.「私はあのばあさんが何をあんなにこぼしていたのか、わからなかった」(eamelje「小言を言う」)

bedwaan が be- を欠くこともある。

Wat soe er dêr allegear *bestuiterje en dwaan*?「彼はあそこで何をあんなにつまずいたりしてるんだろう」(stuiterje「つまずく」)

譲歩文(al wat「どんなに…しても」)で用いることもある。

Al wat de man ek *berôp en bedie*, it bist gong net fuort.「その男が何を叫んでみても、けものは立ち去らなかった」(roppe「叫ぶ」)

次例は wat を含まず、平叙文で「be-動詞＋en bedwaan」を用いている。程度を強める hielwat「たくさん」, hielendal「完全に」が共起し、「en＋bedwaan」は be-動詞に継続・強意アスペクトの意味を加えている。

Der is hielwat *bepraat en bedien*.「山ほどたくさん議論がしつくされた」(prate「話す、議論する」)

Syn hân *wie* hielendal *beblet en bedien*.「彼の手はまったく血だらけになっていた」(bliede「血で汚す」)

② 「be- のない動詞＋en dwaan」

be- を含まなくても、en dwaan を並列させれば、動作の継続・強意の意味は表現できる。ただし、*「be- のない動詞＋bedwaan」とは言わない。

Jimme moatte net altyd sa *tsiere en dwaan*.「おまえたちはそんなにいつもけんかばかりしていてはいけないよ」(tsiere「けんかする」)

Hja *wrotte en die* fan moarns ier oant jûns let.「彼女は朝早くから夜遅

§60 非分離動詞：接頭辞動詞　567

くまであくせく働きまくっていた」(wrotte「あくせく働く」)

Hat se net jierrenlang har sike âlden *oppast en dien*?「彼女は何年も病気の両親をいろいろ世話していたんじゃないのか」(oppasse「世話をする」)

　以上のように，be- の付加は嫌悪・驚嘆・好奇心などの話者の強い感情という話法的ニュアンスを伴い，継続・強意のアスペクトを示す「en+dwaan」にも be- を付加して「en bedwaan」とすることがある。この be- の用法はオランダ語やドイツ語には見られない。

(k)　alles など＋be- 動詞

　be- 動詞は alles「すべて(の物事)」などを伴って，軽蔑などの否定的評価を表わすことがある。alles は(j)の wat と同様に「やたらに，何でもかんでも」という感情的ニュアンスを伴う副詞であり，(j)と同様に目的語というよりもむしろ be- は動詞の語彙的意味を変更せず，もっぱら話法的なニュアンスを表現する。

　　Dat fanke *belypt alles*.「あの娘ったら，何でもかんでもめそめそするんだから」(lipe「めそめそ泣く，ふくれっ面をする」)
　　Do moatst *alles* net sa *begnize*.「おまえは何でもそんなふうにやたらにせせら笑ったりしてはいけません」(gnize「せせら笑う」)
　　Dy keardel *beflokt alles en elkenien*.「あいつは何でもかんでも，どんなやつにも悪口を言う」(flokke「悪口を言う」)

　この be- の用法もオランダ語やドイツ語には見られない。なお，Dijkstra (1900-11：106)はこの be- の用法を「西フリジア語に特徴的」("kenmerkend Fries")であると述べている。

(l)　複数の用法を持つ be- 動詞

　be- の多様な用法をひとつの動詞が表現する例も少なくない。

① be-＋fytse「自転車に乗る」

　　Wy kinne dat lange ein net *befytse*.「私たちはあの長い距離を自転車では行けない」(到達・遂行，他動詞，(e)②)
　　Hja koe dy man net *befytse*.「彼女はその男の人に自転車で追いつくこと

ができなかった」(到達・遂行，他動詞，(e)②)

Ik koe de waarmte wol *befytse*.「私は自転車に乗ったら暑くなるかもしれないと思う」(不足・不快感，他動詞，(g))

Wat silst *befytse*, nim dochs in auto!「君は何をまた自転車で行こうなんていうんだね。車を使いなさいよ」(wat＋be-動詞，非対格動詞，(j))

② be-＋rinne「歩く，走る」

Terherne is yn in healoere te *berinnen*.「テルヘネ(オ．Terhorne テルホルネ)は30分で歩いて着ける」(到達・遂行，他動詞，(e)②)

Wy *hawwe* toarst *berûn*.「私たちは歩いてのどが渇いた」(不足・不快感，他動詞，(g))

Ik begryp net *wat* er tsjintwurdich *berint*!「私は彼が何をこの頃，走りまわっているのかわからない(＝どうしたんだろう)」(wat＋be-動詞，非対格動詞，(j))

③ be-＋sliepe「寝る」

It *bêd* wie net *besliept*.「そのベッドは人が寝たことがなかった(受動態)」(他動詞化，(b))

Hy hat *in frommes besliept*.「彼は女と寝た」(他動詞化，(b))

Besliep jo der fannacht earst ris oer.「今晩，寝てそのことを少し考えてみなさい」(再帰動詞化，(i))

Ik ha *pine yn 'e holle besliept*.「私は寝たら頭が痛くなった」(不足・不快感，他動詞，(g))

Us ûtfanhûzers seine, dat se *goed besliept wiene*.「うちに泊まったお客さんたちはよく寝られたと言っていた」(過去分詞，自動詞化：能格動詞(非対格動詞)，(h)④)

(m) ま と め

上述のように，西フリジア語の動詞接頭辞 be- には，独立の1語として固定した be- 動詞を除けば，動詞に付与する一定の役割がある。be- は「…のまわりに」という意味の前置詞(by/(om)，ラ．ambi)から派生したことが示すように，本来，対象を包囲するという意味から転じて，対象への全体的影響「完全に・一面に(…しつくす)」という意味を持っていた。これに関連して，今日

の西フリジア語の be- の基本的な意味は，対象への「直接的・全体的影響」（被作用性，エ．affectedness）と動作の「達成」（エ．achievement）であると言える。他動詞化や結果性の表現はこのことと関係があると考えられる。すなわち，be- は前置詞句目的語を名詞句直接目的語に変え，自動詞を「他動詞化」する。それは「代換表現」による目的語の交替と対象への全体的影響という意味につながる。「中へ入れ込む」という意味や，動作の「効果・充足」「到達・遂行」の意味も同様に理解できる。この be- の用法は項構造を保持しながら，統語的に「結合価」（エ．valency）を変更するものであり，動詞の「明示的意味」（外延，エ．denotation）を変更するものではない。ドイツ語やオランダ語の be- はほぼこの範囲に収まるが，「中へ入れ込む」「効果・充足」「到達・遂行」の意味は部分的にしか見られない。

ところが，西フリジア語の be- には動詞の明示的意味と結合価をともに変更する用法がある。そのひとつは，動作の達成で間接的にもたらされる結果を「収益・獲得」「不足・不快感の発生」という意味として，新たに be- 動詞の直接目的語として取り込む用法である。たとえば，betrouwe「人と結婚することで〈財産を〉得る」，befytse「自転車で行くことで〈のどの渇きを〉覚える／〈体のほてりを〉覚える」では，trouwe「結婚する」の本来的意義とは無縁の取得物や，fytse「自転車で行く」ことによる間接的な付随現象にすぎない動作主の生理的な変化を新たに直接目的語とする他動詞を派生する。

対象への直接的影響と動作の達成という be- の意味的役割は，西フリジア語では他動詞の派生という統語的な枠を越えて，対象の変化とその結果を表現することがある。それが「能格動詞(非対格動詞)の be- 動詞」である。ここでは動作主は表現されず，本来，他動詞の目的語に相当し，動作によって変化を被る対象が自動詞である be- 動詞の主語となって現われる。この be- の用法はオランダ語では稀であり，ドイツ語ではほとんど見られない。この主語の変化は顕著な結果を残すので，過去分詞は形容詞的に述語として定着しやすい（「過去分詞で使う能格動詞(非対格動詞)としての be- 動詞」）。

さらに，be- には動詞の結合価も明示的意味も変更しない特異な用法がある。それが動作主を主語とする「wat＋be- 動詞(感嘆文・疑問文)」と「alles など＋be- 動詞」である。これは動詞の種類に関係なく広く用い，嫌悪・驚嘆・好奇心，あるいは軽蔑などの意味を伴うことが多く，強い感情表現を形成する。

ここでは be- の本来の役割は稀薄であり，もっぱら話法的ニュアンスの表現手段になっている。つまり，具体的な動作の達成と対象の変化による結果が客観的な現実世界ではなく，話し手の主観的世界の中で期待され，実現されることで強調表現になり，動詞の語彙的意味とは無関係に多用されるに至ったと考えられる。ちなみに，「他動詞化」「到達・遂行」「能格動詞(非対格動詞)としての be- 動詞」も話法的ニュアンスを伴うことがある。

このように，「対象への直接的影響と動作の達成」という意味的修飾を動詞に施す be- の本来的な役割は，西フリジア語では動詞の結合価の変更という統語的役割にとどまらず，対象の変化とその結果の表現手段として動詞の明示的意味を変え，目的語が変化を被る他動詞化だけでなく，他動詞の目的語に相当する主語が変化を被る能格動詞(非対格動詞)としての自動詞の形成にまで及んでいる。そして，さらに，動詞としての語彙的な意味を越えて，強い感情表現として話法的ニュアンスを広く表現する特定の構文での用法を備えるに至っている。

上記の be- の一連の用法は他の言語でも類似した現象を想起させる。日本語を例に取れば，「…してしまう」は，「しまう(＝かたづける)」という語彙的意味から完了アスペクトの表現に発達し，「ガラスを割ってしまった(＝割って困った)」のように，不本意に起こった出来事への無念・後悔の気持ちを表現する話法的ニュアンスを伴うことが多い。

北ゲルマン語では古くは接頭辞動詞は存在しなかった。現代語の接頭辞動詞はハンザ同盟時代の中低ドイツ語(ド．Mittelniederdeutsch)からの借用であり，高低アクセントや声門閉鎖でも例外的なパターンを示す。一方，西ゲルマン語では，接頭辞動詞という範疇は明確に認められる。その中で西フリジア語の be- がこれほど多様な用法を発達させた理由は，ド．ge-/er-,　オ．ge-/her-(er-<dt.) の衰退と関係があると考えられる。

中高ドイツ語(ド．Mittelhochdeutsch)の ge- の用法は，西フリジア語の be- の用法に類似している。ge- は本来，動作の完了の意味を付与する接頭辞だったが，それが完了アスペクトの表現として，ある程度まで文法化されるに至った。過去分詞での規則的な付加はそのなごりである。語彙的に独立した ge- 動詞を除けば，中高ドイツ語の ge- は完了アスペクト以外に，話法的ニュアンスを伴った種々の構文(話法の助動詞 kan/mac, 願望を表わす接続法，譲

歩文，否定文など）で不定詞・現在形・過去形でも，動作の実現を話者の視点から主観的に強調する手段として，文体的な効果からも多用された(清水 1984)。また，(j)で述べたように，無アクセントの be- が動詞語幹のアクセントを対比的に強調する役目を果たすのと同様に，無アクセントの ge- は韻文で抑音部(弱音部，ド．Senkung)を作り出し，動詞語幹のアクセントを揚音部(強音部，ド．Hebung)としてきわだたせるという韻律上の役目を果たしていた。

一般に，発話には感情を伴う強調表現がつきものである。それに好都合な形態的手段があれば，本来の用法を拡大して多用しようとする傾向が広く認められる。(標準)ドイツ語では ge- が音韻変化で消失することなく残り，以上のような代表的な表現手段として多用され，be- は二次的な地位に甘んじたと考えられる。一方，北海ゲルマン語に属する西フリジア語では，英語と同様に，ge- の語頭子音 g が口蓋化(エ．palatalization，[g]＞[j])を経て弱まり，消失した。そこで，動作の達成と対象への直接的影響を表現する役割を担っていた be- が意味的にも完了アスペクトと類似していることから，ge- のかわりに多用されるに至ったと考えられる。西フリジア語にはドイツ語の er- が存在しないことも，これに拍車をかける一因になったと推定される。このように，無アクセントの動詞接頭辞を完了アスペクトから動作の実現を強調する種々の構文や話法的ニュアンスの表現へと拡大する傾向は，中世の西ゲルマン語に広く見られたのであり，その用法が西フリジア語の be- では現代語まで保たれたと考えられる。

以下に述べる接頭辞 fer- も，動作による対象の変化を表わす点で be- と類似点がある。しかし，fer- は否定的な評価やマイナスのニュアンスを伴うことが多く，用法が限定されたと考えられる。

(3) 接頭辞 fer-

(a) fer- の意味が不明確な場合

fer-［fə(r)］が表現する意味は多様であり，明快に総括することは困難である。まず，fer- のない動詞との意味的な対応が不明確なものがある。

　　ferstean「理解する」↔ stean「立っている，（…の状態）である」

ferjitte「忘れる」↔ jitte「注ぐ」

fer- のない動詞が存在しない語もある。

ferdwine「消える」　　ferlieze「失う」　　ferniele「滅ぼす」
ferrifelje「だます」(*dwine/*lieze/*niele/*rifelje は存在しない)
Se *hat* har âlden al ier *ferlern*.「彼女は両親をすでに早く亡くした」(ferlieze)

fer- 動詞が形容詞化した過去分詞の語形で独立した1語として存在する語がある。

ferhipt「ひどい，いまいましい」↔ ferhippe「ひょいと跳ぶ，くたばる」
ferkeard「間違った」↔ ferkeare「変更する，交際する」
ferlegen「当惑した」↔ ferlizze「寝違える」
ferneamd「有名な」↔ ferneame「(…にちなんで)名づける」
Do bist sels *ferkeard*.「君は自分が間違ってるんだ」
Sokke fersen moatte in goeie bân hawwe, en ek in *ferneamde* útjouwer en boekbinder.「そういう詩には良い装丁が必要よ，それに，有名な出版社と製本業者も」

ferkâlden「風邪をひいた」については§63(2)(a)⑤参照。

fer- のない動詞との意味の相違が抽象化や文体などに認められる語もある。これはもとの動詞が変化の意味を表わすために，動作による対象の変化という fer- の意味((b)参照)がたんなる強調にとどまる場合に多い。

ferrotsje「腐る，朽ちる」(rotsje「同左」)
ferskroeie「焦がす，焦げる」(skroeie「同左」)
ferslite「擦り減らす，消耗する」(slite「擦り減らす」)
fersmoargje「汚れる，汚す，汚染する」(smoargje「汚れる，汚す」)
ferstjerre「死ぬ，亡くなる」(stjerre「死ぬ」)
fersulverje「銀メッキを施す，銀色にする」(sulverje「同左」)
Pake Hindrik *is* in jier of wat lyn *ferstoarn*, yn 'e âldens fan 77 jier.「ヒンドリクおじいさんは1年ほど前に77歳で亡くなりました」

歴史的には，fer- の意味が特定しにくいのは，(1)で述べたように，fer- がかつての前置詞と同形の別々の3語が混合して生じた接頭辞であることとも関係がある。

§60 非分離動詞：接頭辞動詞　573

(b) fer- の意味

　fer- は be- と類似して，対象が変化を被ることを表わすが，否定的な評価やマイナスのイメージを伴うことが少なくない(⑤～⑦)。fer- 動詞は他動詞または能格動詞(非対格動詞)としての自動詞である。

① 移行・変化：装備動詞

　　語幹に含まれる名詞・数詞，形容詞・不定代名詞の持つ意味への移行・変化を表わし，生産性が高い。fer- のない動詞が存在しないことが多い。be- 動詞((2)(c)③)の場合と同様に，「装備動詞」（エ．ornative）と呼ぶ。

i) 語幹に名詞・数詞を含む fer- 動詞

　　ferfryskje「フリジア語になる・する・訳す」(Frysk「フリジア語」，*fryskje は存在しない，以下同様)

　　ferienje「統合する」(ien「ひとつ」)

　　ferstienje [fə(r)stjíⁿjə]「石になる・する」(stien [stiən]「石」)

　　fersûkerje「砂糖の結晶になる」(sûker「砂糖」)

　　G. A. Wumkes *hat* yn 1933 it Nije Testamint *ferfryske*.「G. A. ヴュムケスは 1933 年に新約聖書をフリジア語に翻訳した」(ferfryskje)

ii) 語幹に形容詞・不定代名詞を含む fer- 動詞

　　ferbliidzje「喜ばせる」(bliid「うれしい」)

　　ferfrjemdzje「疎遠になる」(frjemd「よその，縁遠い，未知の」)

　　fergrutsje「大きくする」(grut「大きい」)

　　ferienfâldigje「単純化する」(ienfâldich「単純な」)

　　feroarje「変わる，変える」(oar「別の」)

　　ferwylderje「野生化する，荒れる」(wyld「野生の，荒れた」)

　　De minske *is ferfrjemde* fan de natoer.「人間は自然から疎遠になった」(ferfrjemdzje)

　　Om de opbringst fan it lân te *fergrutsjen* wurdt in protte keunstdong brûkt.「土地の収穫量を増大させるために，大量の人工肥料が使われる」(fergrutsje)

　　Dat *feroare* pas yn de 20ste ieu.「それは 20 世紀にやっと変わった」(feroarje)

　　接頭辞 be- の場合と同様に((2)(c)③)，接頭辞 fer- が名詞や形容詞から直接，

動詞を派生するのではないことについては，§61(1)(a)参照。

次の語には fer- のない動詞が存在する。もとの動詞と比べて抽象的・専門的な意味になる傾向がある。

ferbetterje「訂正・修正する」(betterje「回復する，改良する，改心させる」, better「より良い」)

ferdjipje「深くする，(精神的・質的に)深化させる」(djipje「(…の)深さを測る」, djip「深い」)

ferklearje「説明する」(klearje「準備する，掃除する」, klear「澄んだ，準備ができた」)

ferwaarmje「暖房する」(waarmje「暖める」, waarm「暖かい」)

Der binne gâns minsken, dy't alles *ferbetterje* wolle, útsein harsels.「自分自身を除いて，何でも直したがる人々がたくさんいる」(ferbetterje)

② 更新・修正

ferbouwe「建て替える」(bouwe「建てる」)

ferfange「(…に)取って代わる」(fange「つかまえる」)

ferfluorje「(床を)張り替える」(fluorje「(床を)張る」)

ferheakje「別の留め金・ホックに掛ける」(heakje「留め金・ホックに掛ける」)

ferhúzje「引っ越しする」(húzje「住む」)

ferklaaie「着替えさせる」(klaaie「着せる」)

ferkleurje「変色する」(kleurje「色づく，彩色する」, ⑤ i)参照)

fermeitsje「改造する，(服のサイズなどを)直す」(meitsje「作る」)

ferplantsje「植え替える」(plantsje「植える」)

fersoalje「(靴の)革底を張り替える」(soalje「(靴の)革底を張る」)

"Ik fyn de boksen eins wat te lang." "Wy kinne dy foar jo wol *fermeitsje*."「ズボンの丈が少し長すぎるような気がするんですが」「それはお客様のためにお直しいたします」(fermeitsje)

Ik hoopje op bettere tiden yn myn *ferboud* bedriuw.「私は自分の改築した(=された)店の営業により良い未来を希望している」(ferbouwe)

③ 目標・成果

ferlibje「生き延びる」(libje「生きる」)

fernachtsje「夜を明かす」(nachtsje「夜になる，暗くなる(非人称動詞)」)
ferprate「話をつける，話し合って許す」(prate「しゃべる」)
fersile「(賞金を求めて)ヨットレースをする」(sile「ヨットに乗る」，⑤ii)参照)
ferwinne「打ち勝つ，征服する」(winne「勝つ」)

Dat is wol in misferstân, mar wy wolle it wol mei har *ferprate*.「それは誤解でしょうが，私たちは彼女と折り合いをつけたいのです」(ferprate)

④ 除去・移動，放出
i) 除去・移動
ferbringe「向こうへ持っていく」(bringe「持っていく」)
ferdriuwe「向こうへ追い払う」(driuwe「追いたてる」)
ferfiere「運搬する」(fiere「導く，運ぶ」)
ferpleatse「移す」(pleatse「置く，据える」)
fersmite「捨てる」(smite「投げる」)
ferswije「秘密にする」(swije「黙る」)
fertarre「消化する・される」(tarre「(…を糧として)生きる」)

Yn myn tiid waard de hûnekarre brûkt, om fracht te *ferfieren* yn stee fan sa'n frachtauto.「私の時代には，荷物を運搬するのに，そんなトラックのようなもののかわりに，犬にひかせる荷車が使われた」(ferfiere)

Jo moatte it foar him *ferswije*.「あなたはそれを彼には秘密にしなければいけません」(ferswije)

ii) 放出(逆方向への移動)
ferboelguodzje「競売にかけて売る」(boelguodzje「競売で買う」)
ferhiere「賃貸しする」(hiere「賃借りする」)
ferkeapje「売る」(keapje「買う」)

Faust *hat* syn siele oan 'e duvel *ferkocht*.「ファウストは自分の魂を悪魔に売った」(ferkeapje)

⑤ 消失・喪失，消費・浪費，損害・破滅((4) te- と比較)
i) 消失・喪失
fergean「消滅する」(gean「行く，去る」)
ferkleurje「色あせる」(kleurje「色づく，彩色する」，②参照)

ferleare「(習ったことを)忘れる」(leare「習う，教える」)
fersliepe「(病気・酩酊が)眠っておさまる」(sliepe「眠る」)
ferwaskje「洗って色があせる」(waskje「洗う」)

De minske *is* it sjen, de ferwûndering en it harkjen *ferleard*.「人間は見ること，驚くこと，そして聞くことを忘れてしまった」(ferleare)

Dat *fersliept* wol.「それは寝れば直る・忘れる」(fersliepe)

Mei kleurd waskguod moat men altyd oppasse; it wol gauris *ferwaskje* en it oare guod ferkleurje litte.「色のついた洗濯物にはつねに注意が必要です。洗うと色が落ちて，ほかのものを変色させることがあります」(ferwaskje；ferkleurje については②参照)

ii) 消費・浪費

ferbrûke「消費する，使い果たす」(brûke「使う」)
ferdobbelje「賭け事で損をする」(dobbelje「賭け事をする」)
ferdokterje「医者にかかって(多額の金を)費やす」(dokterje「医者にかかる」← dokter「医者」)
fergrieme「浪費する」(grieme「食べ散らかす，いいかげんな仕事をする」)
fersile「(金・時間を)ヨット乗りをして使い果たす」(sile「ヨットに乗る」，③参照)
ferspylje「(遊びや賭け事で)失う」(spylje「遊ぶ」)

Ik *ha* wol fjouwertûzen euro *ferdoktere* mei dy seare earm.「私はその腕の痛みで医療費に優に 4000 ユーロはかかった」(ferdokterje)

De minske *fergriemt* it wetter en fersmoarget de lucht.「人間は水を浪費し，空気を汚染する」(fergrieme；fersmoargje については(a)参照)

iii) 損害・破滅

ferbaarne「焼失する，焦げる，焦がす」(baarne「燃やす，燃える」)
ferdwale「道に迷う」(dwale「さまよう」)
ferhongerje「餓死する」(hongerje「空腹である」)
ferkomme「陥る，堕落する，長続きしない」(komme「来る」)
ferreine「雨でだいなしになる」(reine「雨が降る(非人称動詞)」
fertoarst(g)je「のどが乾いて死ぬ」(toarst(g)je「のどが乾く」)

Dy brij *is* alhiel *ferbaarnd.*「あのおかゆはすっかり焦げてしまった」(ferbaarne)

Sy *is ferkomd* yn ûndogensheid.「彼女は行儀が悪くなった」(ferkomme)

De wedstriid *is ferreind.*「競技は雨で流れた」(ferreine)

⑥ 過重・過失：再帰動詞

i) 過重

jin ferarbeidzje「過労で体をこわす」(arbeidzje「働く」)

jin ferha(a)st(ig)je「あわてる」(jin ha(a)st(ig)je「急ぐ」)

jin ferite「食べすぎて体をこわす」(ite「食べる」)

jin ferskreppe「過労で体をこわす」(skreppe「あくせく働く」)

jin ferskuorre「過労で体をこわす」(skuorre「(引き)裂く」)

Myn man *hat him* alhiel *ferskrept en ferskuord.*「私の夫はすっかり過労で健康をそこねてしまいました」(jin ferskreppe, jin ferskuorre)

「過重」の意味は非分離の接頭辞 oer- ((8)(b)①) でも表わすことができる。

jin ferarbeidzje～jin oerarbeidzje「過労で体をこわす」

jin ferite～jin oerite「食べすぎて体をこわす」

jin ferha(a)st(ig)je～jin oerha(a)st(ig)je「急ぎすぎる，あわてる」

jin ferskreppe～jin oerskreppe「過労で体をこわす」

オランダ語は「zich＋over- 動詞」，ドイツ語は「sich＋über- 動詞」で表現する。ともに非分離の接頭辞動詞である。

オ．zich overwerken「過労で体をこわす」/zich overeten「食べすぎで体をこわす」/zich overhasten「急ぎすぎる，あわてる」

ド．sich überarbeiten/sich überessen/sich überhasten (übereilen)「同上」

「過重」の意味の再帰動詞以外に，次の動詞も fer- と oer- を同じ意味で用いる。この場合，fer- 動詞のほうが古風であり，oer- 動詞が一般的である。

ferbringe～oerbringe「向こうへ持っていく」

ferlibje～oerlibje「生き延びる」

fernachtsje～oernachtsje「夜を明かす」

ferwinne～oerwinne「打ち勝つ，征服する」

これは古フリジア語で for- (フ. fer-) が ur- (フ. oer-) と同じ意味を表わすことがあったことと関係がある (Sytstra/Hof 1925：129)。フ. fer-/oer- にはオ. over-/ド. über- と一部でオ./ド. ver- が対応する。すべて非分離の接頭辞動詞である。

オ. overleven「生き延びる」/overnachten「夜を明かす」/overwinnen～verwinnen「打ち勝つ，征服する」

ド. überleben/übernachten/überwinden～verwinden「同上」

ii) 過失

jin ferhearre「聞き間違いをする」(hearre「聞く」)
jin fersinne「間違える，思い違いをする」(sinne「思案する」)
jin fersjen「見誤る，見落とす」(sjen「見る」)
jin fertaaste「つかみ損なう，不正をする」(taaste「手探りする」)

It is better *jin te fersinnen* as *jin te fertaasten*.「悪いことに手を染めるよりも，間違うほうが良い（ことわざ）」(jin fersinne, jin fertaaste)

この意味の再帰動詞としての fer- 動詞は，オランダ語やドイツ語よりも数が多い。

フ. jin ferrekkenje「計算違いをする」/jin ferskriuwe「書き誤る」/jin fersile「ヨットに乗って方向を見失う」/jin fersjonge「間違って歌う」

オ. zich verrekenen/zich verschrijven/verzeilen/なし「同上」

ド. sich verrechnen/sich verschreiben/なし/なし「同上」

⑦ 敵意・悪意・否定

接頭辞 mis- ((6)参照) をつけて類似した意味を表わす語もある。

ferachtsje「軽蔑する，軽視する」(achtsje「尊敬する，尊重する」)
ferbiede「禁止する」(biede「提供する」)
fergunne「ねたむ，与えない」(gunne「ねたまない，与える」)
ferliede「間違った方向に導く，誘惑する」(liede「導く」)
feroardielje「非難する，有罪判決を下す」(oardielje「判断する」)
ferriede「裏切る」(riede「忠告する」)
fertinke「(人に)疑いをかける」(tinke「考える」)
ferwinskje「呪う」(winskje「願う」)

Earst *ferachtet* men it, dan besjocht men it, dan laket men der om, dan docht men it sels.「人間というものは初めは軽蔑して，それから見て，それからそれを笑って，それから自分でやるものだ(ことわざ)」(ferachtsje)

Ferbiede en dochs gewurde litte jout dôfhûdige bern.「禁止して，それでもやらせておくと，言うことを聞かない子供ができる(ことわざ)」(ferbiede)

(c) **複数の意味を持つ語**

be- 動詞と同様に，複数の意味を表わす fer- 動詞は少なくない。

i) ferdrinke「(金を)飲んで使い果たす(消費・浪費)，溺死する(損害・破滅)」/jin ferdrinke「飲みすぎて体をこわす(過重・過失)」

ii) ferride「運転して移動させる(除去・移動)，(賞金・賞品を求めて)スケート・自転車競技をする(目標・成果)，(金を)旅行で使い果たす(消費・浪費)，車の通行で道がいたむ(損害・破滅)」/jin ferride「運転して道に迷う，スケートをして疲れる(過重・過失)」

iii) ferrinne「別の方向へ進む(更新・修正)，(時間を)歩いて使い果たす・過ごす(消費・浪費)，(時間が)過ぎ去る(消失・喪失)，衰える・落ちぶれる(損害・破滅)」/jin ferrinne「歩いて道に迷う(過重・過失)」

iv) fersliepe「(時間を)眠って使い果たす(消費・浪費)，(病気・酩酊が)眠っておさまる(消失・喪失)」/jin fersliepe「寝過ごす(過重・過失)」

v) ferprate「しゃべって(時間を)使い果たす・過ごす(消費・浪費)，(…のことを)話し合う・話をつける，話し合って許す(目標・成果)」/jin ferprate「しゃべって秘密を漏らす(過重・過失)」

(4) 接頭辞 te-

(a) **te- 動詞の意味**

接頭辞 te- は「分解・破壊」の意味を含む動詞の意味をさらに強調する。te- 動詞は古めかしく，高年齢層の話者が比較的多く用い，生産的ではない。

tebarste「はじけて飛び散る，ひびが入って割れる」(barste「はじけ

teboarje「(土壌を)掘っていためる」(boarje「(土壌を)掘る」)

tegnauwe「嚙みちぎる」(gnauwe「(前歯で)嚙む」)

teraffelje「ひどくほつれさせる，ひどくほつれる」(raffelje「ほつれさせる，ほつれる」)

teslaan「打ち砕く」(slaan「打つ」)

teslope「ひどく取り壊す」/jin teslope「健康をひどくそこねる」(slope「取り壊す」/jin slope「健康をそこねる」)

tewaaie「風で散る，風でだめになる」(waaie「風が吹く」)

Do moatst *dy* dêr net *teslope* by dy bakker, jonge!「ねえ，おまえはあのパン屋のところで，働きすぎて体をこわしてはいけないよ」(jin teslope)

De beammen nimme elkoars hân, *teknobbe* en *tewaaid*.「木々はおたがいの手を取り合う，枝を折られ，風に飛ばされて」(teknobje「すっかり短くする」)

(b) **te- 動詞と fer- 動詞**

ともに分解・破壊の意味を表わすことがある。この場合，te- 動詞のほうがいかめしく，分解・破壊の意味を強調する。te- 動詞は fer- 動詞に取って代られつつあると言える。

tebite〜ferbite「かみ砕く」(bite「かむ」)

tebrekke〜ferbrekke「割って砕く，粉々にする」(brekke「割る，割れる」)

tegroeie〜fergroeie「曲がって・奇形に成長する」(groeie「成長する」)

tekankerje〜ferkankerje「朽ち果てる」(kankerje「朽ちる」)

terotsje〜ferrotsje「腐り果てる」(rotsje「腐る」)

tesinge〜fersinge「焦がしてだめにする，焦げてだめになる」(singe「少し焦がす，少し焦げる」)

teskuorre〜ferskuorre「ずたずたに切り裂く」(skuorre「切り裂く」)

Dy âld beam *is* hielendal *tekankere*.「あの老木はすっかり朽ち果てた」(tekankerje)

(c) そ の 他

te- のない動詞が存在しないか，稀にしか用いないことがある。

tebrizelje〜ferbrizelje「粉砕する」(稀：brizelje「砕く」)

te- の付加で統語的な変更が生じることがある。

De knyn *tehaffele de woartel*.「ウサギはニンジンをかじってだめにした」(tehaffelje「(…を)持続的にかじっていためる(他動詞)」

De knyn *haffele op 'e woartel*.「ウサギはニンジンをかじった」(haffelje「持続的にかじる(op …を，自動詞)」)

次の語は te- の付加で統語的な変更が生じるが，te- のない動詞が分解・破壊の意味をとくに含まず，fer- 動詞が併存する語である。

i) tefalle〜ferfalle「転んで(…を)けがする(他動詞)」(falle「転ぶ(自動詞)」)

Hy *hat him* danich *tefallen*.「彼は転んでひどくけがをした」

ii) tereine〜ferreine「(…が)雨でだいなしになる」(reine「雨が降る(非人称動詞)」)

De tulpen *wiene tereind*.「チューリップは雨でだめになった」

iii) tesitte〜fersitte「すわって(…を)いためる(他動詞)」(sitte「すわっている(op …の上に，自動詞)」)

Hja *hat har nije jurk alhiel tesitten*.「彼女はすわったせいで，新しいドレスにすっかりしわをつけてしまった」

te- 動詞はかつてはかなり多く，Sipma (1949a：68)では te- は be-/fer-/ûnt- と並んで生産的な接頭辞であるとされている。te- は数詞のフ．twa「2」と同源で(ゴート語 twis-/dis-)，「二つに分かれて」を意味した。オランダ語については，中期オランダ語(オ．Middelnederlands)には te- 動詞は約 70 語あったが(Van Loey 1970[8]：246)，17 世紀には大部分が消失し，今日のオランダ語にはほとんど残っておらず，ver- 動詞や stuk「こわれた，ばらばらになった」による分離動詞が対応する。ドイツ語では中高ドイツ語以降，とくに新期ドイツ語の時代から zer- 動詞の数が増大し，今日でもよく用いる。

フ．tereine〜ferreine ↔ オ．verregenen/ド．verregnen「(…が)雨でだいなしになる」

tegroeie〜fergroeie ↔ vergroeien/verwachsen「曲がって・奇形に

成長する」
terotsje〜ferrotsje ↔ verrotten/verrotten「腐り果てる」
tebrekke ↔ stuk|breken/zerbrechen「割って砕く，粉々にする」
tesitte〜fersitte「すわって(…を)いためる」↔ なし/versitzen
tebarste「はじけて飛び散る，ひびが入って割れる」↔ なし/zerbersten

(5) 接頭辞 ûnt-

(a) 離脱・欠如

接頭辞 ûnt- は「…から離れて，なくなって」という「離脱・欠如」(エ. privative)の意味を表わし，以下の統語的な変更を伴う。

① 「ûnt-＋能格動詞(非対格動詞)」：能格動詞(非対格動詞)

能格動詞(非対格動詞)の自動詞が ûnt- を伴って，名詞句「…から」を目的語とする動詞を形成することがある。主語は変化を被る対象であり，目的語は離脱の意味の前置詞句に相当し，完了の助動詞も wêze- 支配である点で，典型的な他動詞ではない。むしろ，擬似的な名詞句目的語を伴う能格動詞(非対格動詞)と言える。

ûntfalle「(…から)脱落する・言葉が漏れる」(falle「落ちる」)
ûntglûpe「(…から)脱落する・すべり落ちる」(glûpe「そっと歩く」)
ûntkomme「(…から)逃れる，(物事が人から)離れる」(komme「来る」)
ûntrinne「(…から)逃れる・避ける・異なる，(物事が人から)離れる」(rinne「歩く」)
ûntstjerre「(…を置き去りにして)死ぬ」(stjerre「死ぬ」)
ûntwaaie「(…が)風で(…から)失われる」(waaie「風が吹く」)

次の語は非人称動詞に ûnt- が付加された例である。

ûntreine「(…が)雨で(…から)失われる」(reine「雨が降る(非人称動詞)」)

It wurd *ûntfoel* my.「私は口をすべらせてしまった(＝思わず私の口から言葉が漏れてしまった」(ûntfalle)
Och hearken, dat *is* my *ûntkommen*.「あら，それは忘れていたわ(＝そ

れは私の念頭から離れた)」(ûntkomme)
De lieder *is* ús *ûntstoarn*.「指導者は私たちを残して他界した」(ûntstjerre)
It kin my *ûntreine* noch *ûntwaaie*.「雨が降ろうが風が吹こうが，私はそれは平気だ(＝私から定収入はなくならない)」(ûntreine, ûntwaaie)
名詞句目的語「…から」を欠くことがある点でも，これは典型的な他動詞ではない。
De Dútsers hiene him krige, mar hy wist te *ûntkommen*.「ドイツ人たちは彼を見つけたが，彼はうまく逃れることができた」(ûntkomme)

② 「ûnt-＋他動詞」：能格動詞(非対格動詞)

他動詞が ûnt- を伴って，①と同様の能格動詞(非対格動詞)を形成することもある。
ûntleare「忘れられる，記憶から離れる」(leare「学ぶ，教える」)
ûntmerke「(物事が人の)目にとまらない」(merke「気づく」)
ûntsnappe「逃げる，気づかれない」(snappe「つかまえる」)
It *ûntleart* jin hurd.「それはすぐに忘れ去られる」(ûntleare)
Dat âlde hânskrift *wie* de lju *ûntmurken*.「その古い写本は人々の目にとまらなかった」(ûntmerke)

③ 「ûnt-＋他動詞」：二重目的語動詞

他動詞に ûnt- をつけると，前置詞句「…から」が直接目的語名詞句になり，目的語名詞句が一つ増えて，二重目的語動詞(エ. ditransitive)になることがある。これは動作主を主語とする典型的な他動詞である。
ûntkrije「(…から…を)取り返す」(krije「(…を)得る」)
ûntnaderje「(…から…を)横取りする」(naderje「(…を)横取りする」)
ûntnimme「(…から…を)取り除く」(nimme「(…を)取る」)
ûntstelle「(…から…を)盗む」(stelle「(…を)盗む」)
Untkrij dat bern it mês!「あの赤ん坊からナイフを取り上げなさい」(ûntkrije)
Jan *ûntstiel* it my.「ヨンはそれを私から盗んだ」(ûntstelle)

④ 「ûnt-＋非能格動詞」：二重目的語動詞

二重目的語動詞は動作主を主語とする非能格動詞(エ. unergative verb)

としての自動詞に ûnt- をつけても得られる。やはり動作主を主語とする典型的な他動詞である。

ûntkreauwe「(…から…を)異議を唱えて取る」(kreauwe「口論する」)
ûntprate「(…から…を)言葉巧みにだまし取る」(prate「しゃべる」)
ûntstride「(…にたいして・から…を)否認・反論する」(stride「論争する(oer/om …について)」)
ûntwrakselje「(…から…を)奪い取る」(wrakselje「格闘する」)

Ik moast fiif knikkerts fan him ha, mar dy *hat* er my *ûntkreaud*.「ぼくは彼からビー玉を五つもらうはずだったが、それを彼はぼくから文句を言って奪い取ってしまった」(ûntkreauwe)

Hja *ûntstried* my myn gelyk.「彼女は私の正しさを(=私にたいして私の正しさを)否認した」(ûntstride)

↔ Lit ús *der* net langer {*oer/om*} *stride*.「もうそれについて言い争うのはやめよう」

「離脱・欠如」の意味の目的語「…から」を欠くこともある。

Men kin net *ûntstride*, dat de ierde om 'e sinne draait.「地球が太陽のまわりを回っていることに反論することはできない」(ûntstride)

⑤ 「語幹に名詞を含む ûnt- 動詞」：他動詞

語幹に名詞を含む ûnt- 動詞は、「〈名詞〉を…から離す・奪う」という意味で、「…から」だけを目的語とする他動詞になる(装備動詞の be-/fer- 動詞を参照。(2)(c)③, (3)(b)①)。

ûntboskje「(山林を)切り開く、(…から)森林(bosk)を伐採する」
ûntfryskje「(…を)非フリジア語化する、(…から)フリジア語(Frysk)を奪う」
ûnthalzje/ûnthaadzje「(…を)打ち首にする、(…から)首(hals「のど」)/haad「頭」)をはねる」
ûntkrêftigje/ûntkrêftsje「(…を)無力化する、(…から)力(krêft)を奪う」
ûntmoedigje「(…を)落胆させる、(…から)勇気・士気(moed)を奪う」
ûntwapenje「(…を)武装解除する、(…から)武器(wapen)を取り上げる」

Dat *ûntkrêfte* him.「それで彼は力が抜けた(=それは彼から力を奪った)」(ûntkrêftsje)

Wy litte ús net troch tsjinslaggen *ûntmoedigje*.「我々は逆境でも士気を失わない(＝逆境によっても士気を奪わせない)」(ûntmoedigje)

(b) 反転・起動・否定

　ûnt- は反対あるいはもとに戻す動作を示す「反転」(エ．reversative)と，動作の開始を示す「起動」(エ．inchoative)の意味も表わす。両者は本来，西フリジア語に固有ではなく，オランダ語の影響による。否定を意味する ûnt- にも注意。

① 反転

　　ûntbine「(結んだものを)ほどく」(bine「結ぶ」)
　　ûntdekke「発見する」(dekke「覆う」)
　　ûntkenne「否定する」(kenne「知っている」)
　　ûntklaaie「服を脱がせる」(klaaie「服を着せる」)
　　ûntsmette「消毒・殺菌する」(smette「汚す」)
　　ûntspanne「ゆるめる，リラックスさせる」(spanne「緊張させる」)
　　ûntwine「(巻いたものを)ほどく」(wine「巻く」)
　　ûntliene「(単語を)借用する(oan …から)」(liene「貸す，借りる」)
　　Untklaai dy net earst op bêd giest.「ベッドに入る前に服は脱ぐな(＝死ぬ前に財産は分け与えるな。ことわざ)」(earst＝ear'tst, ûntklaaie)
　　In soad wurden binne *ûntliend* oan 'e bibel.「多数の語が聖書から取り入れられた」(ûntliene, 前置詞 oan に注意。オ．ontlenen「同上(aan …から)」)

　次の語は「反転」の意味に準じて理解できるが，「離脱・欠如」の意味に準じて解釈することも可能である((a)③)。

　　ûntdwaan「(…から)取り去る・はぎ取る(fan …を)」(dwaan「入れる」)
　　De suster *ûntdie* him fan 'e klean.「看護婦は彼の服を脱がせた」

② 起動

　　ûntbaarne「発火する」(baarne「燃える」)
　　ûntflamje「(火・感情が)燃え上がる」(flamje「炎を上げて燃える」)
　　ûntstean「発生・成立する」(stean「立っている，…の状態である」)
　起動の意味を強めるほかに，統語的な変更が生じる語もある。

ûntteie「(氷・雪が)とける, (冷凍食品が/を)解凍する；(冷蔵庫を)霜取りする」(teie「氷・雪がとける(非人称動詞)」)

歴史的には, 起動の意味の ûnt- は起動の意味の別の接頭辞 in-(ゴート語(ゴ.), 古高ドイツ語)を駆逐した結果による (Van Loey 1970[8]：246, De Vries/Tollenaere 1971：486)。

フ. ûntbaarne「発火する」/ûntstean「発生・成立する」

オ. ontbranden/ontstaan, ド. entbrennen/entstehen「同上」

↔ ゴ. inbrannjan/instandan「同上」

③ 否定

「否定」の意味の接頭辞 ûn- に名詞・形容詞を添えた動詞に由来するか, ûn- との混淆によって生じた ûnt- 動詞がある。

ûntreinigje「汚す, けがす」(ûnrein「不潔な」<rein「清潔な」)

ûntrêstigje「不安にする」(ûnrêst「不安」<rêst「平安」)

ûnthilligje「神聖さをけがす」(ûnhillich「神聖でない」<hillich「神聖な」)

(fer-)ûntskuldigje「許す」(ûnskuld「無実」<skuld「罪, 責任」)

オランダ語では ver-ont-, ドイツ語では be-un-/ver-un-/ent- となる。

オ. verontreinigen (onrein<rein)「汚す, けがす」

　　 verontrusten (onrust<rust)「不安にする」

　　 (ver-)ontheiligen (onheilig<heilig)「神聖さをけがす」

ド. verunreinigen (unrein<rein)「同上」

　　 beunruhigen (Unruhe<Ruhe)「同上」

　　 entheiligen (unheilig<heilig)「同上」

(c) その他

ûnt- のない動詞との意味的な対応が比較的不明確な語がある。

ûntbrekke「不足している」(brekke「割る, 割れる」)

ûntfange「受け取る, 迎える」(fange「つかまえる, とらえる」)

jin ûntjaan「発達する」(jaan「与える」)

ûntlitte「(…の氷・雪が)とける」(litte「放っておく, …させる」)

It *ûntbrekt* ús oan neat.「私たちには何も不足はない」(ûntbrekke)

Der *ûntbrekt* jild.「金が足りない」(ûntbrekke)

ûntbrekke は「割れて離れる」→「その場からなくなる」→「不足する」という意味的変化を経た。

(6) 接頭辞 mis-

(a) **分離動詞の分離成分(不変化詞) mis と非分離動詞の接頭辞 mis-**

非分離動詞の接頭辞 mis- は「不正・不適切・否定」を表わし，非生産的である。mis は分離動詞の分離成分(不変化詞，以下同様)としても用いる(語例ではアクセントを「´」で示す)。

i) 分離動詞の分離成分(不変化詞) mis:「失敗・誤り」(結果)
　´mis|rekkenje「計算違いをする」(rekkenje「計算する」)
　→ hy rekkent (…) mis
ii) 非分離動詞の接頭辞 mis-:「不正・不適切」(様態)
　misbrûke「乱用・悪用する」(brûke「使用する」)→ hy misbrûkt

分離動詞の分離成分 mis は「失敗・誤り」という動作の「結果」を表わし，非分離動詞の接頭辞 mis- は「不正・不適切」という動作の「様態」を表わす。たとえば，分離成分 mis による ´mis|rekkenje「計算違いをする」は「計算して(rekkenje)失敗する(mis)，うまく計算(rekkenje)できない(mis)」という意味だが，接頭辞 mis- による misbrûke「乱用・悪用する」は，「不正・不当に(mis-)使う(brûke)」という意味であり，「使って失敗する，うまく使えない」という意味ではない。つまり，分離成分 mis は動詞の表わす動作の様態とは別に，「結果」を表わすが(「…するが(動詞)，そうはならない(mis)」)，接頭辞 mis- は mis- 動詞全体で動作の「様態」を表わす(「〈不正・不適切な(mis-)動作(動詞)を〉する」)。これは不変化詞 mis/接頭辞 mis- と動詞の形態的な結びつきが意味的に反映されるためであり，前者は動詞との結びつきが弱く，後者は強い。

① 分離動詞の分離成分 mis:「失敗・誤り」
　´mis|fetsje「誤解する」(fetsje「理解する，つかむ」)
　´mis|gean/´mis|rinne「道を間違える，失敗する」(gean「行く」/rinne「歩く」)

ˊmis|slaan「打ち損じる」(slaan「打つ」)
ˊmis|stappe「踏みはずす,つまずく」(stappe「歩む,足を踏み出す」)
ˊmis|taaste「つかみそこなう」(taaste「手探りで探す」)
Aste sa oanhâldste, dan *giet* it *mis* mei dy.「あくまでそうしようとするなら,おまえにとってはまずいことになるよ」(ˊmis|gean)
Hy *slacht* de bal *mis*.「彼はボールを打ちそこねる」(ˊmis|slaan)

② 非分離動詞の接頭辞 mis-:「不正・不適切」

misˊdriuwe/misˊdwaan「悪事をはたらく」(driuwe「推し進める」/dwaan「する」)
misˊfoarmje「ゆがめる,変形する」(foarmje「形づくる,形成する」)
jin misˊhâlde/jin misˊdrage「無礼な態度を取る」(jin hâlde en drage「ふるまう,態度を取る」)
misˊliede「間違った方向に導く,だます」(liede「導く」)
misˊpriizgje「非難する,反対する,責める」(priizgje「ほめる」)
misˊsizze「失言する,侮辱する」(sizze「言う」)
Hja *mishâldt har* net.「彼女は無礼な態度は取っていない」(misˊhâlde)
Ik *missis* der dochs neat mei?「私はそれで何も失礼なことを言っているわけではないでしょう」(misˊsizze)

　動作主が想定できない動詞では,接頭辞 mis- は「失敗・誤り」という分離成分 mis の意味に近づく。これは「悪く…する」という接頭辞 mis- の「不正・不適切」の意味が,「…しない」という「否定」の意味に転じるためと考えられる(日本語でも「よくわかる」の否定は「悪くわかる」ではなく,「わからない」である)。たとえば,接頭辞 mis- は misˊhaagje では「(…に)悪く気に入る(haagje)」から「(…に)気に入らない」の意味に転じる。

③ 非分離動詞の接頭辞 mis-:「否定」

misˊhaagje「(…に)気に入らない」(haagje「(…に)気に入る」)
misˊlokke「失敗する」(lokke「成功する」)
misˊstean「似合わない」(stean「似合っている」)
misˊkenne「見誤る,見そこなう」(kenne「知っている」)
Syn wurden *mishagen har*.「彼の言葉は彼女には気に入らなかった」(misˊhaagje)

Dy âlde hoed *misstiet* by har knappe klean.「あの古帽子は彼女のきれいな服には似合わない」(misˊstean)

次の語の主語は認識の主体として動作主の意味が弱いと言える。
　　misˊkenne「見誤る，見そこなう」(kenne「知っている」)

もっぱら過去分詞として用いるものがある。
　　misˊhipt/misˊmakke/misˊwoeksen「奇形の，形の悪い」
　　misˊnoege「不快な」　　misˊpleatst「場違いの」

(b)　**同一の語に分離成分 mis/接頭辞 mis- がつく場合**

i)　⌢mis|gean「失敗する，それる」(失敗・誤り)
　　↔ jin misˊgean「無礼な態度を取る」(不正・不適切, gean「行く」)

ii)　⌢mis|gripe「失敗する，つかみそこなう」(失敗・誤り)
　　↔ jin misˊgripe「不正をする」(不正・不適切, gripe「つかむ」)
　　Hy woe him oan de tafel beethâlde, mar *griep mis* en foel.「彼はテーブルにつかまろうとしたが，つかみそこねて転倒した」
　　Hy *hat* him oan dy faam *misgrypt*.「彼はその女の子に手を出した」

iii)　次の語は接頭辞 be- を除いて mis- をつけた例である((c), (d)参照)。
　　⌢mis|falle「失敗する」(失敗・誤り, falle「落ちる」)
　　↔ misˊfalle「(…に)気に入らない」(否定, befalle「(…に)気に入る」)
　　Dat *foel* my raar *mis*.「それは私はまったく失敗した」
　　↔ Dat *misfoel* my.「それは私には気に入らなかった」

(c)　**分離成分 mis/接頭辞 mis- と他の接頭辞**

　2種類の無アクセント接頭辞は共起しない。ただし，オランダ語から借用した接頭辞 ge- を除く(例．begeˊliede「同伴する，伴奏する」)。分離成分としての mis は他の接頭辞と共起できる。すでに接頭辞を伴った動詞に mis/mis- をつける場合には，次のようになる。

① 接頭辞の保持と分離成分 mis の付加：「失敗・誤り」, 分離動詞
　　もとの動詞の接頭辞はそのまま保ちながら，分離成分 mis をつけて分離動詞を形成する。これは「失敗・誤り」の意味を表わす場合である。
　　⌢mis|begripe「誤解する」(beˊgripe「理解する」)

ˊmis|beslaan「失敗する」(beˊslaan「…という結果になる，かぶせる」)
ˊmis|beteare「失敗する」(beˊteare「…という結果になる，包む」)
ˊmis|ferstean「誤解する」(ferˊstean「理解する」)
It {*besloech*/*betearde*} *mis*.「それは悪い結果になった」(ˊmis|beslaan, ˊmis|beteare)

② 接頭辞 mis- との交替：「不正・不適切」，非分離の接頭辞動詞
もとの動詞の接頭辞を除いて，接頭辞 mis- をつける。これは「不正・不適切」の意味を表わす場合である。
misˊhannelje「虐待する，乱暴に扱う」(beˊhannelje「扱う」)
Hja soarge dat nije oankommelingen net *mishannele waarden*.「彼女は新参者たちが悪い扱いを受けないように気を配った」

③ 接頭辞 mis- との交替：「否定」，非分離の接頭辞動詞
②と同様に，もとの動詞の接頭辞を除いて，接頭辞 mis- をつける。これは「否定」の意味を表わす場合である。
misˊfalle「(…に)気に入らない」(beˊfalle「(…に)気に入る」)
misˊkomme「(食べ物が)体に合わない，都合が悪い」(beˊkomme「得る，(食べ物が)体に合う，静まる」)
misˊtrouwe「不信を抱く，信用しない」(beˊtrouwe/ferˊtrouwe「信用する」)
Der *miskomt* him neat.「彼の口に合わないものは何もない」(misˊkomme)

オランダ語やドイツ語でも接頭辞動詞には分離成分を付加できる。ただし，ドイツ語の有アクセントの miss- は接頭辞か分離成分かであいまいであり，アクセントの位置も一定せず，意味的区別も不明確である。

　　フ．ˊmis|ferstean「誤解する」(ferˊstean「理解する」)
　　オ．ˊmis|verstaan (verˊstaan)「同上」
　　ド．分離・非分離動詞 ˊmiss|verstehen/missverˊstehen (verˊstehen)「同上」
　　フ．misˊbrûke「乱用・悪用する」/misˊhannelje「虐待する」
　　オ．misˊbruiken/misˊhandelen「同上」
　　ド．missˊbrauchen(〜missbrauchen)/missˊhandeln〜misshandeln「同

上」

　オランダ語やドイツ語でも接頭辞 mis-/miss- は他の接頭辞と共起しない。ただし，接頭辞 ge- はオランダ語では歯音 n/l で始まる動詞で他の接頭辞と共起する。ドイツ語では ge＋n/l → gn/gl となり，境界が不明確だが，他の接頭辞は現われる。西フリジア語には本来，ge- はないが，上述のように，オランダ語からの借用語では ge- と共起する。

　　フ．ferˊlykje「比較する」/ferˊnoege「満足した」
　　　　↔ begeˊliede「同伴する，伴奏する」/begeˊnadigje「恩赦を与える」
　　オ．vergeˊlijken/vergeˊnoegd「同上」
　　　　↔ begeˊleiden/begeˊnadigen「同上」
　　ド．verˊgleichen（＜-g(e)l-）/verˊgnügd（＜-g(e)n-）
　　　　↔ beˊgleiten/verˊgnügd「同上」

　フ./オ. mis-/ド．miss- 名詞では，フ．-ing/オ．-ing/ド．-ung による派生語を除いて，3言語とも mis-/miss- にアクセントが移る。

　　フ．ˊmisbrûk「乱用，悪用」↔ misˊhanneling「虐待」
　　オ．ˊmisbruik ↔ misˊhandeling「同上」
　　ド．ˊMissbrauch ↔ Missˊhandlung（～ˊMisshandlung）「同上」

(d) 他の接頭辞との関係
① 接頭辞 fer- をつけて接頭辞 mis- にある程度類似した意味を表わす語
　misˊgunne～ferˊgunne「ねたむ，分け与えない」（gunne「ねたまない，分け与える」）
　misˊliede「間違った方向に導く，だます」～ferˊliede「間違った方向に導く，誘惑する」（liede「導く」）
　misˊriede「忠告を与えそこねる，言い当てそこねる」～ferˊriede「忠告を与えそこねる，裏切る，密告する」（riede「忠告する」）
　次の語は接頭辞 mis- と並んで，例外的にアクセントを持つ非生産的な非分離の接頭辞 wan- をつけて否定の意味を表わす少数の例のひとつである。
　misˊtrouwe～ˊwantrouwe「不信を抱く」（trouwe「信用する」）
　比較：オ．misˊtrouwen～ˊwantrouwen（trouwen）「同上」
② 接頭辞 fer- をつけて分離成分 mis に類似した意味を表わす語

ˊmis|rekkenje～jin ferˊrekkenje「計算違いをする」
③　他の接頭辞の代用
　少数の語で接頭辞 mis- を接頭辞 be-/fer- の代用に使うことがある。この mis- 動詞は be-/fer- 動詞と意味的に等しく、もともと否定的な意味を持つ be-/fer- 動詞との類推による例外的な用法である(Hoekstra 1993a：14)。
misˊledigje「侮辱する」～beˊledigje「同左」
misˊtribelje「失敗する」～ferˊtribelje「失敗する，だいなしにする」
Hy *hat* ús raar *misledige*.「彼は私たちをひどく侮辱した」(misˊledigje)
接頭辞 mis- とは無縁の無アクセント音節の交替による珍しい例がある。
misˊkearje～manˊkearje「不足する」
misˊlearje～feˊlearje「失敗する」(フランス語 faillir)
Har plantsje *mislearre*.「彼女の計画は失敗した」(misˊlearje)

(7)　接頭辞 wjer-

(a)　wjer- の意味
　「対抗，反射・反響」を意味し，動作や自然現象が逆方向にはたらくことを表わす非生産的な接頭辞である(語例ではアクセント「ˊ」の位置を示す)。
① 対抗
wjerˊfarre「(人の身の上に)起こる・降りかかる」(farre「船で行く，…という定めになる」
wjerˊhâlde「引き留める」(hâlde「保つ」)
wjerˊlizze「反論する」(lizze「置く，提示する」)
wjerˊsprekke「矛盾する，否認する」(sprekke「発言する」)
wjerˊstean「抵抗する」(stean「立っている」)
Lit jimme dochs net *wjerhâlde* om eigen sin te dwaan.「自分のやりたいことに横槍を入れさせないようにしなさい」(wjerˊhâlde)
De advokaat *wjerleit* de beskuldigingen ien foar ien.「弁護士は起訴項目にひとつずつ反論する」(wjerˊlizze)
Sokke ferliedingen kin hast nimmen *wjerstean*.「そのような誘惑にはほ

§60 非分離動詞：接頭辞動詞　593

とんどだれも抵抗できない」(wjerˊstean)

② 反射・反響

wjerˊgalmje「反響する」(galmje「叫ぶ，反響する」)
wjerˊkeatse「反響する，反射する」(keatse「反響する，反射する」)
wjerˊklinke「反響する，鳴り響く」(klinke「鳴る」)
wjerˊspegelje「反射する」(spegelje「映す」)

It feestgerûs *wjergalmet* troch de bosken.「祭りの喧噪は森の中に響きわたる」(wjerˊgalmje)

Syn lûd *wjerklonk* troch de hoare simmerjûn.「彼の声はにぎやかな夏の夜にこだましました」(wjerˊklinke)

It sinneljocht *wjerspegele* yn it wetter.「日光が水面に反射した」(wjerˊspegelje)

歴史的には，wjer- は wer-「再び」(§59(2)(b)①)が「割れ」(§5)を起こした語形である。

(b) そ の 他

次の2語は例外的にアクセントがwjer-にあり，しかも非分離動詞で，wjer- は接頭辞である。

ˊwjerakselje「あがく，いやがる」(akselje「あがく，いやがる」)
ˊwjerkôgje「反芻する」(kauwen「噛む」)

De kij lizze te *wjerkôgjen*.「子牛たちは寝そべって草を反芻している」(ˊwjerkôgje)

ˊwjerkôgje「反芻する」(オ．herˊkauwen)には本来，分離動詞 wer|kôgje(§59(2)(b)①)の語形が予測され，方言にはこの語形が認められる(Tamminga 1963：93)。

一方，ˊwjerljochtsje「稲妻が光る」は名詞ˊwjerljocht「稲妻」の品詞転換(§58(11)(a)，§61)による。この wjer- は waar「天気」の異形であり，名詞ˊwaarljocht，動詞ˊwaarljochtsje という語形もある。この点ではオランダ語とドイツ語も同様である。

　フ．ˊwjerljochtsje「稲妻が光る」←wjerljocht「稲妻」
　オ．ˊweerlichten ←weerlicht「同上」

ド．ˊwetterleuchten ←ˊWetterleuchten「同上」

(8) 接頭辞 efter-/foar-/oan-/oer-/om-/troch-/ûnder-

この七つの接頭辞は前置詞と同形で，分離動詞の分離成分である不変化詞と共通している。これを用いた接頭辞動詞は非生産的であり，ほとんどがオランダ語からの翻訳借用(エ．loan translation)である(Hoekstra 1998：150)。以下，オランダ語との比較を交えて説明する(「ˊ」は語例でのアクセントの位置)。

(a) efter-/foar-/oan-/troch- 動詞
数が少なく，以下の語がおもなものである。
① efter- 動詞
efterˊfolgje「(…を)追跡する」(folgje「追う」，オ．achterˊvolgen)
efterˊhelje「(…に)追いつく，取り戻す」(helje「取ってくる」，オ．achterˊhalen)
It tinkbyld dat er it ferkeard dien hat, *efterfolget* him.「彼がそれを間違ってやったという考えが彼につきまとっている」(efterˊfolgje)
② foar- 動詞
foarˊsjen「予測する，供給する」(sjen「見る」，オ．voorˊzien)
次の語は foar を分離動詞の分離成分としても用いる。
foarˊsizze「予言する，予告する」(sizze「言う」，オ．voorˊzeggen)
Dat wie net te *foarsjen*.「それは予測できなかった」
↔ ˊfoar|sizze「小声で先に言って教える，(模範として)先に言う」(オ．ˊvoor|zeggen)
Hy *sei* it antwurd *foar*.「彼は小声で答えを教えた」
③ oan- 動詞
oanˊfurdigje/oanˊfurdzje「受け入れる，応じる」(furdigje/furdzje「用意する，派遣する」，オ．aanˊvaarden)
④ troch- 動詞
trochˊdolgje「短刀で刺し通す」(dolgje「短刀で刺す」，オ．doorˊste-

§60　非分離動詞：接頭辞動詞　　595

ken)
trochˊgrûnje「見抜く，見通す」(grûnje「(…の)基礎を築く，深さを測る」，オ．doorˊgronden)
Dy frou is net gau te *trochgrûnjen*.「あの女性はすぐに正体を見抜くことができない」(trochˊgrûnje)

(b) **oer-/om-/ûnder- 動詞**
　比較的多数の語を含む。
① oer- 動詞
　oerˊfalle「襲う」(falle「落ちる」，オ．overˊvallen)
　oerˊhearskje「圧倒する」(hearskje「支配する」，オ．overˊheersen)
　oerˊlibje「生き残る」(libje「生きる」，オ．overˊleven)
　oerˊskatte「過大評価する」(skatte「評価する」，オ．overˊschatten)
　oerˊtreffe「凌駕する」(treffe「当てる」，オ．overˊtreffen)
　oerˊtsjûgje「納得させる」(tsjûgje「証言する」，オ．overˊtuigen)
　oerˊwinterje「越冬する」(winterje「冬になる」，オ．overˊwinteren)
　Underweis sjogge se nei de moaie natuer fan 'e hjerst. De brune kleur *oerhearsket*.「途中で彼らは美しい秋の自然を眺める。あたりはすっかり紅葉している(＝褐色が圧倒的である)」(oerˊhearskje)
　Sy besykje ús derfan te *oertsjûgjen* dat we sûnder dit gemak net libje kinne.「彼らは私たちがこの便利なしには生きていけないということを私たちに納得させようとする」(oerˊtsjûgje)
　再帰動詞として用いる語もある。
　jin oerˊite「食べすぎて体をこわす」(ite「食べる」)
　jin oerˊha(a)stigje「急ぎすぎる，あわてる」(ha(a)stigje「急ぐ」)
　jin oerˊskreppe「過労で体をこわす」(skreppe「あくせく働く」)
　分離動詞の分離成分としても用いる語がある。
　oerˊlade「荷物を積みすぎる」(lade「荷物を積む」，オ．overˊladen)
　↔ ˊoer|lade「(荷物を)移す，再び積む」(オ．ˊover|laden)
　oerˊride「(車が…を)ひく」(ride「(車で)行く」，オ．overˊrijden)
　↔ ˊoer|ride「(…の上を)車で渡る」(オ．ˊover|rijden)

フ．Hy *ried* juster in kat *oer*.「彼は昨日，猫をひいてしまった」
オ．Hij *reed* gisteren een kat *over*.「同上」
oerˊwinne「克服・征服する」（winne「勝つ，得る」，オ．overˊwinnen）
↔ˊoer|winne「過度に得る，たくわえる」（オ．ˊover|winnen）
jin oerˊarbeidzje「過労で体をこわす」（arbeidzje「働く」，オ．zich overˊwerken）
↔ˊoer|arbeidzje「残業する」（オ．ˊover|werken）
接頭辞 fer- も接頭辞 oer- と同じ意味で付加される動詞がある。用例は(3)(b)⑥参照。

② om- 動詞
omˊfetsje「取り囲む，含む」（fetsje「とらえる」，オ．omˊvatten）
omˊfiemje「腕を回す，含む」（fiemje「腕を伸ばして長さを測る」，オ．omˊvademen）
omˊklamme「握りしめる，抱きつく」（klamme「はさむ，しめつける」，オ．omˊklemmen）
omˊsirkelje「丸で囲む，(…の)まわりを回る」（sirkelje「回転する」，オ．omˊcirkelen）
omˊskriuwe「定義する，書きかえる，特定化する」（skriuwe「書く」，オ．omˊschrijven）
omˊslute「取り囲む，包み込む」（slute「閉める」，オ．omˊsluiten）
Har wurkterrein *omfiemet* hiele Europa.「彼女の活動領域はヨーロッパ全体に及んでいる」（omˊfiemje）
De jonge *omklamde* de beam.「子供は木にしがみついた」（omˊklamme）
分離動詞の分離成分としても用いる語がある。
omˊjaan「取り囲む」（jaan「与える」，オ．omˊgeven）
↔ˊom|jaan「配る，周囲に手渡す」（jaan「同上」，オ．ˊom|geven）

③ ûnder- 動詞
ûnderˊbrekke「中断する」（brekke「割る，割れる」，オ．onderˊbreken）
ûnderˊdrukke「抑圧する」（drukke「押す」，オ．onderˊdrukken）
ûnderˊfine「経験する，(不慮の事態に)遭遇する」（fine「見つける」，オ．onderˊvinden）

ûnder ́hâlde「維持する，楽しませる，説教する」(hâlde「保つ」，オ．onder ́houden)
ûnder ́sykje「調査・研究する」(sykje「探す」，オ．onder ́zoeken)
ûnder ́skatte「過小評価する」(skatte「評価する」，オ．onder ́schatten)
ûnder ́skiede「区別する」(skiede「分離する」，オ．onder ́scheiden)
ûnder ́wize「教える」(wize「示す」，オ．onder ́wijzen)
De foarsitter ûnderbruts him.「議長は彼の発言をさえぎった」(ûnder ́brekke)
Dy twillingen binne hast net faninoar te ûnderskieden.「あの双子はほとんど区別がつかない」(ûnder ́skiede)

分離動詞の分離成分としても用いる語がある。

ûnder ́gean「被る，受ける」(gean「行く」，オ．onder ́gaan)
↔ ́ûnder|gean「沈む，滅びる」(オ． ́onder|gaan)

(c) オランダ語との相違

　西フリジア語には非分離動詞の上記七つの接頭辞に強い制限があり，オランダ語の非分離動詞の接頭辞が西フリジア語では分離動詞の不変化詞に対応することがある。この場合，オランダ語では意味的に異なる分離動詞(不変化詞動詞)と非分離動詞(接頭辞動詞)が併存しても，西フリジア語では同一の分離動詞(不変化詞動詞)が対応することになる。

i) フ． ́foar|komme「前へ出る，生じる，思われる」/「予防する」
　　オ． ́voor|komen「前へ出る，生じる，思われる」↔ voor ́komen「予防する」
　　フ．Ik besocht dat *foar* te *kommen*.「私はそれを予防しようとした」
　　オ．Ik probeerde dat te *voorkomen*.「同上」
ii) フ． ́oer|lizze「提出する」/「熟考する」
　　オ． ́over|leggen「提出する」↔ over ́leggen「熟考する」
　　フ．Wy *lizze* it mei-inoar *oer*.「私たちはそれを互いに相談します」
　　オ．We *overleggen* het met elkaar.「同上」
iii) フ． ́oer|komme「やって来る」/「(人に)起こる」
　　オ． ́over|komen「やって来る」↔ over ́komen「(人に)起こる」

フ．Soks *komt* jin net alle dagen *oer*.「そんなことは毎日，身の上に起こるものではない」

　　　オ．Zoiets *overkomt* je niet elke dag.「同上」

iv)　フ．˜troch|brekke「二つに割る・割れる」/「突破する，(慣習を)破る」

　　　オ．˙door|breken「二つに割る・割れる」↔ door˜breken「突破する，(慣習を)破る」

v)　フ．˜troch|sjen「目を通す，調べる」/「見抜く，見破る」

　　　オ．˙door|zien「目を通す，調べる」↔ door˜zien「見抜く，見破る」

次の用例も参照。

i)　フ．˜oan|bidde ↔ オ．aan˜bidden「崇拝する」

　　　フ．It famke *bidt* har idoal *oan*.「その女の子は自分のアイドルを崇拝している」

　　　オ．Het meisje *aanbidt* haar idool.「同上」

ii)　フ．˜oer|freegje ↔ オ．over˜vragen「不当に高い金額を請求する」

iii)　フ．˜troch|sykje ↔ オ．door˜zoeken「探し回る，くまなく探す」

　　　フ．Ik *socht* alles *troch*.「私はすべてを探しつくした」

　　　オ．Ik *doorzocht* alles.「同上」

iv)　フ．˜troch|stean ↔ オ．door˜staan「耐えぬく」

　最近では，上記の区別はオランダ語の影響でかならずしも厳密に守られておらず，揺れが認められる。一部の語では辞書の記載にも異同がある。

§61　接尾辞 (efterheaksel) の付加と品詞転換 (konverzje) による派生動詞 (ôflaat tiidwurd)

(1) 動詞の派生方法：接尾辞の付加と品詞転換

　動詞派生に用いる語形成手段には，接頭辞の付加以外に「接尾辞」の付加と「品詞転換」がある。前者は動詞から動詞を派生し，後者は動詞以外の品詞から動詞を派生する。品詞転換にはもとの語をそのまま語幹とする「ゼロ品詞転換」と，「加音」(augmint) をつけて語幹とする「加音つき品詞転換」がある。

① 接尾辞の付加
　　biddelje「物乞いする」（動詞 bidde「祈る，懇願する」＋接尾辞 -el)
　　farkje「船に乗る；船遊びをする」（動詞 farre (fare)「船に乗る」＋接尾辞 -k)

② 品詞転換
i) ゼロ品詞転換
　　eagje「見つめる，目に入る，目立つ」(each「目」)
　　betterje「回復する，改良・改心する」（形容詞 better「より良い」)

ii) 加音つき品詞転換
　　aktivearje「活性化する」（形容詞 aktyf「活動的な」＋加音 -ear)
　　fûstkje [fúskjə]「握手する」（名詞 fûst [fust]「こぶし」＋加音 -k)

　派生動詞は大部分が「je- 動詞」である。ただし，もとの語が [i] を含む母音で終わる場合 (-y/-ij/-ei/-ui/-aai/-oai) は「e- 動詞」である。

　　jûchheie [juxháiə, …hɛiə]「歓声をあげる，喝采する」(jûchhei
　　[juxhái, …hɛi]「歓声，喝采」↔ jûchje [jú(:)xjə]「同左」)

　「e- 動詞」が併存する次の例に注意 ((5)(b)①参照)。
　　dowe/dookje「do で呼ぶ」(do「君(親称)」)
　オランダ語とドイツ語の対応例をいくつか示す。

フ．biddelje (bidde)↔オ．bedelen (bidden)↔ド．betteln (beten)「物乞いする」

eagje (each)↔ogen (oog)↔äugen (Auge)「見つめる」

betterje (better)↔beteren (beter)↔bessern (besser)「回復する，改良・改心する」

aktivearje (aktyf)↔activeren (actief)↔aktivieren (aktiv)「活性化する」

jûchheie (jûchhei)↔juichen (gejuich)↔jauchzen (Gejauchze)「歓声をあげる」

動詞派生は「割れ」(§5)や短母音化(§4)を伴うことがある。語幹が-t/-dで終わる語では，「je-動詞」の-jeとの連続で規則的に破擦音化(§7(1))が起こり，-tsje [tʃə]/-dzje [dʒə] となる。-je と連続しないときには破擦音化は起こらず，-t/-d のままである。

品詞転換による派生動詞の例を次に示す。

i) triedzje [trjídʒə]「(糸・豆などのさやの)筋を取り除く」(tried [triət]「糸，(豆などのさやの)筋」，「割れ」)

drafkje [dráfkjə]「小走りに歩く，(馬が)速足で歩く」(drave [drá:və]「走る，(馬が)速足で歩く」，短母音化)

ii) Ik *krantsje*.「私は新聞を読む」〜 Hy *krantet*.「彼は新聞を読む」(krantsje「新聞を読む」(krante「新聞」，破擦音化))

Ik *bêdzje* har.「私は彼女を泊める」〜 Hja *bêdet* my.「彼女は私を泊める」(bêdzje「泊める」(bêd「ベッド」，破擦音化))

(a) 接頭辞の役割

派生動詞が非分離動詞の接頭辞 be-/fer- を伴うことがある(§60(2)(c)③, (3)(b)①)。

bebetterje「(健康・天候などが)次第に回復する」

ferbetterje「(基準を満たすように)訂正・修正する」

↔betterje「回復する，改良・改心する」(better「より良い」)

この場合，「接頭辞 be-/fer- が形容詞 better から非分離動詞(接頭辞動詞) bebetterje/ferbetterje を派生する」という記述を見かけることがある。しか

し，これは正しくない。一般に西フリジア語では品詞を変更するのは語の右側（語末）に付加される要素であり，語の左側（語頭）に付加される接頭辞ではない。複合語でも右側の要素が品詞を決定し，名詞ならば右側の成分が複合名詞全体の性を決定する（§15(c), §70(1)）。接頭辞は品詞を変更せず，動詞ならば同一品詞でもとの動詞のアスペクト，結合価（ド. Valenz），語彙的意味などを変更するにとどまる。接頭辞による非分離動詞（接頭辞動詞）は，品詞転換による派生動詞を経由して形成されると考えるべきである。これは他のゲルマン語でも同様である。

  非分離動詞（接頭辞動詞）bebetterje/ferbetterje ← 接頭辞付加（be-/fer-）← 動詞 betterje ← 品詞転換 ← 形容詞 better

語によっては，接頭辞がつかない動詞が存在しないことがある。

  bemantelje「隠ぺいする」(mantel「マント」，*mantelje は存在しない)
  fergrutsje「拡大する」(grut「大きい」，*grutsje は存在しない)

しかし，だからといって，接頭辞 be-/fer- が名詞・形容詞から動詞を直接，派生するとみなすのは正しくない。(4)と(5)で述べるように，西フリジア語には品詞転換によって動詞以外の品詞から動詞を派生する生産的手段が存在するのだから，接頭辞がつかない動詞が存在しないのは意味的な理由に由来する。すべての語に語形成手段による派生語が完璧に存在する必然性はない。語彙的に実現されていなくても，接頭辞がついた非分離動詞（接頭辞動詞）はあくまで動詞から派生したと考えるべきである。

  非分離動詞（接頭辞動詞）bemantelje ← 接頭辞付加（be-）←（動詞 *mantelje）← 品詞転換 ← 名詞 mantel
  非分離動詞（接頭辞動詞）fergrutsje ← 接頭辞付加（fer-）←（動詞 *grutsje）← 品詞転換 ← 形容詞 grut

(b)　接尾辞と品詞転換以外による派生動詞

 接尾辞と品詞転換以外にも，派生動詞のペアが少数存在する。それは古くからゲルマン語に共通の語形成手段で，かつての接尾辞 -j による使役動詞（かつての「jan- 動詞」）と，かつての子音重複（エ. gemination）による強意動詞（エ. intensive）であり，歴史的に動詞から動詞を派生する（ゲルマン祖語（ゲ.））。ともにほとんど「e- 動詞」を派生した。以下の①は歴史的にウムラウト（ド.

Umlaut)を伴うことが多いが，西フリジア語ではウムラウトは語形成に果たす役割をほとんど担っていない。②の g から k への交替は接尾辞 -k ((3)参照) とは無関係である。①②の両者はごく散発的に見られるにすぎず，今日の西フリジア語の構造にほとんど関与していない。

① 接尾辞 -j による使役動詞(かつての jan- 動詞)
　　felle「(木を)切り倒す」(＜ゲ. *fall-eja-)
　　← falle「倒れる」(＜ゲ. *fall-a-)
　　その他の例。歴史的な理由から意味的な対応が不十分な語がある。
　　sette「置く，据える」(sitte「すわっている」)
　　fiere「導く，実施する」(farre (fare)「船に乗る，航海する」＜「行く」)
　　liede「導く，案内する」(lije「被る，苦しむ」＜「行く，過ぎる」)
　　「je- 動詞」と「gje- 動詞」((6)参照)が併存する例もある。
　　drinze/drinzje/drinzgje「水を飲ませる，水にひたす」(drinke「飲む」)

② 子音重複による強意動詞
　　jin bûke「(身を)かがめる」(＜ゲ. *bukk-ja-)
　　← bûge/bûgje「曲がる，曲げる」(＜ゲ. *beug-a-)
　　その他の用例。
　　nikke「うなずく，首を縦に振る」(nige/niigje「おじぎをする」)
　　wikke「予言する，予言する」(weage「(…の)重さを量る，熟考する」)
　　オランダ語とドイツ語でも対応例がある。
　　　　フ. felle (falle)↔オ. vellen (vallen)↔ド. fällen (fallen)「(木を)切り倒す」
　　　　sette (sitte)↔zetten (zitten)↔setzen (sitzen)「置く，据える」
　　　　fiere (farre (fare))↔voeren (varen「船に乗る，航海する」)↔führen (fahren「車・列車で行く」)「導く，実施する」
　　　　liede (lije)↔leiden (lijden)↔leiten (leiden)「導く，案内する」
　　　　drinze/drinzje/drinzgje (drinke)↔drenken (drinken)↔tränken (trinken)「水を飲ませる，水にひたす」((6)参照)
　　　　フ. jin bûke (bûge/bûgje)↔オ. zich bukken (buigen)↔ド. sich bücken (biegen)「(身を)かがめる」
　　　　nikke (nige/niigje)↔nikken (nijgen)↔nicken (neigen)「うなず

く，首を縦に振る」

(2) 接尾辞 -el/-er による派生動詞

　動詞派生の接尾辞には -el/-er, -k があり，「反復・短縮」（エ．frequentative/diminutive）によって動作が集中的に起こるという意味を表わす。生産性はいずれも低い。

　接尾辞 -el/-er は動作の「反復」を表わすが，同時に「短縮」，すなわち小刻みに起こるニュアンスを伴うことが多い。もとの動詞自体が反復を意味し，接尾辞 -el/-er はそれを強めるにすぎないこともある。もとの動詞が -r で終わるときには -el がつき，-l で終わるときには -er がつくが，それ以外の両者の区別は明確ではない。

① 接尾辞 -el
　　biddelje「物乞いをする」（bidde「祈る，懇願する」）
　　hinkelje「石蹴り遊びをする，足を引きずって歩く」（hinkje「同左」）
　　soarrelje [swárəljə]「グツグツ煮える」（soarje [swárjə]「（グツグツ）煮える」）
　　stoartelje [stwátəljə]「つまずく，よろめく」（stoarte [stwátə]「落ちる，突入する」）
　　wevelje「何回も揺れる」（weve/weevje「（何回も）揺れる」）
　　wig(g)elje「何回も揺れる」（wiigje「（何回も）揺れる」）

② 接尾辞 -er
　　gûkerje「じっと目をこらす，じりじりと熱望する」（gûkje「見る」）
　　klammerje「ギューギューはさみつける」（klamme/klamje「はさむ」）
　　klapperje「カタカタ音をたてる」（klappe「パタンと音をたてる」）
　　snikkerje「すすり泣き続ける」（snikke「すすり泣く」）
　　tûkerje「ズキズキ痛む」（tûkje「（ズキズキ）痛む」）
　　もとの動詞と子音の交替を起こすものがある。
　　bibberje「ブルッと身震いする」（beve「震える」）

③ 接尾辞 -el/-er
　　両方の接尾辞による派生動詞の例も見られる。意味の相違はとくにない。

knûkelje/knûkerje「しわくちゃになる・する」(knûk(j)e「しわがつく，しわをつける」)

sipelje/siperje「ジワジワにじみ出る，(ポトポト)滴る」(sypje「(ジワジワ)にじみ出る，(ポトポト)滴る」)

stuitelje/stuiterje「つまずく，よろめく」(stuitsje「止める，跳ね返る，つまずく」)

オランダ語とドイツ語の対応例をいくつか示す。

フ．wig(g)elje (wiigje) ↔ オ．wiegelen (wiegen) ↔ ド．wiegeln (wiegen)「何回も揺れる」(①の対応例)

klapperje (klappe) ↔ klapperen (klappen) ↔ klappern (klappen)「カタカタ音をたてる」(②の対応例)

(3) 接尾辞 -k による派生動詞

(a) 意味と用法

動作の「反復・短縮」を表わす。もとの動詞が「割れ」(§5)や短母音化(§4)を起こすこともある。

dripkje「軽く滴る，霧雨が降る」(drippe「滴る，霧雨が降る」)

flaikje「ちょっとおだてる・お世辞を言う」(flaaie「おだてる，お世辞を言う」)

gnyskje「軽く冷笑する」(gnize「冷笑する」)

pûlkje/puolkje「ほじくり出す」(pûlje/puolje「むく，はがす」)

ruoikje/roeikje「小さなストロークで静かに漕ぐ・漕いで漂う」(roeie「漕ぐ」)

sobkje「ちょっとすする・しゃぶる」(sobje「すする，しゃぶる」)

De gong is út de ever, hy leit min of mear te dobberjen en sêftkes te *ruoikjen*.「船は速度を落とし，多少，浮いたような感じになって静かに漂っている」

もとの動詞が子音の交替を起こすものがある。

drifkje「(家畜を静かに)駆りたてて集める，(雲が)漂う」(driuwe「駆りたてる，漂う」)

harkje「耳を傾けて聞く」(hearre「聞く, 聞こえる」)

wyfkje「ためらう, 揺らめく」(weve/weevje「(何回も)揺れる」)

-k＋-el という二重接尾辞がついた例もある。

driuwkelje「静かに漂う」(driuwe「駆りたてる, 強いる, 漂う」)

farkelje「船遊びをする」(farre (fare)「船に乗る, 航海する」)

ruoikelje「小さなストロークで静かに漕ぐ・漕いで漂う」(roeie「漕ぐ」)

オランダ語とドイツ語では正確な対応例が見当たらない。

(b) 指小辞 -ke との関係

歴史的には, 動詞派生接尾辞 -k は名詞の指小辞(＝指小形接尾辞) -ke と同一だった。つまり, 古くは動詞にも名詞と同じく指小形があった。しかし, 名詞の指小辞には -ke/-tsje/-je という異形態があるが, 動詞接尾辞はほとんど -k に限られる。そもそも異形態 -je は「je- 動詞」の語末の -je と重なるので現われることができず, 語幹が歯(茎)音 t/d/n/l で終わる動詞には名詞の指小辞と異なって, -tsje ではなく, -ke がつく。このように, 今日では動詞接尾辞 -k は, 名詞の指小辞 -ke/-tsje/-je とは別であるとみなす必要がある(Hoekstra (1998：142) および Van der Meer (1988b) (1989) 参照。ただし, 後者では動詞派生接尾辞 -k と品詞転換の加音 -k を区別していない)。

次の動詞は f の後で -t が現われる語形が併存する珍しい例である。

hifkje～hiftsje「手のひらに乗せて重さを量る, 重さを量るために持ち上げる, 評価する」(heve「持ち上げる」)

(4) ゼロ品詞転換(keale konverzje)による派生動詞

西フリジア語では動詞以外の品詞から動詞を派生する品詞転換(konverzje)がきわめて生産的で, オランダ語やドイツ語よりも頻繁に見られ, 特筆に値する(§58(11)(a); §60(2)(c)③, (3)(b)①)。名詞と形容詞以外の品詞から起こる例もある。品詞転換には「ゼロ品詞転換」と「加音つき品詞転換」の2種類があるが, ここでは前者について説明する。ゼロ品詞転換とは, 加音を伴わずにもとの語をそのまま語幹とする動詞を派生するものを指す。

(a) 名詞からの品詞転換

　名詞の示す物事に関連した何らかの動作を行なうという意味を広く表わす。「…を装う・備えつける」という意味の「装備動詞」（エ．ornative）や「…を取り除く」という意味の「欠如動詞」（エ．privative）などが含まれる。

　　bargje [bárɣjə]「散らかす」(baarch [baːrx]「豚」, 短母音化(§4))
　　damje/damme「ダムでせき止める」(dam「ダム」)
　　dykje「堤防を築く」(dyk「堤防」)
　　dopje「(…の)殻・さやを取る」(dop「殻, さや」)
　　eagje「見つめる, 目に入る, 目立つ」(each「目」)
　　fervje「塗装する」(ferve「塗料」)
　　jûchheie「歓声をあげる, 喝采する」(jûchhei「歓声, 喝采」)
　　manje「男性と結婚する」(man「男の人, 夫」)
　　piipje「笛を吹く」(piip「パイプ, 笛」)
　　skimerjûnje「夕涼みをする, 夕暮れ時にすわって歓談する」(skimerjûn「夕暮れ」)
　　sniebalje「雪玉を投げる, 雪合戦をする」(sniebal「雪玉」)
　　toskdokterje「歯医者に通う」(toskdokter「歯医者」)
　　tsjerkje「教会に通う」(tsjerke「教会」)
　　wiivje「妻帯する」(wiif「女の人, 妻」)

　名詞の示す自然現象が起こるという非人称動詞になることもある。

　　daagje「夜が明ける(it daget 現在形, 以下同様)」(dei「昼, 日」)
　　jûnje「夕方になる(it jûnet)」(jûn「夕方, 晩」)
　　nachtsje「夜になる, 暗くなる(it nachtet)」(nacht「夜」)
　　simmerje「夏になる(it simmer(e)t)」(simmer「夏」)
　　winterje「冬になる(it winter(e)t)」(winter「冬」)

　　Wy koene it ljocht wol útdwaan, ik leau *it daget* al wat.「私たちは明かりを消してもいいだろう, もういくらか夜が明けてきたと思う」

　　As *it* net *winteret*, dan *simmeret it* ek net.「冬にならなければ, 夏にもならない(＝冬来りなば, 春遠からじ。ことわざ)」

　非人称動詞以外の用法が併存する語もある。

　　skimerje「夕暮れになる, 夜が明ける；ぼんやり見える」(skimer「薄明

かり，たそがれ，明け方」)

It begûn *te skimerjen*.「{夕暮れになり/夜明けになり} はじめた」

Yn 'e fierte *skimerje* de tsjerketuorren fan 'e stêd.「遠くに町の教会の複数の塔がぼんやり見える」

wjerljochtsje/waarljochtsje「稲妻が光る，怒りに燃えて輝く，ちらっと見える」(wjerljocht/waarljocht「稲妻」)

It tongeret en *wjerljochtet*.「雷が鳴り，稲妻が光っている」

Har eagen *wjerljochten*.「彼女の目は憎悪で燃えていた」

Mei dat koarte rokje *wjerljochtet* it famke.「あの短いスカートであの子は下着がチラリと見える」

オランダ語とドイツ語の対応例をいくつか示す。両言語にはない例もある。

 フ．piipje (piip) ↔ オ．pijpen (pijp) ↔ ド．pfeifen (Pfeife)「笛を吹く」
  daagje (dei) ↔ dagen (dag) ↔ tagen (Tag)「夜が明ける」
  winterje (winter) ↔ winteren (winter) ↔ wintern (Winter)「冬になる」
  damje/damme (dam) ↔ afdammen (dam) ↔ abdämmen (Damm)「ダムでせき止める」
  dykje (dyk) ↔ bedijken (dijk) ↔ eindeichen (Deich)「堤防を築く」
  tsjerkje (tsjerke) ↔ なし (kerk) ↔ なし (Kirche)「教会に通う」
  jûnje (jûn) ↔ なし (avond) ↔ なし (Abend)「夕方になる」

(b) 形容詞からの品詞転換

形容詞の示す性質・状態や動作，移行，その移行を生じさせる動作を表わす。この三つの意味のどれを表わすかは語によって異なる。

i) grienje [gríəⁿjə]「緑色をしている・茂っている，緑色になる・芽を出す，緑色にする」(grien [griən]「緑色の」)

  Wat in gers, it *grienet* deroer.「なんという草だ，地面が緑色をしている（＝その上が緑色だ）」

  It begjint te *grienjen*.「草木が緑色になりはじめる」

  De ferve *hat* it wetter *griene*.「塗料が水を緑色に染めた」

ii) iepenje [íəpəⁿjə]「開く，開ける」(iepen [íəpən]「開いている」)

　　　　deadzje「殺す，(傷口が)なおる」(dea「死んだ」)
　　　　kuolje「冷える，冷やす」(koel「冷たい」)
　　　　readzje [ríədʒə]「赤くなる，赤くする」(rea(d)「赤い」)
　　　　suorje「酸っぱくなる，酸っぱくする」(soer「酸っぱい」)
iii)　folje「満たす」(fol「満ちた」)
　　　　gekje「冗談を言う，ふざける」(gek「気の狂った，馬鹿げた」)
　　　　rypje「熟する」(ryp「熟した」)
　　　　slûgje「うとうとする，手間取る」(slûch「眠い，鈍い」)
　　　　wa(a)rmje「暖める」(wa(a)rm「暖かい」)
　　　　wyldzje「はしゃぐ，粗野にふるまう」(wyld「野生の，粗野な」)
　　「je- 動詞」と同じ意味の「e- 動詞」が併存するものがある。
　　　　koartsje [kwátʃə]〜koarte [kwátə]「短くなる，短くする」(koart [kwat]「短い」)
　　　　langje/lingje〜lange/linge「長くなる」(lang「長い」)
　　次の語は加音 -ig と関係がある((5)(d))。
　　　　feiligje「保護する」(feilich「安全な」)
　　オランダ語とドイツ語の対応例をいくつか示す。
　　　　フ. grienje (grien)↔オ. groenen (groen)↔ド. grünen (grün)「緑色をしている(など)」
　　　　iepenje (iepen)↔openen (open)↔öffnen (offen)「開く，開ける」
　　　　folje (fol)↔vullen (vol)↔füllen (voll)「満たす」

(c)　**その他の品詞からの品詞転換**

　　一部の副詞，数詞，間投詞から動詞を作ることがある。
　　　　útfanhûzje「宿泊する，宿泊させる」(副詞 útfanhûs「宿泊している」)
　　　　ienentweintigje「トゥエンティー・ワン(＝トランプ遊び)をする」(ienentweintich「21」)
　　　　fjouwerje「(馬が)ギャロップで走る・疾走する」(fjouwer「4」)
　　　　bimbamje「キンコンという塔の鐘の音がする」(bimbam「キンコン」)
　　　　huie「やじる，ブーイングをする」(hui「ブーブー(＝やじる声)」)
　　　　piipje「ピーピー鳴く」(piip「ピーピー(＝鳴き声)」)

(5) 加音（augmint）つき品詞転換による派生動詞

品詞転換では，もとの語に統語的・意味的役割を担わない形態素である「加音」がつくことがある。加音には -ear, -k/-t, -el/-er, -ig があり，「je- 動詞」を形成するが，生産的なのは -ear にとどまる。加音 -k，-el/-er は接尾辞と同形だが，接尾辞が動詞からの動詞派生に用いるのにたいして，加音は動詞以外の品詞からの動詞派生に用いる点で異なる。また，接尾辞は反復・短縮の意味を持つが，加音は対応する動詞を欠き，反復・短縮の意味もとくに明示しない。

(a) 加音 -ear による品詞転換（earje- 動詞，§ 48 (2)(a)）

フランス語などからオランダ語経由で借用した多数の外来語に用い，生産性が高い。アクセントを持ち，「割れ」を起こして -earje［…jέrjə, (…íərjə)］と発音する。オランダ語では -eer (-eer＋-en＞-eren［…éːrə(n)］)，ドイツ語では -ier (-ier＋-en［…íːrən］)が対応する。

 protestearje［protəstjέrjə, (protəstíərjə)］「抗議する」(protest［protέst］「抗議」)
 redenearje「推論する，議論する」(reden「理由，根拠」)
 studearje「大学で学ぶ」(stúdzje「大学での勉学」)
 wurdearje/weardearje「価値を認める，評価する」(wearde「価値」)
 aktivearje「活性化する」(aktyf「活動的な」)
 kompleteareje「完全にする，補完する」(kompleet「完全な」)

オランダ語とドイツ語の対応例をいくつか示す。とくにオランダ語ではほとんどすべて対応する語がある。

 フ．studearje (stúdzje)↔オ．studeren (studie)↔ド．studieren (Studium)「大学で学ぶ」
 wurdearje/weardearje (wearde)↔waarderen (waarde)↔[werten] (Wert)「価値を認める，評価する」
 aktivearje (aktyf)↔activeren (actief)↔aktivieren (aktiv)「活性化する」

① 二重加音(-is-ear)
 もとの語が歯(茎)音 -l/-n/-r/-t で終わる場合には，別の加音 -is がつき，

「二重加音 -is-ear＋-je」という語形の「je- 動詞」になることが多い。
karakterisearje [karaktəriʃɛrjə, (…síərjə)]「特徴づける」(karakter [karáktər]「特徴，性格」)
konkretisearje「具体化する」(konkreet「具体的な」)
legalisearje「合法化する」(legaal「合法的な」)
modernisearje「現代化・近代化する」(modern「現代的な，近代的な」)

② もとの語が -yk で終わる場合
-yk で終わる語では，k を s に変えて -ear＋-je をつけることがある。
publisearje [pybliʃɛrjə, (…)síərjə]「出版する，発表する」(publyk [pyblík]「公共の；公衆」)
↔ muzykje「複数の人で音楽を奏でる，演奏する」(muzyk「音楽」)
k を s に変えないゼロ品詞転換による別の動詞が併存することがある。
fabrisearje「製造する」～fabrykje「でっちあげる」(fabryk「工場」)
オランダ語とドイツ語の対応例をいくつか示す。

フ．karakterisearje (karakter) ↔ オ．karakteriseren (karakter) ↔ ド．charakterisieren (Charakter)「同上」
modernisearje (modern) ↔ moderniseren (modern) ↔ modernisieren (modern)「同上」
publisearje (publyk) ↔ publiceren (publiek) ↔ publizieren (Publik)「同上」

加音 -ear は比較的新しい時代にオランダ語から借用した語に多く，オランダ語の語形に酷似している。したがって，これは西フリジア語独自の品詞転換ではなく，オランダ語の対応語をそのまま借用した結果であり，-ear は生産的な加音ではない可能性がある。もとの語がなかったり，西フリジア語内部の理由と無関係に語形が異なる語があるのも，そのためのように見える。

フ．ave(n)searje「前進する」(なし) ↔ オ．avanceren (avance(s))「同左」
abonnearje「定期購読させる」(abonnemint「定期購読」) ↔ abonneren (abonnement)「同左」
abstrahearje「抽象化する」(abstrakt「抽象的な」) ↔ abstraheren (abstract)「同左」

observearje/obstrewearje「観察する」(observaasje/obstrewaasje「観察」)↔ observeren (observatie)「同左」
　　probearje「試みる，試す」(proef「試験」)↔ proberen (proef)「同左」
　　servearje「給仕する」(servys「食器」)↔ serveren (servies)「同左」
　しかし，オランダ語には存在しない語や，オランダ語では加音 -eer- を伴わない語も西フリジア語には存在する。この点から，やはり加音 -ear- は西フリジア語として独自に生産性を獲得していると言える。
　　bankerottearje「破産する」(bank(e)rot「破産；破産した」)
　　↔ オ．bankroet gaan (bankroet)「同上」
　　grûndearje「設立する，基礎を築く」(grûn「基礎，地面」)
　　↔ オ．gronden (grond)「同上」
　　soberearje「質素に暮らす」(sober「質素な，控えめな」)
　　↔ オ．sober leven (sober)「同上」

(b)　**加音 -k/-t による品詞転換(kje- 動詞/tsje- 動詞)**
　加音 -k は反復・短縮を表わす動詞派生接尾辞 -k((3)参照)と関係があるが，反復・短縮の意味を表わすわけではない。加音 -k は直前の子音の種類に応じて -t となることがある。接尾辞 -k が歴史的に名詞の指小辞 -ke と同一だったことは，(3)(b)で述べた。接尾辞 -k には異形態がほとんどないが，加音 -k には異形態 -t が残っており，接尾辞 -k，加音 -k (/-t)，名詞の指小辞 -ke (/-tsje/-je) の 3 者はたがいに異なる。ただし，もとの語が「割れ」(§5)や短母音化(§4)を起こすことがあるのは，3 者に共通している。
① 　加音 -k (kje- 動詞)
　　もとの語の語根が -n および一部で -d/-l で終わる以外は，加音 -k がつく。
　　blomkje [blṓmkjə]「開花する，趣味で園芸をする」(blom [blom]「花」)
　　briefkje [brjíːfkjə]「文通する」(brief [briəf]「手紙」)
　　buorkje [bwṓrkjə]「農業を営む」(boer [buər]「農夫」)
　　fierkje [fjírkjə]「遠くを見つめる，望む」(fier [fiər]「遠い」)
　　gerskje [gɛ́skjə]「(家畜が)牧草を食べる」(gêrs [gɛːs]「牧草」)

leafkje [líəfkjə]「愛撫する」(leaf [lɪəf]「いとしい」)
noaskje [nwáskjə]「嗅ぎまわる, 詮索する」(noas [noəs]「鼻」)
pypkje [pípkjə]「パイプでタバコを吸う」(piip [pi:p]「パイプ」)
sleaukje [sljóukjə]「ぐずぐずする」(sleau [sljou]「のろい」)
次の語はゼロ品詞転換による「e-動詞」が併存している。
dookje〜dowe「doで呼びかける」(do「君(親称)」)
stookje〜stowe「-stoを使って呼びかける」(-sto (← -st 人称語尾 + -o (← do「君(親称)」)))
次の語にはゼロ品詞転換による同じ意味の「je-動詞」が併存している。
rustkje [rǿskjə]/roastkje [rwáskjə]〜rustje [rǿʃə]/roastje [rwáʃə]「さびる」(rust [røst]/roast [rwast]「さび」)
次の語にはさらに名詞抱合(§58)による抱合動詞が加わる。
briefkje [brjífkjə]〜brievje [bríəvjə]〜brieveskriuwe [bríəvəskrjywə, …skrjowə]「手紙を書く, 文通する」(brief [briəf]「手紙」)
オランダ語とドイツ語の対応例には加音はつかない。
 フ. buorkje (boer) ↔ オ. boeren (boer) ↔ ド. 古語 bauern (Bauer)「農業を営む」
 rustkje/roastkje〜rustje/roastje (rust/roast) ↔ roesten (roest) ↔ rosten (Rost)「さびる」
 フ. dookje〜dowe (do) ↔ オ. jijen (jij) ↔ ド. duzen (du)「do/jij/duで呼びかける」
次の語にはゼロ品詞転換による異なる意味の「je-動詞」が併存している。
blomkje [blómkjə]「開花する, 趣味で園芸をする」↔ blomje [blómjə]「(ゆでたジャガイモが)ホクホクする, 花柄の模様で飾る」(blom [blom]「花」)

② 加音 -t (tsje-動詞)
 もとの語が -n および一部で -d/-l で終わると, 加音 -t がつく(語末のあいまい母音 e [ə] は削除される)。-je との連続では破擦音化(§7(1))によって規則的に -tsje [tʃə] となる。
feantsje [fjɛ́ntʃə]「湿地化する」(fean [fɪən]「湿地」)

sintsje「日光浴をする」(sinne「太陽」)
teantsje [tjɛ́ntʃə]「つま先で歩く」(tean [tɪən]「つま先」)
trientsje [trjíntʃə]「涙が出る」(trien [triən]「涙」)
加音 -k と加音 -t による語形が併存するものがある。
túnkje～túntsje「庭仕事をする」(tún「庭」)
koalkje [kwálkjə]～koaltsje [kwáltʃə]「キャベツを栽培する」(koal [koəl]「キャベツ」)
ゼロ品詞転換による語形が併存するものがある。
rjemkje～rjemje「(牛乳から)乳脂を取り除く」(rjemme「乳脂」)
skierkje [skjírkjə, skíərkjə]～skierje [skjírjə, skíərjə]「灰色になる，白髪になる」(skier [skiər]「灰色の」)
slyd(s)kje [slít(s)kjə]～slydzje [slídʒə]「そりに乗る」(slide [slídə]「そり」)

最後の例には slydjeie [slítjaiə, …jɛiə]/slydsjejeie [slítʃə…] という動詞がある。

　It giet dat it *slydjaget*.「そりで滑るように物事が迅速に進行する」

これは slide「そり」の語末音 -e が脱落した slyd- またはその指小形 slydsje- と動詞 jeie「追い立てる」による複合動詞であり，本来，名詞抱合による抱合動詞である。ただし，後半部の -jeie に語彙的意味は稀薄で，前半部の slyd- に関連した動作が「荒々しく迅速に起こる」ことを表わすので，名詞からの品詞転換による派生動詞 slyd(s)kje～slydzje に「拡大(指大)」(エ. augmentative)の意味を加えたものとも解釈できる。前半部が他の名詞の例もいくつかあることから，接尾辞 -jei による派生動詞とみなす意見もある (Hoekstra 1998：143)。

オランダ語とドイツ語の対応例には加音はつかない。いくつか例を示す。

　フ．sintsje (sinne) ↔ オ．(zich) zonnen (zon) ↔ ド．(sich) sonnen (Sonne)「日光浴をする」
　　trientsje (trien) ↔ tranen (traan) ↔ tränen (Träne)「涙が出る」
　　rjemkje～rjemje (rjemme) ↔ romen (room) ↔ abrahmen/entrahmen (Rahm)「(牛乳から)乳脂を取り除く」

(c) **加音 -el/-er による品詞転換（elje- 動詞/erje- 動詞）**

加音 -el/-er は加音 -k/-t と同様に，「反復・短縮」を表わす動詞派生接尾辞 -el/-er に由来するが（(2)参照），とくにその意味を表わすわけではない。

nestelje「巣を作る」（nêst「巣」）
uterje「表明する，述べる」（út「外に」）
wynderje「風を起こす，風に吹かれる」（wyn「風」）

オランダ語とドイツ語の対応例をいくつか示す。

フ．nestelje (nêst) ↔ オ．nestelen (nest) ↔ ド．nesteln (Nest)「巣を作る」

uterje (út) ↔ uiten (uit) ↔ äußern (aus)「表明する，述べる」

(d) **加音 -ig による品詞転換（igje- 動詞）**

加音 -ig は歯(茎)音 s/z, l, d/t, n で終わる名詞と少数の形容詞につく。接頭辞を伴う例も多い。-ig の i が脱落し，-g による派生動詞（「gje- 動詞」，(6)参照）とまぎらわしい語もある。

歴史的には，加音 -ig はいわゆる西ゲルマン語に共通で，オランダ語やドイツ語にも存在し，中世後期から発達した。そのさい，名詞から形容詞を派生する接尾辞 -ich（オ．/ド．-ig，エ．-y）を加音に転用し，-ich がつかない名詞にも拡大して用いたと考えられる。たとえば，wettigje [vɛtəɣjə]「合法と認める」は形容詞 wettich [vɛtəx]「合法的な」（名詞 wet「法律」）の接尾辞 -ich を加音に転用し，「je- 動詞」を形成した結果と言える。たとえば，handigje [hɔ́ndəyjə]「(…の)手になじむ，わかりやすい」は語形的に名詞 hân「手」（複数形 hannen）よりも，d を含む形容詞 handich [hɔ́ndəx]「手ごろな，便利な」に類似している。さらに，加音 -ig は -ich で終わる形容詞を持たない名詞，たとえば krús「十字架」から動詞 krusigje [krýsəɣjə]「はりつけにする」を派生するためにも用いるようになり，品詞転換による動詞の派生手段に発達したと考えられる。音韻的理由のひとつには，歯(茎)音 s/z, l, d/t, n と後続する「je- 動詞」の -j の調音位置が接近しているために，動詞の語幹と語尾の境界を明確にする形態的な必要性があったと考えられる（Hoekstra 1993a：26ff.）。

① 「名詞＋加音 -ig」（接尾辞 -ich を伴う形容詞が存在する語）

§61　接尾辞の付加と品詞転換による派生動詞　615

上述の wettigje，handigje 以外の例を示す。
sinnigje「(…に)気に入る」(sinnich「えり好みする」← sin「感覚，気持ち，意義」)
stiennigje [stjínəɣjə]「石を投げて殺す」(stiennich [stjínəx]「石だらけの」← stien [stiən]「石」)
sûndigje/sondigje「罪を犯す」(sûndich/sondich「罪深い」← sûnde/sonde「罪」)
ゼロ品詞転換((4)参照)による同じ意味の動詞が併存するものがある。
ûntkrêftigje〜ûntkrêftsje「無力化する」(krêftich「力のある」← krêft「力」)
fredigje〜freedzje「柵で囲む」(fredich「平和な」← frede「平和」)
次の語はゼロ品詞転換による意味の異なる動詞が併存する例である。
befredigje「柵で囲む；満足させる」↔ befreedzje「柵で囲む」(同上)

② 「名詞＋加音 -ig」(接尾辞 -ich を伴う形容詞が存在しない語)
-ig の i が脱落した語形やゼロ品詞転換が併存するものがある。
einigje/eindigje〜eingje〜einje「終わる，終える」(ein「終わり」)
beïerdigje〜beïerdzje「埋葬する」(ierde「土，地面」)
次の語は意味の異なる動詞が併存する例である。
krusigje「十字架にかける，はりつけにする」↔ kruse「交差させる」(krús「十字架」)

③ 形容詞＋加音 -ig
少数の語に限られる。
jin ferwissigje「確認する」(wis「確実な」)
fêstigje/festigje「(注意を)向ける，(期待を)かける，確立する」(fêst「堅固な，安定した」)
reinigje「掃除する，洗浄する」(rein「清潔な，純粋な」)

オランダ語とドイツ語の対応例をいくつか示す。
　① フ．stiennigje (stiennich ← stien) ↔ オ．stenigen (stenig ← steen) ↔ ド．steinigen (steinig ← Stein)「石を投げて殺す」
　② フ．krusigje ↔ kruse (krús)「十字架にかける，はりつけにする」↔「交差させる」

オ．kruisigen ↔ kruisen (kruis)「同上」
ド．kreuzigen ↔ kreuzen (Kreuz)「同上」
③ フ．reinigje (rein)↔ オ．reinigen (rein)↔ ド．reinigen (rein)「掃除する，洗浄する」

(6)「igje- 動詞」(加音 -ig)と「gje- 動詞」(-g)

　加音 -ig による品詞転換の「igje- 動詞」とは別に，歯(茎)音 t/d, z/r で終わる語に -g を加えてから -je をつける「gje- 動詞」がある。今日では -z に -g をつける例が大部分である。この「gje- 動詞」(-g)は名詞からの品詞転換，動詞からの派生，もとの名詞や形容詞などが存在しない語を含んで雑多であり，品詞転換に用いる加音とは言えない。(5)(d)で述べたように，「igje- 動詞」(加音 -ig)には加音 -ig を含まないゼロ品詞転換による動詞があまり併存せず，明示的な意味の相違が見られる語もある。それにたいして，「gje- 動詞」(-g)には -g を含まない動詞がほとんど併存し，明示的な意味の相違は見られない。また，「gje- 動詞」(-g)はすべて書き言葉であり，-g を含まない動詞は話し言葉的であるのにたいして，「igje- 動詞」(加音 -ig)にはこの相違が認められない。さらに，加音 -ig とは異なって，この -g は西フリジア語に特有であり，オランダ語やドイツ語では -g を含む語形は見られない。

　　　bewiizgje〜bewiizje/bewize「証明する」(bewiis「証明」)
　　　drinzgje〜drinzje/drinze「水を飲ませる，水にひたす」(drinke「飲む」)
　　　grânzgje〜grânzje「(犬などが)うなる，鼻声で話す」(grâns「うなり声」)
　　　grinzgje〜grinzje「(…と)隣接している」(grins「境界」)
　　　priizgje〜priizje「価格を定める，ほめる」(priis「価格，賞」)
　　　besteegje〜bestede「費やす」
　　　jin tjirgje〜jin tjirje (他に tsjirgje)「荒れ狂う」

「gje- 動詞」(-g)，「igje- 動詞」(加音 -ig)，それにゼロ品詞転換による語形が併存するものがある。「gje- 動詞」(-g)の語形は歴史的には -g の付加によるが，今日ではその大多数が -z で終わることから，-z 以外で終わる次の語では「igje- 動詞」(加音 -ig)の -i- の脱落によるとも解釈できる。

nytgje〜nytigje〜nytsje (他に nitelje/njidzje)「いらだたせる」
　　　seingje〜seinigje〜seinje「祝福する」(seine「祝福」)
　　　tiidgje〜tidigje〜tiidzje「期待する，当てにする」
　reizgje「旅行する」(reis「旅行」)は「igje- 動詞」(加音 -ig)やゼロ品詞転換による語形が併存せず，書き言葉的でもないことから，名詞 reizger「旅行者」との類推によると考えられる。
　上述のように，オランダ語とドイツ語の対応例は -g を伴わない。
　　フ．priizgje〜priizje (priis) ↔ オ．prijzen (prijs) ↔ ド．preisen (Preis)「価格を定める，ほめる」
　　　seingje〜seinigje〜seinje (seine) ↔ zegenen (zegen) ↔ segnen (Segen)「祝福する」
　「igje- 動詞」(加音 -ig)がオランダ語やドイツ語にも存在し，いわゆる西ゲルマン語に共通で中世後期から発達したのにたいして，「gje- 動詞」(-g)は西フリジア語に特有であり，起源も比較的新しく，17 世紀ルネサンス期の西フリジア語文学の代表的詩人，ギスベト・ヤーピクス(Gysbert Japicx (または Japiks) 1603-1666)の作品に初めて登場する。当時，「je- 動詞」の -j には直前の子音を口蓋化(エ．palatalization)する強い影響力があり，ギスベト・ヤーピクスはこれを唯一，正書法に反映させた同時代の稀有な文筆家だったと考えられる。-g の付加は直前の歯(茎)音の種類に応じて，次の 3 種類の変化の結果と考えられる(Hoekstra 1993a：28ff.)。まず，-t/-d の直後で -g を付加したのは，後続する -j による口蓋化の影響で破擦音化(エ．affrication)が起こる過程で，-t/-d の後に何らかの摩擦音が存在すること([tj]/[dj] > [txj]/[dxj] > [tʃ]/[dʒ])を示すために，正書法で摩擦音を表わす -g (/ɣ/)を挿入したためと解釈される。次に，-z/-r の直後で -g を付加したのは，後続する -j- への移行を円滑にするわたり音を表記したためと解釈される。最後に，上記の語とは別に，歯音以外に -w で終わる語で w > g の変化を起こしたものが含まれる。これは -wje という二つの半母音 w/j の連続が発音しにくく，これを回避するために，軟口蓋化(エ．velarization)を起こしたためと考えられる。ただし，この場合は歯音が先行せず，加音 -ig と混同されることはないので，上記の二つの変化とは性格が異なる。次の語が最後の場合の例である。
　　　kôgje〜kauje「嚙む」

roegje〜roaie/roeie「(ジャガイモを)掘り出す，(木を)引き抜く」

skôgje〜skoaie/skouje/skouwe「目撃する，点検する」

オランダ語とドイツ語の対応例は -g を伴わない。

　　フ．kôgje〜kauje ↔ オ．kauwen ↔ ド．kauen「同上」
　　　　skôgje〜skoaie/skouje/skouwe ↔ schouwen ↔ schauen「同上」

　ただし，この -g は生産的にはならず，今日残っている「gje- 動詞」の大部分は，ギスベト・ヤーピクスの作品に登場する語との類推による少数の語に限られる。「gje- 動詞」が今日でも用いられる理由のひとつは，古風で荘重な印象を与える書き言葉で好まれるためであり，西フリジア語の特徴としてオランダ語との相違をきわだたせる効果もある。

　「gje- 動詞」がギスベト・ヤーピクスの作品に多く現われるという指摘は 19 世紀前半からなされているが，なかでも Van Blom (1889：121)は「gje- 動詞」と「igje- 動詞」を正確に区別している。

　スキルヘ島方言(フ．Skylgersk)，スキエルムンツエアハ島方言(フ．Skiermûntseagersk)，ヒルペン方言(ヒンリイペン方言，オ．Hynljippersk)では，「gje- 動詞」(加音 -ig)は見られるが，「gje- 動詞」(-g)はほとんど見られない(Hoekstra 1993a：27)。

§62　現在分詞 (fuortsettend mulwurd)

(1)　現在分詞の用法

　分詞(mulwurd, partisipium)には現在分詞と過去分詞がある。現在分詞の語形は§45(3)(b)で述べた。現在分詞は過去分詞と同様に形容詞的・副詞的に用いるが，英語の進行形のように助動詞と特別な構文を形成することはないことも指摘した。以下では補足説明をする。

(a)　限定用法と「冠飾句」
　現在分詞は名詞を修飾する限定用法で用いる。
　　[In *fleanende* krie] fangt altyd wat.「飛んでいるカラスはいつも何かを捕らえる(ことわざ)」(fleane「飛ぶ」)
　　Men moat [gjin *sliepende* hûnen] wekker meitsje.「眠っている犬は起こしてはいけない(ことわざ)」(sliepe「眠る」)
　　[*Kreakjende* weinen] duorje langst.「きしむ音をたてる車がいちばん長持ちする(ことわざ)」(kreakje「きしむ」)
　現在分詞は過去分詞(§63(1)(b))やふつうの形容詞(§19(5)(d))と同様に，副詞句や目的語を伴って，複雑な修飾成分(＝冠飾句)を形成することがある。話し言葉ではあまり用いず，用例も少ない。
　　[De slim *tanimmende* befolkingsgroei] freget te grutte offers fan de natoer.「急激に増大する人口増加は自然からあまりにも大きな犠牲を要求する」(freegje「増える」)
　　Dizze map jout wiidweidige ynformaasje oer [yn Fryslân *wurkjende* en *wenjende* keunstners].「この資料ファイルはフリースラントで仕事をし，居住している芸術家についてくわしい情報を与えてくれる」

冠飾句は目的語を伴う場合にはほとんど用いず，関係文などで表現する。

　　Kenne jo [de dat tydskrift *lêzende* studinte]?「あなたはあの雑誌を読んでいる女子学生を知っていますか」(稀)

　　Kenne jo de studinte dy't dat tydskrift lêst?「同上」

(b)　**独 立 用 法**

　現在分詞は形容詞の独立用法と同様に，名詞に相当する語としてはたらき，被修飾名詞を省略して限定詞と名詞句を形成することがある。

　　In aardige definisje fan reklame is *de folgjende*: De reklame hat as doel in geastlik makliker meitsjend proses (Huizinga).「広告の巧みな定義としては次のもの（＝次の定義 de folgjende (definisje)）がある：広告は精神的に容易にする過程を目的とする（ホイジンガ（＝ハイジンハ））」

　　Der wurdt dan ek in soad jild stutsen yn it sykjen fan nije medisinen en yn it ferbetterjen fan *al besteande*.「それからまた新薬の開発と現行のもの（＝すでに存在している薬品，al besteande (medisinen)）の改良に大金が投入される」

　次例の it foargeande は中性名詞の省略ではなく，「前述の（＝前の）こと」という意味の名詞句相当表現であり，foargeande は中性名詞化している（(2)(a)参照）。

　　De namme is út *it foargeande* te ferklearjen.「その名前は上述のことから説明され得る」

(c)　**副 詞 用 法**

　現在分詞には動詞を修飾する副詞用法がある。

　　Hy sjocht har *laitsjend* oan.「彼は笑いながら彼女を見つめる」

　　Hja waard *huverjend* wekker.「彼女は身震いして目を覚ました」

　この用法では -e を伴うことが多い（§ 45 (3)(b)）。

　　Meastens ite wy *steande* by it oanrjocht.「たいてい私たちは流し台のところに立って食事をします」

　ただし，-e の付加は義務的ではない。

　　Se rûn *fluitsjend(e)* de dyk del.「彼女は口笛を吹きながら道を歩いて

（下って)行った」

書き言葉では，過去分詞(§63(1)(c))と同様に，動詞を修飾する副詞用法や，名詞と同格的に用いて関係文に相当する長い句に現在分詞を用いる，いわゆる分詞構文が見られる。

　[Op har teantsjes *steand(e)*] koe it famke it reedriden krekt sjen.
　「つま先で立って，女の子はスケート競技をちゃんと見ることができた」

(d)　**複合名詞に相当する「現在分詞＋名詞」**

「現在分詞＋名詞」で複合名詞に相当する複合語を形成することがある。
byldzjende keunst「造形芸術」/ *byldzjend* keunstner「造形芸術家」
(byldzje「(絵画・彫刻・写真などで)表現する」)

It hûs stie oan in [*dearinnend* strjitsje].「その家は袋小路に面して建っていた」(dearinne「行き止まりである」)

中性名詞の専門用語では形容詞の変化語尾 -e を欠くことが多いのもこのためである。「形容詞＋名詞」の場合を参照(§19(2)(a))。過去分詞でも同様(§63(2)(a)②)。

　　it [*fuortsettend* mulwurd]「現在分詞」(fuortsette「続ける」)
　　it [*ôfsluttend* mulwurd]「過去分詞」(ôfslutte「閉鎖する」)
　↔ it [*besitlik* foarnamwurd]「所有代名詞」(besitlik「所有の」)
　　it [*iepenbier* ferfier]「公共交通」(iepenbier「公共の」)

(2)　形容詞化した現在分詞

形容詞化した現在分詞の中には，wêze「…である」, wurde「…になる」, bliuwe「…のままである」などのコプラ(連結詞)とともに叙述用法で用いるものがある。これは英語の進行形「be＋現在分詞」とは異なる。

　　binend「拘束力のある，義務的な」(bine「結ぶ，束縛する」)
　　ferbazend「驚くべき」(ferbaze「驚かせる」)
　　ferskillend「異なった，いろいろな」(ferskille「異なる」)
　　floeiend「流暢な」(floeie「流れる」)
　　yngeand「立ち入った」(yngean「入る」)

spannend「はらはらするような」(spanne「張る，緊張させる」)

It adfys fan dy kommisje *is* net *binend*.「あの委員会の助言に拘束力はない(＝義務的ではない)」

Fanselssprekkend moatte de bepalings *binend wurde* foar beide partijen.「もちろん，その規定は両方の党に義務的になる必要がある」

次の語は否定の意味のûn-(オ．on-，ド．/エ．un-)を伴う現在分詞があることからも，形容詞化していることは明らかである。

befredigjend「十分な，満足のいく」/ûnbefredigjend「不十分な」

(befredigje「満足させる」)

ûnwittend「無知の，気づかない」(witte「知っている」)

これは動詞を修飾する副詞用法でも用いる。

De measte dokters hawwe it net altiten oan tiid om harren *yngeand* dwaande te hâlden mei de swierrichheden fan harren pasjinten.「大部分の医者は，患者の苦しみに親身になって相手をするための十分な時間がいつもあるわけではない」

次の語はもっぱら限定用法で用いる。一般に，叙述用法・副詞用法で用いる形容詞化した現在分詞は，ふつうの形容詞と同様に，限定用法でも用いることができるが，その逆はつねに可能とは限らない。

folgjend「次の」(folgje「後続する，従う」)

neikommend「次の」(neikomme「後に来る」)

foarôfgeand「前記の」(foarôfgean「先行する」)

Beäntwurdzje mûnling [de *folgjende* fragen].「次の質問に口頭で答えなさい」

[De *neikommende* wurden] moatte der yn foarkomme.「次の単語はその中に出て来なければなりません」

ûndersteand「下記の，次の」(← ûnder「下に」+stean「立っている」)はアクセントが第1音節にあり，非分離の接頭辞動詞ûnderstean「敢行する，聞き出す」とは意味的にも異なる別の語である。

Lear [de *ûndersteande* wurden].「下記の語を学びなさい」

次例では冠詞を欠き，ûndersteand は限定詞のように機能している。

Lês [*ûndersteande* tekst] in pear kear goed oer.「下記のテキストを数

回，よく読み直しなさい」

(a) 名詞化した現在分詞

形容詞的に用いた現在分詞が名詞化して定着した語では，形容詞の変化語尾 -e がつく ((1)(b)参照)。

{in/de} leauwende「信者」(leauwe「信じる」)
{in/de} oerlibjende「生存者, 生き残り」(oerlibje「生きのびる」)
{in/de} {foldwaande/ûnfoldwaande}「{合格点/不合格点}」(foldwaan「十分である」)

(b) アクセントの交替

形容詞化・名詞化した現在分詞が明確に複合語の一部になっている場合には，アクセント (＝主アクセント，「´」で示す) が後半部にある例が見られる (§10(c))。

① 名詞＋動詞

belang´stellend「関心・興味を持った」(be´lang「興味, 関心」＋stelle「立てる, 置く」)
god´freezjend「敬虔な」(god「神」＋freezje「恐れる」)
↔ ´stimhawwend「有声の」(stim「声」＋hawwe「持っている」)
  ´tsjinstdwaand「勤務中の, 当直の」(tsjinst「勤務, 奉仕」＋dwaan「する」)
  ´skoalgeand「就学中の」(nei skoalle「学校へ」＋gean「行く」)

② 形容詞・副詞＋動詞

goed´wollend「善意の」(goed「良い」＋wolle「欲する」)
↔ ´stilsteand「静止した」(stil「静かな」＋stean「立っている」)
  ´stilswijend「暗黙の」(stil「静かな」＋swije「沈黙する」)

③ 分離動詞

yn´gripend「徹底的な」(´yn|gripe「介入する」)
op´fallend「目立った」(´op|falle「目立つ」)
↔ ´yngeand「詳細な, 立ち入った」(´yn|gean「入り込む」)
  ´trochgeand「直通の, 一貫した」(´troch|gean「通り抜ける」)

ˊtrochslaand「決定的な」(ˊtroch|slaan「打ち抜く」)
ふつうの複合形容詞でも同様の例がある(§10(a)②，複合語成分の境界を
「・」で示す)。
meiˊlijich「思いやりのある」(ˊmei・lijen「同情，思いやり」)
oarˊspronklik「本来の」(ˊoar・sprong「起源」)
regelˊmjittich「規則的な」(regel「規則」)
オランダ語は西フリジア語に類似しているが，ドイツ語は異なることが多い。

フ. ynˊgripend (ˊyn|gripe) ↔ オ. inˊgrijpend (ˊin|grijpen) ↔ ド. ˊeingreifend (ˊein|greifen)「徹底的な」
opˊfallend (ˊop|falle) ↔ opˊvallend (ˊop|vallen) ↔ ˊauffallend (ˊauf|fallen)「目立った」
oarˊspronklik (ˊoar・sprong) ↔ oorˊspronkelijk (ˊoor・sprong) ↔ ˊursprünglich (ˊUr・sprung)「本来の」
regelˊmjittich (regel) ↔ regelˊmatig (regel) ↔ ˊregelmäßig (Regel)「規則的な」

アクセントの位置が前半部か後半部かで，揺れが認められる語もある。
fruchtˊdragend～ˊfruchtdragend「実り豊かな」(frucht「果実，成果」+drage「運ぶ」)
fanselsˊsprekkend～fanˊselssprekkend「自明の」(fanˊsels「自然に，もちろん」+sprekke「話す，表明する」)
ˊútslutend～útˊslutend「独占的な」(ˊút|slute「閉め出す」)

(c) -e を伴う形容詞化・副詞化・前置詞化した現在分詞

現在分詞は副詞用法で -e を伴うことがあるが(§45(3)(b))，-e を伴う語形として形容詞化・副詞化・前置詞化して定着している語も少数存在する。

形容詞 geande「現行の，運転中の」(gean「行く」)
形容詞・前置詞 oanˊgeande「…にかんする，…にかんして」(ˊoan|gean「…に関係する」)
副詞 saˊdwaande「そのようにして」(sa「そのように」+dwaan「する」)
Sadwaande wurdt gâns jild stutsen yn it sykjen fan nije medisinen.

「そのようにして新薬の開発に大金が投入される」

次の語には副詞用法以外にも -e がつくことがある。

　fol｢dwaand(e)「十分な」/ûnfoldwaand(e)［únfoldwa:ndə, …dwá:ndə］「不十分な」(fol｢dwaan「十分である」)

　｢ôfdwaand(e)「十分な，決定的な」(｢ôf|dwaan「取り外す，かたづける」)

　形容詞・前置詞 ｢oanbelangjend(e)「…にかんする，…にかんして」(｢oan|belangje「…に関係する」)

　dwaande「従事している，多忙な(mei …で)」(dwaan「する」，§66(6)(d)；過去分詞 dien，§63(2)(a)④)

　Wy *binne dwaande mei* de Fryske les.「私たちはフリジア語の勉強(＝授業)をしているところです」

　Jûnenlang hawwe hja *dwaande west* om it feest in feestlik oansicht te jaan.「幾晩も，彼らは祭りに盛大な装いを施すために働いていた」

　Wat *is* dêr *dwaande*?「そこで何が起こっているのですか」

　Al *dwaande* leart men.「行動によって人は学ぶ(＝経験は最良の師。ことわざ)」

　jin *dwaande* hâlde「従事している，取り組んでいる(mei …に)」

§63 過去分詞 (ôfsluttend mulwurd)

(1) 過去分詞の用法

　過去分詞の語形は§45～50で詳述し，助動詞とともに用いる完了形・受動態での用法は§52,54で言及した。形容詞化した過去分詞と能動態完了形・受動態完了形で用いる過去分詞の区別については，§54(1)(e)で説明した。過去分詞を単独で命令の意味に使うのは好ましくないとされることは，§51(3)(b)で述べた。このほかに，過去分詞は現在分詞(§62)と同様に，名詞を修飾する限定用法，動詞を修飾する副詞用法，名詞に相当する独立用法で用いる。以下では補足説明をする。

(a) **限定用法：自動詞と他動詞の相違**
　動作の結果を明示する過去分詞は，名詞を修飾する限定用法で用いることができる。自動詞では場所の移動や状態の移行を表わし，完了の助動詞が wêze-支配であるものがそれにあたり，被修飾名詞は能動態の主語に相当する。つまり，能格動詞(非対格動詞)としての自動詞がこれにあたる。他動詞では結果を明示するのは能動態における動作主主語ではなく，被動者としての直接目的語なので，それが被修飾名詞になり，過去分詞は受動態の意味を持つ。このように，態の相違はあるものの，動作の結果の明示という点で限定用法の過去分詞の意味は共通している。
① 自動詞の過去分詞
　　Sy hawwe [in *ferdwaalde* hûn] fûn.「彼らは道に迷った犬を見つけた」(ferdwale「道に迷う」)
　　Allinne by [in *mislearre* rispinge] waarden fleis en molke brûkt.「不作の年だけに肉と牛乳が用いられた」(mislearje「失敗する」)

[De *ôffallen* blêden] waaie fuort op 'e wyn. 「落ち葉（＝落ちた葉）が風に吹かれて飛んでいく」（ôffalle「落下する」）

② 他動詞の過去分詞

[In *lime* boek] falt samar út elkoar.「にかわで綴じた（＝綴じられた）本はすぐにばらばらになる」（limje「にかわで綴じる・接着する」）

Op 'e tafel stiet [in *snijde* bôle].「テーブルの上にスライスした（＝スライスされた）パンがある」（snije「切る」）

限定用法の過去分詞は接頭辞や分離動詞の分離成分（不変化詞）を伴う傾向があるが，これは動作の完了と結果の意味を明示するためである。

de {*fertreaune*/?*treaune*} auto「押して移動させられた車」（fertriuwe「押しのける」，triuwe「押す」）

it {*werfûne*/?*fûne*} bern「見つかった（＝見つけられた）子供」（werfine「再び見つける」，fine「見つける」）

de {*opiten*/?*iten*} tsiis「食べられたチーズ」（opite「食べつくす」，ite「食べる」）

西フリジア語の過去分詞がオランダ語やドイツ語と違って，接頭辞 ge- を欠くことをその理由とする意見もある（Tiersma 1999²：124，De Haan/Hoekstra 1993：22ff., §47(1)(c)）。

(b) **限定用法：冠飾句**

現在分詞（§62(1)(a)）やふつうの形容詞（§19(5)(d)）と同様に，過去分詞が副詞句や目的語を伴って，複雑な修飾成分を形成することがある。書き言葉的だが，現在分詞よりも多く用例が見られる。

[Mei de hân *skreaune* ferhalen] wurde úttypt.「手書きの（＝手で書かれた）物語はタイプ打ちされる」（skriuwe「書く」）

Foar de folsleinens moat hjir ek noch in wurdmennich sein wurde oer [de mei 'der' as earste lid *foarme* pronominale adverbia].「完全さを期すために，最初の成分が der を用いて形成された代名詞的副詞について，ここでなおまた一言される必要がある」（foarmje「形成する」）

Dit wurd ferwiist nei [in sa't liket al earder *neamd* plak].「この語はすでに以前に名前を挙げたと思われる箇所を示している」（neame「指名す

(c) 副詞用法

　書き言葉では，現在分詞(§ 62 (1)(c))と同様に，動詞を修飾する副詞用法や，名詞と同格的に用いて関係文に相当する長い句に過去分詞を用いる，いわゆる分詞構文が見られる。

　　De Noord Friesche Locaal Spoorwegmaatschappij, *oprjochte* yn 1899, hat yn 1901 it spoar Ljouwert—Stiens—Dokkum—Mitselwier oanlein.「北部フリースラント地方鉄道会社は，1899年に設立されたものだが，1901年にリャウエト(オ．Leeuwarden「レーヴァルデン」)—スティエンス(オ．Stiens「スティーンス」)—ドクム(オ．Dokkum「ドクム」)—ミツェルヴィエル(オ．Metslawier「メツラヴィール」)に鉄道を敷いた」(oprjochtsje「設立する」)

　bernje「生む」の過去分詞が形容詞化した berne「生まれた」を含む用例。
　　Berne yn 1821 yn Froubuorren, komt Waling Dykstra yn 1840 as bakker yn Spannum te wenjen.「ヴァーリング・ディクストラ(＝辞書編集者，民俗学者，1821-1914)は1821年にフラウブオレン(オ．Vrouwenparochie「ヴラウエンパロヒー」)に生まれ，1840年にパン屋としてスポヌム(オ．Spannum「スパヌム」)で暮らすようになる(歴史的現在)」

(d) 叙述用法

　　Yn it iepen fjild rekket men net gau *útsjoen*.「広い野原ではすぐに見飽きる(＝見飽きるという状態になる)ということはない」(útsjen「見渡す，見終わる」)

(2) 形容詞化した過去分詞

(a) 用法

　形容詞化した過去分詞は数多くあり，さまざまな用法で用いる。
① 限定用法
　　Yn [it *omkearde* gefal] leit dat gelyk.「逆の場合もそれは同様です」

(omkeard「逆の」)

[*Dronkene* lju] en lytse bern sizze de wierheid.「酔っぱらいと小さな子供は真実を言う(ことわざ)」(dronken「酔った」)

Freegje jo kursuslieder of [in *betûft* frysktalige].「講師の先生かフリジア語の熟達した話し手にたずねなさい」(betûft「熟達した」)

② 複合名詞に相当する「過去分詞＋名詞」

複合名詞に相当する「過去分詞＋名詞」で，とくに中性名詞の場合に過去分詞が変化語尾 -e を欠くのは，現在分詞や形容詞と同様である(§62(1)(d))。

it {[*beskaat lidwurd*]/[*ûnbeskaat lidwurd*]}「定冠詞/不定冠詞」(beskaat「特定の，限定された」/ûnbeskaat「不特定の，非限定の」)

③ 副詞用法

Hja seagen him *benijd* oan.「彼らは彼を興味深そうに見つめた」(benijd「好奇心に満ちた」)

Hy docht de doar iepen en sjocht *ferheard*.「彼はドアを開けて，驚いて目を向ける」(ferheard「驚いた」)

Hy docht it krekt *ferkeard*.「彼はそれをまさに間違ったやりかたでやる」(ferkeard「間違った」)

④ dien「終わった，けりがついた」(現在分詞 dwaande，§62(2)(c))

It is mei him *dien*.「彼はもうだめだ(死んだ)」

It lêste stik fan dat boek *hie* er yn 'e hjerst fan 1976 *dien makke*.「その本の最後の部分を彼は1976年の秋に完成していた」(dien meistje「完成する，終える」)

Ik ha *dien krige* by de baas.「おれは上司にクビにされた」(dien krije「免職になる」)

⑤ ferkâlden「風邪をひいた」

この語は ferkâldzje「風邪をひく」の過去分詞 ferkâlde とは語形的に異なり，形容詞として定着している。ferkâldzje はほとんど不定詞の名詞用法「風邪をひくこと」に限られ，「風邪を{ひく/ひいている}」は ferkâlden {wurde/wêze} と表現する(§60(3)(a))。

オランダ語の形容詞 verkouden「風邪をひいている」にも，対応する動

詞がない。ドイツ語では再帰動詞とその状態再帰形で表現する。

フ．ferkâlden wêze ↔ オ．verkouden zijn ↔ ド．erkältet sein「風邪をひいている」

ferkâlden wurde ↔ verkouden worden ↔ sich erkälten「風邪をひく」

(b) **副詞化・数量詞化・前置詞化した過去分詞**

① 副詞化した過去分詞

koartsein「ようするに」(koart「短く」+sizze「言う」)
Koartsein brûkst taal as kommunikaasjemiddel.「ようするに，言語はコミュニケーション手段として使うのである」

② 数量詞化した過去分詞

ferskate「いくつかの，さまざまの」(ferskiede「死ぬ」)
ferskate sokke minsken「種々のそのような人々」
de *ferskate* minsken「その種々の人々」

③ 前置詞化した過去分詞

sjoen「…を考慮して」　ôfsjoen fan「…を除いて」(sjen「見る」)
útsein「…を除いて」(útsizze「述べる，表明する」)

Der wurdt wol oannommen dat fan âlds it suden fan Fryslân mear as it noarden iepen lei foar ynterferinsjes. Dat soe [*sjoen* de lizzing] hiel skoan te begripen wêze.「たしかに昔から，フリースラントの南部のほうが北部よりもオランダ語(=Nederlânsk)から言語干渉を受けやすかったとみなされている。そのことは地理的位置を考慮すれば，きわめてよく理解できよう」

[*Utsein* Wim] slaggen se allegearre foar it eksamen.「ヴィムを除いて，彼らは全員，試験に合格した」

§64 不定詞 (ynfinityf, nammefoarm) の種類

　西フリジア語には3種類の不定詞がある。「e-動詞」/「je-動詞」/「n-動詞」の例を示す。
i) 　第1不定詞 (e-不定詞)
　　 sile「帆走する」/tankje「感謝する」/jaan「与える」
ii) 　第2不定詞 (en-不定詞，動名詞 gerundium)
　　 silen/tankjen/jaan
iii) 　第3不定詞 (命令形不定詞)
　　 syl/tankje/jou

　個々の不定詞のおもな用法には次のようなものがある。
① 　第1不定詞 (e-不定詞，§65)
　　 無標の不定詞であり，辞書の見出し語では動詞はこの語形で示す。文中での統語的役割を担わずに，発話内効力 (エ. illocutionary force) を伴って単独で用いることがある。
　　 名詞用法で用いるが，統語的には名詞句目的語を支配し，動詞としての性格を保っている。
　　 話法の助動詞，使役の助動詞，代動詞 dwaan (オ. doen/ド. tun/エ. do) などと用いる。
　　 19世紀の辞書などでは，不定詞が -en で終わるオランダ語やドイツ語の影響で，見出し語に第2不定詞 (en-不定詞) を用いたことがあった。
② 　第2不定詞 (en-不定詞，動名詞，§66, 67)
　　 名詞用法で用いるが，第1不定詞よりも名詞的性質が強い。
　　 知覚動詞構文のほかに，アスペクト動詞 bliuwe/gean などと複合動詞的に用いる (「…したままである/…しに行く」)。

不定詞標識 te（オ．te/ド．zu/エ．to）を伴って種々の用法で用いる。

te- 第2不定詞は te を伴わない第2不定詞と性格を異にする点が多く，四つのタイプに分かれ，多様な用法がある。

第2不定詞を gerundium「動名詞」のほかに，doelfoarm (doel「目的」＋foarm「形式」）と呼ぶことがあるが，「目的」という名称は第2不定詞の用法の一部分を指すにすぎず，適切とは言えない。

③　第3不定詞（命令形不定詞，§69）

命令形と同じ語形を示す。

並列型構文と従属型構文で用いる。

不定詞に3種類あることは北フリジア語でも同様である。第1不定詞(e- 不定詞)と第2不定詞(en- 不定詞)の区別はフリジア語群すべてに共通しており，用法上の区分も本質的に同じである。第2不定詞(en- 不定詞)は「動名詞(gerundium)」とも言い，歴史的には変化語尾を伴った不定詞，すなわち「屈折不定詞」だが，現在分詞に由来する用法も加わっている。第3不定詞（命令形不定詞）は形態的には命令形と同形であり，歴史的には関係があるが，今日では命令の意味はなく，不定詞の一種とみなすことができる。

第2不定詞に相当する動名詞は，かつてはドイツ語やオランダ語にも存在した。歴史的には，これは与格支配の前置詞であるド．zu (＜ze)/オ．te に支配された動詞の格変化形（屈折不定詞）に由来する。ドイツ語では古くは -en で終わる不定詞にたいして，動名詞は -en(n)e で終わり，末尾音 -e が中性単数与格語尾だった。その後，-e が消失して不定詞との形態的区別が失われた。オランダ語でも今日，不定詞は -en で終わる1種類だが，標準語では -en の ［n］は脱落して -en ［ə(n)］となる傾向が強いので，-en と -e の区別は困難であり，第1不定詞と第2不定詞の形態的相違は存在しない。

西フリジア語の第1不定詞(e- 不定詞)は，古フリジア語以前に不定詞末尾音 -an の -n が消失し，-a＞-e ［ə］という弱化を経た語形である。

第2不定詞(e- 不定詞)は二つの異なる起源にさかのぼる。ひとつはドイツ語とオランダ語と同様，動名詞に由来するもので，前置詞 te（ド．zu/オ．te）に支配された中性単数与格語尾を保つ語形である(-an(d)e/-en(d)e＞-en)。もうひとつは古フリジア語の現在分詞に由来し，-an(d)-/-en(d)-＞-en という変化の結果，動名詞と合流して第2不定詞に加わったものである。名詞用法や te- 第

2不定詞は前者，知覚動詞構文やアスペクト動詞 bliuwe/gean や hawwe/fine と用いる用法は後者に由来する。

　この二つの異なる起源は，今日の第2不定詞の性質を考察する上で示唆的である。かつての動名詞に由来する前者の第2不定詞は，強い名詞的性質を有し，名詞用法で動詞的性質の強い第1不定詞と区別される。一方，現在分詞に由来する後者の第2不定詞は，動詞的性質を強く示す。したがって，知覚動詞構文，アスペクト動詞 bliuwe/gean や hawwe/fine と用いる第2不定詞は，名詞用法の第2不定詞から区別して分析する必要がある。また，知覚動詞構文の第2不定詞と，話法・使役の助動詞に支配される第1不定詞の間には，動詞的性質の相違は本質的に存在しないことになる。

　問題は te- 第2不定詞であり，名詞的な起源を持つが，いくつかの統語的に異なるタイプに分類され，オランダ語の te- 不定詞やドイツ語の zu- 不定詞が主として動詞的性質を示すのにたいして，動詞的性質を示す場合と名詞的性質を示す場合がある。これは不定詞標識に発達した西フリジア語の te がかつての前置詞としての性質を部分的に残していることと関係があると考えられる。

　なお，西フリジア語には英語の動名詞(-ing)に相当する語形はない。西フリジア語の -ing は動作名詞を派生する接尾辞である(opliede「教育する」→ oplieding「教育」)。

§65　第1不定詞 (e- 不定詞 e-ynfinityf)

(1)　名詞用法

　第1不定詞を話法・使役の助動詞と用いる用法は§53, 55(1)で述べた。以下では残りの用法について説明する。まず，名詞用法を扱う。

(a)　**第1不定詞単独の場合**
　第1不定詞は名詞的に用いて，主語やコプラ動詞(連結詞)の叙述語(エ．predicate)になる。第2不定詞との相違に注意(§66(1)(a))。
　　Jeie is hûnenatuer.「狩りをするのは犬の習性である」
　　De iennichste manier om der efter te kommen hoe't it sit is *harkje* en *freegje*.「それを探り出す唯一の方法は，聞き取りと質問である」
　　Better *bûge* as *barste*.「折れるよりも曲がったほうが良い(＝柳に雪折れなし。ことわざ)」
　この点で西フリジア語の第1不定詞はオランダ語やドイツ語の不定詞と似ている。英語ではこの場合，不定詞は to を伴うか，動名詞 -ing を用いる。
　第1不定詞単独では，動詞や前置詞の目的語としてはほとんど用いない(Visser 1989b)。次例は目的補語であり，典型的な他動詞目的語とは言いがたい(ただし，前置詞の残留を伴う場合は例外。§66(1)(f))。
　　Rasjonalisearje neamt de baas dat.「合理化と上司はそれを呼ぶ」
　これは第1不定詞が名詞的性質の強い第2不定詞と競合するためと考えられることがある。つまり，不定詞単独で目的語として用いるには，名詞的な性格の強い第2不定詞が可能なために，第1不定詞はきわめて制限される。ただし，これは主語よりも目的語のほうが一般に名詞性が強いということを前提とすることになる。一方，(b)で述べるように，他の文成分を伴って不定詞句を形成す

る目的語では，名詞的な性格が強い第2不定詞はほとんど用いないので，第1不定詞は制限を受けず，広く用いることができる(De Haan 1986, Hoekstra 1997：9)。

(b) 他の文成分と不定詞句を形成する場合

第1不定詞は目的語や副詞成分を伴って不定詞句を形成すると，主語やコプラ動詞(連結詞)の叙述語以外に，動詞や前置詞の目的語としても用いる。第2不定詞との相違に注意(§66(1)(b))。

① 主語，コプラ動詞(連結詞)の叙述語

[Heit *wurde*] is in geunst, [heit *wêze*] in hiele keunst.「父親になることは天の恵みであり，父親であることは大変な技である」

[*Reizgje* mei it iepenbier ferfier yn Fryslân] betsjut hjoeddedei reizgje mei trein of bus.「公共の交通手段でフリースラントを旅行することは，今日では列車かバスで旅行することを意味する」(reizgje mei trein of bus「列車かバスで旅行すること」は動詞 betsjut ← betsjutte「意味する」の目的語としての用法，②参照)

Better [twa kear *freegje*] as [ien kear bjuster *reitsje*].「一度道を間違えるよりも，二度たずねるほうが良い(ことわざ)」

② 動詞・前置詞の目的語(§66(1)(f))

i) Nei in dokter ta gean betsjut meastentiids [earst in skoft yn de wachtkeamer *sitte*].「医者にかかることは，たいていまずしばらく待合室ですわっていることを意味する」

Ik kin [moarns betiid in kâlde dûs *nimme*] net ien oanriede.「私は朝，冷たいシャワーを浴びることは人に勧められない」

ii) Ik haw it mier [*oan* [moarns betiid in kâlde dûs *nimme*]].「私は朝，冷たいシャワーを浴びることには辟易する」(Hoekstra 1997：10)

(2) その他の用法

(a) 文中以外での用法

第1不定詞(句)は文中での統語的な役割を担わずに，単独でも用いる。

Hy：Ik soe gjin fêste relaasje mear ha wolle leau 'k.　Dêrfoar ha 'k al te lang frijgesel west.
Sy：Mar altyd allinne, allinne *ite*, allinne *sliepe* …
Hy：Dat ha 'k net sein …
彼：「ぼくは身を固めたいと思うことは，もうないと思うよ。それにはもう独身生活が長すぎた」
彼女：「でも，いつもひとりで，ひとりで食事をして，ひとりで寝て…」
彼：「そう言ったわけじゃないけど…」
Fan in buorren is yn Beets neat te finen.　De Beetsters wenje ferspraat troch it fjild, wêr't it wurk is: turf *meitsje*.「村の中心というものは，ベーツでは何も見られない。ベーツの住民は仕事——すなわち，泥炭を掘ること——がある広野一帯に散在して居住している」

(b)　**主文相当の発話文**

　第1不定詞は命令・疑問・感嘆などの発話内効力（エ．illocutionary force）を伴って，主文に相当する発話文として用いることがある（§51(3)(b)）。以下の用例では，人称代名詞主格形 do「君，おまえ」/ik「私」はなくてもかまわない。

　Thúskomme sa't jim fuortgean!「酔っぱらって帰ってくるんじゃないよ（＝おまえたちは出かけるときと同じように帰宅するんだよ）」（命令）
　"Do hoechst dyn sean aai ek net tink?" "Ho, ho, *ôfbliuwe* do.　Dêr moat ik my noch op beriede oft ik dy nim of net."「あなたはゆで卵もいらないんでしょうね」「えー，ちょっと待ってよ。もらうかどうか，ちょっと考えてみないとね」（命令）
　Jûn!　*Sjonge* do ek yn 'e kroech, Klaas?　Ja, do hast it no wol oan tiid!「やあ（＝こんばんは）。おまえも飲み屋で歌うか，クラース。そうだ，おまえは今，時間があるよな」（疑問）
　Do *autoride*?!「おまえが車の運転をするんだって?!」（感嘆）

　te- 第2不定詞にも同様の用法があるが，この場合は人称代名詞主格形を用いることはできない（Hoekstra 1997：3）。

　Wêrom *ik* in paraplu *meinimme*?「なんでおれが傘，持っていかなきゃ

だめなんだ」

↔ Wêrom {*ik/Ø} in paraplu *mei te nimmen*?「同上」
{*Do/Ø} dat skoandere jild samar *wei te griemen*!「（おまえが）あの大金をスッちまうとはねえ」

(c) 話題化と代動詞 dwaan

話法の助動詞（客観的用法）に支配された第1不定詞は，言語使用上の理由で前域に移動して話題化できる。

Rinne kinne se net mear, altyd mar *fytse*.「歩くことは彼らはもうできない，いつでも自転車に乗ることだけだ」

第1不定詞は「する」という一般的な動作を意味する代動詞 dwaan（オ．doen/ド．tun/エ．do）で置き換えられる。別の見方をすれば，第1不定詞は dwaan の目的語になっているとも言えるが，これは一般に第1不定詞は動詞の目的語としては使えないという規則の例外になる。

Reedride mochtst ek sa graach *dwaan*.「スケートも君はするのがとても好きだったよね」

話法の助動詞がなくても，代動詞 dwaan を定動詞にして第1不定詞を前域に置けば，第1不定詞の意味を引き継いだ話題化の表現にできる。

Hearre docht men mei de earen.「聞くことは耳でする」

Sliepe dogge se yn in soarte fan bakken mei strie.「寝るのは人々は藁が入った一種の桶の中でします」

第2不定詞ではこの表現はできない（(d)も同様。§66(1)）。

{*Prate/*Praten*} docht men mei de mûle.「聞くことは耳でする」
{*Ite/*Iten*} dogge wy alle dagen.「食べることは私たちは毎日する」

dwaan は第1不定詞が意図的な動作の意味でなくても用いる。

Him ferfele die er nea.「退屈するというのは彼はなったことがない」

第1不定詞は dwaan とともに「dat- 従属文」の感嘆文（§44(1)(c)⑤）や「動詞＋en＋dwaan」（§60(2)(j)）の強調構文でも用いる。

Flokke, dat er *die*.「あいつは悪口を言ったことったらなんの」
It *reint en docht* de hiele dei.「一日中，雨が降りしきっている」

dwaan は第1不定詞だけでなく，第1不定詞句も代用できる。

[*Nei Sina ta fleane*] *docht* er net alle dagen.「中国に飛行機で行くのは，彼は毎日するわけではない」

　話法の助動詞と違って，dwaan で代用する第1不定詞は省略できない。dwaan は前域の第1不定詞(句)を代用するだけであり，第1不定詞を支配し，省略された第1不定詞を修復するような積極的な意味的役割を持つ話法の助動詞とは性格が異なる(§ 68)。

　　　[*Nei Sina ta* Ø] {*kin*/*docht} er net alle dagen.「中国に飛行機で行くのは，彼は毎日 {できる/する} わけではない」

　　　Hy {*kin*/*docht} net alle dagen [*nei Sina ta* Ø].「彼は毎日，中国に {飛行機で行ける/飛行機で行く} わけではない」

(d)　指示代名詞による第1不定詞(句)の指示

　第1不定詞を指示代名詞 dat (§ 25 (a)④ ii)) などで指して，代動詞 dwaan の目的語とする用法がある。

　　　As jonge koest ek wol aardich *tekenje en skilderje*.　*Dochst dat* ek noch wol?「子供(＝少年)の頃，君は上手にデッサンをしたり，絵をかいたりできただろう。今でもそれをするのかい」

　第1不定詞を枠構造の左側に外置して話題化し，指示代名詞 dat で指示することがある。目的語や副詞成分を伴って不定詞句を形成することもある。

　　　En *swimme, diest dat* ek?「それに水泳は，君はそれもやったのか」

　　　[Sa'n bern mei in skerp mes *boartsje litte*], *dat docht* men doch net!「そんな子供に尖ったナイフで遊ばせるなんて，それはいけません」

　代動詞 dwaan 以外についても同様の表現が可能である。

　　　Reizgje, dat hoecht fan my net.「旅行か，そいつはおれはごめんだ」

　　　Ite, dat is mar in oanwenst, sei de boer, mar doe wie er sêd.「食べること，それはたんなる悪癖さ，と農夫は言ったが，そのとき彼は満腹だった(成句)」

　外置した第1不定詞をアクセントを持つ「代名詞の dêr (…前置詞)」(§ 34 (2)(f)) で指示することもある。

　　　Ferkeapje wolle, dêr tinke sokken allinne mar om.「売りたい，そのことだけをそのような人たちは考えているんだ」

[Dagen yn 'e auto *sitte*], *dêr* wurdst sa lêbich *fan*.「何日も車の中にすわっているなんて，それにはいやになるよ」

第2不定詞ではこの表現はできない((c)も同様，§66(1))。

*En *swimmen*, diest dat ek?「同上」(不可)

*[Sa'n bern mei in skerp mes *boartsje litten*], dat docht men doch net!「同上」(不可)

**Reizgjen, dat* hoecht fan my net.「同上」(不可)

**Iten, dat* is mar in oanwenst, sei de boer, mar doe wie er sêd.「同上」(不可)

**Ferkeapje wollen, dêr* tinke sokken allinne mar *om*.「同上」(不可)

*[Dagen yn 'e auto *sitten*], *dêr* wurdst sa lêbich *fan*.「同上」(不可)

§66 第2不定詞 (en- 不定詞 en-ynfinityf)

(1) 名 詞 用 法

　第1不定詞と形態的に異なる第2不定詞はオランダ語やドイツ語には見られず，用法も広い。「te- 第2不定詞」は§67で別に述べる。ここではまず，名詞用法を扱う。

(a) **第2不定詞単独の場合**
　第2不定詞は名詞句目的語や副詞句を伴わない場合に，第1不定詞と同様に名詞的に用いる。ただし，第1不定詞とは次の相違がある(§65(1)(a))。
① 主語・コプラ動詞(連結詞)の叙述語
　　この場合には第1不定詞も第2不定詞もともに用いる。
　　{*Fersinne*/*Fersinnen*} is minsklik.「間違えるのは人間的だ」
　　{*Utfanhûzje*/*Utfanhûzjen*} is neat foar my.「外泊は私には向いていない」
　以下にいくつか第2不定詞の用例を挙げる。
　　Sprekken is sulver, *swijen* is goud.「話すことは銀であり，黙っていることは金である(＝沈黙は金なり。ことわざ)」
　　Sizzen is neat maar *dwaan* is in ding.「言うことは何でもないが，実行することは価値がある(＝ひとつの事柄だ)(ことわざ)」
　　As *dwaan* net doocht, is *litten* better.「なすすべが無い(＝行なうことが役に立たない)ときには，放っておくほうが良い(＝人生あきらめが肝心。ことわざ)」
　　Iten en drinken hâldt lichem en siel byinoar.「食べることと飲むことは両方で体と心のバランスを保つ(＝物事は片方だけではうまくいかない。ことわざ)」

Hawwen is *hawwen* en *krijen* is de keunst.「持っていることは持っていることにすぎないが，得ることには技を要する（＝技である）（ことわざ）」

② 動詞・前置詞の目的語

この場合には第 2 不定詞を用い，第 1 不定詞はほとんど用いない。

i) Boargjen docht *soargjen*.「借金は苦労の種/金を貸すのは心配のもと（ことわざ）」

Ik fyn *aaisykjen* moai.「私は野鳥の卵探しはすてきだと思う」

Lêze docht elkenien dy't *lêzen* leard hat.「読むのは，読むことを習った人ならだれでもする」

ii) Dy wize fan *reizgjen* wie in kolossale ferbettering.「この旅行方法は格段の進歩だった」

Nei kofjedrinken geane se in eintsje te farren.「コーヒーを飲んだ後で，彼らは少し船に乗りに行く」

Ik haw no gjin sin *oan fytsen*.「私は今，自転車に乗る気がしない」

Fan hearren en sizzen liicht men it meast.「聞き覚えで人はいちばん嘘をつくものだ」(fan hearren (en) sizzen「噂に聞いて」，エ．from hearsay)

③ 名詞句との並列

名詞用法では，第 2 不定詞は第 1 不定詞よりも名詞的な性格が強い。たとえば，次例では第 2 不定詞と名詞句が並列されてもかまわず，第 2 不定詞は名詞句と対等だが，第 1 不定詞を並列させると不自然になるという判定がある。

[{*Utfanhûzjen*/⁽?⁾*Utfanhûzje*} en sterk iis] moatte beide net te lang duorje.「外泊と固い氷（＝スケートなどの遊び）は両方とも必然的にあまり長くは続かない（＝喜びは長続きしない。ことわざ）」

(b) **第 2 不定詞の名詞用法：不定詞句を形成する場合**

第 1 不定詞は名詞句目的語や副詞成分を伴って不定詞句を形成するが(§ 65 (1)(b))，第 2 不定詞ではそれが許されない。

*[Segaren *smoken*] is ferkeard.「葉巻を吸うのは良くない」（不可）

*[Altyd *smoken*] is ferkeard.「いつも喫煙することは良くない」（不可）

次例の faker「より頻繁な」は限定用法の形容詞比較級である。

[By faker *lêzen*] fynt men iderkear der wer dingen yn, dy't earder oer de holle sjoen waarden.「何回も読むと(＝より頻繁な読書のさいには)，そのたびに以前は気づかなかった事柄をその中に発見する」

ただし，第 2 不定詞に限定詞をつければ，不定詞句が表現できる((d))。

[Dat segaren *smoken*] is ferkeard.「あの喫煙は良くない」

(c) 「限定詞＋第 2 不定詞」の名詞用法：単独の場合

第 2 不定詞は第 1 不定詞と違って，限定詞(エ．determiner)を伴うことがある。もっとも一般的な限定詞は定冠詞中性単数形 it ('t)である。第 2 不定詞に定冠詞 it がつくと，名詞が既知の物事を表わすのと同様に，既知の動作を表わすが，名詞の場合と同様にそのニュアンスは微妙である。

De bern leare op skoalle {*rekkenjen*/it *rekkenjen*} en {*lêzen*/it *lêzen*}.「子供たちは学校で数えかたと読みかたを習う」

以下，①〜②では定冠詞 it を伴った用例を示す。

① 主語・コプラ動詞(連結詞)の叙述語

It bakken hat syn leafde net.「パンを焼くことは彼の意に添わない」

It praten giet har maklik ôf.「話をするのは彼女には簡単だ(＝簡単にいく)」

It reinen hâldt mar oan.「どうも雨降りが続いている」

② 動詞・前置詞の目的語

i) De duwel hat *it freegjen* útfûn.「悪魔がたずねることを発明した(＝うんざりするほどしつこく質問する人に冗談交じりに言うときの慣用句)」

Do moatst *it smoken* oerjaan.「君はタバコ(＝喫煙すること)をやめなければいけません」

次の例では「限定詞＋第 2 不定詞」が通常の名詞句と対等に並列されている。

De minske is *it sjen*, de ferwûndering en *it harkjen* ferleard.「人間は見ること，驚くこと，そして聞くことを忘れてしまった」

ii) De boer en boerinne hawwe it drok *mei 't melken*.「農夫は男も女も乳しぼりにいそがしい」

Ik wol net in wike ferskite *troch it reizgjen.*「私は旅行で1週間たりともむだにしたくない」

Wy klagen *oer it lange wachtsjen.*「私たちは長く待つこと(＝長いウエイティング)に不平を言った」(形容詞 lang「長い」)

　第2不定詞は定冠詞や指示代名詞以外の限定詞を伴うことがある。以下，③〜⑤で所有代名詞，不定冠詞 in，否定冠詞 gjin を伴った用例を示す。

③ 所有代名詞

　所有代名詞は第2不定詞の主語に相当し，動作主の意味を表わす。

Syn learen wol net bot.「彼の勉強ははかどらない」

Hy krige tefolle oanslach *mei syn fiskjen*, dat ik koe der fierder net op ynfreegje.「彼は自分の漁で手一杯になったので，私はそれ以上，そのことについて問い正すことができなかった」

Nei myn trouwen bin ik hjir kommen te wenjen.「結婚してから(＝私の結婚の後)，私はここに移り住んだ」

It berjocht *fan Arne Spenter syn ferstjerren* kaam foar syn freonen en kollega's ûnder de frisisten en germanisten folslein ûnferwachts.「アルネ・スペンテルの死の知らせは，フリジア語学者とゲルマニストの間で彼の友人や同僚たちにとってまったく予期せずして届いた」

④ 不定冠詞 in

Foar in beskriuwing fan 'e distribúsje fan 'e perfektive helptiidwurden yn it Hollânsk ferwiis ik nei Kern (1912) en foar *in besykjen* ta in ferklearring dêrfan nei Hoekstra (1984).「完了の助動詞の分布の記述についてはKern (1912)，そして，その説明へのひとつの試みについてはHoekstra (1984)を参照することを私は勧めます」

⑤ 否定冠詞 gjin

Dat is *gjin dwaan.*「それはするべきではない」

Der is *gjin dwaan* mei him te hawwen.「彼とはやっていけない」

(d) 「限定詞＋第2不定詞」の名詞用法：不定詞句を形成する場合

　(b)で述べたように，第1不定詞は名詞句目的語や副詞成分を伴って不定詞句を形成するが，第2不定詞ではそれが許されない。

*［Segaren *smoken*］is ferkeard.「葉巻を吸うのは良くない」(不可)

　ただし，第2不定詞に限定詞をつければ，不定詞句の表現ができる。この場合，ふつうの動詞句と同様に，第2不定詞の左側(前)に名詞句目的語や副詞句を伴う不定詞句としての「動詞句型構文」のほかに，ふつうの名詞句と同様に，第2不定詞の右側(後)に前置詞句を伴う「名詞句型構文」が可能である。限定詞が指示代名詞 dat の例を次に示す(Hoekstra 1997：10)。

① 　動詞句型構文：「限定詞＋名詞句・前置詞句目的語＋第2不定詞」
　　　［*Dat* segaren *smoken*］is ferkeard.「あの喫煙は良くない」
② 　名詞句型構文：「限定詞＋第2不定詞＋前置詞句」
　　　［*Dat smoken* fan segaren］is ferkeard.「同上」

　このほかに，「限定詞＋名詞抱合を伴う第2不定詞」があるが，この場合は第2不定詞を単独で用いており，他の文成分とともに不定詞句を形成してはいない。

　　　［*Dat segaarsmoken*］is ferkeard.「同上」

　つまり，名詞用法では，動詞的性格を示す第1不定詞にたいして第2不定詞は強い名詞的性格を示すが，「限定詞＋第2不定詞」は名詞的性格と動詞的性格をともに示すことになる。形容詞を含む用例を次に示す。

③ 　動詞句型構文
　　　［*Dat* stoef *smoken*］is ferkeard.「あの(dat)［過度に(副詞用法 stoef)喫煙すること(smoken)］は良くない」
　　　［*Dat* stoefe segaren *smoken*］is ferkeard.「あの(dat)［強い(限定用法 stoefe)葉巻を(segaren)喫煙すること(smoken)］は良くない」

④ 　名詞句型構文
　　　［*Dat* stoefe *smoken*］is ferkeard.「あの(dat)［過度の(限定用法 stoefe)喫煙(smoken)］は良くない」
　　　［*Dat smoken* fan stoefe segaren］is ferkeard.「あの(dat)［強い(限定用法 stoefe)葉巻(segaren)の(fan)喫煙(smoken)］は良くない」

　「限定詞＋第2不定詞」では，動詞句型構文と名詞句型構文はともに可能とされる(Hoekstra 1997：10)。ただし，筆者の調査では，動詞句型構文の用例は少なく，とくに動詞・前置詞の目的語の場合には稀で，圧倒的に名詞句型構文が多い。これは動詞的性質の強い第1不定詞句との競合から，動詞的性質を

示す動詞句型構文としての「限定詞＋第 2 不定詞句」を避けるためと考えられる。以下，用例の追加と補足説明をする。

⑤　動詞句型構文：「限定詞＋名詞句・前置詞句目的語＋第 2 不定詞」

[*It* dêryn *slagjen*] is ôfhinklik fan it oanslaan fan harren wurk by de minsken.「それが成功するかは，彼らの仕事が人々の心をとらえるかにかかっている」

[*It* ûnder 'e brûs aria's *sjongen*] is syn wille en tier.「シャワーを浴びながらアリアを歌うのは，彼の熱烈な快感だ」

⑥　名詞句型構文：「限定詞＋第 2 不定詞＋前置詞句」

前置詞は fan（オ．van/ド．von/エ．of）が多く，第 2 不定詞の目的語だけでなく，主語にも相当する。

i)　前置詞句の目的語

[Foar *it ferbouwen fan* in hûs] moat de gemeente tastimming jaan.「家の改築には自治体が認可を与えなければならない」

Der wurdt dan ek in soad jild stutsen [yn *it sykjen fan* nije medisinen] en [yn *it ferbetterjen fan* al besteande].「それからまた新薬の開発と現行の薬品の改良に大金が投入される」

Wilens giet mem fierder [mei *it ree meitsjen fan* 'e iterstafel].「そうしている間に，母は食事のしたくを続ける」

De ûntfolking fan it plattelân [troch *it weromrinnen fan* de wurkgelegenheid yn 'e lânbou] wie ta stilstân kommen.「農業における雇用機会の後退による田舎の人口減少は，止まった」

ii)　主語

[*It kwytreitsjen fan* 'e auto] is noch net sa maklik.「自動車を駐車する（＝始末する）のは，まだそれほど簡単ではない」

[*It fallen fan* de snie] is in moai gesicht.「雪が降るのは美しい光景だ」

[*It skreauwen fan* de fûgels] klinkt nachts ûneinich weemoedich.「鳥の鳴き声は夜には限りなく物悲しく聞こえる」

次例は前置詞が fan 以外で，第 2 不定詞の主語・目的語以外を表わし，動詞句型構文とも考えられる。

[*It skriuwen yn* kranten] is net wurk fan elkenien.「新聞に書くのはだ

れでもできること(=万人の仕事)ではない」

Plichten brocht [*it wenjen op* in doarp] ek mei.「村に住むことは義務ももたらした」

(e) 第2不定詞と同形の中性名詞

　名詞用法の第2不定詞に名詞的性格が強いことは，第2不定詞と同形の中性名詞があることからもわかる。これは第2不定詞が語彙的に中性名詞として固定したものである。以下，定冠詞 it をつけて示す。

　　it bestean「存在」(bestean「存在する」)
　　it betinken「意見，考え」(betinke「考える，熟考する」)
　　it fuortbestean「存続」(fuortbestean「存続する」)
　　it oansjen「外観，名声」(oansjen「見つめる，尊敬する」)
　　it hâlden en dragen「態度」(jin hâlde en drage「態度を取る」)

　　Yn koarte tiid hat dat *it oansjen* fan ús provinsje gâns feroare.「短い時間でそのことは私たちの州の姿をまったく変えた」

　　It fuortbestean fan de skoalle stiet net mear yn 'e kiif troch de nije bern.「学校の存続は新しく入って来る子供たちのおかげで，もはや危機的な状況にはない」

　　Yn 1988 fierde de Fryske Akademy *it* fyftichjierrich *bestean*.「1988年にフリスケ・アカデミーは創立50周年(=50年目の存続)を祝った」

　物事の意味では中性名詞，動作の意味のときには第2不定詞の名詞用法と解釈できるが，中性名詞が動作の意味を持っている場合もあり，両者の区別はかならずしも容易ではない。

　　it iten：中性名詞「食事，食べ物」
　　iten：第2不定詞「食事，食事を取ること」(ite「食べる」)

　　It iten smakket my net.「私は食事がおいしくない」

　　Op in fjoer yn 'e midden wurdt troch ien fan harren *iten* makke.「中央の火の上で彼らの中のひとりによって食事が作られる」

　　Ik drink kofje by *it iten*.「私は食事のときにコーヒーを飲む」

　　Nei *iten* giet Klaas nei de hoeke om te sjen oft heit en mem der al oankomme.「食事が終わると，クラースは父母がもう到着するのか確認

するために納屋へ行く」

オランダ語とドイツ語でも不定詞と同形の中性名詞が存在する。

　オ．het eten ↔ eten (eten)「同上」
　ド．das Essen ↔ essen (essen)「同上」

対応する動詞の第2不定詞を欠く中性名詞もある。

　it omtinken「注意，考慮」（*omtinke は存在しない。以下同様）
　it moarnsiten「朝食」，it middeisiten「昼食」，it jûn(s)iten「夕食」，it neiïten「デザート」

　Op woansdeitejûn nei 't jûnsiten komt mem mei in útstel.「水曜日の晩，夕食の後で母は提案を持ってやって来る」
　As *neiïten* waard der faak sûpenmoallenbrij brûkt.「デザートにはよく穀物入りの脱脂粉乳のおかゆが用いられた」
　Bern freegje in soad *omtinken*.「子供はたくさん気づかいを要求する」

(f)　**前置詞の残留**

§37(2)で述べたように，西フリジア語ではオランダ語（「代名詞の daar」）と違って，「代名詞の dêr」を介さずに名詞句が前域に分離して現われ，前置詞が中域の後方に残留することがある。これは名詞用法の第2不定詞でも同様である。

　Fan loaiterjen kin de skoarstien net rikje.「怠けていては（＝怠けることで）煙突から煙は出ない（ことわざ）」
　→ *Loaiterjen* kin de skoarstien net *fan* rikje.「同上」

これは限定詞の有無とは無関係に起こる。

　Kloklieden hie er gjin nocht *oan*.「鐘突きには彼は愛着がなかった」
　Syn jaan is nimmen fet *fan* wurden.「彼の施しで金持ちになった（＝太った）人はいない（＝彼はケチだ）」
　[*It útjaan* fan Fryske boeken] is noait immen miljonêr *fan* wurden.「フリジア語書籍の出版で大金持ちになった人はいない」

この構文では第2不定詞以外に，例外的に単独の第1不定詞が現われることもある（§65(1)(a)）。

　{*Praten/Prate*} hâld ik net *fan*.「おしゃべりは私は好きではない」

目的語を伴った第1不定詞の例もある (§65 (1)(b)②)。

[Oer sokke ûnderwerpen *prate*] hâld ik net *fan*.「そんな話題について話すのは私は好きではない」

(2) 知覚動詞構文（ACI-構文）

第2不定詞は「…が…するのを｛見る/聞く/感じる｝」という意味の知覚動詞による「知覚動詞構文」でも用いる。知覚動詞は第2不定詞とその主語にあたる名詞句目的語を伴って，「名詞句目的語＋第2不定詞＋知覚動詞」という「ACI-構文」（ラ. accusativus cum infinitivo）を形成する。知覚動詞構文では英語のような現在分詞は用いず，第1不定詞も用いない。歴史的にこの第2不定詞が現在分詞に由来することは，§64で述べた。

① sjen「見る，見える」

Hy *sjocht* it skip *farren*.「彼には船が航行するのが見える」

Ik *sjoch* de wolkens *driuwen*.「私は雲が漂うのを見ている」

Wy *seagen* de bus *oankommen*.「私たちにはバスが到着するのが見えた」

② hearre「聞く，聞こえる」

Ik *hear* de fûgels *sjongen*.「私は鳥たちが歌うのが聞こえる」

Hy *hearde* jo *roppen*.「彼はあなたが呼ぶのを聞いた」

Wy *hearden* har by de trep *delkommen*.「私たちには彼女が階段を降りてくる音が聞こえた」

③ fiele「感じる」

Wy *fielden* de flier *triljen*.「私たちは床が振動するのを感じた」

Wy *fielden* it hûs *skodzjen*.「私たちは家が揺れるのを感じた」

Ik *fielde* de bui *oankommen*.「私はにわか雨が襲来するのを感じた」

Ik *fiel* de spin *krûpen*.「私はクモが這っているような感じがする」

Ik *fielde* de miggen *stekken*.「私は蚊に刺された（＝蚊が刺している）ような気がした」

知覚動詞が命令形の例もある。

Sjoch dy jonge ris *draven*.「あの男の子が走るのをちょっとごらん」

不定詞句内の要素が話題化されて前域に置かれる例もある。

Asto in hynder hast, moatst alle dagen sturtwaskje, en *dat*₁ sjoch ik dy ___₁ noch net *dwaan*.「もし馬を飼えば，毎日，尻尾の掃除をしなければならないが，それはおまえがまだするとは私には思えない(＝それをおまえがする様子が目に浮かばない)」

"Tink om ús foardielige oanbiedings. Hjoed in blomkoal foar 1,75 euro." "Ferdeald! *Dy*₁ ha 'k ___₁ net *lizzen sjoen*, do?"「当店のお買い得商品をお忘れなく。本日はカリフラワーが 1.75 ユーロでございます」「何ですって。それが置いてあるのは目に入らなかったわ，ねえ，おまえ」

知覚動詞が右枠に置かれて第 2 不定詞と動詞群(§70)を形成すると,「第 2 不定詞＋知覚動詞」の語順になる。

De bern *kinne* dus net mear foar skoaltiid in baarch *slachtsjen sjen*.「子供たちは，したがって，もう登校前に豚を屠殺するのを見ることはできない」

完了形ではオランダ語やドイツ語と違って,「代替不定詞」は用いない。

Ik *ha* him net *fuortgean sjoen*.「私は彼が立ち去るのが見えなかった」

I *ha* har juster noch in stikje *spyljen heard*.「私は彼女が昨日，もう一曲演奏するのを聞いた」

(a) 従属文を伴う場合との意味の相違

sjen/hearre は従属文を伴うと，知覚ではなく,「把握する，理解する，わかる」という認識の意味になることが多い。

Jimme moatte mar ris *sjen hoe't it komt*.「君たちはそれがどういうことになるか，ひとまず見てみる(＝把握する)必要がある」

Ik *sjoch* no wol *dat ik mis wie*.「私は自分が間違っていたことが今，よくわかりました(＝わかります)」

Doe't de bern *hearden dat se de oare deis frij hienen*, wiene se alhiel oerémis.「子供たちはその次の日が休みだということを聞くと(＝聞いて理解すると)，皆，興奮した様子だった」

(b) fernimme「感じ取る，気づく」

fernimme (オ．vernemen/ド．vernehmen)は知覚動詞構文を形成すること

がある。

  Hy *fernaam* harren by de trep op *kommen.*「彼は彼らが階段を上がって来るのに気づいた」

  Hja *fernaam* ien by de reinpiip op *klatterjen.*「彼女はだれかが雨樋を伝ってのぼって来るような気配がした」

 ただし，これは fernimme が第 2 不定詞句に先行する場合に限られ，右枠で直前の第 2 不定詞と隣接する位置に現われることはできない (Hoekstra 1999)。

  Hy seit dat er harren by de trep delkommen fernaam.「彼は彼らが階段を降りて来るのに気づいたと言っている」(不可)

 fernimme は直前の第 2 不定詞と動詞群を形成できず，他の知覚動詞と意味的に類似しているものの，統語的には完全な知覚動詞とは言いがたい。

(3)　第 2 不定詞＋アスペクト動詞 (bliuwe/gean)

 継続アスペクト (エ. durative aspect) を表わす bliuwe と始発アスペクト (エ. inchoative aspect) を表わす gean が第 2 不定詞を伴って，全体で一種の複合動詞を構成することがある。第 2 不定詞の種類には制限が強く，身体的な姿勢 (ポーズ) を表わす四つの動詞, stean「立っている」/sitte「すわっている」/lizze「横たわっている」/hingje「掛かっている」にほぼ限られる。これを「姿勢動詞」(エ. postural verb) と呼ぶ。ただし，bliuwe では第 2 不定詞として libje「生きる」/rinne「歩く」/stykje「行き詰まる，滞る」/wenje「住む」などが加わる。sitten bliuwe には「すわったままでいる」のほかに「留年する，遅れている，婚期を過ぎている」という比喩的意味があるように，語彙的な固定度が高く，生産性は低い。歴史的には，この第 2 不定詞は現在分詞に由来する (§ 64)。

(a)　**第 2 不定詞＋bliuwe**「…したままでいる，…し続ける」

 bliuwe (オ. blijven/ド. bleiben「とどまる」) は第 2 不定詞が表わす状態の意味が継続することを表わす。

① ｛stean/sitten/lizzen/hingjen｝＋bliuwe

  stean bliuwe「立ちどまったままでいる，立ち続ける」

sitten bliuwe「すわったままでいる；留年する，遅れている，婚期を過ぎている」

lizzen bliuwe「横たわったままでいる，残る」

hingjen bliuwe「掛かったままでいる，長居する」

Toer en tsjerke moatte yn it doarp *stean bliuwe*.「塔と教会は村に存続する必要がある」

Wy *wiene* efkes *stean bleaun*.「私たちはしばらく立ちどまっていた」

Der *bliuwt* my wat yn 'e kiel *sitten*.「私はのどに何かがつかえている」

Dat spul *bliuwt sitten*.「その件はけりがつかない」

Myn hier wol net *sitten bliuwe*.「私の髪はなかなか落ち着こうとしない」

Boppe it fêstelân fan Europa *bliuwt* wol hege druk *lizzen* yn it wykein.「ヨーロッパ大陸の上空には週末，高気圧が停滞するでしょう」

Sa't de beam falt, *bliuwt* er *lizzen*.「木は倒れたまま横たわるものだ（＝人間の運命は死とともにもはや呼び戻すことはできない。ことわざ）」

Der *is* in soad wurk *lizzen bleaun*.「仕事がたくさん残ってしまった」

② 他の第2不定詞＋bliuwe

libjen bliuwe「生き続ける」　　rinnen bliuwe「歩き続ける」

stykjen bliuwe「止まったままでいる」　　wenjen bliuwe「住み続ける」

Hy hope dat er noch in skoftsje *libjen bliuwe* mocht.「彼はもうしばらく生きていることを許されるようにと願った」

It skip *bliuwt stykjen*.「船が進まない（＝止まっている）」

Ik *bin* yn it ferkear *stykjen bleaun*.「私は交通渋滞に巻き込まれた」

Wy *binne* acht jier yn Frjentsjer *wenjen bleaun*.「私たちは8年間フリェンチェル（オ．Franeker「フラーネケル」）に住み続けた」

(b)　{stean/sitten/lizzen/hingjen}＋gean

gean（オ．gaan/ド．gehen/エ．go「行く」）は第2不定詞の持つ状態の意味に至る動作および変化を示す。

stean gean「立ち上がる」　　sitten gean「すわる，腰を下ろす」

lizzen gean「横になる」　　hingjen gean「ぶら下がる」

Ik *bin* hjir mar *stean gien*, dan kin ik de skûtsjes moai sjen.「私はここ

で立ち上がってみたので，それでヨットがよく見えます」

Sille wy *sitten gean*?「すわりましょうか」

Heit *giet* yn in stoel *sitten*, skuort de slúf iepen en begjint te lêzen.「父はいすにすわり，封筒を開いて読みはじめる」

Wy *binne* krekt foar de televyzje *sitten gongen*.「私たちはちょうどテレビの前に腰を下ろした」

As er oerein giet, draait alles foar him.　Hy *giet* mar gau wer *lizzen*.「起き上がると，彼は目の前がくらくらする（＝すべてが自分の前で回っている）。彼はすぐにまた床についてしまう」

De wyn *gie lizzen*.「風がおさまった」

De jonge *giet* hieltyd oan de knop fan de doar *hingjen*.「男の子はいつもドアの取っ手にぶら下がる」

　西フリジア語ではオランダ語と違って，上記以外の動詞は第2不定詞として用いない。西フリジア語と違って，オランダ語の「gaan＋不定詞」は予定・開始の意味の近接未来の表現として広く用いる。

オ．Het *gaat regenen*.「もうすぐ雨が降るだろう・降りだす」

フ．*It *giet reinen*.「同上」（不可）

　　It {*wol/sil*} *reine*./It *begjint te reinen*.「同上」

　　It giet op in reinen.「同上」

オ．Ik *ga* eens een lekker kopje koffie *zetten*.「私はちょっとおいしいコーヒーでも入れようと思います」

フ．*Ik *gean* ris in lekker bakje kofje *setten*.「同上」（不可）

　　Ik *sil* ris in lekker bakje kofje *sette*.「同上」

オ．Ik *ga* dat boek eens *lezen*.「私はその本を読んでみようと思う」

フ．*Ik *gean* dat boek ris *lêzen*.「同上」（不可）

　　Ik {*sil/wol*} dat boek ris *lêze*.「同上」

　西フリジア語でも「te-第2不定詞＋gean」という表現があるが，これは「…しに行く」という意味である（§67(7)）。

オ．Hij *gaat trouwen*.「彼はもうすぐ結婚する」

フ．*Hy *giet trouwen*.「同上」（不可）

　　Hy *sil trouwe*.「同上」

↔ Hy *giet te trouwen*.「彼は結婚届けを出しに行く」
　オ．Ik *ga vissen*.「私はもうすぐ釣りに行く予定だ」
　フ．*Ik *gean fiskjen*.「同上」(不可)
　　　Ik {*sil/wol*} *fiskje*.「同上」
　　　↔ Ik *gean te fiskjen*.「私は魚釣りに行く」
　この意味には gean「行く」を欠く「te-第 2 不定詞＋話法の助動詞」(§ 67 (7))が対応することもある。
　オ．*Ga je vandaag niet kaarten*?「君は今日，トランプしに行かないか」
　フ．*Silst* hjoed net *te damjen*?「同上」
　オランダ語の blijven と違って，西フリジア語の bliuwe は姿勢動詞など一部の動詞以外に，第 2 不定詞とともに用いることはできない。
　オ．Het *blijft regenen*.「雨が降り続けている」
　フ．*It *bliuwt reinen*.「同上」(不可)
　bliuwe に「{oant 't＋第 2 不定詞/te-第 2 不定詞}」を加えて，進行形の表現として用いることはできる((6), § 67(3)参照)。
　フ．*Ik *bliuw* noch in oerke *timmerjen*.「私はまだ 1 時間ほど大工仕事をやり続けるつもりだ」
　　　Ik *bliuw* noch in oerke *oan 't timmerjen*.「同上」
　　　Ik *bliuw* noch in oerke *te timmerjen*.「同上」

(c)　第 2 不定詞＋komme「…しながら来る」
　この構文は運動の様態を表わし，第 2 不定詞はほとんど方向の意味の分離成分を伴う分離動詞である。分離成分は oan (オ．aan/ド．an)が多い。
　　Der *kaam* in fleanmasine *oanfleanen*.「飛行機が飛んで来た」(oan|-fleane「飛んで来る」, oanfleanen のかわりに fleanen は不可。以下同様)
　　Der *kaam* in sturtsee *oanrôljen*.「大波が押し寄せて来た」(aan|rôlje「(波が)うねり寄せる」)
　この意味の構文では，第 2 不定詞を伴う動詞として komme「来る」以外は用いない。
　　Hy {*kaam*/*gyng*} der *oanstowen*.「彼は突進して {来た/行った}」(oan|stowe「突進する」)

分離成分 oan 以外では，op のように方向を表わす分離成分を伴う分離動詞の例がある．
　　Der *kaam* in tongerbui *opsetten*.「雷雨が襲来してきた」(op|sette「現われる，立ちのぼる」)
　　Der *kaam* net ien *opdaagjen*.「だれも姿を現わさなかった」(op|daagje「現われる，姿を見せる」)
分離成分を伴わない場合には，方向を表わす前置詞句が必要である．分離成分は方向を表わす前置詞句と等価であると言える．
　　Hja *kaam* [[*ta de doar út*] *stoarteljen*].「彼女はドアの外によろめきながら出てきた」(stoartelje「よろめく」)
　　Hja *kaam* [*oanstoarteljen*].「彼女はよろめきながらやって来た」
オランダ語でもふつう方向の意味の分離成分を伴う分離動詞を用いるが，不定詞（おもに北部，すなわちオランダ）のほかに，過去分詞（おもに南部，つまりベルギー・フランドル地方）になることがある．ドイツ語では分離成分を伴う必要はなく，過去分詞を用いる．
　　フ．Hy *kaam oanriden*.「彼は車でやって来た」(oan|ride「車などで乗りつける」)
　　オ．Hij *kwam aanrijden*. (aan|rijden)「同上」(北部)
　　オ．Hij *kwam aangereden*. (aan|rijden)「同上」(南部)
　　ド．Er *kam gefarhen*. (fahren)「同上」
北ゲルマン語では現在分詞を用いることがある．

(d)　［前置詞＋第 2 不定詞］＋動詞
　　ほとんどが固定した慣用句であり，継続または始発のアスペクトを表わす．
　　　nei reinen stean「雨模様だ」
　　　jin nei wenjen sette「移住する，転居する」
　　　jin nei sliepen jaan「就寝する，床に入る」
　　　De loft *stiet nei reinen*.「雨が降りそうな空模様だ（＝空は雨が降りそうな状態にある）」
　　　Yn 'e rin fan 'e jierren ha in protte minsken *har* yn 'e stêd *nei wenjen set*.「何年もの間に，たくさんの人々が都市に移住した」

oan sliepen ta komme「寝られるようになる」のように,「前置詞＋第 2 不定詞」の部分が前置詞句を支配する後置詞句(「[前置詞＋第 2 不定詞]＋後置詞」, §39)になる例もある。

　Yn 'e ûngetiid *komme* boeren en arbeiders amper [[*oan sliepen*] *ta*].
「干し草作りの時期には,農夫と出稼ぎ労働者はほとんど寝る暇がない」
次の表現もある。setten (sette「置く,据える」)の有無は任意。
　{der oan (ta)/der op (ta)} (setten) komme「…に来る・出かける」
　earne wei (setten) komme「…から来る」
　Protten minsken, eins te folle, *komme dêr op ta setten*.「多くの人々,じつはあまりに多くが,そこへやって来る」

(e)　**第 2 不定詞を伴うその他の動詞**

「第 2 不定詞＋動詞」で慣用句として用いる表現がある。
　bliken dwaan「わかる,明らかになる」(blike「明らかに…である」)
　Dat hja ryk wie *docht* wol *bliken*, want hja hie sân pleatsen yn eigendom.「彼女が金持ちだったということはよくわかる。七つ農場を所有していたからだ」
　Doe't Piter grutter waard *die* it *bliken* dat er oars wie as oare bern.「ピテルは大きくなると,自分がほかの子供たちとは違うことがわかった」
　immen kennen leare「…と知り合いになる」(kenne「知っている」)
　inoar kennen leare「たがいに知り合いになる」
　Yn 1985 *learde* ik myn frou *kennen*.「1985 年に私は妻と知り合った」

(4)　名詞句＋{stean/sitten/lizzen/hingjen/rinnen}＋{hawwe/fine}

　hawwe「持っている」/fine「見つける」は知覚動詞構文と同様に,「名詞句＋第 2 不定詞」を伴うが,この構文では第 2 不定詞の種類は以上の五つの姿勢動詞に限られ,名詞句目的語の姿勢(ポーズ)としての状態を表わし,「…を {立ったままで(stean)/置いた・据えたままで(sitten)/横たわったままで(lizzen)/掛かったままで(hingjen)/歩いた・走ったままで(rinnen)}(あるのを) {持っている/見つける}」の意味になる。hawwe を用いた場合は,「…を {立

ててある(stean)/置いて・据えてある(sitten)/横にしてある(lizzen)/掛けてある(hingjen)/歩かせて・走らせてある(rinnen)}」の意味でも解釈できる。歴史的にこの第2不定詞が現在分詞に由来することは，§64で述べた。

① hawwe「持っている」を用いた用例

Nee, dat giet hielendal mis, want hy *hat de stok* te fier *stean* en hy giet skean en ja, rekket yn it wetter.「いや，これはまったく失敗です。というのは，彼は棒をあまりに遠くに立てている(＝立たせたままで持っている)からで，彼は斜めに傾いて，ああ，水の中に落ちてしまいます」

Ik wit dat er de radio net oan *stean hie*.「私は彼がラジオをつけたままにしなかったことを知っている」

Ik *ha in boat* by de mar *lizzen*.「私はボートを湖のそばに置いてある(＝横たわった状態で持っている)」

Hy *hat trije skiep* yn 't lân *rinnen*.「彼は羊を3頭，牧場に放牧している(＝歩いた状態で所有している)」

② fine「見つける」を用いた用例

Hja *fûn* him op 'e flier *sitten*.「彼女は彼が床にすわっているのを見つけた」

Wy *fûnen* har by de balke *hingjen*.「私たちは彼女が梁で首を吊(はり)っているのを見つけた」

上記の表現では，第2不定詞のかわりに，te-第2不定詞を用いることもある。この構文は北東部の方言に特徴的である(§67(6))。

Fan al har oerbeppesizzers *hat se in foto* op it kammenet *te stean*.
「ひ孫全員の写真を彼女は飾り棚に立ててある」(北東部の方言)

これは次のように理解できる。かつて西フリジア語では，この場合に第2不定詞(動名詞 -en＜-ene)のかわりに現在分詞(-end＜-ende)を用いていた。

Wy *hawwe* dêr lân *lizzen*(＜第2不定詞(動名詞) lizzene).「私たちはそこに土地を持っている(＝横たわったままで所有している)」

＜Wy *hawwe* dêr lân *lizzend*(＜現在分詞 lizzende).「同上」

このほかに，他動詞では「te (＜to)＋第2不定詞(動名詞)」を用いることがあった。

Wy *hawwe* dat lân *te brûken* (＜to brûkene).「私たちはその土地を利用

すべく(＝利用(brûken)のために(te))所有している(＝利用できる，利用するのが適当・必要である)」

その後，この構文からの類推として前述の構文で te (＜to)を用いるようになり，「名詞句＋te {stean/lizzen}＋hawwe」構文が発達し，フリースラント州北東部で定着したと考えられる(Hoekema 1963/64)。

デンマーク語などの北ゲルマン語では現在分詞を用いる構文がある。

デ．Vi *har* fem stole *stående* hjemme.「私たちは家にいすを5脚，持っている」

方言的な表現で，Ik bin geande.「私は歩いている」(現在分詞 geande「歩いている」)のかわりに，フリースラント州北東部では Ik bin te gean.「同上」と言うが，これも上記の説明に準じて理解できる。

なお，西フリジア語では「mei＋名詞句…{hingjen/lizzen/sitten/stean}」が付帯状況「…を…したままで持っている」を表わすが，この第2不定詞 hingjen/lizzen/sitten/stean が現在分詞に由来することは明らかである(§64；第2不定詞は省略することもある)。

Mei in honkbalkneppel ûnder it bêd *lizzen*, fielt er him feiliger.「野球のバットをベッドの下に横にして置いておくと，彼はより安心な気がする」

(5) it {is/liket}＋形容詞＋第2不定詞

この構文は「…する場合に…{である/のようだ}」という意味で，非人称構文で用いる。構文の中心は '{is/liket}＋形容詞'「…{である/のようだ}」にあり，第2不定詞「…する場合に」はその付加成分(エ．adjunct)として副詞的にはたらいている。次例は「休む場合に心地良い」/「住む場合に {心地良い/狭くて心地が悪い}」という意味であり，前置詞句 by it {rêsten/wenjen}「{休む/住む} 場合に」，または副詞節 at jo {rêste/wenje}「(あなたが) {休む/住む} ときに」でほぼ同じ意味に置き換えられる。

Nei dien wurk *is 't noflik rêsten*.「仕事を終えた後は心地良く休める(ことわざ)」

In protte minsken meie hjir net wenje. No, *it is* hjir *goed wenjen* fine wy.「ここには住みたくないという人は多い。でもまあ，ここは住み心地

が良いと私たちは思うよ」
It liket my *krap wenjen* op sa'n boatsje.「私はそんなボートでは狭くて住み心地が悪いような気がする」

(6) oan 't＋第2不定詞＋wêze（前置詞句進行形）

　人や物事が特定の時間だけ持続する出来事の最中に存在することを示す表現形式を，進行形と呼ぶ。西フリジア語の動詞には英語の 'be＋-ing' による進行形と違って，進行中の動作か否かという文法的アスペクトの明確な意味的対立がない。たとえば，英語の write には「書く」という意味しかなく，「書いている」という意味は be writing で表わす必要がある。つまり，英語の write にはアスペクトにかんする示差的特徴が認められる。ところが，西フリジア語の skriuwe には「書く」と「書いている」というアスペクトの対立がない。これはオランダ語やドイツ語でも同様である。したがって，次の現在形・過去形による文は，現在・過去の時点に進行中の動作の意味とも，一般的な習慣としての動作を全体的にとらえたとも解釈できる。

　　Hy *skriuwt* in brief.「彼は手紙を｛書いているところだ/書く習慣がある・書く｝」（現在形）

　　Hy *skreau* in brief.「彼は手紙を｛書いているところだった/書く習慣があった・書いた｝」（過去形）

　「oan 't＋第2不定詞＋wêze」構文（oan 't［oənt］＜oan it）（§37 (1)⑲）を使えば，「…しているところだ」のように進行中の動作であることが意味的に明確になる。第2不定詞が他動詞の場合，直接目的語名詞句は「oan 't＋第2不定詞」の左側（前）に現われ，全体で「名詞句＋oan 't＋第2不定詞＋wêze」という構文になる。oan 't は oan it とつづることもあるが，発音はどちらの場合にも［oənt］である。

　　Hy *is* in brief *oan 't skriuwen*.「彼は手紙を書いているところだ」

　　Hy *wie* in brief *oan 't skriuwen*.「彼は手紙を書いているところだった」

　ただし，進行中の動作であることを明示する必要が高い文脈では，この構文がほとんど義務的になることがある。たとえば，次例はたんに過去形だけでは不自然である。

Doe't se deryn kaam, {*wie* er *oan 't skriuwen*/[??]*skreau* er}.「彼女が入ってきたとき，彼は書いているところだった」

oan 't は少なくとも本来の語形としては「前置詞 oan（オ．aan/ド．an/エ．on）＋定冠詞 't（＜it）」であり，「oan 't＋第 2 不定詞」は前置詞句に相当するので，この構文は前置詞句構文と言える。そこで，この構文による進行形の表現を「前置詞句進行形」（エ．prepositional progressive）と呼ぶことにする。

なお，進行形の表現にはこれ以外に，ゲルマン語に広く見られる「姿勢動詞進行形」がある。西フリジア語では「{stean/sitte/lizze/hingje/rinne}＋te-第 2 不定詞」（§67(4)）がこれにあたる。

(a) 不定詞標識としての oan 't

この構文の第 2 不定詞は，(1)(c), (d)で述べた「限定詞＋第 2 不定詞」と違って，名詞化（エ．nominalization）されていない。それは第 2 不定詞が動詞の結合価（ド．Valenz）を受け継いで，名詞句目的語を伴うことからわかる。

Hy {*is*/*wie*} in brief *oan 't skriuwen*.「彼は手紙を書いているところ{だ/だった}」

*Hy {*is*/*wie*} oan 't skriuwen fan in brief.「同上」（不可）

第 2 不定詞 skriuwen は定冠詞 it（＞'t）を伴っているが，名詞句の直接目的語 in brief「手紙」を支配しており，in brief skriuwe「手紙を書く」という動詞句の構造を保っている。つまり，in brief「手紙」は oan 't の左側に置かれているが，第 2 不定詞 skriuwen「書く」とともに動詞句を形成している。したがって，in brief oan 't skriuwen は in brief te skriuwen「手紙を書く(こと)」という te-第 2 不定詞句と統語的に類似しており，oan 't は te に相当すると言える。

つまり，oan 't は通常の「前置詞＋定冠詞」とは性格を異にする。te-第 2 不定詞の te（オ．te/ド．zu/エ．to）が前置詞から「不定詞標識」（エ．infinitival marker）に発達したのと同様に，oan（オ．aan/ド．an/エ．on）はもはや前置詞ではなく，元来は定冠詞だった 't とともに，te と同様に oan 't という不定詞標識としてはたらいていると考えられる。

ただし，不定詞標識 oan 't は不定詞標識 te と違って，分離動詞では分離成分の不変化詞と動詞の間に te が割り込むが(op te iten ← opite「食べつくす」)，

oan't は割り込まない (*op oan't iten) (Ebert/Hoekstra 1996 : 84)。この点で oan't は前置詞としての性格を残しており、完全に不定詞標識になっているとは言いがたい。

 Hy is in hjerring {oan't *opiten*/*op oan't *iten*}.「彼はニシンをたいらげているところだ」(分離動詞 op|ite「食べつくす」)

 ↔ Hy besiket in hjerring {*te *opiten*/*op* te *iten*}.「彼はニシンをたいらげようとしている」

(b)「前置詞＋定冠詞」としての oan't

 次の用例では名詞句が oan't の左側ではなく、その直後に置かれており、「名詞＋第2不定詞」で1語として続け書きされ、名詞抱合 (§58) が起こっている。この第2不定詞は名詞用法であり、oan't は「前置詞＋定冠詞」であると言える。

 Hy is oan't *briefskriuwen*.「彼は手紙を書いているところだ」(briefskriuwe ← brief「手紙」+ skriuwe「書く」)

これが名詞抱合による表現であることは、brief「手紙」に限定詞や形容詞などの修飾語がつかず、代名詞で置き換えられないことから明らかである。

 *Hy is oan't {*in brief*/*lange brieven*} *skriuwen*.「彼は {手紙(単数形)/長い手紙(複数形)} を書いているところだ」(不可)

 *Hy is oan't {{*him*/*it*}/*se*} *skriuwen*.「彼は {それ/それら} を書いているところだ」({de/it} brief「手紙」, 不可)

名詞句目的語を「oan't＋第2不定詞」全体の左側(前)に出せば、oan't は不定詞標識としてはたらき、動詞句表現になるので問題がない。

 Hy is {*in brief*/*lange brieven*} oan't *skriuwen*.「同上」

 Hy is {{*him*/*it*}/*se*} oan't *skriuwen*.「同上」

ただし、語彙的に固定した抱合動詞の語形は brieveskriuwe であり、「文通する」という習慣・反復を伴う特定化した意味を表わす (Dijk 1997 : 84f., Hoekstra 1997 : 90)。

 次例が語彙的に固定した名詞抱合によることは、han- が hân「手」と語形的に異なることから明らかである。

 De bern *binne oan it hanwaskjen*.「子供たちは手を洗っている」(名詞抱

合 han(＜hân「手」)＋waskje「洗う」)

第2不定詞が単独の自動詞の場合には，目的語を欠くために動詞句を形成しているかが不明確であり，oan 't が不定詞標識か前置詞かあいまいである。

　　Wy *wiene* krekt *oan 't iten*, doe't er thúskaam.「彼が帰宅したときに，私たちはちょうど食事をしている最中だった」

　　Ik *bin oan 't praten*.「私は話をしているところです」

　　Yn it petearke *wie* de mem *oan 't striken*.「会話をしながら母は編み物をしていた」

西フリジア語の oan 't は歴史的に「前置詞＋定冠詞」に由来する。今日でも名詞用法の第2不定詞を伴い，名詞抱合によって他動詞の目的語を第2不定詞に取り込みながら前置詞句を形成するのは，そのなごりと言える。これは，wurkje「働く」という動詞を用いた oan 't wurkjen wêze という表現が it wurk「仕事」という中性名詞を用いた oan 't wurk wêze というふつうの前置詞句表現と同様に，「仕事をしているところだ」という意味になることからも理解できる。

　　Auke *is* yn de tún *oan 't wurk*.「アウケは庭で仕事をしている」

　　Hy *is oan 't wurk* mei in boek.「彼は本を書く仕事をしている」

上述のように，oan 't は不定詞標識の性格を持つまでになり，第2不定詞は名詞句目的語を伴って動詞句型構文を形成することがある。この意味で，西フリジア語の前置詞句進行形は進行形への発達途上にあり，「oan 't＋第2不定詞＋wêze」構文にはあいまいさが認められると考えられる。

西フリジア語では第2不定詞を伴う oan 't だけでなく，te も不定詞標識か前置詞かであいまいである(§67)。名詞抱合の有無もこれと関係している。同じく進行形の表現である「{stean/sitte/lizze/hingje/rinne}＋te-第2不定詞」(姿勢動詞進行形, §67(4))でも同様である。

(c)　**意味的制限と他の用例**

「oan 't＋第2不定詞＋wêze」構文は英語の進行形(be＋-ing)と同様に，開始・終結を前提としない状態・性質の表現には使えない。

　　Kenne jim inoar?「あなたがたは知り合いですか」

　　↔ *Binne jim inoar *oan 't kennen*?「同上」(不可)

Sy *liket* hiel bot op har mem.「彼女は母親にとてもよく似ている」

↔ *Sy *is* hiel bot op har mem *oan 't lykjen*.「同上」(不可)

Ik *weach* 68 kilo.「私は体重が 68 キロあります」

↔ *Ik *bin* 68 kilo *oan 't weagen*.「同上」(不可)

時間を示す副詞成分を伴って動作の継続を表わす場合にも，この構文は使えない(Ebert/Hoekstra 1996：90)。

*It bern *wie* twa oeren lang *oan 't boartsjen*.「子供は 2 時間の間，ずっとひとりで遊んでいた」(不可)

命令文でもこの構文は使えない(ib. 90)。

Wês net sa *oan 't seuren*!「そんなに愚痴をこぼしてばかりいないでくれ」(不可)

主語が動作主でない場合にも，この構文は使えない。つまり，意図的で制御可能な動作である必要がある(ib. 82)。

It jonkje *sliept*.「男の子は眠っている」

↔ *It jonkje *is oan 't sliepen*.「同上」(不可)

It famke {*laket/gûlt*}.「女の子は{笑っている/泣いている}」

↔ *It famke *is oan 't* {*laitsjen/gûlen*}.「同上」(不可)

Dy studint *ferfeelt* him.「その学生は退屈している」

↔ *Dy studint *is* him *oan 't ferfelen*.「同上」(不可)

De flagge *waait* op 'e toer.「塔の上で旗がたなびいている」

↔ *De flagge *is* op 'e toer *oan 't waaien*.「同上」(不可)

It *reint*.「雨が降っている」

↔ *It *is oan 't reinen*.「同上」(不可)

「{stean/sitte/lizze/hingje/rinne}＋te-第 2 不定詞」(姿勢動詞進行形)は，動作の継続や命令文，それに主語が動作主以外の表現にも用いることができる(§67(4))。ただし，姿勢の意味と矛盾しないことが条件になる。

(d) その他の進行形の表現

前置詞句進行形に類似した進行形の表現として，dwaande wêze「従事している(mei …に)」(§62(2)(c))がある。

Wypke *wie* krekt *dwaande* Sytske har fuotsjes dêr yn te *waskjen*.「ヴィ

プケはちょうどシツケの足をその中に入れて洗っていた」

De bern *binne dwaande mei* hanwaskjen.「子供たちは手を洗っている」

Ik *bin dwaande mei* wat wurk.「私はちょっと仕事をしている」

オランダ語では bezig zijn「従事している (met …に)」が対応する。

オ．De kinderen *zijn bezig* hun handen *te wassen*.「同上」

Ik *ben bezig met* wat werk.「同上」

「oan 't＋第2不定詞＋wêze」構文で wêze のかわりに bliuwe「…し続ける，とどまる」を使うと，「…し続ける」という意味の継続アスペクトの表現になる。

Wy *bliuwe* noch in oerke *oan 't timmerjen*.「私たちはまだ1時間は大工仕事をやり続けます」

これは te- 第2不定詞で置き換えても表現できる (§67(3))。

Wy *bliuwe* noch in oerke *te timmerjen*.「同上」

オランダ語では「aan het＋不定詞＋zijn」が西フリジア語の「oan 't＋第2不定詞＋wêze」に対応する。以下で述べるように，不定詞標識としての aan het ([a.n ət]→[a.nt]) と動詞句表現，「前置詞＋定冠詞」としての aan het と名詞抱合という対応も西フリジア語と同様である。

オ．Hij *schrijft* {een brief/lange brieven}.「彼は｛手紙(単数形)/長い手紙(複数形)｝を書く・書いているところだ」

Hij *schreef* {een brief/lange brieven}.「彼は｛手紙(単数形)/長い手紙(複数形)｝を書いた・書いているところだった」

Hij *is* {een brief/lange brieven} *aan het schrijven*.「彼は｛手紙(単数形)/長い手紙(複数形)｝を書いているところだ」

Hij *was* {een brief/lange brieven} *aan het schrijven*.「彼は｛手紙(単数形)/長い手紙(複数形)｝を書いているところだった」

オランダ語でも直接目的語を動詞の直前に置く表現ができる。

オ．Hij is aan het *brieven schrijven*.「彼は手紙を書いているところだ」

brieven「手紙」は複数形であり，正書法でも brieven と schrijven「書く」は分かち書きする。しかし，brief は限定詞や形容詞をつけたり，代名詞で置き換えることはできない。

オ．*Hij is aan het {een brief / lange brieven} schrijven*.「彼は｛手紙(単

数形)/長い手紙(複数形)} を書いているところだ」(不可)

　　　*Hij is aan het {*hem/ze} schrijven.「彼はそれを(単数形/複数形)書いているところだ」(de brief「手紙」,不可)

目的語の部分を「aan het＋第2不定詞」全体の左側(前)に出せば,動詞句表現になるので問題がないことは,西フリジア語と共通している。

　　オ．Hij is {een brief/lange brieven} aan het schrijven.「同上」
　　　Hij is {hem/ze} aan het schrijven.「同上」

このことから,「aan het＋名詞＋不定詞＋zijn」という構文は名詞抱合の性格を備えていると言える。名詞が複数形になるのは,boekenkast「書棚」(boek「本」＋kast「戸棚」)のように複数形形態素は複合語の成分として用いることがあるのと同様に,名詞抱合でも抱合名詞を形成する形態的役割を担うためとも考えられる。次例も同様である。

　　オ．Hij is de aardappels aan het schillen.「彼はジャガイモの皮をむいているところだ」
　　　Hij is aan het aardappelschillen.「同上」

ただし,オランダ語では西フリジア語と違って名詞抱合の使用範囲に制限が強く,この種の不定詞の用法で名詞抱合が観察されるにとどまる。

「aan het＋不定詞＋zijn」構文の不定詞が名詞化されておらず,動詞の結合価を受け継ぐ点も西フリジア語と同様である。次例は不可である。

　　オ．*Hij is aan het schrijven van een brief.「彼は手紙を書いているところだ」(不可)

分離動詞では分離成分の不変化詞と動詞の間に te は割り込むが,aan het は割り込まないことも西フリジア語と同様である。

　　オ．Hij is een haring {aan het opeten/*op aan het eten}.「彼はニシンをたいらげているところだ」(分離動詞 op|eten「食べつくす」)
　　　↔ Hij probeert (om) een haring {*te opeten/op te eten}.「彼はニシンをたいらげようとしている」

ゲルマン語には文法化の差はあるものの,ほとんどの言語に同種の「前置詞句進行形」の形式が認められる。英語の be＋-ing も歴史的に前置詞句進行形に由来する(古英語 bêon＋on＋-ing)。英語と並んで文法化の度合いが高いアイスランド語の「vera að (エ．at)＋不定詞」も前置詞句進行形のひとつであ

る。前置詞の種類にはこのほかに北フリジア語フェリング方言(fering)の uun (フ．yn/オ．ド．in/エ．in)，モーリング方言(mooring)および部分的にフェリング方言の bai，ドイツ語の bei (西フ．by/オ．bij/エ．by)，および意味的にこの bai/bei に相当するデンマーク語の ved (エ．with)などがある。文法化の度合いは一般に次の基準から判断できる。

① 進行形と非進行形の間で文法的アスペクトの対立がある。
② 主語が動作主以外でも可能で，意図的・制御可能な動作を表わす動詞に限らない。
③ 名詞句目的語を伴うことができる。
④ 前置詞から不定詞標識へ発達している。

　西フリジア語の前置詞句進行形構文は，①②は満たさないが，③④はほぼ満たすという点で，進行形としての文法化がある程度，進んでいると言える。ドイツ語では，「(gerade) dabei sein … zu- 不定詞」と「am＋不定詞＋sein」がこれに相当するが，前者は①を満たさない。西フリジア語の構文に近い後者は①②を満たさず，③④も十分に満たすとは言いがたい。ただし，次例のように目的語が代名詞の場合には，③が比較的可能である。この点でこの構文にも進行形構文としての芽生えが認められる(Ebert/Hoekstra 1996：98)。

　　ド．*Das* sind wir noch *am Diskutieren*.「それを私たちはまだ議論しているところです」

　　　??Wir sind *das Problem* noch *am Diskutieren*.「私たちはその問題をまだ議論しているところです」(容認困難)

　なお，ドイツ語の「(gerade) dabei sein … zu- 不定詞」は，①を満たさないこと以外に，名詞句目的語を伴う他動詞であることが必要である。

　　ド．*Sie ist dabei, zu lesen.*「彼女は読んでいるところだ」(不可)

　　　Sie ist dabei, *ein Buch zu lesen*.「彼女は本を読んでいるところだ」

§67　te-第2不定詞（te-ynfinityf）

(1)　te-第2不定詞の分類

　第2不定詞に te（オ．te/ド．zu/エ．to）がついた te-第2不定詞は，第2不定詞とは用法が大きく異なる。te-第2不定詞は「枠越え」による外置（エ．extraposition）と名詞抱合（§58）の有無から，次の4種類に分類される（Hoekstra 1997：22, 84ff.）。

	外　置	名詞抱合
① te-第2不定詞の動詞用法	有	無
② te-第2不定詞の形容詞用法	無	無
③ te-第2不定詞の前置詞句用法	無	有
④ te-第2不定詞の文用法	有	有

① te-第2不定詞の動詞用法（エ．verbal te-infinitive）
　Hy seit dat se Frysk besiket [te praten].「彼は彼女がフリジア語を話そうとしていると言っている」（besykje「…することを試みる，…しようとする」，prate「話す」）((2)の用例)

② te-第2不定詞の形容詞用法（エ．adjectival te-infinitive）
　Hy seit dat se swier [te rissen] is.「彼は彼女はその気にさせにくいと言っている」（rissen「持ち上げる，その気にさせる」）((5)の用例)

③ te-第2不定詞の前置詞句用法（エ．prepositional te-infinitive）
　Hy seit dat se [te brommelsykjen] giet.「彼は彼女がキイチゴを摘みに行く（＝キイチゴ摘みに行く）と言っている」（brommelsykje「キイチゴ摘みをする」＜brommel(-bei)「キイチゴ」＋sykje「探す」，gean「行く」）

((7)の用例)

④ te-第2不定詞の文用法(エ. sentential te-infinitive)

Hy seit dat er ús *helpt* [*te brommelsykjen*].「彼は彼女が私たちにキイチゴ摘みの手伝いをしてくれる(=キイチゴ摘みをするときに手伝ってくれる)と言っている」(helpe「助ける」)((2)の用例)

　上記④の「te-第2不定詞の文用法」はオランダ語やドイツ語には存在せず，西フリジアの特徴と言える。ただし，「文(=CP)」という概念がつかみにくく，用法としては副詞成分と理解するほうが容易なので，「te-第2不定詞の副詞用法」(エ. adverbial te-infinitve)と呼んだほうが良いかもしれない(詳細は(7)(b)参照)。この分類はオランダ語やドイツ語との共通点や相違点をとらえやすく，以下の説明でも必要に応じて言及する。ただし，以下の(2)～(7)はそれぞれこの4分類のどれかと一対一に対応するとは限らず，複雑である(例．(2)(f)，(3)(a)(b)(c)，(4)(a)(b)(c)(d)，(7)(a)(b))。

(2)　te-第2不定詞句を伴う他動詞(制御動詞)

(a)　補文としての te-第2不定詞句

　te-第2不定詞は名詞句目的語や前置詞句などの副詞成分を伴って第2不定詞句を形成し，母型文(エ. matrix sentence)の埋め込み文(エ. embedded sentence)として母型文の動詞(エ. matrix verb)の補文を形成することがある。この用法を「te-第2不定詞の動詞用法」(エ. verbal te-infinitive)と呼ぶ。te-第2不定詞句の主語は語彙的には表現されず，意味的に母型文の主語または目的語と同一であると解釈される(英語と違って，西フリジア語では「for-名詞句+to-不定詞」のように不定詞句の主語を「for-名詞句」として語彙的に表現することはない)。母型文の動詞の種類には，te-第2不定詞句を伴う他動詞(制御動詞)と te-第2不定詞句を伴う話法動詞・アスペクト動詞(繰り上げ動詞)がある。この te-第2不定詞の用法は(1)で述べた動詞用法である。

　ここではまず，前者の te-第2不定詞句を伴う他動詞(制御動詞)を扱う。

(b)　te-第2不定詞句の主語

　te-第2不定詞句の主語の解釈は，それを支配する母型文の動詞が母型文の

主語あるいは目的語と同一であると決定することに依存する。つまり，母型文の動詞が te- 第2不定詞句の主語を制御(エ．control)する。このような動詞を「制御動詞」（エ．control verb）と呼ぶ。

① 主語と同一

belibje「…することを経験する」, besykje「…することを試みる，…しようとする」, ferjitte「…することを忘れる」, hoopje「…することを希望する」, oanbiede「…することを申し出る」, sizze「…すると言う」, ûnthjitte「…に…すると約束する」, witte「…することを心得ている」

Beppe hie nea tocht, dat se nochris *belibje* soe, [oerbeppe *te wurden*], mar no is se it al trije kear.「祖母はもう一度，曾祖母になる経験をするとはまったく思っていませんでしたが，これでもう3度目です」(belibje)

Ik *hoopje* [noch hiel lang op mysels *bliuwe te kinnen*].「私はまだずっと長い間，自分でやっていけるようにと望んでいます」(hoopje)

Ik *bea oan* [him *te helpen*].「私は彼に援助することを申し出た」(oanbiede)

It persintaazje respondinten dat *seit* [hielendal neat fan it Frysk *te ferstean*] is dus o sa lyts.「フリジア語を何も理解しないと言っている回答者の割合は，したがって，きわめて微小である」(sizze)

Wy *witte* [de bushalte net *te finen*].「私たちはバス停を見つけられないのです」(witte)

② 目的語と同一

beprate「…に…するように説得する」, ferbiede「…に…することを禁止する」, freegje「…に…するように頼む」, helpe「…に…することを手伝う」, hjitte (hite)/befelje「…に…することを命令する」, oanriede「…に…するように忠告する」, oerhelje「…に…するように説得する」, twinge「…に…することを強制する」

Se skille de dokter en *frege* him [de middeis even *del te kommen*].「彼女は医者に電話して，昼に来てもらうように頼んだ」(freegje)

Hja *twongen* de piloat [nei Stiens *te fleanen*].「彼らはパイロットにスティエンス(オ．Stiens「スティーンス」)へ飛ぶように強制した」(twinge)

③ 主語・目的語と同一

同一の母型文の動詞でも，意味の相違に応じて te- 第 2 不定詞句の主語が母型文の主語または目的語と同一と解釈されることがある。

Hy *frege* har [om har hier *groeie te litten*].「彼は彼女に彼女自身の髪を伸ばすように (＝伸ばしてくださいと) 頼んだ」(freegje「…してほしいと頼む：要請する」，目的語と同一)

Hy *frege* har [om syn hier *groeie te litten*].「彼は彼女に彼自身の髪を伸ばさせてくれと (＝伸ばすのを許してほしいと) 頼んだ」(freegje「…してもいいかと頼む＝許可を求める」，主語と同一)

(c) 「(om …) te- 第 2 不定詞」：補文標識 om の有無

補文としての te- 第 2 不定詞句は補文標識 om に導かれることがある ((9))。この om は動詞が定形の場合の補文標識，つまり定形補文標識 dat にたいして，動詞が不定形の場合の補文標識，すなわち不定形補文標識と言える。

Wy *bepraten* him [*om* dat net *te dwaan*].「私たちは彼にそれをしないように説得した」(beprate「説得する」)

Ik koe him net *oerhelje* [*om* ek *mei te dwaan*].「私は彼にいっしょにやるように説得することができなかった」(oerhelje「説得する」)

この om の使用は原則として任意である。オランダ語でも同様だが，話し言葉では om をつけ，書き言葉では om をつけない傾向がある。一方，西フリジア語ではオランダ語と比べて om の使用が好まれる。om をつけない表現 (「Ø」で示す) は堅苦しく，オランダ語的な印象を与えることがある (Hoekema 1958：17)。また，om を使用すれば，te- 第 2 不定詞句の始まる位置がはっきりする。以下は同一の動詞で om の有無が併存する例である。

i) Yn dizze advertinsje *wurdt besocht* [*om* de oandacht *te lûken*] troch de kop: 'mear as in heal miljoen kij'.「この広告では「50 万匹以上の乳牛」というタイトルで注意を引こうと試みられている」(besykje「試みる」)

As oplossing sil *besocht wurde* moatte [Ø de minske op 'en nij yn 'e kunde te bringen mei de natoer om him hinne].「解決策として，人間をもう一度，新たに自分のまわりの自然に親しませることが試みられる必要があるだろう」(同上)

ii) Ik *fergeat* [*om* de doar op slot *te dwaan*].「私はドアに鍵をかけるのを忘れた」(ferjitte「忘れる」)

By it boadskipjen *ha* ik *fergetten* [∅ sâlt *te keapjen*].「買物をしたときに私は塩を買うのを忘れた」(同上)

iii) Jo *wurde frege* [*om* in pear rigels *te skriuwen*].「何行か文をつづってください(＝あなたは何行か文をつづることを依頼される)」(freegje「頼む」)

Freegje jo kursuslieder [∅ jo sinnen *te kontrolearjen*].「講師の先生にあなたの文章をチェックしてもらうようにお願いしなさい」(同上)

iv) Wêrom *wurde* de minsken op it plattelân der yn guon gefallen suver ta *twongen* [*om* in eigen auto *oan te skaffen*]?「なぜ田舎の人々は，ある場合には自家用車を調達することを強いられることがあるのだろうか」(twinge「強制する」)

Hja *twongen* de piloat [∅ nei Stiens *te fleanen*].「彼らはパイロットにスティエンス(オ．Stiens「スティーンス」)へ飛ぶように強制した」(同上)

「(om …) te- 第2不定詞句」が後域へ「枠越え」しないで中域にとどまり，動詞の左側(前)にある場合には，補文標識 om は現われない。

Hy seit dat Anneke him *frege* [{*om*/∅} mei har nei Utert ta *te gean*].「彼はアネケが彼に彼女といっしょにユトレヒト(オ．Utrecht)へ行ってくれと頼んだと言っている」

Hy seit dat Anneke him [{*om*/∅} mei har nei Utert ta te gean] *frege*.「同上」

① 補文標識 om が使えない動詞

補文標識 om が使えない動詞もある。おもに発言や感情・認識の意味の動詞がそれである。日本語では「…であると…，…すると…」のように，te- 第2不定詞句が「…と」と訳せるものが多く，te- 第2不定詞句を目的語として十分に支配しているとは言えず，他動詞としての性格が弱い。

freezje「…と恐れる」，hoopje「…と希望する」，meidiele「…と伝える」，miene「…と思う」，sizze「…と言う」

Hy *miende* [{*om*/∅} dat *ferwachtsje te kinnen*].「彼はそれが期待できると思った」

② te- 第2不定詞または第2不定詞を伴う動詞

leare「…することを教える・習う」は補文標識を欠く te- 第2不定詞句を支配するが，目的語のない第2不定詞だけの1語の場合には te を伴わず，第2不定詞を名詞用法で用いることがある。

Ik *learde* har [de wurden *te staverjen*].「私は彼女にそれらの語のつづりかたを教えた」

Honger *leart* de bear *dûnsjen*.「空腹は熊に踊ることを教える(=腹が減っては戦はできぬ。ことわざ)」

It is winter en no silst *riden leare*.「もう冬になったのだから，おまえはスケートを習わなくてはいけない」

De jonges wolle *silen leare*.「男の子たちはヨットを習いたがっている」

ただし，不定詞(句)が後域へ「枠越え」によって外置されると，1語か否かを問わず，te を伴う。

Moatte wy *leare* [*te libjen* mei in grut tal wurkleazen]?「私たちは大勢の失業者たちと生きることを学ばなければならないのだろうか」

De minske sil wer *leare* moatte [*te sjen, te harkjen en te ferstean*].「人間は見ることと聞くことと理解することを再び学ぶ必要があるだろう」

第2不定詞が定冠詞 it などの限定詞を伴うことがある。この場合は名詞句に相当するので，「枠越え」による外置は起こらない。

Do *hast* my *it silen leard*. Witst it noch?「君はぼくにヨット乗りを教えてくれたね。覚えているかい」

doare「あえて…する」と hoege/(hoeve)「…する必要がある」が第1不定詞あるいは te- 第2不定詞を伴うことがあるのは，§53(6)で述べた。

(d) 名詞句の取り出しと te- 第2不定詞句の外置

① 名詞句の取り出し

te- 第2不定詞句内の名詞句はその外に取り出すことができる。次例は名詞句が主文の前域に移動した例である。

Eins wie er bang foar hynders en *dat*ᵢ *besocht* er [___ᵢ *fuort te razen*].「じつは彼は馬がこわかったが，そのことを彼は念頭から捨て去ろうとした」(besykje「試みる」)

補文標識 om に導かれた「om te- 第2不定詞句」からは，名詞句の取り出しはできない。

*Dat*₁ haw ik fergetten [___₁ *te dwaan*].「そのことを私はやり忘れた」(ferjitte「忘れる」)

↔ **Dat*₁ haw ik fergetten [om ___₁ *te dwaan*].「同上」(不可)

② te- 第2不定詞句の外置

te- 第2不定詞句は全体で右枠の外に「枠越え」し，外置できる。

De measte húsdokters binne der wol foar, dat de minsken ___₁ *besykje* [wat oan harren kwaaltsjes *te dwaan*]₁.「大部分の家庭医は人々が自分の疾患について何かしようと試みることに賛成である」

It bestjoer en de direksje sil yn oerlis mei de fakbûnen ___₁ *besykje* [in oplossing *te finen* foar de wurknimmers]₁.「執行部と理事会は労働組合と相談して，労働者のために解決策を見つけようと試みるだろう」

(e) **分裂不定詞句(第3構文)**

　目的語補文の te- 第2不定詞句は，「枠越え」による外置の有無によって母型文の動詞との語順に相違が生じる。一般に外置を起こした用例のほうが好ましい印象を与えることが多い。外置を起こさず，母型文の動詞に先行する te- 第2不定詞に補文標識 om がつかないことは，(c)で述べた。

① 外置：有

Se sizze dat er my *ferbean hat* [dat boek *te keapjen*].「彼らは彼が私にその本を買うことを禁止したと言っている」(ferbiede「禁止する」)

Hja seit dat er *mient* [dat net *ferwachtsje te kinnen*].「彼女は彼がそれを期待できないと思っていると言っている」(miene「思う」)

② 外置：無(あまり好まれない)

Se sizze dat er my [dat boek *te keapjen*] *ferbean hat*.「同上」

Hja seit dat er [dat net *ferwachtsje te kinnen*] *mient*.「同上」

　以上の二つに加えて，te- 第2不定詞句の目的語と te- 第2不定詞の間に母型文の動詞が割り込んでいる語順がある。このような構文を「分裂不定詞句」(エ. split infinitival argument)，または「第3構文」(エ. third construction)と呼ぶ(De Haan 1993)。

③　分裂不定詞句(第3構文)

　　Se sizze dat er my [dat boek] *ferbean hat* [*te keapjen*].「同上」

　　Hja seit dat er [dat] *mient* [net *ferwachtsje te kinnen*].「同上」

　te- 第2不定詞が「第1不定詞(…) te- 第2不定詞」となる場合には，分裂のしかたは「[名詞句目的語＋第1不定詞]… te- 第2不定詞」でも「名詞句目的語…[第1不定詞＋te- 第2不定詞]」でもかまわない。

i)　［名詞句目的語＋第1不定詞］… te- 第2不定詞

　　Hja seit dat er [dat boek *keapje*] mient [*te moatten*].「彼女は彼がその本を買わなければならないと思っていると言っている」

ii)　名詞句目的語…[第1不定詞＋te- 第2不定詞]

　　Hja seit dat er [dat boek] *mient* [*keapje te moatten*].「同上」

(f)　**te- 第2不定詞の用法：動詞用法と文用法(副詞用法)**

　以上の事実と te- 第2不定詞の用法((1))の関係には注意を要する(Hoekstra 1997：92)。

①　(om …) te- 第2不定詞句：動詞用法

　　Hja seit dat er ús *helpt* [(*om*) de foto's *yn te plakken*].「彼女は彼が私たちに写真を張りつけるのを手伝うと言っている」

②　分裂不定詞句(第3構文)：動詞用法

　　Hja seit dat er ús [de foto's *yn*] *helpt te plakken*.「同上」

③　名詞抱合：文用法

　　Hja seit dat er ús *helpt* [*te fotoynplakken*].「同上」

　上記①と②では，「[写真を張りつけること]を手伝う」のように，te- 第2不定詞句は helpe「手伝う」の不定形補文を形成して補足成文(エ．complement)としてはたらき，動詞句に相当する。一方，名詞抱合を伴う③では，「[写真張りつけ{をするときに/にさいして}]手伝う」のように，te- 第2不定詞は付加成分(エ．adjunct)として副詞的にはたらいている。このように，制御動詞はつねに補文としての te- 不定詞句を伴うとは限らない。

(3) te- 第 2 不定詞句を伴う話法動詞・アスペクト動詞(繰り上げ動詞)

　te- 第 2 不定詞句の母型文の動詞は，主語が動作主を表わす他動詞のほかに，義務・推量などの話法の助動詞に類似した話法的意味や，始発・継続・習慣・終結などのアスペクトの意味を表わす動詞に相当することがある。前者を「話法動詞」，後者を「アスペクト動詞」と呼ぶ。この場合，te- 第 2 不定詞句は補文標識 om を伴わない。この点は，母型文の動詞が動作主主語と te- 第 2 不定詞句目的語を要求する(2)の他動詞としての「制御動詞」とは異なる。母型文の主語は非動作主で，te- 第 2 不定詞とともにひとつの命題を構成し，そこから非動作主の主語が母型文の主語に繰り上がることで成立する。このような動詞を「繰り上げ動詞」（エ．raising verb）と呼ぶ。

① 話法動詞

　blike「明らかに…だ」, hearre「…するのがふさわしい」, lykje「…らしい」, skine「…らしい」

　te- 第 2 不定詞を伴うという意味では，doare「あえて…する」と hoege/(hoeve)「…する必要がある」(§ 53 (6)) も含まれる。

　Op in fyts *heart* in skille te sitten.「自転車にはベルがあってしかるべきだ」(hearre)

　De bazen fan de hûnen *hearre* harren beesten ûnder tafersjoch te hâlden.「犬の飼い主は自分たちの犬(＝動物)を監視するのが当然だ」(hearre)

　It *like* mis te gean.「それは失敗しそうだった」(lykje)

　Der *skine* altyd noch minsken te wêzen, dy't in bytsje skruten binne en stap samar yn 'e bibleteek.「図書館に遠慮なく足を踏み入れることに少し気遅れするような人々がいまだにいるようだ」(skine)

② アスペクト動詞

　begjinne「…しはじめる」, bliuwe「…したままでいる」, komme「…するようになる」((5)(c)「…されるようになる」との区別に注意), ophâlde「…し終わる」, pliigje/plichtsje「…するのが常である」, reitsje「…するようになる」

　It *begûn te waaien*.「風が吹きはじめた」(begjinne)

　Ik *kom* it wol te witten.「私にもそのことがわかるようになるだろう」

(komme)

Der *komt* ek noch mear wyn *te stean*, benammen by de kust lâns en yn it waadgebiet.「とくに海岸沿いやヴァート地帯(＝オランダ北部北海沿岸の干潟地帯)では，風がさらに強く吹くようになる」(komme)

Sy *plichte* hjir gauris *te kommen*.「彼女はしばしばここに来たものだ」(pliigje/plichtsje)

(a) te- 第 2 不定詞の用法：動詞用法

「話法動詞・アスペクト動詞＋te- 第 2 不定詞」の語順では，te- 第 2 不定詞の用法は動詞用法である．この場合，右枠で動詞群を形成すると，te- 第 2 不定詞は「オーヴェルディープ(Overdiep)の法則」(§70(3))に従って，話法・アスペクト動詞の右側(後ろ)へ置かれる．つまり，外置を起こす．

Dochs binne der út 'e dyk dolde Friezen dy't by skriftlik gebrûk margjin erch yn dit hollânisme *lykje te hawwen*.「しかし，生粋のフリジア人の中には，文章を書くときにこのオランダ語法に気がついていないような人々もいる」(lykje「…らしい」)

Lês dat formulier *foar't* jo *begjinne te skriuwen*.「書きはじめる前に，その用紙に目を通しなさい」(begjinne「…しはじめる」)

Sadree't it *begjint te winterjen*, wurdt der praat oer dizze Fryske iismaraton.「冬になるとすぐに，このフリースラントのマラソンのことが話題になる」(同上)

Dykstra frege oft der noch net ris besjoen wurde koe oft de dyk net noch wat fierder fan it doarp ôf *komme koe te lizzen*.「ディクストラはその道がもう少し村から離れたところに位置するようになることができるかどうか，まだ検討される余地はないかと質問した」(komme「…するようになる」)

(b) te- 第 2 不定詞の用法：前置詞句用法

一方，次例では te- 第 2 不定詞 te witten がアスペクト動詞 komme「…するようになる」の左側(前)に置かれており，外置を起こしていない．

Hy seit dat se dat *te witten kaam*.「彼は彼女にはそれがわかるように

なったと言っている」

　このte wittenはte-第2不定詞の前置詞句用法であると言える。つまり，te witten kommeは本来，動詞用法のte-第2不定詞がte witten komme全体で「わかるようになる」(エ．realize)という独立した意味を持つ複合動詞に相当する慣用句として定着し，前置詞句用法に移行した例と考えられる((7)「te-第2不定詞＋{gean/wêze}」参照)。このことはte witten dwaan「理解させる」でも同様である。

　　De boargemaster *die te witten* dat dy saak noch net útiten wie.「市長はその件がまだかたづいていないことを周知させた」

(c)　**te-第2不定詞の用法：動詞用法と文用法**

　次例の外置を起こしたte-第2不定詞te sittenは，動詞用法と文用法の2通りに解釈できる。

　　Hy seit dat se by him *kaam te sitten*.「彼は彼女が自分のそばにすわったと言っている」

　まず，動詞用法では，kommeは「…するようになる」という意味のアスペクト動詞で，能格動詞(非対格動詞)であり，主語は非動作主である。by him「彼のそばに」はsitte「すわっている」と結びつき，「彼女は偶然，彼のそばにすわる(by him sitte)ことになった(kaam)」と解釈される。この場合，「(彼女が)彼のそばにすわることになる」はひとつの命題を形成している。

　一方，文用法では，kommeは「来る」という意味の運動動詞で，非能格動詞であり，主語は動作主である。by him「彼のそばに」はkomme「来る」と結びつき，「彼女は意図的に，すわるために(te sitten)，彼のそばにやって来た(by him kaam)」と解釈される。この場合は「彼女が彼のそばに来た」だけで独立した命題を形成している。次例でも同様である。

　　Nei myn trouwen *bin* ik hjir *kommen te wenjen*.「結婚後，私はここに移り住みました」

i)　動詞用法

　　「結婚後，私はここに住むようになりました」

　　komme「…するようになる」，アスペクト動詞，能格動詞(非対格動詞)，非動作主主語；「ここに住む(hjir wenje)ようになる(komme)」

ii) 文用法

「結婚後，私は住むためにここに来ました」
komme「来る」，運動動詞，非能格動詞，動作主主語；「住むために(te wenjen)ここに(hjir)やって来る(komme)」

同様に，bliuwe も能格動詞(非対格動詞)で主語が非動作主の場合には，「…したままでいる」という意味のアスペクト動詞であり，te- 第 2 不定詞は動詞用法と解釈される。

Dêr *is* er oan syn dea ta *bleaun te wenjen*.「そこで彼は死ぬまで住み続けた」(bliuwe「…したままでいる」)

一方，次例のように非能格動詞として用いて，主語が動作主である場合には，「とどまる，滞在する」という意味のふつうの動詞になり，te- 第 2 不定詞は文用法(副詞用法)と解釈される。

Bliuwe se ek *te iten*?「あの人たちも食事をしていくのですか」

Ik *bliuw* hjir jûn *te iten*.「私はここにいて夕食をすませます」

上記 2 例は，「{食事をする/夕食をとる}ために(te iten/jûn te iten)滞在する(bliuwe)」という意味であって，「{食事/夕食}をしたままでいる({te iten/jûn te iten}+bliuwe)」という意味ではないと解釈される。

上述のように，te- 第 2 不定詞の動詞用法，前置詞句用法，文用法は本来，たがいに異質だが，同一の表現形式に同時に現われることがある。

(4) {stean/sitte/lizze/hingje/rinne}+te- 第 2 不定詞(姿勢動詞進行形)

身体的な姿勢(ポーズ)を表わす次の五つの「姿勢動詞」(エ．postural verb)，stean「立っている」/sitte「すわっている」/lizze「横になっている」/hingje「ぶら下がっている」/rinne「歩いている，走っている」には，語彙的に継続アスペクト(エ．durative aspect)の意味が備わっている。この五つの姿勢動詞を te- 第 2 不定詞とともに用いた姿勢動詞構文は，進行形の表現になる。これを「姿勢動詞進行形」(エ．postural verb progressive)と呼ぶ。これは「前置詞句進行形」(§66(6))とともに西フリジア語の代表的な進行形の表現である。

ただし，姿勢動詞は継続アスペクトの意味と同時に，姿勢にかんする語彙的

意味を保っている。たとえば，sitte「すわっている」を用いた次例では，「すわっている」ことが条件になる。この点で，上記の姿勢動詞は進行形の助動詞として十分に発達しているとは言えない。

　　Hy *sit te skriuwen*.「彼は(すわって)書いている」

　以下にそれぞれ用例を挙げる。

① stean＋te-第2不定詞「(立って)…している」

　'te-第2不定詞＋stean'「…され得る，…されるべきだ」((5)(c))との区別に注意)

　Stean dêr net te laitsjen.「そこで(立って)笑っているな」

　Wy steane by de bushalte te wachtsjen.「私たちはバス停のところで(立って)待っています」

　Wy stiene te wachtsjen op 'e trein.「私たちは電車を(立って)待っていた」

　Hy stie faak nei it silen te sjen.「彼はよくヨット競技を(立って)見ていた」

② sitte＋te-第2不定詞「(すわって)…している」

　Efkes letter sitte se lekker te iten.「しばらくすると，彼らはおいしそうに(すわって)食事をしている」

　Hja sieten rêstich te praten.「彼らは静かに(すわって)話をしていた」

　Sitte jo te wachtsjen?「あなたは(すわって)待っているのですか」

③ lizze＋te-第2不定詞「(横になって)…している」

　Jûns lei er op bêd te bidden, want hy leaude yn God en hope al yn 'e himel te kommen.「夜になると彼はベッドで(横になって)祈っていました。というのは，彼は神様を信じていて，ちゃんと天国に行けるようにと願っていたからです」

　It lange gers leit yn sweeën efter har op it lân te droegjen.「長い草は彼らの後ろで刈り取った束になって地面に(横になって)干してある」

④ hingje＋te-第2不定詞「(掛かって)…している」

　De druven hongen te rypjen yn 'e sinne.「ブドウは日差しの中で(垂れ下がって)熟していた」

⑤ rinne＋te-第2不定詞「(歩いて・走って)…している」

　It jongfee rint fredich yn de achte te weidzjen.「幼い家畜が牧場でのん

きに(歩きながら)草を食べている」

「前置詞句進行形」と違って,「姿勢動詞進行形」は主語が動作主以外でも可能であり,意図的で制御可能な動作でなくてもよく,物事が主語でもかまわない(§66(6)(c), Ebert/Hoekstra 1996：82)。

It jonkje *leit te sliepen.*「男の子は(横になって)寝ている」(lizze)

↔ *It jonkje *is oan 't sliepen.*「男の子は寝ている」(不可)

It wetter *stiet te sieden.*「お湯が煮立っている」(stean)

↔ *It wetter *is oan 't sieden.*「同上」(不可)

命令文にも「姿勢動詞進行形」は用いることができる(§66(6)(c), ib. 90)。

Sit net sa *te seuren*!「そんなに(すわって)愚痴をこぼしてばかりいないでくれ」

↔ *Wês net sa *oan 't seuren*!「そんなに愚痴をこぼしてばかりいないでくれ」(不可)

時間を示す副詞成分がついて動作の継続を表わす場合にも,「姿勢動詞進行形」は使うことができる(§66(6)(c), ib. 90)。

It bern *siet twa oeren lang* allinnich *te boartsjen.*「子供は2時間の間,ずっとひとりで(すわって)遊んでいた」(sitte)

↔ *It bern *wie twa oeren lang* allinnich *oan 't boartsjen.*「子供は2時間の間,ずっとひとりで遊んでいた」(不可)

なお,「oan 't＋te-第2不定詞＋wêze」構文と違って,「stean など＋te-第2不定詞」構文では,動詞句型構文を示す場合に分離動詞は分離することができる。これは§66(6)(a),(b)で述べたように,oan 't よりも te のほうが不定詞標識として発達しているためと考えられる。

Hy wie in hjerring {*op oan 't *iten*/oan 't *opiten*}.「彼はニシンを平らげているところだった」(分離動詞 op|ite「食べつくす」)

Hja stie de panne {*ôf* te *waskjen*/*te *ôfwaskjen*}.「彼女はフライパンを(立って)洗っていた」(分離動詞 ôf|waskje「(食器などを)洗う」)

オランダ語で対応するのは「{staan/zitten/liggen/hangen/lopen}＋te-不定詞」である。西フリジア語とは違って,姿勢動詞は「姿勢」の意味が薄れ,アスペクトの機能を比較的発達させている(Van der Woude 1971：141)。

(a) te-第2不定詞の語順と用法：動詞用法

　進行形の表現としての上記の構文は，右枠の動詞群では「{stean/sitte/lizze/hingje/rinne}＋te-第2不定詞」の語順になる。この場合の姿勢動詞は，姿勢にかんする語彙的意味が付帯動作としてやや背景に退いており，おもに継続アスペクトの意味を表わす。つまり，能格(非対格動詞)であり，主語は動作主としての性格が薄い。

　　Ik ha in oere by him *stien te praten.*「私は彼のところで1時間，立ち話をしていた」(stean)

　　Doe't er by de twadde bocht *stie te sjen,* krige er ynienen sin oan swimmen.「二つ目の入り江のところで(立って)見ていると，彼は突然，泳ぎたい気持ちになった」(stean)

　　Minsken dy't súntsjes *sitte te praten* as der oaren by binne, binne net fatsoenlik.「ほかの人たちが話の輪の中にいるときにひそひそ話をする人は，礼儀正しくない」(sitte)

　これは(3)の「skine＋te-第2不定詞」(…らしい)などと同様に，「オーヴェルディープ(Overdiep)の法則」(§70(3))に従って te-第2不定詞が外置された構文と考えられる。つまり，te-第2不定詞の動詞用法の例である。したがって，名詞句目的語を伴う動詞句型の構文を示し，名詞抱合は起こらない。

　　Hja seit dat er op bêd *de bibel lei te lêzen.*「彼女は彼がベッドの上で(横になって)聖書を読んでいたと言っている」(lizze)

　　Hja seit dat er *in brief siet te skriuwen.*「彼女は彼が手紙を(すわって)書いていたと言っている」(sitte)

　　Hja seit dat er *ôf stie te waskjen.*「彼女は彼が(立って)皿洗いをしていたと言っている」(stean)

　上記の最初の用例について言えば，「彼が何をしていたかと言えば，それはベッドの上で聖書を読んでいたということである。そのとき彼は横になっていた」という解釈になる。つまり，「ベッドの上で聖書を読む」(op bêd de bibel te lêzen)が中心的な意味であり，「横になっていた」(lei)は付帯動作と継続アスペクトを添えているにすぎない(Hoekstra 1997：94)。

(b) te-第2不定詞の用法：動詞用法と前置詞句用法

これとは逆の「{te-第2不定詞＋stean/sitte/lizze/hingje/rinne}」の語順が見られることもある。たとえば，次例では両方の語順が可能である。

Hja seit dat de wask {*hong te droegjen/ te droegjen hong*}.「彼女は洗濯物が｛(掛けて)干してあった/干してあった｝と言っている」(hingje)

Hja seit dat er {*lei te sliepen/ te sliepen lei*}.「彼女は彼が｛(横になって)寝ていた/寝ていた｝と言っている」(lizze)

Hja seit dat er {*siet te lêzen/ te lêzen siet*}.「彼女は彼が｛(すわって)読書をしていた/読書していた｝と言っている」(sitte)

「te-第2不定詞＋{stean/sitte/lizze/hingje/rinne}」の語順は，特定の表現に見られる。te droegjen hingje「干してある」，te sliepen lizze「寝ている」，te lêzen sitte「読書している」は通常，姿勢を問う必要のない全体として固定した表現であり，te-第2不定詞には任意の動詞を用いることができない。また，この表現は全体で自動詞に相当し，名詞句目的語がない場合に限られる。したがって，名詞抱合を伴わない目的語つきの動詞句型構文では不可能である。

Hja seit dat er fan 'e moarn yn 'e bibleteek *in tydskrift* {*siet te lêzen/ *te lêzen siet*}.「彼女は彼が今朝，図書館で(すわって)雑誌を読んでいたと言っている」(sitte)

一方，「{stean/sitte/lizze/hingje/rinne}＋te-第2不定詞」の語順では，te-第2不定詞句は(a)と同様に動詞句を形成しており(in tydskrift siet te lêzen「図書館で(すわって)雑誌を読んでいた」)，第2不定詞には任意の動詞を用いることができ，te-第2不定詞は動詞用法である。

「te-第2不定詞＋{stean/sitte/lizze/hingje/rinne}」の語順では，te-第2不定詞は姿勢動詞と密接に結びついており，分離動詞の分離成分に似ている。つまり，「彼が何をしていたかと言えば，それは読書していた(te lêzen siet)ということである(何をどこで読んでいたかは問わない)」という解釈になる。これは「…しに行く」という意味の「te-第2不定詞＋gean」((7)参照)と同様に，te-第2不定詞の前置詞句用法の例である(Hoekstra 1997：94)。

(c) te-不定詞の用法：文用法

この構文には第3のタイプがある。これは「{stean/sitte/lizze/hingje/

rinne}＋te-第2不定詞」という語順を示し，(b)の動詞用法と同じように見えるが，本質的に異なる。なぜなら，次の例のように，この構文では目的語は名詞抱合によって第2不定詞に取り込まれ，名詞句として現われず，動詞句型構文を形成することはないからである。

Hja seit dat er op bêd *lei te bibellêzen*.「彼女は彼がベッドの上で聖書を読みながら横になっていたと言っている」(lizze)

Hja seit dat er *siet te briefskriuwen*.「彼女は彼が手紙を書きながらすわっていたと言っている」(sitte)

Hja seit dat er *stie te ôfwaskjen*.「彼女は彼が皿洗いをしながら立っていたと言っている」(stean)

この場合の姿勢動詞は(b)の動詞用法とは異なって，姿勢にかんする語彙的な意味が強く前面に出ている。つまり，非能格動詞であり，主語は動作主である。te-第2不定詞は副詞的にはたらいており，付帯動作を添えているにすぎず，姿勢動詞とともに全体でひとつの意味を表わしているのではない。たとえば，上記の最初の例は「彼が何をしていたかと言えば，それはベッドの上で横になっていたということである。そのとき，彼は聖書を読んでいた」という解釈になる。つまり，「ベッドの上で横になっていた」(op bêd lei)ことが中心的な意味であり，「聖書を読む」(te bibellêzen)は付帯動作を副詞的「…しながら」に添えるにすぎない。

したがって，これは「te-第2不定詞の文用法」の例であると言える(Hoekstra 1997：93ff.)。te-第2不定詞の te は前置詞的であり，第2不定詞は名詞的性質を強く示し((7)(a)②参照)，場所を示す副詞成分 op bêd「ベッドの上で」があるために姿勢動詞 lei「横になっていた」と強く結びつくことができず，副詞的に添えられるにすぎないと考えられる。また，この場合の姿勢動詞は個々の語彙に固有の意味として備わっている継続アスペクトを表わすにとどまり，te-第2不定詞とともにとくに進行形の表現を形成しているとは言いがたい。したがって，これは姿勢動詞進行形ではない。

このように，一見，同一の表現でも，第2不定詞の文用法，前置詞句用法，動詞用法によって意味や統語上の相違があり，注意深く区別する必要がある。

(d) 「{stean bliuwe/sitten gean} など＋te- 第 2 不定詞」と te- 第 2 不定詞の用法

　この構文は te- 第 2 不定詞が stean bliuwe「立ちどまったままでいる，立ち続ける」/sitten gean「すわる，腰を下ろす」の付帯動作を表わし，副詞的にはたらいている。stean bliuwe/sitten gean は非能格動詞であり，主語は動作主である。次例のように，te- 第 2 不定詞は外置されており，これは(c)と同様に te- 第 2 不定詞の文用法の例であると言える。

　　De hûn *bliuwt* hjir *stean te wachtsjen.*「犬はここで立って待ち続けている（＝待つために立ち続けている）」

　　Us pake *giet* altyd by de kachel *sitten te krantsjen.*「祖父はいつも新聞を読むために暖炉のそばに腰を下ろす」

　　De skipper *wie* op 'e dyk *stean bleaun te praten.*「船乗りは堤防の上で話をしながら立ちどまっていた」

(5)　te- 第 2 不定詞＋wêze（受動・可能/必然）

　この構文は受動の意味で用い，可能「…され得る」・必然「…されるべきだ」の意味を伴う。第 2 不定詞には知覚・認識の意味の動詞を用いた用例が目立つ。この te- 第 2 不定詞は wêze（オ．zijn/ド．sein/エ．be）とともに述語を形成し，形容詞派生接尾辞 -ber「…可能な」（オ．-baar/ド．-bar/エ．-able, -ible）で置き換えても，ほぼ同じ意味になる。つまり，wêze「…である」の述語形容詞に相当し，外置されることはない。したがって，この te- 第 2 不定詞は形容詞用法に分類される。'te- 第 2 不定詞＋wêze'「…しに出かけている」（(7)）との区別に注意。

　　Ek dat *is* wol *te ferklearjen.*「そのこともたぶん説明できる（＝説明され得る）だろう」

　　De antwurden *binne te finen* op it antwurdblêd.「解答は答えのページに出ています（＝見られ得る）」

　　Hja *wie* net mear *te kennen.*「彼女は面影がなかった（＝再び知られ得なかった）」

　　It *is* noch helendal net *te sizzen* wa't hjir as bêste útkomt.「だれが 1 位

になるかは，まだまったく言えない」

Dat *is te sjen* oan de wurden dy't er brûkt.「それは彼が使っている言葉からわかる」

Der *wie* net ien *te sjen*.「だれも見当たらなかった」

Yn 'e beammen *binne* ek wat bisten *te ûntdekken*.「木々の間には獣たちも何頭か見つけられる」

知覚・認識の意味以外の動詞を第2不定詞に用いる例もある。

Kofjemolke is lekker yn 'e kofje, mar sa *is* it net *te drinken*.「コーヒー用のミルクはコーヒーに入れればおいしいが，そのままでは飲めない」

Alle boeken dy't mei Fryslân te krijen hawwe, *binne hjir te lienen*.「フリースラントと関係があるすべての本がここで借りられる」

It *is te dwaan*.「それは実行可能だ・実行されるべきだ」

次例では te- 第2不定詞を名詞・不定代名詞を修飾する成分として，「…されるべき・され得る〈名詞・不定代名詞〉がある」の意味でも解釈できる((6)「te- 第2不定詞＋hawwe」でも同様)。

Is dêr fierder noch wol *wat te belibjen*?「そこではそのほかにまだ何か体験できる（＝体験され得る）ことはありますか」

Der *is in protte te dwaan*.「たくさんやるべきことがある」

Der *is gjin hûs* mei jimme *te hâlden*.「あんたたちはもうどうしようもないわね（＝あなたたちと保たれるべき家はない。子供に向かって）」

Dêr *is gjin salve* oan *te striken*.「それにつける軟膏はない（＝それにたいしてはなすべきことがない）」

語によっては，sjen「見る，理解する」－te sjen wêze「見える，理解され得る」－sjen litte「見せる，理解させる」のように，態（エ．voice）にかんする関連表現を形成することもある。

動作主は明示されないことが多いが，不可能ではない。

Hja seit dat dit verhaal *troch Pyt net te begripen is*.「彼女はこの話はピトによっては理解され得ないと言っている」

オランダ語では「te- 不定詞＋zijn」，ドイツ語では「zu- 不定詞＋sein」が対応する。英語の「be＋to- 不定詞」はおもに能動態の意味になる点で異なる（例．エ．He is to come. [↔ He is to blame.]）。

(a) 副詞用法の形容詞＋te- 第 2 不定詞＋wêze

　te- 第 2 不定詞の直前に副詞用法の形容詞をつけて，可能性の程度を表わすことがある。これは副詞用法の形容詞が後続する形容詞を修飾するのと同様である。たとえば，次例で '… is dúdlik te sjen'「はっきりわかる」の構造は「［明確に(dúdlik)理解可能(te sjen)］である(is)」であり，(b)のような「*［理解する場合には(te sjen)］明確である(is dúdlik)」ではない。

　　De gefolgen fan dy nije foarskriften *binne dúdlik te sjen*.「その新しい規定の結果ははっきりわかる」

　　It is feest yn it doarp．Dat *is goed te sjen*.「村はお祭りです。その様子はよくわかります」

　　Yn oarmans boeken *is* it *tsjuster te lêzen*.「他人の本は暗くて(＝不明瞭で)読みにくい(＝他人の評価は慎重に。ことわざ)」

　類例として，(b)①の net maklik te finen wêze「簡単には見つからない」，hiel skoan te begripen wêze「とても良く理解できる」を参照。

(b) 動詞群の語順と分離動詞の分離
① 動詞群の語順：「te- 第 2 不定詞＋wêze」

　右枠では「te- 第 2 不定詞＋wêze」がこの語順で動詞群(§70)を形成する。この語順は「オーヴェルディープ(Overdiep)の法則」(§70(3))に反しているが，「te- 第 2 不定詞＋wêze」が典型的な動詞群を構成しているのではなく，te- 第 2 不定詞は形容詞用法であり，「形容詞＋wêze」と同等の形容詞構文と理解すれば説明がつく。

　　Wy sjogge alles wat der *te sjen is*.「私たちは見られるものはすべて見ています」

　　Dy't net *te rieden is*, is net te helpen.「忠告できない(＝忠告され得ない)者は助けられない(＝助けられ得ない)」

　　Yn 'e tekst wurdt praat fan allegear dingen dy't yn Fryslân net maklik *te finen wêze* sille.「テキストではフリースラントでは簡単には(maklik)見つからないようなものばかりが話題になっている」

　　Dat soe sjoen de lizzing hiel skoan *te begripen wêze*.「そのことは位置を考慮すれば，とても良く(skoan)理解できよう」

② 分離動詞の分離

「te-第2不定詞＋wêze」構文の te-第2不定詞は，右枠では(2)の制御動詞や(3)の繰り上げ動詞と同様に通常の動詞句を形成し，分離動詞は分離成分と動詞の間に te が入って分離する（名詞抱合の有無は名詞句目的語が主語として現われるので，問題にならない）。

Wy sille in tal foarbylden jaan mar in fêste regel *is* hast net *ôf te lieden.*「私たちは数多くの例を挙げようと思いますが，確固たる規則はほとんど導き出せません」（分離動詞 ôf|liede「派生する」）

(c) その他の関連表現

wêze をコプラ動詞（連結詞）としてはたらく falle/stean/komme/wurde で置き換えた表現がある。能動態の意味の「{komme/stean}＋te-第2不定詞」（(3)②, (4)①）との区別に注意。

i) te-第2不定詞＋falle「…され得る，…されるべきだ」

Der *falt* yn dizze lieten gâns *te priizgjen.*「これらの歌には称賛すべきことがたくさんある」

Dat *falt* net *te ûntkennen.*「それは否定できない（＝否定され得ない）」

Elk wurd hat wol syn funksje yn de sin, mar de measten hawwe in nauwere, eigen relaasje mei ien of mear oare wurden yn de sin, sadat in sin ornaris yn groepen *te ferdielen falt.*「どの語にも文中では自分の役割があるが，ほとんどの語は文中のひとつあるいはいくつかの語とより密接で独自の関係があるので，文はふつういくつかのまとまりに分けられることになる」

ii) te-第2不定詞＋stean「…され得る，…されるべきだ」

'stean＋te-第2不定詞'「（立って）…している」（(4)①参照）との区別に注意。

Wat *stiet* my *te dwaan?*「私には何をするのがふさわしいだろうか」

iii) te-第2不定詞＋komme「…されるようになる」

'komme＋te-第2不定詞'「…することになる」（(3)②参照）との区別に注意。

Dêr *komt* fansels hiel wat by *te sjen.*「その場合にはもちろんとてもたく

iv) te- 第 2 不定詞＋wurde「…されるようになる」
   Om 1750 hinne *waard* de ierappel better *te beteljen*.「1750 年頃，ジャガイモがより良く買える（＝支払える）ようになった」

(d) 「限定詞＋te- 第 2 不定詞＋名詞」
   この構文の te- 第 2 不定詞は，wêze を欠いて，形容詞の限定用法に準じて名詞を修飾できる（§ 19 (5)(d)）。語尾 -e の有無は形容詞と違って一定しない。
   dy net *te ferjitten(e)* dei「あの忘れられない日（＝忘れられ得ない日）」
   次の文はどれも語尾 -e を伴わない用例である。
   Dit binne [de *te bestudearjen* boeken].「これが研究すべき（＝研究されるべき）書物です」
   Jo sjogge hjir [de ûnder de bern *te ferdielen* giele flachjes].「あなたはここに子供たちに配られる予定の黄色の小旗が見えますね」

(6) 「名詞句＋te- 第 2 不定詞＋hawwe」（可能・適切・義務・必然）

この構文では第 2 不定詞として現われる動詞は他動詞であり，名詞句はその目的語としてはたらく。「…するべきことがある」という能動態の意味を表わし，「可能・適切・義務・必然」のようなニュアンスを伴う。たとえば，次例は文脈からさまざまに解釈できる。te- 第 2 不定詞を直前の名詞・不定代名詞を修飾する成分として，「…され得る・されるべき〈名詞・不定代名詞〉を持っている」の意味で解釈できる場合もある（§ 66 (4)）。
   Wy *ha(wwe)* dat lân *te brûken*.「私たちはその土地を利用するべく所有している（＝利用できる，利用するのが適切である，利用する必要がある，利用する義務・必然性がある）」
   その他の用例。
   Hja *hiene* har *te hâlden* oan de tsjinstregeling.「彼らは勤務規定を守らなくてはならなかった」
   Ik *hie* bygelyks it manfolk *te meunsterjen*.「私はたとえば男の人たちを査察しなければならなかった」

Ik *haw* in earnstich wurd mei dy *te sprekken.*「私は君と真面目な話がある」

Do *hast* net folle *te dwaan* wol?「君はすることがそれほどないんだろう？」

Ha jo noch mear *te freegjen*?「あなたはまだもっと聞くことがありますか」

Wa *hat* noch wat *te sizzen*?「だれがまだ何か言うことがありますか」

次は te tankjen hawwe「…を負っている(oan …に), …おかげだ(oan …の)」という慣用句の用例である。

It Hearrenfean *hat* syn ûntstean *te tankjen* oan it fean, dat fermakke waard ta turf.「エト・イェレンフェアン(オ. Heerenveen「ヘーレンヴェーン」)は泥炭に変えられた泥炭湿地帯にその成立を負っている」

te krijen hawwe「関係がある(mei …と)」という表現もある。

Rekreaasje *hat te krijen* mei frije tiid.「レクリエーションは自由な時間と関係がある」

Dêr *hawwe* wy neat mei *te krijen*.「そのこととは私たちは何の関係もない」

Alle boeken dy't mei Fryslân *te krijen hawwe,* binne hjir te lienen.「フリースラントと関係があるすべての本がここで借りられる」

Hy *hat* it dêr tige mei *te krijen*.「彼はそのことで大いに悩んでいる」(it te krijen hawwe「わずらう, 苦しむ(mei …を)」)

(a) te- 第2不定詞の用法：形容詞用法

この構文では右枠の動詞群の語順は「te-第2不定詞＋hawwe」となり, 名詞抱合は起こらない。したがって, te-第2不定詞の形容詞用法と言える。

Om tsjin de bruorren en susters medisinemakkers konkurrearje te kinnen, is it needsaaklik dat in fabryk wat *bysûnders te bieden hat.*「同業の製薬会社たちに対抗することができるために, 製作所は何か特別なものを提供できる(＝提供するべく備えている)ことが必要だ」

Heit harke mar amper nei wat Piter allegearre *te sizzen hie.*「父はピテルの言い分(＝言うべきこと)に, まずほとんど耳を貸さなかった」

It FLMD yn Ljouwert bewarret alles wat *te krijen hat* mei de Fryske skriuwerij.「リャウエト（オ．Leeuwarden「レーヴァルデン」）のフリジア語文学博物館文書館(FLMD)は，フリジア語文献に関するすべてのものを所蔵している」(FLMD：Frysk Letterkundich Museum en Dokumintaasjesintrum)

Hy hat wol faker mei justysje *te krijen hân*.「彼は以前はより頻繁に訴訟事件とかかわりがあった」

オランダ語やドイツ語では上記の構文に次のものが相当する。

　　オ．「名詞句＋te-不定詞＋hebben」
　　ド．「名詞句＋zu-不定詞＋haben」

英語の「have to-不定詞」構文は不定詞として現われる動詞が自動詞でもよく，話法の助動詞 must に相当する義務・必然の意味の表現である点で，上記の3言語とは異なる。have to do「関係がある(with …と)」はこの3言語と共通している(フ．te krijen hawwe (mei)/ド．zu tun haben (mit)/オ．te maken hebben (met)「同上」)。

(b)　名詞句＋te-第2不定詞＋krije「…する(べき)ことになる」

hawwe「持っている」を krije「得る」にすれば，状態の移行を示すアスペクトの表現になる。

Jo *krije* de tekst yn fragminten *te hearren*.「あなたはテキストを断片的に聞く(べき)ことになります(＝聞くことを得る)」

Jo kinne puntsgewiis opskriuwe wat jo op 'e bân *te hearren krije*. 「あなたはテープで耳にする(＝聞くことを得る)ことを逐次，書き取ることができます」

Jo *krije* sels it ferhaal fan in oar *te beoardieljen*.「あなたは自分でほかのだれかの話を判定する(べき)ことになります」

　　(7)　te-第2不定詞＋{gean/wêze/話法の助動詞}

3種類の動詞または助動詞によるこの構文は，te-第2不定詞が目的としての動作を表わし，その動作を行なうための移動に伴う方向性を含意する。

① te- 第2不定詞＋gean「…しに行く・出かける」
これは上の意味をもっとも典型的に表わす構文である。

Nei kofjedrinken *geane* se in eintsje *te farren*.「コーヒーを飲んだ後で，私たちはちょっと船遊びに行きます」

Do *giest* moarn net *te silen*.「おまえは明日，ヨットをやりに行くんじゃありませんよ」

Geane jimme wol gauris *te sinezen* dan?「それじゃ，あなたたちは中華料理を食べに行ったりすることもあるの？」

② te- 第2不定詞＋wêze「…しに行っている・出かけている」

「…しに出かけて不在である」という能動態の意味を表わす。gean「行く」などの運動動詞の過去分詞が省略されたような構文のように見えるが，移動そのものではなく，移動の結果としての不在を表わすので，厳密には異なる。受動態の意味の 'te- 第2不定詞＋wêze'「…され得る，されるべきだ」((5)参照) との区別に注意。

De frou *wie te fiskjen*.「妻は釣りに出かけていた」

De boer *is te melken*.「農夫は乳しぼりに出かけている」

オランダ語では「zijn＋不定詞」が対応する。

オ．Vader *is vissen*.「父は釣りに出かけて留守です」

なお，状態受動および不在の意味を表わす wêze についての説明参照(§54(1)(c), (d))。

③ te- 第2不定詞＋話法の助動詞

話法の助動詞の種類に応じて「…に｛行ける(kinne)/行くつもりだ・もうすぐ行く(sille)/行きたい(wolle)｝」などの意味を表わし，①の gean「行く」の第1不定詞が省略された構文に相当する(§53(2)(a))。

Ik *sil* nei hûs *te iten*.「私は食事を取りに家に帰るつもりです」

Hy *wol te fiskjen*.「彼は釣りに行きたがっている」

Ja, dat wit ik wol, mar ik *woe* in dei *te winkeljen*.「ええ，それはわかってるけど，一日，買物に行きたいのよね」

オランダ語では gaan「行く」(フ. gean) と te のない不定詞を用いる。

この te- 第2不定詞の用法はオランダ語には存在しない(§66(3)(b))。

フ．Men *kin te aaisykjen, te fiskjen* en *te silen*.「野鳥の卵探しに行った

り，魚釣りに行ったり，ヨット乗りに行ったりできる」
オ．Je kunt gaan eierenzoeken, vissen en zeilen.「同上」
オランダ語の gaan は不定詞を伴って近接未来を表わすので，「gaan＋不定詞」は意味的に西フリジア語の「te- 第 2 不定詞＋sille」に対応する。この場合にもオランダ語では te- 不定詞は用いない（§ 53 (5)(d)②）。
フ．Hy sil te fiskjen.「彼はもうすぐ釣りに行くつもりだ」
オ．Hij gaat vissen.「同上」
フ．Wy sille te reedriden.「私たちはスケートをしに行く予定です」
オ．Wij gaan schaatsenrijden.「同上」

(a) **te- 第 2 不定詞の用法：前置詞句用法**
① 動詞群の語順：「te- 第 2 不定詞＋{gean/wêze/話法の助動詞}」
この構文の te- 第 2 不定詞は(2)の制御動詞や(3)の繰り上げ動詞とは異なって，右枠では「gean/wêze/話法の助動詞」の左側(前)に置かれ，外置されることはない。これはこの構文の te- 第 2 不定詞に動詞的性格が弱く，名詞的性格が強いことを示している。
Gabe giet te aaisykjen, wylst syn frou te boadskipjen giet.「妻は買物に行く一方で，ガーベは野鳥の卵探しに出かける」
Op plakken wie it wenst, dat as in jong pear te trouwen gyng, de freonen soargen dat it hûs klear wie as hja werom kamen.「田舎の村では，若いカップルが結婚式を挙げると，二人が戻る頃に友人たちが家を整えておくのが習慣だった」
Juster ha wy te swimmen west.「昨日，私たちは泳ぎに行って来た」
② 名詞抱合：有
この構文は「名詞句目的語＋第 2 不定詞」という動詞句を形成せず，te- 第 2 不定詞は目的語の名詞句を名詞抱合によって抱合して，複合動詞になる。分離動詞も分離しない。このこともこの構文の te- 第 2 不定詞に動詞的性格が弱く，名詞的性格が強いことを示している。
i) 名詞抱合
Hja seit dat er te pianospyljen {giet/is/sil}.「彼女は彼がピアノ演奏に{行く/行っている/行くつもりだ} と言っている」（抱合動詞 pianospylje

「ピアノをひく」←(op 'e) piano「ピアノ(で)」+spylje「演奏する」)

↔ *Hja seit dat er (op 'e) *piano te spyljen* {*giet/is/sil*}.「同上」(不可)
その他の用例.

Yn 'e maitiid *geane* wy nei It Amelân *te aaisykjen*.「春になると，私たちはエト・アーメローン島(オ．Ameland「アーメラント島」)へ野鳥の卵探しに行きます」(抱合動詞 aaisykje「(野鳥の)卵探しをする」← aai「卵」+sykje「探す」)

ii) 分離動詞

Ik tink dat er *te oprêden* {*giet/is/sil*}.「私は彼は掃除をしに{出かける/出かけている/出かけるつもりだ}と思う」(分離動詞 op|rêde「掃除をする」)

↔ *Ik tink dat er *op te rêden* {*giet/is/sil*}.「同上」(不可)
その他の用例.

Hja seit dat er *te ôfwaskjen* is.「彼女は彼は洗浄に出かけていると言っている」(分離動詞 ôf|waskje「洗浄する」)

以上の事実から，この構文の te- 第2不定詞の用法は次のように説明できる。この構文の te- 第2不定詞は，意味的に「…という動作を行なうための場所へ{行く(gean)/行って(=出かけて)いる(wêze)/行きたい(wolle)}」という動作の目的と方向成分を含意している。つまり，te- 第2不定詞は gean「行く」の語彙的意味を補充しており，方向を示す前置詞や，分離動詞の分離成分である不変化詞に相当すると言える。たとえば，te hierknippen gean「散髪に行く」(抱合動詞 hierknippe「散髪する」← hier「髪」+knippe「切る」)の te hierknippen「散髪に」は，nei Ljouwert ta gean「リャウエト(オ．Leeuwarden「レーヴァルデン」)へ行く」の nei Ljouwert ta「リャウエトへ」や，分離動詞 fuort|gean「立ち去る」の分離成分である不変化詞 fuort「離れて」に相当するととらえることができる。この3者は gean の左側(前)に置かれ，外置されない点で共通している。

Ik tink dat er {*te hierknippen/nei Ljouwert ta/fuort*} {*giet/is/sil*}.「私は彼が{散髪に行く/行って(=出かけて)いる/行くつもりだ}/{リャウエトへ行く/行って(=出かけて)いる/行くつもりだ}/{立ち去る/立ち去っている/立ち去るつもりだ}と思う」

↔ *Ik tink dat er {giet/is/sil} {te hierknippen/nei Ljouwert ta/fuort}.「同上」(不可)

以上の事実は，このteが不定詞標識ではなく，「…へ」という方向の意味の前置詞(ド. zu/エ. to)であることを示している。この第2不定詞は名詞用法であり，前置詞teに支配され，「前置詞te＋名詞用法の第2不定詞」という構造になっていると解釈できる。したがって，このte-第2不定詞は「te-第2不定詞の前置詞句用法」に分類できる。

(b) te-第2不定詞の前置詞句用法と文用法

一方，次例ではこの動詞群が右枠で「{gean/wêze}＋te-第2不定詞」という逆の語順で現われている。

Hy wit dat ik altyd nei Ljouwert ta *gean te kleankeapjen*.「彼は私がいつもリャウエト(オ. Leeuwarden「レーヴァルデン」)へ洋服を買いに行くことを知っている」(kleankeapje「洋服を買う」← klean「洋服」+ keapje「買う」)

Fan 'e moarn hat er by my *west te kofjedrinken*.「今朝，彼は私のところにコーヒーを飲みに来ていた」(kofjedrinke「コーヒーを飲む」← kofje「コーヒー」+ drinke「飲む」)

この構文はともに名詞抱合を起こしている点でte-第2不定詞の前置詞句用法と共通するが，te-第2不定詞が外置を起こしている点で異なっている。

両者の相違は方向・位置(静止した場所)を示す副詞成分nei Ljouwert ta「リャウエトへ」/by my「私のところに」の有無に関係している。それがない場合には，(a)のように，te-第2不定詞は外置されない。次にその例を示す。

Ik tink dat er *te hierknippen* {giet/is}.「私は彼が散髪に{行く/行っている}と思う」

この用例では，te-第2不定詞はgean/wêzeの意味を補足しており，te hierknippen {gean/wêze}「散髪に{行く/行っている}」全体で意味的にひとつのまとまりを形成すると考えられる。これはいわばドイツ語のspazieren gehen「散歩する，散歩に行く」に相当し，旧正書法ではspazieren|gehenのように1語として続け書きして，分離動詞の分離成分として扱われた不定詞である。

ところが，方向・位置(場所)を示す前置詞句があると，これがすでに gean/wêze の意味を補足し，nei Ljouwert ta gean「リャウエトへ行く」，by my wêze「私のところにいる」のように，全体で意味的にひとつのまとまりを形成してしまう。つまり，この前置詞句は fuort|gean「去る」(オ．weg|gaan/ド．weg|gehen)のような分離動詞の分離成分である不変化詞に相当すると言える。したがって，te-第2不定詞はもはや gean/wêze の補足成分としてこれと直接的に結びつくことができなくなり，gean/wêze の左側(前)に置かれず，右側(後)に外置される。

こうして外置された te-第2不定詞は，「…のために」という目的の意味を表わし，付加成分(エ．adjunct)としての性格が強い。主語は動作主であり，動詞は非能格動詞である。この te-第2不定詞は文用法と言える。

以上の事実は，gean/wêze を含まない話法の助動詞との組み合わせでも同様である。たとえば，次例の te-第2不定詞はそれぞれ前置詞句用法と文用法と考えられる。

　　Ik *sil te iten*.「私は食事に行くつもりです」(前置詞句用法)

　　Ik *sil* nei hûs *te iten*.「私は食事を取りに家へ帰るつもりです」(文用法)

なお，前置詞句と te-第2不定詞は同時に両方とも gean/wêze の意味を補足しながら，その左側(前)に現われることはできない。

　　*Hy wit dat ik altyd *nei Ljouwert ta te kleankeapjen gean*.「彼は私がいつもリャウエトへ洋服を買いに行くことを知っている」(不可)

　　*Fan 'e moarn hat er *by my te kofjedrinken west*.「今朝，彼は私のところにコーヒーを飲みに来ていた」(不可)

これは英語で「川へ魚釣りに行く」を go fishing {at/in} the river または go to the river to fish と言い，*go fishing to the river とは言わない事実との比較からも理解できる。つまり，go to the river「川へ行く」と go fishing「魚釣りに行く」を合わせた場合，「川へ」と「魚釣りに」の両方を go「行く」と直接結びつけることはできず，どちらかを付加成分として副詞的に表わす必要がある(日本語との相違に注意)。

ドイツ語では次のように不定詞と zum-不定詞で区別して表現する。

　　ド．*Gehen* wir heute Abend *essen*.「今晩，食事に行きましょう」(essen gehen「食事に行く」)

Gehen wir heute Abend in ein gutes Restaurant *zum Essen*.「今晩，良いレストランへ食事に行きましょう」(in ein gutes Restaurant gehen「良いレストランへ行く」)

Essen gehe ich in Susukino.「食事をしに，私はススキノ(＝札幌市の歓楽街)へ(＝ススキノで食事をしに)行きます」(essen gehen「食事に行く」)

Zum Essen gehe ich nach Susukino.「同上」(nach Susukino gehen「ススキノへ行く」)

(8) 「前置詞 … te- 第 2 不定詞」と前置詞の om

te- 第 2 不定詞句と共起する om には次の 2 種類がある。ひとつは，前置詞としての om で，副詞成分としてはたらく te- 第 2 不定詞句を主として目的「…するために」の意味に特定化する。もうひとつは，補文標識としての om で，明確な語彙的意味を持たず，母型文の動詞に支配された主語・叙述語・目的語としてはたらく。ここではまず，前置詞の om について説明する。

統語論的には，前置詞の om は前置詞としての te- 第 2 不定詞句の「指定部」(エ．specifier)，補文標識の om は不定形補文としての te- 第 2 不定詞句の「主要部」(エ．head)の位置を占める。

(a) 「{om/sûnder/troch/nei/ynstee fan} … te- **第 2 不定詞句**」(副詞成分)

前置詞 sûnder「…することなしに」/troch「…することによって」/nei「…した後に」/ynstee fan「…するかわりに」は，「前置詞 … te- 第 2 不定詞」という副詞的にはたらく te- 第 2 不定詞句を形成する(§ 37 (4)(d))。

[*Sûnder* lûd *te meitsjen*] gie Saapke nei it achterhûs.「音を立てずに，サープケは裏の離れに行った」

Men kriget oer it generaal it bêste ynsjoch yn problemen [*troch* dy problemen sels *op te lossen*].「一般に諸問題への最良の洞察は，それらの問題を自分で解くことによって得られる」

[*Ynstee fan* nei Leien ta *te gean*] bleau er thús.「レイデン(オ．Leiden)へ行くかわりに，彼は家にとどまった」

「om … te- 第 2 不定詞句」は「…するために」という意味で用いる。この om は上記 4 語の前置詞と同様に，「…のために」(目的)という明確な語彙的意味を表わし，省略できない。この om は上記の 4 語と同様に，前置詞とみなすことができる。

Wy geane nei it loket ta [*om* in kaartsje *te keapjen*].「私たちはチケットを買うためにカウンターへ行きます」

De natoer is wichtich foar de minske [*om* ta rêst *te kommen*].「自然は人間にとって安らぐために重要だ」

[*Om* skuorbot *foar te kommen*], soe mear griente iten wurde moatte.「壊血病を予防するために，もっと野菜が摂取される必要があるだろう」

Men moat ite [*om te libjen*] en net libje [*om te iten*].「人は生きるために食べるべきであり，食べるために生きるべきではない」

As immen [*om* in hûs *te keapjen*] in protte jild liene moat, wurdt wolris sein dat er in hûs mei in sulveren dek hat.「ある人が家を購入するために大金を借りなければならない場合，その人は銀の屋根のついた家を持っていると言われることがある」

次の用例は名詞修飾成分として用いた場合の補文標識の om を含む用例((9)(a))と解釈することもできる。

De oerheid moat no maatregels nimme [*om* it wurk rjochtfeardich *te ferdielen*].「政府は[雇用を公正に分配するために][方策を取る必要がある]」/「政府は[雇用を公正に分配するための方策]を取る必要がある」

次の「om … te- 第 2 不定詞句」は断り書きの意味の副詞成分である。

Jo binne [*om* sa *te sizzen*] ûnder de minsken en sitte net allinne.「あなたは言わば人々の中にいるのであって，ひとりですわっているのではないのです」

Myn administrateur, [*om* myn boekhâlder ris deftich *te beneamen*], prate wat ôf om de priis sa leech mooglik te hâlden.「私のマネージャー，ちょっと気取って名づければ，私の会計士は，値段をできるだけ低くおさえるために，何か打ち合わせをしました」

(b)　叙述用法の形容詞＋wêze＋om … te- 第 2 不定詞

　　この構文では形容詞は副詞用法ではなく，叙述用法である。「om … te- 第 2 不定詞」は副詞成分としてはたらく一種の前置詞句に相当し，「…するためには・する場合には…である」という意味である。たとえば，次の用例で 'is … slim om oan te learen' の構造は「[習得する場合には (om oan te learen)] 困難である (is slim)」であり，(5)(a)のような「[困難に (slim) [習得可能 (om oan te learen)]] である (is)」ではない。この om は前置詞とみなすべきであり，省略できない。

　　De útspraak fan in frjemde taal, likefolle hokker, *is slim* [*om oan te learen*].「外国語の発音は，どの言語だろうと，習得するのはむずかしい」

　　Dizze fioele *is gaadlik* [*om* der sonates op *te spyljen*].「このヴァイオリンは (それで) ソナタをひくのに適している」

　　次の構文にも注意 (§ 37 (2)(b))。

　　Bedoarne kofjemolke *is* hielendal [*om* fan *te grizen*].「腐ったコーヒー用のミルクは本当に嫌気がする」(grize「嫌悪感を抱く (fan …に)」)

(c)　te＋形容詞 〜 om … te- 第 2 不定詞句

　　この構文は「あまりに…なので…できない；…するためにはあまりに…すぎる」の意味で，「om … te- 第 2 不定詞句」は「te＋形容詞」と意味的に相関関係がある。この「om … te- 第 2 不定詞句」も副詞的にはたらいており，om は目的の意味の前置詞に準じて理解できる。

　　Se binne *te beroerd om* de skonken *te brûken*.「彼らはあまりに怠惰なので，足を使うことができないほどだ」

　　De bern binne *te beroerd om te rinnen*.「子供たちは歩くことができないほど怠惰だ」

　　Ik bin *te âld om te silen, te swimmen en te reedriden*.「私はもう年だから，ヨットも泳ぎもスケートもできない」

　　Ik bin *te wurch om te fytsen*.「私はくたくたに疲れたので，自転車には乗れない」

(9) 補文標識の om

　補文標識の om は副詞成分としてはたらく前置詞の om「…のために」と違って，明確な語彙的意味を持たず，母型文の主語・叙述語・目的語になっており，「te-第2不定詞句」を導く補文標識とみなすのが適当である。補文標識の om は「om … te-第2不定詞句」を伴う他動詞（制御動詞，(2)参照）の説明で述べたように，省略可能で，義務的ではない。補文標識の om を使えば，te-第2不定詞句の初めがはっきりする。文頭では om を省略することが多いが，それは文頭では te-第2不定詞句の初めをとくに表示する必要がないためと言える。

　(2)(c)で述べたように，西フリジア語ではオランダ語に比べて補文標識 om をつける傾向がある。オランダ語では書き言葉で om をつけず，話し言葉でつける傾向がある。次例では om をつけたほうが西フリジア語的であり，つけない（「∅」で示す）とオランダ語的な印象を与えることがある。

　　It is de muoite net mear wurdich [*om* dat stealtsje *op te warmjen*].
　　「その食べ残しを温めるのはもはや労力のむだだ」（西フリジア語的）
　　It is de muoite net mear wurdich [∅ dat stealtsje *op te warmjen*].
　　「同上」（オランダ語的）

　以下，補文標識の om の用法について個別に説明する。

① 主語

　　[*Om* it moai *te krijen*] is neat, mar [*om* it moai *te hâlden*], dat seit wat.
　　「うまく手に入れることは何でもないが，うまく保持することは価値がある（＝何かを語る）（ことわざ）」

　次は補文標識の om を伴っていない用例である。

　　[Jild *te winnen*] is in geunst, ['t goed *te brûken*] is in keunst.「金を得るのは天の恵みだが，それをうまく使うのはひとつの技である（ことわざ）」

　「om … te-第2不定詞句」は主語の場合，「it ～ (om …) te-第2不定詞句」のように，言語使用上の理由で仮主語の it を残して外置することがある (§21(4)(c))。

　　Heit te wurden kin men ha, [heit *te wêzen*] falt net ta.「父親になることはたやすいが（＝持つことができるが），父親であることはむずかしい

（＝うまくいかない）(ことわざ)」
↔ *It* falt net altyd ta [*om* heit *te wêzen*].「父親であることはいつもうまくいくとは限らない」

この場合にも補文標識の om を伴うことが多いが，伴わない例もある。

i) om を伴う用例

It falt net ta [*om* altyd wenromte *te finen* foar studinten].「学生たちのためにつねに住居を見つけることは，うまくいくとは限らない」

It spant wolris [*om* de fuotten ûnder 't liif *te hâlden*].「両足を胴体の下に保つのは，緊張を要することがある（＝どんな状況でもしっかりしていることはむずかしい。ことわざ）」

It is foar josels tige wichtich [*om* wat oan sport *te dwaan*].「何かスポーツをすることがあなた自身にとってとても大切です」

ii) om を伴わない用例

It is tige wichtich [dy wurden *te learen*].「それらの語を学ぶことがとても重要です」

② コプラ動詞(連結詞)の叙述語

「名詞句（＝主語）is 〜 om … te- 第 2 不定詞句」のように用いて，主語名詞句の内容を示す。

De bêste stratezjy is [*om* earst in boadskipslistke *te meitsjen*].「いちばん良い方策は，まず買物のリストを作ることよ」

Ien fan de belangrykste dingen dy't wy foar it Frysk dwaan kinne is [*om* sa folle mooglik ús brieven yn it Frysk *te skriuwen*].「私たちがフリジア語のためにすることができるもっとも重要なことのひとつは，できるだけたくさん手紙をフリジア語で書くことです」

③ 目的語

[Heit *te wurden*] kin men ha, heit te wêzen falt net ta.「父親になることはたやすいが（＝持つことができるが），父親であることはむずかしい（＝うまくいかない）(ことわざ)」

「om … te- 第 2 不定詞句」が目的語として母型文の中央に埋め込まれると，理解が困難になる。そこで，「it（＝目的語）〜 (om …) te- 第 2 不定詞句」のように，仮目的語の it で置き換えて外置することが多い（§ 21 (4)(c)）。

Wy hawwe *it* altyd prachtich fûn [*om* mei it iepenbier ferfier *te reizgjen*].「私たちは公共の交通手段で旅行することをいつもすばらしいと思いました」

④ 形容詞の目的語

「形容詞＋om … te- 第 2 不定詞句」のように形容詞の目的語としてはたらく用法もある。

Binne jo *ree* [*om* ús *te helpen*]?「あなたは私たちに手を貸してくれる用意はありますか」

⑤ 前置詞の目的語

前置詞は原則として「om … te- 第 2 不定詞句」を直接支配できないので，「der (…) 前置詞 〜 om … te- 第 2 不定詞句」のように，「相関詞の der」(§ 34 (2)(h)) で前置詞の目的語であることを示して，「om … te- 第 2 不定詞句」を外置する。om を欠く用例も見られる。

Alle farmaseutyske fabriken binne *der op* út [*om* winst *te meitsjen*].「すべての製薬会社は利益を上げようと躍起になっている」

↔ Der binne fiersten te folle medisinen, om't de farmaseutyske yndustry *der op* út is [*winst te meitsjen*].「製薬会社が利益を上げようと躍起になっているために，過度に多くの薬品がある」

次例では相関詞の der が省略されて，前置詞 fan (オ．van/ド．von/エ．of) が補文標識の om を欠く te- 第 2 不定詞句を直接支配している。

Heit en mem beprate mei de bern it foar en it tsjin *fan* [in hûs *te keapjen* of in hûs *te hieren*].「父と母は子供たちと家を買うか家を借りるかの長所と短所を話し合う」

次の用例の mei (オ．met〜mee/ド．mit) も同様である。

It leit yn 'e reden dat er net klear is *mei* [wat nammen *te learen* fan fûgeltsjes en blomkes].「彼が鳥や花のいくつかの名前を覚えるのを終えていないのは当然だ」

(a) **名詞修飾成分**

「名詞＋om … te- 第 2 不定詞句」がひとつの文成分を形成し，「om … te- 第 2 不定詞句」が名詞を修飾する成分として名詞の内容を示すことがある。

Nei oanlieding fan Stienstra syn wurden nimt it Doarpsbelang *it beslút* [*om* in brief *te skriuwen*].「スティエンストラの言葉を契機として，村議会は手紙を書く決断をする」

Mooglikheden [*om te ûndersykjen*] binne der oer en te folle.「研究の可能性は余るほど豊富にある」

次例では「om … te-第2不定詞句」が名詞句から分離して外置されている。

Der binne noch *fiif lange twalûden* oerbleaun [*om skriuwen te learen*].「つづりかたを習うべき長母音が五つまだ残ってしまった」

「fan doel wêze＋om … te-第2不定詞句」は「…するつもりだ」(doel「目的」)という意味で頻繁に用いる。この「om … te-第2不定詞句」は doel「目的」という名詞の修飾成分と言うよりも，むしろ fan doel wêze「…のつもりだ」の目的語になっていると言ったほうが適当である。

Wannear *binne* jo *fan doel* [*om te kommen*]?「あなたはいつ来るつもりですか」

Ik *bin fan doel* [*om* trije dagen *te bliuwen*].「私は3日間いるつもりです」

Hy *is fan doel* [*om* syn húsgenoaten of freonen der fan *te oertsjûgjen*] dat se sûner ite moatte.「彼は家族や友人たちにもっと健康的な食生活をする(＝もっと健康的に食べる)べきだと説得するつもりだ」

次例の自動詞 sitte「すわっている」は，「om … te＋第2不定詞句」の内部に op「…の上に」という前置詞を欠いている点に注意。

Mar de do fûn ek *gjin plakje* [*om te sitten*].「しかし，鳩は(ソノ上ニ)とまる場所を見つけることもできなかった」

自動詞が前置詞を伴った次の表現にも注意(§37(2)(b), §67(8)(b))。

Hy socht om in hûs [*om yn te wenjen*].「彼は(ソノ中ニ)住むための家を探した」

(b) 不定代名詞＋te-第2不定詞

gâns/in protte/in soad「たくさん」, net folle「少ない」, wat/eat「何か」, neat「何も…ない」などの数量を示す不定代名詞(§26)に続けて，これを修飾する te-第2不定詞の用法がある。

Hja hat *in soad te sizzen*.「彼女は言うことがたくさんある」
  Der bleau *in protte te winskjen* oer.「物足りない(＝望むべき)ことがたくさん残った」
  Der wie *gâns te dwaan*.「いっぱいやることがあった」
  Der stiet *net folle te drinken* yn 'e kuolkast.「冷蔵庫の中にはあまり飲むものがない」
  Wat te fertellen is der net.「何か話をするようなことはない」

不定代名詞を欠く「Ø＋te-第2不定詞」もある。これは wat/eat「何か」を意味的に補って解釈することができる。

  Doe woe syn baas him net langer *te iten* jaan.「そのとき飼い主は馬に(＝彼に)食べるものをもう与えようとしなかった」(him＝it hynder「馬」)
  Ik ha hjir *net te kleien*, sei de feint en siet by de boerinne op 'e knibbel.「ぼくはここでは何も不平はないよ、と若者は言って、農夫の女性のひざの上に腰かけていた」
  ↔ Ik haw *neat te kleien*.「私は文句をつけることは何もない」

「不定代名詞＋te-第2不定詞」構文の te-第2不定詞は、目的語や前置詞句などの副詞成分を伴わず、分離動詞にもできない。

  *Der is *neat* {*te opdrinken*/*op te drinken*}.「飲み干すものがない」(分離動詞 op|drinke「飲み干す」、不可)

ただし、「om … te-第2不定詞」にすればそれが可能になる。

  De belestingen kinne ferhege wurde, sadat der *minder* oerbliuwt *om út te jaan* oan oare saken.「税金が引き上げられ、その結果、他のことに支出する分が少なくなる可能性がある」(分離動詞 út|jaan「支出する」)

§68　不定詞の省略

(1)　第1不定詞と te- 第2不定詞の省略

　§53(2)で述べたように，客観的用法の話法の助動詞に支配された第1不定詞は省略することができる。

　　Wat tinkt jo, dokter, út en troch in sigaarke *kin* dochs gjin kwea Ø?「どう思いますか，先生，たまにタバコの一本くらい，悪くはない(＝害悪を与えない)でしょう」(dwaan「する，与える」)

　　Healwei achten *moatte* de lytse bern op bêd Ø.「小さな子供たちは7時半に寝なくてはいけない」(gean「行く」)

　　Do *silst* nije wike nei It Amelân Ø.「君は来週，エト・アーメローン島(オ．Ameland「アーメラント島」)に行く予定なんだね」(gean「行く」，farre「(船で)行く」)

　　Dan *woe* 'k earst wol kofje Ø.「それじゃあ，私はまず，コーヒーをいただきたいんだけど」(hawwe「持つ」，drinke「飲む」)

　これに加えて，西フリジア語では「om … te- 第2不定詞句」の te- 第2不定詞を省略することがあり，「te- 第2不定詞の省略」(エ．te-V ellipsis)と呼ぶ(Hoekstra 1997：127ff.)。これは統語的に te- 第2不定詞が省略されたことが明確で，意味的に復元可能なときに起こる。運動動詞 gean「行く」/komme「来る」などのほかに，dwaan「する」，hawwe「持っている」，krije「得る」，nimme「取る」，sitte「すわっている」，stean「立っている」などの頻繁に用いる基本的な動詞が主なものである。

　　Se wenje te fier fuort [*om* alle dagen nei hûs Ø].「彼らは毎日，家に帰るにはあまりに遠いところに住んでいる」(te gean「行く」)

　　Wy sjogge der tsjinoan [*om* de hiele dei binnendoar Ø].「私たちは一日

中，屋内にいるのはいやです」(te sitten「すわっている」)

Wat doel hat it [*om* altyd sa healwiis Ø]?「いつもそんなに馬鹿げたことをするのは何のためなの？」(te dwaan「する」)

Ik mei der net oer [*om* alle dagen spul mei de buorlju Ø].「私は毎日，近所の人たちとけんかするのはいやだ」(te hawwen「持つ」)

上例では nei hûs (gean)「家へ(帰る)」, binnendoar (sitte)「屋内に(いる)」, healwiis (dwaan)「馬鹿げたことを(する)」, spul (hawwe)「けんかを(する)」という，省略された動詞を修復するための副詞成分や名詞句が残っている．次の用例では mei「ともに」という分離動詞の分離成分となる不変化詞が残っている．

Hy frege [*om mei* Ø].「彼はいっしょに{行って/来て}いいかと頼んだ」(mei|gean/mei|komme}「いっしょに{行く/来る}」)

It is net nedich [*om* in skûteldoek *mei* Ø].「ふきんを持っていく必要はない」(mei|nimme「持っていく」)

　te-第2不定詞の省略を先駆的に指摘した例には，Karsten (1946)がある．そこでは，この現象が西フリジア語とオランダ語西フランドル方言(オ．Westvlaams)で共通して観察されることが指摘され，両言語とも補文標識 om の存在を必要とすることが述べられている．

(2) 不定詞の省略の条件

　te-第2不定詞の省略は，第1不定詞の省略と共通の意味的条件に基づくと考えられる．上述のように，客観的用法の話法の助動詞に支配された特定の第1不定詞は省略されることがある．

Ik *moat* moarn nei Utert ta {*gean*/Ø}.「私は明日，ユトレヒト(オ．Utrecht)に行かなければならない」

　一方，話法の助動詞の主観的用法では第1不定詞の省略は起こらない(§53 (3)(b)②)．したがって，第1不定詞が省略された文の話法の助動詞は，客観的用法と解釈される．

Pyt *koe* wol nei Japan ta {*gean*/*Ø}.「ピトは日本に行くかもしれない」

　この違いは次のように説明される．客観的用法では義務・能力・許可・意志

など，個々の話法の助動詞に特有の意味から，動作が実現することが含意される。したがって，第1不定詞が省略されても，それが意味的には存在する必要性が喚起され，復元して解釈され得ることになる。たとえば，moatte は客観的用法「…しなければならない」の意味では，nei Utert ta「ユトレヒトへ」という方向を示す副詞成分があれば，必然的に運動の意味の動作を伴うことになり，「行く」という意味を補って解釈される。ところが，主観的用法「…にちがいない」の意味では，出来事の蓋然性の程度がもっぱら問題になり，動作の実現の必要性は喚起されにくい。したがって，省略された第1不定詞は復元して解釈するべき十分な必要性が乏しく，省略できないことになる。逆に言えば，第1不定詞が省略された moatte では，主観的用法「…にちがいない」よりも客観的用法「…しなければならない」の解釈が優先されることになる。したがって，一般に話法の助動詞の主観的用法では te- 第2不定詞の省略は起こらない。両者の差は意味的な観点から見れば，「動作の実現を喚起する必要性」の強さにあると言える。

　moatte がなくても，次例のように副詞成分だけで発話された文は，発話内効力（エ．illocutionary force）としての勧誘・義務・命令といった話法的意味を伴って，運動という動作を補って解釈される。これも上記の意味的条件に準じて説明される。

　　Nei Japan ta!「日本へ行こう，行くのだ，行け」

　このことは知覚動詞構文（§66(2)）でも同様である。知覚動詞が支配する第2不定詞はすでに実現されている動作を表わすので，動作の実現の必要性を喚起せず，意味的条件が整わないために，te- 第2不定詞の省略はふつう起こらないと考えられる。

　　Ik *seach* har nei hûs ta {gean/*∅}.「私は彼女が帰宅するのを見た」（知覚動詞 sjen「…するのを見る」）

　一方，使役動詞構文（§55(1)）では第1不定詞の省略が起こる。これは，使役の助動詞 litte「…させる」が使役という意味から容易に理解されるように，まだ行なわれていない動作の実現を喚起する必要性が高いためと言える。

　　Ik *liet* har nei hûs ta {gean/∅}.「私は彼女を帰宅させた」

(a) 補文標識の om との関係

　te- 第2不定詞の省略でも，以下に述べるように，同様の意味的条件がはたらき，第1不定詞の省略と共通性があると考えられる。

　ただし，te- 第2不定詞の省略には意味的条件のほかに，統語的条件が必要である。それは補文標識の om を必要とする点である。te- 第2不定詞の省略は補文標識の om を伴わない第2不定詞では起こらない。たとえば，次例のように繰り上げ動詞(§67(3))では te- 第2不定詞の省略は起こらない。

　　Hja *skynt* nei hûs ta {*te gean*/*∅}.「彼女は帰宅するらしい」(skine「…らしい」)

　　Hja *heart* nei hûs ta {*te gean*/*∅}.「彼女は帰宅する必要がある」(hearre「…するのがふさわしい」)

　　Hja *begûn* nei hûs ta {*te gean*/*∅}.「彼女は帰宅しはじめた」(begjinne「…しはじめる」)

　発言・感情・認識の意味の制御動詞(§67(2))も補文標識の om を伴わないが，このときにも te- 第2不定詞の省略は起こらない。

　　Hy *hopet* nei hûs ta {*te gean*/*∅}.「彼は帰宅することを望んでいる」(hoopje「…することを望む」)

　制御動詞 freegje「…することを頼む」は「om … te- 第2不定詞句」を伴うが(§67(2)(c))，すでに述べたように，それに先行する場合は補文標識の om は用いない。te- 第2不定詞の省略の有無もこれに従う。

　　Hja seit dat er har *frege* [*om* mei him nei Amsterdam ta {*te gean*/∅}].「彼が彼女に彼といっしょにアムステルダムへ行ってくれと頼んだと，彼女は言っている」

　　Hja seit dat er har [∅ mei him nei Amsterdam ta {*te gean*/*∅}] *frege*.「同上」

　「en+第3不定詞(命令形不定詞)構文」(§69)は「om … te- 第2不定詞句」と同様の意味を表わすことがあるが，第3不定詞の省略は不可能である。

　　Wy binne fan doel [*om* nei Amsterdam ta {*te gean*/∅}].「私たちはアムステルダムに行くつもりです」

　　Wy binne fan doel [*en* {*gean*/*∅} nei Amsterdam ta].「同上」

　一方，明確な語彙的意味を持たない補文標識の om とは別に，副詞成分とし

て「…するために」という明確な語彙的意味を持つ前置詞の om (§ 67(8)) では，te- 第 2 不定詞の省略は起こりにくい。sûnder「…することなしに」などの副詞成分を形成する他の前置詞でも，te- 第 2 不定詞の省略は起こらない。

　　Hy stapte yn 'e trein [*om* nei Amsterdam ta {*te gean*/??∅}].「彼はアムステルダムへ行くために列車に乗った」

　　Hy kaam werom [*sûnder* nei Amsterdam ta {*te gean*/*∅}].「彼はアムステルダムへ行くことなく，戻って来た」

　つまり，te- 第 2 不定詞の省略が可能な場合の補文標識の om は，母型文の動詞，すなわち，「om … te- 第 2 不定詞句」の語彙的主要部(エ．lexical head)の存在を前提とする。

　「om … te- 第 2 不定詞句」は母型文の動詞の補文である必要はない。次例のように，名詞修飾語としての「om … te- 第 2 不定詞」でも，te- 第 2 不定詞の省略が起こるからである。このように，「om … te- 第 2 不定詞句」はそれが補部(エ．complement)となる何らかの語彙的主要部を持つことを条件とする。この場合，被修飾名詞は動作の実現を喚起する意味的特徴を持っている必要がある。たとえば，plan「計画」，doel「目的」などがそうである。

　　Har *plan* [*om* nei Japan ta {*te gean*/∅}] waard fersmiten.「日本へ行こうという彼女の計画は却下された」

　　Ik bin fan *doel* [*om* moarn nei Amsterdam ta {*te gean*/∅}].「私は明日アムステルダムへ行くつもりです」(§ 67(9)(a))

これは，語彙的主要部の存在が「動作の実現を喚起する必要性」という第 1 不定詞の省略と同様の意味的条件を満たす必要があることを示している。

　以上の事実から，te- 第 2 不定詞の省略の統語的条件には，補文標識の om と「om … te- 第 2 不定詞句」の語彙的主要部の存在があることがわかる。この語彙的主要部の存在は，第 1 不定詞の省略における話法の助動詞に比肩できる。このように，第 1 不定詞の省略と te- 第 2 不定詞の省略は，統語的にも意味的にも基本的に同じ条件によると考えられる。

　ちなみに，「補文標識の om … te- 第 2 不定詞句」は単独の発話としては成立しない。これは語彙的主要部である母型文の動詞が不在であるためにその意味が投影されず，それ自身としては発話内効力を伴わないためと考えられる。te- 第 2 不定詞の省略はもちろん起こらない。

*Om nei Japan ta {te gean/∅}!「日本へ行こう，行くのだ，行け」(不可)

　「om … te- 第2不定詞」はまだ実現されていない動作が問題になっていることを示し，語彙的主要部の意味が投影されることによって，その動作を実現する必要性が喚起され，意味的条件が満たされる。補文標識の om が必要なのは，おそらく統語的条件として，第2不定詞が省略された後に残る te の「まだ実現されていない動作を表わす」という文法的機能を統語的に抽象的なレベルで吸収または代行するためと考えられる。te は音韻的な接語(エ．clitic)であり，ホストとしての第2不定詞がなければ語形的に存在できないので，第2不定詞が省略されれば必然的に脱落すると考えられるからである。

　一方，前置詞の om では，動作の実現の必要性が強く喚起されるので，意味的条件は満たされるが，母型文の動詞と統語的に十分な関係がないために，省略された te- 第2不定詞を復元する統語的条件が整わず，te- 第2不定詞の省略が起こりにくいと考えられる。

　補文標識の om は前置詞の om「…するために」とは異なって，明確な語彙的意味を持たない。om は本来，「…を求めて」という目的を表わす前置詞から発達したのであり，摩滅した目的の意味が文法的機能に転化されたと考えられるものの，補文標識の om に目的の意味は認めがたい。ただし，補文標識の om は，同じく「…へ，…を求めて」という方向・目的の意味の前置詞から発達し，オランダ語などと違って西フリジア語では前置詞としての性格を残す不定詞標識の te と共起する。te- 第2不定詞は(未完了不定詞では)まだ実現されていない動作の標識になる。この点で補文標識の om と不定詞標識の te は，類似した文法的な性格を持っていると言える。第2不定詞が省略された結果，不定詞標識の te が脱落し，補文標識の om によって te の文法的機能が統語的に吸収・代行される仕組みには，om と te の上述のような共通性が関与していると言える可能性がある。なお，Hoekstra (1997：143)は［＋Irrealis］(エ．unrealized future)という I の素性が「I の C への移動」(エ．I-to-C movement)によって om に継承されると分析している。

(b)　例外的な動詞

　te- 第2不定詞の省略は，話法の助動詞に支配された第1不定詞の省略と共

通する以上のような意味的・統語的条件によって起こると考えられるが，例外的な現象を示す母型文の動詞が多く，その条件をさらに限定することが求められる。たとえば，次の動詞は補文標識 om の有無との関係について，例外的な事実を示す。

① doare「あえて…する」, hoege (hoeve)「…する必要がある」

この二つの動詞は補文標識の om を欠く te- 第 2 不定詞を伴うが，te- 第 2 不定詞の省略が起こる。§53(6)で述べたように，doare と hoege (hoeve) は te- 第 2 不定詞のかわりに，te を欠いた第 1 不定詞を伴うことがあり，この te は表層的な標識にすぎないと言える。両者は話法の助動詞(客観的用法)に近く，そのために te- 第 2 不定詞の省略を起こすと考えられる。

Hy *doarst* net [nei Amsterdam ta {*te gean*/∅}].「彼はアムステルダムに行く勇気がなかった」(doare)

Hy *hoegde* net [nei Amsterdam ta {*te gean*/∅}].「彼はアムステルダムに行く必要がなかった」(hoege (hoeve))

② bestean「あえて…する」, beprate「…するように説得する」, helpe「…することを手伝う」, slagje「…することに成功する」, twinge「…することを強いる」, beslette「…することを決心する」, driigje「…すると脅す」, ferjitte「…することを忘れる」, hjitte (hite)「…することを命令する」, wegerje「…することを拒む」

以上の動詞は補文標識の om を(任意に)伴う te- 第 2 不定詞句を支配するが，te- 第 2 不定詞の省略は起こらない。

Jan *holp* Jantsje [*om* nei Amsterdam ta {*te gean*/*∅*}].「ヨンはヨンチェにアムステルダムスへ行くのを手伝った」(helpe)

Jan *twong* Jantsje [*om* nei Amsterdam ta {*te gean*/*∅*}].「ヨンはヨンチェにアムステルダムへ行くことを強制した」(twinge)

Jan *besleat* [*om* nei Amsterdam ta {*te gean*/*∅*}].「ヨンはアムステルダムへ行くことを決心した」(beslette)

Jan *hiet* Jantsje [*om* nei Amsterdam ta {*te gean*/*∅*}].「ヨンはヨンチェにアムステルダムへ行くように命令した」(hjitte (hite))

この事実についての説明は困難である。te- 第 2 不定詞の省略の対象とな

る動詞は話法の助動詞に比べてかなり多く，意味的条件が複雑で，それを満たす程度に差があることと，補文標識としての om の統語的機能に差があることなどが考えられる。この問題についてはさらに考察を必要とする。

ドイツ語やオランダ語でも，話法の助動詞に支配される同種の不定詞は省略可能である。それが許されないのは，ゲルマン語では英語に限られる。ただし，初期近代英語(Early Modern English 1500-1700)の時代までは不定詞の省略が起こっていた。

フ．Ik *moat* moarn nei Amsterdam ta {*gean*/∅}.「私は明日，アムステルダムに行かなければならない」

オ．Ik *moet* morgen naar Amsterdam {*gaan*/∅}.「同上」

ド．Ich *muss* morgen nach Amsterdam {*gehen*/∅}.「同上」

ス．Jag *måste* {*gå*/∅} till Amsterdam i morgon.「同上」

エ．I *must* {*go*/*∅} to Amsterdam tomorrow.「同上」

ただし，上記の言語には不定詞標識を含む不定詞の省略は見られない。

フ．Bisto klear *om* mei {*te gean*/∅}?「君はもういっしょに行く準備ができていますか」(以下の判定はこの意味の場合に限る)

オ．Ben je klaar *om* mee {*te gaan*/*∅}?「同上」

ド．Bist du bereit *mit* {*zu gehen*/*∅}?「同上」

ス．Är du färdig {*att gå*/*∅} med?「同上」

エ．Are you ready {*to go*/*∅} together?「同上」

西フリジア語でも話法の助動詞の主観的用法では不定詞は省略されない。

フ．Pyt *koe* wol nei Japan ta {*gean*/*∅}.「ピトは日本に行くかもしれない」

英語では話法の助動詞に不定形がないように，時制(エ．tense)とともに話法(エ．mood)という動詞定形の範疇が統語的に強い影響力を持っている。西フリジア語を含む他のゲルマン語でも，主観的用法の話法の助動詞は不定形になりにくく，この点で英語と共通している。一方，周知のように英語では動詞句の省略が起こるが，西フリジア語を含む他のゲルマン語では起こらない。このように，不定詞一般の省略は統語的に時制・話法・一致などの動詞定形の範疇の性格にも依存していると考えられる。

西フリジア語と同様に補文標識 om を有するオランダ語では，予想に反して

te-不定詞の省略は起こらない。これはすでに述べたように，西フリジア語の不定詞標識 te がオランダ語の不定詞標識 te と違って，前置詞的性格を示すことがあり，te-(第2)不定詞の性格に差があることと関係があるとも考えられる。この問題についてはさらに考察を必要とする。

712　XI　動詞

§69　第3不定詞（命令形不定詞）

(1)　「en＋第3不定詞（命令形不定詞）」構文

　西フリジア語には命令形と語形的に同一の不定詞があり，これを第3不定詞（または，命令形不定詞）と呼ぶ。第3不定詞（命令形不定詞）は並列の接続詞 en（オ．en/ド．und/エ．and）の直後に続けて用いる。これ以外には用いない（ただし，「否定＋as＋第3不定詞（命令形不定詞）」構文を除く（(2)(c)参照））。伝統的にはこれを「en＋命令形」構文（オ．en＋imperatief-constructie）と呼び，「IPI-構文」（ラ．imperativus pro infinitivo）と称することがある。本書では「en＋第3不定詞（命令形不定詞）」構文と呼ぶ。

　en は並列の接続詞だが，第3不定詞（命令形不定詞）句を先行する母型文の補文として取り込む役割を果たし，統語的には従属接続詞としてはたらいている。en に後続する動詞は形態的にはつねに命令形だが，命令の意味はなく，統語的には先行する母型文の補文を構成する不定詞句の不定詞とみなすべきである。しかも，この第3不定詞（命令形不定詞）は命令形と同様に en の直後に隣接し，主文の語順になるので，枠構造から見れば，第3不定詞（命令形不定詞）は左枠に位置することになる。したがって，動詞不定形である第3不定詞（命令形不定詞）は右枠にとどまらずに，左枠に現われることになり，「動詞定形（＝定動詞）が左枠に移動し，動詞不定形は右枠にとどまる」という，英語を除くいわゆる西ゲルマン語に共通の枠構造の原則，つまり「定形非対称性」（オ．finietheidsasymmetrie）にたいする例外になる（同様の現象として，主文を伴う dat（§44(2)）がある）。このように，この構文は形態的な姿と統語的なふるまいの不一致を示す。

　この構文はオランダ語，ドイツ語，英語には存在しない。第3不定詞（命令形不定詞）を語形的には「命令形」だが，機能的には「不定詞」とみなす意見

は，すでに Hoekema (1958：19)に見られる(ただし，De Haan/Weerman (1986)はこれをあくまで「命令形」とみなしている)。

この構文は北フリジア語にも存在する(モーリング方言(北フ．mooring)の例を示す)。清水(1992a：116, 156)参照。

モ．Dåt as nint {*än lååk ätj*/*ätj tu lååken*}.「これは笑いごとではない」(前者が第3不定詞，後者は第2不定詞，ätj|lååke「…を笑う(分離動詞)」)

Dåt as ai lächt {*än fou e döör ääm*/e döör *ääm tu fouen*}.「そのドアを開けるのは容易ではない」(前者が第3不定詞，後者は第2不定詞，ääm|füünj「開ける(分離動詞)」)

類似の構文は，北フリジア語モーリング方言を取り巻く低地ドイツ語シュレースヴィヒ方言(ド．Schleswigsch)にもあるが，不定詞は命令形と同形ではない。これは低地ドイツ語に特有ではなく，デンマーク語南ユトラント方言(デ．sønderjysk)の影響と言われる。

低ド．Dat is nu Tiet *un plücken Appeln.*「そろそろリンゴを摘み取る時期だ」(不定詞 plücken「摘み取る」↔ 命令形 plück, Goltz/Walker 1990：41)

標準デンマーク語には「og＋不定詞」構文があるが，やはり命令形と同形ではない。これは og (フ．en/エ．and)と不定詞標識 at (フ．te/エ．to)が発音上，区別がつかなくなって混同されるためと言われる。したがって，西フリジア語および北フリジア語と同一とみなすことには問題がある。

デ．Jeg blir nødt til *og stikke af*.「私は急いで行かざるを得ない」(不定詞 stikke af「急いで行く」↔ 命令形 stik af, Hansen 1965²：150)

なお，英語の「{try/come/go} and＋不定詞」構文を参照。

(2) 並列型構文

(a) 論理関係と「前置詞の om … te- 第2不定詞」との対応

「en＋第3不定詞(命令形不定詞)」構文は「並列型構文」(オ．nevenschikkende constructie)と「従属型構文」(オ．onderschikkende constructie)の二つに分けられる(De Waart 1971)。まず，並列型構文について説明する。

並列型構文は「…して，〈第3不定詞(命令形不定詞)〉する」という意味を表わす。en を「そして」の意味という並列接続詞と解釈し，先行する動詞句と同じ種類の動詞句を並列させても，ほぼ同じ意味が得られる。

① 「en＋第3不定詞(命令形不定詞)」構文

Do *moatst hinnegean* [*en meitsje* dy saak yn oarder].「君は出かけて行って，その件をかたづけなければならない(＝その件をかたづけるために，出かけて行かなければならない)」(meitsje「…にする(第3不定詞)」)

② 第1不定詞句の並列

Do *moatst* [*hinnegean*] *en* [dy saak yn oarder *meitsje*].「同上」(hinnegean「出かけて行く(第1不定詞)」+en「そして」+dy saak yn oarder meitsje「その件をかたづける(meitsje 第1不定詞)」)

ただし，en の前後の動詞句の間には，「動作＋動作の目的」という順序の論理関係が必要である。上例を 'om … te- 第2不定詞句'「…するために」で言い換えても，類似した意味になる。

Do *moatst hinnegean* [*om* dy saak yn oarder *te meitsjen*].「君はその件をかたづけるために，出かけて行かなければならない」

したがって，「en＋第3不定詞(命令形不定詞)句」がそれに先行する動詞句の目的の意味にならないときには，並列型構文は不可能である。また，「動作の目的＋動作」という反対の語順にもできない。

その他の用例。

Hy *plichte* sneons nei de stêd ta *te reizgjen* [*en sjoch* dêr op 'e merk].「彼は金曜日には町に行って，そこで市場をのぞく習慣があった」(sjen「見る」)

Soest safier meirinne *wolle* [*en draach* myn tas]?「そこまでいっしょに歩いて，私のカバンを運んでいってくれない？」(drage「運ぶ」)

Men soe ek hinnegean *kinne* [*en nim oan* dat der twa morfoleksikale regels binne].「別の考えかたを取って(＝別の方向に進んで)，二つの形態語彙論的な規則があるとも仮定できよう」(oannimme「仮定する」)

(b) 埋め込み文の並列——統語的・意味的制約

並列型構文の特徴は，独立した動詞句の並列ではなく，共通の話法の助動詞やアスペクト動詞などに埋め込まれた動詞句の並列である点である。つまり，埋め込み文の並列であり，次例のようにたんに現在形では不十分である。

*Do *giest hinne* [*en meitsje* dy saak yn oarder]．「君は出かけて行って，その件をかたづける」(現在形 giest「行く」＋en＋第3不定詞(命令形不定詞) meitsje「…にする」，不可)

もちろん，現在形と現在形の並列ならば問題ない。

Do [*giest hinne*] en [*makkest* dy saak yn oarder]．「同上」(現在形 giest「行く」＋現在形 makkest「…にする」)

これは統語的制約というより，むしろ意味的制約としての性格がある。たとえば，次の③の例のように話法の副詞 grif「きっと」を使えば，現在形で並列できるという判定を下す話者もいる。

① 「en＋第3不定詞(命令形不定詞)」構文

De polysje *soe* by him *komme* [*en helje* him *op*]．「警察が彼のところに来て，彼を連れて行くかもしれない」(ophelje「連れて行く」)

② 現在形の並列

De polysje [*komt* by him] en [*hellet* him *op*]．「同上」

③ 「現在形＋話法の副詞 grif」と「en＋第3不定詞(命令形不定詞)」の並列

De polysje *komt grif* by him [*en helje* him *op*]．「警察がきっと(grif)彼のところに来て，彼を連れて行くだろう(＝彼を連れて行くために，彼のところに来るだろう)」

④ 現在形と「en＋第3不定詞句(命令形不定詞句)」の並列：不可

*De polysje [*komt* by him] [*en helje* him *op*]．「警察が彼のところに来て，彼を連れて行く」(De Waart 1971：4；ただし，Hoekstra (1997：45)では「?」)

次例は現在完了形に「en＋第3不定詞(命令形不定詞)」構文を並列させたものだが，話法の副詞 grif「きっと」を伴っているので，同様に可能であるという判定がある。

Hy *is grif* nei hûs ta *gien* [*en drink* in pantsje tee]．「彼はきっと家に帰って，お茶を一杯飲んだのだろう(＝お茶を一杯飲むために，家に帰っ

たのだろう）」(drinke「飲む」, Van der Meer 1975：32)

このように，話法の意味が何らかの形で en の前後の動詞句に投影されていれば，「en＋第3不定詞（命令形不定詞）」構文はそれほど違和感なく用いることができる．つまり，統語的な埋め込み文の並列でなくても，意味的な埋め込み文の並列であれば，かなり容認度が高い．

ただし，埋め込み文でも，ACI- 構文を形成する知覚動詞構文（§66(2)）と使役動詞構文（§55(1)）では，「en＋第3不定詞（命令形不定詞）」構文は使えない．これは助動詞としての知覚動詞や使役動詞には，補文の並列以外に，en の前後の動詞句を関連づけるような意味的な特徴がないためと考えられる．

*Ik *seach* him in gripe *krijen* [*en fuorje* de bargen]. 「私は彼が熊手を手に取って豚たちにえさをやるのを見た」(fuorje「えさをやる」, 不可)

*Hja *liet* har dochter de tún *omhakje* [*en set* der pûltsjes yn]. 「彼女は娘に庭に穴を掘って，その中に豆のさやを入れさせた」(sette「置く，据える」, 不可)

統語的制約として重要なのは，en の前後の動詞句の主語が同一でなければならない点である．これはこの構文が並列型であることから理解できる．

De polysje *soe* de misdiediger *opslute* [*en beskermje* har]. 「警察は犯罪者を隔離して，彼女を保護するだろう（＝彼女を保護するために犯罪者を隔離するだろう）」(beskermje「保護する」)

↔ *De misdiediger *soe* troch de polysje *opsletten wurde* [*en beskermje* har]. 「犯罪者は警察に隔離されて，（警察は）彼女を保護するだろう」(不可)

(c)「否定＋as＋第3不定詞（命令形不定詞）」構文

これは「en＋第3不定詞（命令形不定詞）」構文に類似した構文であり，「…するほかはない」という意味で用いる(Tamminga 1959, Van der Meer 1975：28)．この構文についてはさらに考察を必要とする．

Hy *koe net* folle oars *dwaan* [*as bliuw* yn it portyk]. 「彼はポーチにとどまるほかに，多くのことはできなかった」(bliuwe「とどまる」)

Hy *koe net* oars *dwaan* [*as skriuw* dat artikel]. 「彼はあの論文を書かざるを得なかった」(skriuwe「書く」)

(3) 従属型構文

ⓐ 従属型構文の種類

　従属型構文では,「en＋第3不定詞(命令形不定詞)」構文は母型文の補部(補足成分, エ. complement), または一般に語彙的主要部の補部になる。たとえば, 母型文の主語や他動詞目的語, 前置詞の目的語, 形容詞修飾句, 名詞修飾句などである。この場合,「en＋第3不定詞(命令形不定詞)」構文をあらかじめ示す仮の代名詞 it (オ. het／ド. es／エ. it), der (オ. er／ド. da(r)), または副詞 sa (オ. zo, ド.／エ. so) を用いることもある。従属型構文では並列型構文と違って, 話法の助動詞などによる埋め込みや話法の副詞などは必要としない。また, en の前後の動詞句の主語は同一である必要はない。

① 母型文の主語

　It is de baas [*en wachtsje* de bui mar even *ôf*].「にわか雨がやむのをしばらく待つのがいちばん良い」(ôfwachtsje「(…の)到来・終了を待つ」)

　It sil gjin kwea meie [*en sis* der op dit plak ris in wurd oardeheal fan].「それについてこの場で二,三述べておくことは悪くはあるまい」(sizze「言う」)

　It is net ferkeard [*en wiis* der noch eefkes op].「それを少し指摘しておくことは間違いではない」(wize「指摘する」)

　Dan is 't bytiden net sa maklik [*en meitsje* dan dochs noch in ferslachje], dat de muoite wurdich is.「そうなると, 苦労のかいがある報告をわざわざ作成するのがそれほど簡単ではないこともときどきある」(meitsje「作る」)

② 母型文の他動詞目的語

　Wy sille ris *besykje* [*en set* wat oarsaken op in rychje].「私たちは原因をいくつか文章にまとめてみようと思います」(besykje「…することを試みる」, sette「置く, 据える」)

　Wolst my *helpe* [*en typ* dit foar my]?「これを私のためにタイプするのを手伝ってくれない？」(helpe「…することを助ける」, type「タイプする」)

　Ik *ried* jo *oan* [*en drink* net sa folle bier].「私はあなたにそんなにビー

ルを飲まないように忠告します」(oanriede「…することを忠告する」, drinke「飲む」)

仮目的語代名詞 it を伴う用例。

Hy *bestie it* [*en begjin* mei wat nijs].「彼は何か新しいことを始めることを企てた」(bestean「企てる, あえて…する」, begjinne「始める」)

De manlju *doare it* wol oan [*en helje* de boel *del*].「男たちはその大きな物を思いきって下に降ろしてみようとする」(oandoare「あえて…する」, delhelje「降ろす」)

Hy *weaget it* net [*en gean* der hinne].「彼はそこへ行く勇気がない」(waegje「あえて…する」, gean「行く」)

③ 前置詞の目的語

Ik *prakkesearje der oer* [*en hâld* der mei *op*].「私はよく考えた結果, それをやめようと思う」(prakkesearje「熟考する(oer … について)」, ophâlde「やめる」)

Wa't niget hat oan it Aldfrysk en de Fryske taalskiednis, *docht der* goed *oan* [*en lês* har dissertaasje mei oandacht].「古フリジア語とフリジア語史に興味がある人は, 彼女の博士論文を注意深く読むと良い」(dwaan「する(oan … について)」, lêze「読む」)

④ 形容詞修飾句

Der skine altyd noch minsken te wêzen, dy't in bytsje *skruten binne* [*en stap* samar yn 'e bibleteek].「図書館に遠慮なく足を踏み入れることに気遅れするような人々がいまだにいるようだ」(skruten「臆病な」, stappe「入る, 歩む」)

Jo *binne* dêrnei *by steat* [*en meitsje* sinnen mei dy tiidwurden].「それが終われば, あなたはそれらの動詞を使って文を作ることができるようになります」(by steat「…できる」, meitsje「作る」)

副詞 sa を伴う用例。

Hy *wie sa wiis* wol [*en bemuoi him* der net mei].「彼は賢明なことに, それにはかかわらなかった(=それにかかわらないほど賢明だった)」(wiis「賢明な」, jin bemuoie「かかわる, 干渉する」)

⑤ 名詞修飾句

Sûnt it sluten fan de universiteit fan Frjentsjer yn 1811 hat yn Fryslân *de winsk* libbe [*en stiftsje* wer opnij in universiteit].「1811 年にフリェンチェル(オ．Franeker「フラーネケル」)の大学が閉鎖されて以来，フリースラントでは新たに大学を設立しようという願望が引き続き生き長らえていた」(winsk「願望」, stiftsje「設立する」)

It idee [*en lis* de Lauwerssee *droech*] is net alhiel nij.「ラウエルス海(オ．Lauwerszee，現在は湖)を干拓しようという考えは，それほど新しいというわけではない」(idee「考え，アイデア」, droechlizze「干拓する」)

(b) 主語の解釈と「(補文標識の om …) te- 第 2 不定詞句」との対応

　従属型構文の第 3 不定詞(命令形不定詞)の主語は，母型文の主語と同一である必要はなく，母型文から制御されて決まる。この「en＋第 3 不定詞(命令形不定詞)」構文は次例のように，補文標識の om による「(om …) te- 第 2 不定詞句」でほぼ同じ意味に置き換えることができる。

① 「en＋第 3 不定詞(命令形不定詞)」構文

It liket my de baas [*en gean* der sels hinne].「私は自分でそこへ行くのがいちばん良いような気がする」(gean「行く」)

Doe't er *it* weagje *doarst hie* [*en improvisearje* in stikje], fielde er him in ein frijer.「一曲あえて即興演奏をしてみようと思ったら，彼はかなり気持ちが自由になった」(improvisearje「即興演奏する」)

② 「(om …) te- 第 2 不定詞句」

It liket my de baas [*om* der sels hinne *te gean*].「同上」

Doe't er *it* weagje *doarst hie* [in stikje *te improvisearjen*], fielde er him in ein frijer.「同上(om なしの例)」

主語の場合には，dat- 従属文で置き換えることもできる。

It liket my de baas, [*dat ik* der sels hinne *gean*].「同上」

「en＋第 3 不定詞(命令形不定詞)」構文に相当する構文は，古フリジア語の時代から観察される。ただし，命令形ではなく，不定詞(-a)である点と，並列型に限られる点が異なる。この構文で古フリジア語の不定詞が現代西フリジア語で命令形に変わった理由としては，次の要因が考えられる。それは，不定詞

句で不定詞が先頭に置かれるのは例外的，つまり，有標の語順なので，生産的な動詞のグループである「je-動詞」では不定詞と命令形が同形であることを利用して，不定詞のかわりに命令形を用いて自然な語順，つまり，無標の語順に転換したという解釈である。並列型に加えて従属型が発達した理由には，不定詞から命令形に転換した結果，en の後の動詞句が前の動詞句から統語的に独立性を獲得し，たんなる並列型から離れて従属型を発達させる余地が生まれたことが挙げられる(Van der Meer 1975：28)。この問題についてはさらに解明の努力を必要とする。

(4)　命令形と第3不定詞(命令形不定詞)

　命令形と第3不定詞(命令形不定詞)は語形的に同一だが，上述のように用法は大きく異なる。もうひとつ異なるのは主語の付加である。命令形では，主語の人称代名詞や聞き手を表わす固有名詞・親族名称を加えることができる(§51(3)(a))。

　　Kom {∅/do/jo/jimme/hy/Pyt/mem} hjir ris!「ちょっと {∅/君/あなた/君たち・あなたがた/そこのおにいさん・おじさん・大将/ピト/お母さん}，ここに来なさいよ」(komme「来る」)

しかし，第3不定詞(命令形不定詞)ではそれができない。

　　Doare jo it oan [en set {∅/*jo} de diskusje op 'e bân]?「あなたはその議論を思いきってテープに吹き込む気持ちがありますか」(sette「置く，入れる」)

ところで，次例ではそれが可能であるように見える。

　　It bêste is [en jou do him in boek] (dan jou ik him segaren).「君が彼に本をあげ(て，それからぼくが彼に葉巻をあげ)るのがいちばん良いことだ」(jaan「与える」)

　　Wy riede Pyt oan [en jou hy heit in boek] (dan jou ik him in CD).「私たちはピト(＝ピトさん，あなた)にたいして，お父さんに本をあげ(て，それから私がピトにCDをあげ)るようにしてくださいね，と忠告します」(同上)

しかし，この2例ではjou (<jaan「与える」)を命令形とも解釈できる。つ

まり，「いちばん良いのは，君が彼に本をあげてくれ（それからぼくが彼に葉巻をあげるから）」，「私たちはピトさん，あなたに忠告します。お父さんに本をあげてください（それから私がピトに CD をあげますから）」の意味になる。両者が過去形にできないことも，命令形の解釈を支持する。とくに二つ目の用例では，Pyt が「ピトさん，あなたに」という呼びかけの意味でなければならない (Hoekstra 1997：42)。

ただし，上記の 2 例では do「君」/hy「彼」がなければ，厳密には命令形か第 3 不定詞(命令形不定詞)かであいまいさが生じる。

このように，命令形と第 3 不定詞(命令形不定詞)は同一とみなすことはできないが，上記の用例には，「en＋第 3 不定詞(命令形不定詞)」構文の歴史的な発達のなごりを反映して，両者の共通性がわずかに残存しているとも考えられる。

(5) 「en＋第 3 不定詞(命令形不定詞)」構文と「主文を伴う dat」

「en＋第 3 不定詞(命令形不定詞)」構文は，時制や話法といった動詞定形の範疇を持たない不定形である第 3 不定詞(命令形不定詞)が右枠にとどまらずに，左枠に置かれる点で例外的である。同様の例外的現象を示すものに，「主文を伴う dat」(§44(2))がある。つまり，動詞不定形では「en＋第 3 不定詞(命令形不定詞)」構文が枠構造と語順について例外的な現象を示し，動詞定形(＝定動詞)では「主文を伴う dat」がこの点について例外的な現象を示す。両者は機能的には従属文としての性格を持ちながら，語順的には主文としての性格を示す。「en＋第 3 不定詞(命令形不定詞)」構文の en と「主文を伴う dat」はともに左枠には位置せず，枠構造の制約に抵触せずに，動詞が左枠に現われることを許す統語的な性質を共有していると考えられる。

この点での両者の共通性は取り出し(エ. extraction)の可否にも現われている。「従属文を伴う dat」と「(om …) te- 第 2 不定詞句」では取り出しが可能だが，「主文を伴う dat」と「en＋第 3 不定詞(命令形不定詞)」構文では取り出しは不可能である。

① 従属文を伴う dat：取り出し可
  *Hokker krante*ᵢ sizze jo [*dat* er ___ᵢ *lêze wol*]?「あなたは彼がどの新聞

を読みたがっていると言うのですか」

主文を伴う dat：取り出し不可

＊*Hokker krante*₁ sizze jo [*dat* er wol ＿＿＿₁ lêze]？「同上」

② (om …) te- 第 2 不定詞句：取り出し可

*Hokker krante*₁ binne jo fan doel [*om* ＿＿＿₁ *te lêzen*]？「あなたはどの新聞を読むつもりですか」

「en＋第 3 不定詞（命令形不定詞）」構文：取り出し不可

＊*Hokker krante*₁ binne jo fan doel [*en lês* ＿＿＿₁]？「同上」

西フリジア語では「動詞第 2 位」（エ．verb second）の現象は「定形性」（オ．finietheid）とは別に扱う必要がある。英語を除くゲルマン語でもその必要性があるとも考えられる。「定形」，すなわち現在形・過去形で現われる定動詞を含む主文は，「時制」と「一致」を示し，定動詞は「第 2 位」の語順を占めるが，これはあくまで一般的，つまり，無標の場合である。一方，「時制」はなくても「一致」を示して「第 2 位」の語順を占める動詞の語形がある。それが西フリジア語（そしてオランダ語）の「命令形」であり，これは「第 2 位」の語順として有標の場合である。これに加えて，西フリジア語の「en＋第 3 不定詞（命令形不定詞）」構文（IPI- 構文）はさらに有標であり，ここでは動詞が「時制」も「一致」も示さず，しかも「動詞第 2 位」の語順を占める（Hoekstra (1997：30-46) によれば，空範疇原理（ECP）の条件を満たすために移動する）。つまり，ゲルマン語の「動詞第 2 位」は「定形第 2 位」である必要はなく，「定形非対称性」（オ．finietheidsasymmetrie）は成り立たないことになる。ただし，命令形は「命令」という話法（エ．mood）の意味を持つのであり，屈折機能範疇（Ｉ）に「時制」と「一致」を設定するだけでは不十分とも言える。西フリジア語の命令形はオランダ語と違って人称や数による変化をせず，無変化であり，「一致」を示すとも言いがたい。この問題については，ゲルマン語における屈折機能範疇（Ｉ）の体系的な考察を含めて，さらに解明の努力を必要とする。

§70　動詞群 (tiidwurdkloft)の語順

(1)　動詞群の語順と IPP-効果による代替不定詞

　動詞群の内部では，文法的意味に応じて個々の動詞(あるいは助動詞)の配列がほぼ決まっており，支配関係の順序に応じて，言語によっては全体として鏡に映したような逆の語順を示すことがある。西フリジア語とオランダ語はその好例である。以下，オランダ語との対比を交えながら説明し，必要に応じてドイツ語にも言及する。

　西フリジア語では右枠の動詞群(エ．verbal complex)の語順は厳格に「左枝分かれ型」(エ．left-branching)である。つまり，支配される下位の要素(X^{n+1})は支配する上位の要素(X^n)の左側，つまり前につねに置かれる($\cdots < X^2 < X^1 < X$)。また，オランダ語やドイツ語と違って，不定詞を支配する過去分詞が不定詞，つまり，「代替不定詞」(ド．Ersatzinfinitiv)として現われる「IPP-効果」(ラ．infinitivus pro participio)を示さない(ただし，オランダ語の影響を受けた最近の若い世代の話者では，オランダ語的な語順と IPP-効果が観察される)。

　一方，オランダ語では右枠の動詞群の語順は原則として「右枝分かれ型」(エ．right-branching)である。つまり，支配される下位の要素(X^{n+1})は支配する上位の要素(X^n)の右側，つまり後ろに原則として置かれる($X > X^1 > X^2 > \cdots$)。また，ドイツ語と同様に，不定詞を支配する過去分詞が不定詞，つまり，代替不定詞として現われる IPP-効果を示す。ただし，オランダ語の言語規範は比較的ゆるやかであり，以上の語順と平行して「左枝分かれ型」の語順も許容される傾向がある。とくに，完了形では「完了の助動詞—過去分詞」(右枝分かれ型)と並んで「過去分詞—完了の助動詞」(左枝分かれ型)の語順が広く見られる。便宜上，以下の用例では「左枝分かれ型」の語順は割愛し，書き言

葉として規範的な「右枝分かれ型」の語順のみを示す。
i) 西フリジア語：左枝分かれ型(…＜X^2＜X^1＜X)
   フ．Sy sizze dat it famke him *kommen sjen wold hawwe soe.*「彼らはその娘は彼が来るのを(kommen)見(sjen)たかっ(wold 過去分詞)た(hawwe)はずなのに(soe)と言っている」
ii) オランダ語：右枝分かれ型(X＞X^1＞X^2＞…)
   オ．Ze zeggen dat het meisje hem *zou hebben willen zien komen.*「彼らはその娘は彼が来るのを(komen)見(zien)たかっ(willen 代替不定詞)た(hebben)はずなのに(zou)と言っている」

このように，西フリジア語とオランダ語は(標準語の規範としては)動詞群の語順とIPP-効果の有無において対照的であり，鏡像関係(エ．mirror image)をなす。

ドイツ語では西フリジア語と同様に，動詞群の語順は「左枝分かれ型」である。ただし，動詞が三つ以上の動詞群では，動詞群の右側にあるはずの要素が特定の条件のもとで左側に現われることがあり，オランダ語と同様にIPP-効果による代替不定詞を示す(Bech 1955)。

   ド．Sie sagen dass das Mädchen ihn *kommen sehen gewollt haben sollte.*「彼らはその娘は彼が来るのを(kommen)見(sehen)たかっ(gewollt 過去分詞)た(haben)はずなのに(sollte)と言っている」
   Sie sagen dass das Mädchen ihn *sollte [kommen sehen gewollt haben].*「同上」(wollen 代替不定詞，以下同様)
   Sie sagen dass das Mädchen ihn *sollte haben [kommen sehen wollen].*「同上」
   Sie sagen dass das Mädchen ihn *sollte haben wollen [kommen sehen].*「同上」

つまり，「下位要素＜上位要素」(…＜X^2＜X^1＜X)という「左枝分かれ型」の語順が守られている範囲では，IPP-効果による代替不定詞は現われない。それが現われるのは，それが破られた場合である。

代替不定詞を含む動詞の語形は表層での形態にかんする現象であり，形態表示の一般的原則を反映していると考えられる。動詞群は形態的にひとつのまとまりをなすという仮定に立てば(以下の説明参照)，複合語における形態表示規

則が適用されると考えられる。西フリジア語・オランダ語・ドイツ語の3言語では，品詞を問わず，複合語の構成要素の配列は「下位要素＜上位要素」($\cdots < X^2 < X^1 < X$)であり，形態表示は右側(後)に位置する上位の構成要素が左側(前)に位置する下位の構成要素に与える。たとえば，複合名詞では，意味の中心だけでなく，性や複数形といった文法的な特徴も右側(後)に位置する構成要素によって決定される。また，品詞を変更する派生接辞は右側(後)に位置する接尾辞によって示される(§15(c)，§61(1)(a))。この配列を守る西フリジア語やドイツ語の一部の動詞群では，典型的な構成要素の配列をなしているので，形態表示も規則的になされる。ところが，この配列から逸脱したオランダ語や一部のドイツ語の動詞群では，典型的な構成要素の配列をなしていないので，形態表示も厳密に規則的にはなされない。IPP-効果による代替不定詞の有無はこのことによって説明されると考えられる。ただし，動詞群は構成要素の配列の自由度という点で通常の複合語とは異なっており，複合語では配列が厳格に守られるのにたいして，動詞群では個々の構成要素の独立性が強く，配列に自由度が認められる。つまり，動詞群の形態的なまとまりは比較的ゆるやかであると言える。

　動詞群の語順(「相互承接」と呼ぶこともある)は上述の3言語だけでなく，日本語などでもかなり共通した一般性の高い原則に関係すると考えられる。たとえば，「待た—され—続け—られ—なければならなかっ—た—だろう—か」では「語彙的意味—使役—アスペクト—受動—話法(客観的用法)—完了—話法(主観的用法)—話法(終助詞)」という配列を示し，発話内容にかかわる関与者と時間的構造から他の出来事との時間的関連に及び，発話者と発話状況との関連に至るという配列の順序が認められる。

　動詞群の性質とその派生については意見が分かれている。そのひとつは，個々の動詞は基底でそれぞれ文投射を備え，動詞繰り上げ(エ．verb raising)によって動詞をひとつ上位の動詞に付加(チョムスキー付加，エ．Chomsky-adjoin)することで，表層では一種の複合動詞(エ．comlex verb)である動詞群として現れるという意見である(Evers 1975)。それにたいして，動詞群は表層でも文の複合体であり，動詞をそれを支配する文に付加(チョムスキー付加)することによって得られるとする意見もある(Kroch/Santorini 1991)。この分析では「動詞群」という概念は意味を持たない。さらに，動詞群はすでに

基底生成されているという意見もある(Hoeksema 1980, De Haan 1992)。この分析では動詞繰り上げは問題にならない。この最後の考えかたには膠着語的な発想があり，日本語の話者には理解しやすい部分がある。

(2) IPP-効果による代替不定詞と「二重過去分詞」

　西フリジア語にはIPP-効果による代替不定詞は存在しないが，それに類似した現象は観察される。このことを理解するためには，IPP-効果の意義を動詞不定形全体で形態論的に考察する必要がある。

　すでに述べたように，西フリジア語の不定形には第1不定詞(e-不定詞，例. rinne「歩く」/lêze「読む」)，第2不定詞(en-不定詞，例. rinnen/lêzen)，te-第2不定詞(en-不定詞，例. te rinnen/te lêzen)，第3不定詞(命令形不定詞，例. rin/lês)，現在分詞(例. rinnend/lêzend)，過去分詞(例. rûn/lêzen)がある。§64でも述べたように，第1不定詞(例. rinne/lêze)は無標(エ. unmarked)の語形であり，他の語形は有標(エ. marked)である(オランダ語とドイツ語では不定詞が無標の語形である)。過去分詞が不定詞として現われることは，有標の語形が無標の語形に変わることを意味する。つまり，代替不定詞は「有標の語形を無標の語形で代用する」という形態論上の一般的傾向の一例と理解できる。

　たとえば，西フリジア語で名詞を修飾する限定用法では，in lêzende frou「読書する女性」(現在分詞)，in lêzen boek「読まれた本」(過去分詞)，in te lêzen boek「読むべき(＝読まれるべき)本」(te-第2不定詞)のように，個々の不定形には独自の役割があり，示差的な意味を表わす。この場合，異なる動詞不定形は同時には現われず，語形的な区別が明確になされ，他の語形で代用されることはない。しかし，動詞が右枠で「$X^2<X^1<X$」のように隣接して現われる場合には，一定の規則に従った配列による動詞群であることが明らかなので，相互の形態的区別が不明確になることがある。たとえば，次に示すように，西フリジア語でもIPP-効果による代替不定詞とは別に，無標の語形による動詞不定形の代用が起こることがある。

　まず，次例では「[完了の助動詞　過去形]…第2不定詞＋[知覚動詞　第1不定詞]＋過去分詞」という動詞群の連続で，知覚動詞hearre「聞く」が第2

不定詞 sjongen「歌う」/sizzen「言う」のかわりに，第 1 不定詞 sjonge/sizze を伴うことがあるという判定がある(Van der Woude 1975：4)。

動詞群：[完了の助動詞　過去形]…{第 2 不定詞/第 1 不定詞}＋[知覚動詞　第 1 不定詞]＋過去分詞

Ik hie him graach [{sjongen/*sjonge*} hearre wollen].「私は彼が歌う(sjongen 第 2 不定詞/*sjonge 第 1 不定詞*)のを聞き(hearre 第 1 不定詞)たかっ(wollen 過去分詞)たのだが(hie 過去形)」

Ik hie dat net [{sizzen/*sizze*} hearre moatten].「私はそのことを言う(sizzen 第 2 不定詞/*sizze 第 1 不定詞*)のを聞い(hearre 第 1 不定詞)てしまってはいけなかっ(net … moatten 過去分詞)たのだが(hie 過去形)」

また，次の用例では「定冠詞 it＋第 2 不定詞＋te- 第 2 不定詞」という動詞群の連続で，第 2 不定詞 besykjen「…することを試みる」よりも第 1 不定詞 besykje のほうが望ましいという判定がある(Visser 1989b：70)。

動詞群：定冠詞 it＋{第 2 不定詞/第 1 不定詞}＋te- 第 2 不定詞

it moaie blommen {*?besykjen/*besykje*} te keapjen「きれいな花を買おう(te keapjen te- 第 2 不定詞)とする(besykjen 第 2 不定詞/*besykje 第 1 不定詞*)こと」

it {*?besykjen/*besykje*} te keapjen fan moaie blommen「同上」

さらに，次の用例では「om … [te- 第 2 不定詞＋[te- 第 2 不定詞]]」という動詞群の連続で，前(左側)の te- 第 2 不定詞 te sitten「すわって…する」が第 1 不定詞 sitte「同左」でも可能であるという判定がある(Hoekstra 1997：17)。

動詞群：om … [{te- 第 2 不定詞/第 1 不定詞}＋[te- 第 2 不定詞]]

om de hiele jûn {te sitten/*sitte*} te lêzen「一晩中，(すわって)読書していること(＝読みながら(te lêzen te- 第 2 不定詞)すわっていること(te sitten te- 第 2 不定詞/*sitte 第 1 不定詞*)」

上記の事実は，動詞は単独あるいは離散して現われる場合と相互に隣接する場合で，形態表示の厳密さの度合いが異なることを示している。動詞が単独あるいは離散して現われるときには，文法的役割を形態的に厳密に明示する必要があるので，無標の語形による動詞不定形の代用は起こりにくい。一方，動詞が相互に隣接して現われるときには，一定の規則に従った配列による動詞群を形成することが明確なので，動詞間の支配関係を形態的に厳密に明示する必要

性はそれほど強くなく，動詞群内部の形態的支配関係の表示の制約が弱化する傾向がある。doare「あえて…する」/hoege (hoeve)「(+否定)…する必要がない」(§53(6))が不定詞と隣接しないときには te- 第2不定詞を伴い，右枠で不定詞と隣接するときには第1不定詞を伴うことがあるという事実も，これと関係があると考えられる。ただし，上述の現象は規則的に起こるわけではない点で，規則性の高い IPP- 効果による代替不定詞とは異なる。

　一方，「無標の語形を有標の語形で代用する」という正反対の現象が見られることがある。それは不規則な二重過去分詞(フ. ûnregelmjittige dûbele mulwurd)と呼ばれるもので，西フリジア語地域の南側に隣接するオランダ語ステリングヴェルヴェン方言(オ. Stellingwerfs (ステ.))に存在し，西フリジア語でも観察される(Bloemhoff 1979, Hoekstra 1987 : 15)。たとえば，次例では完了の助動詞 フ. hawwe/ステ. hebben (オ. hebben/ド. haben/エ. have)に支配された過去分詞 フ. dien/ステ. daon「する」(オ. gedaan/ド. getan/エ. done)に加えて，前域に置かれた話法の助動詞 フ. soe/ステ. zol「…だろう」(オ. zou/ド. sollte/エ. should)に支配されて(第1)不定詞 フ. kinne/ステ. kunnen「…できる，…であり得る」(オ. kunnen/ド. können)として現われるはずの話法の助動詞が過去分詞 フ. kinnen/ステ. kund(オ. gekund/ド. gekonnt)として現われている(とくにオランダ語ステリングヴェルヴェン方言では不定詞 kunnen は不可)。つまり，フ. dien … kinnen/ステ. daon … kund という例外的な二つの過去分詞が現われている。

　　フ．　Soe hy dat dien ha {kinne/*kinnen*}?「彼がそれをし(dien 過去分詞)た(ha 第1不定詞)ということがあり得る(kinne 第1不定詞/*kinnen* 過去分詞)のだろうか(soe)」

　　ステ．　Zol hí'j dat daon hebben {*kunnen/*kund*}?「彼がそれをし(daon 過去分詞)た(hebben 不定詞)ということがあり得る(kunnen 不定詞：不可/*kund* 過去分詞)のだろうか(zol)」

ところが，話法の助動詞 フ. soe/ステ. zol が右枠の動詞群の最後に置かれて他の動詞と隣接すると，西フリジア語でもオランダ語ステリングヴェルヴェン方言でも二重過去分詞は許されず，規則的な(第1)不定詞が現われる。

　　フ．　Sy mije Geart, omdat dy it wol dien ha {kinne/**kinnen*} soe.「それをし(dien 過去分詞)た(ha 第1不定詞)ということがあり得

る(kinne 第 1 不定詞/*kinnen* 過去分詞：不可)かもしれない(soe)という理由で，彼らはゲアトを避けている」

ステ．Ze mieden Geert, omdat die et wel daon hebben {kunnen/*kund*} zol.「それをし(daon 過去分詞)た(hebben 不定詞)ということがあり得る(kunnen 不定詞/*kund* 過去分詞：不可)かもしれない(zol)という理由で，彼らはヘールトを避けている」

　二重過去分詞が現われるのは，上位の要素が下位の要素の右側に隣接するという形態表示の配列にかんする原則が崩れている場合であると言える。

　このように，IPP-効果による代替不定詞とこれに相反する二重過去分詞という例外的現象が現われる理由は，動詞群は形態的にひとまとまりをなし，右側に位置する上位の構成要素が左側に位置する下位の構成要素に形態表示を与えるという原則と，動詞群内部の構成要素配列の自由度，それに，動詞群内部の形態的支配関係の表示制約の弱化という要因の複雑な相互作用によると考えられる。この問題は不明な点も多く，さらに考察を必要とする。

(3)　te-第 2 不定詞の語順：「オーヴェルディープ(Overdiep)の法則」

　上述のように，西フリジア語では動詞群の語順は厳格に左枝分かれ型(… $X^2<X^1<X$)を示す。ところが，右枝分かれ型($X>X^1>X^2$…)を示すように見える動詞不定形がひとつだけある。それはある種の te-第 2 不定詞であり，動詞群の右側(後)に現われる。しかし，これは右枝分かれ型の動詞群の例ではなく，「te-第 2 不定詞の外置」が起こっているとみなすべきである。これが te-不定詞とそれを支配する上位の動詞の間での倒置(エ．inversion)ではないことは，te-第 2 不定詞が他の動詞成分を越えて(次の用例では moatten)，最後に置かれることからわかる。

ア．Do *hiest* noch langer *lizze moatten te harkjen.*「君はもっと長い間，(横になって lizze)聞いて(te harkjen)いなければならなかった(moatten)のに(hie)」

オ．Je *had* nog langer *moeten liggen luisteren.*「同上」

　Overdiep (1937 (1947))は，te-第 2 不定詞が他の動詞成分よりも後に置かれる現象をオランダ語とは異なる西フリジア語の特徴であると指摘した。これ

を「オーヴェルディープの法則」(オ．wet van Overdiep)という(De Haan 1987a：67)。ただし，§67 の随所で指摘したように，すべての te- 第 2 不定詞がこの語順を示すわけではない。これは te- 第 2 不定詞の多様な性格を示しており，この点で「オーヴェルディープの法則」は，§67 で述べたように，te- 第 2 不定詞の用法を下位分類する重要な要因になる。

(4) 動詞群の用例

動詞群の用例を主文と従属文に分け，それぞれ動詞群の数に応じて具体例を以下に列挙する。なお，(3)で述べたように，te- 第 2 不定詞を含む用例は，te- 第 2 不定詞の用法によって複雑な語順を示すので，割愛する。詳細は§67 の随所で述べた説明を参照。

(a) **主文：動詞三つ**
① 話法の助動詞　定形
i) ［話法の助動詞　定形］…［第 1 不定詞］＋［話法の助動詞　第 1 不定詞］
Elkenien *moat* him *útprate kinne.*「だれでも自分の意見を言いつくすことができないといけない」
Wy *sille* net lang *bliuwe kinne.*「私たちは長い間とどまることはできないだろう」
Hy *sil* syn wurk dochs *dwaan moatte.*「彼はちゃんと自分の仕事をしなければいけないだろう」
「soe … 第 1 不定詞＋話法の助動詞」は現実度の低い推量の表現として用いる。とくに「soe … 第 1 不定詞＋wolle」は控えめな願望の表現として多用する(オ．zou … willen＋不定詞/ド．möchte … 不定詞/エ．would like to＋不定詞，§53 (4), (5)(d))。
Soe dat *slagje kinne?*「それはうまくいく可能性があるだろうか」
Dit paad *soe liede moatte* nei de mar.「この道は湖に通じているはずだ」
Wy *soene* wol efkes noflik yn 'e kombof *sitte wolle.*「私たちはローフ(＝甲板上の小部屋)にくつろいですわっていたいのですが」
Soest foar my twa bôlen *meinimme wolle?*「私のために白パンを 2 切れ

持って行ってくれないか」

Wêrom *soe* se dy net *sjen wolle* dan?「それなら彼女はなぜ君の姿を見たくないのだろうか」

ii) ［話法の助動詞　定形］…［第１不定詞］＋［使役動詞　第１不定詞］

Ik *sil* jimme ris wat *sjen litte*.「私は君たちに何か見せてあげよう」

iii) ［話法の助動詞　定形］…［第２不定詞］＋［知覚動詞　第１不定詞］

De bern *kinne* dus net mear foar skoaltiid in baarch *slachtsjen sjen*.「子供たちは，したがって，もう登校前に豚を屠殺するのを見ることができない」

Wy *koene* him *praten hearre*.「私たちは彼が話をするのを聞くことができた」

iv) ［話法の助動詞　定形］…［過去分詞］＋［完了の助動詞　第１不定詞］

Hja *mei* dat *dien hawwe*.「彼女はたしかにそれをしたかもしれない（けれども）」

Soe hja dat wol *witten ha*?「彼女はそのことを知っていたのだろうか」

v) ［話法の助動詞　定形］…［過去分詞］＋［受動の助動詞　第１不定詞］

Der *moatte* hjir huzen *boud wurde*.「ここには家が建てられなければならない」

Dêr *sil* de oare kear oer *stimd wurde*.「それについては別の機会に投票がなされる必要があるだろう」

vi) ［話法の助動詞　定形］…［sitte 第２不定詞］＋［bliuwe 第１不定詞］

Hja *moast* dêr dochs *sitten bliuwe*.「彼女はそれでもそこにすわったままでいなければならなかった」

vii) ［話法の助動詞　定形］…［第２不定詞］＋［leare 第１不定詞］

It is winter en no *silst riden leare*.「冬だから，おまえはスケートを習うんだぞ」

De jonges *wolle silen leare*.「子供たちはヨット乗りを習いたがる」

② 完了の助動詞　定形

i) ［完了の助動詞　定形］…［第１不定詞］＋［話法の助動詞　過去分詞］

完了の助動詞は現在形と過去形の二つの場合があるが，現在形の例はそれほど多くない。話法の助動詞を用いて過去の事実を表現するときには，動

詞群の数が多くなることを嫌って，過去形を用いることが多く，現在完了形にする傾向は弱い (§52 (3)(b))。
Pyt *hat* dat *dwaan mocht.*「ピトはそれをしてもよかった」
Sy *hat* dat *sizze wollen.*「彼女はそれを言いたかったのです」
完了の助動詞が過去形の例はかなり多い。ただし，次の用例のように純粋に過去完了形としての時間関係を表わすものはそれほど多くない。
Klaas sei, dat er *lêze wollen hie.*「クラースは自分は読みたかったのだと言った」
完了の助動詞が過去形の例では，過去の時点で現実とはならなかった仮定の出来事や推量を表わすことのほうがむしろ多い。このように，話法の助動詞の完了形は時間表現としての性格が薄く，話法的な表現手段としての性格が強い。とくに過去形には話法的な性格が顕著であり，時制のカテゴリーから話法のカテゴリーに大きく移行している (§51 (2), §52 (4), §53 (4))。
Jo *hiene* better op bêd *bliuwe kinnen.*「あなたは寝ていたほうが良かったのに」
Wy *hiene* yn dy snuorje net lang *bliuwe kind.*「私たちはその時代には長居はできなかっただろう」
Hiesto dat net efkes *dwaan kinnen*?「ちょっとそれをしてくれてもよかったんじゃないの？」
Hy *hie* my skoan *helpe kinnen.*「彼は私に手助けしてくれても良かったのに」
次例でも過去完了形は時間の前後関係と並んで，過去の時点で現実とはならなかった仮定の出来事を表わし，話法的な性格を示している。
Dat *hiene* wy net *dwaan moatten.*「それは私たちは本当はしてはいけなかったのだろう」
Dy snikke *hie* ik graach *sjen wold.*「あの小船を私は見たかったのに」
ii) [完了の助動詞　定形]…[第2不定詞]＋[知覚動詞　過去分詞]
Ik *ha* him net *fuortgean sjoen.*「私には彼が立ち去るのが目に入らなかった」
Ik *ha* har juster noch in stikje *spyljen heard.*「わたしは彼女が昨日，も

う一曲演奏するのを聞いた」

Ik *ha* sels *sizzen heard* dat it sa wie.「私自身，それがそういうことだと言うのを聞きました」

iii) ［完了の助動詞　定形］…［stean/sitte/stikje/wenje 第2不定詞］＋［bliuwe/gean 過去分詞］

Wy *binne* efkes *stean bleaun*.「私たちはちょっと立ち止まっていた」

Wy *binne* yn it ferkear *stikjen bleaun*.「私は交通渋滞に巻き込まれた」

Wy *binne* krekt foar de televyzje *sitten gongen*.「私たちはちょうどテレビの前に腰を下ろした」

Ik *bin* hjir mar *stean gien*, dan kin ik de skûtsjes moai sjen.「私はここでちょっと立ち上がったので，それでヨットがよく見えます」

③ 使役動詞　定形

［使役動詞　定形］…［sitte 第2不定詞］＋［gean 第1不定詞］

Wy *litte* har dêr *sitten gean*.「私たちは彼女をそこにすわらせます」

④ 受動の助動詞　定形

［受動の助動詞　定形］…［第1不定詞］＋［使役動詞　過去分詞］

De bern *wurde* mar *rinne litten*.「子供たちはただ歩かされるだけだ」

Der *wurdt* troch har in ferske *sjonge litten*.「彼女によって詩歌が歌わされる」

(b) 主文：動詞四つ

① 話法の助動詞　定形

i) ［話法の助動詞　定形］…［第1不定詞］＋［話法の助動詞　第1不定詞］＋［話法の助動詞　第1不定詞］

Men *soe* it smoken *litte moatte kinne*.「タバコはやめることができなくてはいけないだろう」

De minske *sil* him wer *ferwûnderje kinne moatte* oer alles wat der om him hinne bart.「人間は自分のまわりで起こっていることすべてに再び驚嘆できるようになる必要があるだろう」

ii) ［話法の助動詞　定形］…［第1不定詞］＋［使役動詞　第1不定詞］＋［話法の助動詞　第1不定詞］

Wy *sille* de fûgels net oer it net *fleane litte moatte.*「私たちは鳥を網より上に飛ばしてはならないだろう (=好機を逃すな。ことわざ)」

iii) [話法の助動詞　定形]…[過去分詞]+[完了の助動詞　第1不定詞]+[話法の助動詞　第1不定詞]

As it ferzen hie, *soene* de diken glêd *wurden wêze kinne.*「もし霜がおりていたら，道はつるつるになっていたかもしれない」

As de auto stadiger riden hie, *soe* alles noch bêst goed *gien wêze kinne.*「もし自動車がもっとスピードを落として走っていたら，すべてがうまくいっていたかもしれない」

iv) [話法の助動詞　定形]…[第2不定詞]+[知覚動詞　過去分詞]+[完了の助動詞　第1不定詞]

Hy *koe* har net *oankommen heard hawwe.*「彼は彼女が到着したのが聞こえなかったのかもしれない」

v) [話法の助動詞　定形]…[第1不定詞]+[話法の助動詞　過去分詞]+[完了の助動詞　第1不定詞]

Hy *sil* dat boek *lêze moatten hawwe.*「彼はその本を読んでおかなければならなかったのだろう」

vi) [話法の助動詞　定形]…[過去分詞]+[受動の助動詞　第1不定詞]+[話法の助動詞　第1不定詞]

Dêr *soe* wol mear gebrûk fan *makke wurde kinne.*「本当はそれがもっと利用されなければならないだろう」

Om skuorbot foar te kommen, *soe* mear griente *iten wurde moatte.*「壊血病を予防するために，もっと野菜を食べる (=野菜が食べられる) 必要があるだろう」

vii) [話法の助動詞　定形]…[stean 第2不定詞]+[bliuwe 第1不定詞]+[話法の助動詞　第1不定詞]

De blommen *sille* wol *stean bliuwe moatte.*「花はそのままそこになければならないだろう」

viii) [話法の助動詞　定形]…[sitte 第2不定詞]+[bliuwe 完了分詞]+[完了の助動詞　第1不定詞]

Hja *soe* dêr *sitten bleaun wêze.*「彼女はそこにすわり続けたかもしれな

② 完了の助動詞　定形
i) ［完了の助動詞　定形］…［第2不定詞］＋［知覚動詞　第1不定詞］＋［話法の助動詞　過去分詞］

Wy *ha* him *praten hearre kinnen.*「私たちは彼が話をするのを聞くことができた」

ii) ［完了の助動詞　定形］…［第1不定詞］＋［使役動詞　第1不定詞］＋［話法の助動詞　過去分詞］

Do *hiest* dat boek better *lizze litte kinnen.*「おまえはその本をもっとちゃんとしまっておくことができてもよかったのに」

iii) ［完了の助動詞　定形］…［第1不定詞］＋［使役動詞　過去分詞］＋［受動の助動詞　過去分詞］

Der *is* troch har in ferske *sjonge litten wurden.*「彼女によって詩歌が歌わされた」

iv) ［完了の助動詞　定形］…［過去分詞］＋［受動の助動詞　第1不定詞］＋［話法の助動詞　過去分詞］

It wurk *hie* better *dien wurde moatten.*「その仕事はもっと良くなされなければならなかったのに」

v) ［完了の助動詞　定形］…［sitte第2不定詞］＋［bliuwe第1不定詞］＋［話法の助動詞　過去分詞］

Ik *hie* dêr *sitten bliuwe moatten.*「私はそこにすわり続ける必要があったのかもしれない」

Hja *hie* dêr *sitten bliuwe kinnen.*「彼女はそこにすわり続けることができたかもしれない」

vi) ［完了の助動詞　定形］…［sitte第2不定詞］＋［bliuwe第1不定詞］＋［使役動詞　過去分詞］

Wy *hawwe* har dêr *sitten bliuwe litten.*「私たちは彼女をそこにすわり続けさせた」

(c) **主文：動詞五つ**

　　完了の助動詞　定形

i) ［完了の助動詞　定形］…［第1不定詞］+［使役動詞　第1不定詞］+［話法の助動詞　第1不定詞］+［話法の助動詞　過去分詞］

　　Hja hie in ferske *sjonge litte kinne moatten*.「彼女は詩歌を歌わせることができなければならなかっただろうに」

ii) ［完了の助動詞　定形］…［第1不定詞］+［使役動詞　過去分詞］+［受動の助動詞　第1不定詞］+［話法の助動詞　過去分詞］

　　Der hie wol in ferske *sjonge litten wurde kinnen*.「詩歌が歌わせられることができただろうに」

(d) 従属文：動詞二つ

① 話法の助動詞　定形

　　［補文標識］…［第1不定詞］+［話法の助動詞　定形］

　　Dan witte jo *wêr't* jo om *tinke moatte*.「そうすれば，あなたは何をよく考えなければならないかわかるでしょう」

　　Hy sei *dat* er wol graach in kursus *folgje woe*.「彼は講習を受けたいと言っていた」

　　Lid wurde kin elk dy't mei de Fryske útjouwerij yn brede betsjutting te krijen hat *as* er foar tûzen euro *stean doar*.「広義のフリジア語書籍出版に関係があり，1000ユーロをあえて出費できる人はだれでも会員になれる」

② 完了の助動詞　定形

　　［補文標識］…［過去分詞］+［完了の助動詞　定形］

　　As er it *dien hat*, sil er it sizze.「それをやってしまったら，彼はそう言うだろう」

　　Wy liezen yn 'e krante *dat* jo *ferhuze binne*.「私たちにはあなたが転居したことを新聞で読みました」

　　Tige wiidweidich hat er ús ferteld *wat* er dêr *belibbe hie*.「とても詳細に彼は自分がそこで何を体験したかを私たちに語った」

③ 使役動詞　定形

　　［補文標識］…［第1不定詞］+［使役動詞　定形］

　　Hy seit *dat* er de bern *rinne lit*.「彼は子供たちを歩かせるのだと言って

④ 知覚動詞　定形

［補文標識］…［第2不定詞］＋［知覚動詞　定形］

Hy seit *dat* er de bern *rinnen sjocht*.「彼は子供たちが歩いているのが見えると言っている」

(e) 従属文：動詞三つ

① 話法の助動詞　定形

i) ［補文標識］…［第1不定詞］＋［話法の助動詞　第1不定詞］＋［話法の助動詞　定形］

Ik hie net tocht, *dat* ik nochris *fotografearje kinne soe*.「私はもう一度，写真がとれるなんて思ってもみなかった」

ii) ［補文標識］…［過去分詞］＋［完了の助動詞　第1不定詞］＋［話法の助動詞　定形］

Freegje ris, *hoe't* dat dan *west hawwe soe*.「それではそれがどうだったのだろうかと，ちょっと質問してみなさい」

iii) ［補文標識］…［過去分詞］＋［受動の助動詞　第1不定詞］＋［話法の助動詞　定形］

Dykstra frege *oft* der noch net ris *besjoen wurde koe* oft de dyk net noch wat fierder fan it doarp ôf komme koe te lizzen.「ディクストラはその道がもう少し村から離れたところに位置するようになることができるかどうか，まだ検討される余地はないかと質問した」

iv) ［補文標識］…［libje第2不定詞］＋［bliuwe第1不定詞］＋［話法の助動詞　定形］

Hy hope *dat* er noch in skoftsje *libjen bliuwe mocht*.「彼はもうしばらく生きていることを許されるようにと願った」

② 完了の助動詞　定形

i) ［補文標識］…［第1不定詞］＋［話法の助動詞　過去分詞］＋［完了の助動詞　定形］

Ik wist net *dat* ik dat al foar 1 september *dwaan moatten hie*.「私はそれをすでに9月1日以前にやっていなければならなかったとは知らなかっ

た」

De kursus, *dêr't* jim oan *meidwaan wollen hiene*, kin spitigernôch net trochgean.「あなたがたがいっしょに受講したいと思っていた講習は，残念ながら行なわれません」

ii) ［補文標識］…［第 2 不定詞］＋［leare 過去分詞］＋［完了の助動詞　定形］

Lêze docht elkenien *dy't lêzen leard hat*, òf yn in boek òf yn in krante òf op 'e televyzje.「読むのは，本か新聞かテレビで読むことを習った人はだれでもする」

③ 受動の助動詞　定形

［補文標識］…［第 1 不定詞］＋［使役動詞　過去分詞］＋［受動の助動詞　定形］

Hy seit *dat* de bern *rinne litten wurde*.「彼は子供たちは歩かされるのだと言っている」

(f) **従属文：動詞四つ**

① 話法の助動詞　定形

［補文標識］…［第 1 不定詞］＋［話法の助動詞　過去分詞］＋［完了の助動詞　第 1 不定詞］＋［話法の助動詞　定形］

As ik dat *dwaan mochten hawwe soe*, wie alles noch goed ôfrûn.「もし私がそれをしてもよかったのなら，すべてはうまく過ぎただろうに」

② 完了の助動詞　定形

［補文標識］…［sitte 第 2 不定詞］＋［bliuwe 第 1 不定詞］＋［話法の助動詞　過去分詞］＋［完了の助動詞　定形］

Wa seit, *dat* ik dêr *sitten bliuwe moatten hie*.「私は本当はそこにすわったままでいなければならなかったのに，なんてことをだれが言ってるんだ」

(5) オランダ語との比較

　西フリジア語の動詞群の語順をオランダ語と比較して例示する。オランダ語の用例はもっとも規範的な語順だけにとどめる。なお，(4)では te- 第 2 不定詞

を含む用例を省略したが，以下のオランダ語のその対応例では te- 不定詞を含まないこともあり，オランダ語との対比を示すためにも，te- 第 2 不定詞を含む用例は省略しないことにする．

(a) 主文：動詞三つ
① 話法の助動詞　定形
i) フ．[話法の助動詞　定形]…[第 1 不定詞]＋[話法の助動詞　第 1 不定詞]
　 オ．[話法の助動詞　定形]…[話法の助動詞　不定詞]＋[不定詞]
　 フ．Heit *soe* wol graach in eigen hûs *hawwe wolle*.「父はおそらくマイホームを持ちたいのだろう」
　 オ．Vader *zou* wel graag een eigen huis *willen hebben*.「同上」
　 フ．Hja *soene* jild *liene moatte*.「彼らはお金を借りる必要があるかもしれない」
　 オ．Ze *zouden* geld *moeten lenen*.「同上」
ii) フ．[話法の助動詞　定形]…[第 1 不定詞]＋[使役動詞　第 1 不定詞]
　 オ．[話法の助動詞　定形]…[使役動詞　不定詞]＋[不定詞]
　 フ．Ik *sil* jimme ris wat *sjen litte*.「私は君たちにちょっと何か見せてあげよう」
　 オ．Ik *zal* jullie eens wat *laten zien*.「同上」
iii) フ．[話法の助動詞　定形]…[過去分詞]＋[受動の助動詞　第 1 不定詞]
　 オ．[話法の助動詞　定形]…[受動の助動詞　不定詞]＋[過去分詞]
　 フ．Brea *mocht* ek net *fuortsmiten wurde* om't dat sûnde wie.「（ライ麦）パンは捨ててもいけなかった（＝捨てられてもいけなかった）。なぜなら，それは罪だったからである」
　 オ．Brood *mocht* ook niet *worden weggegooid* omdat dat zonde was.「同上」
② 完了の助動詞　定形
i) フ．[完了の助動詞　定形]…[第 1 不定詞]＋[話法の助動詞　過去分詞]
　 オ．[完了の助動詞　定形]…[話法の助動詞　代替不定詞]＋[不定詞]
　 フ．Sy *ha* net allinnich *gean wollen*.「彼らは自分たちだけで行きたくなかったのだ」

オ．Zij *hebben* niet alleen *willen gaan*.「同上」
フ．Pyt *hie* wol *komme kinnen*.「ピトは来ることができたはずなのに」
オ．Piet *had* wel *kunnen komen*.「同上」
フ．Nimmen *hie* it *weagje doard*.「だれもあえてそれをしようとはしていなかった」
オ．Niemand *had* het *durven wagen*.「同上」

ii) フ．［完了の助動詞　定形］…［第１不定詞］＋［使役動詞　過去分詞］
　　オ．［完了の助動詞　定形］…［使役動詞　代替不定詞］＋［不定詞］
　　フ．Us mem *hat* it *ús sjen litten*.「母はそれを私たちに見せたかったのです」
　　オ．Moeder *heeft* het ons *laten zien*.「同上」

iii) フ．［完了の助動詞　定形］…［第２不定詞］＋［gean 過去分詞］
　　オ．［完了の助動詞　定形］…［gaan 代替不定詞］＋［不定詞］
　　フ．Wêrom *bisto* dêr *stean gien*?「なぜ君はそこで立ち上がったのか」
　　オ．Waarom *ben* je daar *gaan staan*?「同上」

③ bliuwe/blijven 定形
　　フ．［bliuwe 定形］…［stean 第２不定詞］＋［te- 第２不定詞］
　　オ．［blijven 定形］…［staan 不定詞］＋［不定詞］
　　フ．De hûn *bliuwt* hjir *stean te wachtsjen*.「犬はここで立って待ち続けている（＝待つために立ち続けている）」
　　オ．De hond *blijft* hier *staan wachten*.「同上」

(b) **主文：動詞四つ**
① 話法の助動詞　定形
i) フ．［話法の助動詞　定形］…［第１不定詞］＋［話法の助動詞　第１不定詞 A］＋［話法の助動詞　第１不定詞 B］
　　オ．［話法の助動詞　定形］…［話法の助動詞　不定詞 B］＋［話法の助動詞　不定詞 A］＋［不定詞］
　　フ．Men *soe* it smoken *litte kinne moatte*.「タバコはやめることができなくてはならないだろう」
　　オ．Je *zou* roken *moeten kunnen laten*.「同上」

ii) フ．[話法の助動詞　定形]…[第1不定詞]+[使役動詞　第1不定詞]+[話法の助動詞　第1不定詞]
　　オ．[話法の助動詞　定形]…[話法の助動詞　不定詞]+[使役動詞　不定詞]+[不定詞]
　　フ．Wy *moatte* him *komme litte kinne*.「私たちは彼を来させることができなければならない」
　　オ．Wij *moeten* hem *kunnen laten komen*.「同上」
　　フ．Wy *sille* de fûgels net oer it net *fleane litte moatte*.「私たちは鳥を網より上に飛ばしてはならないだろう(＝好機を逃すな。ことわざ)」
　　オ．We *zullen* de vogels niet over het net *moeten laten vliegen*.「同上」
iii) フ．[話法の助動詞　定形]…[第1不定詞]+[使役動詞　過去分詞]+[完了の助動詞　第1不定詞]
　　オ．[話法の助動詞　定形]…[完了の助動詞　不定詞]+[使役動詞　代替不定詞]+[不定詞]
　　フ．Hja *koe* in ferske *sjonge litten hawwe*.「彼女は詩歌を歌わせたかもしれない」
　　オ．Zij *kon* een versje *hebben laten zingen*.「同上」
iv) フ．[話法の助動詞　定形]…[過去分詞]+[受動の助動詞　第1不定詞]+[話法の助動詞　第1不定詞]
　　オ．[話法の助動詞　定形]…[話法の助動詞　不定詞]+[受動の助動詞　不定詞]+[過去分詞]
　　フ．Dy stoel *moat makke wurde kinne*.「あのいすは作られることができなければならない(できるにちがいない)」
　　オ．Die stoel *moet kunnen worden gemaakt*.「同上」
　　フ．Dat wurk *sil* better *dien wurde moatte*.「あの仕事はもっと良くなされる必要があるだろう」
　　オ．Dat werk *zal* beter *moeten worden gedaan*.「同上」
v) フ．[話法の助動詞　定形]…[sitte 第2不定詞]+[bliuwe 第1不定詞]+[話法の助動詞　第1不定詞]
　　オ．[話法の助動詞　定形]…[話法の助動詞　不定詞]+[blijven 不定詞]+[zitten 不定詞]

742　XI　動　詞

　　フ．Ik *sil* hjir wol *sitten bliuwe moatte*.「私はたぶんここですわっていなければならないだろう」
　　オ．Ik *zal* hier wel *moeten blijven zitten*.「同上」
② 完了の助動詞　定形
i)　フ．［完了の助動詞　定形］…［第1不定詞］＋［使役動詞　第1不定詞］＋［話法の助動詞　過去分詞］
　　オ．［完了の助動詞　定形］…［話法の助動詞　代替不定詞］＋［使役動詞　不定詞］＋［不定詞］
　　フ．Hja *hat* in ferske *sjonge litte kinnen*.「彼女は詩歌を歌わせることができた」
　　オ．Zij *heeft* een versje *kunnen laten zingen*.「同上」
　　フ．Do *hiest* dat boek better *lizze litte kinnen*.「君はその本をもっとちゃんとしまっておくことができてもよかったのに」
　　オ．Je *had* dat boek beter *kunnen laten liggen*.「同上」
ii)　フ．［完了の助動詞　定形］…［過去分詞］＋［受動の助動詞　第1不定詞］＋［話法の助動詞　過去分詞］
　　オ．［完了の助動詞　定形］…［話法の助動詞　代替不定詞］＋［受動の助動詞　不定詞］＋［過去分詞］
　　フ．Dat wurk *hie* better *dien wurde moatten*.「あの仕事はもっと良くなされる必要があったのに」
　　オ．Dat werk *had* beter *moeten worden gedaan*.「同上」
　　フ．Dy stoel *hie* makke wurde kinnen.「あのいすは作られることができただろうに」
　　オ．Die stoel *had kunnen worden gemaakt*.「同上」
iii)　フ．［完了の助動詞　定形］…［sitte 第2不定詞］＋［bliuwe 第1不定詞］＋［話法の助動詞　過去分詞］
　　オ．［完了の助動詞　定形］…［話法の助動詞　代替不定詞］＋［blijven 不定詞］＋［zitten 不定詞］
　　フ．Hy *hie* op dat plak *sitten bliuwe moatten*.「彼はその場所に腰を下ろしていなければならなかった」
　　オ．Hij *had* op die plaats *moeten blijven zitten*.「同上」

(c) **主文：動詞五つ**

完了の助動詞　定形

i) フ．[完了の助動詞　定形]…[第 1 不定詞]＋[使役動詞　第 1 不定詞]＋[話法の助動詞　第 1 不定詞]＋[話法の助動詞　完了分詞]

オ．[完了の助動詞　定形]…[話法の助動詞　代替不定詞]＋[話法の助動詞　不定詞]＋[使役動詞　不定詞]＋[不定詞]

フ．Wy *hiene* him *komme litte kinne moatten.*「私たちは彼を来させることができなければならなかったのだが」

オ．Wij *hadden* hem *moeten kunnen laten komen.*「同上」

ii) フ．[完了の助動詞　定形]…[過去分詞]＋[受動の助動詞　第 1 不定詞]＋[話法の助動詞　第 1 不定詞]＋[話法の助動詞　過去分詞]

オ．[完了の助動詞　定形]…[話法の助動詞　代替不定詞]＋[話法の助動詞　不定詞]＋[受動の助動詞　不定詞]＋[過去分詞]

フ．Dy stoel *hie makke wurde kinne moatten.*「あのいすは作られることができなければならなかったのに」

オ．Die stoel *had moeten kunnen worden gemaakt.*「同上」

iii) フ．[完了の助動詞　定形]…[sitte 第 2 不定詞]＋[bliuwe 第 1 不定詞]＋[話法の助動詞　第 1 不定詞]＋[話法の助動詞　過去分詞]

オ．[完了の助動詞　定形]…[話法の助動詞　代替不定詞]＋[話法の助動詞　不定詞]＋[blijven 不定詞]＋[zitten 不定詞]

フ．Hy *hie sitten bliuwe kinne moatten.*「彼はすわったままでいることができなければならなかったのに」

オ．Hij *had moeten kunnen blijven zitten.*「同上」

iv) フ．[完了の助動詞　定形]…[sitte 第 2 不定詞]＋[bliuwe 第 1 不定詞]＋[使役動詞　第 1 不定詞]＋[話法の助動詞　完了分詞]

オ．[完了の助動詞　定形]…[話法の助動詞　代替不定詞]＋[使役動詞　不定詞]＋[bljiven 不定詞]＋[zitten 不定詞]

フ．Ik *haw* har *sitten bliuwe litte kinnen.*「私は彼女をすわったままでいさせることができた」

オ．Ik *heb* har *kunnen laten blijven zitten.*「同上」

(d) 従属文：動詞二つ
① 話法の助動詞　定形
　　フ．［補文標識］…［第１不定詞］＋［話法の助動詞　定形］
　　オ．［補文標識］…［話法の助動詞　定形］＋［不定詞］
　　フ．Sy is der net wis fan *oft* se dat wol *betelje kin*.「彼女はそれを支払うことができるか確信がない」
　　オ．Zij is er niet zeker van *of* ze dat wel *kan betalen*.「同上」
　　フ．Wy dogge *wat* wy *dwaan moatte*.「私たちは自分たちがしなければならないことをします」
　　オ．Wij doen *wat* wij *moeten doen*.「同上」
　　フ．Hy wit net *oft* er dat nije, djoere boek *keapje sil*.「彼はその新しい高価な本を買うかどうかわからない」
　　オ．Hij weet niet *of* hij dat nieuwe, dure boek *zal kopen*.「同上」
　　フ．Ik sei *dat* ik wol graach in kursus *folgje woe*.「私は講習を受講したいと言いました」
　　オ．Ik zei *dat* ik wel graag een kursus *wilde volgen*.「同上」
② 完了の助動詞　定形
　　フ．［補文標識］…［過去分詞］＋［完了の助動詞　定形］
　　オ．［補文標識］…［完了の助動詞　定形］＋［過去分詞］
　　フ．Wa seit *dat* se dat om 'e nocht *besocht hawwe*?「あの人たちがそれをしようとしたのはむだだったと，だれが言っているのですか」
　　オ．Wie zegt *dat* zij dat tevergeefs *hebben geprobeerd*?「同上」
　　フ．Ik sei *dat* ik it net *heard hie*.「私はそれを聞いていなかったと言ったのです」
　　オ．Ik zei *dat* ik het niet *had gehoord*.「同上」

(e) 従属文：動詞三つ
① 話法の助動詞　定形
i)　フ．［補文標識］…［第１不定詞］＋［話法の助動詞　第１不定詞］＋［話法の助動詞　定形］
　　オ．［補文標識］…［話法の助動詞　定形］＋［話法の助動詞　不定詞］＋［不

- フ．Ik hie net tocht *dat* ik nochris *fotografearje kinne soe*.「私はもう一度，写真がとれるなんて思ってもみなかった」
- オ．Ik had niet gedacht *dat* ik nog eens *zou kunnen fotograferen*.「同上」

ii)
- フ．[補文標識]…[stean/sitte 第 2 不定詞]＋[bliuwe 第 1 不定詞]＋[話法の助動詞　定形]
- オ．[補文標識]…[話法の助動詞　定形]＋[blijven 不定詞]＋[staan/zitten 不定詞]
- フ．*Omdat* er dêr net langer *stean bliuwe woe*, gyng er nei hûs.「彼はそこにもうそれ以上とどまりたくなかった（＝立ったままでいたくなかった）ので，家に帰った」
- オ．*Omdat* hij daar niet langer *wilde blijven staan*, ging hij naar huis.「同上」
- フ．Tochtsto *dat* ik sa lang stil *sitten bliuwe koe*?「あなたは私がそんなに長い間，じっとすわっていられると思っていたのですか」
- オ．Dacht jij *dat* ik zo lang stil *kon blijven zitten*?「同上」

② 完了の助動詞　定形

i)
- フ．[補文標識]…[第 1 不定詞]＋[話法の助動詞　過去分詞]＋[完了の助動詞　定形]
- オ．[補文標識]…[完了の助動詞　定形]＋[話法の助動詞　代替不定詞]＋[不定詞]
- フ．*Wêrom't* ik dêr sa lang oan *wurkje moatten ha*, wit ik sels ek net.「私はなぜそんなに長い間，その仕事をしなければならなかったか，自分でもわからない」
- オ．*Waarom* ik daaraan zo lang *heb moeten werken*, weet ik zelf ook niet.「同上」
- フ．Wy tochten *datsto* dat wol *meitsje kinnen hiest*.「私たちは君ならそれを作ることができただろうにと思いました」
- オ．Wij dachten *dat* jij dat wel *had kunnen maken*.「同上」
- フ．Ik wist net *dat* ik dat al foar 1 september *dwaan moatten hie*.「私はそれをすでに 9 月 1 日以前にやっていなければならなかったと

オ．Ik wist niet, *dat* ik dat al voor 1 september *had moeten doen.*

　　　フ．Hy sei *dat* er dat skilderij wol *keapje wollen hie.*「彼はその絵を買いたかったのにと言った」

　　　オ．Hij zei *dat* hij dat schilderij wel *had willen kopen.*「同上」

　　　フ．Doe't er it *weagje doarst hie* in stikje te ymprovisearjen, fielde er him in stik frijer.「一曲，あえて即興演奏をしてみようと思ったら，彼はかなり気持ちが楽になった」

　　　オ．*Toen* hij het *had durven wagen* een stukje te improviseren, voelde hij zich een stuk vrijer.「同上」

 ii)　フ．[補文標識]…[第1不定詞]＋[使役動詞　過去分詞]＋[完了の助動詞　定形]

　　　オ．[補文標識]…[完了の助動詞　定形]＋[使役動詞　代替不定詞]＋[不定詞]

　　　フ．Wy sjogge *dat* se har wurdboek *lizze litten hat.*「私たちは彼女が自分の辞書を置いたままにしたのがわかります」

　　　オ．Wij zien *dat* ze haar woordenboek *heeft laten liggen.*「同上」

 iii)　フ．[補文標識]…[komme 過去分詞]＋[wêze 定形]＋[te- 第2不定詞]

　　　オ．[補文標識]…[zijn 定形]＋[komen 代替不定詞]＋[不定詞]

　　　フ．It die him nij *dat* wy net *kommen wiene te sjen.*「私たちが見に来なかったのは，彼にとっては驚きだった」

　　　オ．Het verwonderde hem *dat* wij niet *waren komen kijken.*「同上」

③ bliuwe/blijven 定形

　　　フ．[補文標識]…[sitte 第2不定詞]＋[bliuwe 定形]＋[te- 第2不定詞]

　　　オ．[補文標識]…[blijven 定形]＋[zitten 不定詞]＋[不定詞]

　　　フ．Asto dêr mar yn in hoekje *sitten bliuwst te kniezen,* komst der nea tusken.「もし君がただそこの隅でふさぎ込んでいたままだったら，仲間に（＝その間に）入ることはけっしてないよ」

　　　オ．Als je daar maar in een hoekje *blijft zitten kniezen,* kom je er nooit tussen.「同上」

§70 動詞群の語順　747

(f) **従属文：動詞四つ**
① 話法の助動詞　定形
i) フ．［補文標識］…［第１不定詞］＋［話法の助動詞　過去分詞］＋［完了の助動詞　第１不定詞］＋［話法の助動詞　定形］
オ．［補文標識］…［話法の助動詞　定形］＋［完了の助動詞　不定詞］＋［話法の助動詞　代替不定詞］＋［不定詞］

フ．*As* ik dat *dwaan mochten hawwe soe*, wie alles noch goed ôfrûn.
「もし私がそれをしてもよかったのなら，すべてはうまく過ぎただろうに」

オ．*Als* ik dat *zou hebben mogen doen*, was alles nog goed afgelopen.
「同上」

ii) フ．［補文標識］…［過去分詞］＋［受動の助動詞　第１不定詞］＋［話法の助動詞　第１不定詞］＋［話法の助動詞　定形］
オ．［補文標識］…［話法の助動詞　定形］＋［話法の助動詞　不定詞］＋［受動の助動詞　不定詞］＋［過去分詞］

フ．Hja seit *dat* it wurk better *dien wurde moatte sil*.「彼女はその仕事はもっと良くなされる必要があるだろうと言っている」

オ．Zij zegt *dat* het werk beter *zal moeten worden gedaan*.「同上」

iii) フ．［補文標識］…[sitte 第２不定詞］＋[bliuwe 第１不定詞］＋［話法の助動詞　第１不定詞］＋［話法の助動詞　定形］
オ．［補文標識］…［話法の助動詞　定形］＋［話法の助動詞　不定詞］＋[blijven 不定詞］＋[zitten 不定詞］

フ．Ik tink *dat* er dêr wol *sitten bliuwe moatte sil*.「私は彼はそこにすわり続けなければいけないだろうと思います」

オ．Ik denk *dat* hij daar wel *zal moeten blijven zitten*.「同上」

② 完了の助動詞　定形
i) フ．［補文標識］…［過去分詞］＋［受動の助動詞　第１不定詞］＋［話法の助動詞　過去分詞］＋［完了の助動詞　定形］
オ．［補文標識］…［完了の助動詞　定形］＋［話法の助動詞　代替不定詞］＋［受動の助動詞　不定詞］＋［過去分詞］

フ．Hja seit *dat* it wurk better *dien wurde moatten hie*.「彼女はその仕

事はもっと良くなされる必要があったのにと言っている」
　　オ．Zij zegt *dat* het werk beter *had moeten worden gedaan*.「同上」
ii)　フ．[補文標識]…[sitte第2不定詞]＋[bliuwe第1不定詞]＋[話法の助動詞　過去分詞]＋[完了の助動詞　定形]
　　オ．[補文標識]…[完了の助動詞　定形]＋[話法の助動詞　代替不定詞]＋[blijven不定詞]＋[zitten不定詞]
　　フ．Hy miende *dat* hy dêr *sitten bliuwe moatten hie*.「彼はそこにすわったままでいなければならなかったのだと思った」
　　オ．Hij meende *dat* hij daar *had moeten blijven zitten*.「同上」
　　フ．Ik tocht *datsto* dêr *sitten bliuwe wollen hiest*.「私は君がそこにすわったままでいたかったのだと思った」
　　オ．Ik dacht *dat* jij daar *had willen blijven zitten*.「同上」

XII

フリジア語とフリジア人について

北フリースラント,ジュルト島(Sylt)の民家

1 四つの「フリースラント」と三つの「フリジア語」

　ゲルマン諸語の中でフリジア語の認知度は極端に低い。フリジア人の存在が与える印象もきわめて薄い。この事情はゲルマン語圏でもある程度，同様である。これはフリジア語が国を持たない少数言語であることのほかに，オランダと北ドイツに残る四つの「フリースラント」という地名と三つの「フリジア語」という言語名の対応が複雑であることにも関係がある。今日，フリジア人を特徴づけるものは，統一的標準語を欠くフリジア語(正確には「フリジア語群」)という無形の精神文化に結晶しており，フリジア人を語るときには言語的側面を第一に重視しなければならない。個性的な伝統工芸，民族衣装，年中行事も，フリジア語という言語の持つ力からはほど遠い。今日のフリジア人はオランダやドイツの地方のいくつかと同様に，牧歌的ないわゆる「田舎」の住民ではあっても，社会的・政治的に差別冷遇される「異民族」ではない。祖先の土地や生業の利権を奪われて法的に争うこともなく，「ときにオランダからの独立が叫ばれたりもする」(司馬遼太郎『オランダ紀行』朝日文芸文庫，45ページ)こともない。フリジア人を語ることはフリジア語を語ることであるとも言える。ヨーロッパという文化圏では，歴史的伝統に裏打ちされた言語の持つ重みはそれほど大きい。

　以下で述べるように，フリジア語の使用地域はフリースラントとは完全に一致しない。そこで，筆者は言語的(文化的)名称として「フリジア」(したがって，「フリジア語」)，地理的・行政的名称として「フリースラント」(したがって，「フリースラント州」)と呼び分けることを提唱している(清水1993a：288f.)。これによって，北ドイツの「東フリースラント」では「低地ドイツ語東フリースラント方言」が用いられ，「東フリジア語」の使用地域はその外に位置することが明示できる。同様に，オランダの「西フリースラント」では「オランダ語西フリースラント方言」が用いられ，「西フリジア語」の使用地域はその外に位置することが誤解なく示せる。

　ただし，厳密には「フリジア」の意味は言語とそれ以外の広義の文化において等価ではない。北フリースラントの場合，住民の約40％にあたる約6万人がフリジア人(ド．Friesen)と自称し(Walker 1996：3, 1997：3)，フリジア

語話者(ド．Sprachfriesen)の 6 倍余りに達する。また，東フリースラント(ド．Ostfriesland)の低地ドイツ語話者がドイツ語で「東フリジア人」を意味するOstfriesenと自称することも自然だが，この場合，東フリジア語の言語能力は意味を持たない。以下に述べるように，この地の東フリジア語はすでに死滅してしまったからである。むしろ，これはドイツにおける地方意識としての性格が強く，バイエルン人，シュヴァーベン人などとフリジア人を同列に対比させることに似ている。

　このような了解のもとで，以下ではとくに言語的側面を重視する立場から「フリースラント」と「フリジア語」の歴史的変遷をたどり，その後で今日の言語事情を解説していく。

2　フリジア人の起源と北海ゲルマン語

　ローマ時代の著述家——大プリニウス(Plinius)やタキトゥス(Tacitus)——がライン川(ド．Rhein/オ．Rijn)とエムス川(ド./オ．Ems)河口の間に居住する部族として言及しているFrisii, Frisia(e)vonesがはたしてゲルマン人だったかについては，異論がある。この地は当時，ゲルマン人の居住地域ではなく，この地に散見されるp-で始まる固有名詞は，比較言語学的にゲルマン語とは認めがたい。なぜなら，古典的な「子音推移」(ド．Lautverschiebung,「グリムの法則」)の解釈に従えば，印欧祖語では語頭に *b- は原則として現れず，ゲルマン語で *p- に推移した音で始まる語は，本来のゲルマン語の語彙ではあり得ないからである。Frisiiというラテン語名自体，ゲルマン語としては解釈できないとする意見もある。当時のフリジア人がゲルマン人ともケルト人とも別の民族だったという可能性は，安易には排除しがたい。

　いずれにせよ，6世紀にはイギリス南部と大陸北海沿岸部に「北海ゲルマン語」(ド．Nordseegermanisch/エ．North Sea Germanic)と呼ばれる言語グループが形成されていたと考えられ，非ゲルマン人説をとったとしても，この時期までにフリジア人がゲルマン人の言語・文化に同化されていた事実は疑いない。北海ゲルマン語は5世紀半ばのアングロサクソン人のブリテン島への移住に先立って，大陸部の地理的近接性による相互接触を通じてその特徴が形づくられていたとも言われるが，これは単独の言語ではなく，いわゆる「西ゲ

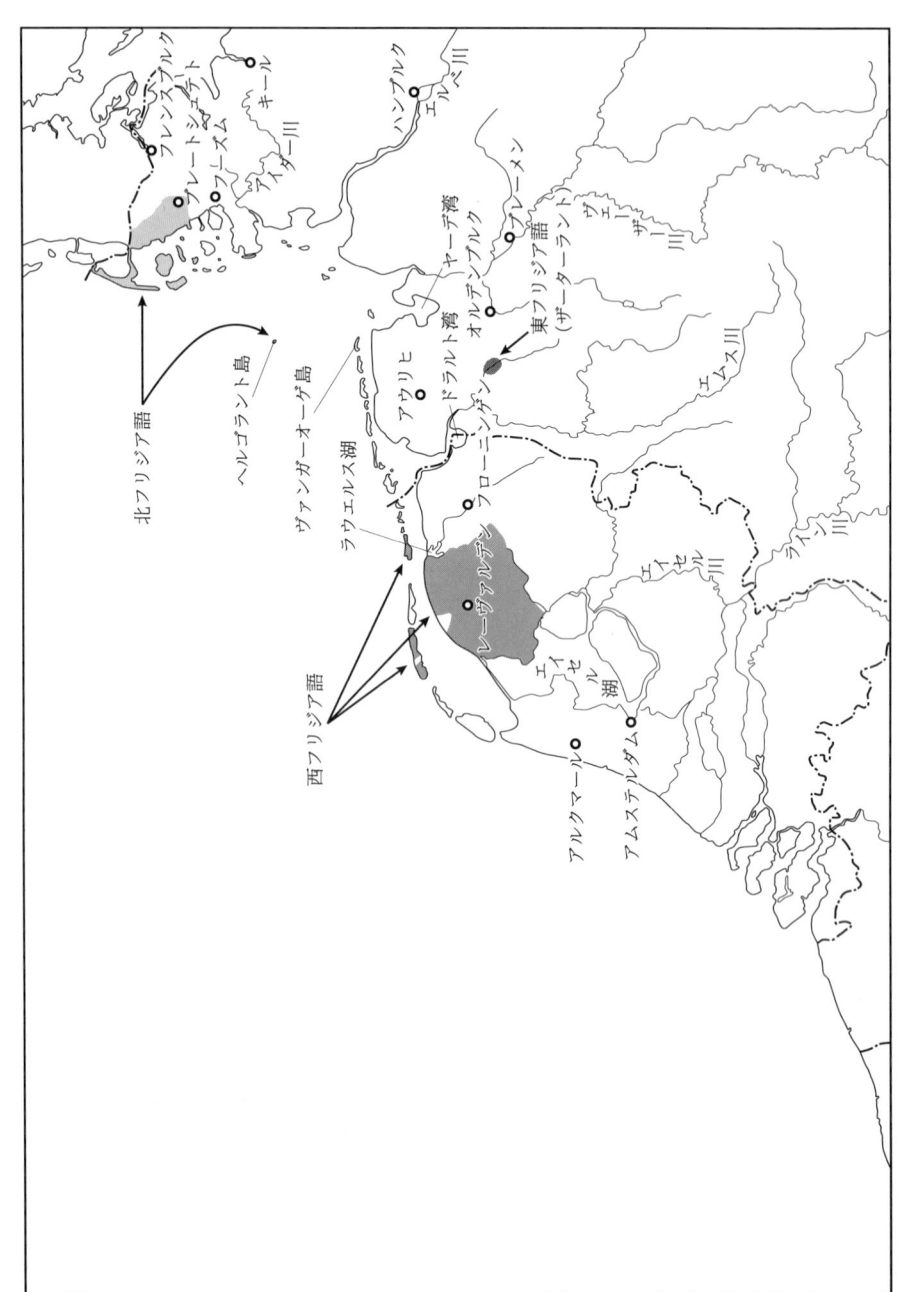

図1 フリジア語分布図

マン語」(ド．Westgermanisch/エ．West Germanic)の下位区分をなす諸言語の総称である。その構成員は「古フリジア語」(ド．Altfriesisch/エ．Old Frisian)，「古英語」(エ．Old English)，北ドイツとオランダ北東部にまたがる海岸部の「古ザクセン語(古サクソン語，以下略)」(ド．Altsächsisch/エ．Old Saxon)——今日の海岸部の低地ドイツ語(ド．Niederdeutsch，北ドイツのドイツ語方言の総称)とエイセル川(オ．IJssel)以北のオランダ語低地ザクセン方言(オ．Nedersaksisch)の前身——であり，ある種の音韻的共通性(ド．Ingwäonismen)を特徴とする。その共通性は古フリジア語と古英語の間で著しい。古ザクセン語が早期にフランケン語(フランク語，以下略)化され，古英語がその性格を大きく変化させた中で，フリジア語はオランダ語，ドイツ語，デンマーク語の影響を受けつつも，北海ゲルマン語の唯一の後裔として現在に至っている。

　中世の古フリジア語(1275-1550)による文献はほぼ法律文書と公文書(ド．Urkunde)に限られる。古フリジア語は古東フリジア語(ド．Altostfriesisch)と古西フリジア語(ド．Altwestfriesisch)に区分されるが，これは1450年頃を境として前者がそれ以前，後者がそれ以後を指すように，年代的性格が強く，古典期古フリジア語(ド．klassisches Altfriesisch)と公文書を中心とする後期古フリジア語(ド．postklassisches Altfriesisch)と呼ぶほうが適当である。この時期の文献は以下に述べる西フリジア語によるもので，北フリジア語は低地ドイツ語に文章語としての役割を奪われており，文献としては残っていない。「古フリジア語」という名称の「古」(＝古期，ド．Alt-/エ．Old)とは，言うまでもなく，ヨーロッパ史の区分とは無関係に，当該言語内の相対的時代区分を指すが，フリジア語の場合は他のゲルマン語と比較してかなり遅い。フリジア語の「古期」は年代的にドイツ語や英語の「中期」(ド．Mittel-/エ．Middle)の時代に相当し，それは言語的特徴にも現れている。

3　中世の西・東・中部フリースラントと今日の「西フリジア語」

　伝説によれば，オランダの首都アムステルダム(オ．Amsterdam)は，旧市街の中心を北に流れるアムステル川(オ．Amstel)の岸辺に犬を連れた二人のフリジア人の漁師が降り立ったのがその起源であるという。このことが暗示す

るように，中世初期のフリジア人の居住地域は今日とは比較にならないほど広く，7世紀にはまだオランダのホラント地方（オ．Holland）とユトレヒト州（オ．Utrecht）の大部分を含み，俗に「ライン川からヴェーザー川（ド．Weser）まで」とされていた。この二大河川にはさまれた領域は「大フリジア」（ラ．Frisia Magna）と呼ばれ，北海は「フリジア人の海」（ラ．Mare Frisicum）と言われるほどだった。しかし，この領域は8世紀に徐々にフランケン人の王国（フランク王国，ド．Frankenreich）に統合されていき，843年のヴェルダン条約に続く王国分割によって，925年には最終的に東フランケン人の王国（東フランク王国，ド．Ostfranken, *Deutsches Reich*）に編入された。10世紀前半には，フリースラントの指す領域は今日のオランダ，北ホラント州（オ．Provincie Noord-Holland）の北部からヴェーザー川の西側のヤーデ湾（ド．Jadebusen）までに限定して理解されていた。この時期のフリジア人居住地域は次の三つに大別される。

(A) 西フリースラント（オ．Westfriesland）
今日のエイセル湖（オ．IJsselmeer）以西のオランダ，北ホラント州北部で，アルクマール（オ．Alkmaar），ホールン（オ．Hoorn），エンクハイゼン（オ．Enkhuizen）などの都市を含む地域。今日でも慣習的に西フリースラントと呼ばれる。

(B) 東フリースラント（ド．Ostfriesland）
北ドイツのエムス川以東，ヤーデ湾までのエムデン（ド．Emden），レーア（ド．Leer），アウリヒ（ド．Aurich）などの都市を含む地域。今日の通称も東フリースラント。

(C) 中部フリースラント（オ．Middelfriesland/ド．Mittelfriesland）
エイセル湖以東，オランダとドイツの国境付近を流れるエムス川までの地域。今日，ラウエルス川（オ．/フ．Lauwers）およびラウエルス湖（オ．Lauwersmeer/フ．Lauwersmar）以西の「フリースラント州」（オ．Provincie Friesland/フ．Provinsje Fryslân）とそれ以東の「フローニンゲン州」（オ．Provincie Gronignen）から成る。

中世における3者の地理的隔たりは現在とは大きく異なり，(B)の東フリース

ラントと(C)の中部フリースラントの境界をなすエムス川河口のドラルト湾(ド. Dollart/オ. Dollard)は，当時，内陸部に深く入り込んでいた。ラウエルス川(および湖)も中部フリースラントを二分する海の一部だった。また，大堤防(オ. Afsluitdijk)の建設で淡水湖となったエイセル湖は，かつてはザイデル海(オ. Zuiderzee)と呼ばれ，12世紀から13世紀にたび重なる北海からの津波の襲来によって，かつてのフレーヴォ湖(オ. Flevo)とヴリー川(オ. Vlie)が大きく拡充される形で成立したものである。

3-1 西フリースラントとオランダ語西フリースラント方言(オ. Westfries)

1292年にホラント伯領に併合された(A)の西フリースラントに特有の今日の言葉は「オランダ語西フリースラント方言」(オ. Westfries)であり，フリジア語ではない。これは古低地フランケン語(オ. Oudnederfrankisch)に連なるオランダ語ホラント方言(オ. Hollands)に属する。住民にもフリジア人という意識はほとんどなく，文化的にもフリジア人を特徴づけるものは稀薄である。「西フリースラント」は歴史的俗称にすぎず，(C)のフリースラント州の意味で用いる例も散見される。

3-2 東フリースラントと低地ドイツ語東フリースラント方言(ド. Ostfriesisch)

(A)の西フリースラントの言葉が西フリジア語ではないのと同様に，(B)の東フリースラントで用いられているのも東フリジア語ではない。この地のフリジア人は1464年にツィルクセナ(ド. Cirksena)伯の領地として独立を失い，大陸部は遅くとも1800年頃にはフリジア語地域ではなくなっていた。東フリースラント諸島(ド. Ostfriesische Inseln)を構成する7島の最東部，ヴァンガーオーゲ島(ド. Wangerooge)の最後の話者も1950年に途絶えた。

今日の言葉は「低地ドイツ語東フリースラント方言」(ド. Ostfriesisch)であり，言語的にオランダ語フローニンゲン方言にきわめて近い。したがって，非フリジア語化という程度は(A)と(B)の両地域とも同様である。しかし，文化的伝統への思い入れは大きく異なる。東フリースラントでは12世紀に「フリジア人の自由」を守るために結成された政治組織，「ウプスタルスボーム」(低ド. Upstalsboom)を全フリジア人共通の行事として復興させるなど，かつての伝

統が生きている。ただし、人々は第一にドイツ人をもって自任しており、フリジア人としての自覚はドイツ国内での地方性の意識としての性格が強い。ちなみに、この地の諸都市は中世後期に北ヨーロッパ経済を掌中に収めたハンザ同盟（ド．Hanse）とは縁が薄く、今日まで後進地域であり続けており、東フリースラントという名称につきまとうネガティヴなひびきは否定できない。一方、オランダのフリースラント州と後述する北ドイツの北フリースラントは、同様に先進的イメージからはほど遠いが、東フリースラントほどマイナスなニュアンスはない。

3-3　中部フリースラントと「西フリジア語」（フ．Westerlauwersk Frysk）

　中部フリースラントの東半分をなすラウエルス川以東の地域も、中世後期までにオランダ語低地ザクセン方言に属する「オランダ語フローニンゲン方言」（オ．Gronings）に移行した。経済的・政治的中心となった州都フローニンゲンは、元来、例外的に中部フリースラントに属しておらず、15世紀以降、この地域の非フリジア語が加速されることになった。同方言は基層（エ．substratum）としてのフリジア語的特徴を除けば、明確にフリジア語ではなく、住民もフリジア人とは一線を画すという意識を強く自負している。

　ラウエルス川の境界は伝統的に強固で、802年にフランク王国のカール大帝（ド．Karl der Große/フ．Charlemagne）がラテン語に訳させたフリジア人の慣習法 Lex Frisionum の適用領域においても、(B)の東フリースラントと(C)の中部フリースラントを分けるエムス川ではなく、ラウエルス川（および湖、当時は海）の境界が第一に重視されていた。教会組織の上でも、1000年頃のキリスト教の普及以降、(A)の西フリースラントと(C)のラウエルス川以西の中部フリースラントはユトレヒト司教区、同川以東の中部フリースラントは（フローニンゲン市を除いて）ミュンスター（ド．Münster）司教区に分かれた。

　そして、今日、(A)から(C)の地域に残存する唯一のフリジア語も、(C)のフリースラント州（約3,234 km²、約62万人）の大部分とフローニンゲン州の西側の一部（フ．Westerkertier/オ．Westerkwartier）で用いられる「ラウエルス川以西のフリジア語」（フ．Westerlauwersk Frysk/オ．Westerlauwers Fries）、つまり「西フリジア語」をおいてほかにない（便宜的にド．Westfriesisch/オ．West Frisian と呼ぶことがある。オ．Westfries「オランダ語西フリースラン

図2 西フリジア語使用地域
出所）A. P. Versloot 作成，地名はオランダ語名

ト方言」との区別に注意)。この地のフリジア語は，1498年にフリジア人が最終的に独立を失い，「ユトレヒト同盟」(オ．Unie van Utrecht)に編入された翌年の1580年に文章語としての地位をオランダ語に奪われた後も，長らえ続けたのである。フリジア人の東方拡大はラウエルス川を起点として起こり，その後の後退もこの地でとどまったと言える。

　少数言語であるフリジア語では話者数の正確な特定は困難だが，西フリジア語には唯一，信頼するに十分な近年の組織的統計がある。それは1979～82年にフリスケ・アカデミー(Fryske Akademy)が行なったアンケート調査であり，それによると，フリースラント州全住民約60万人の中で，もっとも話すのが容易(つまり，第1言語)と答えたのは67%だった(Gorter et al. 1984：81)。このことから話者は約40万人とされる(Gorter 1997：1154)。ただし，

上述のように，東に接するフローニンゲン州の西部にも西フリジア語の一角があり (Gorter/Jansma/Jelsma 1990)，それ以外にも話者はいる (Jansma/Jelsma 1996)。また，この統計は話者の申告により，すでにかなりの年数が経過しているため，Feitsma/Jappe Alberts/Sjölin (1987：29)，Wilts/Fort (1996：2)，Jansma (2000：170) のように低く見積もって，35万人とする意見も強い。以上の事情から，本書では便宜的に話者数を約 35〜40 万人とする。

なお，州都リャウエト（フ．Ljouwert）/レーヴァルデン（オ．Leeuwarden, 約8万8000人）をはじめとする11の歴史的「都市」（フ．stêd）の七つでは，各々に特有の「都市フリジア語」（フ．Stedsk/Stedfrysk）と呼ばれるオランダ語との混成言語が発達している。生粋の西フリジア語に触れるためには，田舎の小村を訪ねなければならない。

4　ザーターラント（東フ．セールターロウンド）と「東フリジア語」（東フ．Seeltersk）

フリジア語の使用地域は，上記の中世のフリースラントおよび今日のオランダ以外にも，北ドイツの2か所に残っている。そのひとつ，「東フリジア語」（ド．Saterfriesisch/Saterländisch, 東フ．Seeltersk）の使用地域は，東フリースラントの外に位置する。すなわち，クロペンブルク郡（ド．Landkreis Cloppenburg）の北西部，レーア市から南東に30 kmほど離れたザーターラント（ド．Saterland）/セールターロウンド（東フ．Seelterlound, 約 123 km², 約1万2000人）がそれである。しかも，その中で，湿地帯に囲まれた砂地に沿って連なる四つの村の中の三つ，北からシュトリュクリンゲン（ド．Strücklingen）/ストルケリエ（東フ．Strukelje），ラムスロー（ド．Ramsloh）/ローメルセ（東フ．Roomelse または Romelse），シャレル（ド．Scharrel）/スヘデル（東フ．Schäddel または Skäddel）に限られる。なお，最近では便宜的にド．Ostfriesisch/エ．East Frisian という用語で東フリジア語を指すこともあるので，注意を要する。

ギネスブックに「ヨーロッパ最小の言語」として（誤って）登録されたこともあるというこの言語の話し手は，1100年から1400年頃の間に多くの犠牲者を出した北海からの風雨と津波の襲来で，故郷を追われた東フリジア人がテクレ

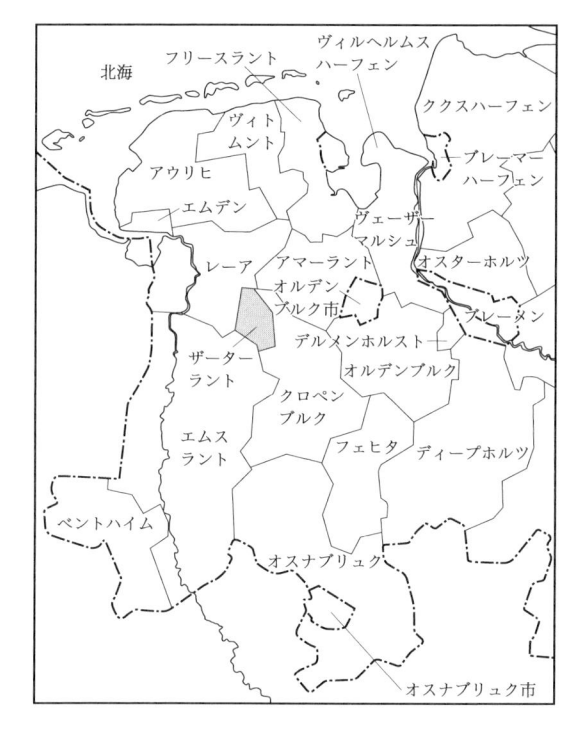

図3　東フリジア語使用地域
出所）Fort 2001：409

ンブルク(ド．Tecklenburg)伯領ゼーゲル(ド．Sögel)に逃れ，当地の少数のドイツ人を言語的に同化し，定住したことを起源とする(ラ．Comitia Sygeltra，現在の地名の由来。15世紀前半にミュンスター司教区に帰属)。19世紀までこの地は外部から地理的に隔絶されており，厳寒期に氷結した沼地を進むか，エムス川の支流であるレーダ川(ド．Leda)に南から北に複雑に蛇行しながら注ぎ，頻繁に氾濫を起こしたザーター・エムス川(ド．Sa(g)ter-Ems，東フ．jü Äi，エ．"the River")を船行する以外に，交通手段がなかった。1574年にミュンスターのある司教は，沼地を進んでザーターラントへ通じる唯一の道路は「生命の危険を伴い，馬車は通行不能である」と記している。また，1800年に刊行されたハルバーシュタット(ド．Halberstadt)の牧師の旅行記には，この地は「全ドイツで最悪」であり，「シベリアのステップ地帯」を連想させ，

「死体の色」を連想させる荒涼とした風景の中を縫ってやっとたどり着いた小村の様子はさらに陰惨で,「神の天地創造はこの地ではまだ未完結のように見える」と記されている。もちろん,今日ではモダンな幹線道路が貫通し,バス路線も完備され,かつての印象はまったく感じない。

　今日の話者数については,Sjölin (1969), Jansma (2000：170)の約1000人,Feitsma/Jappe Alberts/Sjölin (1987：35)の1000〜1500人,Boelens et al. (1993：2), Fort (2000：164)の約1500〜2000人などの意見の相違がある。本書ではFort (2001：410)に従って,約1500〜2500人とする。話者層は中高年齢層を中心とし,ほとんどが標準ドイツ語と低地ドイツ語の3言語使用者である。

5　北フリースラントと「北フリジア語」(北フ. Nordfriisk)

　最後に言及するフリースラントは,北ドイツ,シュレースヴィヒ=ホルシュタイン州(ド. Schleswig-Holstein)の北西部に位置する「北フリースラント郡」(ド. Kreis　Nordfriesland/北フ. Nordfriislon, 約2049 km², 約16万人)である。この地へのフリジア人の移住は2回に分けて起こったとされる。第一の移住は,8世紀頃に北海の南海岸部からヘルゴラント島(ド. Helgoland/エ. Heligoland)/デエト・ルン島(北フ. Deät Lun)を含む島々とアイダーシュテト半島(ド. Eiderstedt)の西部に及んだ。この地には何らかの先住民がいた形跡がある。第二の移住は,11世紀頃にエムス川河口地域からそれまで無人の地だった大陸部の沼地に向けて行なわれた。移住の理由としては,フランク王国の拡大による圧迫,ヴァイキングの来襲,キリスト教の布教などが考えられる。中世の北フリジア語はアイダーシュテト半島の南部を流れるアイダー川(ド. Eider)から,ドイツとデンマークの国境をかすめるヴィーダウ川(ド. Wiedau)/ヴィードー川(デ. Vidå)に及んでいた(話者最大約5万人)。島方言は文献に残る古フリジア語以前の特徴を一部で示しており,大陸方言は文献に残るエムス川周辺の古フリジア語の特徴を継承し,北フリジア語は当初から不均質だったと考えられる。

　今日の「北フリジア語」(ド. Nordfriesisch/北フ. Nordfriisk)は,北フリースラント郡の中心都市フーズム(ド. Husum)以北,デンマークとの国境

までの海岸部と島，それにピネベルク郡(ド．Kreis Pinneberg)に属するヘルゴラント島を使用領域とする。北フリジア語は移住時期の相違のために「大陸方言」(ド．Festlandsnordfriesisch)と「島方言」(ド．Inselnordfriesisch)に分かれるが，これは大まかな区分であり，実態はたがいに意志疎通が困難なほど異なる九つの方言(ド．Idiome)の集合体である。地域全体の標準語は現在にも過去にも存在したことがない。上記の Nordfriisk「北フリジア語」も人工的な総称にすぎず，各方言で frasch, fresk, Friisk, freesch, fräisch のように異なる(Friisk は後述するセルリング方言の名称であり，伝統的にドイツ語式の名詞の大文字書きを用いる)。しかも，この地は統治者の交替とともに，デンマーク語南ユトラント方言(デ．sønderjysk/ド．Süderjütisch)および標準デンマーク語(デ．rigsdansk)，低地ドイツ語，標準ドイツ語を含めた4(ないし5)言語が飛び交うヨーロッパ有数の多言語使用地域であり，ゲルマン語のるつぼという形容がふさわしい。デンマークとの国境に近い小村，ローデネース(ド．Rodenäs)/ロルネース(北フ．Rornees)とノイキルヒェン(ド．Neukirchen)/ナイシェスベル(北フ．Naisjösbel)はその典型である。

　話者数については，1840年以降，11の統計があるが，1927年以降は個別地域の集積にとどまる。最新の統計は過去約20年間の統計を1988年に総括したものであり，8965〜9225人，周辺部と話者数の比率が著しく低い都市部を含めると，約9000〜1万人が中高年齢層を中心に高い言語能力を有するとされる。これは北フリースラント州の人口の6％程度，北フリジア語使用地域の人口の約15〜16％に相当する(聞いて理解できるのはこれより約2万人多い)。以下に Kööp (1991：74ff., 154)に従って，絶対数順に記す。①から⑥までの六つは大陸方言(ハリゲン諸島を含むことに注意)，⑦から⑨までの三つは島方言に属する(フェリング方言とエームラング方言は類似性が高く，まとめられることが多い)。なお，百分率は住民数との比率を示す。独自の方言名があるものは付記するが，その他の方言名はふつう「〈地名〉方言」の形式で呼ばれる。

〈大陸方言〉
① ベーキングハルデ(ド．Bökingharde)/ベーキングヒールド(北フ．Böökinghiird)　約2500人(22％，ニービュル(ド．Niebüll)/ナイベル(北フ．

Naibel)を含む),「モーリング方言」(ド．Mooring/北フ．mooring)または「ベーキングハルデ方言/ベーキングヒールド方言」

② ヴィーディングハルデ(ド．Wiedingharde)/ヴィリングヒールド(北フ．Wiringhiird) 約1300人(31%),「ヴィーディングハルデ方言/ヴィリングヒールド方言」

③ 北ゴースハルデ(ド．Nordergoesharde)/北ゴースヒールド(北フ．Noorder Gooshiird) 約400人(7%, ③方言のみは約280人, 4.6%),「北ゴースハルデ方言/北ゴースヒールド方言」

④ カルハルデ(ド．Karrharde)/コルヒールド(北フ．Kårhiird) 約130〜180人(3.5〜4.8%),「カルハルデ方言/コルヒールド方言」

⑤ 中部ゴースハルデ(ド．Mittelgoesharde)/中部ゴースヒールド(北フ．Mäddel Gooshiird)(ブレートシュテト(ド．Bredstedt)/ブレイスト(北フ．Bräist)を除く) 約85人(住民の1.3%)(⑤方言のみは約20人, 0.4%),「中部ゴースハルデ方言/中部ゴースヒールド方言」

⑥ ハリゲン諸島(ド．Die Halligen)/ハリーエ諸島(北フ．e Halie) 約60〜80人(20〜23.3%),「ハリゲン方言/ハリーエ方言」

〈島方言〉

⑦ フェーア島(ド．Föhr)/フェール島(北フ．Feer)(ヴィーク・アウフ・フェーア(ド．Wyk auf Föhr)/ア・ヴィク(北フ．a Wik)を除く) 約1600人(39.6%),「フェリング方言」(北フ．fering)/「フェーリング方言」(ド．Föhring)

アムルム島(ド．Amrum)/オームラム島(北フ．Oomram) 約600人(22%),「エームラング方言」(北フ．öömrang)/「アムリング方言」(ド．Amring)

共通性の高い両者を合わせて,「フェリング・エームラング方言」(北フ．fering-öömrang)/「フェーリング・アムリング方言」(ド．Föhring-Amring)と呼ぶのが一般的

⑧ ジュルト島(ド．Sylt)/セル島(北フ．Söl)(ヴェスターラント(ド．Westerland)/ヴェースターレン(北フ．Weesterlön)とリスト(ド./北フ．List)を除く) 約1500〜1700人(13.5〜15.3%),「セルリング方言」(北フ．

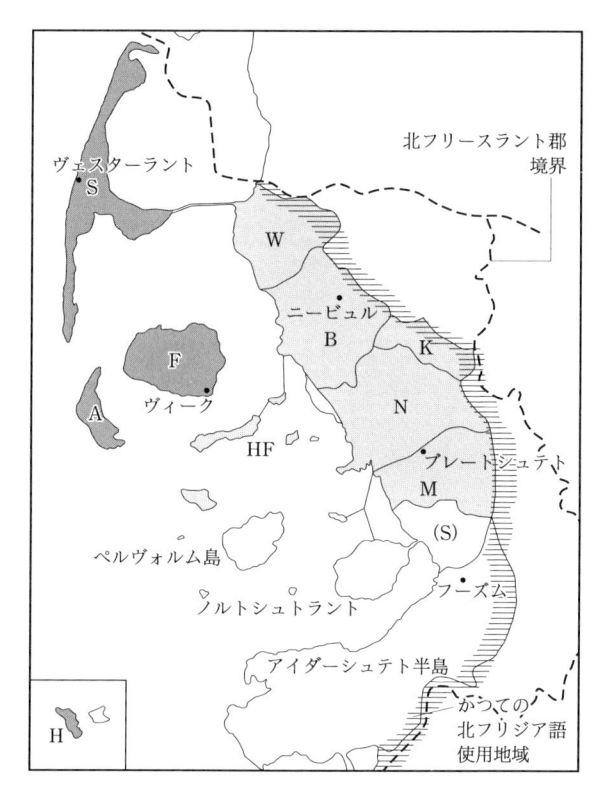

図4 北フリジア語使用地域

- ☐ 大陸方言
- ▨ 島方言
- W ヴィーディングハルデ方言
- B ベーキングハルデ方言
  （モーリング方言）
- K カルハルデ方言
- N 北ゴースハルデ方言
- M 中部ゴースハルデ方言
- (S) 南ゴースハルデ方言
  （1980年頃死滅）
- HF ハリゲン方言（ハリゲン諸島）
- S セルリング方言（ジュルト島）
- F-A フェリング・エームラング方言
  （フェーア島・アムルム島）
- H ハルンデ方言（ヘルゴラント島）

出所）Steensen 1994：14，地名はドイツ語名

Sölring)/「ジュルトリング方言」(ド. Syltring)
⑨　ヘルゴラント島(ド. Helgoland)/デエト・ルン島(北フ. Deät Lun, エ. "The Land")　約800人(32%),「ハルンデ方言」(北フ. Halunder)/「ヘルゴラント方言」(ド. Helgoländisch)

　北フリースラント郡の人口は大陸部約78%,島部約22%だが,大陸方言と島方言の話者数はほぼ同数であり,島方言の比率がかなり高い。話者数が最大なのは①のベーキングハルデ方言(通称,モーリング方言)だが,もっとも基盤が強固なのは話者数の比率の高さから⑦のフェリング方言であると言える(アメリカへの移民を考慮すれば,話者数も最大と言われる)。大陸方言と島方言の話者数はほぼ同数だが,一般に島方言の話者は大陸方言の話者よりも母語への誇りが高く,島ごとの独自の方言名によって他の方言と区別する。大陸方言では,モーリング方言だけが「ハルデ(ド. Harde)/ヒールド(北フ. hiird)」(中世デンマークの制度に由来する行政単位名)をつけた地域名「ベーキングハルデ/ヒールド」と言語名「モーリング方言」を異にする。同方言はまた,大陸方言としてもっとも有力で,そのリングワ・フランカ的な役割を果たしている(厳密には,モーリング方言はベーキングハルデ/ヒールドの中核地域の方言名称にすぎない。清水(1992a)(1994b)参照)。
　ただし,北フリジア語の話者数については,西フリジア語のような近年の組織的な調査による公式の統計がない。上記の査定のほかにも,Feitsma/Jappe Alberts/Sjölin (1987：37)の8000～9000人,Wilts/Fort (1996：2, 15)の8000人,Walker (1996：3)(1997：3)の8000～1万人のように意見の相違が散見される。とくにÅrhammar (2000：149)は,以下のような分布で総計6000人程度(これに北フリースラント以外で2000～3000人が加わる)と見積もっている(以下のカナ表記では,地名はドイツ語名,方言名は北フリジア語名で示す)。

　　フェール島とアムルム島(フェリング・エームラング方言)　2250～2500人
　　ジュルト島(セルリング方言)　500～700人
　　ヘルゴラント島(ハルンデ方言)　500人以下
　　大陸部ベーキングハルデ(モーリング方言)　1750～2000人
　　その他の大陸部　1000人以下

この意見では，上記の統計に反して，話者が最大なのはフェール島とアムルム島のフェリング・エームラング方言であり，ジュルト島のセルリング方言の話者数ははるかに少ないことになる。

　衰退は大陸南部で激しく，南ゴースハルデ（ド．Südergoesharde）/南ゴースヒールド（北フ．Süürgooshiird）の方言は1980年頃に途絶えた。かつての経済・文化の中心地，アイダーシュテト半島は17世紀，ペルヴォルム島（ド．Pellworm）とノルトシュトラント（ド．Nordstrand，近年の干拓以前は島）は18世紀にそれぞれ低地ドイツ語に移行した。

　それでも他の地域で北フリジア語が残ったのは，ザーターラントと同様に，19世紀まで外界との接触がほとんどなかったことが大きい。大陸部は海とも陸ともつかない通行困難な沼地だった。古来，Mandränke「人飲み」と呼ばれる北海からの津波と洪水の脅威にさらされ，1362年1月にはかつてのルングホルト（ド．Rungholt）の30の村落が47の教会とともに海面下に沈み，1634年10月には古ノルトシュトラント島（ド．Alt-Nordstrand）の大部分がペルヴォルム島と現在のノルトシュトラントなど，わずかな陸地を残して引き裂かれ，9000人以上が犠牲になった。満潮時には大部分が水没するハリゲン諸島は，往時を連想させる。しかし，特急列車で強固なヒンデンブルクダム（ド．Hindenburgdamm）を通ってジュルト島の高級保養地に向かうバカンス客の群れからは，かつての面影は容易には想像しがたい。

6　言語擁護と言語政策

　上述のように，フリジア語はドイツとオランダの3地域に離散する複数の言語の集合体であり，共通の標準語も政治的なまとまりも存在したことがない。西・北・東の区分は言語学的名称であり，話者の主観的な心情にかならずしも一致しない。西フリジア語の話者に重要なのはオランダ語と袂を分かつことであり，自分たちの言語はFrysk，つまり，たんなる「フリジア語」にすぎない。北フリジア語の話者もドイツ語やデンマーク語と一線を画する意味で，自分たちの言語を同様にたんにfrasch/freesch/fräisch（大陸方言），fresk/friisk（島方言）と呼ぶ。それどころか，大陸方言でベーキングハルデの方言をmooring「モーリング方言」と呼ぶことを除いて一般的な上記の名称も，島方

言の話者には人工的なひびきを伴う。自然なのは，fering「フェリング方言」（フェーア島），öömrang「エームラング方言」（アムルム島），Sölring「セルリング方言」（ジュルト島），Halunder「ハルンデ方言」（ヘルゴラント島）という島ごとの方言の呼称である。つまり，フリジア語であるのは自明であり，各方言が独自の北フリジア語を形成しているという意識が反映されている(Nickelsen 1982：41ff.)。同様に，東フリジア語の話者は Ostfriesisch「低地ドイツ語東フリースラント方言」との混同を避けて，自分たちの言語をSeeltersk と称する。東フリジア語の話者はまた，Seeltere と自称し，「フリジア人」を意味する Fräizen は低地ドイツ語東フリースラント方言(Ostfriesisch)の話者を指す名称として回避する。フリジア語は単独の言語ではなく，「フリジア語群」と呼ぶのがふさわしいのである。

　フリジア人とその言語相互を結びつけようとする運動は，1906 年に西フリジア人の言語学者が北フリジア人のもとを訪れて意見交換を行なったことに端を発し，1925 年の第 1 回「フリジア人会議」（ド．Friesenkongress）の開催から本格的に始まる。1930 年には北フリースラント郡の中心都市フーズム（ド．Husum）において，フリースラント 3 地域からの代表団から成る「フリジア人評議会」（ド．Friesenrat, 1999 年以降，Der Interfriesische Rat と改称）が結成された。同評議会による会議は第 2 次大戦による中断をはさんで 1952 年に再開され，それ以降，3 年おきに開かれて，現在も継続している。これは純粋に文化活動であり，政治的要求とは無縁である。

　今日の言語擁護と言語政策は，同じく少数言語とは言っても，3 地域で非常に異なっている。後述するように，オランダの西フリジア語は地域的公用語であり，標準語が確立し，公的機関で研究教育が行なわれている。ドイツの北フリジア語は州の基本法に保護と振興の規定が盛り込まれ，公的機関での研究教育が行なわれているが，（地域的）公用語ではなく，標準語も確立していない。同じくドイツの東フリジア語にはそのどれもが欠けている。地方分権の強いドイツでは州単位で文化政策が異なることもあって，両者には共通性は求めがたい。以下では地域ごとに解説する。

6-1　西フリジア語の言語擁護と言語政策

　西フリジア語は東・北フリジア語に比べて桁はずれに話者が多く，一般にフ

リジア語の代名詞と理解されている。言語と結びついた強い精神的自立心を特徴とする伝統的な民族意識は強固で，一般に西フリジア語の話者はオランダ人であることよりも，第一にフリジア人であることを認識している。総じて西フリジア語は言語としての社会的地位が高く，恵まれた環境にある。これには政治的問題がほとんど関与していない点が少なくない。ヨーロッパ少数言語政策の模範として仰がれることもある。西フリジア語は標準語としての言語規範が唯一，確立しているフリジア語である。上述のように，個々の都市部で発達したオランダ語との混成言語である都市フリジア語はあるものの，比較的均質な方言分布が標準語の確立に好都合だった。

　西フリジア語は東・北フリジア語と違って，オランダの地域的公用語である。行政文書にも使用可能で，必要に応じてオランダ語に翻訳することが1995年に最終的に公認された。裁判でも使用可能で，西フリジア語の公的書簡には原則として西フリジア語で返答するという法律規定がある。1989年に認可されたオランダ語との2言語表記の地名標識も多い。フリースラント放送局(西フ. Omrôp Fryslân)は毎週70時間以上，西フリジア語のラジオ放送を行ない，テレビ番組も作製している。州の二つの新聞でも5%程度，西フリジア語の記事が掲載される。

　西フリジア語にはまた，他のヨーロッパの主要言語とある程度まで比肩できる文学的伝統がある。16世紀以降，文章語としての機能をほぼ完全にオランダ語に譲っていた状況にあって，17世紀西フリジア語ルネサンス期の代表的な詩人であるギスベト・ヤーピクス(Gysbert Japicx (あるいは Japiks) 1603-1666)は没後に出版された3巻から成る『フリジア詩集』(Friesche Rymlerye 1668, 1681)によって，西フリジア語文学を一挙にヨーロッパ的水準に引き上げた(Japicx は Jakobs の音位転換(エ. metathesis)による)。しかし，これ以降，18世紀を通じて文学作品の蓄積は乏しく，実質的にギスベト・ヤーピクスの模倣にとどまるものだった。

　西フリジア語近代文学の幕開けと文章語としての本格的な使用は，19世紀のロマン主義に鼓舞された古来の民謡・民話の発掘によって始まった。なかでもヨアスト(Joast Halbertsma 1789-1869)，チャリング(Tsjalling Halbertsma 1792-1852)，エールチェ(Eeltsje Halbertsma 1797-1858)のホルベツマ3兄弟が編集し，没後に集大成された『フリジア民謡集』(Rimen en Teltsjes

1871)は，西フリジア人の間で熱狂的に迎えられ，ドイツにおけるグリム童話のように，ほとんどの西フリジア人家庭に普及した。全4巻の最初の本格的な西フリジア語辞書を完成させたヴァーリング・ディクストラ(Waling Dykstra 1821-1914)の文学上の業績も，特筆に値する。その後，とくに1915年以降，文学的潮流の変遷に応じて，今日に至るまで多くの作家と作品が誕生している。

　西フリジア語擁護の歴史を概観すると，まず，20世紀前半まで，学校教育では西フリジア語の授業は禁止されていた。しかし，1937年にオランダ政府は一部の学校で選択科目としてこれをついに許可するに至った。そして，1951年，著名な作家だったフェデ・スヒューレル(Fedde Schurer 1898-1968)がフリースラント州の州都リャウエト(フ．Ljouwert)/レーヴァルデン(オ．Leeuwarden)で「こん棒の金曜日」(フ．Kneppelfreed)と呼ばれる抗議行動を起こすと，オランダ政府は西フリジア語にたいする政策を根本的に見直しはじめた。1955年に西フリジア語はオランダの第2の公用語として認可され，1974年には西フリジア語の授業はフリースラント州すべての小学校で義務化されることが決まり，1980年に実施された。1993年には同州のすべての中学校で同様に義務化され，今日に至っている。教材については，「フリジア語教育委員会」(AFUK, Algemiene Fryske Underrjocht Kommisje 1928-)が作成したものが豊富にある。同委員会は出版活動も積極的に行なっており，市民向けの講習も数多く開講している。また，大規模な研究機関である「フリスケ・アカデミー」(Fryske Akademy 1938-，研究員約40名)は800冊以上の出版物を刊行し，1984年以来，大規模な西フリジア語辞典である Wurdboek fan de Fryske taal/Woordenboek der Friese taal (全25巻)を編集している。州都リャウエト/レーヴァルデンに置かれた両機関は，西フリジア語の公的使用条件を十分に整備していると言える。さらに，フローニンゲン大学(Rijksuniversiteit Groningen 1930/講座化1941-)とアムステルダム大学(Universiteit van Amsterdam 1949/講座化1955-)では，西フリジア語学文学の主専攻が可能である。レイデン大学(Rijksuniversiteit Leiden)でも履修できる。西フリジア語書籍の出版は年間約100冊を数え，聖書の翻訳は新約聖書が1933年，全訳が1943年であり，全訳については1978年に新訳が出版された。

　ただし，西フリジア語の習得度はすべての話者について一様であるわけではない。1979～82年のフリスケ・アカデミーによる大規模なアンケート調査に

よれば，フリースラント州全住民約 60 万人の西フリジア語の能力は，「聞き取る 94%」「話す 73%」「読む 65%」にたいして，「書く 10%」だった(Gorter et al. 1984：128)。したがって，話者の大半が母語にたいして「非識字」であるとの不名誉なそしりも免れない。学校教育でも正書法の習得に大きな力点が置かれている。

　オランダ語との関係は，フリースラントが 1498 年に独立を喪失し，1579 年にユトレヒト同盟に編入され，翌年，文章語としての地位をオランダ語に奪われて以来の慢性疾患である(Vries 1993b：182f.)。今日，西フリジア語の話者は全員オランダ語との 2 言語使用者だが，古くから隣接する両言語の距離は北フリジア語と標準ドイツ語以上に近い。それゆえ，西フリジア語の言語規範は北フリジア語よりも強く上層言語との関係を意識し，オランダ語的な要素を過度に排除しようとする。正書法(1980 年改正)に例を取れば，二重母音［εi］は ij で表記する規則がある(フ．nij［nεi］「新しい」↔ nei［nai］「…の後で」，ド．neu ↔ nach)。しかし，［εi］を含む人称代名詞は y とつづる(フ．hy［hεi］/wy［vεi］/my［mεi］/sy［sεi］，エ．he/we/me/she, they)。閉音節で短い張り母音［i］を表わす文字 y をこのときに例外的に用いる理由は，同じく［εi］を含み，使用頻度の高いオランダ語の対応語 hij［hεi］/wij［vεi］/mij［mεi］/zij［zεi］との距離を保つためである。この y［i］による例外的な［εi］の表記は，［i］＞［εi］，［εi］＞［ai］という音韻変化以前の古形を保つ東部のヴォーデン(森林，フ．Wâlden)地方のヴォーデン方言(フ．Wâldfrysk)による。しかし，標準西フリジア語は西部のクラーイ(粘土層，フ．Klaai)のクラーイ方言(フ．Klaaifrysk)に依拠するのが原則のはずである。別の例として，同じく使用頻度の高い英語の have にあたる標準的語形は hawwe である。ところが，Hof (1933：70)の方言調査によれば，北西部 hewwe/南西部 hebbe/北東部 hawwe/南東部 habbe であり，これもオランダ語の hebben と距離を保つための人工的な選択である。また，hawwe は ik ha(w) west (エ．I have been)のように，wêze (ド．sein/オ．zijn/エ．be)を支配する完了の助動詞とされるが，これもオランダ語的な完了の助動詞 zijn (ik ben geweest，ド．ich bin gewesen)の使用を回避するためであり，話者の多くには ik bin west は違和感がない。規範からはずれた「オランダ語臭い」とされる表現こそ，じつは若年世代には身近な場合が少なくない(Breuker 1993)。西フリジア語の擁護

はその言語規範の維持にかかっているが，それがどこまで現実に無理なく対応できるかが今後の最大の課題と言える。

たしかに，西フリジア語の社会的地位は少数言語としては相対的に高いが，言語能力の向上と話者数の増加はそれによって保証されるとは限らない。西フリジア語は公用語とはいっても地域的に限定され，実践度も高くない。Gorter/Jonkman (1995)によれば，西フリジア語の話者数は1980年の調査から変わっておらず，書く能力は学校教育の充実で10％から17％に向上したという。しかし，これは話者の自己申告に基づき，実際の生徒の書く能力ははるかに低いという学校教育からの報告もある。言語擁護には言語政策的な人為的側面が付随しており，ナイーヴな幻想を喚起しやすい。社会言語学的な基準の偏重は政治的認識に傾きやすく，言語学的現実は別に求めるべき場合がある(De Haan 1996b)。

6-2　北フリジア語の言語擁護と言語政策

北フリジア語にとって，デンマーク語南ユトラント方言からの圧迫を受けた時代はなかったと言われている。最初の脅威は14世紀以来の低地ドイツ語であり，北フリジア語は文章語としての機能を完全に奪われていた。政治的・経済的中心地を欠き，外部との通商ではデンマーク語南ユトラント方言や低地ドイツ語を用いた北フリジア語は，方言間の著しい言語的相違もあって，統一的な標準語をついに発達させなかった。今日でもそのきざしはない。ただし，標準語の不在は北フリジア語にとって一方的に不利だったわけではないとも言える。社会的役割分担を守り，「内輪の言語」の地位に甘んじて，他言語との競合を避けたのがその存続を支えたとも言えるからである。話者数については，中世末期には最大約5万人を数えたと推定されている。

標準ドイツ語(高地ドイツ語)の影響力が増したのは17世紀以降であり，1840年には北フリジア語の話者数を約2万9000人と記した記録がある。とくに1867年のこの地のプロイセンへの編入は，大きな意味を持っていた。元来，北フリジア語には高地ドイツ語を基盤とする標準ドイツ語とは，大きな言語的相違があった。19世紀後半以降の北フリジア語文化擁護運動(ド．Friesische Bewegung)は，ドイツ寄りの北フリジア協会(ド．Nordfriesischer Verein 1902-)とデンマーク寄りのフリジア民族協会(北フ．Foriining for nationale

Friiske 1923-）の対立に至った(Steensen 1986)。北フリジア語の文章語の規範は，両国の拮抗するナショナリズムの狭間にあって，方言単位に整備されざるを得なかった(Riecken 2000)。たとえば，モーリング方言はデンマーク語的な å の文字を用い(言語学者ラスク(R. Ch. Rask)の提案による），セルリング方言はドイツ語的な名詞の大文字書きを採用した(近年は小文字書きが普及しつつある)。

　標準ドイツ語は第 2 次大戦以降，圧倒的優位に立った。そして，今日，北フリジア語話者すべてがこれを習得し，北フリジア語全域を覆っている。標準ドイツ語は最後に現われた天敵であり，北フリジア語の構造を急速に変えつつある。ゲルマン語としてもっとも豊かな母音体系を誇るとも言われるモーリング方言の母音組織を例に取ろう。従来の同方言には二重母音を除いて，単母音に 8 個の弛み母音 [ɪ][ʏ][ʊ][ə][ɛ][œ][ɔ][a] と 13 個の張り母音 [iː][yː][uː][i][eː][øː][oː][e][ɛː][œː][ɔː][aː][ɒ] が認定できる(清水 1994b：466)。しかし，Århammar (1990/91：26ff.)は教授法の立場から，若年世代に浸透している次の新しい母音組織を採用するべきであるとしている：短母音 7 個 [ɪ][ʏ][ʊ][ɛ][œ][ɔ][a]，長母音 9 個 [iː][yː][uː][eː][oː][øː][ɛː][ɔː][aː]。これは [ə] を含めれば，[ɔː] を除いて標準ドイツ語に等しく，同時に「張り/弛み」から「長/短」の対立への移行を意味する。言語構造の根幹部分をなす音韻体系をこれほどまでに変化させた北フリジア語は，標準ドイツ語との距離をどのように置くかを強く意識して，言語規範を再構築するべき段階に来ていると言える。

　法律的には，1990 年 8 月 1 日以降，シュレースヴィヒ゠ホルシュタイン州の基本法（ド．Verfassung des Landes Schleswig-Holstein）に，「デンマーク系少数国民」（ド．nationale dänische Minderheit）と並んで，「フリジア人民族集団」（ド．friesische Voksgruppe）にたいして保護と振興を要求する権利を認める規定が盛り込まれている。しかし，北フリジア語はドイツの(地域的)公用語ではなく，行政文書や裁判でも認められていない。新聞では月 1 回の記事，ラジオでは週 1 回数分間の放送に限られ，テレビ番組はない。1997 年に認可されたドイツ語との 2 言語表記の地名標識も整備途上の段階にある。1975 年にコペンハーゲン大学の調査団がローデネース(住民約 500 人)で行なったアンケートによると，北フリジア語の習得率は 40 歳代で 49.2%だが，30 歳代

22.9%，20歳代13.3%，10歳代3.8%，10歳未満で0%に至る(Spenter 1977：175)。当時すでに，20歳未満では低地ドイツ語，デンマーク語南ユトラント方言，標準デンマーク語の習得率は一律に6%に満たず，同村の多言語使用の継承は明らかに困難である。それどころか，デンマークとの国境に近い北東部で用いられるデンマーク語南ユトラント方言は，中高年齢層を中心に最大約1500人の話者を数えるのみであり，1965年には北フリースラント郡全住民の約79%を占めていた低地ドイツ語も，今日では後退しつつある。北フリースラント全体の多言語使用は，標準ドイツ語の浸透とともに急速にその姿を変えつつあると言える。こうした状況の中で，北フリジア語の高密度の共同体は第一にフェーア島西部(ド．Westerland-Föhr/北フ．Waasterlun Feer)，それにベーキングハルデのリーズム・リントホルム(ド．Risum-Lindholm/北フ．Risem-Loonham)の一帯に限られ(Sjölin 1997：1778, Århammar 2000：144)，他の地域では存続が危ぶまれる。

　言語擁護の面では，大陸方言で標準語の役割を担っているモーリング方言と，島方言として有力なフェリング・エームラング方言を中心に，ブレートシュテトの「北フリジア語文化研究所」(Nordfriisk Instituut 1964-)などから多数の北フリジア語の書籍や雑誌が刊行されている(同研究所刊行の書籍は300点以上)。教育面は1970年代半ばから好転し，今日では北フリジア語地域のほぼすべての基礎学校(ド．Grundschule 小学校)で選択科目として週1～2時限程度，北フリジア語の授業が設けられ(年間約1000人前後受講，教師約25名)，基幹学校(ド．Hauptschule 中学校)3校，ギムナジウム(ド．Gymnasium 普通高校)2校でも開講されている(Wilts/Fort 1996：22，Walker 1997：6ff.)。市民大学(ド．Volkshochschule)の講習もある。また，キール大学(Universität Kiel 1972-/講座化1978-)とフレンスブルク大学(Universität Flensburg 1963-/講座化1988-)の両大学では北フリジア語の研究と教員の育成が行なわれている(ただし，キール大学の「北フリジア語辞書編集所」(Nordfriesische Wörterbuchstelle 1950-2002)は，近年のドイツの大学をめぐる厳しい財政的理由から統廃合された)。

　なお，北フリジア語最古の文献は，1600年頃に成立したルターの教理問答(ド．Katechismus)の古ノルトシュトラント島(ド．Alt-Nordstrand)の方言とフェリング方言(東部方言)への翻訳である。その後は，1800年以降，とく

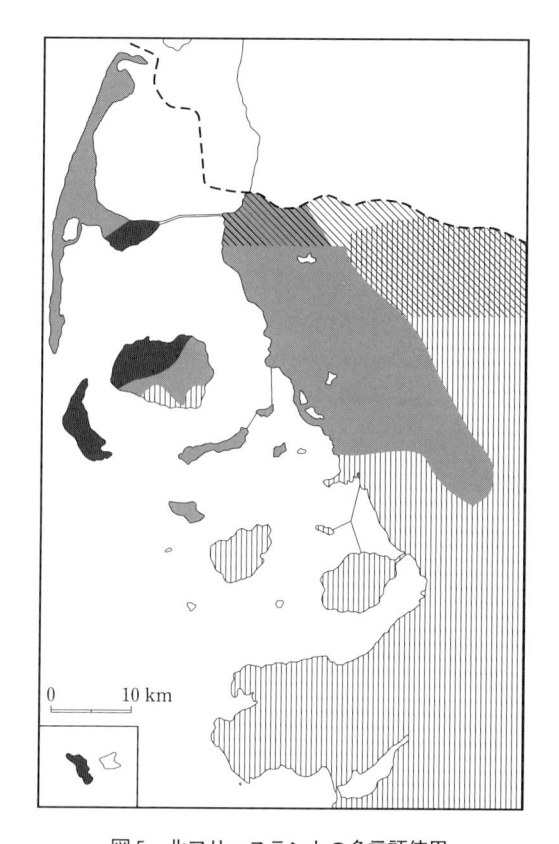

図5 北フリースラントの多言語使用

▨ 北フリジア語, 低地ドイツ語, デンマーク語南ユトラント方言
▬ 北フリジア語
▦ 北フリジア語, 低地ドイツ語
▥ 低地ドイツ語
▤ デンマーク語南ユトラント方言, 低地ドイツ語
▧ デンマーク語南ユトラント方言

標準ドイツ語は上記のすべての地域で用いられている

出所) Walker 2001：268

に叙情詩と戯曲(おもに喜劇)を中心に, 郷土文学の枠内ながら, かなりの文学作品が誕生している。また, 特筆すべきは辞書編集であり, 1743年のヤーコプセン(B. Jacobsen 1697-1762)の手によるゲッティンゲン語彙集(ド. Göttinger Glossar, 約5000語収録)以来, おびただしい数の辞書が方言単位に編まれた。20世紀後半には, この伝統の上に立って, 上述のキール大学北フリジ

ア語辞書編集所が大きな役割を果たした。しかし，それでも北フリジア語諸方言の本格的な包括的辞書は，まだ一度も刊行されたことがない。これについては，ニセン(M. M. Nissen 1822-1902)による膨大な未刊の原稿が眠っている(Riecken 1994)。聖書の翻訳はマルコ(1954)とマタイ(1955)の福音書のモーリング方言訳だけが刊行され，クレーメンス(P. M. Clemens 1804-1870)が残したセルリング方言による新約聖書と詩篇の全訳(1866)は，やはり未刊である。北フリジア語の歴史的重要文献には，陽の目を見ずに眠っているものがかなり多い。

6-3 東フリジア語の言語擁護と言語政策

　東フリジア語の話者数については，1800年以降，3回の統計と5回の推定がある。東フリジア語は1800年から1950年の間に2000〜3000人程度の話者数を数え，つねにザーターラントの住民の少なくとも80%以上の母語だったとされる(Fort 1997：1787, 2000：164)。東フリジア語は第2次大戦の終結以前はザーターラントで支配的な言語だったのであり，低地ドイツ語よりもつねに優位に立ってきた。しかし，大戦後，旧東ドイツ等からの約2000人の移民と交通の整備によって，1950年には約50%に話者人口が落ち込んだ。それ以来，標準ドイツ語が勢力を急増し，今日，東フリジア語話者の比率は住民の20%弱に急落している。話者の中心は中高年齢層であり，ほぼ全員が標準ドイツ語と低地ドイツ語の3言語使用者だが，若年齢層は標準ドイツ語だけを母語とする傾向が強い。社会的有効性は地域内の伝統的職業で低地ドイツ語と拮抗するだけであり，存続が懸念される。

　同じドイツ国内でも，東フリジア語擁護の現状は北フリジア語とは大きく異なる。東フリジア語の文章語の規範は未確立で，正書法もフォート(M. C. Fort)とクラーメル(P. Kramer)という代表的な二人の研究者による異なった方式が併存している。オルデンブルク大学(Universität Oldenburg)には「低地ドイツ語・東フリジア語研究施設」(Arbeitsstelle Niederdeutsch und Saterfriesisch)があったが，黒人のアメリカ人で，施設長を務めた上記のフォート博士が2003年に退官した後は，後任は補充されていない。東フリジア語の公的な研究教育機関は事実上，もはや存在していない。東フリジア語の言語擁護は，今後，郷土愛と個人的関心のレベルで支えられていく以外にはな

い状況にある。一例として,「ザーターラント協会」(Seelter Buund/ Heimatverein Saterland)は,上記3村(758頁参照)および南に隣接するゼーデルスベルク村(Sedelsberg)の基礎学校(小学校)で東フリジア語の授業を百数十名の生徒に少なくとも週1時限提供し,幼稚園でも授業を行なっている。ただし,教材はほとんどない。ラムスロー村の市民大学では成人向けの小規模の講習がある。一部の地方雑誌,たとえば,"Jahrbuch für das Oldenburger Münsterland" や地方新聞,たとえば "Münsterländer Tageszeitung" には東フリジア語のテキストが少数掲載される。稀に東フリジア語による書籍が刊行されることもある。2000年には新約聖書の全訳がフォート博士の努力で世に出た。また,大規模な東フリジア語の辞書が上記の両研究者によって別々に編纂されつつある。

なお,東フリジア語最古の文献は,新約聖書の放蕩息子の帰宅の部分を翻訳した1812年のテキストである。言語研究の面では,ミンセン(J. F. Minssen 1823-1901)による体系的記述がそのさきがけとされる。文学作品としては,フォケ・ヘムケン(Fokke Hämken)の愛称で知られるヘルマン・グリープ(Hermann Griep 1800-1871)やヴィルヘルム・クラーマー(Wilhelm Kramer 1905-1985)の手による民話・伝説の収集・口述が特筆に値する。

ヨーロッパの危機言語に指定されている北・東フリジア語は,独立の「言語」としての性格を問われることがある。たとえば,Goossens (1977:49f.)は,方言の認定基準は歴史的親縁関係(ド. Verwandtschaft)と社会的優位性(ド. Überdachung, 他の言語・方言を覆う「言語の屋根」)にあるが,北・東フリジア語はどちらの基準からもはずれ,フリジア語全体の標準語もないために,ドイツ語の方言とする意見を述べている。たしかに,ヨーロッパでは方言から区別された「言語」の認定は社会言語学的基準によることが多いが,北・東フリジア語の衰微は同言語の話者の世代的減少ではあっても,ドイツ語の方言への転換は意味しない。北・東フリジア語はドイツ語と相互理解が不可能なほど隔たり,ドイツ語の方言だった時代はなく,話者にドイツ語の方言という意識もない(Walker 1983)。さらに,かつての東フリジア語としてのOstfriesisch には,上述のように,20世紀初頭まで東フリースラント諸島東端のヴァンガーオーゲ島に最後の話者がいた。この話者の東フリジア語は当然,社会的役割を持たなかったわけであり,したがって,低地ドイツ語方言だったこ

とになってしまい，矛盾に陥る。上記の意見は，ヨーロッパという特殊な言語環境で過度に理想化された社会言語学的見地に立つ偏見であるように思われる。

　フリジア語の保持と振興は，第一に話者自身のフリジア人としての意識にかかっている。これは西フリジア語でも同様である。一般に，第2次大戦以前に幼児期を過ごした話者は就学以前はフリジア語だけで育ち，オランダ語や標準ドイツ語はほとんど耳にしたことがなかった。今日，両親の中にはオランダ語や標準ドイツ語の能力の遅れを恐れて，子供にフリジア語を伝えないことも少なくない。

　しかし，一般にドイツ，オランダには地方文化の伝統にたいする住民の強い誇りと愛着が生きている。フリジア語という無形の精神文化を自己のアイデンティティーとしてプラスに還元する努力が実を結べば，古来のフリジア人の言語文化は保持される可能性がある。両国の国民性にも顕著な「自己主張」が「他者理解」に結びつけば，フリジア語の存在は新しい統合ヨーロッパの言語文化的多様性の意義をいっそう高めることに貢献するだろう。

フリジア語文化関係の代表的な教育・研究・擁護機関
〈西フリジア語：オランダ〉
フリスケ・アカデミー(Fryske Akademy, fa@fa.knaw.nl, http://www.fryske-akademy.nl)
フリジア語教育委員会(Algemiene Fryske Underrjocht Kommisje, AFUK, ynfo@afuk.nl, http://www.afuk.nl)
フローニンゲン大学(Rijksuniversiteit Groningen, Fries Instituut/Frysk Ynstitút, fries@let.rug.nl, http://odur.let.rug.nl/fries)
アムステルダム大学(Universiteit van Amsterdam, uva-frysk@fa.knaw.nl, http://www.uva-nl)
レイデン大学(Universiteit Leiden, fa@fa.knaw.nl)
〈北フリジア語：ドイツ〉
北フリジア語文化研究所(Nordfriisk Instituut, info@nordfriiskinstituut.de, http://www.nordfriiskinstituut.de)
キール大学(Christian-Albrechts-Universität Kiel, Fach Friesische

Philologie, jhoekstra@nord-inst.uni-kiel.de)
フレンスブルク大学(Universität Flensburg, Friesisches Seminar, Mürwiker Str. 77, 24943 Flensburg)
〈東フリジア語：ドイツ〉
ザーターラント協会(Seelter Buund/Heimatverein Saterland, c/o Heinrich Pörschke, Scharrelerdamm 3, 26169 Friesoythe)
〈西・北・東フリジア語共通：ドイツ〉
フリジア人評議会(Der Interfriesische Rat［1998年末まで Friesenrat］, Der Friesenrat — Sektion Nord e. V., Andersen Haus, Klockries 64, 25920 Risum-Lindholm)

参考文献

掲載の順序は西フリジア語のアルファベット順により，y と ij は i と同じ箇所に配列する

Abraham, W./Jansen, Th. (Hrsg.). 1989. *Tempus — Aspekt — Modus*. Tübingen. Niemeyer.
Anglade, J. 1966. *Petit manuel de frison moderne de l'ouest*. Groningen. Wolters.
ANS 1984. *Algemene Nederlandse spraakkunst*. (Geerts, G./Haeseryn, W./De Rooij, J./Van der Toorn, M. C. (red.)). Groningen/Leuven. Wolters-Noordhoff/ Wolters.
ANS 1997[2]. *Algemene Nederlandse spraakkunst*. 2 dln. (Haeseryn, W./Romijn, K./ Geerts, G./De Rooij, J./Van den Toorn, M. C. (red.)). Groningen/Deurne. Nijhoff/Wolters Plantyn.
Århammar, N. 1968. "Friesische Dialektologie" *Festschrift für Walther Mitzka* (*ZMF Beihefte, Neue Folge* 5/1). Wiesbaden. Steiner. 264-317.
Århammar, N. 1990/91. "Didaktische Aspekte der jüngsten Vereinfachung des Mooringer Vokalsystems" *Nordfriesisches Jahrbuch*. Bd. 26/27. 23-33.
Århammar, N. 2000. "Nordfriesisch" Wirrer (Hrsg.). 144-158.
Århammar, N./Spenter, A. (útj.). 1979. *Scripta Frisica. Tinkbondel foar Arne Spenter*. *Us Wurk* 28.
Arts, S. E./Van Dijk, H. J. 1987. *Pfeiler. Grammatica Duits*. Zutphen. Thieme.
Bangma, J. 1993[2]. *Wolkom! Kursus Frysk ferstean en lêzen*. Ljouwert. AFUK.
Bech, G. 1952. *Über das niederländische Adverbialpronomen 'er'*. Travaux du cercle linguistique de Copenhague. Vol. VIII.
Bech, G. 1955. *Studien über das deutsche Verbum infinitum*. Bd. I. København. Det Kongelige Danske Videnskabernes Selskab. (Tübingen. Niemeyer. 1983[2])
Beintema, T. 1990. *Goed zo, Sicco/Moai sa, Sikke. Frysk sprekwurdeboek mei Nederlânske oersetting, ferklearring of taljochting/Fries spreekwoordenboek met Nederlandse vertaling of toelichting*. Drachten/Ljouwert. Osinga.
Beukema, F./Coopmans, P. (eds.). 1987. *Linguistics in the Netherlands 1987*. Dordrecht. Foris.
Bibel. Ut de oanspronklike talen op 'e nij yn it Frysk oerset. 1989[2] (1978). Haarlem. Nederlands Bijbelgenootschap/Boxtel. Katholieke Bijbelstichting.
Bloemhoff, H. 1979. "Heranalyse van een Stellingwerver oppervlaktestructuur" Århammar/Spenter (útj.). 31-38.

Boelens, K. 1952. "Hwannear wurdt de skreaune 'r' yn it Frysk útsprutsen?" *Us Wurk* 1. 45-48, 59-64.

Boelens, K. et al. 1993. *De Fryske taal*. Ljouwert. AFUK.

Boelens, K./Van der Woude, G. 1955. *Dialectatlas van Friesland (Nederlandse en Friese dialecten)*. *I. Teksten, II. Kaarten.* Antwerpen. Reeks Nederlandse dialectatlassen 15.

Boelens, K. et al. 1981. *Twataligens*. Ljouwert, AFUK.

Boersma, J. 1976². *De taeltille — Nij taelboek foar it fuortset ûnderwiis*. Ljouwert. AFUK.

Boersma, J./Van der Woude, G. 1981². *Spraaklear I*. Ljouwert. AFUK.

Boersma, J./Van der Woude, G. 1980². *Spraaklear II*. Ljouwert. AFUK.

Booij, G. 1988. "Complex nuclei and breaking in Frisian" *Vrije Working Papers in Linguistics* 30. Amsterdam. 1-35.

Booij, G. 1989. "On the representation of diphthongs in Frisian" *Journal of Linguistics* 25. 319-332.

Bosma-Banning, A. 1981²: *Bûter, brea en griene tsiis: Grammofoanplatekursus Frysk*. Ljouwert. AFUK.

Boutkan, D. F. H. 2001. "Morphology of Old Frisian" Munske (Hrsg.). 620-626.

Braren, E./Wilts, O./Sjölin, B. 1988². *Fering för beganern: Programmierter Lehrgang des Föhrer Friesisch*. (*Didactica Frisica* 1). Kiel. Nordfriesische Wörterbuchstelle der Christian-Albrechts-Universität Kiel.

Breuker, P. 1982. "Ta de oergong ke>tsje yn it ferlytsingswurd" *It Beaken* 44. 85-95.

Breuker, P. 1989/90. "Taalideology, taalnoarm en taalsimplisme I, II" *Us Wurk* 38/39. 65-94/105-143.

Breuker, P. 1993. *Noarmaspekten fan it hjoeddeiske Frysk. Estrikken* 70. Grins/Groningen. Stifting FFYRUG.

Breuker, P. 2003. "Ferantwurding en útwurking fan noarmaspekten yn it *Hânwurdboek I-II* en yn it *WFT*" *Us Wurk* 52. 19-76.

Breuker, P. e. o. 1983. *De oerstap — Taalboek Frysk yn 't offisjele ferkear*. Ljouwert. AFUK.

Breuker, P. e. o. 1992². *Foar de taalspegel. Koart oersjoch fan Hollânske ynslûpsels yn it Frysk*. Ljouwert. AFUK.

Brockhaus-Wahrig. 1980-1984. *Deutsches Wörterbuch in sechs Bänden*. Wiesbaden/Stuttgart. Brockhaus/Deutsche Verlags-Anstalt.

Cohen, A./Ebeling, C. L./Fokkema, K./Van Holk, A. G. F. 1978². *Fonologie van het Nederlands en het Fries*. 's-Gravenhage. Nijhoff.

Curme, G. O. 1977[11] (1922). *A grammar of the German language*. New York. Frederick Ungar Publishing Co.

De Boer, R. 1985/1986. "Ien en oar oer de oansprekfoarmen yn it Nijfrysk (I)-(VII)" *De Pompeblêden*. 56/57. 1985: (I) 264-265, 1986: (II) 8-9, (III) 25-27, (IV) 44-45, (V) 56-57, (VI) 72-73, (VII) 111-113.

De Graaf, T. 1985. "Phonetic aspects of the Frisian vowel system" *NOWELE* 5. 23-40.

De Graaf, T./Tiersma, P. 1980. "Some phonetic aspects of breaking in West Frisian" *Phonetica* 37. 109-120.

De Haan, G. J. 1978/79. "Onafhankelijke PP-komplementen van nomina" *Spektator*. 8. 330-339.

De Haan, G. J. 1983. "The position of the finite verb in Frisian" *Friserstudier* III. 37-48.

De Haan, G. 1986. "Frysk prate en praten" *Tydskrift foar Fryske Taalkunde* 2. 1-11.

De Haan, G. 1987a. "De syntacticus als frisist" Dyk/Hoekstra (útj.). 57-80.

De Haan, G. 1987b. "De *en*+ymperatyf" Dyk/Hoekstra (útj.). 24-31.

De Haan, G. 1988. "Nasalearring en rekking yn it Frysk" Dyk/De Haan (útj.). 45-59.

De Haan, G. J. 1990. "Hoofd- en bijzinnen: Traditie en progressie" *Handelingen van het 40ste Nederlands Filologencongres*. 's-Gravenhage. SDU Uitgeverij. 203-213.

De Haan, G. J. 1992. "The verbal complex in Frisian" *Us Wurk* 41. 59-92.

De Haan, G. J. 1993. "The third construction in Frisian" *Dialektsyntax. Linguistische Berichte. Sonderheft* 5/1993. 161-179.

De Haan, G. J. 1994. "Inflection and cliticization in Frisian *-sto, -ste, -st*" *NOWELE*. 23. 75-90.

De Haan, G. J. 1996a. "Recent changes in the verbal complex of Frisian" Petersen/Nielsen (Hrsg.). 171-184.

De Haan, G. J. 1996b. "Over de (in-)stabiliteit van het Fries" *Nederlandse taalkunde* 96-4. 306-319.

De Haan, G. J. 1997. "Voegwoordcongruentie in het Fries" Hoekstra/Smits (red.). 50-67.

De Haan, G. J. 1999. "Frisian monophthongs and syllable structure" *Us Wurk* 48. 19-30.

De Haan, G. J. 未刊. *A short introduction to the grammar of Frisian*.

De Haan, G. J./Koefoed, G. A. T./Des Tombe, A. L. 1979[5]. *Basiskursus algemene taalwetenschap*. Assen. Van Gorcum.

De Haan, G./Weerman, F. 1986. "Finiteness and verb fronting in Frisian" Haider, H./Prinzhorn, M. (eds.). *Verb second phenomena in Germanic languages*. Dordrecht/Riverton. Foris. 77-110.

De Haan, R. 1995. *Mei freonlike groetnis — Skriuwwizer mei stekwurden en foarbylden*. Ljouwert. Taalburo Fryske Akademy.

De Haan, R./Hoekstra, J. 1993. "Morfologyske tûkelteammen by de leksikale ûtwreiding fan it Frysk" *It Beaken* 55. 14-31.

De Haas, W./Trommelen, M. 1993. *Morfologisch handboek van het Nederlands*. 's-Gravenhage. SDU Uitgeverij.

De Jong, J. 1977. *Taalomgongen — Taallessen foar it fuortset ûnderwiis en kursussen*. Ljouwert. AFUK.

De Rooy, J. 1965. *Als-of-dat. Enkele conjuncties in ABN, dialect en Fries*. Assen. Van Gorcum.

De Rooy, J. 1970. "*Doare* (+*te*) infinitief" Hoekema/Poortinga/Spahr van der Hoeck (ûtj.). 247-250.

De Vries, J./De Tollenaere, F. 1987 (1971). *Nederlands etymologisch woordenboek*. Leiden/New York/Köln. Brill.

De Waart, A. A. J. 1971. "Constructies met *en*+'imperatiefzin' in het moderne Westerlauwerse Fries" *Stúdzjekonferinsje Frysk*. Ljouwert. 3-31.

Dyk, S. 1987. "Oer syllabisearring" *CO-FRISICA* III. 117-141.

Dyk, S. 1988. "Oer it foarheaksel *witte*- (*wittehoe*-) en syn syntaktysk komôf" Dyk/De Haan (ûtj.). 21-44.

Dyk, S. 1991. "*Om* as partikel fan struktuerleaze aktiviteiten" *Tydskrift foar Fryske Taalkunde* 6. 69-98.

Dyk, S. 1992a. "Aspekt en nomenynkorporaasje" *Philologia Frisica Anno 1990*. Ljouwert. Fryske Akademy. 49-61.

Dyk, S. 1992b. "Warum gibt es im westerlauwersschen und Föhrer Friesisch eine Nomeninkorporation?" Faltings/Walker/Wilts (Hrsg.). 143-169.

Dyk, S. 1996. "From inflected material adjectives to the history of schwa apocope in West Frisian: Diverging influences on a sound change" Petersen/Nielsen (Hrsg.). 55-67.

Dijk, S. 1997. *Noun incorporation in Frisian*. Ljouwert. Fryske Akademy.

Dyk, S./De Haan, G. (ûtj.). 1988. *Wurdfoarried en wurdgrammatika — In bondel leksikale stúdzjes*. Ljouwert. Fryske Akademy.

Dyk, S./Hoekstra, J. (ûtj.). 1987. *Ta de Fryske syntaksis*. Ljouwert. Fryske Akademy.

Dykstra, A. 1985. "Besprek: Pieter Meijes Tiersma, Frisian Reference Grammar"

Tydskrift foar Fryske Taalkunde 1. 90-98.

Dykstra, A. 1996. "The dictionary representation of the Westerlauwers Frisian modal particle *doch*" Petersen/Nielsen (Hrsg.). 69-79.

Dykstra, A. 2000. *Frysk-Ingelsk wurdboek/Frisian-English dictionary*. Ljouwert/Leeuwarden. Fryske Akademy/Afûk.

Dijkstra, F. B. 1992². *Stavering*. Ljouwert. AFUK.

Dykstra, K./Heeroma, K./Kok, W./Miedema, H. T. J. (útj.). 1960. *Fryske stúdzjes oanbean oan prof. dr. J. H. Brouwer op syn sechtichste jierdei 23 augustus 1960*. Assen. Van Gorcum.

Dijkstra, W. 1900-1911. *Friesch woordenboek (Lexicon frisicum)*. (1971 復刻版). Amsterdam/Leeuwarden. S. Emmering/De Tille.

Donaldson, B. 1997. *Dutch: A comprehensive grammar*. London/New York. Routledge.

Duden 1999³. *Das große Wörterbuch der deutschen Sprache in zehn Bänden*. Mannheim/Wien/Zürich. Bibliographisches Institut.

Duden-Grammatik. 1998⁶. *Duden — Grammatik der deutschen Gegenwartssprache*. (*Der Große Duden* Bd. 4). Mannheim et al. Dudenverlag.

Ebert, K. H. 1989. "Aspektmarkierung im Fering (Nordfriesisch) und verwandten Sprachen" Abraham/Jansen (Hrsg.). 293-322.

Ebert, K. H./Hoekstra, J. 1996. "The progressive in West Frisian and North Frisian — Similarities and areal differences" Petersen/Nielsen (Hrsg.). 81-101.

Eisma, D. 1989. *Tiidwurden*. Ljouwert. AFUK.

Erkelens, H. et al. 2004. *Taal fan it hert*. Ljouwert. Provinsje Fryslân.

Evers, A. 1975. *The transformational cycle in Dutch and German*. Bloomington. Indiana Unversity Linguistics Club.

Faltings, V./Walker, A. G. H./Wilts, O. (Hrsg.). 1992. *Friesische Studien I*. Odense. Odense University Press. *NOWELE Supplement* vol. 8.

Feitsma, A./Jappe Alberts, W./Sjölin. B. 1987. *Die Friesen und ihre Sprache*. *Nachbarn* 32. Bonn. Presse- und Kulturabteilung der Kgl. Niederländischen Botschaft.

Fokkema, K. 1967². *Beknopte Friese spraakkunst*. Groningen. Wolters.

Fort, M. C. 1980. *Saterfriesisches Wörterbuch: mit einer grammatischen Übersicht*. Hamburg. Buske.

Fort, M. C. 1997. "Deutsch — Nordfriesisch" *HSK* 12. 1786-1790.

Fort, M. 2000. "Saterfriesisch" Wirrer (Hrsg.). 159-169.

Fort, M. C. 2001. "Das Saterfriesische" Munske (Hrsg.). 409-422.

Fridsma, B. J. 1979. *Introduction to Frisian*. Grand Rapids, Michigan. Calvin College.

Gerritsen, M. 1991. *Atlas van de Nederlandse dialectsyntaxis (AND). Deel II. Kaarten*. Amsterdam. P. J. Meertens-Instituut.

Goeman, A. C. M. 1980. "COMP-Agreement?" Zonneveld, W./Weerman, F. (red.) *Linguistics in the Netherlands 1977-1979*. Dordrecht. Foris. 291-306.

Goeman, T. 1997. "Historiografie van het onderzoek naar voegwoordvervoeging: een bibliografisch overzicht (1821-1996)" Hoekstra/Smits (red.). 112-145.

Goltz, R./Walker, G. H. A. 1990. "North Saxon" Russ (ed.). 31-58.

Goossens, J. 1977. *Deutsche Dialektologie*. Berlin/New York. De Gruyter.

Gorter, D. 1997. "Dutch — West Frisian" *HSK* 12. 1152-1157.

Gorter, D./Jelsma, G. H./Van der Plank, P. H./De Vos, K. 1984. *Taal yn Fryslân*. Ljouwert. Fryske Akademy. (要約 1998. *Language in Friesland*. Ljouwert. Fryske Akademy)

Gorter, D./Jansma, L./Jelsma, G. 1990. *Taal yn it grinsgebiet*. Ljouwert. Fryske Akademy.

Gorter, D./Jonkman, R. J. 1995. *Taal yn Fryslân: op 'e nij besjoen*. Ljouwert. Fryske Akademy.

Hansen, A. 1965[2]. *Vort vanskelige språk*. København. Grafisk Forlag.

Heuser, W. 1903. *Altfriesisches Lesebuch: Mit Grammatik und Glossar*. Heidelberg. Carl Winter.

Hiemstra, I. 1986. "Some aspects of Wh-questions in Frisian" *Friserstudier* IV/V. 97-110.

Hoekema, T. 1958. "In spesifyk Frysk syntagme" *Us Wurk* 7. 17-23.

Hoekema, T. 1959. "In spesifyk Frysk syntagme" *Us Wurk* 8. 85-88.

Hoekema, T. 1961. "Jan Jelles Hof oer al-as-dat-of-oft" *Us Wurk* 10. 17-19.

Hoekema, T. 1963/64. "Drie syntagmen uit oostelijk Friesland" *Driemaandelijkse Bladen* 15/16. 72-76.

Hoekema, T. 1983. "Jitris: Hollânsk *er* adv. — Frysk *der*, Hollânsk *er* pron. — Frysk 'zero' " *Us Wurk* 32. 85-92.

Hoekema, T. 1989. "It fergetten relativum *dy'tst* [dist] en de relaasje tusken pronominaal antesedint en relative bysin" *Us Wurk* 38. 141-144.

Hoekema, T. 1990. "De bynwurden as, at, dat, of, oft" *Us Wurk* 39. 64-76.

Hoekema, T. 1992. *Kurze Formenlehre des Westerlauwersk Frysk. Aus V. Tams Jörgensen und Teake Hoekema: Frisisk-dansk ordbog med en kortfattet frisisk formlære. (Grins/Groningen 1968). Aus dem Dänischen übersetzt von Claas Riecken. (Didactica Frisica* 9). Kiel. Nordfriesische Wörterbuchstelle der CAU

Kiel.

Hoekema, T. 1996. *Beknopte Friese vormleer*. Ljouwert. Afûk.

Hoekema, T./Poortinga, Y./Spahr van der Hoeck, J. J. (útj.). 1970. *Flecht op 'e koai. Stúdzjes oanbean oan Prof. Dr. W. J. Buma ta syn sechtichste jierdei*. Groningen. Wolters-Noordhoff.

Hoeksema, J. 1980. "Verbale verstrengeling ontstrengeld" *Spektator* 9. 221-249.

Hoekstra, E. 1993. "Dialectal variation inside CP as parametric variation" *Dialektsyntax. Linguistische Berichte. Sonderheft* 5. 161-179.

Hoekstra, E./Smits, C. (red.). 1997. *Vervoegde voegwoorden. Cahiers van het P. J. Meertens-Instituut* nr. 9. Amsterdam.

Hoekstra, J. 1985. "Oankundiging en besprek fan '*Friserstudier III. Udgivet af Niels Danielsen, Erik Hansen, Hans Nielsen. Odense Universitetsforlag 1983*' " *It Beaken* 47. 48-51.

Hoekstra, J. 1986. "t-Deletion before suffix-initial *st* in Modern West Frisian" *Friserstudier* IV/V. 43-56.

Hoekstra, J. 1987. "It tiidwurd" Dyk/Hoekstra (útj.). 9-17.

Hoekstra, J. 1988. "Wêrom brekt [o.ə] ta [wa]?" *Tydskrift foar Fryske Taalkunde* 4. 48-53

Hoekstra, J. 1989a. "Bywurden fan tiid op -*s*" *Tydskrift foar Fryske Taalkunde* 5. 1-32.

Hoekstra, J. 1989b. "Ta Gysbert Japicx *kryet, krie't* (3 sg. praes. fan *krite*)" *Us Wurk* 38. 127-134.

Hoekstra, J. 1991a. "Expletive *der* and resumptive pro in Frisian" *Leuvense Bijdragen* 80. 61-80.

Hoekstra, J. 1991b. "Oer it beklamjen fan ferhâldingswurden yn it Frysk, it Hollânsk en it Ingelsk" *Us Wurk* 40. 67-103.

Hoekstra, J. 1992. "Ferlytsing en syn njonkenkategoryen" *Philologia Frisica Anno 1984*. Ljouwert. Fryske Akademy. 131-150.

Hoekstra, J. 1993a. "IG-tiidwurden en G-tiidwurden" *Us Wurk* 42. 1-68.

Hoekstra, J. 1993b. "Omkearing en efterhelling: ta de partikels *werom* en *wer*" *Us Wurk* 42. 85-102.

Hoekstra, J. 1994a. "In nijsgjirrige folchoarderbeheining yn it Frysk en it spjalten fan foarnamwurdlike bywurden" *Philologia Frisica Anno 1993*. 104-121.

Hoekstra, J. 1994b. "Pronoun and Case. On the distribution of Frisian *harren* and *se* 'them' " *Leuvense Bijdragen* 83. 47-65.

Hoekstra, J. 1995. "Preposition stranding and resumptivity in West Germanic" Haider, H./Olsen, S./Vikner, S. (eds.). *Studies in comparative Germanic syntax*.

Dordrecht/Boston/London. Kluwer. 95-118.
Hoekstra, J. 1997. *The syntax of infinitives in Frisian*. Ljouwert/Leeuwarden. Fryske Akademy.
Hoekstra, J. 1998. *Fryske wurdfoarming*. Ljouwert. Fryske Akademy.
Hoekstra, J. 1999. "Frysk *fernimme* as in a. c. i-tiidwurd" *Us Wurk* 48. 10-18.
Hoekstra, J. 2001. "Standard West Frisian" Munske (Hrsg.). 83-98.
Hoekstra, J. 未刊. "The split CP hypothesis and the Frisian complementizer system".
Hoekstra, J./Marácz, L. 1989a. "Some implications of I-movement in Frisian" Bennis, H./Van Kemenade, A. (eds.). *Linguistics in the Netherlands 1989*. Dordrecht. Foris. 81-90.
Hoekstra, J./Marácz, L. 1989b. "On the position of inflection in West-Germanic" *Working Papers in Scandinavian Syntax* 44. 75-88.
Hoekstra, J./Tiersma, P. M. 1994. "Frisian" König, E./Van der Auwera, J. (ed.). *The Germanic Languages*. London/New York. Routledge. 505-531.
Hoekstra, J./Visser, W. 1996. "*De-* en *it-*wurden yn it Frysk" *Us Wurk* 45. 55-78.
Hof, J. J. 1933. *Friesche dialectgeographie*. 's-Gravenhage. Nijhoff.
Hofstra, T. 1989. "In nijsgjirrich boek oer 'Noard-see-germaanske' ûntjouwingen en it Aldfrysk (oer: M. L. A. I. Philippa, *Noord-zee-germaanse ontwikkelingen*)" *Tydskrift foar Fryske Taalkunde* 5. 33-38.
Holthausen, F./Hofmann, D. 1985[2]. *Altfriesisches Wörterbuch*. Heidelberg. Carl Winter.
Honselaar, W. 1987. "Zijn vs. Hebben in het samengesteld perfectum" *De Nieuwe Taalgids* 80. 55-68.
HSK 12. 1997. *Kontaktlinguistik*. (Boebl, H. (Hrsg.)). Berlin/New York. de Gruyter.
It Nije Testamint. Ut it Gryksk oerset yn it Frysk fen Dr. G. A. Wumkes. 1933. Amsterdam. Nederlandsch Bijbel Genootschap.
Jansma, L. G. 2000. "Friesisch im westerlauwersschen Friesland" Wirrer (Hrgs.). 170-185.
Jansma, L. G./Jelsma, G. H. 1996. *Friezen om utens*. Ljouwert. Fryske Akademy.
影山太郎. 1993.『文法と語形成』. ひつじ書房.
影山太郎/由本陽子. 1997.『語形成と概念構造』. 研究社.
亀井孝/河野六郎/千野栄一(編著). 1996.『言語学大辞典 第6巻 述語編』. 三省堂.
Karsten, G. 1946. "Een Fries-Vlaamse constructie met 'om'" *It Beaken* 8. 48-50.
Kern, J. H. 1912. *De met het participium praeteriti omschreven werkwoordsvormen in 't Nederlands*. Amsterdam.
Kirsner, R. S. 1969. "The role of *zullen* in the grammar of Modern Standard Dutch"

Lingua 24. 101-145.

Klappenbach, R./Steinitz, W. 1964-1977. *Wörterbuch der deutschen Gegenwartssprache. 6 Bände.* Berlin. Akademie-Verlag.

Kluge, F. 1995[23]. *Etymologisches Wörterbuch der deutschen Sprache.* (bearbeitet von E. Seebold). Berlin/New York. de Gruyter.

兒玉仁士．1992．『フリジア語文法』．大学書林．

兒玉仁士．2004．『フリジア語辞典』．大学書林．

Kööp, K. P. 1991. *Sprachentwicklung und Sprachsituation in der Nordergoesharde.* Bräist/Bredstedt. Nordfriisk Instituut.

Kroch, A./Santorini, B. 1991. "The derived constituent structure of the West Germanic verb-raising construction" Robert, F. (ed.). *Principles and parameters of comparative grammar.* Cambridge. MIT Press. 269-338.

Krol, J. 1985. "It pronomen *men* yn it skreaune Frysk oant 1950" *Us Wurk* 34. 1-36.

Liberman, A. 1987. "Review of G. van der Meer, *Frisian 'breaking'. Aspects of the origin and development of a sound change* (1985)" *Lingua* 73. 125-130.

Meijering, H. D. 1980. "d(e)-deletion in the past tense of the class II weak verb in Old Frisian" Van Alkemade, D. J. et al. (eds.). *Linguistic studies offered to Berthe Siertsema.* Amsterdam. Rodopi. 277-286.

Miedema, H. J. T. 1958. "De Nieuwfriese breking en zijn verspreiding" *Taal en Tongval* 10. 148-156.

Munske, H. H. (Hrsg.). 2001. *Handbuch des Friesischen/Handbook of Frisian studies.* Tübingen. Niemeyer.

Nickelsen, H. Ch. 1982. *Das Sprachbewußtsein der Nordfriesen in der Zeit vom 16. bis ins 19. Jahrhundert.* Bräist/Bredstedt. Nordfriisk Instituut.

Oosterhout, M. 1960. "It gebrûk fan preposysjes by plaknammen" *Us Wurk* 9. 51-67.

Overdiep, G. S. 1937. "Het belang van het Friesch voor de studie van het Nederlandsch" *Frysk Jierboek* 1937. 110-124. (再録 Overdiep. 1947. 119-129)

Overdiep, G. S. 1938/39. "Over Nederlandsche en Friese taalkunde" *It Beaken* 1. 68-84. (再録 Overdiep. 1947. 136-153)

Overdiep, G. S. 1947. *Volkstaal en dialektstudie. Verzamelde opstellen over taal- en letterkunde* (bezorgd door G. A. van Es). Antwerpen. N. V. Standaard-Boekhandel.

Paardekooper, P. C. 1958. *ABN-spraakkunst. Voorstudies — tweede deel.* Den Bosch. Malmberg.

Paardekooper, P. C. 1987[2]. *ABN uitspraakgids.* Antwerpen. Heideland-Orbis.

Paul, H./Wiehl, P./Grosse, S. 1989[23]. *Mittelhochdeutsche Grammatik.* Tübingen.

Niemeyer.

Petersen, A./Nielsen, H. F. (Hrsg.). 1996. *A Frisian and Germanic Miscellany — Published in honour of Nils Århammar on his sixty-fifth birthday, 7 August 1996. NOWELE* 28/29.

Pfeiffer, W. (Hrsg.). 1993². *Etymologisches Wörterbuch des Deutschen*. München. Deutscher Taschenbuch Verlag.

Piebenga, J. 1957. *Koarte skiednis fan de Fryske Skriftekennisse*. Drachten. Laverman.

Popkema. J. 1979. "As alle assen iene wiene" *It Beaken* 41. 259-290.

Popkema, J. 1987. "Inkelde opmerkings oer Fryske en Nederlânske syntaksis" Dyk/Hoekstra (útj.). 46-56.

Popkema, J. 未刊. *Koarte Fryske taalkunde*. diel I.

Postma, W. K. 1982³. *Hochdeutsche Sprachlehre*. Groningen. Wolters-Noordhoff.

Riecken, C. 1994. *Wörterbuch im Dornröschenschlaf. Zur Entstehung und Anlage des "Nordfriesischen Wörterbuchs" von Moritz Momme Nissen. CO-FRISICA* XV.

Riecken, C. 2000. *Nordfriesische Sprachforschung im 19. Jahrhundert*. Bräist/Bredstedt. Nordfriisk Instituut.

Riemersma, Tr. 1979. *Sylabysjerring, nazzaljerring, assymyljerring*. Ljouwert. Koperative Utjowerij.

Rosen, S. T. 1989. "Two types of noun incorporation. A lexical analysis" *Language* 65. 294-317.

Russ, Ch. V. J. (ed.). 1990. *The dialects of modern German*. London. Routledge.

Scholten, K. C. 1976². *Fries leren — Mei sân pear earen. Tekstboekje/Oefenboekje*. Ljouwert. AFUK.

Schuurman, I. 1987. "Incorporation in the Groningen dialect" Beukema/Coopmans (eds.). 185-194.

清水　誠．1984.「Gottfried の"Tristan"における中高ドイツ語動詞接頭辞 GE- の研究――語彙・文法・文体」『ドイツ文学　第72号』（日本独文学会）96-110.

清水　誠(訳)．1992a.「北フリジア語モーリング方言(1). 文法――V. Tams Jörgensen: Kort spräkeliir foon dât mooringer frasch 訳注」『北海道大学文学部紀要 40-3』65-162.

清水　誠(訳)．1992b.「A. ヴェイネン：オランダ語歴史文法における構造的要因」(A. Weijnen: Structurele factoren in de historische grammatica van het Nederlands. Assen. Van Gorcum. 1966)『ノルデン　第29号』71-114.

清水　誠．1993a.「言語接触とゲルマン語の類型――フリジア語群を中心に(1)」『独語独文学科研究年報　第20号　青柳教授退官記念号』（北海道大学ドイツ語学・

文学研究会) 283-299．(『日本アイスランド学会会員公刊論集　第 11 号』1994．59-76)

清水　誠．1993b．「言語接触の諸相――言語接触とゲルマン語の類型」『北海道大学言語文化部紀要　第 24 号』22-23．(『日本アイスランド学会会員公刊論集　第 11 号』1994．85-87)

Shimizu, M. 1993. "Naar aanleiding van Hitoshi Kodama, *Fryske grammatika*" *Us Wurk* 42. 103-114.

清水　誠．1994a．「フリジア人とフリジア語」『基礎ドイツ語　第 45 巻第 2 号』72-73．

清水　誠．1994b．「北フリジア語モーリング方言の音韻」岩崎英二郎/橋本郁雄他著『ドイツ語学研究 2』クロノス．445-503．

清水　誠．1994c．「言語接触とゲルマン語の類型――フリジア語群を中心に(2)」『独語独文学科研究年報　第 21 号』(北海道大学ドイツ語学・文学研究会) 1-6．(『日本アイスランド学会会員公刊論集　第 11 号』1994．77-83)

清水　誠．1995a．「西フリジア語の音韻と正書法(1)」『北海道大学文学部紀要 44-1』37-81．(日本アイスランド学会会員公刊論集　第 12 号』1995．47-92)

清水　誠．1995b．「西フリジア語の音韻と正書法(2)」『北海道大学文学部紀要 44-2』43-111．(『日本アイスランド学会会員公刊論集　第 12 号』1995．93-162)

清水　誠(訳)．1995c．「K. リングゴー著『デンマーク語方言概説』」(K. Ringgaard. 1973². Danske dialekter — en kortfattet oversigt)『ノルデン　第 32 号』31-105．(『日本アイスランド学会会員公刊論集　第 12 号』1995．163-238)

清水　誠．1996a．「西フリジア語文法記述の問題点」『北海道大学文学部紀要　44-3』41-107．(『日本アイスランド学会会員公刊論集　第 13 号』1996．109-179)

清水　誠．1996b．「西フリジア語の文法構造――冠詞，名詞，形容詞」『北海道大学文学部紀要　45-1』21-81．(『日本アイスランド学会会員公刊論集　第 13 号』1996．181-241)

清水　誠．1997a．「西フリジア語の文法構造――代名詞」『北海道大学文学部紀要 45-2』79-176．(『日本アイスランド学会会員公刊論集　第 13 号』1996．243-340)

清水　誠．1997b．「西フリジア語の文法構造――数詞，副詞，der」(『北海道大学文学部紀要　45-3』171-246．(『日本アイスランド学会会員公刊論集　第 14 号』1997．55-130)

清水　誠．1997c．「ゲルマン語類型論から見た西フリジア語の「割れ」(Brechung) と「短母音化」について」『ドイツ文学　第 99 号』(日本独文学会) 17-27．(『日本アイスランド学会会員公刊論集　第 14 号』1997．131-141)

清水　誠．1997d．「西フリジア語の文法構造――前置詞と後置詞(1)」『北海道大学文学部紀要　46-1』23-62．(『日本アイスランド学会会員公刊論集　第 15 号』1998．

81-120)
清水　誠．1998a.「西フリジア語の文法構造——前置詞と後置詞(2)」『北海道大学文学部紀要　46-2』41-64.（『日本アイスランド学会会員公刊論集　第15号』1998. 121-144)
清水　誠．1998b.「西フリジア語の文法構造——接続詞」『北海道大学文学部紀要 46-3』65-121.
清水　誠．1998c.「西フリジア語の文法構造——動詞(1)」『北海道大学文学部紀要 47-2』21-97.
清水　誠．1998d.「西フリジア語の文法構造——動詞(2)」『北海道大学文学部紀要 47-3』53-72.
Shimizu, M. 1998. "Ohne Identität kein glückliches Leben — Interview mit Professor Makoto Shimizu" *Nordfriesland — Zeitschrift für Kultur, Politik, Wirtschaft.* Nr. 124. *Sprachenland Nordfriesland.* 44-47.
清水　誠．1999a.「西フリジア語の文法構造——動詞(3)」『北海道大学文学部紀要 47-4』89-124.
清水　誠．1999b.「西フリジア語の文法構造——動詞(4)」『北海道大学文学部紀要 48-1』21-55.
清水　誠．1999c.「標準オランダ語の発音とその背景」『ノルデン　第36号』15-72.
清水　誠．1999d.「De Plattduitsche Baibel に出会うまで」『ノルデン　第36号』 81-98.
清水　誠．1999e.「フリジア語群の変容と言語研究——多言語使用におけるアイデンティティー」『京都ドイツ語学研究会会報　第13号』6-10.
清水　誠．1999f.「ゲルマン語類型論の視点——連続性と離散性の概念を中心に」『連続性概念による言語モデルの再構築——ドイツ語学研究の諸相から』（平成8年度～9年度科学研究費補助金研究成果報告書）123-137.
清水　誠．2000a.「低地ドイツ語聖書の伝統と De Plattduitsche Baibel (oversettet von Friedrich Wille 1997)」『ドイツ文学　第104号』（日本独文学会）189-191.
清水　誠．2000b.「西フリジア語の文法構造——動詞(5)」『北海道大学文学研究科紀要　101』93-129.
清水　誠．2000c.「ゲルマン語類型論の構想」『京都ドイツ語学研究会会報　第14号』57-70.
清水　誠．2000d.「西フリジア語の名詞抱合の特徴と抱合動詞の形成」『日本言語学会第121回大会予稿集』19-23.
清水　誠．2002a.「西フリジア語の文法構造——動詞(6)」『北海道大学文学研究科紀要　108』23-100.
清水　誠．2002b.「フリジア語群の三つの生態と多言語使用」『ドイツ文学　第108号』（日本独文学会）45-58.

清水　誠．2002c．『ドイツ語・オランダ語・フリジア語の対照文法記述——西ゲルマン語類型論に向けて』（平成10年度〜13年度科学研究費補助金研究成果報告書（基盤研究(C)(2)　研究代表者　清水　誠）．

清水　誠．2003a．「河崎　靖/クレインス フレデリック著『低地諸国(オランダ・ベルギー)の言語事情——ゲルマンとラテンの間で』」（書評）『ドイツ文学　第110号』（日本独文学会）294-296．

清水　誠．2003b．「フリジア語」『言語　第32巻第7号』88-91．

清水　誠．2003c．「西フリジア語の文法構造——動詞(7)」『北海道大学文学研究科紀要　111』51-94．

清水　誠．2003d．『西フリジア語文法——現代北海ゲルマン語の体系的構造記述とゲルマン語類型論構築のための基礎的研究』（博士論文（論文博士））．北海道大学．xiii＋838 pp.

Shimizu, M. 2003. "Fryske groetenis út Japan" *Nijsbrief − Mienskiplike útjefte fan It Frysk Boun om Utens & Selskip foar Fryske Tael- en Skriftekennisse* 18. 9-10.

清水　誠．2004a．「西フリジア語の文法構造——動詞(8)」『北海道大学文学研究科紀要　112』1-103．

清水　誠．2004b．『現代オランダ語入門』．大学書林．

清水　誠．2004c．「西フリジア語の文法構造——動詞(9)」『北海道大学文学研究科紀要　113』65-108．

清水　誠．2004d．「フリジア語とフリジア人について」『独語独文学研究年報　第31号　植木迪子教授退官記念号』（北海道大学ドイツ語学・文学研究会）82-98．

清水　誠．2004e．「西フリジア語の文法構造——参考文献，目次，あとがき」『北海道大学文学研究科紀要　114』63-113．

清水　誠．2005a．『西フリジア語文法記述完成のための最終的研究——ゲルマン語類型論の構築に向けて』（平成14年度〜16年度科学研究費補助金研究成果報告書（基盤研究(C)(2)　研究代表者　清水　誠）．

清水　誠．2005b．「フリジア——北海沿岸を結ぶ言語の絆」『講座世界の先住民族　第6巻　ヨーロッパ』（明石書店）120-137．

清水　誠．2006．「言語規則と普遍性——フリジア語と関連言語における名詞抱合，品詞転換，逆成」『ドイツ文学　第126号』（日本独文学会）(印刷中)

Shimizu, M. 2006. "Het Nederlands in Japan" *Ons Erfdeel*. (印刷中)

Sipma, P. 1913. *Phonology & Grammar of Modern West Frisian*. London et al. Oxford University Press.

Sipma, P. 1948. *Ta it Frysk I. Ynlieding, klanklear, stavering*. Ljouwert. R. van der Velde.

Sipma, P. 1949a. *Ta it Frysk II. Wurdlear*. Ljouwert. R. van der Velde.

Sipma, P. 1949b. *Ta it Frysk III. Bûgingslear, sinlear*. Ljouwert. R. van der Velde.

Sytstra, O. H./Hof, J. J. 1925. *Nieuwe Friesche Spraakkunst*. Leeuwarden. R. van der Velde.

Sjölin, B. 1969. *Einführung in das Friesische*. Stuttgart. Metzler.

Sjölin, B. 1988. "Pieter Meijes TIERSMA, Frisian reference grammar. Dordrecht, Holland/Cinnaminson, USA. Foris Publications. 1985, 157 blz." *Leuvense Bijdragen* 77. 108-112.

Sjölin, B. 1989. "Die friesischen Entsprechungen des niederländischen Prononimaladverbs 'er' " Porteman, K./Schöndorf, E. (Hrsg.). *Liber amicorum Prof. dr. Kåre Langvik-Johannessen*. Leuven. 55-62.

Sjölin. B. 1997. "Deutsch-Nordfriesisch" *HSK* 12. 1777-1782.

Spenter, A. 1968. *Der Vokalismus der akzentuierten Silben in der Schiermonnikoger Mundart*. Kopenhagen. Munksgaard.

Spenter, A. 1970. "Zur Genuskategorie im Neuwestfriesischen" Hoekema/Poortinga/Spahr van der Hoeck (útj.). 182-188.

Spenter, A. 1977. "Zur Mehrsprachigkeit in der Gemeinde Rodenäs" *Nordfriesisches Jahrbuch* Bd. 13. 167-177.

Steensen, Th. 1986. *Die friesische Bewegung in Nordfriesland im 19. und 20. Jahrhundert (1879-1945)*. Neumünster. Wachholtz.

Steensen, Th. 1994. *The Frisians in Schleswig-Holstein*. Bräist/Bredstedt. Nordfriisk Instituut.

Steller, W. 1928. *Abriß der altfriesischen Grammatik*. Halle (Saale). Niemeyer.

Stienstra, J. 1975² (1971¹). *Dat lestige tiidwurd. Helpboekje by it taelboek foar begjinners*. Ljouwert. AFUK.

Stienstra, J. 1978. *Taalboek foar trochsetters*. Ljouwert. AFUK.

Stienstra, J. 1982. *Taalboek foar begjinners*. Ljouwert. AFUK.

Stienstra, J./De Vries, G./De Vries, J. W. 1982. *De stipe*. Ljouwert. AFUK.

Tamminga, D. A. 1959. "Fan sinnen en bysinnen" *Pompeblêden* 30. 85-88.

Tamminga, D. A. 1963. *Op 'e taelhelling I*. Boalsert. Osinga.

Tamminga, D. A. 1973. *Op 'e taelhelling II*. Boalsert. Osinga.

Tamminga, D. A. 1984. "Doarsto dat wol (te) dwaan?" *De Pompeblêden* 58. 29.

Tamminga, D. A. 1987. "Lit it net by sillen bliuwe" *De Pompeblêden* 58. 180.

Ten Cate, A. P./Jordens, P. 1990. *Phonetik des Deutschen — Eine kontrastiv deutsch-niederländische Beschreibung für den Zweitspracherwerb*. Dordrecht/Providence RI. Foris.

Tiersma, P. M. 1979a. *Aspects of the phonology of Frisian based on the language of Grou*. Stûdzjerjochting Frysk oan de Frije Universiteit yn Amsterdam. *Meidielingen*. Nûmer 4. Amsterdam. Vrije Universiteit, Studierichting Fries/

Fryske Akademy.

Tiersma, P. M. 1979b. "Breaking in West Frisian: A historical and synchronic approach" *Utrecht Working Papers in Linguistics* 8. 1-41.

Tiersma, P. M. 1985 (1999²). *Frisian reference grammar*. Dordrecht/Cinnaminson. Foris. (Ljouwert. Fryske Akademy).

Tiersma, P. 1986. "Comments on the development of breaking" *Us Wurk* 35. 1-11.

ULI'S, rige A1-20, rige B1-20, rige C1-20. 1978-1984. Ljouwert. AFUK.

Van Blom, Ph. 1889. *Beknopte Friesche spraakkunst*. Joure. R. P. Zijlstra.

Van Coetsem, F. 1960. "De Friese relativa en conjuncties met 't" Dykstra/Heeroma/Kok/Miedema (útj.). 327-334.

Van Dale. 1992¹². *Groot woordenboek der Nederlandse taal. 3 dln*. Utrecht/Antwerpen. Van Dale Lexicografie.

Van Dam, J. 1972. *Syntax der deutschen Sprache*. Groningen. Wolters-Noordhoff.

Van Dam, J. 1958³. *Handbuch der deutschen Sprache. II. Wortlehre*. Groningen. J. B. Wolters.

Van der Meer, G. 1975. "The imperativus pro infinitivo reconsidered" *Us Wurk* 24. 19-34.

Van der Meer, G. 1977. "Frisian breaking: A hypothesis about its historical development" *Us Wurk* 26. 9-24.

Van der Meer, G. 1985. *Frisian 'breaking': Aspects of the origin and development of a sound change*. Estrikken 66. Grins/Groningen. Stifting FFYRUG.

Van der Meer, G. 1986. "Frisian 'breaking'" *NOWELE* 8. 33-56.

Van der Meer, G. 1987. "It is in dregen baas. De bûgings' -(e)n bij eigenskipswurden" *Us Wurk* 36. 97-111.

Van der Meer, G. 1988a. "In 'achterheaksel' {SK} en it leksikon" Dyk/De Haan (útj.). 121-135.

Van der Meer, G. 1988b. "*k*-verbs in some West-Germanic languages" *NOWELE* 11/12. 51-72/3-14.

Van der Meer, G. 1989. "Some aspects of verbal repetition and diminution" Abraham/Jansen (Hrsg.). 323-341.

Van der Meer, G. 1990. "Ta de ferlytsingswurden en tiidwurden op *-je*" *Us Wurk* 39. 49-63.

Van der Meer, G. 1991a. "The 'conjugation' of subclause introducers: Frisian *-st*" *NOWELE* 17. 63-84.

Van der Meer, G. 1991b. "The subclause signal '*t* in Frisian: Its origin and function" *Leuvense Bijdragen* 80. 43-59.

Van der Meer, G./De Graaf, T. 1986. "Sandhi phenomena in Frisian" Andersen, H.

(ed.). *Sandhi phenomena in the languages of Europe*. Berlin/New York/ Amsterdam. Mouton/de Gruyter. 301-328.

Van der Veen, J./Oldenhof, B. 1990. *Bekjegau — Materiaal foar kursussen Frysk foar net-Frysktaligen*. Ljouwert. AFUK.

Van der Woude, G. 1960. "Oer it gebrûk fan '*t* by bynwurden" Dykstra/Heeroma/ Kok/Miedema (útj.). 335-343.

Van der Woude, G. 1971. "De wjerljocht hat ynslein — De bliksem is ingeslagen; enige aspekts- en tijdsaanduidingen in het Fries vergeleken met het Nederlands" *Driemaandelijkse Bladen* 23. 137-144.

Van der Woude, G. 1975. "De tiidwurdgroep" *De Pompeblêden* 46. 2-5.

Van der Woude, G. 1976. *Frjemd wurdt eigen II. Learboek foar it oanlearen fan it Frysk*. Ljouwert. AFUK.

Van der Woude, G. 1981. *Frjemd wurdt eigen I. Learboek foar it oanlearen fan it Frysk*. Ljouwert. AFUK.

Van Ginneken, J. 1939. "De vervoeging der onderschikkende voegwoorden en voornaamwoorden" *Onze Taaltuin* 8. 1-11.

Van Haeringen, C. B. 1939. "Congruerende voegwoorden" *Tijdschrift voor Nederlandse taal- en letterkunde*. LVIII. 161 vlgg. (再録 *Neerlandica*. 1949. 's-Gravenhage. D. A. Daamen's Uitgevermaatschappij N. V. 246-259)

Van Loey, A. 1970[8]. *Schönfeld's Historische grammatica van het Nederlands*. Thieme. Zutphen.

Van Riemsdijk, H. C. 1978. *A case study in syntactic markedness: The binding nature of prepositional phrases. Studies in generative grammar* 4. Lisse. The Peter De Ridder Press.

Van Wijk, N. 1912 (1980). *Franck's etymologisch woordenboek der Nederlandsche taal*. 's-Gravenhage. Nijhoff.

Veenstra, D. H. 1988. "Oer de grammatika fan *be*-ferba" Dyk/De Haan (útj.). 136-174.

Veenstra, D. H. 1989. "/d/-Rotasisme yn it Frysk. Fonetyske en fonologyske aspekten fan de oergong ynterfokalyske /d/>/r/" *Tykdskrift foar Fryske Taalkunde* 5. 41-67.

Vikner, S./Sprouse, R. A. 1988. "Have/Be-selection as an A-chain membership requirement" *Working Papers in Scandinavian Syntax* 38.

Visser, W. 1985. *Frysk Wurdboek. Nederlânsk-Frysk*. Drachten/Ljouwert. Osinga/ Fryske Akademy.

Visser, W. 1985a. "Ta de nasalearring yn it Frysk" *Tydskrift foar Fryske Taalkunde* 1. 33-49.

Visser, W. 1985b. "Ta de nasalearring yn it Frysk (diel II)" *Tydskrift foar Fryske Taalkunde* 1. 69-89.

Visser, W. 1988a. "In pear klitisearringsferskynsels yn it Frysk" Dyk/De Haan (útj.). 175-222.

Visser, W. 1988b. "Wêrom't progressive assimilaasje yn it Frysk net bestiet" *Tydskrift foar Fryske Taalkunde* 4. 1-20.

Visser, W. 1989a. "Oer ferlytsing nei felaren" Riermersma, A. M. J./Riemersma, T./Visser, W. (útj.). *Frysk & Frije Universiteit (1949-1989)*. Amsterdam. VU Uitgeverij. 193-202.

Visser, W. 1989b. "Ta de nominale ynfinityf yn it Frysk" *Philologia Frisica Anno 1988*. Ljouwert. Fryske Akademy. 51-74.

Visser, W. 1990. "Breking en de gevolgen" *TTT (Interdisciplinair Tijdschrift voor Taal- & Tekstwetenschap)* 9. 255-272.

Visser, W. 1992. "Oer *-je* en *-JE*. De morfology en fonology fan it einichste wurddiel *-je*" *Tydskrift foar Fryske Taalkunde* 7. 69-87.

Visser, W. 1993. "In kwestje fan haastjen: oer hoe't yn it Frysk de sekwinsjes *-sts-* en *-tj*ə mijd wurde" *Tydskrift foar Fryske Taalkunde* 8. 123-130.

Visser, W. 1997. *The syllable in Frisian*. HIL Dissertations 30. The Hague. Holland Academic Graphics.

Visser, W. 2003. "Lange en koarte ienlûden yn it Frysk: in reaksje op De Haan (1999)" *Us Wurk* 52. 130-154.

Vledder, G./De Jager-de Boer, T. 1991. *Frysk skoalwurdboek*. Ljouwert. AFUK.

Vries, O. 1993a. "*Yn 'e Westereen is in breeween jin 'e treen fleen*. Oer de útspraak fan de staveringstekens *ei* en *ij* as [eː] yn it Wâldfrysk" *Tydskrift foar Fryske Taalkunde* 8. Foar Tony Feitsma. 131-137.

Vries, O. 1993b. *"Naar ploeg en koestal vluchtte Uw taal" De verdringing van het Fries als schrijftaal door het Nederlands (tot 1580)*. Ljouwert. Fryske Akademy.

Walker, A. 1983. "Nordfriesisch — Ein deutscher Dialekt?" *Zeitschrift für Dialektologie und Linguistik* 50. 145-160.

Walker, A. G. H. 1990. "Frisian" Russ (ed.). 1-30.

Walker, A. 1996. "Nordfriesland, die Nordfriesen und das Nordfriesische". Hinderling, R./Eichinger, L. M. (Hrsg.). *Handbuch der mitteleuropäischen Sprachminderheiten*. Tübingen. Niemeyer. 1-30.

Walker, A. 1997. *North Frisian — The North Frisian language in education in Germany*. Ljouwert/Leeuwarden. Mercator-Education.

Walker, G. H. 2001. "Extent and position of North Frisian" Munske (Hrsg.). 263-

284.
Walker, A./Sjölin, B. 1986. *Frasch for önjfångere — Programmierter Lehrgang des Föhrer Friesisch.* (*Didactica Frisica* 2). Kiel. Nordfriesische Wörterbuchstelle der Christian-Albrechts-Universität Kiel.

Weggelaar, C. 1986. "Noun incorporation in Dutch" *International Journal of American Linguistics* 52. 301–305.

Werner, O. 1993. "Schwache Verben ohne Dental-Suffix im Friesischen, Färöischen und im Nynorsk" Schmidt-Radefeldt, J./Harder, A. (Hrsg.). *Sprachwandel und Sprachgeschichte. Festschrift für Helmut Lüdtke zum 65. Geburtstag.* Tübingen. Narr. 221–237.

WFT: *Wurdboek fan de Fryske taal* 1. 1984–. Ljouwert/Leeuwarden. Fryske Akademy/De Tille.

Wilts, O./Fort, M. C. 1996. *Nordfriesland und Saterland — Friesisch zwischen Meer und Moor.* Brüssel. Brüsseler Informationszentrum. Europäisches Büro für Sprachminderheiten.

Wirrer, J. (Hrgs.). 2000. *Minderheiten- und Regionalsprachen in Europa.* Wiesbaden. Westdeutscher Verlag.

Wolf, H. 1995. "Ynvertearre tiidwurdkloften yn it Ynterferinsjefrysk" *Tydskrift foar Fryske Taalkunde* 10. 1–11.

Zantema, J. W. 1984. *Frysk Wurdboek. Frysk-Nederlânsk.* Drachten/Ljouwert. Osinga/Fryske Akademy.

Zhluktenko, Ju. A./Dvukhzhilov, A. V. 1984. *Frizskij jazyk.* Kiev. Naukova Dumka.

地 名 索 引
(オランダ語―西フリジア語地名対照表)

オランダ語名―西フリジア語名：
Ameland「アーメラント島」―It Amelân「エト・アーメローン島」
Akkrum「アクルム」―Akkrum「アクルム」
Appelscha「アペルスハー」―Appelskea「アペルスケア」
Balk「バルク」―Balk「ボルク」
Beetsterzwaag「ベーツテルズヴァーハ」―Beetstersweach「ベーツテルスヴェアハ」
Berlikum「ベルリクム」―Berltsum「ベルツム」
Bolsward「ボルズヴァルト」―Boalsert「ボルゼト」
Buitenpost「バイテンポスト」―Bûtenpost「ブテンポスト」
Damwoude「ダムヴァウデ」―Damwâld「ダムヴォート」
De Wouden「デ・ヴァウデン(ヴァウデン地方)」―De Wâlden「デ・ヴォーデン(ヴォーデン地方)」
Deinum「デイヌム」―Deinum「デイヌム」
Dokkum「ドクム」―Dokkum「ドクム」
Dongeradeel「ドンゲラデール」―Dongeradiel「ドンゲラディエル」
Drachten「ドラハテン」―Drachten「ドラハテン」
Dronrijp「ドロンレイプ」―Dronryp「ドロンリプ」
Franeker「フラーネケル」―Frjentsjer「フリェンチェル」
Friesland「フリースラント」―Fryslân「フリスローン(=フリースラント)」
Gaasterland「ハーステルラント」―Gasterlân「ガステルローン」
Gorredijk「ホレデイク」―De Gordyk「デ・ゴディク」
Groningen「フローニンゲン」―Grins「グリーンス」
Grouw「フラウ」―Grou「グラウ」
Hallum「ハルム」―Hallum「ホルム」
Harlingen「ハルリンゲン」―Harns「ハーンス」
Heeg「ヘーヘ」―Heech「ヘーヘ」
Heerenveen「ヘーレンヴェーン」―It Hearrenfean「エト・イェレンフェアン」
Het Bildt「エド・ビルト」―It Bilt「エド・ビルト」
Hindeloopen「ヒンデローペン」―Hylpen「ヒルペン(現地名)」(Hynljippen「ヒンリイペン(標準語名)」)

Holwerd「ホルヴェルト」―Holwert「ホルヴェト」
Hardegarijp「ハルデハレイプ」―Hurdegaryp「ヒュデガリプ」
IJlst「エイルスト」―Drylts「ドリルツ」
Irnsum「イルンスム」―Jirnsum「イーンスム」
Joure「ヤウレ」―De Jouwer「デ・ヤウエル」
Kollum「コルム」―Kollum「コルム」
Koudum「カウドゥム」―Koudum「カウドゥム」
Kuinder「カインデル川」―Tsjonger「チョンゲル川」
Lauwers「ラウエルス川」―Lauwers「ラウエルス川」
Lauwersmeer「ラウエルス湖」―Lauwersmar「ラウエルス湖」
Leeuwarden「レーヴァルデン」―Ljouwert「リャウエト」
Lemmer「レメル」―De Lemmer「デ・レメル」
Makkum「マクム」―Makkum「マクム」
Mantgum「マントフム」―Mantgum「モントフム」
Molkwerum「モルクヴェールム」―Molkwar「モルクヴァル」
Nederland「ネーデルラント（＝オランダ）」―Nederlân「ネーデルローン（＝オランダ）」
Nes「ネス」―Nes「ネス」
Nij Beets「ネイ・ベーツ」―Nij Beets「ネイ・ベーツ」
Oldeboorn「オルデボールン」―Aldeboarn「オーデボアン」
Oosterwolde「オーステルヴォルデ」―Easterwâlde「イェステルヴォーデ」
Opende「オプエインデ」―De Pein「デ・ペイン」
Oude Bildtzijl「アウデ・ビルトセイル」―Aldebiltsyl「オーデビルトシル」
Schiermonnikoog「スヒールモニクオーホ島」―Skiermûntseach「スキエルムンツエアハ島」
Sloten「スローテン」―Sleat「スレアト」
Sneek「スネーク」―Snits「スニツ」
St. Annaparochie「シント・アナパロヒー」―St. Anne「シント・オネ」
Stavoren「スターヴォレン」―Starum「スタールム」
Stiens「スティーンス」―Stiens「スティエンス」
St. Nicolaasga「シント・ニコラースハー」―St. Nyk「シント・ニク」
Surhuisterveen「シュルハイステルヴェーン」―Surhûsterfean「シュルヒュステルフェアン」
Terhorne「テルホルネ」―Terherne「テルヘネ」
Terschelling「テルスヘリング島」―Skylge「スキルヘ島」
Texel「テセル島」―Teksel「テクセル島」
Twijzel「トヴェイゼル」―Twizel「トヴィーゼル」

Veenwouden「ヴェーンヴァウデン」―Feanwâlden「フェアンヴォーデン」
Vlieland「ヴリーラント島」―Flylân「フリローン」
Warns「ヴァルンス」―Warns「ヴァーンス」
Westergeest「ヴェステルヘースト」―Westergeast「ヴェステルゲアスト」
Wonseradeel「ヴォンセラデール」―Wûnzeradiel「ヴーンゼラディエル」
Workum「ヴォルクム」―Warkum「ヴァルクム」
Wolvega「ヴォルヴェハー」―Wolvegea「ヴォルヴェゲア」
Zwaagwesteinde「ズヴァーハヴェストエインデ」―De Westerein「デ・ヴェステルエイン」

清水　誠(しみず　まこと)

1958年	横浜市に生まれ，静岡県駿東郡清水町に育つ
1983年	東京大学大学院人文科学研究科独語独文学専修課程修士課程修了
	東京大学教養学部助手，千葉大学教養部専任講師を経て
現　在	北海道大学大学院文学研究科教授
	博士(文学)，オランダ学士院フリスケ・アカデミー会員，オランダ・在外フリジア人協会名誉会員，ドイツ・北フリジア語文化研究協会会員，財団法人ドイツ語学文学振興会奨励賞受賞
専　攻	ゲルマン語類型論
主要業績	『現代オランダ語入門』(大学書林 2004)，「北フリジア語モーリング方言の音韻」(ドイツ語学研究 2，クロノス 1994)，「北フリジア語モーリング方言 (1) 文法」(北海道大学文学部紀要 40-3，1992 訳注)，「スウェーデン語に与えたドイツ語の影響」(東京大学教養学部言語文化センター紀要 4 号 1984)，「R.リングゴー：デンマーク語方言概説」(ノルデン 32 号 1995 翻訳)，「現代アイスランド文学作品集 (1)～(5)」(ノルデン 28～33 号 1991-96 翻訳)

西フリジア語文法——現代北海ゲルマン語の体系的構造記述

2006 年 2 月 28 日　第 1 刷発行

著　者　　清　水　　誠

発行者　　佐　伯　　浩

発行所　北海道大学出版会

札幌市北区北 9 条西 8 丁目 北海道大学構内(〒 060-0809)
Tel. 011(747)2308・Fax. 011(736)8605・http://www.hup.gr.jp

アイワード／石田製本　　　　　　　　　　　Ⓒ 2006　清水　誠

ISBN4-8329-6621-9

ウイルタ語辞典	池上 二良 編	A5・320頁 定価9700円
ツングース・満洲諸語資料訳解	池上 二良 編	B5・532頁 定価13000円
北方言語叢考	池上 二良 著	A5・298頁 定価4700円
イタㇰカシカムイ〈言葉の霊〉 ―アイヌ語の世界―	山本 多助 著	A5・186頁 定価2600円
北のことばフィールド・ノート ―18の言語と文化―	津曲 敏郎 編著	四六判・276頁 定価1800円
北欧語入門	M・ウォルシュ 著 藪下 紘一 訳	A5・196頁 定価3500円
英語学と現代の言語理論	葛西 清蔵 編著	A5・288頁 定価5600円
Terms of Address in Japanese ―An Interlanguage Pragmatics Approach―	竹野谷 みゆき 著	A5・164頁 定価9500円

〈定価は消費税含まず〉

――――北海道大学出版会刊――――

郵便はがき

料金受取人払

札幌中央局
承　認
2078

差出有効期間
2007年12月9日
まで

0608788

札幌市北区北九条西八丁目
北海道大学構内

北海道大学出版会 行

ご氏名 (ふりがな)		年齢 　　歳	男・女
ご住所	〒		
ご職業	①会社員　②公務員　③教職員　④農林漁業 ⑤自営業　⑥自由業　⑦学生　⑧主婦　⑨無職 ⑩学校・団体・図書館施設　⑪その他（　　　　）		
お買上書店名	市・町		書店
ご購読 新聞・雑誌名			

書 名

___

本書についてのご感想・ご意見

___

今後の企画についてのご意見

___

ご購入の動機
1 書店でみて　　　　　2 新刊案内をみて　　　　3 友人知人の紹介
4 書評を読んで　　　5 新聞広告をみて　　　　6 DMをみて
7 ホームページをみて　　8 その他 （　　　　　　　　　　　）

値段・装幀について
A　値　段 (安　い　　　　普　通　　　　高　　い)
B　装　幀 (良　い　　　　普　通　　　　良くない)